Holger Kahle

Internationale Rechnungslegung und ihre Auswirkungen auf Handels- und Steuerbilanz

nbf neue betriebswirtschaftliche forschung

(Folgende Bände sind zuletzt erschienen:)

Band 268 Prof. Dr. Sabine Fließ
Die Steuerung von Kundenintegrations-prozessen

Band 269 PD Dr. Renate Hecker
Regulierung von Unternehmensübernahmen und Konzernrecht

Band 270 Prof. Dr. Thomas Hutzschenreuter
Wachstumsstrategien

Band 271 Prof. Dr. Frank-Martin Belz
Integratives Öko-Marketing

Band 272 PD Dr. Martin Reckenfelderbäumer
Zentrale Dienstleistungsbereiche und Wettbewerbsfähigkeit

Band 273 PD Dr. Magdalena Mißler-Behr
Fuzzybasierte Controllinginstrumente

Band 274 Dr. Werner Mussnig
Dynamisches Target Costing

Band 275 Prof. Dr. Peter Buxmann
Informationsmanagement in vernetzten Unternehmen

Band 276 PD Dr. Andreas Grüner
Scorecardbasiertes Cockpit Controlling

Band 277 PD Dr. Udo Terstege
Bezugsrechte bei Kapitalerhöhungen

Band 278 PD Dr. Thomas Walter
Interaktions-Revolution im Bankmanagement

Band 279 Prof. Dr. Dr. Andreas Löffler
Ein Paradox der Portfoliotheorie und vermögensabhängige Nutzenfunktionen

Band 280 Prof. Dr. Jörg Freiling
Ressourcenorientierte Reorganisationen

Band 281 Dr. Ruth Stock
Der Zusammenhang zwischen Mitarbeiter- und Kundenzufriedenheit

Band 282 Prof. Dr. Thorsten Teichert
Nutzenschätzung in Conjoint-Analysen

Band 283 Prof. Dr. Dirk Holtbrügge
Postmoderne Organisationstheorie und Organisationsgestaltung

Band 284 Prof. Dr. Daniel Klapper
Wettbewerbsverhalten und Produktlinien-wettbewerb

Band 285 PD Dr. Bernhard Swoboda
Dynamische Prozesse der Internationalisierung

Band 286 PD Dr. Wolfgang Burr
Service Engineering bei technischen Dienstleistungen

Band 287 Prof. Dr. Udo Bankhofer
Industrielles Standortmanagement

Band 288 Prof. Dr. Lutz Kaufmann
Internationales Beschaffungsmanagement

Band 289 PD Dr. Sabine Boerner
Führungsverhalten und Führungserfolg

Band 290 Dr. habil. Andreas Otto
Management und Controlling von Supply Chains

Band 291 PD Dr. Alexander Bassen
Institutionelle Investoren und Corporate Governance

Band 292 Prof. Dr. Christoph Burmann
Strategische Flexibilität und Strategiewechsel als Determinanten des Unternehmenswertes

Band 293 Dr. Rainer Souren
Konsumgüterverpackungen in der Kreislaufwirtschaft

Band 294 Prof. Dr. Joachim Eigler
Dezentrale Organisation und interne Unternehmungsrechnung

Band 295 PD Dr. Katja Schimmelpfeng
Lebenszyklusorientiertes Produktionssystemcontrolling

Band 296 Prof. Dr. Silvia Rogler
Risikomanagement im Industriebetrieb

Band 297 Prof. Dr. Peter Letmathe
Flexible Standardisierung

Band 298 Prof. Dr. Thomas Hess
Netzwerkcontrolling

Band 299 PD Dr. Michael J. Fallgatter
Theorie des Entrepreneurship

Band 300 PD Dr. Heike Proff
Konsistente Gesamtunternehmensstrategien

Band 301 PD Dr. Holger Kahle
Internationale Rechnungslegung und ihre Auswirkungen auf Handels- und Steuerbilanz

Holger Kahle

Internationale Rechnungslegung und ihre Auswirkungen auf Handels- und Steuerbilanz

Deutscher Universitäts-Verlag

Bibliografische Information Der Deutschen Bibliothek
Die Deutsche Bibliothek verzeichnet diese Publikation in der Deutschen Nationalbibliografie; detaillierte bibliografische Daten sind im Internet über <http://dnb.ddb.de> abrufbar.

Habilitationsschrift Universität Mannheim, 2002

1. Auflage November 2002

Lektorat: Brigitte Siegel/Annegret Eckert

Der Deutsche Universitäts-Verlag ist ein Unternehmen der Fachverlagsgruppe BertelsmannSpringer.
www.duv.de

Umschlaggestaltung: Regine Zimmer, Dipl.-Designerin, Frankfurt/Main
Druck und Buchbinder: Rosch-Buch, Scheßlitz
Gedruckt auf säurefreiem und chlorfrei gebleichtem Papier
Printed in Germany

ISBN 3-8244-9099-4

Vorwort

Die Arbeit wurde im April 2002 von der Fakultät für Betriebswirtschaftslehre der Universität Mannheim als Habilitationsschrift angenommen. Im September 2002 erhielt die Schrift den Förderpreis der Nürnberger Steuergespräche e.V., der von der DATEV eG zur Verfügung gestellt wird. Mit dem Preis der Ernst & Young-Stiftung wird die Arbeit im November 2002 ausgezeichnet.

Meinem verehrten Lehrer, Herrn Professor Dr. Ulrich Schreiber, danke ich sehr herzlich für die Anregung der Arbeit, für seine große inhaltliche und persönliche Unterstützung und die ausgezeichneten Arbeitsbedingungen an seinem Lehrstuhl. Diese überaus erfreulichen und motivierenden Rahmenbedingungen haben den erfolgreichen Abschluss meiner Arbeit wesentlich gefördert. Herrn Professor Dr. Dr. h.c. mult. Otto H. Jacobs danke ich ebenso herzlich für seine Gesprächs- und Diskussionsbereitschaft, die rasche Begutachtung der Schrift und seine konstruktiven Anmerkungen. Mein Dank gilt auch Herrn Prof. Dr. Peter Milling für die zügige Begutachtung der Arbeit.

Herrn PD Dr. Christoph Spengel danke ich für die freundschaftliche Unterstützung und seine stets vorhandene Hilfs- und Diskussionsbereitschaft. Darüber hinaus möchte ich mich auch bei allen aktuellen und ehemaligen Kolleginnen und Kollegen am Lehrstuhl von Professor Schreiber in Hannover bzw. in Mannheim für die gute Zusammenarbeit bedanken.

Holger Kahle

Inhaltsverzeichnis

Abkürzungsverzeichnis

a.A.	anderer Ansicht
AAA	American Accounting Association
Abs.	Absatz
ADR	American Depositary Receipt
AG	Aktiengesellschaft
AICPA	American Institute of Certified Public Accountants
AIMR	Association for Investment Management and Research
AktG	Aktiengesetz
Anm.	Anmerkung
AO	Abgabenordnung
APB	Accounting Principles Board
APBO	Accounting Principles Board Opinion
ARB	Accounting Research Bulletin
Art.	Artikel
Aufl.	Auflage
BB	Der Betriebs-Berater
Bd.	Band
BdF	Bundesminister der Finanzen
BFH	Bundesfinanzhof
BFuP	Betriebswirtschaftliche Forschung und Praxis
BGBl	Bundesgesetzblatt
BMF	Bundesministerium der Finanzen
BStBl	Bundessteuerblatt
Buchst.	Buchstabe
bzw.	beziehungsweise
CAP	Committee on Accounting Procedure
CCH	Commerce Clearing House
Ch.	Chapter
CPA	Certified Public Accountant
DAX	Deutscher Aktienindex
DB	Der Betrieb
DBA	Doppelbesteuerungsabkommen
ders.	derselbe
d.h.	das heißt
DRSC	Deutsches Rechnungslegungs Standards Committee
DStR	Deutsches Steuerrecht
DStZ	Deutsche Steuerzeitung
ebd.	ebenda
EFG	Entscheidungen der Finanzgerichte
ESt	Einkommensteuer
EStG	Einkommensteuergesetz
EStR	Einkommensteuerrichtlinien
et al.	et altera
etc.	et cetera
f. (ff.)	fortfolgend (fortfolgende)
FA	Finanzarchiv
FASB	Financial Accounting Standards Board
FAZ	Frankfurter Allgemeine Zeitung
FEE	Fédération des Experts Comptables Européens
FG	Finanzgericht

FiFo	First-in-First-out
Fn.	Fußnote
FR	Finanzrundschau
FRR	Financial Reporting Release
GAAP	Generally Accepted Accounting Principles
GEFIU	Gesellschaft für Finanzwirtschaft in der Unternehmensführung
gem.	gemäß
GmbH	Gesellschaft mit beschränkter Haftung
GG	Grundgesetz
GoB	Grundsätze ordnungsmäßiger Buchführung
Gr.	Gruppe
GrS	Großer Senat
HGB	Handelsgesetzbuch
h.M.	herrschende Meinung
hrsg.	herausgegeben
Hrsg.	Herausgeber
IAS	International Accounting Standard
IASB	International Accounting Standards Board
IASC	International Accounting Standards Committee
IDW	Institut der Wirtschaftsprüfer
i.e.S.	im engeren Sinn
IFRS	International Financial Reporting Standard
i.H.	in Höhe
insbes.	insbesondere
IRC	Internal Revenue Code
IRS	Internal Revenue Service
i.S.	im Sinne
i.V.m.	in Verbindung mit
IWB	Internationale Wirtschaftsbriefe
JbFSt	Jahrbuch der Fachanwälte für Steuerrecht
Jg.	Jahrgang
Kap.	Kapitel
KapCoRiLiG	Gesetz zur Durchführung der Richtlinie des Rates der Europäischen Union zur Änderung der Bilanz- und Konzernrichtlinien hinsichtlich ihres Anwendungsbereichs (90/605/EWG), zur Verbesserung der Offenlegung von Jahresabschlüssen und zur Änderung anderer handelsrechtlicher Bestimmungen vom 24.2.2000, BGBl I 2000, S. 154
KapAEG	Gesetz zur Verbesserung der Wettbewerbsfähigkeit deutscher Konzerne an internationalen Kapitalmärkten und zur Erleichterung der Aufnahme von Gesellschafterdarlehen vom 20.4.1998, BGBl I 1998, S. 707.
KG	Kommanditgesellschaft
KoR	Zeitschrift für kapitalmarktorientierte Rechnungslegung
KStG	Körperschaftsteuergesetz
Lifo	Last-in-First-out
m.E.	meines Erachtens
m.w.N.	mit weiteren Nachweisen
NASD	National Association of Securities Dealers
NASDAQ	National Association of Securities Dealers Automated Quotation

No.	Number
Nr.	Nummer
NWB	Neue Wirtschaftsbriefe
NYSE	New York Stock Exchange
OECD	Organization for Economic Co-operation and Development
OFD	Oberfinanzdirektion
OTC	over the counter
o.V.	ohne Verfasser
Prot.	Protokoll
Reg.	Regulations
RFH	Reichsfinanzhof
RIW	Recht der Internationalen Wirtschaft
Rn.	Randnummer
Rz.	Randziffer
RStBl	Reichssteuerblatt
S.	Seite, Satz
SA	Securities Act
SEA	Securities Exchange Act
Sec.	Section
SEC	Securities and Exchange Commission
SFAC	Statement of Financial Accounting Concepts
SFAS	Statement of Financial Accounting Standards
sog.	sogenannte
SOP	Statement of Position
Sp.	Spalte
SteuerStud	Steuer und Studium
StbJb	Steuerberater-Jahrbuch
StuW	Steuer und Wirtschaft
Tz.	Textziffer
u.	unten
u.a.	und andere
ULPA	Uniform Limited Partnership Act
UPA	Uniform Partnership Act
v.	versus
vgl.	vergleiche
v.H.	vom Hundert
Vol.	Volume
WPg	Die Wirtschaftsprüfung
WM	Wertpapier-Mitteilungen; Zeitschrift für Wirtschafts- und Bankrecht
z. B.	zum Beispiel
ZBB	Zeitschrift für Bankrecht und Bankwirtschaft
ZfB	Zeitschrift für Betriebswirtschaft
ZfbF	Zeitschrift für betriebswirtschaftliche Forschung
ZfhF	Zeitschrift für handelswissenschaftliche Forschung
ZGR	Zeitschrift für Unternehmens- und Gesellschaftsrecht
Ziff.	Ziffer
ZP	Zeitschrift für Planung
zzgl.	zuzüglich

1. Einleitung

Im Zuge der Globalisierung der Wirtschaft haben internationale Rechnungslegungsgrundsätze, US Generally Accepted Accounting Principles (US-GAAP) und International Accounting Standards (IAS) bzw. zukünftig International Financial Reporting Standards (IFRS), bei Unternehmen, die zur Konzernrechnungslegung verpflichtet sind, eine breite Verwendung gefunden.[1] Die Internationalisierung deutscher Konzernabschlüsse hat mit dem Start des Neuen Marktes im März 1997 als zusätzlichem Börsensegment für Wachstumswerte in Frankfurt weiter an Dynamik gewonnen.[2] Denn eine der Zulassungsvoraussetzungen zum Handel im Neuen Markt besteht in der Veröffentlichung von Abschlüssen nach US-GAAP oder IAS.[3]

Der deutsche Gesetzgeber hat auf die Internationalisierung der Konzernrechnungslegung mit dem durch das Kapitalaufnahmeerleichterungsgesetz eingeführten § 292a HGB, der in erster Linie börsennotierte Mutterunternehmen unter bestimmten Voraussetzungen von der Aufstellung eines handelsrechtlichen Konzernabschlusses befreit, wenn sie einen Konzernabschluss nach IAS oder US-GAAP veröffentlichen, reagiert.[4] Nach der EU-Verordnung vom Juni 2002[5] sind kapitalmarktorientierte europäische Unternehmen verpflichtet, für Geschäftsjahre, die am oder nach dem 1.1.2005 beginnen, ihre Konzernabschlüsse nach den IAS aufzustellen. Europäischen Unternehmen, die den Kapitalmarkt lediglich über Fremdkapitaltitel in Anspruch nehmen oder die in Drittländern gelistet sind und daher die US-GAAP oder ein anderes Rechnungslegungssystem anwenden, kann über Mitgliedstaatenwahlrechte ein Aufschub bis 2007 gewährt werden. Die Mitgliedstaaten können die Anwendung der IAS auf die Einzelabschlüsse kapitalmarktorientierter Unternehmen und die Einzel- und/oder Konzernabschlüsse nicht kapitalmarktorientierter Unternehmen ausdehnen. Damit scheinen Auswirkun-

---

1 Zu empirischen Erhebungen betreffend die Verbreitung und Anerkennung internationaler Rechnungslegungsstandards vgl. Krawitz/Albrecht/Büttgen (2000), S. 541-556; Spanheimer/Koch (2000), S. 301-310; Förschle/Glaum/Mandler (1998), S. 2281-2288; dies. (1995), S. 392-413; Glaum (1998), S. 336-359; Thiele/Tschesche (1997), S. 2497-2502; Stahl, A. B. (2002), S. 34-36.
Zu den wesentlichen Unterschieden zwischen der angloamerikanischen und der kontinentaleuropäischen Rechnungslegungstradition vgl. Wagenhofer (2001), S. 13-20; Liener (1992), S. 271 f.; Glaum/Mandler (1996), S. 28.

2 Vgl. etwa Havermann (1997), S. 525.

3 Vgl. Buhleier/Helmschrott (1997), S. 778; Peemöller/Fischer (2001), S. 142. Zur internationalen Bilanzierung am Neuen Markt vgl. d´Arcy (2001), S. 165-177; d´Arcy/Leuz (2000), S. 385-391; d´Arcy/Grabensberger (2001), S. 1468-1479; Ballwieser (2001c), S. 840-853; Leibfried/Sommer (2001), S. 258 f.; Ranker/Wohlgemuth/Zwirner (2001), S. 269-279; Küting/Dürr/Zwirner (2002), S. 1-13; Glaum/Street (2002), S. 122-138.

4 Vgl. im Einzelnen Gliederungspunkt 6.1.2.

5 Vgl. EU (2002); zum Verordnungsentwurf vgl. EU-Kommission (2001a). Vgl. auch EU-Kommission (2000b). Zur Entwicklung der Rechnungslegung in der EU vgl. im Einzelnen Gliederungspunkt 6.1.3.

gen der internationalen Konzernrechnungslegung auf den Einzelabschluss nur eine Frage der Zeit zu sein.

Ausgangspunkte der Internationalisierung der Rechnungslegung im Konzernabschluss sind die Globalisierung der Wirtschaft (Gliederungspunkt 2.1.) und im Falle einer Inanspruchnahme des US-amerikanischen Kapitalmarktes die Anforderungen der amerikanischen Wertpapieraufsichtsbehörde (SEC) an die Rechnungslegung der Emittenten (Gliederungspunkt 2.2.). Hier tritt die Frage auf, inwieweit sich Unternehmen auch ohne Rechnungslegung nach US-GAAP Zugang zum US-amerikanischen Kapitalmarkt verschaffen können.

Zahlreiche deutsche Konzerne, die den US-amerikanischen Kapitalmarkt bisher nicht oder ohne US-GAAP in Anspruch genommen haben, bilanzieren dennoch nach internationalen Rechnungslegungsstandards.[6] Dafür bedarf es offensichtlich weitergehender Erklärungen. Hiernach wird in Gliederungspunkt 3. gefragt, indem geklärt werden soll, ob die externe und interne Unternehmenssteuerung mithilfe der IAS bzw. US-GAAP effizienter gelingen kann als mit traditionellen GoB.

Mit Gliederungspunkt 4. richtet sich der Blick auf den Einzelabschluss. Es wird in diesem Kapitel erörtert, ob die Periodisierungsregeln internationaler Rechnungslegungsstandards für die Ausschüttungsbegrenzung zum Zwecke des Gläubigerschutzes geeignet sind. Entsprechend wird in Gliederungspunkt 5. diskutiert, inwieweit die Ansatz- und Bewertungsregeln nach IAS und US-GAAP als Grundlage einer steuerlichen Gewinnermittlung in Betracht kommen.

In erster Linie basierend auf den Ergebnissen der Gliederungspunkte 2 bis 5 wird in Gliederungspunkt 6 ausgehend vom Stand der Internationalisierung der Rechnungslegung in Deutschland und der EU (6.1.) eine Weichenstellung der künftigen Regulierung der Rechnungslegung in Deutschland vorgenommen (6.2.). Es könnte sein, dass IAS in den Einzelabschluss übernommen werden. Für diesen Fall werden in Gliederungspunkt 6.3. Anpassungsstrategien der Kapitalgeber und des Gesellschaftsrechts diskutiert. Die Zukunft der steuerlichen Gewinnermittlung wird in Gliederungspunkt 6.4. erörtert, wobei danach unterschieden wird, ob IAS sich auch auf den Einzelabschluss erstrecken oder auf den Konzernabschluss beschränkt bleiben werden. Eine thesenförmige Zusammenfassung beschließt die Arbeit (7.).

---

[6] Vgl. im Einzelnen Gliederungspunkt 6.1.2.

In dieser Arbeit werden IAS und US-GAAP bei konzeptionellen Fragen zusammengefasst, bei der Erörterung konkreter Ansatz- und Bewertungsregeln wird i.d.R. nur auf die US-GAAP eingegangen, da sich die Zielsysteme dieser beiden Standards decken und die IAS in weiten Teilen stark den US-GAAP ähneln. Es ist davon auszugehen, dass sich die IAS den US-GAAP weiter annähern werden.[7] Diese weitgehende Gleichartigkeit kommt auch darin zum Ausdruck, " ... dass DaimlerChrysler bereit und in der Lage ist, IAS anzuwenden, wenn die SEC die IAS als gleichwertig anerkennt und für IAS ein adäquates Enforcement eingeführt werden kann."[8]

---

7 Vgl. z.B. Feld (2001), S. 1025; Küting/Dürr/Zwirner (2002), S. 5, sowie Esser (1999), S. 209, der aufgrund des Rückstands des IASB gegenüber dem FASB es für realistisch hält, " ... daß das IASC an dem, was der FASB als General Accounting Principles für die amerikanische Accountingpraxis vorgegeben hat, nur kleine Retuschen vornehmen wird." Zu Unterschieden zwischen IAS und US-GAAP vgl. Street/Gray (1999), S. 133 ff.; Feld (2001), S. 1025-1040. Zu den IAS vgl. im Einzelnen Wagenhofer (2001); Baetge/Kirsch/Thiele (2001). Zu einem Vergleich IAS/US-GAAP/HGB vgl. Selchert/Erhardt (1999), in synoptischer Darstellung vgl. Hayn/Waldersee (2000).
Zu den für die Rechnungslegung in den USA verantwortlichen Institutionen vgl. Sonnemann (1989), S. 886-900; Haller (1990a), S. 265-268; Haller/Eierle (1998), S. 733-739; Kuhlewind (1997), S. 19-23.
Im Einzelnen zur Entstehungsgeschichte, der Zusammensetzung, den Organen und der Arbeit des IASC bzw. IASB vgl. etwa Baetge/Thiele/Plock (2000), S. 1033-1038; Bolin (1990), S. 482-486; Gidlewitz (1996), S. 147-160; Barckow (1999), S. 1173-1181; Barckow/Gräfer (1997), S. 1189-1193; Bardenz (1996), S. 1657-1671; ders. (1998), S. 80-111; Haller (1993a), S. 699-703; ders. (1993b), S. 1297-1305, Kleekämper (1995a), S. 99-127; ders. (1995b), S. 417-427; ders. (2000), S. 467-484; Bruns (2002), S. 173-176; Pellens/Fülbier/Ackermann (1996), S. 285-291; Risse (1995), S. 830-834.

8 Gentz (2001), S. 25. Am 17.5.2000 empfahl die IOSCO ihren Mitgliedern, multinationalen Emittenten für grenzüberschreitende Wertpapieremissionen und -notierungen die Aufstellung der Jahresabschlüsse unter Anwendung der IAS zu gestatten; allerdings steht diese Empfehlung unter dem Vorbehalt der Anerkennung durch die nationalen Börsenaufsichtsbehörden, und es wird den Mitgliedern gestattet, auf nationaler Ebene zusätzliche Interpretationen, Angaben oder Überleitungsrechnungen zu verlangen; vgl. im Einzelnen IOSCO (2000); hierzu z.B. Luttermann (2000a), S. 1319; Ruhnke/Schmidt/Seidel (2000), S. 876 f.

2. Ausgangspunkte der Internationalisierung der Rechnungslegung im Konzernabschluss

2.1. Internationalisierung der Konzernrechnungslegung als Reflex der Globalisierung der Wirtschaft

In den vergangenen Jahrzehnten hat die Verflechtung zwischen den Volkswirtschaften neben der erheblichen Zunahme des grenzüberschreitenden Handels mit Gütern und Dienstleistungen durch eine starke Internationalisierung der Unternehmensstrukturen zugenommen; über Direktinvestitionen sind in vielen Fällen weltumspannende Konzerne mit komplexen rechtlichen und organisatorischen Strukturen entstanden. Parallel zur Internationalisierung der Produktions- und Absatzmärkte setzte eine Globalisierung der Kapitalmärkte ein. Während der Export normalerweise über Hausbanken finanziell begleitet wird und Vertriebsgesellschaften im Ausland mittels Zahlungszielgewährungen seitens der Muttergesellschaft und Bankkrediten ausländischer Niederlassungen deutscher Banken oder über lokale Auslandsbanken errichtet werden, erfolgte die Finanzierung von Direktinvestitionen in der Vergangenheit insbesondere über Kreditfinanzierungen durch Banken, Anleihefinanzierungen, Darlehen der Muttergesellschaft und zunehmend über die Aufnahme von Eigenkapital an ausländischen Kapitalmärkten (finance follows trade-Stufenmodell)[1].

Die Internationalisierungsstrategien vieler Unternehmen erfordern derartig umfangreiche Investitionen vor allem in Know How und Anlagegüter, dass dieser deutlich gestiegene Kapitalbedarf deutscher Unternehmen über Hausbanken und den deutschen Eigenkapitalmarkt nicht mehr gedeckt werden kann.[2] Die bisherigen Finanzierungsmöglichkeiten deutscher Unternehmen sind bei bestimmten Größenordnungen erschöpft: "Die Globalisierung der Geschäftstätigkeiten macht eine *weltweite Kapitalbeschaffung* notwendig ..."[3]. Deutsche Großunternehmen stehen damit gerade auch auf den Kapitalmärkten im Wettbewerb mit den internationalen Konkurrenten. Die Finanzierung des Unternehmenswachstums wird zum strategischen Erfolgsfaktor. So gilt das Listing von Daimler-Benz an der NYSE 1993 " ... als Start-

---

1 Vgl. Paul (1993a), S. 95-97; Hartmann, U. (1998), S. 260. Paul weist daraufhin, dass es natürlich Unternehmen gibt, für die das finance follows trade-Stufenmodell keine Gültigkeit besitzt, "deren Produkte als Markenartikel jedoch einen so hohen Attraktivitätsgrad besitzen, daß für sie die Börseneinführung allein eine Frage der hohen Liquidität des Börsenplatzes ist", Paul (1993a), S. 99.

2 Vgl. Prechtel/Schätzle (1998), S. 289; Pape/Heintges (1998), S. 202; Risse (1996), S. 44 f.; Ordelheide (1994a), S. 34; Seeliger/Kaatz (1998), S. 125; Titzrath (1996), S. 103; Lauk (1996), S. 164.

3 Menn (2000), S. 199; gl.A. Bormann (1996), S. 40; Mayer-Wegelin (1997), S. 716; Heinhold/Pasch (1998), S. 399; Ordelheide (1995a), S. 91; Albach (1997), S. 74 f.; Kleekämper (1995b), S. 416.

schuss einer umfassenden Offensive zur Erschließung der internationalen Kapitalmärkte."[4] Für die Unternehmen steigt die Bedeutung des Kapitalmarkts gerade auch deshalb, weil vor allem in jüngerer Zeit Unternehmensübernahmen und -fusionen vorwiegend durch die Ausgabe eigener Aktien finanziert werden, was dem akquirierenden Unternehmen im Vergleich zu Bartransaktionen Liquiditäts- und Kostenvorteile beschert.[5] Die eigene Aktie ist im Zuge einer weltweiten Zunahme des Transaktionsvolumens bei M & A-Aktivitäten[6] zu einer unverzichtbaren Akquisitionswährung geworden.

Auch für die Kapitalanbieter ist eine Internationalisierung vorteilhaft. Denn – analog zum Portfolio-Selektions-Modell von *Markowitz*[7] – können international diversifizierte Investoren im Vergleich zu national diversifizierten Anlegern bei gleicher erwarteter Rendite ihr Risiko reduzieren oder bei gleichem Risikoniveau eine höhere erwartete Rendite erwarten.[8] Während bis Anfang der 80er Jahre sich die privaten und institutionellen Investoren bei ihren Anlageentscheidungen weitgehend auf ihre jeweiligen Heimatmärkte beschränkten (home bias), steigt inzwischen die internationale Diversifikation der Wertpapierportfolios weltweit an.[9] Ausgehend von dem Abbau nationaler Kapitaltransferbeschränkungen und -kontrollen wurden die lange Zeit nach Landesgrenzen segmentierten Kapitalmärkte stärker integriert.[10] Der weltweite Fortschritt der Kommunikationstechnologie, in dessen Zug Unternehmensinformationen schneller und besser übermittelt werden können, erleichtert Investoren die Entscheidung für ausländische Anlagen.[11] International ausgerichteten institutionellen Investoren, die einem zunehmendem Performance-Druck ausgesetzt sind und diesen an ihre Beteiligungen weiterreichen, kommt dabei eine immense Bedeutung zu.[12]

---

4 Gentz (2001), S. 7.

5 Vgl. Dombret (1999), S. 616-619.

6 Vgl. Jansen (2000), S. 22-24.

7 Vgl. Markowitz (1952), S. 77-91; ders. (1959).

8 Vgl. Grubel (1968), S. 1299-1314; Glaum/Mandler (1996), S. 45 f.; Glaum (1996), S. 197-199. Zu einem Überblick über empirische Untersuchungen zur Vorteilhaftigkeit der internationalen Portfolio-Diversifikation vgl. ebd., S. 199-204.

9 Vgl. Glaum (2001), S. 127; Bruns (1998a), S. 383; Shapiro (1998), S. 304.

10 Vgl. Pellens/Bonse (1999), S. 851; Kallfass (1999), S. 205 f.

11 Vgl. von Buddenbrock (1998), S. 270; Albach (1997), S. 73 f. Zum Internet als Medium für Rechnungslegungsinformationen vgl. Pellens/Fülbier/Gassen (1998), S. 55-69; Wagenhofer/Pirchegger (1999), S. 1409-1416; Küting/Dawo/Heiden (2001a), S. 615-620; dies. (2001b); Gassen/Heil (2001), S. 38-44; Gassen (2001), S. 409-426; Deller/Stubenrath/Weber (1999), S. 351-364; Fischer/Becker/Wenzel (2001), S. 2001-2007; dies. (2002), S. 14-25. Zur Bedeutung von Telefonkonferenzen mit Analysten vgl. Frankel/Johnson/Skinner (1999), S. 133-150.

12 Vgl. Schiereck (1997), S. 362, 364 f.; Lauk (1996), S. 166 f.; Bergmann/Butzlaff (1998), S. 204 f.; Günther (1999), S. 363.

Vor diesem Hintergrund gilt die Internationalisierung der Weltwirtschaft als treibende Kraft einer globalen Harmonisierung der Rechnungslegung.[13] Ursächlich ist zunächst der Umstand, dass dem US-amerikanischen Kapitalmarkt eine herausragende Bedeutung für die Unternehmen zukommt. Die Inanspruchnahme des US-amerikanischen Kapitalmarktes ist an die Erfüllung der Zulassungsvoraussetzungen der US-amerikanischen Wertpapieraufsichtsbehörde (SEC) gebunden. Im folgenden Gliederungspunkt 2.2. werden die Möglichkeiten und Grenzen untersucht, den US-amerikanischen Kapitalmarkt auch ohne Rechnungslegung nach US-GAAP zu erschließen.

Darüber hinaus spiegelt sich die wachsende Bedeutung der Kapitalmärkte auf Unternehmensebene vornehmlich darin wider, dass die Unternehmensführung zunehmend durch den Shareholder Value-Ansatz dominiert wird.[14] Es wird herausgestellt, dass im Wettbewerb um Kapital Unternehmen einen Vorteil haben, die eine wertsteigernde Unternehmensführung konsequent verfolgen. Es kommt zu einer Machtverlagerung von dem Top-Management zu den Aktionären.[15] Anteilseigner gelten nicht länger als "dividendenhungrige Entnahmehyänen"[16], sondern als maßgebliche Gruppe bei der Formulierung von Unternehmenszielen. Bei Vernachlässigung der Interessen der Anteilseigner laufen die Unternehmen Gefahr, negative Reaktionen am Kapitalmarkt auszulösen.[17]

Der Shareholder Value-Ansatz wirkt sich auf zwei Ebenen aus. Zum einen dient der Shareholder Value als Instrument der externen Unternehmensbeurteilung; die Investoren benötigen ein verlässliches Informationssystem, mit dem sie das Unternehmen beurteilen können. Zum anderen dient der Shareholder Value als Leitlinie des internen Steuerungs- bzw. Führungsin-

---

13 Vgl. Gray (1989), S. 291-307.

14 Vgl. Böcking (1999), S. 512 f.; Bruns (1999b), S. 586; Bühner (1997), S. 28; Küpper (1998b), S. 517; Lauk (1996), S. 164 f., 167; Siener (1998), S. 28; Janssen/Scheren (1999), S. 607; Weiss (1999), S. 652-665.
Empirische Analysen bestätigen obige Aussage, vgl. Pellens/Rockholtz/Stienemann (1997), S. 1933; Pellens/Tomaszewski/Weber (2000), S. 1825 f.; Horváth/Minning (2001).
Zur Entstehung, Begründung und Kritik des Shareholder Value-Ansatzes vgl. Adams (1997), S. 21-30; Ballwieser (1994), S. 1377-1405; ders. (2002c), Sp. 1745-1754; Bischoff (1994), S. 168 ff.; Bühner/Tuschke (1997), S. 499-516; Busse von Colbe (1997b), S. 271-290; Drukarczyk (1997b), S. 217-226; Groh (2000a), S. 2153-2158; Hachmeister (2000), S. 29-37; Hommelhoff (1997b), S. 17-20; Kübler (1998b), S. 321-335; Schmidt (1993), S. 277-296; Schmidt/Spindler (1997), S. 515-555; Siegert (1995), S. 580-607; Titzrath (1997), S. 31-41; Wagner (1997b), S. 473-498; Wenger/Knoll (1999b), S. 433-454; von Werder (1997), S. 9-16. Zur Berücksichtigung der Besteuerung im Shareholder-Value-Ansatz vgl. Lübbehüsen (2000); Wagner (1997a), S. 201-216.

15 Vgl. von Weizsäcker (1998), S. 15; Michel (1999), S. 371.

16 Vgl. Wenger (1987), S. 217 m.w.N.; Wagner (1998a), S. 53.

17 Sinkende oder hinter der Marktentwicklung zurückbleibende Kurse, Anreize für feindliche Übernahmen, Verminderung des Cash-In bei Kapitalerhöhungen, vgl. Englert/Scholich (1998), S. 685; Böcking/Nowak (1998), S. 685 f.; Ordelheide (1995a), S. 91.

struments (Shareholder-Value-Management); die Unternehmensleitung benötigt ein Instrumentarium, mit dem das Unternehmensziel unternehmensintern durchgesetzt werden kann.[18]

Für diese beiden Zwecke gelten in Literatur und Praxis internationale Rechnungslegungsstandards besser als die Bilanzierungsregeln des HGB geeignet, was im Kapitel 3 kritisch hinterfragt werden soll. Während in Gliederungspunkt 3.1. die Erhöhung der Vergleichbarkeit und Erfüllung der Informationsfunktion des Jahresabschlusses durch US-GAAP und IAS geprüft wird, hat Gliederungspunkt 3.2. die mit internationalen Rechnungslegungsstandards angestrebte Vereinfachung der Konvergenz zwischen internem und externem Rechnungswesen und die Unterstützung einer wertorientierten Unternehmenssteuerung zum Inhalt.

2.2. US-GAAP und Registrierungsvorschriften der SEC

2.2.1. Bedeutung und Struktur des US-amerikanischen Kapitalmarktes

Dem US-amerikanischen Kapitalmarkt kommt für den Finanzbedarf deutscher Unternehmen eine große Bedeutung zu; er gilt als der bedeutendste Finanzplatz der Welt überhaupt. Der Kurswert aller börsennotierten Aktien in den USA wird von keinem anderen Finanzmarkt auch nur annähernd erreicht. Selbst größte Aktienemissionen sind für die Aufnahmekapazität des US-amerikanischen Kapitalmarktes offenbar kein Problem.[19] Hier spielen verschiedene Gründe eine Rolle.

So weisen US-amerikanische Aktiengesellschaften tendenziell niedrigere Verschuldungsgrade gegenüber deutschen Publikumsaktiengesellschaften auf,[20] was (auch) historisch bedingt ist.[21] Das Bankenwesen war in den USA des 19. Jahrhunderts geographisch noch unzureichend entwickelt, so dass sich der hohe Kapitalbedarf vieler Unternehmen nur durch die Bereitstellung von Kapital durch private Investoren befriedigen ließ. Die Aktienanlage hat gerade auch als Alterssicherungsinstrument bei privaten Investoren in den USA stets eine größere

[18] Vgl. Pfaff/Bärtl (1999), S. 87; Bärtl (2001), S. 2; Kühnberger (1998), S. 302.

[19] Vgl. von Rosen (1998), S. 18; Loehr (1993), S. 128; Levitt (1998a), S. 2545; Kröske (1998), S. 383.

[20] Vgl. Francfort/Rudolph (1992), S. 1061. In einer Stichprobe für das Jahr 1988 ermittelten sie, dass in Deutschland nur 7,62%, in den USA hingegen 43,74% des Finanzierungsbedarfs durch Aktien abgedeckt werden. Böttcher ermittelt eine vergleichsweise geringe Eigenkapitalquote bei amerikanischen Unternehmen, er verweist aber auf die Grenzen einer Verallgemeinerung seiner Ergebnisse, vgl. Böttcher (1997), S. 36 f., 62.

[21] Vgl. Großfeld (1994), S. 797.

Rolle gespielt als in den kontinentaleuropäischen Staaten;[22] US-Anleger zeigen zudem offenbar eine höhere Risikobereitschaft.[23] Pensionsverpflichtungen werden zumeist in Form von Fonds außerhalb der eigenen Unternehmensbilanz geführt.[24]

Zudem tritt die ansteigende Bedeutung der kaufkräftigen institutionellen Anleger (Investmentgesellschaften und -fonds, Pensionsfonds, Versicherungsgesellschaften),[25] die ihrerseits einem starken Performancedruck hinsichtlich ihrer eigenen Ertragskraft unterliegen, den sie an die Unternehmen weitergeben, in die sie investieren. Pensionsfonds – Pensionsfonds von Unternehmen (corporate pension funds) und öffentlichen Pensionsfonds (public pension funds) – kommt dabei die größte Bedeutung zu.[26]

Der US-Kapitalmarkt lässt sich anhand der beiden Kriterien Zulassung des Werts und Ausführungsort der Transaktion in Teilmärkte differenzieren. Der sog. first market umfasst den Börsenhandel an den acht offiziellen Börsen, wozu neben den national exchanges NYSE und der American Stock Exchange (AMEX) sechs Regionalbörsen zählen.[27] In den übrigen drei Teilmärkten werden die Wertpapiere außerbörslich gehandelt.

Der zweite Teilmarkt bildet mit dem over-the-counter Markt (OTC-Markt) das Kernstück des außerbörslichen Verkehrs; an ihm werden nicht börsennotierte Aktien und Werte gehandelt. Der OTC-Markt gliedert sich weiter auf in NASDAQ, OTC-Bulletin Board/Pink-sheet-Market und PORTAL-System, wobei der Computerbörse NASDAQ die größte Bedeutung zukommt. Sie bildet nach der NYSE den zweitgrößten US-amerikanischen und einen der weltweit führenden Wertpapiermärkte. Beim OTC-Bulletin Board handelt es sich um ein

---

22 Vgl. Löwe (1998), S. 63; Kleber (1994), S. 70; Zachert (1994), S. 208.

23 Vgl. Rehkugler/Voigt/Wolff (1993), S. 321 f.; Raettig (1998), S. 248; Baetge (1993), S. 110.

24 Vgl. Titzrath (1996), S. 93; von Rosen (1989), S. 66 f.

25 Vgl. Kleber (1994), S. 70; Loistl (1994), S. 13; Heintges (1997), S. 64-68.

26 Vgl. Salzberger (1999), S. 89; von Buddenbrock (1998), S. 268.
Der Versorgungsbeitrag der amerikanischen gesetzlichen Rentenversicherung (Old Age, Survivors and Disability Insurance, OASDI) ist relativ gering, was die große Bedeutung der betrieblichen Altersversorgung in den USA erklärt, vgl. Spengel/Schmidt (1997), S. 147 f. Unmittelbare Versorgungszusagen sind dabei in der Praxis unbedeutend, da nach Sec. 404 (a) IRC Zuführungen zu Pensionsrückstellungen steuerlich nicht als Betriebsausgaben anerkannt werden. Zu den mittelbaren Zusagen, insbesondere 401 (k)-Plänen, vgl. Doetsch (1987), S. 2201 f.; von Buddenbrock (1998), S. 267 f. Zur Besteuerung mittelbarer Zusagen in den USA vgl. Spengel/Schmidt (1997), S. 149-156.
Amerikanische institutionelle Investoren verhalten sich bezüglich der internen Überwachung ihrer Portfoliogesellschaften aber zurückhaltend, obwohl sie durch eine effektive Überwachung höhere Renditen erzielen könnten als c.p. beim Verkauf der Anteile an der Börse. Vgl. im Einzelnen Salzberger (1999), S. 89-100.

27 Zu den Regionalbörsen vgl. Hayn (1997), S. 351. Eine Notierung an der NYSE und der AMEX schließen sich gegenseitig aus; an den national exchanges zugelassene Werte werden aber zugleich an den Regionalbörsen gehandelt. Vgl. Metzger (1994), S. 7.

händlergesteuertes Handels- und Notierungsdienstleistungssystem.[28] Im PORTAL werden bestimmte Privatplatzierungen gehandelt.[29] Auf dem dritten und vierten Teilmarkt findet der Handel von börsennotierten und nicht börsennotierten Wertpapieren ausschließlich zwischen institutionellen Anlegern statt.[30]

2.2.2. Zugangshindernisse und -möglichkeiten zum US-amerikanischen Kapitalmarkt

In den USA wurden in unmittelbarer Folge der Weltwirtschaftskrise 1929 erstmalig bundeseinheitliche Gesetze zum Schutz des Wertpapierhandels erlassen. Der Securities Act 1933 (SA) sowie der Securities Exchange Act 1934 (SEA) bilden den Kern des US-Wertpapierrechts.[31] Mit dem SEA wurde die SEC ins Leben gerufen, deren oberstes Ziel es ist, einen optimalen Anlegerschutz sicherzustellen, indem sie für eine vollständige Informationsoffenlegung Sorge trägt.[32] Von den stringenten US-Wertpapiergesetzen betroffen sind alle Unternehmen, deren Wertpapiere in den USA öffentlich gehandelt werden.[33] Die Reglementierung der Neuemissionen sowie des Primärhandels erfolgt über den SA; nach § 5 dieses Gesetzes ist es im Grundsatz verboten, staatlich nicht genehmigte Wertpapiere innerhalb der USA oder aus einem ausländischen Staat in die Vereinigten Staaten zu verkaufen.[34] Sobald neu emittierte Wertpapiere auch Personen mit Wohnsitz in den USA angeboten werden, trifft das Unternehmen eine Registrierungspflicht der Emission nach § 5 SA. Nach § 6 (a) SA muss

---

28 Vgl. Citibank (1995), S. 8. OTC-Bulletin Board/Pink-sheet-Market sind mit dem ungeregelten Freiverkehr vergleichbar. Ein pink sheet ist ein pink-farbenes Kursblatt, auf dem die Kurswerte, die Stückzahl der gehandelten Papiere sowie die Namen und Rufnummern der jeweiligen Wertpapierhändler (market maker) abgedruckt sind. Die pink-sheets werden vom National Quotation Bureau täglich veröffentlicht; der Handel erfolgt dann im Telefonverkehr (Inter-Broker Pink Sheet Trading). Vgl. Citibank (1995), S. 8; Küting/Hayn (1993a), S. 404; Hayn (1997), S. 352.

29 Vgl. den folgenden Gliederungspunkt.

30 Vgl. im Einzelnen Puckler (1986), S. 44; Küting/Hayn (1993a), S. 404; Hayn (1997), S. 353.

31 SA und SEA werden daher auch als Primary Acts bezeichnet; zu einer Übersicht über Secondary Acts, auf die hier aufgrund fehlender Implikationen für die Rechnungslegung nicht eingegangen wird, vgl. Hayn (1997), S. 311; Pellens (2001), S. 62. Diese Bundesgesetze werden auf der Ebene der einzelnen Staaten ergänzt durch die Blue Sky Laws, die im Falle einer SEC-Registrierung im Grundsatz aber keine zusätzlichen Erfordernisse beinhalten, vgl. Assmann (1985), S. 96-98; Wiemann (1987), S. 27 f. Darüber hinaus sind die Zulassungsvoraussetzungen zu beachten, die sich aus den Börsenordnungen der einzelnen Wertpapierbörsen ergeben, vgl. im Einzelnen Hayn (1997), S. 363; Fraune (1994), S. 128; Shapiro (1998), S. 305-311; Fichtel (1998), S. 313-324; Zarb (1998), S. 325-334.

32 Vgl. Noller (1992), S. 420 f.; Wilhelm (1998), S. 365 f.; Hayn (1997), S. 315-320.

33 Das gilt sowohl für US- als auch ausländische Unternehmen, d.h. im Grundsatz werden in- und ausländische Wertpapiere bzw. die diese Wertpapiere ausgebenden Unternehmen gleichbehandelt. Vgl. Noller (1992), S. 420; Wilhelm (1998), S. 368. Zur Umschreibung des foreign private issuer vgl. Rule 405 SA; Rule 3b-4(c) SEA; Beaujean (1998), S. 273.

34 Vgl. Wilhelm (1998), S. 366. Von der Registrierung ausgenommen sind wenige spezifische Wertpapiere (Sec. 3 SA) und Wertpapiertransaktionen (Sec. 4 SA), etwa begrenzte öffentliche Emissionen (limited public offerings) bis zu 5 Mio. US$ oder Privatplatzierungen, vgl. Elben (1998), S. 111 f.; Bungert/Paschos (1995a), S. 135; Hayn (1997), S. 313.

ein Unternehmen der SEC ein registration statement einreichen, in dem das Unternehmen Informationen zu den angebotenen Wertpapieren, dem Unternehmen selbst sowie zu deren Finanzlage offen legen muss.[35] Nach der Anmeldung resultieren aus dem SA keine fortlaufenden Berichterstattungspflichten.

Der SEA erfasst den gesamten Sekundärhandel, unabhängig von einer Emission nach dem SA; er regelt demnach zusätzlich die periodischen Publizitätspflichten, denen sich börsennotierte Unternehmen nach der erstmaligen Registrierung an einer amerikanischen Wertpapierbörse zu unterwerfen haben.[36] Durch die Börsennotierung eines Wertpapiers (Sec. 12 (b) SEA), den Handel des Wertpapiers an der NASDAQ (Sec. 12 (g) SEA) oder das Überschreiten des Grenzwerts von 500 weltweiten Anlegern, die Wertpapiere derselben Kategorie bzw. Klasse eines ausländischen Unternehmens besitzen, das eine Bilanzsumme von über 5 Mio. US-$ ausweist, wird die Zulassungsverpflichtung zum Sekundärhandel unter dem SEA ausgelöst, sofern sich das Unternehmen nicht für einen Befreiungstatbestand qualifiziert (Sec. 12 (g) SEA).[37] Sowohl nach SA als auch nach SEA haben die Registrierungserklärungen den US-GAAP zu entsprechen.[38]

Den Zugang zum US-Eigenkapitalmarkt suchen deutsche Unternehmen in erster Linie über American Depositary Receipts (ADR).[39] Das ADR ist ein handelbarer Hinterlegungsschein (Depotanteilsschein) über Aktien ausländischer Unternehmen, der von einer US-Bank (depositary bank) herausgegeben wird, welche die zugrunde liegenden Aktien treuhänderisch ver-

---

35 Vgl. Siebert (1996), S. 11; Grammer (1998), S. 360. Vgl. im Einzelnen zur Registrierung unter dem SA 1933 Hayn (1997), S. 321-327; Pellens (2001), S. 64-66; Wilhelm (1998), S. 367-372.

36 Vgl. Grammer (1998), S. 360; Zachert (1994), S. 210. Vgl. im Einzelnen zur Registrierung unter dem SEA 1934 Hayn (1997), S. 327-350; Pellens (2001), S. 66-69; Wilhelm (1998), S. 372-375.

37 Vgl. Schildbach (1999a), S. 359; Hayn (1997), S. 314.
Durch die Einführung von Sec. 12 (g) SEA im Jahre 1964 wurden die Registrierungsvorschriften nach dem SEA auf " ... alle ausländischen Unternehmen, deren Aktien direkt oder mittels ADR`s auf dem OTC-Markt gehandelt werden" (Assmann (1982), S. 74) ausgedehnt, d.h. dass " ... Wertpapiere, die bspw. in Deutschland emittiert wurden, und nunmehr - mittels Initiative des ausgebenden Unternehmens oder ohne dieselbe – in den USA gehandelt werden, unter den Anwendungsbereich des SEA fallen", Hayn (1997), S. 314. Wesentliche Ausnahme ist hier die home-country-exemption.

38 Zur Registrierung nach dem SA wird auf Form 20-F verwiesen, welches zur Registrierung und jährlichen Berichterstattung nach dem SEA verwendet wird. Vgl. zu Form 20-F im Einzelnen Beaujean (1998), S. 273-276. Als Alternative kann eine sog. reconciliation (Überleitungsrechnung) angefertigt werden, in der wesentliche Unterschiede zwischen dem Jahresabschluss des Heimatlandes und dem Jahresabschluss nach US-GAAP zu erläutern und zu quantifizieren sind. Vgl. Form 20-F, Item 17 (c) bzw. Item 18 (c).

39 Vgl. zu den ADR im Einzelnen Assmann (1982), S. 69-78; Böckenhoff/Ross (1993), S. 1781-1787 u. S. 1825-1829; Bungert/Paschos (1995b), S. 221-237; von Dryander (1998), S. 82-88; Harrer/King (1999), S. 188-192; Lendner (1997), S. 596-608; Röhler (1997); Roquette/Stanger (1994), S. 138 ff.; Stanger (1998), S. 31-38; Zachert (1993a), S. 1985-1988; ders. (1993b), S. 1426-1430.
Im Folgenden wird nur auf sponsored ADRs eingegangen; unsponsored ADRs werden nur noch selten verwendet.

wahrt.[40] Ein ADR-Zertifikat kann eine oder mehrere ausländische Aktien repräsentieren, so dass der Kurs der hinterlegten Aktie individuell auf das angestrebte Marktsegment als auch auf die Kurswerte der Konkurrenzfirmen zugeschnitten werden kann. Der ADR-Investor wird in das Register der depositary bank eingetragen, wodurch die hinterlegte Aktie des ausländischen Unternehmens quasi in ein Namenspapier transformiert wird. Infolge dieses Konvertierungskonstrukts gilt das ADR als US-Wertpapier, so dass Anleger, die nach Einzelstaatenrecht oder satzungsbedingt weitgehend nur in US-Wertpapiere anlegen dürfen (insbesondere staatliche Pensionsfonds, Lebensversicherungsgesellschaften, Kreditinstitute), über das ADR in ausländische Aktien investieren können, was eine wesentliche Verbreiterung der potentiellen Investorenschicht impliziert.[41]

Zudem kann durch den Rückgriff auf die ADRs der physische Transfer der Originalaktien in die USA grundsätzlich vermieden werden, da die eigentlichen Unternehmensaktien bei einer Bank (custodian bank) im Heimatland des Unternehmens deponiert werden können, während das in den USA gehandelte Wertpapier (ADR) physisch bei der für den Aktienhandel und Wertpapierabwicklung maßgebenden US-Zentralverwaltungsstelle, der Depositary Trust Company (DTC) liegt.[42] ADRs sind als Namenspapiere durch Indossament veräußerbar.

Aufgrund dieser Vorteile stellen ADRs " ... die bequemste Art eines Kapitalmarktzugangs dar und bilden mithin den Schwerpunkt der betrachteten Zugangsmöglichkeiten ausländischer

---

40 Zu den Aufgaben der Depotbank vgl. Harrer/King (1999), S. 189-192; Wunderlich (1998), S. 39-55; Hamacher (1998), S. 238-244.

41 Vgl. von Rosen (1998), S. 21; Lendner (1997), S. 597; Menzel (1998), S. 77; Kröske (1998), S. 383.

42 Vgl. im Einzelnen Zachert (1993a), S. 1986 f.
Die ADR wurden insbesondere deshalb entwickelt, um ausländische Aktien in den USA handelsfähig zu machen und die Abwicklungsschwierigkeiten zu vermeiden, die sich bei einer Ausgabe von ordinary shares, d.h. den im Heimatland emittierten Original-Aktien, ergäben. Über ordinary shares können nicht die angesprochenen Investitionshemmnisse bestimmter Anleger überwunden werden. Deutsche Aktien lauten i.d.R. auf den Inhaber, während US-Aktien demgegenüber Namensaktien (registered shares) sind; die wichtigsten US-Börsen lassen derzeit aber Aktien in Inhaberform nicht unmittelbar zum Handel zu. Zudem wäre im Grundsatz ein physischer Transport der Aktien in die USA erforderlich, um diese bei der DTC hinterlegen zu können, da die DTC eine Hinterlegung der in den USA gehandelten Wertpapiere im Ausland nicht akzeptiert. Eine Umgehung der DTC ist zwar grundsätzlich möglich, führt aber zu erheblichen Zeitverzögerungen und zusätzlichen Kosten. Vgl. Zachert (1994), S. 216; Noller (1992), S. 420; Rosen/Prechtel (1996), S. 390; von Dryander (1998), S. 82 f., 96 f.
Die Möglichkeit, den Zugang zum US-Eigenkapitalmarkt über american shares, d.h. speziell für den US-Eigenkapitalmarkt emittierte Stücke, die als amerikanische Aktien ausgegeben werden und sich von den heimischen Stücken nur hinsichtlich der Notierung in US-Dollar unterscheiden, aber natürlich vollständig dem US-Recht unterliegen, zu suchen, scheidet für deutsche Unternehmen aus, da gemäß § 6 AktG der Nennbetrag der ausgegebenen Aktien auf € zu lauten hat. Vgl. Zachert (1994), S. 216; Noller (1992), S. 420.

Unternehmen zum US-Kapitalmarkt."[43] Die Gesamtanzahl der gehandelten ADRs übersteigt die Anzahl der notierten Auslandsaktien am US-Kapitalmarkt um ein Vielfaches.

Die öffentliche Platzierung von ADRs wird in drei Ebenen untergliedert. Level I ADRs dienen der schrittweisen Heranführung zum US-Eigenkapitalmarkt; sie basieren vornehmlich auf Aktien, die am OTC Bulletin Board und dem Pink Sheet Market umlaufen. Level I ADRs müssen als eigenständige Wertpapiere nach dem SA zwar bei der SEC registriert werden,[44] das Aufstellen von Jahresabschlüssen nach US-GAAP und die damit verbundene Offenlegungspflicht kann aber unterbleiben. Denn nach Rule 12g3-2 der SEC sind ausländische Unternehmen, deren Wertpapiere nur außerbörslich gehandelt werden, von den Anforderungen nach Sec. 12 (g) SEA freigestellt, wenn weniger als 300 US-Anleger die bestimmte Wertpapierkategorie halten oder alle im Heimatland des ausländischen Emittenten, gegenüber anderen Börsen oder gegenüber den Anteilseignern veröffentlichten oder eingereichten Informationen ebenfalls der SEC vorgelegt werden (home-country-exemption).[45] Weder ein Listing im NASDAQ oder an einer nationalen Börse noch eine Kapitalerhöhung ist aber möglich, da die ADRs nur für die bestehenden Aktien ausgestellt werden.[46]

Level II ADRs zielen auf eine öffentliche Notierung an einer der nationalen US-Börsen oder im NASDAQ. Verbunden mit diesem Programm ist die Pflicht zur Bilanzierung und Offenlegung nach US-GAAP. Level II ADRs erschließen dem Emittenten alle Investorenschichten des US-Kapitalmarktes, ermöglichen aber keine Kapitalerhöhung.[47] Bei einer öffentlichen Platzierung greifen neben den umfangreichen Registrierungsbestimmungen der SEC auch strenge Haftungsvorschriften.[48]

Level III ADRs werden üblicherweise börsennotiert oder im NASDAQ-Handel platziert. Mit einem Level III ADR ist neben der Platzierung bereits emittierter Papiere zusätzlich eine Bör-

---

43 Hayn (1997), S. 354.

44 Vgl. Harrer/King (1999), S. 188. Das außerbörsliche Marktsegment wird zum Zwecke der Verbesserung des Freiverkehrs vornehmlich durch die private Vereinigung der Börsenmarkler (National Association of Securities Dealers, NASD) kontrolliert, welche ihrerseits der Aufsicht durch die SEC unterliegt. Vgl. Assmann (1985), S. 102; Wiemann (1987), S. 30; Giersch/Schmidt (1986), S. 34-40.

45 Vgl. Böckenhoff/Ross (1993), S. 1826; Schildbach (1999a), S. 359; von Dryander (1998), S. 86; Hayn (1997), S. 314 f. u. 347-350. D.h. also, dass eine Börsennotierung der home-country-exemption entgegensteht. Allerdings fällt auch der NASDAQ-Handel als wesentliches Marktsegment des außerbörslichen Handels hierunter. Diese Befreiung begründet daher im Ergebnis lediglich " ... eine Freistellung für die Zulassung zur Notierung im OTC-Markt", Böckenhoff/Ross (1993), S. 1826.

46 Vgl. Rosen/Prechtel (1996), S. 391; Zachert (1994), S. 218.

47 Vgl. Zachert (1994), S. 218.

48 Vgl. Lendner (1997), S. 604-606; Meier (1994), S. 243 f.

seneinführung durch Neuemission oder Kapitalerhöhung möglich, so dass auf diesem Wege die Vorteile des US-Kapitalmarktes – breite Investorenbasis und hohe Liquidität – vollständig genutzt werden können.[49] Die Berichtspflichten erweitern sich insbesondere um die Spartenergebnisse (segment reporting).[50]

ADRs können auch "nur" privat platziert werden.[51] Es besteht grundsätzlich keine umfangreiche Offenlegungs- und Registrierungspflicht;[52] der Umfang der Offenlegung von Unternehmensdaten bleibt einer Vereinbarung zwischen dem Unternehmen und den Investoren überlassen. Gewöhnlich werden die auch im Heimatland publizierten Daten offen gelegt. Allerdings ist der Investorenkreis eingeschränkt, da jeder Erwerber von privatplatzierten Wertpapieren bei der SEC registriert sein muss. Zudem ist eine Veräußerung privat platzierter Papiere nur unter restriktiven Bedingungen möglich; im Grundsatz besteht ein Veräußerungsverbot von drei Jahren, welches regelmäßig Renditenachteile durch niedrigere zu erzielende Preise privat platzierter Aktien oder anderer Wertpapiere nach sich zieht.[53] Nach Rule 144A SA ist aber der Weiterverkauf bereits emittierter Wertpapiere an qualifizierte institutionelle Käufer (QIB, qualified institutional buyers)[54] erlaubt (restricted ADR programmes).[55] Dieser Handel zwischen institutionellen Investoren wird durch das PORTAL-Quotierungssystem der NASD erleichtert.

---

49 Vgl. Rosen/Prechtel (1996), S. 391.

50 Vgl. Zachert (1993a), S. 1987; Hayn (1997), S. 362 f.

51 Vgl. Hanks (1999), S. 3. Als private placements gelten Wertpapiertransaktionen, die unter Ausschluss der Öffentlichkeit einem kleinen Kreis von meist institutionellen Investoren angeboten werden, vgl. Wilhelm (1998), S. 369. Der US-amerikanische Markt für Privatplatzierungen ist einer der größten Wertpapiermärkte der Welt; vornehmlich ist er durch mittel- und langfristige Schuldverschreibungen gekennzeichnet, zunehmend aber auch durch Aktien, vgl. Bungert/Paschos (1995a), S. 137.
Zu Privatplatzierungen vgl. im Einzelnen Morrison/Stanger (1998), S. 99-114; Baum/Breidenbach (1990), S. 22 f.; Bungert/Paschos (1995a), S. 137-141; Paefgen (1990), S. 1903 f.; Meier (1994), S. 244 f.; von Dryander/Martin (1989), S. 541-544.

52 Vgl. Sec. 4 (2) SA.

53 Vgl. Noller (1992), S. 426; Bungert/Paschos (1995a), S. 138 f.; Wilhelm (1998), S. 371.

54 Hierzu zählen erstens Institutionen wie Kapital-, Versicherungs- oder Investmentgesellschaften, die mindestens 100 Mio. US$ in Wertpapiere investiert haben, zweitens Banken und Spar- und Darlehenskassen, die zusätzlich eine Eigenkapitalausstattung von mindestens 25 Mio. US-$ aufweisen und drittens Wertpapierhändler, die Papiere im Mindestwert von 10 Mio. US-$ halten. Vgl. Morrison/Stanger (1998), S. 104 f.; Wilhelm (1998), S. 371 m.w.N. Kritisch hierzu Paefgen (1990), S. 1899, sowie von Dryander/Martin (1989), S. 542, die bemängeln, dass ein großer Wertpapierbesitz nicht zwingend mit einem ausgeprägten Sach- und Fachwissen einhergeht.

55 Vgl. Link (1990), S. 643-647; Bungert/Paschos (1995a), S. 139-141. Rule 144a SA wurde insbesondere deshalb erlassen, weil für den internationalen Handel mit Privatplatzierungen fast ausschließlich der Euromarkt Bedeutung hatte; die USA befürchteten im Zuge der Internationalisierung der Finanzmärkte eine völlige Isolierung in diesem Bereich. Vgl. Link (1990), S. 643.

2.2.3. Notwendigkeit einer Börseneinführung in den USA?

Es wurde deutlich, dass die US-GAAP für international tätige Unternehmen eine große Bedeutung erlangt haben, weil sich die SEC weigert, abgesehen vom Reziprozitätsabkommen mit Kanada,[56] nach ausländischem Recht aufgestellte Jahresabschlüsse anzuerkennen. Die SEC folgt nicht dem international üblichen Reziprozitätsprinzip, welches zu einer gegenseitigen Anerkennung von Jahresabschlüssen führt und nach dem im jeweiligen Land der Börse dem Investor dieselbe Information zur Verfügung gestellt werden muss wie im Heimatland des Emittenten.[57] Demgegenüber soll nach Ansicht der SEC der US-Investor alle Informationen bekommen, die auch von einem US-Emittenten zu veröffentlichen sind; der Grundsatz der Gleichbehandlung in- und ausländischer Unternehmen steht unausgesprochen dahinter. "In der US-Wirtschaft und -Politik findet daher die Haltung der SEC vielfach Unterstützung mit der Begründung, daß andernfalls ausländische Unternehmen aufgrund geringerer Publizitätsanforderungen Kosten- und Wettbewerbsvorteile gegenüber US-Unternehmen hätten."[58] Die Haltung der SEC zwingt US-Investoren teilweise dazu, den Erwerb von Auslandswerten über ausländische Börsen oder den weniger stark regulierten OTC-Markt abzuwickeln;[59] gerade der OTC-Markt profitiert hiervon.[60]

Die Ausführungen unter 2.2.2. haben aber gezeigt, dass eine Finanzierung über den US-amerikanischen Kapitalmarkt unter bestimmten Voraussetzungen auch ohne Rechnungslegung nach US-GAAP möglich ist. Es stellt sich damit die Frage nach der Notwendigkeit einer Börseneinführung in den USA. Im Einzelnen gelten als wesentliche Motive der Börseneinführung aus finanzwirtschaftlicher Sicht der verbesserte Zugang zu den jeweiligen Finanzmärkten, ein höherer Bekanntheitsgrad und eine Image-Verbesserung des Unternehmens, eine internationale Verbreiterung des Aktionärskreises und damit eine höhere Flexibilität bei der Aufnahme von Eigenkapital.[61] Ziel ist es letztendlich dabei, eine Höherbewertung der Aktie

---

[56] Vgl. Weber/Hayn (1998), S. 177; Fraune (1994), S. 134.

[57] Vgl. Seeberg (1994), S. 147; Liener (1993), S. 734.
Für amerikanische Unternehmen gibt es keine Probleme, an europäische Börsen zu gehen, da die US-GAAP überall akzeptiert werden.

[58] Seeberg (1994), S. 147.

[59] Vgl. Longstreth (1994), S. 95.

[60] Vgl. Seeberg (1994), S. 147 f.

[61] Vgl. Küting/Hayn (1992), S. 38; Bruns (1997), S. 32; ders. (1998a), S. 384 f.; Liener (1993), S. 726 f.; Roll/Kilka/Schiereck (1998), S. 771-774; Hülsebeck (2000), S. 894 f.; Wilhelm (1998), S. 365; Bungert/Paschos (1995a), S. 134; Menzel (1998), S. 70 f.; Titzrath (1996), S. 100; Schiereck (1993), S. 320.

und eine entsprechende Senkung der Eigenkapitalkosten zu erreichen.[62] Eine angemessene Bewertung der Aktie, eine verbreiterte Aktionärsbasis und Stückelung des Anteilsbesitzes reduziert auch die Verwundbarkeit eines Unternehmens gegenüber feindlichen Übernahmen.[63]

Darüber hinaus eröffnet die verstärkte Eigenkapitalbasis neue Fremdfinanzierungsmöglichkeiten und erweitert so den Finanzierungsspielraum. Die Präsenz an weltweit wichtigen Börsenplätzen kann auch nützlich sein, um Fremdkapitalinstrumente mit Eigenkapital-Charakteristika (equity-linked Securities) zu platzieren, also z.B. Optionsanleihen und Wandelschuldverschreibungen. Diese Kapitalmarktinstrumente lassen sich c.p. leichter in ausländischen Märkten platzieren, wenn der Anleihegläubiger weiß, dass auch die Aktie, die er im Falle der Optionsanleihe ggf. später erwirbt oder bei der Wandelschuldverschreibung durch Tausch erhält, an seiner Heimatbörse notiert ist.[64]

Hinzu kommen operative Vorteile der Börseneinführung, die vor allem in günstigeren Chancen für den Absatz der Produkte im lokalen Markt, einer erleichterten einzelstaatlichen Rekrutierung des Managementnachwuchses, der Verbesserung der Kunden- und Lieferantenbeziehungen, der indirekten Werbung und Erhöhung des Bekanntheitsgrades durch Berichte in der Tagespresse sowie der erleichterten Kontaktpflege zu öffentlichen Einrichtungen und Institutionen des betreffenden Staates gesehen werden.[65] So ist für Unternehmen, die Produktionsstätten in den USA unterhalten, eine US-Börsennotierung auch deshalb erstrebenswert, weil dort die Ausgabe von Aktien als Gehaltsbestandteil üblich ist, diese Anteile aber für den Arbeitnehmer nur dann steuerbegünstigt sind, wenn sie an US-Börsen notiert sind.[66] Ohne Belegschaftsaktien können insbesondere Führungskräfte und hart umworbene Fachkräfte in den USA offenbar kaum noch geworben werden.[67] Für einen global player ist die Präsenz an der NYSE ferner eine Standing-Frage.

Für den privaten Anleger ist die Börseneinführung insofern wichtig, als sie ihm die Möglichkeit verschafft, die Aktiennotierung des ausländischen Unternehmens im Kursblatt der Ta-

---

[62] Vgl. Roll/Kilka/Schiereck (1998), S. 771; Paul (1993a), S. 101; ders. (1991), S. 942 f. Im Einzelnen auch ders. (1992), S. 914 ff. Derartige Effekte konnten empirisch bisher aber nicht eindeutig nachgewiesen werden, vgl. im Einzelnen Glaum/Mandler (1996), S. 56-59 m.w.N.

[63] Vgl. Paul (1991), S. 943; Küting/Hayn (1993a), S. 402.

[64] Vgl. Bruns (1998a), S. 386; Stanger (1998), S. 36.

[65] Vgl. Küting/Hayn (1992), S. 38; Paul (1993a), S. 101; Bruns (1997), S. 32; Roll/Kilka/Schiereck (1998), S. 774 f.; von Rosen (1998), S. 19; Löwe (1998), S. 65; Raettig (1998), S. 252.

[66] Vgl. Hartmann, U. (1998), S. 261; Löwe (1998), S. 65; Bruns (1998a), S. 385.

[67] Vgl. Raettig (1998), S. 251, 254.

gespresse täglich zu verfolgen und sie in seiner lokalen Währung mit ähnlichen lokalen Werten zu vergleichen sowie sich durch die Berichterstattung des Unternehmens ständig auf dem Laufenden zu halten.[68] Zudem erhält er die Dividende in seiner Heimatwährung, was ihm Kosten der Konvertierung erspart.[69]

Global operierende institutionelle Anleger rufen regelmäßig den Heimatmarkt des betreffenden Unternehmens wegen der größeren Markttiefe und damit geringerer Spreads zwischen Geld- und Briefkursen und höherer Liquidität für ihre Transaktionen an.[70] Für sie ist die Notierung aber ein Signal, dass sich das ausländische Unternehmen an den betreffenden Finanzplatz und das Land langfristig bindet, was insbesondere für Anleger in den USA und Japan wichtig erscheint.[71] Für die institutionellen Anleger zählt zunächst die Visibility einer Aktiengesellschaft, ehe sie einen Titel bei ihren Anlageentscheidungen nach Risiko- und Renditeüberlegungen mit ins Kalkül einbeziehen;[72] US-amerikanische Investoren betrachten eine Notierung in ihrem Heimatmarkt offenbar als eine Art Gütesiegel. Den marktpolitischen Gründen für eine Notierung kommt somit eine hohe Bedeutung zu, so dass eine Börseneinführung oftmals als "Maßnahme gezielter Investor Relations Aktivitäten"[73] aufgefasst werden kann. Selbst wenn mit der Notierung nur ein Public Relations Effekt verbunden wäre, so würde dies helfen, die Aufmerksamkeit der institutionellen Anleger auf Dauer zu erhalten. Darüber hinaus wird in bestimmten Fällen durch ein Listing an ausländischen Börsenplätzen die Aktie für neue Investoren überhaupt erst zugänglich; dies gilt insbesondere für bestimmte US-Pensionsfonds oder Versicherungen, die aufgrund ihrer Satzung oder sonstiger Bestimmungen lediglich in Aktien solcher Unternehmungen investieren dürfen, die bei der SEC registriert bzw. an der NYSE notiert sind.[74] Dieses Verhalten ausländischer Investoren erklärt in weitem Maße den auf der einen Seite relativ geringen Umsatz an ausländischen Börsenplätzen und andererseits die Aufrechterhaltung dieser Notierungen.[75]

In Anbetracht dieser möglichen Gründe einer Börseneinführung sind Privatplatzierungen von ADRs und Level I ADRs zu empfehlen, wenn nur finanzpolitische Ziele – und dies auch nur

---

68 Vgl. Paul (1993a), S. 102; Bruns (1998a), S. 384. Durch das Internet verliert dieses Argument natürlich stark an Bedeutung.

69 Vgl. Francioni/Böhnlein (1998), S. 257; Bruns (1998a), S. 384.

70 Vgl. Wenger/Kaserer (1999), S. 167; Schiereck (1993), S. 323; Stanger (1998), S. 35; Küting/Hayn (1993a), S. 402; Paul (1991), S. 937; Kruesmann (1998), S. 282.

71 Vgl. Paul (1993a), S. 102.

72 Vgl. Francioni/Böhnlein (1998), S. 256; Paul (1993a), S. 93.

73 Vgl. Paul (1993a), S. 101.

74 Vgl. Bruns (1998a), S. 385; Kleber (1994), S. 72; Taibl/Giersberg (1994), S. 694; Noller (1992), S. 425.

75 Vgl. Schiereck (1993), S. 322.

in gewissen Grenzen – im Vordergrund stehen.[76] Privatplatzierungen von ADRs nach Rule 144A SA können in relativ kurzer Zeit realisiert werden und sind kostengünstig; sie gelten als " ... eine sehr effektive Methode zur echten Kapitalaufnahme am US-Kapitalmarkt .. "[77]. Restricted ADR programmes sind daher mittlerweile marktüblich. Zahlreiche deutsche Aktiengesellschaften haben bisher Rule 144A Equity Offerings unternommen,[78] woraus sich schließen lässt, " ... that adressing institutional investors is indeed worth the trouble."[79] Allerdings können sich Handelshemmnisse für Privatplatzierungen etwa dadurch ergeben, dass eine große Zahl von potentiellen Käufern, wie z.B. Anlagefonds, durch ihre Satzungen, Kundenanweisungen oder einzelstaatliche Verordnungen daran gehindert sind, Wertpapiere aus Privatplatzierungen zu erwerben.[80] Auch eine Erhöhung des Bekanntheitsgrades ist über privat platzierte ADRs offenbar nur begrenzt möglich.[81]

Level I ADRs sind als Alternative eines Zugangs zum US-Kapitalmarkt nicht zu unterschätzen; zum OTC-Bulletin Board/Pink-sheet-Market haben nämlich insbesondere Pensionsfonds als die dominierenden institutionellen Anleger und andere staatliche institutionelle Anleger Zugang. Es wird herausgestellt, dass die Aufmerksamkeit der Analysten nicht nur über einen Zugang zu einer US-Börse, sondern auch über den außerbörslichen Handel erreicht werden kann.[82] Level I ADRs stiften hinsichtlich einer Steigerung des Bekanntheitsgrades aber nur einen eingeschränkten Nutzen.[83] Level I ADRs haben darüber hinaus die Vorteile einer relativ schnellen Realisierung und niedriger Kosten.[84] Die Mehrheit der ADR-Programme deutscher Gesellschaften sind aus diesen Gründen Level I Programme.[85] Oftmals werden Level I ADR-Programme und Rule 144A-Privatplatzierungen parallel gefahren (side-by-side Konstruktionen); dies führt z.B. " ... dazu, daß sowohl die Möglichkeit zur Kapitalgenerierung auf dem US Markt gegeben ist und gleichzeitig breite Anlegerkreise angesprochen werden können."[86]

---

76 Vgl. Lendncr (1997), S. 607.
77 Von Rosen (1998), S. 24.
78 Vgl. zu Verweisen auf einzelne Unternehmen Metzger (1994), S. 18; Link (1990), S. 647; von Rosen/Prechtel (1996), S. 392, Fn. 11.
79 Morrison/Stanger (1998), S. 113.
80 Vgl. Link (1990), S. 647; Noller (1992), S. 425; Lendner (1997), S. 601, 608.
81 Vgl. Wilhelm (1998), S. 369; Gerke (1993), S. 417; Löwe (1998), S. 62; Pape/Heintges (1998), S. 203.
82 Vgl. von Rosen (1998), S. 19.
83 Vgl. Lendner (1997), S. 599; Hayn (1997), S. 352; Zachert (1994), S. 218; Löwe (1998), S. 60; Menzel (1998), S. 73.
84 Vgl. Taibl/Giersberg (1994), S. 699.
85 Vgl. Harrer/King (1999), S. 189.
86 Menzel (1998), S. 75.

Übersteigt der Kapitalbedarf allerdings bestimmte Größenordnungen und werden auch marktpolitische Ziele angestrebt, ist auf höherwertige ADR-Programme abzustellen; durch sie kann eine Image- und Bekanntheitsgradverbesserung auf breiter Basis herbeigeführt werden.[87] Das Medieninteresse an Level III ADR, wie auch an Level II ADR, ist sehr hoch, speziell an der NYSE. Die Aufmerksamkeit der Aktienanalysten von US-Investmentbanken kann über den Gang an eine US-Börse erzielt werden und diese zu einer Berichterstattung veranlassen.

Vor diesem Hintergrund erklären sich die Zweifel an der Notwendigkeit einer Börsenzulassung in den USA; eine Notierung in den USA sei nur notwendig, " ... wenn man auch `Lieschen Müller in Connecticut erreichen will´".[88] Der Anteil amerikanischer Aktionäre an deutschen Unternehmen sei auch bisher schon nicht unerheblich (z.B. bei Mannesmann ca. 25%, 1997; bei Bayer ca. 47%, 1993).[89] Zudem muss man sehen, dass nicht nur die Rechnungslegung nach US-GAAP und die Rechtsberatung einen hohen finanziellen Aufwand verursachen,[90] auch die Folgekosten eines Listing in den USA sind beträchtlich: Amerikanische Analysten und Investoren gelten als sehr anspruchsvoll und erwarten, regelmäßig vor Ort betreut zu werden.[91] Es wird in der Literatur bezweifelt, ob dieser erhöhte Kostenaufwand in einem wirtschaftlichen Verhältnis zu den Nutzenzuwächsen eines Listings in den beschriebenen Marktsegmenten steht.[92] Für viele kleinere, innovative Unternehmen hat der Neue Markt Überlegungen zur Notierung an einer US-Börse ohnehin überflüssig gemacht, was allerdings ebenfalls die Pflicht zur Rechnungslegung nach US-GAAP bzw. IAS nach sich zieht.[93]

Die Notierungen deutscher Unternehmen an der NYSE bzw. der NASDAQ werden in der Literatur unter finanzwirtschaftlichen Aspekten aber als Erfolg gewertet; so wurde für das Jahr 1997 festgestellt, dass in New York ein nachhaltiger Handel in Aktien deutscher Unternehmen stattfand, der allerdings im Zeitablauf tendenziell abnahm. Zudem wurde durch die Notierungen in New York offenbar kein Handelsvolumen aus Deutschland abgezogen, viel-

---

87 Vgl. Lendner (1997), S. 607; von Buddenbrock (1998), S. 272 f.

88 Mayer-Wegelin (1997), S. 715, der eine Äußerung auf dem 49. Deutschen Betriebswirtschafter-Tag am 26.9.1995 in Frankfurt a. M. wiedergibt.

89 Vgl. Mayer-Wegelin (1997), S. 715.

90 Vgl. Zachert (1994), S. 218; Noller (1992), S. 423 f.; Lendner (1997), S. 600. Nach Liener waren 1993 für eine Aktiennotierung in den USA drei Millionen DM anzusetzen, vgl. Liener (1993), S. 736.

91 Vgl. Francioni/Böhnlein (1998), S. 258. Zu Investor Relations am US-Kapitalmarkt vgl. im Einzelnen Kruesmann (1998), S. 275-285; Gentz (1998), S. 369 f.; Kröske (1998), S. 388-392.

92 Vgl. Radebaugh/Gebhardt/Gray (1995), S. 182-185, 186.

93 Vgl. Francioni/Böhnlein (1998), S. 261 f. Zum Neuen Markt vgl. Gerke (1999), S. 204-206; Harrer/Erwe (1998), S. 662-674.

mehr wurde zusätzliches Handelsvolumen generiert.[94] Dennoch bleiben die Umsätze im Vergleich zum Inlandsmarkt eher gering; ausländische und deutsche Anleger ziehen es tendenziell nach wie vor vor, die Originalaktien direkt in Deutschland zu ordern.[95]

Der Zusammenschluss der Daimler Benz AG und der Chrysler Corporation[96] hat ein weiteres, wesentliches Motiv einer Börseneinführung in den USA deutlich werden lassen: Die Unternehmen wollen sich mit einer in Dollar gehandelten Aktie eine Akquisitionswährung für den amerikanischen Markt schaffen. Die Marktposition in den USA soll langfristig ausgebaut werden, jedoch ist wohl kaum ein Unternehmen in der Lage, diese Expansion über Barofferten zu meistern.[97] Ein Listing in den USA ermöglicht den Aktientausch und macht so Akquisitionen amerikanischer durch deutsche Unternehmen relativ einfach; die bei einem Aktientausch in den USA angebotenen Wertpapiere müssen bei der SEC registriert sein.[98] Die Finanzierung eines Unternehmenskaufs in den USA durch einen Aktientausch vermindert u.a. die Notwendigkeit der Fremdkapitalfinanzierung, schaltet das Kursrisiko aus und wirkt sich günstig auf die Liquidität des kaufenden Unternehmens aus. Das Unternehmenswachstum lässt sich so weiter in neue Dimensionen treiben; gleiches gilt für die Managementgehälter.[99]

Akquisitionen in den USA über einen Aktientausch sind für Veräußerer und Erwerber insbesondere auch steuerlich vorteilhaft; eine Aufdeckung stiller Reserven wird so vermieden.[100] Allerdings beziehen sich diese steuerlichen Argumente nur auf den Zeitpunkt des Tausches. Danach muss man sehen, dass der US-Anteilseigner, der nach dem Zusammenschluss nicht mehr an einer US-amerikanischen (Chrysler Corporation), sondern an einer Gesellschaft mit Sitz in Deutschland (DaimlerChrysler) beteiligt ist, unter der Herrschaft des deutschen körperschaftsteuerlichen Anrechnungsverfahrens benachteiligt wird; eine Körperschaftsteuergutschrift steht ihm nicht zu,[101] so dass seine Beteiligung gegenüber derjenigen eines deutschen Aktionärs erheblich an Wert verliert. Folglich " ... ist mit einer Vertreibung ausländischer

---

94 Vgl. Hirsch/Schiereck (1999), S. 195-211.

95 Vgl. Francioni/Böhnlein (1998), S. 259. Gewöhnlich findet nur an der NYSE und der London Stock Exchange ein reger Handel in zahlreichen ausländischen Aktien statt, vgl. z.B. Schiereck (1997), S. 363 f.

96 Vgl. Bruns (1999a), S. 831-840; Rammert (1999), S. 620-632.

97 Allerdings scheitert ein Großteil der Fusionen oder zeigt zumindest unterdurchschnittliche Ergebnisse, vgl. Strenger (2001), S. 70.

98 Vgl. Wenger/Kaserer (1999), S. 169 f.; von Rosen (1998), S. 18; Löwe (1998), S. 66; von Dryander (1998), S. 81; Dyckerhoff (2001), S. 71; Breuer (1999), S. 52.

99 Vgl. Wenger/Kaserer (1999), S. 170.

100 Vgl. Lee/Kowallik (2001), S. 1090.

101 Vgl. § 50 Abs. 5 S. 2 EStG a.F., §§ 50 Abs. 1 Nr. 2, 51 KStG a.F. Zu Ausnahmen vgl. §§ 1 Abs. 3, 50 Abs. 5 S. 3 EStG a.F., § 50 Abs. 1 Nr. 2 KStG a.F.

Anleger aus der Aktie zu rechnen"[102]. In der Tat ist letzteres inzwischen auch eingetreten, wozu aber auch nichtsteuerliche Gründe führten.[103] Die nicht-harmonisierten Körperschaftsteuersysteme stehen einer verstärkten Internationalisierung der Beteiligungsverhältnisse multinationaler Unternehmen und somit einer angestrebten internationalen Risikostreuung im Wege.[104] Mit dem Übergang auf das Halbeinkünfteverfahren wird die Ungleichbehandlung von Steuerinländern und -ausländern in Bezug auf den körperschaftsteuerlichen Anrechnungsanspruch beseitigt, indem die KSt-Belastung i.H.v. 25% auch bei Steuerinländern definitiv ist.[105]

2.2.4. Fazit

Eine Inanspruchnahme des US-amerikanischen Kapitalmarktes ist nicht zwingend mit einer Bilanzierung nach US-GAAP verbunden. Demnach sind die mit einem Zugang zum US-Kapitalmarkt verbundenen Offenlegungs- und Registrierungspflichten der SEC nur eine mögliche Begründung für die Anwendung der US-GAAP. Jedoch auch Unternehmen, die auf diesen Zugang ganz verzichten oder aber aufgrund eines Level I ADR oder einer Rule 144a SA-Privatplatzierung nicht den strengen Rechnungslegungspflichten der SEC unterliegen, wenden internationale Rechnungslegungsstandards an. Diesen Gründen wird im Folgenden nachgegangen: Der Unternehmenssteuerung durch Kapitalmärkte (Gliederungspunkt 3.1.) und der durch das Management (Gliederungspunkt 3.2.).

---

102 Wenger/Kaserer (1999), S. 195.

103 Vgl. im Einzelnen Wenger/Kaserer (1999), S. 192.

104 Vgl. Wenger/Kaserer (1999), S. 197. Vgl. grundlegend zu der Problematik der nicht-harmonisierten Körperschaftsteuersysteme Jacobs (1999), S. 264-278; Schreiber (1994), S. 238-254; Spengel (1998), S. 348-368.

105 Vgl. Spengel/Jaeger/Müller (2000), S. 258. Zu den Wirkungen des Halbeinkünfteverfahrens bei aus- und inländischen Investitionen vgl. Schreiber (2000c), S. 525-541.

3. Externe und interne Unternehmenssteuerung mithilfe internationaler Rechnungslegungsstandards

3.1. Internationale Rechnungslegungsstandards und Unternehmenssteuerung durch den Kapitalmarkt

3.1.1. Funktionenschutz des Kapitalmarktes und Individualschutz durch Rechnungslegung

In marktwirtschaftlichen Systemen gilt es als volkswirtschaftlich optimal, wenn das Kapital so eingesetzt wird, dass es höchstmögliche Renditen erzielt, da umso höher das verteilungsfähige Volkseinkommen ist. Unternehmen werden als Glied einer marktwirtschaftlichen Ordnung verstanden. Der Kapitaleigner gilt als Zielträger der Unternehmung. Die finanzielle Zielsetzung eines Anteilseigners bzw. Unternehmers wird in seinem Bestreben gesehen, den an ihn aus der Unternehmung bzw. Investition fließenden künftigen Nettoauszahlungsstrom (Zielstrom) entsprechend seiner individuellen Konsumvorstellung zu optimieren.[1] Dieser Zahlungsstrom weist drei Dimensionen auf: Die zeitliche Struktur, den Umfang pro Zeiteinheit und den Unsicherheitsgrad.[2]

Die Zielbildung findet demnach nicht – wie der entscheidungsorientierte Ansatz der BWL unterstellte[3] – innerhalb der Unternehmung statt, " ... sondern sie wird von den Kapitalmärkten nach Rendite- und Risikogesichtspunkten festgelegt, was dann die Zielfunktion der einzelnen Unternehmung im Sinne der Maximierung des `Shareholder Value´ stark vereinfacht und entobjektiviert."[4] In gesamtwirtschaftlicher Sicht kommt dem Kapitaleigner damit eine wichtige Rolle zu: "Er fungiert der Theorie zufolge als natürlicher Motor der renditegesteuerten Allokationseffizienz in einer marktwirtschaftlichen Ordnung."[5]

Damit Kurse und Zinssätze als Signale die Ertragserwartungen und Knappheitsrelationen korrekt zum Ausdruck bringen (Funktion der Kapitallenkung) und Anleger bereit sind, ihr Kapital zu investieren (Funktion der Kapitalaufbringung), bedarf der Kapitalmarkt geeigneter Informationen.[6] Der Rechnungslegung der Unternehmen kommt damit in gesamtwirtschaftli-

---

1 Vgl. Drukarczyk (1970), S. 12-21; Koch (1961), S. 16; Moxter (1964), S. 6 ff.; Busse von Colbe (1968), S. 94; Wagner (1993), S. 3.

2 Vgl. Fisher (1930), S. 71; Moxter (1999b), S. 501; ders. (1998c), S. 311; Streim (1998), S. 338.

3 Vgl. hierzu Wagner (1995a), S. 739 m.w.N.

4 Wagner (1995a), S. 739 f. Vgl. auch ders. (1999e), S. 446 f.

5 Wagner (1995a), S. 740.

6 Vgl. Koch/Schmidt (1981), S. 236 f.; Scott (1997), S. 68. Zur Signalfunktion der Preise vgl. von Hayek (1945), S. 527; Schneider (1985), S. 1490. Grundlegend Fama (1970), S. 383.: "In general terms, the ideal

cher Sicht die Aufgabe zu, zur Allokationseffizienz des Kapitalmarktes beizutragen. Man spricht vom Funktionenschutz des Kapitalmarktes durch Rechnungslegung.[7]

Der Funktionenschutz erfordert Individualschutz.[8] Mit der Trennung von Eigentum und Verfügungsmacht ist eine asymmetrische Informationsverteilung zugunsten der Manager verbunden. Die Anteilseigner einer Kapitalgesellschaft können nicht wie selbstverständlich davon ausgehen, dass die Manager voll in ihrem finanziellen Interesse handeln.[9] Darüber hinaus werden Manager womöglich eine andere Einstellung zur Unternehmenserhaltung als die Eigner haben; während es für letztere vorteilhaft sein kann, sich an ertragreichen, aber risikobehafteten Unternehmen zu beteiligen, dürften Manager eher eine Diversifikation auf der Ebene der Investitionen des Unternehmens anstreben, um so ihre eigene berufliche Position abzusichern.[10] Die Anteilseigner können ein für sie optimales Verhalten der Manager um so weniger erzwingen, je größer die Informationsasymmetrie zwischen den Eignern und den Managern ist und je stärker die Einkommensanreize der Manager zu einem nicht eignerkonformen Verhalten sind.

Daraus wird deutlich, dass auch Eigenkapitalgeber des Schutzes bedürfen; auch sie können zwar oftmals ihr Risiko durch Diversifikation begrenzen, sie sind aber besonders darauf angewiesen, die Personen zu überwachen, denen sie ihr Kapital anvertraut haben:[11] Sie " ... brauchen Informations- und Kontrollrechte einschließlich der Befugnis, ein illoyales oder inkompetentes oder faules Management auszuwechseln."[12] Zu diesen elementaren Schutzvorkehrungen des Anlegerschutzes werden etwa die Repräsentation der Aktionäre durch den Aufsichtsrat, das Vollmachtsstimmrecht sowie die Rechnungslegung gezählt.[13] Der Eigenka-

---

is a market in which prices provide accurate signals for resource allocation: that is, a market in which firms can make production-investment decisions ... under the assumption that security prices at any time 'fully reflect' all available information."

7 Vgl. Wagner (1982a), S. 763; Schneider (1981b), S. 7; Hax (1964), S. 645; Schmidt, R. H. (1982), S. 739-748; Siegel/Bareis/Rückle/Schneider/Sigloch/Streim/Wagner (1999), S. 2078; Merkt (2001a), S. 300 f.

8 Vgl. Koch/Schmidt (1981), S. 235-238; Ekkenga (1998), S. 30-36; Hommelhoff (2000b), S. 772; Merkt (2001a), S. 301-306. Umgekehrt dient Funktionenschutz dem Individualschutz, indem Transaktionen nicht behindert werden, deren Zustandekommen die Wohlfahrt der Betroffenen erhöht. Funktionenschutz und Individualschutz bilden also die zwei Ziele des Anlegerschutzes.

9 Vgl. Schildbach (2000c), S. 33; Ballwieser/Schmidt (1981), S. 671 f.; grundlegend Fama (1980); Fama/Jensen (1983a) und (1983b).
Zur Abbildung der Beziehungen zwischen Auftraggeber (Principals) und Beauftragten (Agents) im Rahmen der Agency-Theorie vgl. grundsätzlich Arrow (1986); Jensen/Meckling (1976); Wenger/Terberger (1988); Pfaff/Zweifel (1998).

10 Vgl. Schildbach (1986), S. 73 f.

11 Vgl. Jensen/Meckling (1976), S. 312 f.; Koch/Schmidt (1981), S. 232 f.

12 Kübler (1998b), S. 325.

13 Vgl. Kübler (1998b), S. 326. Hinzu treten Marktelemente, wie die Erfolgsbeteiligung, drohende Übernahmen und ein funktionierender Managermarkt.

pitalgeber muss auf eine getreue Rechnungslegung durch das von ihm beauftragte Management vertrauen können. Ansonsten läuft er Gefahr, seinen Anteil zu billig abzugeben, von einer unberechtigten Verkürzung seiner Gewinnansprüche betroffen zu sein oder eine Verschleierung von Misswirtschaft des Managements nicht zu erkennen. Der Funktionenschutz ist gefährdet, wenn der Individualschutz nicht hinreichend gesichert ist.

Dementsprechend werden unter der Informationsfunktion der Rechnungslegung im Allgemeinen zwei Aspekte verstanden.[14] Kontrovers diskutiert wird die Informationsfunktion im engeren Sinne, die auf die " ... Prognosekraft [der Rechnungslegung; Anm. d. Verf.] für künftige Marktpreise von Unternehmensanteilen und Schuldtiteln der Unternehmung ... "[15] abstellt. Die Informationsfunktion im engeren Sinne macht also den Jahres- und Konzernabschluss zur Grundlage subjektiver Prognosen über den zukünftigen Cash Flow; sie wird im folgenden Gliederungspunkt 3.1.2. näher betrachtet. Unstrittig hingegen ist die Informationsfunktion im Sinne von Rechenschaftslegung über die Verwendung und den Ertrag des von den Kapitalgebern überlassenen Geldes; auf ihre Anforderungen wird unter Gliederungspunkt 3.1.3. eingegangen.

3.1.2. Bedeutung des Konzernabschlusses für Investitionsentscheidungen der Kapitalanleger

3.1.2.1. Kapitalgeberschutz durch Informationsvermittlung als primäres Ziel internationaler Rechnungslegungsstandards

Die externe Rechnungslegung wird mit zunehmender Internationalisierung der Kapitalmärkte als Quelle für entscheidungsrelevante Informationen gesehen. Konzernabschlüsse stellen neben anderen Quellen (wie z.B. Konjunkturprognosen, Presseberichten, Brancheninformationen) zwar nur einen kleinen, aber dennoch einen bedeutenden Teil des Informationssystems des Investors dar. Durch eine investororientierte Rechnungslegungspolitik erhofft man, bei den einzelnen Adressatengruppen der Unternehmung Goodwill zu generieren, da die Informa-

---

Es besteht weitgehende Einigkeit, dass die essentialia des Anlegerschutzes gesetzlich zu regeln sind, vgl. im Einzelnen Easterbrook/Fischel (1991), S. 66 f.; Kübler (1998b), S. 326. Unternehmen würden auch bei Fehlen gesetzlicher Publizitätsvorschriften Rechnungslegungsinformationen veröffentlichen. Um Informationsasymmetrien zu reduzieren und damit eine Grundlage für die Bereitstellung von Kapital zu schaffen, wird sich der Kapitalnehmer Selbstbeschränkungen zur Rechnungslegung unterwerfen. Vgl. Easterbrook/Fischel (1990), S. 185; Hax (1988), S. 194 ff.; Hartmann-Wendels (1991), S. 139.

14 Vgl. Busse von Colbe (1993), S. 13 f.; ders. (1995a), S. 717; Bärtl (2001), S. 86.

15 Schneider (1981b), S. 16; vgl. auch ders. (2000c), S. 26; Busse von Colbe (1993), S. 13 f.

tionspolitik eines Unternehmens dessen Visitenkarte für Investoren und die Öffentlichkeit darstellt.[16] Da Erwerbspreis und Veräußerungspreis von den Nettoausschüttungen (zusammen mit dem Alternativertragssatz) bestimmt werden, steht der Nettoausschüttungsstrom im Zentrum einer anteilseignerorientierten Rechnungslegung:[17] Kapitaleigner einer Unternehmung wollen informiert sein " ... über die `möglichen´ Entnahmen: das Ausmaß, in dem Geldmittel aus dem Unternehmen `herausholbar´ sind."[18]

Mit der voranschreitenden Integration der internationalen Kapitalmärkte wuchs die Befürchtung vieler Unternehmen, dass die Bilanzierungsregeln des HGB eine den Bedürfnissen der Kapitalmarktteilnehmer angemessene Erfüllung der Informationsfunktion durch den Konzernabschluss nicht ausreichend gestatten.[19] Die Kritik an der deutschen Rechnungslegung zielt neben den als unzureichend erkannten Erläuterungen und zusätzlichen Angaben im Anhang insbesondere auf die Möglichkeiten zur Bildung und Auflösung stiller Reserven ab.[20]

In der Literatur wird behauptet, dass mit Rückgriff auf internationale Rechnungslegungsnormen den Informationsinteressen der Investoren in höherem Maße entsprochen wird als bei einer Anwendung der HGB-Vorschriften. *Baetge* zufolge ist die inhaltliche Qualität nach internationalen Standards aufgestellter Jahresabschlüsse " ... als Entscheidungsgrundlage für Eigenkapitalgeber .. signifikant höher als die Qualität (ausschließlich) nach deutschen Rechnungslegungsgrundsätzen aufgestellter Abschlüsse."[21] Die Märkte setzten internationale Rechnungslegungsstandards durch.[22]

Die Anleger seien sehr daran interessiert, eine bessere Vergleichbarkeit zwischen den einzelnen Investitionsalternativen herzustellen, um eine verlässlichere Informationsbasis als Grundlage ihrer Investitionsentscheidung zu erhalten.[23] Die Unterschiedlichkeit der internationalen

---

16 Vgl. Auer (1999a), S. 379; Baetge/Noelle (2001), S. 175.

17 Vgl. Busse von Colbe (1968), S. 94; Coenenberg (1974), S. 648; Moxter (1998c), S. 310.

18 Moxter (1974), S. 246. Vgl. auch Schreiber (1983), S. 79-84.

19 Deutschen Konzernabschlüssen wird an ausländischen Börsenplätzen noch stärker als früher misstraut, seitdem die Daimler-Benz AG für das Jahr 1993 einen Gewinn von 615 Mio. DM nach deutschen Rechnungslegungsgrundsätzen und einen Verlust von 1.839 Mio. DM nach US-GAAP veröffentlichte. Vgl. Daimler-Benz AG, Konzernabschluss 1993 nach Form 20-F der SEC, Überleitungsrechnung; Kleekämper (1994), S. 43; Ballwieser (2000b), S. 459-463; Wiedmann (1994), S. 117-120.

20 Vgl. Kübler (1998b), S. 330; Baumann (1998), S. 4 f.; Mayer-Wegelin (1999), S. 526; Walz (1997), S. 558; Groh (2000a), S. 2157; o.V. (1995), S. 13; Küting (1995), S. 12.

21 Baetge (1997), S. 113.

22 Vgl. Kallfass (1999), S. 212.

23 Vgl. Baetge (1993), S. 110; Bruns (1998a), S. 384; Esser (1999), S. 208; Fey/Mujkanovic (1999), S. 261; Gentz (1998), S. 372; Haller (1993b), S. 1304; Hartmann, U. (1998), S. 261; Kühnberger (1996), S. 566; Küting/Hayn (1995), S. 662; Lauk (1996), S. 178; Lauth (2000), S. 1370; Menn (2000), S. 199; Ordelhei-

Rechnungslegungsregeln mindert offenbar die Qualität einer international vergleichenden Finanzanalyse und verursacht Kosten, die bei harmonisierter Rechnungslegung deutlich gesenkt werden könnten.[24] Denn Risiken können ohne Angleichung schlechter abgeschätzt werden und führen c.p. zu höheren Kapitalkosten (Risikozuschlag). Gerade deshalb geben die Unternehmen bestimmte Informationen für den Kapitalmarkt freiwillig bekannt, wie es die Praxis zeigt. Hierzu zählen vor allem zukunftsgerichtete Informationen. Unternehmen erhoffen sich von der Umstellung auf US-GAAP bzw. IAS demnach eine Reduzierung ihrer Eigenkapitalkosten.[25]

Die gängige Hypothese der amerikanischen Regulation ist, dass " ... the truth is, high standards lower the cost of capital."[26] In der Tat wird die Funktion der externen Rechnungslegung in den USA vom FASB in erster Linie darin gesehen, zu einer effizienten Funktionsweise des Kapitalmarkts und damit zu einer adäquaten Allokation knapper Ressourcen beizutragen. Oberstes Ziel der US-amerikanischen Rechnungslegung ist die Marktinformation; insbesondere Eigenkapitalgeber und Gläubiger sollen mit nützlichen Informationen für deren wirtschaftliche Entscheidungen versorgt werden (decision usefulness).[27] Durch die Informationsbereitstellung sollen die Kapitalgeber in die Lage versetzt werden, die in der abgelaufenen Periode erbrachte Managementleistung zutreffend zu beurteilen und die zukünftige Entwicklung des Unternehmens richtig einschätzen zu können.[28] Die Informationen sind Grundlage der Ermittlung von Zeitpunkt, Höhe und Wahrscheinlichkeit zukünftiger Zahlungen an Unternehmen und Kapitalgeber.[29] Daneben kommt dem financial reporting die Funktion der Rechenschaftslegung des Managements gegenüber den Kapitalgebern zu (stewardship function),

de (1998d), S. 21; Ramin (1998), S. 189; von Rosen (1998), S. 28; Treptow (1999), S. 2; Wagenhofer (2001), S. 7 f.; Weber/Hayn (1998), S. 185; Wetzel (1995), S. 206.
In einer empirischen Studie von Spanheimer/Koch wird von Unternehmen als zentrales Motiv der Übernahme der US-GAAP oder IAS die verbesserte internationale Vergleichbarkeit der publizierten Rechnungslegungsdaten genannt, vgl. Spanheimer/Koch (2000), S. 305 u. 306.

24 Vgl. Bhushan/Lessard (1992), S. 156. Zur vergleichenden internationalen Jahresabschlussanalyse vgl. Plaut/Sanne (1991), S. 157-164; Burger/Schellberg (1995), S. 2433-2437; Küting/Eidel (1996), S. 836-854; Lachnit/Ammann/Müller/Wulf (1998), S. 2177-2184; Baetge/Beermann (2000), S. 2088-2094; Küting/Harth/Leinen (2001a), S. 681-690; dies. (2001b), S. 861-867; Reinhart (1998).

25 Vgl. Menn (2000), S. 203; Breker/Naumann/Tielmann (1999), S. 145; Süchting (1986), S. 654; Goebel/Ley (1993), S. 1679; Paul (1993b), S. 139 u. 154 f.; Mandler (1996), S. 724 f.; ders. (1994), S. 170; Pellens/Fülbier/Gassen (1998), S. 56; Ernst, E. (2002), S. 183.
Pellens/Tomaszewski kamen in einer Befragung der deutschen Unternehmen, die sich bis dahin zum Übergang auf US-GAAP/IAS entschlossen hatten, zu dem Ergebnis, dass nicht ein einziges Unternehmen mit ungünstigen Kapitalkosten rechnete; 45% der Unternehmen gingen explizit von niedrigeren Kapitalkosten aus, vgl. Pellens/Tomaszewski (1999), S. 203.

26 Levitt (1998b), S. 82.

27 Vgl. SFAC 1.32 f., .35 f.; Haller (2000), S. 9; Kübler (1995a), S. 554; Sutton (1997), S. 98.

28 Vgl. SFAC 1.43.

denn die externe Rechnungslegung soll " ... provide information about how management of an enterprise has discharged its stewardship responsibility to owners (stockholders) for the use of enterprise resources entrusted to it."[30]

Bedeutender Grundsatz des Conceptual Framework des FASB ist daher die Entscheidungsrelevanz der Informationen (relevance), die im Grundsatz dann gegeben ist, wenn eine Information dazu beiträgt, Prognosen über die Auswirkungen zukünftiger, gegenwärtiger oder vergangener Ereignisse anzustellen (predictive value) oder frühere Erwartungen zu korrigieren (feedback value), und wenn sie dem Adressaten rechtzeitig, d.h. bevor sie ihre entscheidungsbeeinflussende Wirkung verliert, zugeht (timeliness).[31] Mit der reliability wird die Zuverlässigkeit der publizierten Rechnungslegungsinformationen gefordert; sie wird konkretisiert durch die Unterprinzipien der Abbildungstreue (representational faithfulness), der intersubjektiven Nachprüfbarkeit (verifiability) und der Gleichbehandlung von Informationsinteressen (neutrality).[32] Relevance und reliability werden in Teilen der Literatur unter der Generalnorm der fair presentation zusammengefasst, die die Forderung nach wahrheitsgemäßer Darstellung der wirtschaftlichen Lage eines Unternehmens beinhaltet.[33]

Ergänzt wird die Generalnorm durch den Grundsatz der Stetigkeit (consistency), der von einem Unternehmen im Zeitablauf die Anwendung gleicher Rechnungslegungsmethoden für

---

29 Vgl. SFAC 1.25, .37, .41, .43. Vgl. z.B. auch Menn (2000), S. 200: "Der Jahresabschluss [nach US-GAAP; Anm. d. Verf.] soll die Aktionäre in die Lage versetzen, künftige Cashflows zu prognostizieren."

30 SFAC 1.50. Hierzu im Einzelnen Kuhlewind (1997), S. 41 f.; Roese (1999), S. 28 f.

31 Vgl. im Einzelnen SFAC 2.47-.49, .51-.52, .56-.57; Kuhlewind (1997), S. 82-84.

32 Vgl. SFAC 2.79-.89, .98-.110; Kuhlewind (1997), S. 85-90. Diese Konkretisierung der reliability entspricht nach Frankenberg weitgehend den deutschen Prinzipien der Richtigkeit, Willkürfreiheit, Klarheit und Vollständigkeit, vgl. Frankenberg (1993), S. 47. Vgl. generell zu einem Vergleich der deutschen und US-amerikanischen Rahmengrundsätze Baetge/Roß (2000), S. 37-40.

33 Vgl. Haller (2000), S. 13; Baetge/Roß (2000), S. 33 f.; Frankenberg (1993), S. 42-45.
Im Zweifel geht die Generalklausel nach bedeutenden Meinungen in der Literatur der Forderung nach Einhaltung der GAAP vor (overriding principle), vgl. Haller (2000), S. 13, Fn. 45; Baetge/Roß (2000), S. 35 u. 42; Pape/Heintges (1998), S. 213; Scheffler (1999b), S. 1285; Bruns (1999b), S. 589; Krawitz (2001), S. 633; Frankenberg (1993), S. 42 f. Schildbach weist darauf hin, dass diese Ansicht nur teilweise richtig ist; denn im Rahmen der US-GAAP gibt es keine vorrangige Generalklausel der fair presentation, letztere ist auch gar kein Grundsatz der Rechnungslegung, sondern ein Grundsatz der Prüfung. Die Einhaltung der fair presentation durch ein bilanzierendes Unternehmen ist von einem Wirtschaftsprüfer bei Erteilung des Testats zu bestätigen. Dabei darf der Prüfer nur in extremen Ausnahmefällen Übereinstimmung mit US-GAAP und fair presentation bescheinigen, der nicht alle Einzelnormen erfüllt. "Solche Ausnahmefälle liegen aber nur dann vor, wenn Gesetze reformiert oder neuartige Formen von Geschäften entwickelt wurden und die in Unkenntnis dieser Innovationen geschaffenen Rechnungslegungsregeln solche Neuentwicklungen aus der Sicht vermutlich aller vernünftigen Menschen irreführend abbilden", Schildbach (1999a), S. 361. Infolge der erheblichen Haftungs- und Prozesskostenrisiken, denen amerikanische Wirtschaftsprüfer unterliegen (vgl. hierzu im Einzelnen etwa KPMG (1997), S. 197 ff.; Quick/Baker (1995), S. 474-485; Lück/Knetsch (1992), S. 901-906), werden letztere " ... einen solchen Fall nur dann anerkennen, wenn diese engen Bedingungen erfüllt sind und Irreführung durch Festhalten an US-GAAP überzeugend nachgewiesen werden kann", Schildbach (1999a), S. 361.

gleichartige Sachverhalte verlangt,[34] sowie den Grundsatz der comparability, mit dem die Forderung nach zwischenbetrieblicher und interperiodischer Vergleichbarkeit der Daten verbunden ist.[35] Es sind nur wesentliche Rechnungslegungsinformationen zu berücksichtigen (Grundsatz der Wesentlichkeit, materiality).[36] Alle als relevant und zuverlässig zu beurteilenden wesentlichen Sachverhalte sind zur Sicherstellung der Prognosefunktion zu berücksichtigen (Grundsatz der Vollständigkeit, completeness principle).[37]

Die Ausrichtung der US-GAAP auf die Informationsfunktion relativiert sich insofern, als das Conceptual Framework, in dem die konsequente Ausrichtung der US-GAAP auf den decision usefulness-Gedanken vorgesehen ist, nicht zu den GAAP zählt.[38] Das FASB bindet sich bei der Entwicklung neuer Standards zwar selbst an das Conceptual Framework;[39] letzteres lässt die Ableitung eindeutiger Ergebnisse jedoch nicht zu, sondern es verbleibt " ... ein erheblicher Interpretationsspielraum, der durch Mehrheitsentscheidung des FASB `board´ ausgelegt werden muß."[40] Das FASB erkennt ausdrücklich an, dass die US-GAAP in bestimmten Fragen mit den im Conceptual Framework herausgestellten Konzepten und Zielen unvereinbar sein können.[41] Auch ist es nicht die Aufgabe der Abschlussprüfer, für die Umsetzung des decision usefulness-Gedankens in der geprüften Rechnungslegung Sorge zu tragen.[42]

Angesichts der gesetzlichen Aufgabe der SEC, die Funktionsfähigkeit der US-amerikanischen Eigen- und Fremdkapitalmärkte sicherzustellen,[43] " ... ist es evident, daß die SEC nur Rechnungslegungsnormen anerkennt, die der Funktionsfähigkeit der Kapitalmärkte dienen." Die Betonung des decision usefulness-approach wird in der Literatur deshalb " ... als politisch

34 Vgl. SFAC 2.120-.122.

35 Vgl. SFAC 2.111-.119; Baetge/Roß (2000), S. 34.

36 Vgl. SFAC 2.123-.132; Haller (2000), S. 16 f.; Kuhlewind (1997), S. 94-99 u. 105 f. Materiality zielt ab auf solche Informationen, die die Entscheidungsfindung eines Adressaten des Jahresabschlusses beeinflussen können und deren Kosten für die Erhebung und Veröffentlichung nicht größer als deren Nutzen sind.

37 Vgl. SFAC 2.79 f.; im Einzelnen Kuhlewind (1997), S. 90-92.

38 Vgl. die Vorbemerkung zu SFAC, sowie z.B. SFAC 6.230; Dyckman/Davis/Dukes (2001), S. 13 f. Die concept statements werden in der Literatur teilweise aber als Fundament des house of GAAP (zu dessen erstmaliger Strukturierung vgl. Rubin (1984), S. 122) interpretiert, vgl. Sauter (1991), S. 30. Das AICPA betrachtet die SFAC als Quelle von non promulgated GAAP, vgl. Miller/Redding/Bahnson (1998), S. 60-63; Haller (1994a), S. 221. Zu non promulgated GAAP vgl. Haller (1990b), S. 759-767.

39 Vgl. die Vorbemerkung zu SFAC 1.

40 Roese (1999), S. 37. Im Original z.T. kursiv. Bei der Entscheidung über neue Standards ist das FASB an die Durchführung des sog. due process gebunden. In ihm kommt es i.d.R. zu wiederholten öffentlichen Beratungen des board und zu schriftlichen Beiträgen interessierter Gruppen zur Entscheidungsfindung. Vgl. im Einzelnen Schildbach (2002), S. 22 f. Aus diesen Gründen kann die " .. Ausfüllung von Regelungslücken ... nicht durch Deduktion oder Analogiebildung, sondern nur durch eine neue Einzelfallregelung ... " erreicht werden, Roese (1999), S. 37.

41 Vgl. die Vorbemerkung zu SFAC, sowie Schildbach (1999a), S. 361.

42 Vgl. Siegel (1997), S. 83, Fn. 10.

motiviert angesehen, da die Erhebung der Adressateninformation durch die Gewährung entscheidungsnützlicher Informationen zum obersten Grundsatz die Anerkennung und Unterstützung der SEC grundsätzlich sichert."[44]

Um den Kapitalgebern zur Performancemessung und zur Einschätzung der Unternehmensentwicklung Informationen über zukünftige Zahlungen zu vermitteln, kommt die direkte Bereitstellung in Frage, d.h. es könnte unmittelbar über die zukünftigen Zahlungen informiert werden (z.B. durch die Erstellung von Finanzplänen oder kapitaltheoretischen Bilanzen).[45] Dies ist nicht Gegenstand der US-GAAP.

Vielmehr zielen die US-GAAP auf eine indirekte Bereitstellung der von den Kapitalgebern benötigten Informationen ab: Es sollen prognosegeeignete Indikatoren geliefert werden.[46] Die Prognose der cash flows soll auf der Grundlage vergangenheitsbezogener, periodisierter Erfolgsgrößen des Unternehmens erfolgen, so dass diese periodisierten Größen " ... eine Indikatorfunktion für zukünftige Ausschüttungen"[47] übernehmen. Rechnungslegungsinformationen bilden nicht "itself a prediction", sondern sind nur die Daten, die in die Prognosemodelle einzugeben sind.[48] Prognosetauglichkeit zählt " ... zum wesentlichen Gütekriterium einer kapitalmarktorientierten Rechnungslegung."[49] Durch eine Aufspaltung der Erträge und Aufwendungen nach Kriterien "such as continuity or recurrence, stability, risk and reliability"[50] würden die Schätzungen erleichtert.

Ohne Frage sind nach internationalen Rechnungslegungsstandards aufgestellte Abschlüsse insofern informativer als HGB-Abschlüsse, als sie zusätzliche Berichtselemente enthalten. Der Jahresabschluss eines SEC-berichterstattungspflichtigen Unternehmens muss neben der Bilanz und der GuV insbesondere eine Kapitalflussrechnung (cash flow statement), den Anhang (notes), die Segmentberichterstattung und eine Aufstellung über die Entwicklung des Eigenkapitals (statement of owners` equity) enthalten.[51] Deren Integration in den HGB-

---

43 Vgl. Skousen (1983), S. 18-20; Ratner (1996), S. 13 f.
44 Roese (1999), S. 29 (beide Zitate).
45 Vgl. Streim (2000), S. 115.
46 Vgl. Streim (2000), S. 115.
47 Ballwieser (1993a), S. 114.
48 Vgl. SFAC 2.53.
49 Pellens/Fülbier (2000a), S. 582.
50 Vgl. SFAC 5.20.
51 Vgl. Streim (1998), S. 333; Haller (2000), S. 18 f.; Weber/Hayn (1998), S. 178 f.; Krawitz (2001), S. 632. Zur Zwischenberichterstattung nach US-GAAP, IAS und HGB vgl. Förschle/Helmschrott (1997), S. 553-560.

Abschluss ist sicher möglich und für börsennotierte Unternehmen ja auch z.T. bereits geschehen: Seit 1999 sind gemäß § 297 Abs. 1 S. 2 HGB nach dem HGB aufgestellte Konzernabschlüsse von börsennotierten Mutterunternehmen um eine Kapitalflussrechnung und eine Segmentberichterstattung als Anhangsangabe zu ergänzen. Beide Rechenwerke gelten als "Kernstücke einer kapitalmarktorientierten Rechnungslegung".[52] Während für den befreienden Konzernabschluss nach § 292a HGB die Segmentberichterstattung nach den US-GAAP bzw. den IAS zu erstellen ist, richtet sich der Inhalt, die Ausgestaltung und der Umfang einer Segmentberichterstattung nach § 297 Abs. 1 HGB nach DRS Nr. 3, der sich stark an die Regelung der US-GAAP (SFAS 131) anlehnt.[53]

Jedoch sollen auch die Kernbestandteile Bilanz und GuV nach IAS und US-GAAP aussagekräftiger sein als nach HGB-Normen aufgestellte Bilanzen und GuVs. Dies werde durch die strikte Orientierung der Gewinnermittlungsregeln an der Informationsfunktion bzw. den Verzicht auf die Ausschüttungsbemessungsfunktion erreicht.[54] Es wird behauptet, dass eine Zurückdrängung des Vorsichtsprinzips " ... zu einem deutlich höheren Stellenwert entscheidungsrelevanter Daten"[55] führen würde.

Im Folgenden soll kritisch hinterfragt werden, ob die Periodisierungsregeln internationaler Rechnungslegungsstandards für die Informationsfunktion i.e.S. tatsächlich besser geeignet sind als die Periodisierungsregeln des HGB. Dazu wird zunächst die Funktionsinadäquanz von Bilanz und GuV bzgl. der Informationsfunktion i.e.S. aufgezeigt (3.1.2.2.) und die Problematik der Schätzung zukünftiger Zahlungen auf Basis vergangenheitsorientierter Daten (3.1.2.3.) dargelegt. Damit verbunden gilt die Zeitwertbilanzierung als ein wesentlicher Vorteil der IAS/US-GAAP; eine kritische Analyse des fair value accounting erfolgt in Gliederungspunkt 3.1.2.4. Ergebnisse der empirischen Kapitalmarktforschung werden in Gliederungspunkt 3.1.2.5. skizziert.

---

52 Vgl. Küting (2000a), S. 41; Wiedmann (2001), S. 217-219.

53 Vgl. hierzu Ordelheide/Stubenrath (2000), S. 403 f.; Böcking/Benecke (1999), S. 839-845; Strobel (1999), S. 2017-2020.
Vor dem KonTraG und dem KapAEG bestanden lediglich Vorschriften zur Umsatzaufgliederung, und zwar § 285 Nr. 4 HGB für große Kapitalgesellschaften, § 314 Abs. 1 Nr. 3 HGB für den Konzernabschluss. Vgl. hierzu Haller/Park (1994b), S. 563-580; Ordelheide/Stubenrath (2000), S. 385 f., 393 f.; 403; Veit/Bernards (1995), S. 493-495. Allerdings berichten viele international ausgerichtete Unternehmen seit Jahren freiwillig in größerem Umfang über ihre Segmente, vgl. GEFIU (1995), S. 1191.

54 Vgl. z.B. Freidank (2000), S. 24.

55 Menn (2000), S. 205. Dies äußere sich etwa in der periodengerechten Erfassung von Aufwendungen und Erträgen, z.B. der langfristigen Auftragsfertigung, vgl. ebd., S. 206.

3.1.2.2. Funktionsinadäquanz von Bilanz und GuV bezüglich der Informationsfunktion

Bilanzen müssen sich in dem auf finanzielle Zielgrößenoptimierung gerichteten Individualkalkül bewähren, wenn sie zweckspezifische Informationen liefern sollen.[56] Sie müssen aussagen, wie und warum sich im Laufe der Rechnungsperiode der Zielstrom gegenüber dem Periodenanfang geändert hat.[57] "Diese Veränderung besagt ... , inwieweit die Ereignisse der Periode eine finanzielle Besser- oder Schlechterstellung bewirkten, was ein Individuum durch sie also in der Periode, finanziell gesehen, `gewonnen´ oder `verloren´ hat"[58].

Der finanziellen Zielsetzung des Investors würde es entsprechen, den ökonomischen Gewinn der Unternehmung auszuweisen.[59] Der kapitaltheoretische Gewinn entspricht den Zinsen auf den Ertragswert zu Beginn der Periode, berechnet zum Kapitalmarktzins; er gilt unter seinen engen Prämissen als logisch einwandfrei. Bei einer Bilanzierung nach dem ökonomischen Gewinnbegriff kann der Grundsatz der Einzelbewertung wegen der Verbundenheit der einzelnen Vermögensgegenstände nicht aufrechterhalten werden, es sei denn, man belässt es beim Realisationsprinzip unter Aktivierung des originären Geschäfts- oder Firmenwertes. Dem ökonomischen Gewinnbegriff würde es aber eher entsprechen, die einzelnen Investitionsvorhaben als Bewertungseinheiten in die Bilanz aufzunehmen.[60]

Abgesehen von der Subjektivität dieses Wertes und den damit verbundenen Schwierigkeiten der Nachprüfbarkeit ist die Ermittlung des ökonomischen Gewinns nicht notwendig, da aus ihm keine zusätzlichen Informationen zu ziehen sind; wurden die Ertragswerte berechnet, so ist die Kenntnis des ökonomischen Gewinns überflüssig.[61] Unter den gemachten Annahmen erübrigt sich somit die Informationsaufgabe des externen Rechnungswesens. Die Kapitalmarktgleichgewichtstheorie blendet Institutionen wie Unternehmen aus. Rechnungslegung verliert ihre Begründung.[62] Der kapitaltheoretische Gewinn kann aufgrund seines Zukunftsbe-

---

56 Vgl. Wagner (1994), S. 1179; Moxter (1999b), S. 501.
57 Vgl. Moxter (1966), S. 38.
58 Moxter (1966), S. 39. Vgl. auch ders. (1999b), S. 501 f.
59 Vgl. Fisher (1906); Lindahl (1933), S. 399-407; Schneider (1963), S. 457-474; ders. (1966), S. 571-575; Koch (1968), S. 389-440; Albach (1965), S. 21-31; Drukarczyk (1973), S. 183-188; Göppl (1967), S. 565-574; Hax (1964), S. 642-651; Honko (1965), S. 611-642; Jacobs/Schreiber (1979), S. 95-101; Lauer (1995), S. 15-32; Leffson (1966), S. 378-380; Linn (1974), S. 197-201; Münstermann (1966a) S. 579-586; Thom (1974), S. 444-449; Wagner (1978), S. 195-221; Wegmann (1971), S. 733-737.
60 Vgl. Schneider (1963), S. 471 f.
61 Vgl. Drukarczyk (1974), S. 765 f.; Wagner (1993), S. 5.
62 Vgl. Schneider (1983a), S. 1062.

zugs " ... keine Maßgröße für das nachprüfbare Wissen liefern .. . Er ist als Werkzeug zur Rechenschaft untauglich."[63]

Die kaufmännische Praxis kann vom Realisationsprinzip, das aus dem Gedanken des Gläubigerschutzes entstanden ist,[64] nicht abweichen. Es sind finanzielle Umstände – Zwangsausgaben in Form von Ausschüttungen und Steuerzahlungen – , " ... die begründen, daß Gewinne aus einem Geschäft erst dann ausgewiesen werden dürfen, wenn sie `realisiert´, wenn sie zu Geld oder zu Forderungen geworden sind."[65] Bei einer Ertragswertbilanzierung drohte ein Liquiditätsproblem, weil hier Gewinne bereits mit dem Beginn der Investition ausgewiesen werden, obwohl sie sich womöglich erst in späteren Jahren in Einnahmeüberschüssen niederschlagen. Die Finanzierung der Zwangsausgaben kann die Unternehmung selbst dann ruinieren, wenn die Erwartungen über die zukünftigen Erträge eintreten. Aufgrund dieser Umstände müsse man es nach *Schneider* " ... wohl oder übel beim Realisationsprinzip belassen."[66]

Jede Bilanz ist durch die Grundobjektivierung der Gewinnermittlung geprägt, den Grundsatz der Einzelbewertung. Dieser Grundsatz schließt die Bilanzierung aller nicht einzelbewertbaren Vermögenskomponenten aus. Folglich wird der originäre Geschäftswert nicht in der Bilanz ausgewiesen. Entscheidungen über Kauf oder Verkauf von Unternehmen bzw. Anteilen an Unternehmen werden aber erheblich durch bilanziell nicht erfasste, im Geschäftswert aufgehende Vermögenskomponenten beeinflusst.[67] Deshalb stellt der bilanzielle Gewinn i.d.R. nicht die im Geschäftsjahr erreichte Effektivvermögenssteigerung dar,[68] so dass die Gesellschafter über eine Größe informiert werden, die nicht ihren Informationsbedürfnissen entspricht: Herkömmliche Rechnungslegung hinterlässt am Kapitalmarkt Informationslücken.[69]

---

63 Schneider (1973), S. 39. Vgl. auch Ballwieser (1993a), S. 114.

64 Vgl. Loitlsberger (1955), S. 74-77.

65 Schneider (1963), S. 468; vgl. auch ders. (1968b), S. 48; Hax (1964), S. 651.

66 Schneider (1963), S. 469; vgl. auch ders. (1966), S. 574. Schneider gibt aber zu bedenken, dass die derzeitige Handhabung des Realisationsprinzips bei Zielverkäufen nicht seiner ökonomischen Begründung, nämlich der finanziellen Vorsorge, entspricht, denn hier gelten Gewinne bereits als entstanden, bevor sie sich in Einnahmen niederschlagen, vgl. Schneider (1963), S. 469.

67 Vgl. Moxter (1978a), S. 83 f; ders. (1985b), S. 238-240; ders. (1995a), S. 380; ders. (2000b), S. 2143; Ballwieser (1993c), Sp. 212 u. 217; ders. (1997a), S. 53; Münstermann (1948), S. 35.

68 Die einzige Ausnahme betrifft den Fall eines im vergangenen Geschäftsjahr unverändert gebliebenen Geschäftswertes.
Über den Einzelbewertungsgrundsatz " ... errechnet man das wirkliche Vermögen (den potentiellen Verkaufspreis des Betriebes, also seinen `Ertragswert´) allenfalls zufällig", Moxter (1978c), S. 1631. Dementsprechend würde durch eine Ausdehnung der Kreises potentiell aktivierungsfähiger immaterieller Wirtschaftsgüter des Anlagevermögens " ... die Bilanzaussage .. allenfalls peripher berührt" werden, ders. (1978c), S. 1632. Vgl. auch Wüstemann (1995), S. 1032, sowie Schneider (1968b), S. 50: "Eine betriebswirtschaftlich aussagefähige Gewinnziffer kann nicht durch Einzelbewertung erreicht werden."

69 Vgl. Labhart/Volkart (2001), S. 121.

Vor diesem Hintergrund muss die Kritik am deutschen Vorsichtsprinzip relativiert werden, denn auch bei Einschränkung des Vorsichtsprinzips können die Informationsverzerrungen, die sich aus Veränderungen in den Geschäftswertelementen ergeben, nicht ausgeschaltet werden, d.h. auch dann kann man nicht aus dem Gewinn der Periode auf die absoluten oder relativen Änderungen des Shareholder Value schließen.[70] Ebenso ist der true and fair view unter diesem Blickwinkel zu sehen: Das Einblicksgebot des § 264 Abs. 2 S. 1 HGB kann nicht über die für den Anteilseigner wirklich entscheidungsrelevante Vermögens-, Finanz- und Ertragslage informieren.[71]

Im Rahmen einer ökonomischen Analyse der Aktivierungsnormen stellen die Aktiven positive Ertragswertbeiträge dar. Wird mit der Bilanz eine Ertragswertapproximation angestrebt, so erfordert dies eine weite Definition der Aktiven.[72] Insofern scheinen die US-GAAP tendenziell etwas besser geeignet zu sein, den Ertragswert zu approximieren, weil die Ertragswertquellen vollständiger erfasst werden, wie z.B. an der Aktivierung selbst geschaffener immaterieller Vermögensgegenstände deutlich wird.[73]

Weil der originäre Geschäfts- oder Firmenwert bilanziell nicht ermittelt werden kann, ist es jedoch kritisch, Bilanzansätze unter Unsicherheit als Wert zukünftiger Ein- und Auszahlungen (Ertragswertbeiträge) zu deuten. Gegen eine Effektivvermögensapproximation mittels Bilanzierung[74] sprechen darüber hinaus erhebliche Einwände, wie sie insbesondere gegen die organische Bilanztheorie von *Fritz Schmidt*[75] vorgebracht wurden.[76] Die Güter einer Unternehmung führen im Verbund zum Ertragswert der Unternehmung; welche Objekte aber im einzelnen einen Ertragswertbeitrag liefern, lässt sich ohne Willkür nicht bestimmen. Zudem ist es oftmals schwierig anzugeben, ob ein Gut " ... eine positive oder eine negative Ertrags-

---

70 Vgl. Moxter (2000b), S. 2145; Ballwieser (1996b), S. 17.

71 Vgl. Streim (1994), S. 399-403. Moxter spricht daher vom "True and Fair View-Mythos", vgl. Moxter (2000b), S. 2146.

72 Vgl. Euler (1996), S. 53; Hommel (1997), S. 348; Streim/Bieker/Leippe (2001), S. 191 f.

73 Vgl. Ballwieser (1997a), S. 54; Pellens/Fülbier (2000a), S. 584.

74 Z.B. nach Pellens/Fülbier (2000a), S. 584, sollte " ... sich eine der Informationsfunktion dienende Bilanz an einer Art von Ertragswertbilanzierung orientieren .., um den Adressaten über künftige Nutzenpotentiale und Ressourcenabflüsse zu informieren."

75 Die organische Bilanztheorie nach F. Schmidt ist durch den Versuch der Effektivvermögensapproximation gekennzeichnet. Hiernach gleiche der Ertragswert der einzelnen Vermögensteile in der Regel ihrem "Tagesbeschaffungswert"; die Summe dieser Tagesbeschaffungswerte sei damit dem gesuchten "vermögensbedingten Ertragswert der Unternehmung" kongruent, vgl. Schmidt, F. (1929), S. 124 f.
In jüngerer Zeit zielt vor allem Ordelheide darauf ab, " ... im Rahmen der Bilanzansatz- und Bewertungsnormen eines Rechnungslegungssystems das Reinvermögen dauerhaft an den erwarteten Wert eines Unternehmens aus der Sicht seiner Eigentümer anzunähern" (Konzept des Wertpotentials), Ordelheide (1999), S. 510.

76 Vgl. hierzu im Einzelnen Moxter (1984a), S. 69-79.

wirksamkeit entfaltet."[77] Zudem ist es unmöglich, die Ertragswertkomponenten willkürfrei zu bewerten.[78] Realisations- und Imparitätsprinzip stehen dem Ertragswertkonzept entgegen.

Zur Ermittlung des Vermögens muss nicht nur der Zielstrom, sondern auch der Alternativertragssatz bekannt sein. Der Zielstrom kann sich aber mindern, gleichzeitig der Ertragswert der Unternehmung aufgrund einer Veränderung des Alternativertragsatzes steigen. Zielstromänderung und Gesamtwertänderung können daher nicht stellvertretend füreinander stehen, " ... das heißt, man kann nicht etwa Zielstromänderungen `störungsfrei´ in einem einzigen Betrag (einem `Periodengewinn´) ausdrücken ... ".[79] Daher kann der Jahresabschluss keine Informationsfunktion in dem Sinne haben, dass mit dem Periodengewinn unmittelbar über die Erreichung finanzieller Zielsetzungen berichtet wird.[80]

Traditionell werden Vorschläge informationsorientierter Jahresabschlussverbesserungen aus einem Abbildungsziel abgeleitet, das im vermuteten Interesse eines konkretisierten Adressatenkreises liegt; aus dem Abbildungsziel werden Abbildungsregeln abgeleitet. Jedoch ist die Auswahl der Addresatengruppe und des Abbildungsziels nur begrenzt begründbar. Zudem lassen sich aus einem konkretisierten Abbildungsziel nicht zwingend eindeutige Ansatz- und Bewertungsregeln ableiten; der notwendige Aggregationsgrad der Information bleibt offen.[81]

Ein besserer Informationsgehalt eines Rechnungslegungssystems lässt sich auch mit Hilfe der Informationsökonomie nicht belegen. Aus informationsökonomischer Sicht sind Rechnungslegungssysteme miteinander vergleichbar, sofern sie nach ihrer Feinheit geordnet werden können.[82] Die Feinheit eines Informationssystems gibt darüber Aufschluss, mit welcher Ein-

---

77 Moxter (1984a), S. 8.

78 Vgl. Moxter (1984a), S. 71 f.; Ballwieser (1997a), S. 53.

79 Moxter (1966), S. 41. Vgl. auch ders. (1998c), S. 312; ders. (1998d), S. 218; Ballwieser (1993c), Sp. 217.

80 Vgl. Moxter (1966), S. 41 f.
Spätestens seit Rieger ist klar, daß es "den" richtigen Periodengewinn nicht geben kann, die internationale Rechnungslegung hat sich aber dessen Ermittlung zum Ziel gesetzt. Nur der Totalgewinn ist verlässlich (vgl. Rieger (1959), S. 207), während Zwischenrechnungen wie die Bilanz, " ... welche die gesuchte Größe des Jahreserfolgs ausweist, .. eine Rechnung mit tausend Wenn und Aber [ist], mit hundert Annahmen und Vorbehalten, mit Dutzend Befürchtungen und Erwartungen über das, was kommen mag ... Wie kann aus so viel Vorbehalten eine Größe entspringen, die zum Maßstab der Wirtschaftlichkeit erhoben werden kann?", Linnhardt (1963), S. 76 f. Moxter stellt heraus, daß die Höhe des Periodengewinns oft erst nach Jahren oder gar Jahrzehnten genau bestimmbar ist. "`Wahre´ Gewinne lassen sich ... nicht rechtzeitig feststellen", Moxter (1962), S. 610. Denn zum oder kurz nach dem Periodenende übersieht man die einer Periode zuzurechnenden Einnahmen und Ausgaben noch gar nicht vollständig, vgl. ebd., S. 607. "Man weiß insbesondere nicht, inwieweit die Periode mit Aufwendungen zu belasten ist, welche Ausgaben man ihr also zuzurechnen hat, weil man das Ausmaß der die Unternehmung bedrohenden Risiken nicht zuverlässig kennt", ebd., S. 607. Vgl. auch Schäfer (1961), S. 332.

81 Vgl. Ballwieser (1982), S. 773-776.

82 Vgl. Ballwieser (1985a), S. 39; Demski (1973), S. 718 ff.

deutigkeit aus erhaltenen Nachrichten Rückschlüsse auf unbekannte Umweltzustände gezogen werden können.[83] Hinsichtlich der individuellen Erwartungsnutzenmaximierung ist ein kostenloses feineres Informationssystem einem kostenlosen gröberen Informationssystem stets vorzuziehen (Feinheitstheorem von *Blackwell*)[84]. Jedoch ist die externe Rechnungslegung nicht kostenlos und die Reihung nach der Feinheit nicht vollständig. Darüber hinaus lassen sich aus individuellen Präferenzordnungen keine gesamtgesellschaftlichen Präferenzordnungen gewinnen,[85] so dass die Ableitung eines von allen Individuen vorgezogenen (gesellschaftlich gewünschten) Rechnungslegungssystems nicht möglich ist.[86]

3.1.2.3. Problematik der Schätzung zukünftiger Zahlungen auf Basis vergangenheitsorientierter Daten

Unter Informationsgesichtspunkten dient die Abrechnung eines Unternehmens über eine vergangene Periode nur dazu, Prognosen über zukünftige Sachverhalte zu ermöglichen.[87] "Der springende Punkt einer anlegerorientierten Gewinnermittlung ist die Prognoseeignung der Gewinne."[88] Zentrale Einwände gegen eine Schätzung zukünftiger Cash flows auf Basis des Jahresabschlusses werden im Folgenden erörtert.

Der Jahresabschluss unterrichtet über den Gewinn und damit über den Zahlungsstrom zwischen der Unternehmung und dessen Umwelt, während der Investor an den Ausschüttungen und Einlagen (Zahlungsstrom Eigner – Unternehmung) und den Börsenkursen (Zahlungsstrom Eigner – Kapitalmarkt) interessiert ist. Deswegen stellt in normativer Betrachtung " ... der Jahresabschluss für das Entscheidungsproblem des Anteilseigners allenfalls einen Ersatzindikator ..." dar, der darin zum Ausdruck kommt, dass " ... aus dem Gewinn Rückschlüsse sowohl auf die künftigen Dividenden als auch auf den Anteilspreis zu ziehen sind."[89]

---

83 Vgl. Demski (1980), S. 37; Ballwieser (1982), S. 781 f.
84 Vgl. Blackwell/Girshick (1954), S. 330 f.; Ballwieser (1985b), S. 50 f.; Kuhner (1998), S. 15.
85 Vgl. May/Sundem (1976), S. 750 f.; Ballwieser (1982), S. 787.
86 Vgl. Ballwieser (1982), S. 782; ders. (1985a), S. 31; Demski (1973), S. 721; Pellens/Fülbier/Gassen (1999), S. 553 f.; Beaver/Demski (1974); Demski (1974); Schildbach (1975); Cushing (1977); Krönert (2001), S. 25 f.
87 Vgl. Ballwieser (1996b), S. 18.
88 Ordelheide (1998d), S. 23.
89 Wagner (1982a), S. 758 (beide Zitate).

Es ist zu überlegen, ob der " .. bilanzielle Gewinn stellvertretend .. für die Gewinnerwartungen im Sinne eines erwarteten uniformen jährlichen Ausschüttungsstroms"[90] stehen könnte, wie dies im Konzept der einkommensapproximativen Bilanzierung nach *Moxter* der Fall ist.[91] Bei der einkommensapproximativen Bilanzierung besteht " .. die Absicht, durch eine spezifische Periodisierung Zusatzinformationen gegenüber den retrospektiv ermittelten Zahlungsströmen zu schaffen. Die gegenwärtigen Zahlungsüberschüsse werden darum zu einkommensapproximativen Gewinnen periodisiert, aus denen dann Schlüsse auf den Barwert der künftigen Zahlungsüberschüsse gezogen werden sollen."[92] Dem Gewinn mag durchaus eine höhere Prognosekraft hinsichtlich zukünftiger Zahlungsüberschüsse zugebilligt werden als den vergangenen Zahlungsüberschüssen selbst, da es zu Zufallsballungen von Zahlungen kommen kann. Buchhalterische Gewinne sind gegenüber Zahlungsüberschüssen besser geglättet.[93] Die Extrapolierbarkeit der Gewinngröße mag im Wege der Periodisierung von Zahlungen erhöht werden und sie kann als "earnings predictor" eingesetzt werden, um die künftige Rendite des eingesetzten Kapitals zu prognostizieren: Heutige Gewinne wären Schätzer späterer Ausschüttungen.[94]

Für diese Vorstellung spricht, dass in der Periodisierung der Zahlungen Einzahlungs- und Auszahlungserwartungen zum Ausdruck kommen, die nicht auf bloßen unbegründeten An-

---

90 Moxter (2000c), S. 65.

91 Vor dem Hintergrund der finanziellen Zielsetzung des Investors fragt Moxter, " ... welcher Betrag in der gegenwärtigen Periode maximal entnommen werden könnte, ohne die Entnahme eines gleich großen Betrags in allen Folgeperioden zu beeinträchtigen", Moxter (1974), S. 246. Im Original Fettdruck. Dieser Strom soll nicht dem tatsächlichen Entnahmestrom entsprechen, sondern ein "fiktiver Entnahmestrom" sein, an dem ersichtlich wird, welche Entnahmen " ... möglich wären, wenn uniforme Entnahmen im Zeitablauf gewünscht würden", Moxter (1974), S. 248. Im Original z.T. Fettdruck. Vgl. auch Moxter (1977), S. 682 f. Diesen maximalen, uniformen Entnahmestrom nennt Moxter Einkommen. Vgl. Moxter (1974), S. 247; ders. (1977), S. 682. Natürlich kann Einkommen auch anders definiert werden; Moxter sieht den Vorzug des so skizzierten Einkommensbegriffs in seiner unmittelbaren Orientierung an der Konsumausgabenkonzeption, vgl. Moxter (1977), S. 682. Gewinn wird analog bezeichnet " ... als das erste Glied einer am Ende der Rechnungsperiode (zum Zeitpunkt 1) beginnenden, unendlich langen Reihe uniformer jährlicher Ausschüttungen", Moxter (1982a), S. 142. Das Abstellen auf den uniformen statt auf den tatsächlichen Entnahmestrom sieht er u.a. darin begründet, auf diese Weise die Entnahmeerwartungen verschiedener Unternehmen vergleichen zu können. Vgl. Moxter (1974), S. 248-250. "Die Rechengröße Einkommen komprimiert die Informationen über den tatsächlichen Strom in einem einzigen Betrag. ... Die ganz und gar unhandlichen, effektiv erwarteten Ströme werden auf einen einzigen Betrag reduziert und hierdurch leicht vergleichbar", Moxter (1974), S. 250. Im Original z.T. Fettdruck. Der Periodengewinn soll über das Einkommen, also den maximalen, uniformen Entnahmestrom informieren. Vgl. Moxter (1974), S. 258. Vorübergehend bezeichnete Moxter dieses Konzept als "neodynamische Bilanztheorie", vgl. Moxter (1977), S. 682.

92 Wagner (1994), S. 1184. Im oben Gesagten liegt der Unterschied der Konzeption der einkommensapproximativen Bilanzierung gegenüber dem ökonomischen Gewinnkonzept, vgl. im Einzelnen Wagner (1994), S. 1184 f. m.w.N.

93 Vgl. Engels (1976), S. 44-48; Ewert/Wagenhofer (2000c), S. 25; Beaver (1981), S. 66 f.; Revsine (1973), S. 40-43, 86-117; Wagner (1994), S. 1185.

94 Vgl. Beaver (1981), S. 103; Schildbach (2000c), S. 69-71; Moxter (1997e), S. 111; Ballwieser (1982), S. 788.

nahmen, sondern auf plausiblen Erwartungen basieren.[95] Die Aktivierung einer Auszahlung z.B. beruht auf der Einschätzung, dass zumindest in dieser Höhe Einnahmen erwartet werden können, entsprechend zeigt die Passivierung von Auszahlungen schon heute sichere oder wahrscheinliche Minderungen dieser Einnahmen an; solche Informationen kann eben nur der Jahresabschluss geben. "Da die Verwendung der vergangenen Zahlungsüberschüsse als Prädiktor künftiger Zahlungsüberschüsse weder Annahmen über das gebildete Realvermögen noch über die erwartete Rendite der getätigten Investitionen enthalten würde, würde hierdurch auf die Auswertung des Erfahrungswissens verzichtet, das in der Gewinnermittlung durch die Periodisierung der Zahlungen sehr wohl berücksichtigt wird."[96]

Diesen Überlegungen sind Grenzen gesetzt. Soll der mit Hilfe eines Jahresabschlusses ermittelte Gewinn entscheidungsnützliche Informationen für die Kapitalgeber liefern, müssen nach *Beaver* drei Annahmen erfüllt sein:[97]

1. Der Periodengewinn ist eine gute Prognosebasis für die Schätzung der zukünftigen Gewinne.
2. Die zukünftigen Gewinne stellen einen guten Indikator für die zukünftigen Dividenden dar.
3. Der Unternehmenswert lässt sich mit Hilfe der erwarteten zukünftigen Dividenden ermitteln.

Während die dritte Annahme als theoretisch bewiesen gilt, hängen die ersten beiden Annahmen theoretisch in der Luft.[98] *Moxter* spricht von einem "Extrapolationsmythos" der internationalen Rechnungslegungsstandards.[99] Bei der Extrapolation vergangener Erfolgsteile müssen gleichbleibende Umweltbedingungen unterstellt werden, d.h. nur unter relativ stabilen Rahmenbedingungen können Periodenerfolge eine Indikatorwirkung für die Zukunft entfalten. Unter realistischen, also variablen Umweltbedingungen hingegen kann die Zukunft nicht mehr als ein Abbild der Vergangenheit aufgefasst werden, so dass dann primär in die Zukunft und nicht in die Vergangenheit geblickt werden muss, wenn Aussagen zur künftigen Entwick-

---

[95] Vgl. Wagner (1994), S. 1186.

[96] Wagner (1994), S. 1186.

[97] Vgl. Beaver (1989), S. 99-107. Vgl. auch Streim (2000), S. 120.

[98] In jüngerer Zeit versucht vor allem Ohlson nachzuweisen, dass auf Grundlage der Periodengewinne die Bestimmung des Unternehmenswertes gelingt. Ohlson verlagert aber das Schätzproblem zukünftiger Dividenden hin zur Schätzung von Übergewinnen. Vgl. Ohlson (1995); Feltham/Ohlson (1995); Bauman (1996), S. 4-9; Bernard (1995), S. 733-747; Lundholm (1995), S. 749-761; Dechow/Hutton/Sloan (1999), S. 1-34; Streim (2000), S. 122-124; Bärtl (2001), S. 104-117.

[99] Vgl. Moxter (2000b), S. 2147.

lung getroffen werden sollen.[100] "Eine noch so trickreiche Verrechnung vergangener Geschäftsvorfälle kann diesen Blick in die Zukunft nicht ersetzen."[101] Sofern die im Einzelfall gegebenen Wiederkehrvermutungen den typisierten erheblich widersprechen, wird der Rechnungslegungsadressat irregeführt. Selbst die Umsatzerlöse des Geschäftsjahres können nicht als hinreichend zuverlässige Grundlage für Umsatzprognosen angesehen werden, was sich auch daran zeigt, dass unternehmensinterne Umsatzprognosen auf einer ungleich breiteren Informationsbasis erfolgen.[102]

Da die Rechnungslegung niemals über die Zukunftserwartungen selbst informiert, gibt es nach *Schneider* " ... schon aus wissenschaftslogischen Gründen keine Informationsfunktion des Jahresabschlusses, wenn damit entscheidungsrelevantes, zukunftsbezogenes Wissen, also die Prognosekraft irgendwelcher Zahlen gemeint ist."[103] Denn der für die Entscheidungsrelevanz zentrale Zusammenhang zu den vergangenheitsorientierten Jahresabschlussinformationen ist weitgehend unbekannt:[104] "Prognosefähiges Wissen liefern unmittelbar nur Hypothesen als Ergebnisse von Theorien, in die als Anfangsbedingungen Informationen im Sinne von Tatsachenwissen, Erwartungen über Fremdereignisse und Neigungen anderer eingesetzt werden." Rechnungslegung liefert "bestenfalls bedingtes Tatsachenwissen"[105] und unterrichtet damit über die Anfangsbedingungen, die beim Adressaten " ... aufgrund seiner Kenntnis oder seiner Vermutungen über Gesetzmäßigkeiten die Ableitung von Erwartungen über Zielbeiträge erlauben."[106]

---

[100] Vgl. Franke/Laux (1970), S. 6; Schneider (2000c), S. 35; Ballwieser/Hachmeister (2000), S. 591; Streim (2000), S. 125; Henselmann (2001), S. 175; Kawlath (1997), S. 200; Kirchner (2000), S. 55; Lee/Swaminathan (1999), S. 7; Sloan (1996), S. 71.
Vgl. auch Sterling (1972), S. 208: " Every decision requires a prediction of the future consequences of various alternatives. For this reason, if I thought it were possible, I would argue that accountants report future cash flows. Knowledge of the future is always the most valuable kind of information."

[101] Streim (2000), S. 125. Streim führt als Beispiel die percentage of completion-method an, die nur bei konstanten Umweltbedingungen zu einer besseren Darstellung der Ertragslage führt, vgl. ebd., S. 125 f.

[102] Vgl. Streim (1998), S. 339; Esser (1998), S. 627; Moxter (2000b), S. 2147.

[103] Schneider (1983c), S. 144.
Schneider zeigt empirisch und wissenschaftsgeschichtlich auf, dass es nicht das Ziel von Buchhaltung und Handels- bzw. Steuerbilanz war und ist, einen Erfolg im Sinne eines Wirtschaftlichkeitsmaßstabes zu ermitteln, vgl. im Einzelnen Schneider (1978a), S. 326-347. Dies behauptet etwa Kosiol (1976), z.B. S. 477.

[104] Vgl. Schildbach (2002), S. 60. Vgl. auch Pellens/Fülbier (2000a), S. 583, die herausstellen, dass " ... kein operationales Maß zur Ex-ante-Quantifizierung der Prognosetauglichkeit einer kapitalmarktorientierten Rechnungslegung ... " existieren kann, sowie Schneider (1985), S. 1492, der betont, " ... daß mit Mitteln der Logik ... *allein* nicht von der Vergangenheit auf die Zukunft geschlossen werden kann, sondern daß es dazu des Wissens um eine empirische Gesetzmäßigkeit bedarf."

[105] Schneider (1997a), S. 201 (beide Zitate). Im Original z.T. Kursivdruck.

[106] Ballwieser (1996b), S. 18.

Ohne Frage ist es sinnvoll, Aufwands- und Ertragskomponenten in einer typisierungsgeprägten Weise nach ihrer unterschiedlichen Wiederkehrvermutung aufzugliedern, um Ermessensspielräume der Rechnungslegenden zu begrenzen; als maßgebliche Einflussfaktoren der Nachhaltigkeit des Jahresergebnisses werden dabei die Betriebsbezogenheit, die Periodenbezogenheit und die Regelmäßigkeit der Aufwendungen und Erträge angesehen.[107] Unregelmäßig oder aperiodisch anfallende Aufwendungen und Erträge, Bewertungserfolge (Zuschreibungen) sowie Liquidationserfolge aus dem Verkauf von Vermögensgegenständen des Anlage- und Umlaufvermögens sollten als nicht nachhaltig angesehen werden, während das ordentliche Betriebsergebnis und mit Abstrichen das Finanz- und Verbundergebnis den Ausgangspunkt zur Analyse der Erfolgspotentiale bilden.[108]

Es ist unbestritten, dass ein nach internationalen Rechnungslegungsstandards erstellter Jahresabschluss die Vergangenheitsanalyse im Vergleich zum HGB insofern vereinfacht, als die Bereinigungserfordernisse gegenüber HGB-Abschlüssen tendenziell geringer sind.[109] So mag eine Bilanzierung auf der Basis mittlerer statt – aufgrund des Vorsichtsprinzips – einseitig pessimistischer Erwartungen zwar für eine Prognose besser geeignet sein,[110] da in diesem Fall zum einen " ... die Notwendigkeit zur Bereinigung der einseitigen Färbung"[111] entfällt, zum anderen die Gefahr geringer ist, dass aufgrund der Kongruenz die vorsichtsbedingte Verzerrung in späteren Perioden in eine genau entgegengerichtete Verzerrung umschlägt, ohne dass der Adressat des Jahresabschlusses dies erkennen kann.[112] Allerdings unterliegt die Abgrenzung der GuV-Posten in Abschlüssen nach IAS und US-GAAP erheblichen Spielräumen, so dass das Erkennen der Aufwands- und Ertragsstrukturen und das Fortschreiben dieser Strukturen bei der Prognose der Cash flows im Vergleich zum HGB-Abschluss tendenziell schwieriger sein dürfte.[113]

---

107 Vgl. Küting/Weber (1999), S. 227 f.

108 Vgl. Stickney/Brown (1999), S. 205; Baetge (1998), S. 343, 384; Ballwieser/Hachmeister (2000), S. 590 f. In der GuV nach US-GAAP kommt der Gedanke einer Differenzierung zwischen betrieblichem und neutralem Ergebnis stark zum Ausdruck, indem in der Regel zwischen dem betrieblichen Ergebnis (operating income), dem gewöhnlichen Ergebnis (ordinary income), dem außerordentlichen Ergebnis (extraordinary income) sowie Ergebnissen aus spezifischen Sachverhalten (z.B. changes in accounting principles) unterschieden wird. Vgl. im Einzelnen Kuhlewind (2000).

109 Vgl. Bruns, C. (1998), S. 195-197 u. 244-246; Klein/Jonas (1998), S. 159.

110 Vgl. Baetge (1970), S. 140 f.; Ballwieser (1999a), S. 439; Wenger/Kaserer (1999), S. 168; Bruns, C. (1998), S. 62 f.

111 Schildbach (1998b), S. 71.

112 Vgl. Schildbach (1998b), S. 71.

113 Vgl. Bruns, C. (1998), S. 245 f.; Schildbach (2002), S. 137-140.

Der Zweck der Vergangenheitsanalyse kann nicht darin bestehen, " ... eine in die Zukunft extrapolierbare Ertragsreihe abzuleiten", vielmehr können nur "Anhaltspunkte gewonnen werden über mögliche künftige Ertragsdeterminanten."[114] Die Kapitalgeber können bei der Projektion der vergangenen Erfolge in die Zukunft " ... nur bemüht sein, mögliche Ursachen für Abweichungen vom Trend zu erkennen und in ihrer Wirkung abzuschätzen. Auf welchen Wegen und in welchem Umfang traditionelle Jahresabschlüsse ihnen dabei behilflich sein können, läßt sich nicht präzise sagen. ... Ohne Kenntnis der genauen Zusammenhänge, auf deren Grundlage traditionelle Jahresabschlüsse externe Kapitalgeber in die Lage versetzen, künftige Erfolge und Zahlungsströme abzuschätzen, ruhen Aussagen auf unsicheren Fundamenten, wonach Jahresabschlüsse nach US-GAAP verglichen mit solchen nach HGB und GoB informativer sein sollen."[115]

In gewissem Rahmen könnte die Gliederung der Bilanz Schätzungen verbessern. Jedoch schreiben die US-GAAP weder für die Bilanz noch für die GuV ein bindendes Ausweisschema vor. Auf der Aktivseite der Bilanz werden die Vermögenswerte grundsätzlich nach abnehmender Liquidität geordnet, während auf der Passivseite das Fremdkapital vor dem Eigenkapital und mit steigender Fälligkeit ausgewiesen wird.[116] Für börsennotierte Gesellschaften schreibt Regulation S-X weitergehend vor, welche Positionen bei Erfüllung der Voraussetzungen gesondert auszuweisen sind.[117]

Zudem enthält die Bilanz nur einen gewissen Teil der zu erwartenden künftigen Ein- und Auszahlungen. Es werden nur solche Zahlungen berücksichtigt, die die Kriterien eines asset oder einer liability erfüllen. Zukünftige Investitionen, zukünftige Lohnzahlungen u.a. bleiben unberücksichtigt.[118] Weiterhin erlaubt die Bilanz nur wenige Rückschlüsse auf die Zeitpunkte, in denen die zukünftigen Ein- und Auszahlungen anfallen werden; sie lässt nicht erkennen, mit welchen Glaubwürdigkeiten die Zahlungen anfallen mögen.[119] Im Ergebnis betont *Ballwieser*, dass der Jahresabschluss " ... das in einer Periode für die Zukunft geschaffene Aus-

[114] Moxter (1983), S. 101 (beide Zitate); ders. (1998d), S. 220 f.

[115] Schildbach (1998b), S. 70 f.; Schneider (1981b), S. 21. Vgl. zusammenfassend auch Franke/Laux (1970), S. 1: "Auskünfte, die den Informationsbedarf der Anteilseigner weitgehend decken, sind kaum überprüfbar, Auskünfte, die überprüfbar sind, decken den Informationsbedarf der Anteilseigner nicht." Ähnlich Schildbach (2002), S. 61.

[116] Vgl. Ballwieser/Hachmeister (2000), S. 584.

[117] Vgl. Regulation S-X, Rule 5-02.

[118] Vgl. Busse von Colbe (1968), S. 97-99; Moxter (1974), S. 224; ders. (1966), S. 46; Kawlath (1997), S. 199 f.

[119] Vgl. Moxter (1974), S. 224; ders. (1978b), S. 321 f.

schüttungspotential allenfalls zufällig ... "[120] ausdrückt. *Moxter* zufolge sind aufgrund des Geheimhaltungserfordernis der Unternehmenspläne fundierte Informationen über Zahlungsstromerwartungen in öffentlicher Rechnungslegung ausgeschlossen, so dass " ... sich zwingend eine Kluft zwischen den entscheidungsrelevanten Informationsinhalten und den (rechtlich durchsetzbaren) Informationsansprüchen"[121] ergibt.

Darüber hinaus ist zu beachten, dass es auf die Erwartungen der Kapitalgeber, nicht die der Bilanzierenden ankommt. Entscheider verfügen jedoch über unterschiedliche Ausgangsinformationen und verarbeiten sie vermutlich nach unterschiedlichen Regeln (aufgrund ungleich verteilten Wissens über wirtschaftliche Zusammenhänge, unterschiedliche Erfahrungen und Begabungen), um eine Erwartung über die Zukunft zu bilden.[122] Die subjektiven Auswertungsmodelle, über die die Rechnungslegungsadressaten die für ihre Entscheidungen benötigten Prognosen gewinnen, sind nicht bekannt. Daher können " ... auch der FASB, die SEC und das IASC nicht genau wissen, welche Offenlegungsinformationen .. für die Investoren tatsächlich bewertungsrelevant sind." Diese Institutionen behelfen sich mit einem Verweis auf die decision usefulness von Jahresabschlüssen " ... und können nur postulieren, daß `möglichst viel´ an zuverlässigen Daten offenzulegen ist."[123]

Es wird deutlich, dass sich deutsche und US-GAAP/IAS-Abschlüsse wie alle vergangenheitsorientierten Zahlenwerke nur in sehr engen Grenzen eignen, auf ihrer Grundlage die zukünftige Ertragskraft und Liquidität eines Unternehmens zu beurteilen.[124] Im Ergebnis überrascht es nicht, dass Investorenhandbücher, Präsentationen oder Analystenveranstaltungen in der Unternehmenskommunikation wichtigere Entscheidungsgrundlagen für Aktienkäufe als Jahresabschlüsse sind.[125]

---

120 Ballwieser (1994), S. 1381.

121 Moxter (2000b), S. 2148.

122 Vgl. Moxter (1966), S. 42; Schildbach (1986), S. 8 f.m.w.N.

123 Auer (1999a), S. 376 (beide Zitate).

124 Vgl. Schildbach (1998b), S. 56; Pannen (2000), S. 276; Schmidt, H. (2001), S. 261; Labhart/Volkart (2001), S. 118.

125 Vgl. Schmidt, H. (2001), S. 261. Die Schwächen von Bilanz und GuV bezüglich der Informationsfunktion zeigen sich auch daran, dass Ratingagenturen die Fähigkeit eines Unternehmens, Zins- und Tilgungszahlungen zu leisten, z.T. völlig unabhängig von dessen Rechnungslegungsverfahren beurteilen. Das externe Rechnungswesen zu beurteilender Unternehmen stellt etwa bei Moody`s nur einen Teil der Beurteilungskriterien dar; dabei gelten die US-GAAP zwar als Referenzstandard für den Ratingprozess, zum einen werden diese jedoch nicht vorbehaltlos übernommen, sondern werden modifiziert (z.B. im Bereich der intangible assets), zum anderen ist das Abstellen auf US-GAAP bei Moody´s historisch bedingt. Vgl. Berblinger (1998), S. 267. Auch von Standard & Poor´s ist zu lesen, " ... daß die einfache Antwort zu unseren Anforderungen an die externe Rechnungslegung `keine´ lautet. Wir haben Zugang zu dem Management und vertraulichen Informationen und erhalten in diesen Gesprächen Antworten auf im Geschäftsbericht oft nur unzureichend ausgewiesene Posten ... ", Wenk (1998), S. 116. So hat Haniel von Standard &

Angesichts dieser zentralen Einwände gegen die Informationsfunktion im engeren Sinne wird man sich auch nur in Grenzen der Schätzproblematik durch eine umfassende Segmentberichterstattung entziehen können. Die Ergebnisspaltung in der GuV (Betriebsergebnis, Finanzergebnis; ordentliches bzw. außerordentliches Ergebnis) sollte mit zunehmender Diversifikation des Unternehmens durch eine horizontale, d.h. bereichsorientierte Strukturierung ergänzt werden, da sich die Gewinnspannen, das Risiko und die Wachstumsaussichten der einzelnen Unternehmensbereiche stark voneinander unterscheiden können. Die Aussagefähigkeit des Konzernabschlusses nimmt mit zunehmender Diversifikation ab, da insbesondere Segmentverluste durch Segmentgewinne ausgeglichen werden können.[126] Von einer zusätzlichen Aufgliederung der Jahresabschlusszahlen durch eine Segmentierung verspricht man sich eine Steigerung ihres Informationswertes für die finanziellen Ziele der Adressaten. M.a.W. bei fehlenden Segmentdaten erhöhen sich bei diversifizierten Unternehmen die Fehler bei der Prognose erheblich.[127] Von Seiten der Finanzanalysten wird der hohe Nutzen einer Segmentberichterstattung für die Finanzanalyse betont.[128]

Die Segmentberichterstattung gilt als wesentliches Instrument des Business Reporting: "Gerade ein Einblick in die Geschäftsfelder durch die Offenlegung von Finanzdaten, wie der Gewinn pro Segment, kann die Kluft zwischen dem Informationsbedarf der Investoren und bereits veröffentlichten Informationen reduzieren."[129] So soll die Segmentberichterstattung nach SFAS 131 Jahresabschlussadressaten in die Lage versetzen, den wirtschaftlichen Erfolg des Unternehmens besser zu verstehen, die zukünftigen Nettozahlungsüberschüsse besser zu prognostizieren und fundierte Urteile über das Unternehmen als Ganzes abgeben zu können.[130] Von einer Übernahme des management approach durch deutsche Unternehmen verspricht man sich einen großen Schritt in Richtung investororientierte Information.[131]

Poor's ein Rating von A- und von Moody's ein Rating von A3 erhalten; die Bilanzierung nach HGB bei Haniel erwies sich im Rahmen des Ratingsprozesses nicht als Nachteil, vgl. Ohlms/Tomaszewski/Trützschler (2002), S. 195.

126 Vgl. Haller/Park (1994a), S. 499, 501 f.; Baumann (1987), S. 3; Veit/Bernards (1995), S. 493. Im Grundsatz sind verschiedene Segmente durch unterschiedliche Chancen und Risiken determiniert (z.B. Gewinnspannen, Wachstumsaussichten, Markt- und Wettbewerbsverhältnisse), vgl. Haller/Park (1994a), S. 502; Haase (1993), Sp. 1782.

127 Vgl. Ballwieser (1985b), S. 52; Henselmann (1999), S. 96.

128 Vgl. AIMR (1993), S. 57: " ... disaggregated financial data ... is vital, essential, fundamental, indispensable, and integral to the investment analsysis process." Vgl. auch McConnell/Pacter (1995), S. 32; Pacter (1993), S. 59-116.

129 Böcking (1999), S. 512. Zum Begriff des Business Reporting vgl. Gliederungspunkt 3.1.4.

130 Vgl. SFAS 131.3.
In den USA besteht bereits seit 1976 mit dem SFAS 14 eine ausführliche Regelung zur Offenlegung von Segmentinformationen. Der SFAS 14 wurde 1997 durch den umfangreicheren SFAS 131 abgelöst. SFAS 131 gilt für Unternehmen, deren Fremd- oder Eigenkapitalinstrumente an einem öffentlichen Markt gehandelt werden oder deren Gang an einen öffentlichen Markt bevorsteht, vgl. SFAS 131.9. Zur Segment-

Während die US-GAAP nach SFAS 131 dem management approach folgen, nach dem für die Segmentberichterstattung die im Rahmen der internen Berichterstattung vollzogene Segmentabgrenzung zu übernehmen ist,[132] ist IAS 14 revised vom risk and reward approach geprägt, demzufolge die zu einer Risiko- und Chancenklasse gehörenden Produkte und Dienstleistungen zu einem Segment zusammengefasst werden.[133] Es besteht kein Zweifel, dass SFAS 131 und IAS 14 revised als Vorbilder für die Ausgestaltung und den Umfang einer Segmentberichterstattung nach HGB durch DRS Nr. 3 gedient haben.[134] Nichtsdestoweniger wird die eigentliche Extrapolationsproblematik, also das Problem, " ... dass ungeklärt ist, auf welchen Wegen genau vergangenheitsorientierte Jahresabschlussinformationen Rückschlüsse auf Umfang, zeitliche Struktur und Sicherheit der künftigen Zahlungen ... erlauben"[135], letztendlich auch durch US-GAAP und IAS nicht gelöst, wenn auch zukünftige Einnahmepotentiale durch den im Vergleich zum HGB weiteren Aktivierungsumfang bei intangible assets[136] stärker berücksichtigt werden.

SFAS 131 bringt weitere Probleme mit sich. Je nach Ausgestaltung des internen Berichtssystems kann die Segmentierung nach völlig unterschiedlichen Kriterien erfolgen, etwa nach regionalen Teileinheiten (z.B. Absatzmärkte oder Produktionsstandorte), nach rechtlich selbstständigen Teileinheiten, nach organisatorischen Teileinheiten (z.B. Sparten), nach leistungsbezogenen Teileinheiten (z.B. Leistungsarten) oder nach einer Kombination von Kriterien. Aufgrund der vollständigen Gestaltungsfreiheit des internen Rechnungswesens ergibt sich dem Grunde nach auch ein weiter Gestaltungsspielraum für den externen Segmentbe-

---

berichterstattung nach US-GAAP vgl. im Einzelnen Benecke (2000), S. 165-225. Zu einer Übersicht über die Identifikation berichtspflichtiger Segmente nach US-GAAP vgl. SFAS 131.38; Ordelheide/Stubenrath (2000), S. 391; Nichols/Street (1999), S. 41.

131 Vgl. Küting/Pilhofer (1999), S. 606; auch Husmann (1998), S. 823.

132 Vgl. SFAS 131.4 u. .10. Die Grundidee des Management Approach besteht darin, Unternehmensdaten zu publizieren, die von der Unternehmensleitung zur internen Entscheidungsfindung und Steuerung des Unternehmens als relevant betrachtet und verwandt werden. Der Management Approach " ... basiert auf der zutreffenden Annahme, daß gerade das Management in der Lage ist, das Unternehmen sinnvoll in einzelne Segmente zu splitten und die gesamten Aufwendungen, Erträge, Verbindlichkeiten sowie Vermögensgegenstände aufzuteilen, um die Leistung eines Segments richtig beurteilen zu können", Böcking (1999), S. 523 f. Natürlich kann es aus Gründen des Wettbewerbsschutzes und wegen mangelnder Praktikabilität nicht zu einem uneingeschränkten Rückgriff auf die Daten des internen Rechnungswesens kommen, wie es ein reiner management approach erfordern würde, vgl. Fey/Mujkanovic (1999), S. 264.

133 Zu einem Vergleich des Management Approach mit dem Risk and Reward-Approach vgl. Böcking (1999), S. 524-527. Zu einem Vergleich des SFAS 131 mit dem IAS 14 revised anhand synoptischer Darstellungen vgl. Böcking/Benecke (1998), S. 100-104; Dove/Vilu (1998), S. 64 f.; Fey/Mujkanovic (1999), S. 270 f.; Küting/Pilhofer (1999), S. 606-608.

134 Vgl. hierzu Ordelheide/Stubenrath (2000), S. 403 f.; Böcking/Benecke (1999), S. 839-845; Börsig (2001), S. 231-245.

135 Schildbach (2002), S. 302.

136 Vgl. Gliederungspunkt 3.1.3.2.

richt.[137] "Diese Gestaltungsspielräume sind dann von Nutzen, wenn sie im Sinne der Erfüllung der Funktion der Segmentberichterstattung, einer entscheidungsrelevanten Einblicksgewährung für die Rechnungslegungsadressaten, ausgeübt und nicht zur `Informationsverschleierung´ mißbraucht werden."[138]

Darüber hinaus bringt der management approach eine mangelnde Vergleichbarkeit der Segmentdaten zwischen verschiedenen Unternehmen mit sich; zwar kann eine zwischenbetriebliche Vergleichbarkeit aufgrund unternehmensspezifischer Segmentzusammensetzungen und -abgrenzungen im Grundsatz nie zufriedenstellend erreicht werden, jedoch ist sie bei extern vorgegebenen Segmentierungsebenen und -definitionen noch eher möglich als bei Anwendung des management approach,[139] da nach letzterem die publizierten Segmentgrößen unternehmens- und segmentspezifisch definiert sind. Die Übernahme der Rechnungslegungsgrundsätze aus dem internen Berichtswesen verschärft das Problem der zwischenbetrieblichen Vergleichbarkeit.[140]

Zudem ist in SFAS 131 eine Segmenthomogenität hinsichtlich der Chancen- und Risikostruktur nicht explizit gefordert;[141] das FASB geht davon aus, dass die der Unternehmenssteuerung dienende interne Berichterstattung zu einer auch für externe Entscheidungszwecke sachgerechten Segmentberichterstattung führt.[142] Die interne Berichts- und Kontrollstruktur eines Unternehmens ist möglicherweise aber u.a. auch durch historische oder produktionstechnische Tatbestände oder durch die Eigenschaften der Führungspersonen geprägt, was zu Segmenten führen kann, die von Marktchancen und Risikoüberlegungen unabhängig sind. Hierauf gestützte Segmentierung wird den Externen aber kaum als Grundlage für die Prognose künftiger Ergebnisse und Cash Flows dienen können.[143] D.h. "[d]ie konsequente Übernahme der internen Struktur stellt .. für das FASB in diesem Zusammenhang ein höheres Ziel dar, als die für die Aussagefähigkeit von Segmentbildungen nachweislich wichtige Homogenität be-

---

137 Vgl. Haller/Park (1999), S. 64; Fey/Mujkanovic (1999), S. 263.

138 Haller/Park (1999), S. 65.

139 Vgl. SFAS 131.62-.65; Haller/Park (1999), S. 63; Husmann (1998), S. 821. Nach IAS 14.27b und .30 sind die extern zu berichtenden Segmente zwingend nach Tätigkeitsbereichen und nach geographischen Bereichen abzugrenzen, so dass die zwischenbetriebliche Vergleichbarkeit eher gewahrt ist.

140 Vgl. Fey/Mujkanovic (1999), S. 269.

141 Durch den Grundsatz der Segmenthomogenität soll sichergestellt werden, " ... daß Erfolg und Risiko der in einem Segment zusammengefaßten wirtschaftlichen Aktivitäten möglichst homogen ... " sind, Ordelheide/Stubenrath (2000), S. 387. Im Umkehrschluss heißt das, dass Chancen und Risiken der einzelnen Segmente möglichst heterogen sein sollen (Segmentheterogenität), vgl. Mautz (1968), S. 41; Emmanuel/Gray (1978), S. 170.

142 Vgl. Fey/Mujkanovic (1999), S. 265.

züglich der Marktchancen und -risiken der in einem Segment zusammengefaßten Geschäftsaktivitäten."[144]

Der management approach verfolgt eher eine temporäre Vergleichbarkeit (consistency) und Kontrolle der Segmente eines Unternehmens; indem der Abschlussprüfer die Segmentabgrenzung anhand der im Unternehmen vorzufindenden Organisationsstruktur (z.B. Risikomanagementsystem) sowie anhand von Protokollen des board of directors prüfen kann, gewährleistet dieser Ansatz einen hohen Grad an Objektivität.[145] Allerdings beeinträchtigt der management approach auch die zeitliche Vergleichbarkeit der Segmentdaten, da Änderungen in der Berichts- und Steuerungsorganisation zwangsläufig zu Stetigkeitsunterbrechungen in der Segmentberichterstattung führen.[146] Durch die Umstellung der in Vorperioden berichteten Daten auf die neue Organisation soll diesem Mangel begegnet werden.[147]

Vor dem Hintergrund der aufgezeigten Problematik der Prognose zukünftiger Cash Flows sollte *Moxter* zufolge zukünftig unterschieden werden zwischen Bilanz und GuV, die für die Bestimmung von Gewinnansprüchen funktionsadäquat sind, und der Konkretisierung von Informationspflichten dienende Rechnungslegung, die zukünftig prognoseorientiert ausgestaltet sein sollte, indem vergangenheitsbezogene Daten aus Bilanz und GuV sorgfältig prognoseorientiert erläutert werden. Dies stellte einen Paradigmawechsel dar, weil Rechnungslegungsinformationen dann nicht nur einen predictive value darstellten, sondern "itself a prediction" bildeten.[148] Nach *Moxter* müsse man den eintretenden Objektivierungsverlust " ... gewichten mit den Nachteilen einer Rechnungslegung, die nicht nur funktionsinadäquat ist, sondern deren Funktionsinadäquanz von einem breiten Publikum gar nicht wahrgenommen wird".[149] Außerdem würde der Rechnungslegungspflichtige durch bewusste Fehlprognosen seine Vertrauenswürdigkeit gefährden.

---

143 Vgl. Ordelheide/Stubenrath (2000), S. 392; Backer/McFarland (1968), S. 20; Emmanuel/Gray (1978), S. 171 f.; Fey/Mujkanovic (1999), S. 265.

144 Haller/Park (1999), S. 63.

145 Vgl. Böcking (1999), S. 524 f.

146 Vgl. Haller/Park (1999), S. 63.

147 Vgl. SFAS 131.34 f.

148 Vgl. Moxter (2000b), S. 2148, mit Verweis auf SFAC 2.53. Vgl. auch Rückle (1984), S. 60, der herausstellt, dass die Publikation originärer Prognosen nur dann überflüssig ist, wenn es einem Externen gelingen würde, " ... aus vergangenheitsorientierten Informationen zutreffende und ausreichend entscheidungsrelevante Prognosen abzuleiten ... ".

149 Moxter (2000b), S. 2148.

3.1.2.4. Zeitwertbilanzierung

Zeitwertbilanzen " .. können gewisse Anhaltspunkte bieten zur Konkretisierung der Nettoausschüttungserwartungen."[150] Zeitwerte sind für die Indikation künftiger Cash-flows besser geeignet als Anschaffungswerte.[151] In der Literatur und den angelsächsisch dominierten Standardsettern wird ein weitgehender Ansatz von Zeitwerten empfohlen.[152] Als in Frage kommende Markt- bzw. Zeitwerte werden Barwerte, Wiederbeschaffungswerte und Veräußerungswerte diskutiert. Im Zentrum der folgenden Ausführungen stehen Barwerte, während auf die Diskussion um Wiederbeschaffungswerte[153] und Veräußerungswerte[154] verwiesen sei. Be-

---

150 Moxter (1998c), S. 312.

151 Vgl. Ballwieser (1993a), S. 113; Breker/Gebhardt/Pape (2000), S. 729; Shim/Larkin (1998), S. 40.

152 Zur Diskussion um die Zeitwertbilanzierung vgl. Ackermann (2001); Baetge/Zülch (2001), S. 543-562; Baetge/Zülch/Matena (2002), S. 365-372 u. 417-422; Ballwieser (2002a), S. 298 f.; Böckem/Schurbohm (2002), S. 41-51; Förster (1999), S. 323-327; Herzig/Mauritz (1998), S. 335-361; Hitz/Kuhner (2000), S. 897-902; King (1999), S. 53-55; Kley (2001), S. 2257-2262; Lüdenbach/Hoffmann (2002b), S. 1172-1175; Moxter (1982a), S. 155-205; Mujkanovic (2002); Ordelheide (1998c), S. 604-612; Schildbach (1999c), S. 177-185; Siegel, S. (1997), S. 81-90; Siegel, T. (1998), S. 593-603; Starbatty (2001), S. 548-558; Streim/Bieker/Leippe (2001), S. 197-203; Wiedmann (1995), S. 779-811; Willis (1998), S. 854-860. Zur Joint Working Group of Standard Setters betreffend financial instruments vgl. Breker/Gebhardt/Pape (2000), S. 729-744; Pape/Breker (1999), S. 1-12; Pape (2001), S. 1458-1467; IDW (2001c), S. 1000-1013.

153 In der deutschspachigen Literatur forderte Kovero den Ansatz der Vermögensgegenstände zu deren am Bilanzstichtag geltenden Wiederbeschaffungswerten, vgl. Kovero (1912), S. 60. Während Kovero die Ausschüttung und Besteuerung unrealisierter Gewinne für geboten hält, zählen nach der organischen Bilanztheorie von Fritz Schmidt (vgl. Fn. 75) Wertänderungen am ruhenden Vermögen nicht zum Gewinn, vgl. Schmidt (1929), S. 324. In ausdrücklicher Anlehnung an Fritz Schmidt haben in der angelsächsischen Literatur insbesondere Edwards/Bell den bilanziellen Ansatz von Wiederbeschaffungszeitwerten gefordert, vgl. Edwards/Bell (1961), S. 26 f. Wesentlicher Vorteil der Bilanzierung zu Wiederbeschaffungswerten besteht darin, dass zwischenzeitlich eingetretene Preisänderungen der vorhandenen Güter berücksichtigt werden; die Bewertung zu Wiederbeschaffungskosten verbessert die Entscheidungen des (potentiellen) Kapitalanlegers, vgl. Edwards/Bell (1961), S. 222-227. Dies geht allerdings auf Kosten der Objektivierung, da Wiederbeschaffungswerte i.d.R. geschätzt werden müssen, vgl. Moxter (1978a), S. 86; Göbel (2000), S. 176. Wiederbeschaffungskosten entsprechen zudem nicht zwingend dem aus den zukünftigen Zahlungen abgeleiteten fair value einer Bewertungseinheit, vgl. Revsine (1970), S. 518-520. Grundlegend zur Gewinnermittlung auf der Basis von Wiederbeschaffungswert-Bilanzen vgl. Moxter (1982a), S. 102-125.

154 Veräußerungswert-Bilanzen, d.h. Bilanzen, die von der Annahme einer Unternehmenszerschlagung ausgehen und damit die Liquidationsmasse abbilden, wurden vor allem von Gutenberg und Chambers gefordert, vgl. Gutenberg (1926), S. 506; Chambers (1971), S. 74-96. Der Liquidationswert kennzeichnet die pessimistische Veranschlagung der Eigenkapitalgröße, vgl. Moxter (1978a), S. 86. Gegen die Verwendung von Veräußerungswerten spricht der Grundsatz der Unternehmensfortführung. Nach US-GAAP kommt ein Ansatz zu Veräußerungswerten grundsätzlich nur für Vermögensgegenstände in Betracht, die kurzfristig veräußert werden sollen, vgl. Göbel (2000), S. 177, 183-185. Zur Verlustantizipation nach US-GAAP, bei der Wiederbeschaffungskosten und Nettoerlöse eine Rolle spielen, vgl. Göbel (2000), S. 185-187.
Die Funktionsfähigkeit des Kapitalmarktes erfordere die Transparenz der stillen Zwangsrücklagen. Maßgebend ist der Zeitwert des Absatzmarktes (Einzelveräußerungswert), da von ihm die erwartete Reservenrealisierung abhängt, vgl. Siegel/Bareis/Rückle/Schneider/Sigloch/Streim/Wagner (1999), S. 2079; Busse von Colbe (1993), S. 24. Man unterscheidet stille Zwangsrücklagen und sonstige stille Rücklagen. Erstere verkörpern unrealisierte Gewinne. Sonstige stille Reserven entstehen aus realisierten Gewinnen, werden aber nicht offen ausgewiesen, sondern sind im Jahresabschluss verborgen; sie setzen sich zusammen aus Schätzrücklagen, Vereinfachungsrücklagen und Ermessensrücklagen (Wahlrechtsrücklagen), vgl. Schneider (1997), S. 195-197. Während sich Schätzrücklagen kaum vermeiden lassen und von Vereinfachungsrücklagen nur geringe Informationsverfälschungen und Ausschüttungsverkürzungen erwartet werden, sind

troffen sind im Folgenden nicht nur die Finanzinstrumente, für die oft ein funktionsfähiger Markt besteht und die mit einem leistungswirtschaftlichen Risiko verbunden sind, sondern auch sonstige Nominalwerte wie langfristige Verbindlichkeiten. Auch für fremdgenutzte Immobilien und Versicherungsverträge wird der Zeitwertansatz diskutiert.[155]

Nach Ansicht des FASB geben Marktwerte den Jahresabschlussadressaten relevantere Informationen als historische Kosten.[156] Auf der Basis des im Februar 2000 verabschiedeten SFAC No. 7[157] soll es langfristig zu einem möglichst umfassenden Ansatz von assets und liabilities zu Zeit- bzw. Marktwerten kommen. Unter dem fair value versteht dieser Standard den Marktpreis, also den sich aus dem Zusammenspiel von Angebot und Nachfrage einstellenden "objektivierten" Wert, zu dem assets oder liabilities auf einem funktionierenden Markt den Besitzer wechseln.[158] Sofern kein zuverlässiger Preis am Markt bestimmt werden kann, erfolgt der Rückgriff auf den present value.[159] Über letzteren soll der Preis simuliert werden, der sich auf einem funktionierenden Markt einstellen würde.[160] Er leitet sich aus der Diskontierung sämtlicher zukünftiger Zahlungsüberschüsse, die der Bilanzposten generiert, auf den Betrachtungszeitpunkt ab. Nach dem traditional approach wird die Unsicherheit nur im Diskontierungsfaktor berücksichtigt, während der expected cash flow approach auf den Erwartungswertansatz bzw. den Sicherheitsäquivalentansatz abstellt.[161] Letzterer berücksichtigt die Unsicherheit der Zahlungsströme in einem Abschlag von den Erwartungswerten. Der present value soll von subjektiven Einschätzungen des Bilanzierenden unbeeinflusst bleiben;[162] er orientiert sich zudem nicht an unternehmensspezifischen Kosten- und Erlösstrukturen (entity specific measurement).[163]

Im Februar 2000 hat die Europäische Kommission zur Anpassung der EU-Richtlinien an die IAS[164] die Einführung einer Rechnungslegung zum fair value vorgeschlagen.[165] Der Vorschlag

---

Ermessensrücklagen abzulehnen. Vgl. Siegel/Bareis/Rückle/Schneider/Sigloch/Streim/Wagner (1999), S. 2080.

155 Vgl. Scheffler, E. (2000), S. 1630.

156 Vgl. SFAS 133.220.

157 Zu Inhalt und Bedeutung des SFAC 7 vgl. Hitz/Kuhner (2000), S. 889-897; Starbatty (2001), S. 543-548.

158 Vgl. SFAC 7.24, .26.

159 Vgl. SFAC 7.17. Zum Entscheidungsbezug von present values vgl. Bromwich (1977), S. 592.

160 Vgl. Hitz/Kuhner (2000), S. 892. Der present value stellt also stets nur die zweitbeste Lösung dar, vgl. auch Miller/Bahnson (1996), S. 94.

161 Vgl. SFAC 7.48, .117.

162 Vgl. SFAC 7.117 ff.

163 Vgl. SFAC 7.31 f., .36; Hitz/Kuhner (2000), S. 893.

164 Vgl. Gliederungspunkt 6.1.3. Zur Bilanzierung von Financial Instruments nach IAS 39 vgl. Scharpf (2001).

mündete in der fair value-Richtlinie vom 27.9.2001.[166] Danach können die Mitgliedstaaten allen Gesellschaften, die in den Anwendungsbereich der Jahresabschluss- und der Konzernabschlussrichtlinie fallen, oder nur bestimmten Unternehmen (z.B. börsennotierten Unternehmen) die fair value-Bewertung von Finanzinstrumenten vorschreiben oder gestatten.[167] Demnach wird im Wege des lex specialis das Realisationsprinzip für financial instruments durchbrochen, das ansonsten aber grundlegendes Rechnungslegungsprinzip bleibt. Eine Beschränkung auf konsolidierte Abschlüsse i.S.d. Konzernabschlussrichtlinie ist möglich.

Als fair value eines Finanzinstruments gilt grundsätzlich dessen Marktwert, wenn ein verlässlicher Markt vorliegt.[168] Sofern für die Bilanzposition in ihrer Gesamtheit kein Marktpreis verfügbar ist, sich ein solcher aber für ihre Teilkomponenten ermitteln lässt, darf hieraus der Marktpreis der Bilanzposition als Summe der Marktpreise ihrer Teilkomponenten abgeleitet werden. Ansonsten muss der Marktwert mit Hilfe anerkannter Bewertungsmodelle und -methoden bestimmt werden.[169] Fehlen auch diese, so greift das Anschaffungswertprinzip. Zu den von dem Vorschlag erfassten Bewertungsobjekten zählen die nicht näher definierten derivativen und nicht-derivativen Finanzinstrumente sowie ein eng begrenzter Bereich an Verbindlichkeiten, wobei den Mitgliedstaaten zahlreiche Wahlrechte gewährt werden.[170]

Grundsätzlich hat die fair value-Bewertung erfolgswirksam zu erfolgen.[171] Gewinne oder Verluste aus nicht zu Handelszwecken gehaltenen Finanzanlagen können in einer fair value-Rücklage direkt unter dem Eigenkapital ausgewiesen werden; diese Rücklage ist bei tatsäch-

---

165 Vgl. EU-Kommission (2000a). Vgl. hierzu Ernst (2001a), S. 245-253; Hommel/Berndt (2000), S. 1184-1189; Helmschrott (2000), S. 941-948; IDW (2000a), S. 323-329; Ruhnke/Schmidt/Seidel (2000), S. 879 f.; Scharpf (2000), S. 629-634; Sell (2000), S. 511-513. Zum Vorentwurf vgl. Strobl-Haarmann (1999), S. 607-637.
Die in dem Vorschlag zahlreich enthaltenen Mitgliedsstaatenwahlrechte lassen es allerdings als fraglich erscheinen, ob so die an sich in diesem Bereich angestrebte internationale Vergleichbarkeit der Rechnungslegung erreicht wird. Vgl. auch Strobl-Haarmann (1999), S. 631-633.

166 Vgl. Richtlinie 2001/65/EG des Europäischen Parlamentes und des Rates vom 27.9.2001 zur Änderung der Richtlinien 78/660/EWG, 83/349/EWG und 86/635 EWG im Hinblick auf die im Jahresabschluss bzw. im konsolidierten Abschluss von Gesellschaften bestimmter Rechtsformen und von Banken und anderen Finanzinstituten zulässigen Wertansätze, ABlEG Nr. L 283 vom 27.10.2001, S. 28-32, im Folgenden: JaR.

167 Vgl. Art. 42a Abs. 1 JaR.

168 Vgl. Art. 42b Abs. 1 Buchst. a JaR.

169 Vgl. Art. 42b Abs. 1 Buchst. b JaR.

170 Vgl. Art. 42a Abs. 1, 3 u. 4 JaR. Eine weitere Konkretisierung des Begriffs der financial instruments erfolgt offenbar deshalb nicht, weil die Bilanzrichtlinien keine Definition für Vermögensgegenstände, Schulden, Kapital u.a. enthalten, so dass eine Legaldefinition des Begriffs financial instrument folglich mit Hilfe von Begriffen erfolgen musste, für die ihrerseits keine Legaldefinition verfügbar ist. Darüber hinaus könnte eine solche Definition der financial instruments aufgrund der rasanten internationalen Entwicklung in diesem Bereich schnell überaltern, vgl. Strobl-Haarmann (1999), S. 613.

171 Vgl. Art. 42c Abs. 1 JaR.

licher Realisierung der erfassten Gewinne oder Verluste aufzulösen.[172] Über die Verwendung dieser Eigenkapital-Position fair value-Rücklage entscheiden die Mitgliedstaaten.

Der DSR schlägt für die Umsetzung der fair value-Richtlinie in deutsches Recht vor, alle Unternehmen einheitlich dazu zu verpflichten, in ihrem Konzernabschluss bestimmte Finanzinstrumente zum fair value anzusetzen. Zudem spricht er sich dafür aus, die Pflicht zur fair value-Bewertung auch auf den handelsrechtlichen Einzelabschluss zu erstrecken.[173]

Die zentralen Einwände gegen die Zeitwertbilanzierung ergeben sich überwiegend explizit oder zumindest implizit bereits aus den beiden vorangegangenen Gliederungspunkten. Der fair value ist nur auf vollkommenen und vollständigen Märkten eindeutig definiert.[174] Für jede Position existiert hier ein einziger Marktpreis, der sämtliche bewertungsrelevanten Informationen inkorporiert. Unter diesen Bedingungen gäbe es keine Berechtigung für besondere Bilanzierungs- und Bewertungsregeln.[175] Das FASB stützt die Bedeutung des fair value aber auf dem Grundsatz der relevance und damit " ... auf der Annahme, der Marktmechanismus internalisiere die Einschätzungen und Präferenzen der Marktteilnehmer bezüglich künftiger cash flows im Preis."[176] Folglich wird mit der Begründung für die Entscheidungsrelevanz des fair value die Notwendigkeit seiner Ermittlung wegdefiniert.[177]

Auch bei einem Zeitwertansatz lässt sich der originäre Geschäfts- oder Firmenwert bilanziell nicht erfassen. Zudem sind mit der Abschätzung der zukünftigen Zahlungsströme erhebliche Unsicherheiten verbunden, die vor allem dann groß sind, wenn für den Bilanzposten kein funktionsfähiger Markt vorhanden ist. Das fair value accounting verstärkt die subjektive Komponente in der Rechnungslegung. Zwar ist "Bilanzierung unter Unsicherheit ... im Prinzip nicht neues." Jedoch macht " ... eine weitgehende Zeitwertbilanzierung eine Bilanzierung unter Unsicherheit zu einem Massenphänomen .. "[178]. Zudem tritt das Problem der Zuordnung

---

172 Vgl. Art. 42c Abs. 2 JaR.

173 Vgl. DSR (2002); gl.A. Bruns (2001), S. S73; zur Beurteilung des Vorschlags des DSR vgl. Hommel/Berndt (2002), S. 90-92; IDW (2002), S. 204-209; Hoffmann/Lüdenbach (2002b), S. 873-877. Die fair value-Richtlinie ist bis Ende 2003 in nationales Recht umzusetzen.

174 Vgl. Beaver (1998), S. 77.

175 Vgl. Beaver/Demski (1979), S. 39 f.; Barth/Landsman (1995), S. 100; Ballwieser (1982), S. 786 f.

176 Hitz/Kuhner (2000), S. 899. Im Original z.T. kursiv.

177 Vgl. Hitz/Kuhner (2000), S. 899.

178 Künnemann (2001b), S. 219 (beide Zitate). Vgl. auch Kieso/Weygandt/Warfield (2001), S. 44; Siegel, S. (1997), S. 87. So fände eine zufallsbestimmte Komponente Eingang in den Erfolg, die den Rückschluss von vergangenen Gewinnen auf die Tüchtigkeit des Managements, den Schluss von Gewinnen der Vergangenheit und von der Tüchtigkeit des Management auf die künftige Erfolgskraft sowie die Eignung des Erfolgs als Grundlage der Entlohnung von Managern behindert, sofern diese Zufallskomponente nicht auf

von Zahlungsströmen auf die Bewertungseinheit auf.[179] Weiterhin dürfte mit einer Zeitwertbilanzierung eine erhebliche Volatilität der Bilanzwerte und des Periodenerfolges verbunden sein.[180]

Der Diskontierungszinsfuß, der erheblichen Einfluss auf den Wertansatz hat, ist i.d.R. schwierig bestimmbar, was auch das FASB in SFAC No. 7 herausstellt.[181] Er beinhaltet nach dem traditional approach bzw. dem Erwartungswertansatz eine Zeit- und eine Risikoprämie. Das Capital Asset Pricing Model (CAPM)[182] zerlegt das Risiko in einen systematischen Teil und einen unsystematischen bzw. spezifischen Teil.[183] Letzterer ist unkorreliert zu den Risiken des Gesamtmarktes und geht bei ausreichender Diversifizierung gegen Null. Folglich gewährt der Markt nur für die Übernahme des systematischen Risikos eine Prämie.[184] Dieses Modell auf das fair value accounting zu übertragen, erscheint schwierig, da die Aufspaltung des Risikos in einen systematischen und einen unsystematischen Teil auf einzelne assets und liabilities bezogen werden müsste.[185] Sofern der Risikozuschlag nicht hinreichend zuverlässig bestimmt werden kann oder sich im Verhältnis zu den potenziellen Schätzfehlern als gering darstellt, sollte ein Abstellen auf den risikolosen Zinsfuß erwogen werden.[186] Der Einfluss subjektiver Einschätzungen wird folglich auch bzgl. des Diskontierungszinsfußes unvermeidlich sein.

SFAC No. 7 bezieht das fair value accounting auch auf liabilities. Ob dies sinnvoll ist, wird international kontrovers diskutiert. Der fair value einer Verbindlichkeit ist zu mindern, wenn eine Bonitätsverschlechterung eintritt, obwohl die Verbindlichkeiten aus Sicht des bilanzierenden Unternehmens mit unveränderten Zahlungsverpflichtungen verbunden sind.[187] Der Zeitwert der Verbindlichkeiten wäre umso geringer, je schlechter die wirtschaftliche Situation des Unternehmens ist – "mit der theoretischen Folge, dass ein Unternehmen gar nicht in Konkurs gehen könnte, weil seine Verbindlichkeiten schließlich mit dem Zeitwert `Null´ zu be-

---

Basis ihres gesonderten Ausweises oder von Zusatzinformationen etwa in notes wieder eliminiert werden kann. Vgl. Schildbach (1998c), S. 589 m.w.N.

179 Vgl. Göbel (2000), S. 174 f.

180 Vgl. Scheffler, E. (2000), S. 1631; Kley (2001), S. 2259; Ballwieser (2002a), S. 296.

181 Vgl. SFAC 7.68.

182 Vgl. zum CAPM Sharpe (1964), S. 425-442; Lintner (1965), S. 13-37; Mossin (1966), S. 768-783; Weber/Schiereck (1993), S. 132-150. Vgl. zu den Problemen einer aus dem CAPM abgeleiteten Kapitalmarktrendite Ballwieser (1998), S. 83; Böcking/Nowak (1998), S. 688-690; Mengele (1999), S. 75-84 u. 92-96; Schneider (1998), S. 1477 f.

183 Vgl. SFAC 7.69.

184 Vgl. Steiner/Bruns (2000), S. 26.

185 Vgl. Starbatty (2001), S. 548.

186 Vgl. SFAC 7.62.

187 Vgl. SFAC 7.75, .78. Entsprechend ist im Falle einer Verbesserung der Bonität der fair value der Schulden zu erhöhen.

werten wären."[188] Die Minderung des fair value der Verbindlichkeiten wirkt sich positiv auf den Periodenerfolg aus: Eine Verschlechterung der Unternehmenslage führt zur Verbuchung eines Bewertungsgewinns. Nach Ansicht des FASB dürften allerdings wertmäßig gefallene liabilities i.d.R. mit wertmäßig gesunkenen assets einhergehen, so dass eine Erhöhung des Gewinnausweises die Ausnahme bildet.[189]

Kapitalgeber könnten im Falle einer Bonitätsverschlechterung Gefahr laufen, eine gesunkene Fremdkapitalbelastung anzunehmen, sofern sie sich nur an den Bilanzdaten orientieren, d.h. keine Angaben dem Anhang entnehmen und Kapitalmarktinformationen unbeachtet lassen.[190] Die Prognoseeignung der Ergebnisgröße – ohnehin schon fraglich – droht bei Bonitätsänderungen weiter beeinträchtigt zu werden.[191]

Problematische Wirkungen erzeugt die fair value-Bewertung auch bei festverzinslichen Positionen, etwa wenn das bilanzierende Unternehmen eine Anleihe als dauerhafte Anlage betrachtet.[192] Zwischenzeitlich zinsbedingte Wertänderungen sind nach dem fair value accounting erfolgswirksam zu berücksichtigen, obwohl die Zahlungsströme bei Besitz der Anleihe bis zum Laufzeitende unabhängig von diesen Wertänderungen in Höhe und zeitlichem Anfall feststehen. Damit kommt es in Abhängigkeit vom Zinsniveau zu unterschiedlichen Ergebnisbeiträgen in den einzelnen Perioden.[193] Sollen fair values zur Prognose zukünftiger Überschüsse dienen, suggerieren Kursgewinne einen Anstieg der Ertragskraft, der faktisch nicht besteht, da der Anleihepreis mit abnehmender Restlaufzeit gegen den Rückzahlungskurs konvergiert.[194] Werden demgegenüber die Anlagen zu den Anschaffungskosten bewertet, bleiben im Zeitablauf sich wieder umkehrende Kursveränderungen unberücksichtigt, die Ergebnisbeiträge sind konstant. Letztere sind zur Prognose künftiger Überschüsse deshalb besser geeignet.[195]

Die in diesem Gliederungspunkt aufgezeigten zentralen Kritikpunkte an einer Bewertung von Vermögensgegenständen und Schulden zum fair value verstärken im Ergebnis die Bedenken,

---

188 Ernst (2001a), S. 248.
189 Vgl. SFAC 7.87. Kritisch zu dieser Ansicht Hitz/Kuhner (2000), S. 901.
190 Vgl. Starbatty (2001), S. 549.
191 Vgl. Schildbach (1999c), S. 182.
192 Vgl. Schildbach (1999c), S. 179; Kley (2001), S. 2260.
193 Zu einem Bespiel vgl. Starbatty (2001), S. 551.
194 Vgl. Perridon/Steiner (1999), S. 180 ff.
195 Vgl. Schildbach (1999c), S. 181.

ob internationale Rechnungslegungsstandards die Entscheidungen von Investoren und Gläubigern im Vergleich zu den GoB tatsächlich besser unterstützen können.

3.1.2.5. Ergebnisse der empirischen Kapitalmarktforschung

Während in den bisherigen Ausführungen dieses Gliederungspunktes 3.1. dic in der Literatur behauptete Überlegenheit internationaler Rechnungslegungsstandards bezüglich der Informationsfunktion i.e.S. gegenüber den Periodisierungsregeln des HGB auf logisch-deduktivem Weg untersucht wurde, soll im Folgenden der Frage nachgegangen werden, inwieweit diese angebliche Überlegenheit bisher in empirischen Kapitalmarktstudien nachgewiesen werden konnte.

Voraussetzung für die Erfüllung der Allokationsfunktion ist die Informationseffizienz des Kapitalmarktes. Ein Kapitalmarkt wird dann als (informations)effizient bezeichnet, wenn die Preise der gehandelten Aktiva zu jedem Zeitpunkt den sachlich "rationalen" ("fundamental korrekten") Preisen, verstanden als Barwerte der zukünftigen monetären Zuflüsse aus dem betrachteten Aktivum, entsprechen. Informationseffizienz bedeutet, "daß sich alle Informationen über diese künftigen Zahlungen unverzüglich und auf `rationale´ Weise in den Kursen niederschlagen."[196] Auf einem bezüglich bestimmter Informationen effizienten Kapitalmarkt können keine systematischen, langfristigen Überrenditen erzielt werden.[197] Würde die Informationsverarbeitung unterbleiben, gäben die Kurse falsche Preissignale, Fehlallokationen des Kapitals wären die Folge.

Halbstrenge Informationseffizienz meint, dass sämtliche öffentlich zugänglichen bewertungsrelevanten Informationen im Kurs Berücksichtigung finden.[198] Würde halbstrenge Informati-

---

196 Krämer (1995), Sp. 1135. Vgl. Fama (1970), S. 383: Ein Kapitalmarkt heißt dann " ... (informationally) efficient if, at any time, all available information is `fully reflected´ in the prices". Vgl. zu den Unschärfen der Definition der Kapitalmarkteffizienz Schildbach (1986), S. 13-15; Wahl (1983), S. 20.

197 Vgl. Coenenberg (1974), S. 648 f.; Beaver (1973), S. 50 f.

198 In Abhängigkeit vom Umfang der einbezogenen Informationen unterscheidet man drei Arten der Kapitalmarkteffizienz, die strenge, halbstrenge und schwache Version. Nach der strengen Kapitalmarkteffizienz sind im Kurs sämtliche bewertungsrelevanten Informationen berücksichtigt, während nach der schwachen Form nur die in den historischen Kursen selbst enthaltene Information im aktuellen Kurs verarbeitet ist. Vgl. Schredelseker (1985), S. 133; Krämer (1995), Sp. 1138.
Die strenge Form wird generell als nicht gegeben angesehen; selbst Insider könnten in einem solchen Markt aus ihren Kenntnissen keine Überrenditen erzielen; vielfach beobachtete, profitable Insider-Geschäfte an deutschen und internationalen Aktienmärkten zeigen aber das Gegenteil auf, vgl. Schredelseker (1985), S. 133; Schneider (1981b), S. 23 f. Der Jahresabschluss bildete bei Vorliegen strenger Infor-

onseffizienz vorliegen, wären " ... Jahresabschlüsse weder dazu geeignet .. , Prognosen über Aktienkursänderungen zu erstellen oder zu verbessern, noch dazu, systematisch positive Überschußrenditen (gegenüber einer ohnehin erzielbaren Gleichgewichtsverzinsung) zu erzielen."[199] Folglich beliefe sich der Grenzpreis, den ein Investor für die Information bezahlen könnte, ohne sich dadurch gegenüber dem Nichtbesitz der Information zu verschlechtern, auf Null.[200] Auf informationseffizienten Kapitalmärkten ist es irrelevant, in welcher Form eine Angabe offengelegt wird und ob sie in Form einer Zusatzangabe oder im Jahresabschluss selbst bereitgestellt wird.[201]

Informationseffizienz des Kapitalmarktes ist eine notwendige, aber nicht hinreichende Voraussetzung der Allokationseffizienz; Informationseffizienz bedeutet nur, dass die Kurse bestimmte Informationen vollständig widerspiegeln; es ist nicht gesichert, dass Fundamentalwert und Börsenkurs eines Wertpapiers übereinstimmen.[202] Allokationseffizienz erfordert gegenüber der Informationseffizienz zusätzlich, dass das Potential der künftigen Einzahlungsüberschüsse durch die Kurse der Kapitalanteile zu jedem Zeitpunkt "richtig" widergespiegelt wird. Allokationseffizienz eines Marktes hängt vom Umfang der verfügbaren Informationen ab: "Nur auf einem Markt, auf dem gestützt auf eine breite und verläßliche Informa-

---

mationseffizienz nur ein Echo. Auf einem schwach effizienten Aktienmarkt folgen die Aktienkurse einem Zufallspfad, vgl. Coenenberg (1974), S. 649; Schneider (1981b), S. 22 f. Im Fall der schwachen Kapitalmarkteffizienz wird lediglich die Nützlichkeit von technischen Aktienanalysen zur Erzielung von Überrenditen geleugnet – wogegen aber die Praxis spricht –, während der Informationsgehalt des Jahresabschlusses unberührt bleibt. In der Diskussion zum Verhältnis von Rechnungslegung und Kapitalmarkt steht daher die Hypothese der halbstrengen Form im Vordergrund, vgl. Böcking (1998), S. 23; Coenenberg (1974), S. 649; Schildbach (1986), S. 11.
Aus theoretischen Gründen darf man die Informationseffizienz gar nicht erwarten, wie das sog. Informationsparadoxon (vgl. hierzu Grossman/Stiglitz (1980), S. 393-408) verdeutlicht: Wenn die These der Informationseffizienz gelten würde, so bestünde für keinen Investor ein Anreiz, kostenverursachende Informationsbeschaffung und -auswertung zu betreiben. Denn der Marktpreis signalisierte bereits alle Informationen und wäre kostenfrei erhältlich. Ohne Informationsverarbeitung der einzelnen Investoren könnte die These aber nicht mehr gelten; es gäbe keinen Grund mehr für die Annahme, die Börsenkurse würden Informationen widerspiegeln, vgl. Ballwieser (1987), S. 176; Schredelseker (1985), S. 137. "In anderen Worten: der Markt kann nur dann effizient sein, wenn die Investoren fälschlicherweise annehmen, er sei es nicht", Schredelseker (1985), S. 137.

199 Ballwieser (1987), S. 175. Vgl. auch Wagner (1993), S. 7.

200 Vgl. Ballwieser (1987), S. 175; Auer (1994), S. 114.

201 Vgl. Schildbach (1998a), S. 12.

202 Zum einen führen Irrationalitäten in der Erwartungsbildung der Marktteilnehmer zu Differenzen von Fundamentalwert und Kurswert, vgl. Ballwieser/Kuhner (1994), S. 29 f.; Hachmeister (2000), S. 39. Zum anderen kann auch streng rationales Anlegerverhalten ein systematisches Abweichen des Börsenkurses vom Fundamentalwert bewirken, vgl. Ballwieser/Kuhner (1994), S. 30; Hachmeister (2000), S. 40; Spindler (1998), S. 66.
Nach der restriktiven Variante der Informationseffizienz sind die informationseffizient bewerteten Kurse die beste Schätzung des Werts einer Aktie, so dass jeder Kauf bzw. Verkauf von Aktien stets ein reiner Aktivtausch ohne Reichtumsveränderung für den einzelnen Investor darstellen würde. Eine umfassende Auswertung u.a. des Jahresabschlusses würde dem Investor lediglich die Marktbewertung bestätigen. Vgl. Schredelseker (1985), S. 133.

tionsbasis die Konsequenzen der Anlagemöglichkeiten gut abgeschätzt werden können, wird das Kapital in die gemessen an den Konsequenzen vorteilhaftesten Anlageformen fließen."[203]

Die empirische Gültigkeit der Effizienzthese – auch in ihrer halbstrengen Form – ist umstritten.[204] Eine Reihe sogenannter – z.T. empirisch gut belegter – Anomalien sprechen gegen die faktische Gültigkeit der Effizienzthese.[205] Nach *Busse von Colbe* lassen die empirischen Forschungsergebnisse "vermuten, daß die Informationseffizienz des Aktienmarktes nicht so ausgeprägt ist, daß Jahresabschlußdaten für die Aktienmarktteilnehmer nutzlos wären", sofern man unterstellt, " ... die restriktiven Prämissen der Untersuchungsmodelle seien wenigstens annähernd erfüllt".[206] Grundsätzlich komme den Jahresabschlussdaten eine Prognosefunktion zu.[207]

Die bis 1989 vorliegenden Ergebnisse der empirischen Kapitalmarktforschung in den USA lassen den Schluss zu, dass die Beziehungen zwischen Bilanzgewinn und Aktienkursen nur schwach vorliegen.[208] In den meisten Untersuchungen kann nur etwa 2-5% der Dividendenentwicklung mit den Jahresgewinnen erklärt werden. Spätere Untersuchungen kommen im Wesentlichen nicht zu anderen Ergebnissen.[209] *Lev* folgert:

> "The correlation between earnings and stock returns is very low, sometimes negligible. Moreover, the nature (parameters) of the returns/earnings relation exhibits considerable instability over time. These findings suggest that the usefulness of quarterly and annual earnings to investors is very limited."[210]

---

203 Schildbach (1986), S. 16, mit Verweis auf Beaver (1981), S. 172.

204 Vgl. Ballwieser (1987), S. 178; ders. (1993a), S. 131; Wagenhofer (1990), S. 3. Zu Zusammenfassungen der bisherigen Forschungsarbeiten über die Wirkungen von Gewinnmeldungen auf den Aktienkurs vgl. Röder (1999), S. 70-91; Coenenberg (1984), S. 307-332; Coenenberg/Haller (1993), S. 557-599; Beaver (1983), S. 350-357; Kaplan/Roll (1972), S. 224-257; Keller/Möller (1993), S. 35-60; May (1991), S. 313-335; Möller (1983), S. 297-301. Getestet wird auf Basis der halbstrengen Informationseffizienz.
In einigen Fällen konnte die These des effizienten Marktes zwar verworfen werden, dies kann aber auch auf ein falsches Kapitalmarktmodell zurückzuführen sein. Vgl. Krämer (1995), Sp. 1137 u. 1139; Fama (1991), S. 1602; Schildbach (1986), S. 35-41; Möller (1983), S. 285-302.
Zur prinzipiellen Vorgehensweise kapitalmarktorientierter Untersuchungen vgl. Coenenberg/Henes (1995), S. 972-974; Röder (1999), S. 15-22; Gonedes (1972), S. 11-21; Ball/Brown (1968), S. 159-171; Foster (1986), S. 403 ff.; Coenenberg (1974).

205 Z.B. der Januar-Effekt und der Wochenend-Effekt. Vgl. im Überblick Fama (1991), S. 1586-1589; Krämer (1995), Sp. 1140-1142; Schredelseker (1985), S. 136.

206 Busse von Colbe (1993), S. 16 (beide Zitate).

207 Vgl. Mandler (1997), S. 137.

208 Vgl. Lev (1989).

209 Vgl. Cebenoyan (1998), S. 10.

210 Lev (1989), S. 155.

Die von *Dyckman/Gibbins/Swieringa* vorgenommene Untersuchung der bis 1984 vorliegenden Ergebnisse der empirischen Forschung zum Entscheidungsverhalten von Finanzanalysten und Investoren kommt zu dem Ergebnis,

> " ... that financial statements appear to be, at best, of limited value in making investment decisions. First, investors and analysts tend to consider nonfinancial statement factors to be relatively more important in making investment decisions. ... Second, it is not clear that the use of financial statements leads to either better forecasts or better decisions."[211]

Die eigentlich relevanten zukunftsbezogenen Informationen gewinnen Finanzanalysten und Fondsmanager den Ergebnissen einer Befragung von *Barker* zufolge durch direkte Firmenkontakte; dem Jahresabschluss kommt hierbei eine nicht unbedeutende Rolle als Kontrollinstrument zur Einschätzung der Glaubwürdigkeit der vom Vorstand gemachten Ausführungen zur zukünftigen Entwicklung des Unternehmens zu, nicht aber als Instrument zur Prognose der späteren Entwicklung.[212]

In einer Studie von *Choi/Levich* aus dem Jahre 1990 sehen nur die Hälfte von 52 befragten international tätigen Industrieunternehmen, Banken, Kapitalanlagegesellschaften und Börsen aus Europa, Nordamerika und Japan einen Einfluss der Rechnungslegung auf Kapitalmärkte und Kapitalmarktentscheidungen; keine der acht befragten Börsen oder Börsenaufsichtsbehörden bejahte diesen Einfluss; die andere Hälfte misst der Rechnungslegung keine wesentliche Bedeutung bei oder hat Instrumente entwickelt, um die Unterschiede zu erkennen.[213] Anderen Befragungen amerikanischer Investmentmanager und Finanzvorstände zufolge tragen allerdings Unterschiede in der Rechnungslegung zur Segmentierung der Kapitalmärkte bei.[214]

In einer empirischen Untersuchung von *Harris/Lang/Möller* wurde festgestellt, dass nach deutschen Rechnungslegungsvorschriften ermittelte Unternehmensergebnisse im Vergleich zu

---

211 Dyckman/Gibbins/Swieringa (1984), S. 303.

212 Vgl. Barker (1999); ders. (1998). Insofern wird die Untersuchung von Ordelheide (1998b), S. 506-508 relativiert.
In dieses Bild fügen sich Untersuchungsergebnisse, nach denen Anleger mehr als an einer harmonisierten Rechnungslegung an zusätzlichen Informationen, wie Marktdaten, Segmentberichten und detaillierten Cash-Flow-Rechnungen sowie an einer zeitlichen Vergleichbarkeit der Rechnungslegung interessiert sind. Vgl. Seeberg (1994), S. 140.

213 Vgl. im Einzelnen Choi/Levich (1990), insbes. S. 72-80, und dies. (1991), S. 2 f. Am Beispiel des DVFA-Gewinns will Baumann belegen, dass sich die Märkte Instrumente schaffen, " ... um mit Bilanzierungsunterschieden fertig zu werden und die Internationalisierung der Wertpapier-Portefeuilles zu begleiten", Baumann (1991), S. 104.

214 Vgl. Cohn/Pringle (1977), S. 432 f.; Mednick (1999), S. 49 f.

Ergebnissen nach US-GAAP auf lange Sicht eine vergleichbare Prognosequalität zukünftiger Erträge besitzen und daher für Investoren gleich gut geeignet sind.[215] Zwar gelten diese Schlussfolgerungen nur für die tatsächlich vorliegenden Abschlüsse, sie treffen keine zwingende Aussage über die Qualität der einzelnen Normensysteme. Jedoch können sie als Hinweis angesehen werden, dass die Unterschiede zwischen den Normensystemen aus dem Blickwinkel der Extrapolationsproblematik geringer sind, als vielfach angenommen wird.[216]

Auch in weiteren empirischen Studien konnte ein statistisch signifikant höherer Informationsgehalt bzw. eine statistisch signifikant höhere Bewertungsrelevanz der US-GAAP gegenüber den in diesen Studien untersuchten anderen Rechnungslegungsnormen nicht eindeutig belegt werden.[217] Auf Grundlage dieser Ergebnisse kann " ... nicht generell unterstellt werden, daß für Aktionäre die *decision usefulness* von Jahresabschlüssen auf Basis der US-GAAP der Entscheidungsrelevanz von Jahresabschlüssen auf Basis anderer nicht-US-GAAP-Standards überlegen ist ....".[218] Allein aus den empirischen Ergebnissen heraus lässt sich eine Fokussierung der Konzernabschlüsse auf die Informationsinteressen der Anteilseigner nicht rechtfertigen.[219]

Entsprechend zur Frage der Bewertungsrelevanz konnte auch die von den Unternehmen erhoffte Reduzierung ihrer Eigenkapitalkosten im Zuge der Umstellung auf US-GAAP bzw. IAS bisher empirisch nicht nachgewiesen werden. Eine Untersuchung von *Auer* kommt zu dem Ergebnis, dass sich durch die Umstellung weder der Betafaktor noch – auch wenn die Mehrzahl der Unternehmen eines Aktienmarktes umstellt – die Rendite des gesamten Marktes reduzieren lässt.[220] Auch *Botosan* konnte in einer empirischen Studie im Durchschnitt der gesamten Stichprobe keinen signifikanten Zusammenhang zwischen dem Umfang der Unternehmenspublizität und den Eigenkapitalkosten feststellen.[221]

---

215 Vgl. Harris/Lang/Möller (1995), S. 996 ff.
216 Vgl. Göbel (1999), S. 295.
217 Vgl. Meek (1983), S. 394-402; Alford u.a. (1993), S. 183-223; Amir/Harris/Venuti (1993), S. 230-264; Pellens/Tomaszewski (1999), S. 211-220. Vgl. auch die Zusammenfassungen der Forschungsergebnisse bei Pellens/Tomaszewski (1999), S. 206-211 u. 221-224; Hübner-Schwarzinger (1999), S. 156.
218 Auer (1999b), S. 990.
219 Vgl. Auer (1999b), S. 991; ders. (1999c), S. 219-255; Ballwieser (1997b), S. 389; Schildbach (1998a), S. 7; Adelt (1999), S. 420-422; Krönert (2001), S. 49-51.
220 Vgl. Auer (1998), S. 129-155.
221 Vgl. Botosan (1997), S. 323-349. Vgl. hierzu Ewert/Wagenhofer (2000a), S. 40; Ewert (1999), S. 43 f.; Ballwieser (2001b), S. 646.

Es lässt sich schließen, dass ein Zweitabschluss nach US-GAAP oder eine entsprechende Reconciliation nicht nötig ist, wenn es der SEC tatsächlich nur um die Information der Kapitalmärkte ginge; entsprechende Zusatzinformationen wären ausreichend.[222] "Paternalistischer Fürsorge in der von der SEC derzeit praktizierten Form bedarf der Kapitalmarkt nicht."[223] Mit diesen Argumenten plädieren auch die Börsen, die der Aufsicht durch die SEC unterliegen, für eine liberalere Einstellung gegenüber ausländischen Jahresabschlüssen.[224]

Zur "Ehrenrettung" internationaler Rechnungslegungsstandards verbleibt damit nur das Argument, sie führten aufgrund einer verbesserten Vergleichbarkeit der Unternehmensinformationen zu einer Internationalisierung des Investorenkreises.[225] Empirischen Ergebnissen zufolge können Unterschiede in den Rechnungslegungsstandards Einfluss auf die Investmententscheide der Investoren in erster Linie dann haben, wenn Investoren ihre Portefeuilles nach Branchen diversifizieren, da in diesem Fall eine Auswahl aus Aktien mehrerer Länder vorzunehmen ist (bottom up approach), während bei einer Diversifikation nach Ländern das Ziel der Vergleichbarkeit ausschließlich auf Basis des nationalen Rechnungslegungsstandards erreicht wird (top down approach).[226] Demnach verlangt nur der bottom up approach international vergleichbare Rechnungslegungsstandards.

Offenbar führt aber der Übergang zu internationalen Rechnungslegungsstandards zu einer besseren Liquidität der Aktien. Nach einer Studie von *Leuz/Verrecchia* geht die Bilanzierung nach IAS/US-GAAP im Vergleich mit der Bilanzierung nach HGB signifikant mit geringeren Geld-Brief-Spannen und größeren Aktienumsätzen einher.[227]

Während in diesem Gliederungspunkt 3.1.2. die Überlegenheit der IAS/US-GAAP bezüglich der Informationsfunktion i.e.S. gegenüber den Periodisierungsregeln des HGB nicht eindeutig nachgewiesen werden konnte, wird im folgenden Gliederungspunkt 3.1.3. die Eignung internationaler Rechnungslegungsstandards für Zwecke der Rechenschaftsfunktion untersucht.

---

222 Vgl. Schildbach (1998a), S. 12; Auer (1999b), S. 992.
223 Schildbach (1998a), S. 13.
224 Vgl. Biener (1995b), S. 101; Zeitler (1997), S. 599.
225 Vgl. Auer (1999b), S. 992 u. 994.
226 Vgl. Auer (1999b), S. 993 f.; Busse von Colbe (1995b), S. 376.
227 Vgl. Leuz/Verrecchia (2000), S. 109 f. Vgl. zu einer weiteren Studie Leuz (2000). Die Differenz von Geld- und Briefkurs gilt als Maß der Marktliquidität und des Schutzes gegen Informationsasymmetrie. Sie soll umgekehrt proportional zur Güte der Offenlegungspolitik sein: Je besser die Offenlegungspolitik, desto geringer die Spanne, vgl. Ballwieser (2001b), S. 647; ders. (2001c), S. 843.

3.1.3. Rechenschaft und internationale Rechnungslegungsstandards

3.1.3.1. Objektivierungsnotwendigkeit informationsorientierter Periodisierungsregeln

Die Beurteilung von Rechnungslegungssystemen für Zwecke der Unternehmenssteuerung durch den Kapitalmarkt wird maßgeblich auch durch bestehende Objektivierungserfordernisse bestimmt.[228] Die Rechenschaftsfunktion verlangt eine objektivierte Darstellung der Daten, d.h. eine von subjektiven Erwartungen und Beurteilungsspielräumen freie sowie zuverlässige Rechnungslegung; mit ihr ist die Vergangenheitsorientierung der offenzulegenden Daten zwangsläufig verbunden.[229] Durch Nachprüfbarkeit der Informationen können agency-Konflikte zwischen dem Management und den Jahresabschlussadressaten reduziert werden.[230] Solange von der Unternehmung gewährte Informationen nicht hinreichend nachprüfbar sind, werden (potentielle) Anteilseigner sie bei der Entscheidungsfindung unberücksichtigt lassen.[231] Damit ist die Nachprüfbarkeit der Daten auch in einer investororientierten Rechnungslegung unverzichtbar. Zwar kann im Einzelnen der notwendige Berichtsinhalt einer informationsorientierten Bilanz aufgrund der unbestimmten Informationsbedürfnisse nicht zuverlässig angegeben werden, dennoch liegt es auf der Hand, dass der Jahresabschluss seine Informationsaufgabe nur erfüllt, wenn die Bilanzierenden auf die Informationen nicht in ihrem Interesse Einfluss nehmen können.

Daher sind sowohl deutsche GoB als auch US-GAAP von der Notwendigkeit der Objektivierung beeinflusst. Es ergibt sich ein Konfliktverhältnis zwischen der " ... Notwendigkeit, dem Kapitalmarkt zuverlässig und überprüfbar zu berichten ... mit dem Ziel, relevante (und damit notwendig subjektive) Informationen zu vermitteln ... ."[232] Wo in dem Spannungsfeld zwi-

---

228 Vgl. Franke/Laux (1970), S. 4; Ballwieser (2001a), S. 163.

229 Vgl. Schneider (1980b), S. 88, 99; Busse von Colbe (1996), S. 23; Ordelheide (1999), S. 511; Schmidt, R. H. (1982), S. 743.
Nach Schneider bedeutet Rechenschaft, nachprüfbares Wissen über die Ausführung übernommener Aufgaben zu liefern, wobei sie auf verschiedene Weisen erfolgen kann (z.B. durch Einblick in den Schriftverkehr, in Verträge und Protokolle). Rechnungslegung gilt dabei als der wichtigste Teil der Rechenschaft; Rechnungslegung meint somit: "Rechenschaft über das Rechnungswesen der Unternehmung geben, also \`nachprüfbares Wissen liefern über den zahlenmäßigen Niederschlag des Betriebsgeschehens´", Schneider (1973), S. 31.

230 Vgl. Schildbach (2000c), S. 34 f.; Schneider (1997), S. 395-398. Vgl. grundlegend zu den Grundsätzen ordnungsmäßiger Rechenschaftslegung nach deutschem Gesellschafts- und Bilanzrecht Budde (1993), S. 793-817; Moxter (1976a), S. 87-100.

231 Vgl. Laux (1995), S. 372; Schneider (1981b), S. 28.

232 Schreiber (1999), S. 893; vgl. auch ders. (1997), S. 505; Franke/Laux (1970), S. 4; Hoffmann (2000f), S. 824; Hommel (1997), S. 349 f.; Peters (2001), S. 106-108. Für die GoB vgl. Moxter (1996c), S. 7-9; Böcking (1994), S. 26-32. Grundlegend Baetge (1970), S. 169. Zu einer formalen Darstellung des Spannungsverhältnisses von relevance und reliability vgl. Kuhner (2001), S. 532-539.

schen relevance und reliability der geeignete Kompromiss liegt, ist eine Wertungsfrage, deren Beantwortung insbesondere von gesellschaftlich-historischen Traditionen und von der dominierenden Interessengruppe abhängt. Im Conceptual Framework der US-GAAP steht der Grundsatz der reliability gleichberechtigt neben dem Grundsatz der relevance.[233]

Nach Literaturmeinungen hat die Rechenschaftsfunktion eine weitaus höhere Bedeutung als es im Conceptual Framework zum Ausdruck kommt; vor der Gründung des FASB wurde die Rechenschaftslegung des Managements als zentraler Zweck der Rechnungslegung nach US-GAAP verstanden.[234] Entscheidungsnützlichkeit bezüglich der Adressaten wurde noch bis 1977 nicht als dominierendes Rechnungslegungsziel betrachtet.[235] Nach *Ijiri* hat sich das Ziel der Rechenschaftslegung nicht verändert; der decision usefulness-Gedanke sei ein Wunschziel und weniger eine Beschreibung der etablierten, vom FASB übernommenen Rechnungslegungsprinzipien.[236]

Auch die US-GAAP enthalten einen Kern an objektivierten Gewinnermittlungsregeln, was im Folgenden anhand ausgewählter Ansatzregeln verdeutlicht werden soll. Von den bilanziellen Ansatzregeln nach US-GAAP heißt es ausdrücklich, dass sie zwar "considerations of relevance and comparability" einschließen, aber sie seien "primarily intended to increase reliability."[237]

Aktivierung und Passivierung stehen im Spannungsfeld zwischen dem revenue/expense approach und dem asset/liability approach. Das matching principle lässt sich bilanztheoretisch auf den revenue/expense approach zurückführen, der mit der dynamischen Bilanztheorie nach *Schmalenbach*[238] vergleichbar ist. Die Bilanz übernimmt hier die Funktion eines Abgrenzungskontos.[239] Der asset/liability approach stellt demgegenüber auf die "richtige" Darstel-

---

233 Vgl. SFAC 2.58-.97; Kuhlewind (1997), S. 82-90; Kieso/Weygandt/Wardfield (2001), S. 38. Für die IAS vgl. Lorchheim (1997), S. 124-133.

234 Vgl. Roese (1999), S. 30 m.w.N.

235 Vgl. Miller (1990), S. 23 f.; Armstrong (1977), S. 77.

236 Vgl. Ijiri (1975), S. 33 u. 331.

237 SFAC 5.49.

238 Vgl. Schmalenbach (1962); ders. (1919); Walb (1926) und (1948). Vgl. zur Würdigung und Kritik der dynamischen Bilanzauffassung Lion (1928), S. 481-506; Rieger (1954); Münstermann (1948), S. 33-43; ders. (1966b), S. 512-531.

239 Vgl. Haller (1994a), S. 133; Paton/Littleton (1940), S. 10; von Keitz (1997), S. 88-90.

lung der Vermögens- und Schuldenlage ab und nimmt deshalb objektivierungsbedingte Verzerrungen des Periodeneinkommens in Kauf.[240]

Es ist in der jüngeren Vergangenheit zu einem gewissen Wandel in der Bedeutung des asset-liability approach gegenüber dem revenue expense view gekommen.[241] Nach ersterem " ... revenues and expenses result only from changes in assets and liabilities", während nach der anderen Sichtweise " ... revenues and expenses result from the need for a proper matching."[242] Folglich sind mit diesen beiden Ansätzen unterschiedliche Kriterien für die Bilanzierung dem Grunde nach verbunden. Dem matching principle verpflichtet wurden assets im Jahre 1970 vom AICPA definiert als "economic resources of an enterprise that are recognized and measured in conformity with generally accepted accounting principles including certain deferred charges that are not resources"[243]; als liabilities galten "economic obligations of an enterprise that are recognized and measured in conformity with generally accepted accounting principles."[244] Der demnach erlaubte Ansatz von Verrechnungs- bzw. Abgrenzungsposten (deferred charges and credits) ist mit dem asset-liability view nicht vereinbar, denn hiernach umfassen assets lediglich bestimmte "economic resources of a firm", Schulden analog bestimmte "economic obligations".[245] Deferred charges and credits erfüllen diese Anforderungen gerade nicht, und sind nur " ... necessary to ensure a proper matching and income determination."[246]

Im Jahre 1985 betonte das FASB bei der Definition der Vermögensgegenstände und Schulden im SFAC No. 6 stärker den asset-liability view. Als assets gelten " ... probable future economic benefits obtained or controlled by a particular entity as a result of past transactions or events."[247] Passivierungspflicht besteht für alle wahrscheinlichen zukünftigen wirtschaftlichen Nachteile, die aus einer gegenwärtigen Verpflichtung des Unternehmens resultieren, in der Zukunft Vermögensgegenstände an Dritte zu übertragen oder Dienste zu leisten.[248] Damit ist

---

240 Vgl. Hendriksen/van Breda (1992), S. 450; Sprouse/Moonitz (1962a) und (1962b); von Keitz (1997), S. 90 f.

241 Vgl. auch Schroeder/Clark (1998), S. 547: "The balance sheet is becoming a more important financial statement", sowie Hendriksen/van Breda (1992), S. 449: "The asset-liability method is currently favored by the FASB."

242 Belkaoui (1993), S. 190 (beide Zitate). Vgl. auch Hendriksen/van Breda (1992), S. 487.

243 APBO 4.132.

244 APBO 4.132. Vgl. hierzu auch Wesner (1984), S. 102, der von einer " ... schrittweise[n] Aufgabe dynamischen Gedankengutes zugunsten einer vermögensorientierten, d.h. hier schuldenorientierten Bestimmung des Inhaltes von Passiva .." spricht.

245 Vgl. Schroeder/Clark (1998), S. 213 f.; Belkaoui (1993), S. 191.

246 Belkaoui (1993), S. 191.

247 SFAC 3.19.

248 Vgl. SFAC 6.35; vgl. auch Moonitz (1960), S. 44; Sprouse/Moonitz (1962a), S. 8; Roese (1999), S. 58-61.

eine liability im wesentlichen durch drei Merkmale gekennzeichnet:[249] (1) Es besteht eine Verpflichtung gegenüber einem Dritten, die von der Unternehmung wahrscheinlich erfüllt werden muss; (2) die Verpflichtung ist bindend; (3) die Verpflichtung beruht auf einer in der Vergangenheit liegenden Transaktion bzw. einem in der Vergangenheit liegenden Ereignis.

Diese Begriffsbestimmungen " ... form the basis of the FASB's asset-liability approach that is prevalent in many subsequent standards. They represent a departure from previous definitions that viewed the balance sheet as a statement of residual amounts whose values were frequently arrived at through income determination."[250] Dementsprechend wurde der Ansatz von Abgrenzungs- bzw. Verrechnungsposten stark eingeschränkt.[251] Auch *Haller* weist daraufhin, dass " .. das FASB seit längerem tendenziell versucht, der Bilanz als Instrument der Gewinnermittlung, d.h. dem 'asset/liability approach' mehr Gewicht zu geben."[252] Es sind zumindest Tendenzen für eine Entwicklung erkennbar, stärkeres Gewicht auf die Objektivierung der Bilanzinhalte zu legen.

Hierfür spricht u.a. die Behandlung von Forschungs- und Entwicklungskosten. Während Ausgaben für auftragsorientierte F+E für Dritte i.d.R. nach den Grundsätzen des contractor accountig zu behandeln und damit zu aktivieren sind,[253] dürfen Ausgaben für F+E, welche das Unternehmen für den eigenen Bedarf betreibt, nicht aktiviert werden; sie müssen in der Periode abgezogen werden, in der sie anfallen.[254] Ein wichtiges Gut einer Unternehmung erscheint damit nicht in der Bilanz, jedoch ist das " ... one of the many trade-offs made among relevance, reliability and cost benefit considerations."[255] Durch umfangreiche Informationspflichten über die F+E-Ausgaben soll bei Nichtaktivierung dem objektivierungsbedingten Informationsverlust begegnet werden.[256]

Das FASB rechtfertigt diese Vorgehensweise u.a. mit dem matching principle, das hier eine sofortige Aufwandsverrechnung fordere, denn F+E-Ausgaben könnten weder einen direkt erkennbaren künftigen Nutzen stiften noch bestimmten Erträgen direkt oder planmäßig zuge-

---

249 Vgl. SFAC 6.36. Vgl. im Einzelnen hierzu Hendriksen/van Breda (1992), S. 457-459.
250 Schroeder/Clark (1998), S. 213.
251 Vgl. Hendriksen/van Breda (1992), S. 453 f.; Roese (1999), S. 57.
252 Haller (1994a), S. 272.
253 Vgl. SFAS 68.10; Schildbach (2000b), S. 105; ders. (2002), S. 74; Kuhlewind (1997), S. 159; von Keitz (1997) S. 125.
254 Vgl. SFAS 2.12. Zur Definition von research und development i.S.d. Vorschrift vgl. SFAS 2.8 f. Zum Umfang der FuE-Ausgaben vgl. SFAS 2.11.
255 Kieso/Weygandt/Warfield (2001), S. 618.
256 Vgl. SFAS 2.13.

ordnet werden.[257] In der US-amerikanischen Literatur wird diese Begründung für verfehlt gehalten, da zumindest ein Teil der FuE-Ausgaben einen künftigen Nutzen stiftet und das matching principle es gerade verlange, diese Ausgaben zu periodisieren.[258] Aus der Vorgehensweise des FASB wird gefolgert, dass dem matching principle entgegen der revenue/expense theory keine übergeordnete Bedeutung zukommt; vielmehr wird dem Kriterium der Zuverlässigkeit der Informationen und dem Vorsichtsprinzip zumindest im Bereich der FuE-Ausgaben ein hohes Gewicht verliehen.[259]

Böcking kommt nach einem Vergleich der ungewissen Verbindlichkeiten nach HGB mit der Liability-Definition des FASB zu dem Ergebnis, dass " ... auf der Objektivierungsebene wesentliche Gemeinsamkeiten"[260] bestehen. Der Begriff der liability umfasst Verbindlichkeiten und Rückstellungen, d.h. Rückstellungen bilden keine eigenständige Bilanzposition, da das den Rückstellungen anhaftende Element der Unsicherheit in die Definition der liability einbezogen wird.[261] Verbindlichkeiten nach US-GAAP können neben gewissen Verbindlichkeiten unterteilt werden in determinable liabilities bzw. accrued liabilities, bei denen es sich um bestandssichere und betragsmäßig unsichere Verbindlichkeiten handelt, und in bestandsunsichere Verbindlichkeiten (contingent liabilities bzw. loss contingencies), die durch Unsicherheit über das Bestehen oder Entstehen der Verpflichtung und ggf. auch über die Höhe der Verbindlichkeit gekennzeichnet sind.[262] Aus dem Blickwinkel deutschen Bilanzrechts umfassen contingent liabilities Verbindlichkeits- und Drohverlustrückstellungen.[263] Bei determinable liabilities ist die betragsmäßige Unsicherheit Ausfluss der fehlenden Bestimmtheit des Rückzahlungsbetrages (estimated liability) oder eine Folge zeitlicher Abgrenzungserfordernisse (deferred credits).

Die Objektivierung der bilanziellen liability kommt im Grundsatz in der wirtschaftlichen Vermögensbelastung zum Ausdruck. Bei der Bestimmung des Schuldenumfangs greift eine wirtschaftliche Betrachtungsweise. Denn das Vorliegen einer zivilrechtlichen Verpflichtung

---

257 Vgl. SFAS 2.49. Zu den Argumenten des FASB im Einzelnen vgl. von Keitz (1997), S. 127-132 m.w.N.

258 Vgl. Bierman/Dukes (1975), S. 53; Danos/Imhoff (1986), S. 454.

259 Vgl. Bierman/Dukes (1975), S. 53; Danos/Imhoff (1986), S. 454 f.; Solomons (1986), S. 122; von Keitz (1997), S. 130-132; Hayn (1996), S. 405.

260 Böcking (1998), S. 36, im Einzelnen S. 35-40.

261 Vgl. Kupsch (2000), S. 118; Frankenberg (1993), S. 58; Hayn (1997), S. 478. Vgl. zur Bilanzierung von Rückstellungen auch die zusammenfassende Übersicht bei Hayn/Pilhofer (1998), S. 1768-1772, sowie jene bei Happe (2002), S. 367. Zu einzelnen Sachverhalten, die zur Rückstellungsbildung nach US-GAAP führen, vgl. Ballwieser (2000b), S. 455 f.; Böttcher (1997), S. 168-172; Kuhlewind (1997), S. 172-179; Kupsch (2000), S. 129-138; Roese (1999), S. 196-233.

262 Vgl. Wangemann (1997), S. 196; Hayn/Pilhofer (1998), S. 1730.

ist weder notwendig noch hinreichend für die Passivierung.[264] Einerseits fallen unter liabilities nämlich nicht nur rechtlich begründete (contractual liabilities), sondern auch faktische und moralisch bedingte Verpflichtungen.[265] Andererseits führen rein rechtliche Verpflichtungen nicht zum Passivierungszwang, wenn gar keine wirtschaftliche Belastung besteht.[266]

Weiterhin erfolgt die Objektivierung der zukünftigen Verpflichtung über das Außenverpflichtungsprinzip. Verpflichtungen eines Unternehmens gegenüber sich selbst dürfen demnach nicht ausgewiesen werden, sondern nur solche gegenüber other entities.[267] Dementsprechend zählen zu den Verbindlichkeiten auch öffentlich-rechtliche Verpflichtungen.[268] Innenverpflichtungen stellen keine selbstständig bewertbaren zukünftigen Vermögensminderungen dar; Aufwandsrückstellungen sind damit im Grundsatz nicht zulässig.[269] Hierin liegt kein Verstoß gegen das matching-principle,[270] da etwa im Fall der unterlassenen Instandhaltung keine Passivierung erfolgen darf, weil durch die vorzunehmende Instandhaltung Erträge in der Zukunft ermöglicht werden sollen.[271] Wahlrechtsrückstellungen finden sich im amerikanischen Jahresabschluss nicht, weil es nicht im Entscheidungsfeld des Bilanzierenden liegen soll, den Umfang der zu bilanzierenden Schulden selbst zu bestimmen.[272]

Zudem soll eine Objektivierung durch die Vorgabe einer Wahrscheinlichkeitsskala für loss contingencies erreicht werden. Bestand und/oder Betrag einer Verpflichtung müssen nicht sicher, sondern lediglich wahrscheinlich sein.[273] Für die Bestimmung der Wahrscheinlichkeit der Entstehung bzw. Inanspruchnahme aus der Verpflichtung wird eine dreistufige Wahrscheinlichkeitsskala vorgegeben: probable, reasonably possible und remote.[274] Ein Ereignis ist wahrscheinlich (probable), wenn mit seinem Eintritt fast sicher gerechnet werden kann (Ein-

---

263 Vgl. Kuhlewind (1997), S. 166; Roese (1999), S. 62.

264 Vgl. Engel-Ciric (1998), S. 778.

265 Vgl. SFAC 6.36, .40. Vgl. zu konkreten Anwendungsfällen Roese (1999), S. 65-73.

266 Vgl. Kupsch (2000), S. 122. Zu konkreten Anwendungsfällen vgl. Roese (1999), S. 75-80.

267 Vgl. SFAC 6.36.

268 Vgl. SFAC 6.39; Roese (1999), S. 101 f.

269 Vgl. Kupsch (2000), S. 120; Ballwieser (2000b), S. 451; Frankenberg (1993), S. 101; Pilhofer (1997), S. 129; Siebert (1996), S. 101; Wangemann (1997), S. 197. Zu streng begrenzten Ausnahmefällen vgl. Böcking (1998), S. 42; Hayn/Pilhofer (1998), S. 1730 u. 1768.
In dem praktisch bedeutsamsten Fall von Aufwandsrückstellungen, Großreparaturen, sind aber außerplanmäßige Abschreibungen und Zugänge erlaubt, die zu einem nach dem HGB über die Bildung einer Rückstellung erzeugten Erfolgsverlauf führen, vgl. Kieso/Weygandt/Warfield (2001), S. 520 f.; Schildbach (1998b), S. 68; ders. (2002), S. 69.

270 So aber Kupsch (2000), S. 120.

271 Vgl. Böttcher (1997), S. 164; Kuhlewind (1997), S. 168; Wangemann (1997), S. 197. Vgl. auch Moonitz (1960), S. 44: "A liability is the result of a transaction of the past, not of the future".

272 Vgl. Wangemann (1997), S. 197; Haller (1994a), S. 296; Hayn/Pilhofer (1998), S. 1729.

273 Vgl. SFAS 5.8a; Kupsch (2000), S. 119.

274 Vgl. SFAS 5.3.

trittswahrscheinlichkeit von mindestens 85-90%)[275], während das Kriterium unwahrscheinlich (remote) bei nur geringer Wahrscheinlichkeit des Ereigniseintritts erfüllt ist. Möglich (reasonably possible) liegt zwischen diesen beiden Beschreibungen.[276]

Empirische Analysen der Wahrscheinlichkeitsabgrenzungen in der US-amerikanischen Praxis[277] zeigen zum einen, dass die Grenzen zwischen diesen drei Wahrscheinlichkeitsbereichen fließend sind.[278] Zum anderen liegt hiernach die für den Ansatz einer Verpflichtung erforderliche Wahrscheinlichkeitsgrenze über der deutschen Regelung; diese höhere Wahrscheinlichkeitsanforderung nimmt in den Studien mit der Höhe des Risikos ab.[279]

So führen z.B. schwebende Prozesse und geltend gemachte Schadensersatzansprüche sowie Entschädigungsforderungen als solche im allgemeinen noch nicht zur Rückstellungsbildung.[280] Eine Verbindlichkeit ist nur bei Erfüllung des Kriteriums probable zu bilden. Verpflichtungen, die als reasonably possible eingestuft werden, finden zwar keinen Eingang in die Bilanz; über sie ist aber im Anhang zu berichten, und zwar sind Art und Höhe der Verpflichtung darzustellen und der voraussichtliche Liquiditätsabfluss anzugeben.[281] Bei geringer Wahrscheinlichkeit (remote) bleibt die Verpflichtung nicht nur in der Bilanz, sondern auch in den notes unberücksichtigt.[282] "Die Abwägung zwischen einer Rückstellungsbildung und einer Anhangangabe basiert damit im Einzelfall auf der subjektiven Risikoeinschätzung des Managements."[283]

Ungewisse Vermögensbelastungen dürfen zudem nur dann gebildet werden, wenn deren Höhe zuverlässig bewertbar (can be reasonably estimated), d.h. quantifizierbar, schätzbar und nachvollziehbar ist.[284] Dieses Kriterium gilt auch dann als erfüllt, wenn die Höhe der zukünftigen Leistungspflicht nur in einem Intervall angegeben werden kann.[285] Dabei ist der Rück-

---

275 Vgl. Schildbach (2002), S. 84 m.w.N.

276 Vgl. SFAS 5.3; Roese (1999), S. 107-110.

277 Vgl. im Einzelnen Roese (1999), S. 109-114 m.w.N.; Schildbach (1999a), S. 364 m.w.N.

278 Roese folgert: Es " ... verbleibt dem Bilanzierenden ein erheblicher Ermessensspielraum, der zu Unterschieden in der bilanziellen Abbildung vergleichbarer Sachverhalte führt", Roese (1999), S. 108, auch S. 114. Vgl. auch Hayn/Pilhofer (1998), S. 1731; Kupsch (2000), S. 125; Wangemann (1997), S. 197; Engel-Ciric (1998), S. 779.

279 Vgl. Roese (1999), S. 112 f., sowie Kupsch (2000), S. 125; Ballwieser (2000b), S. 451; Engel-Ciric (1998), S. 779.

280 Vgl. SFAS 5.37.

281 Vgl. Böcking (1998a), S. 44; Wangemann (1997), S. 198; Kupsch (2000), S. 125.

282 Vgl. SFAS 5.10.

283 Hayn/Pilhofer (1998), S. 1731.

284 Vgl. SFAS 5.8b; Wangemann (1997), S. 198.

285 Vgl. FIN 14.2.

griff auf unternehmensbezogene Erfahrungswerte zulässig; ersatzweise können u.a. empirische Daten von Unternehmen des gleichen Wirtschaftszweiges herangezogen werden.[286] Liegen solche Werte nicht vor oder ist nur die Angabe eines Intervalls mit einer sehr großen Intervallbandbreite und einer starken Streuung der einzelnen Werte möglich, so kann die Verpflichtung nicht angesetzt, sondern nur im Anhang vermerkt werden, m.a.W. trotz hoher Wahrscheinlichkeit der Inanspruchnahme darf in diesen Fällen eine Passivierung unterbleiben.[287]

Rückstellungen für Umweltschutzverpflichtungen etwa werden in der Praxis aufgrund der mangelnden Quantifizierbarkeit relativ selten bilanziert.[288] Bei Gewährleistungsverpflichtungen mit hohem Schätzrahmen muss geprüft werden, ob die Umsatzverrechnung nicht erst nach Ablauf der Garantiefrist zu erfolgen hat. Auch Rückstellungen für Prozessrisiken oder für drohende Enteignung können unter diesen Umständen unterbleiben.[289] Die im Vergleich zu Deutschland restriktivere Fassung der Bestimmbarkeit einer Verpflichtung wird damit begründet, dass aufgrund von unsicheren Wertansätzen der Informationsgehalt des Jahresabschlusses verschlechtert werden kann.[290]

Die Kriterien der probability und der zuverlässigen Schätzbarkeit nach US-GAAP führen dazu, dass für viele, dem Bilanzierenden bekannte Sachverhalte keine liabilities bilanziert werden und es damit zur Bildung stiller Lasten kommt.[291] Die Bilanz weist somit bestehende Vermögensbelastungen nicht vollständig aus,[292] es kommt innerhalb der Bilanz zu einem gewissen Informationsverlust. Durch die erhöhten Angabepflichten soll dem Grundsatz der fair presentation Genüge getan werden.

---

286 Vgl. SFAS 5.25.

287 Vgl. SFAS 5.10; Schildbach (1998b), S. 61 f. Die Abschlussprüfer ziehen offenbar eine vollständige Erläuterung bestehender Vermögensrisiken in den notes der Passivierung geschätzter Beträge vor, vgl. Mellman/Lilien (1996), S. 19.

288 Vgl. Kupsch (2000), S. 126 f.

289 Zu den genannten Beispielen vgl. im Einzelnen SFAS 5.24-.39.

290 Vgl. SFAS 5.59.

291 Vgl. Schildbach (1995a), S. 2639; ders. (1999a), S. 364; Wangemann (1997), S. 199; Kupsch (2000), S. 134 f.; Husmann/Geiger (1998), S. 404.

292 So gaben z.B. bei einer Umfrage 62% der befragten Unternehmen an, dass sie Kenntnis von - nicht passivierten - Altlasten hätten, vgl. Kleber (1993), S. 390 m.w.N. Die Passivierung unterbleibt i. d. R. aufgrund der nicht hinreichenden Quantifizierbarkeit der Sanierungsverpflichtung, obwohl hierin ein Verstoß gegen das matching principle zu sehen ist. Es kommt erst dann zur Rückstellungsbildung, wenn durch die Auflage einer Behörde eine Verpflichtung zur Sanierung besteht und damit ein Zahlungsmittelabfluss in den Bereich wahrscheinlich einzuordnen ist. Vgl. Wangemann (1997), S. 200. In einer weiteren Untersuchung ergab sich, dass Prozesskosten nur von wenigen der untersuchten Unternehmen passivisch berücksichtigt wurden, vgl. Schildbach (1999a), S. 364 f. m.w.N.

Diese Beispiele zu assets und liabilities nach US-GAAP sollen hinreichend sein, einen Kern an objektivierten Periodisierungsregeln nach internationalen Rechnungslegungsstandards zu belegen. Allerdings ist dieser Kern umgeben von zahlreichen Entobjektivierungen (3.1.3.2.) und Wahlrechten (3.1.3.3.), die der Rechenschaftsfunktion abträglich sind.

3.1.3.2. Entobjektivierungen nach US-GAAP

Nach amerikanischen Rechnungslegungsgrundsätzen kommt es teilweise zu Entobjektivierungen, da US-GAAP unter Zurückdrängung der Objektivierungsprinzipien und stärkeren Betonung der relevance auf die Informationsvermittlung zugeschnitten sind. Weil der Gewinn als Informationsträger durch ausgedehnte Berichtspflichten und Nebenrechnungen ergänzt und auf seine Mehrwertigkeit hin erweitert wird, ist diese Entobjektivierung für reine Informationszwecke zur Ermittlung des erzielten Gewinns verkraftbar.[293]

Entobjektivierungen kommen etwa im Ansatz selbsterstellter immaterieller Anlagewerte zum Ausdruck.[294] Allgemeine Ansatzkriterien für intangible assets enthält APB Opinion 17 (APBO 17). Hiernach sind von Dritten entgeltlich erworbene immaterielle Wirtschaftsgüter mit ihren Anschaffungskosten einschließlich der Anschaffungsnebenkosten zu aktivieren.[295]

Ausgaben zur Entwicklung, Instandhaltung oder Wiederherstellung von intangible assets sind sofort abzuziehen, es sei denn, (1) diese Güter sind speziell identifizierbar, (2) haben eine bestimmbare Nutzungsdauer und (3) sind trennbar von einem fortbestehenden Unternehmen.[296] Das Kriterium der Identifizierbarkeit wird in APBO 17 nicht genau definiert; es werden nur Beispiele für identifizierbare intangible assets genannt (etwa Patente und Warenzeichen), und der Goodwill gilt als nicht identifizierbar.[297] In der US-amerikanischen Literatur wird die Identifizierbarkeit oftmals mit der Einzelveräußerbarkeit gleichgesetzt;[298] in diesem Fall entspricht die Identifizierbarkeit dem oben genannten dritten Kriterium, der Trennbarkeit eines intangible asset von einem Unternehmen, denn nicht trennbare Güter können nur zu-

293 Vgl. Wüstemann (1996), S. 429.

294 Vgl. Moxter (1997f), S. 510; Wüstemann (1999), S. 140-143. Grundlegend Moxter (1982b), S. 1030: "Dynamik und `generally accepted accounting principles´ stehen ziemlich unverhüllt für eine desobjektivierte Bilanzierung ... ".

295 Vgl. APBO 17.24; im Einzelnen Schildbach (2000b), S. 109 f.

296 Vgl. APBO 17.24.

297 Vgl. APBO 17.1.

298 Vgl. Welsch/Newman/Zlatkovich (1986), S. 714; Nikolai/Bazley (1994), S. 438.

sammen mit dem Unternehmen als Ganzes veräußert werden.[299] Die Nutzungsdauer gilt als unbestimmbar, wenn sie weder auf einen speziellen Zeitraum beschränkt noch unendlich ist.[300]

Bei Vorliegen dieser drei erörterten Kriterien besteht ein faktisches Ansatzwahlrecht.[301] Das gilt dann, wenn die genannten immateriellen Güter von der Unternehmung selbst genutzt werden; wenn sie im Auftrag anderer und mit dem Wunsch der Übertragung auf diese erstellt werden, also dem Umlaufvermögen zuzuordnen ist, so besteht Ansatzpflicht.[302] Der Ansatz erfolgt im Grundsatz zu den Herstellungskosten.[303] Die Abschreibungsdauer der aktivierten immateriellen Vermögensgegenstände darf 40 Jahre nicht überschreiten, auch bei längerer voraussichtlicher Nutzungsdauer.[304] Die Regelmethode ist die lineare Abschreibung, wenn das Unternehmen nicht die Anwendung eines anderen planmäßigen Verfahrens rechtfertigen kann.[305] Außerplanmäßige Abschreibungen sind zulässig, wenn der künftige Nutzen niedriger als der bisherige Buchwert geschätzt wird; sie und ihre Gründe müssen offengelegt werden.[306] Eine spätere Wertaufholung außerplanmäßiger Abschreibungen ist nicht gestattet.[307]

Nach diesen Kriterien ergibt sich als wesentlicher Unterschied zum deutschen Bilanzrecht die mögliche " ... Aktivierung von selbsterstelltem immateriellem Anlagevermögen, das individuell bestimmbar, abgrenzbar und einzeln veräußerbar ist, wenn es im eigenen Unternehmen genutzt werden soll und die Kosten der Herstellung durch künftige Erträge gedeckt werden"[308]. Dieses Wahlrecht lässt erkennen, dass der Grundsatz der reliability im Vergleich zum deutschen Bilanzrecht einen geringeren Stellenwert besitzt.[309]

---

299 Vgl. APBO 17.10.

300 Vgl. APBO 17.22.

301 Vgl. APBO 17.6 u. .11; Frankenberg (1993), S. 88; Haller (1994a), S. 291; Schildbach (2000b), S. 104; Strobl (1994), S. 413. Von Keitz spricht demgegenüber von einem Ermessensspielraum, der darin besteht, dass das Unternehmen zunächst nach seinem Ermessen zu entscheiden hat, ob ein Sachverhalt der Vergangenheit als vergleichbar gilt. Gibt es einen solchen Präzedenzfall, ist das Unternehmen verpflichtet, den betrachteten Sachverhalt wie den Präzedenzfall zu behandeln. Liegt ein vergleichbarer Sachverhalt nicht vor, hat das Unternehmen zu entscheiden, ob der künftige Nutzen hinreichend zuverlässig ermittelbar ist, vgl. von Keitz (1997), S. 121 f.m.w.N.

302 Vgl. APBO 17.24; SFAS 2.12; Kuhlewind (1997), S. 157 f.; Schildbach (2000b), S. 104.

303 Vgl. im Einzelnen Schildbach (2000b), S. 100 f.

304 Vgl. APBO 17.27, .29.

305 Vgl. APBO 17.30. Vgl. im Einzelnen zur planmäßigen Folgebewertung Kuhlewind (1997), S. 190-195.

306 Vgl. APBO 17.31.

307 Vgl. SFAS 121.6 ff.; Selchert/Erhardt (1999), S. 71.

308 Ballwieser (2000b), S. 450; Pellens/Fülbier (2000b), S. 125.
Der deutsche Gesetzgeber hat die von der 4. EG-Richtlinie (78/660/EWG) eingeräumte Wahlmöglichkeit, Forschungs- und Entwicklungskosten sowie selbsterstellte immaterielle Güter zu aktivieren (Art. 9), bei der Transformation durch das BiRiLiG nicht genutzt.

309 Vgl. Haller (1994a), S. 291; ihm folgend Baetge/Roß (2000), S. 39.

Im Zuge der Neuregelung der Goodwill-Bilanzierung nach US-GAAP[310] hat das FASB die Aktivierungsvoraussetzungen immaterieller Werte konkretisiert, um einen umfassenden, separaten Ansatz akquirierter intangible assets zu erreichen. Danach sind alle immateriellen Vermögenswerte, deren künftige Nutzenzuflüsse vertraglich oder gesetzlich abgesichert sind, einzeln zu aktivieren (contractual-legal criterion).[311] Diesen Objektivierungsanforderungen genügt auch ein öffentliches Recht. Es kommt nicht darauf an, ob das Recht auf Dritte übertragen und ob es von anderen Rechten und Pflichten isoliert werden kann,[312] d.h. das Kriterium der Einzelveräußerbarkeit ist nicht relevant.[313] Vielmehr genügt es dem FASB, " ... dass ein Vermögensobjekt zusammen mit dem gesamten Unternehmen übertragen werden kann, um einen Bilanzansatz zu ermöglichen."[314] Ohne einen Rechtsanspruch sind Intangibles zu aktivieren, die einzeln oder in Bewertungseinheit mit anderen Bilanzposten verkauft, vermietet oder auf andere Weise am Markt nutzbar gemacht werden können (separability criterion).[315]

Das FASB verzichtet bewusst auf das Objektivierungskriterium der selbstständigen Bewertbarkeit; die Informationsfunktion des Jahresabschlusses werde durch vage Wertschätzungen weitaus weniger negativ beeinflusst als wenn nicht verlässlich bewertbare, greifbare wirtschaftliche Vorteile unter dem Goodwill ausgewiesen werden.[316] Dem ist zu widersprechen: Ohne ergänzende Bewertungskriterien bleiben die immateriellen Vermögenswerte unzureichend objektiviert.[317]

Diese Entobjektivierung zeigt sich an den Beispielen, die das FASB für aktivierungspflichtige immaterielle Vermögenswerte anführt: Adresskarteien, Geschäftsgeheimnisse, Videomaterialien, unpatentierte Know-hows, Liefer- und Arbeitsverträge und Datenbasen.[318] Demnach wird die Aktivierung in der Tat großzügig gehandhabt.

Zieht man allerdings in Betracht, dass im Zuge des Wandels von einer Industriegesellschaft zu einer Dienstleistungs- und Hochtechnologiegesellschaft immaterielle Werte bei vielen Un-

---

310 Vgl. dazu den folgenden Gliederungspunkt.
311 Vgl. SFAS 141.39.
312 Vgl. SFAS 141.39.
313 Vgl. Hommel (2001a), S. 1944.
314 Hommel (2001a), S. 1944.
315 Vgl. SFAS 141.39; Pellens/Sellhorn (2001b), S. 1682.
316 Vgl. SFAS 142, Appendix B, B 37, Fn. 30; Hommel (2001a), S. 1946.
317 Vgl. Hommel (2001a), S. 1946; ders. (2001b), S. 803 f.
318 Vgl. SFAS 141, Appendix A, A 14.

ternehmen die zentralen Determinanten des Unternehmenserfolgs bilden[319] und daher für eine kapitalmarktorientierte Rechnungslegung ein weiter asset-Begriff unverzichtbar erscheint,[320] sind vor allem im Hinblick auf die immateriellen Vermögenswerte die Bilanzierungsvorschriften auch nach US-GAAP " ... eher von den Kriterien der Zuverlässigkeit und Nachprüfbarkeit geprägt."[321] Ein großer Teil der immateriellen Vermögenswerte wird auch in Bilanz und GuV nach US-GAAP nicht erfasst,[322] obwohl sie eine große Bedeutung für die künftige Entwicklung des Unternehmens haben und einen erheblichen Teil des Unternehmenswertes ausmachen.[323] Damit Investoren Kenntnis über diese von *Moxter* als "ewige Sorgenkinder des Bilanzrechts"[324] bezeichneten Werte bekommen, werden zusätzliche Informationen, neue Rechenwerke[325] oder Erweiterungen in Ansatz und Bewertung[326] diskutiert.

Zu Entobjektivierungen kommt es weiterhin durch deferred charges, wenn auch deren Ansatz – wie im vorherigen Gliederungspunkt angesprochen – durch das FASB eingeschränkt wurde. Die Grenze der deferred charges ist unklar. Nach *Schildbach* ist von einer " ... äußerst vielfältige[n] Nutzung der Möglichkeiten zur Aktivierung von `deferred charges´ im Rahmen der

319 Vgl. Arbeitskreis "Immaterielle Werte im Rechnungswesen" der Schmalenbach-Gesellschaft für Betriebswirtschaft (2001), S. 989; Pellens/Fülbier (2000c), S. 40; Haller (1998), S. 562; Küting/Ulrich (2001), S. 953.
Zur Umschreibung der immateriellen Werte durch die sieben Kategorien: Innovation Capital, Human Capital, Customer Capital, Supplier Capital, Investor Capital, Process Capital und Location Capital vgl. Arbeitskreis "Immaterielle Werte im Rechnungswesen" der Schmalenbach-Gesellschaft für Betriebswirtschaft (2001), S. 990.

320 Vgl. Herzig (2000a), S. 114.

321 Fülbier/Honold/Klar (2000), S. 844; gl.A. Küting/Ulrich (2001), S. 959 f.; Deng/Lev/Narin (1999), S. 20 ff.; Hommel (1997), S. 363; Pellens/Fülbier (2000b), S. 139; Pellens/Fülbier/Sellhorn (2001), S. 85, 91; Gruber/Kühnberger (2001), S. 1733.

322 Es existieren aber nach US-GAAP und IAS im Vergleich zum HGB umfangreichere Angabepflichten für immaterielle Werte, vgl. Pellens/Fülbier (2000c), S. 53 f.

323 Vgl. Maul/Menninger (2000), S. 529; Baetge (1994), S. 6-8; Günther (2001), S. 199.

324 Vgl. Moxter (1979b), S. 1102.

325 Vgl. die Vorschläge bei Hartmann, M. (1997) u. (1998), S. 1009-1027; Batchelor (1999), S. 81; Pellens/Fülbier (2000b), S. 146-148; dies. (2000c), S. 66 ff.; Edvinsson (1997), S. 366-373; Edvinsson/Malone (1997); Sveiby (1997); Maul/Menninger (2000), S. 529-533; Mintz (1999), S. 29-37; Haller (1998), S. 587-591; Haller/Dietrich (2001a), S. 1045-1052; Kasperzak/Krag/Wiedenhofer (2001), S. 1494-1500; Dawo/Heiden (2001), S. 1716-1724. Allerdings ist fraglich, ob Informationen außerhalb von Bilanz und GuV für die Adressaten die gleiche Relevanz besitzen wie Informationen darin, vgl. z.B. Davis-Friday et al. (1999), S. 403-423.

326 Vgl. Pellens/Fülbier (2000c), S. 58; Pellens/Fülbier/Sellhorn (2001), S. 92-100; Küting/Ulrich (2001), S. 1002; Arbeitskreis "Immaterielle Werte im Rechnungswesen" der Schmalenbach-Gesellschaft für Betriebswirtschaft (2001), S. 991-995.

US-GAAP"[327] auszugehen. Damit besteht ein Missbrauchspotential, mit dem Anleger geschädigt werden können.[328] Einzelfälle werden im Folgenden skizziert.

Ingangsetzungsausgaben (start-up costs, preoperating costs) bezeichnen Aufwendungen eines Unternehmens in der Entstehungsphase (development stage enterprise), denen noch keine oder nur geringe Erträge gegenüberstehen, da der eigentliche Geschäftsbetrieb noch nicht angelaufen ist.[329] Sie werden nach SFAS 7 so behandelt wie Auszahlungen, die von bereits etablierten Unternehmen getätigt werden, d.h. sie sind danach zu beurteilen, ob die Ausgaben wiederhereinholbar (recoverable) sind oder nicht.[330] Das Kriterium der Wiedereinholbarkeit wird allerdings nicht weiter operationalisiert.[331] Im US-amerikanischen Schrifttum wird von einer Aktivierung der start-up costs ausgegangen, wenn diese wahrscheinlich einen künftigen Nutzen stiften; andernfalls sind sie sofort abziehbar.[332] Im Ergebnis besteht hier ein gewisser Ermessensspielraum. Anlaufverluste sind nicht aktivierungsfähig, da sie nicht wiedereinholbar sind. Die Unternehmen müssen zusätzliche Angaben machen, die es dem Bilanzadressaten ermöglichen, start-up costs als solche zu erkennen.[333]

Für Gründungsausgaben (organization costs) besteht keine spezielle Vorschrift. Die Kriterien zu ihrer bilanziellen Behandlung entsprechen im Ergebnis aber jenen der start-up costs.[334] Organization Costs werden in der Praxis häufig als deferred charges aktiviert.[335] Für Geschäftsjahre, die nach dem 15.12.1998 beginnen, dürfen start-up costs und organization costs nicht mehr aktiviert werden.[336] Altbestände müssen nicht unmittelbar erfolgswirksam abgeschrieben werden.[337]

Rearrangement und reinstallation costs, die z.B. anfallen, wenn Maschinen neu platziert werden, um wirtschaftlicher produzieren zu können, sind zu " ... aktivieren, wenn sie sich von

---

327 Schildbach (2002), S. 82. Vgl. auch Esser (1999), S. 222, der herausstellt, dass die US-amerikanischen "happy matching principles" zu Ansatzposten führen, die aus deutscher Sicht Bilanzierungshilfen darstellen und nur deshalb in die Bilanz gelangen, " ... weil man sie für die Gewinn- und Verlustrechnung haben will."

328 Vgl. Schildbach (1999a), S. 364. Zu einem Beispiel vgl. Kieso/Weygandt/Warfield (2001), S. 499.

329 Vgl. Schildbach (2002), S. 80. Hierzu zählen etwa Aufwendungen resultierend aus der Planung der Kapitalbeschaffung, der Anwerbung und Ausbildung von Personal, der Erschließung von Märkten und dem Produktionsanlauf, vgl. SFAS 7.9; von Keitz (1997), S. 156 f.

330 Vgl. SFAS 7.10. Zur Begründung für diese Vorgehensweise vgl. ebd., Tz. 30.

331 Vgl. SFAS 7.31.

332 Vgl. etwa Danos/Imhoff (1986), S. 474.

333 Vgl. SFAS 7.11 f.

334 Vgl. von Keitz (1997), S. 161 f.

335 Vgl. Franken (2001), S. 130.

336 Vgl. AICPA (SoP 98-5), Tz.12.

den übrigen Kosten abgrenzen lassen und der künftige Nutzen der Neugestaltung nicht zweifelhaft ist."[338] Aufwendungen für Suchbohrungen sind aktivierbar, wenn nachweislich Öl- oder Gasvorkommen entdeckt wurden, diese sich wahrscheinlich wirtschaftlich ausbeuten lassen und diese Ausbeutung auch geplant ist (successful efforts-Methode).[339] Alternativ dürfen nach der full cost-Methode die Kosten sämtlicher Suchbohrungen unabhängig von deren Erfolg aktiviert werden.[340]

Stock Issue Costs fallen bei der Aufnahme neuen Eigenkapitals im Rahmen von Aktienemissionen an. Sie können entweder als Deferred Charges aktiviert und über maximal 40 Jahre abgeschrieben werden oder – was der herrschenden Praxis entspricht - direkt von dem erhaltenen Eigenkapital abgezogen werden.[341] Dies gilt für sämtliche direkte Kosten, die aus der Begebung von Aktien resultieren (z.B. Rechts- und Beratungskosten), während die indirekten Kosten (z.B. die Gehälter der Mitarbeiter, die innerhalb des Unternehmens am Börsengang beteiligt sind), Aufwand der entsprechenden Periode bilden.

3.1.3.3. Wahlrechte nach US-GAAP

Die Eignung der Rechnungslegung für Zwecke der Unternehmenssteuerung durch den Kapitalmarkt könnte gesteigert werden, indem die expliziten Wahlrechte reduziert werden.[342] Zwar könnte man argumentieren, ein Ausnutzen von Wahlrechten oder Beurteilungsspielräumen in der Rechnungslegung durch das Management signalisiere dessen Erwartung über zukünftige Entwicklungen und sei von daher den primär zukunftsbezogenen Informationsinteressen aller Kapitalmarktteilnehmer dienlich.[343] Explizite Ansatz- und Bewertungswahlrechte werden aber von der Theorie der Rechnungslegung im Grundsatz abgelehnt.[344] *Schneider* lehnt Wahlrechte

---

337 Vgl. AICPA (SoP 98-5), Tz. 23.

338 Schildbach (2002), S. 82; vgl. auch Kieso/Weygandt/Warfield (2001), S. 520.

339 Vgl. SFAS 19.19 u. .31.

340 Vgl. Kieso/Weygandt/Warfield (2001), S. 567 f.; Schildbach (2002), S. 81.

341 Vgl. Dyckman/Davis/Dukes (2001), S. 1039; Kieso/Weygandt/Warfield (2001), S. 781; Esolt/Verdenhalven (1999), S. 816; Fessler/Hegmann/Lemaitre (2000), S. 1070; Lind/Faulmann (2001), S. 603.

342 Vgl. Göbel (1999), S. 425; Ballwieser (1999a), S. 438.

343 Vgl. Hartmann-Wendels (1991), S. 362; Busse von Colbe (1994), S. 48; ders. (1993), S. 24.

344 Vgl. Schneider (1980b), S. 87-90; Ballwieser (1999a), S. 438; Börner (1996), S. 158-165; Kübler (1995b), S. 373; Hennrichs (2000), S. 632 f.; Schmidt, M. (2000a), S. 45 f.; Streim (1998), S. 333; a.A. Moxter (1981), S. 455 f. Ausnahmen betreffen Vereinfachungswahlrechte (z.B. die Festbewertung), die aus Gründen der Wirtschaftlichkeit der Rechnungslegung gewährt werden und sog. Billigkeitswahlrechte (z.B. das Ansatzwahlrecht für Ingangsetzungskosten), welche ihre Berechtigung in ansonsten drohenden schwerwiegenden Nachteilen finden. Vgl. Siegel (1986), S. 421-423; Streim (1993), Sp. 2157; Schildbach (1994a), S. 703.

kategorisch ab, weil " ... derjenige, der Rechenschaft zu geben hat, nicht selbst darüber entscheiden darf, wie weit er sich der Rechenschaft entzieht."[345]

Die durch Wahlrechte und Beurteilungsspielräume mögliche Verschleierung von Unternehmensentwicklungen ist für die Kapitalgeber schädlich.[346] Wahlrechte erweitern die Handlungsmöglichkeiten der rechnungslegenden Manager; während sie in Zeiten guter Ertragslage die Wahlrechte zur Vorsorge für schlechtere Zeiten nutzen können, stehen den Managern in Zeiten schlechter Ertragslage die Wahlrechte zur "Schönung" des Jahresabschlusses offen. Im Ergebnis liegen Wahlrechte nur im Interesse des rechnungslegenden Managements.[347] Strenge und von Wahlrechten freie Informationsverpflichtungen sind geeignet, die gesamtwirtschaftlichen Informationskosten gering zu halten.[348] Eine Einschränkung von Wahlrechten verbessert die Vergleichbarkeit der Jahresabschlüsse.

Es zeigt sich " ... zweifellos eine Überlegenheit der US-GAAP gegenüber dem HGB ... "[349] insofern, als die US-GAAP nur wenige explizite Wahlrechte[350] zulassen, wie etwa bei der Bilanzierung von Stock Options.[351] Allerdings bieten traditionelle Jahresabschlüsse auch bei einer Beschränkung der Wahlrechte unvermeidliche beträchtliche Ermessens-, Gesetzesauslegungs- und Sachverhaltsgestaltungsspielräume.[352] "Die Beschränkung expliziter Wahlrechte kann daher eine Illusion von Richtigkeit und Illusion erzeugen, die nicht gerechtfertigt ist".[353] So ergeben sich auch nach US-GAAP zahlreiche, bilanzpolitische Spielräume: "GAAP provides considerable flexibility in the computation of net income by allowing alternative meas-

---

345 Schneider (1983c), S. 152; vgl. auch ders. (1970b), S. 1701; Kommission Rechnungswesen im Verband der Hochschullehrer für Betriebswirtschaft e.V. (1979), S. 12.

346 Vgl. Hartmann-Wendels (1991), S. 362; Busse von Colbe (1994), S. 48; Leffson (1987), S. 84-88.

347 Vgl. Siegel (1986), S. 423; Streim (1993), Sp. 2157.

348 Vgl. Schmidt, R. H. (1982), S. 746 f.

349 Ballwieser (1996b), S. 22.

350 Vgl. im Überblick Schildbach (1999a), S. 411; ders. (1998b), S. 57 f.; ders. (1999f), S. 421; Baetge/Roß (2000), S. 43 f.

351 Die Bewertung von Aktienoptionen kann wahlweise nach SFAS 123 zum Marktwert (fair value based method) oder nach APB 25 zum inneren Wert (intrinsic value based method) erfolgen. Der zentrale Unterschied zwischen den beiden Methoden besteht darin, dass nach APB 25 bei entsprechender Gestaltung des Aktienoptionsplans (fixer Plan, innerer Wert der Option von Null) der Ausweis von Personalaufwand vermieden werden kann. Vgl. Eisolt (1999), S. 759-764; Rammert (1998), S. 766-777; Oser/Vater (2001), S. 1261-1268; Krawitz (2001), S. 738-740. Die Auswirkungen der Ausübung des Wahlrechts auf den Periodenerfolg sind gravierend, vgl. Hess/Lüders (2001), S. 12-17.

352 Rieger und ihm folgend z.B. Clemm haben herausgestellt, dass Bilanzen von der Natur der Sache her unvermeidlich ungenau sind, und zwar weil zum einen gewichtige Bilanzpositionen notgedrungen auf Schätzungen beruhen müssen (z.B. Tageswerte, Rückstellungen), zum anderen sich die Bilanzierungsgrundsätze durch die Steuerung von Umsatzvorgängen durch formalrechtliche Gestaltungen (z.B. sale and lease back) beeinflussen lassen. Die Bilanz ist in diesem Sinne ein Gemisch von Wahrheit und Dichtung, vgl. Rieger (1959), S. 207 ff.; Clemm (1999), S. 637; ders. (1990a) und (1993). Zur Bilanztheorie von Rieger vgl. auch Gümbel (1966), S. 333-367. Vgl. auch Fn. 80.

urement methods to be used."[354] Ermessensspielräume (implizite Wahlrechte) lassen sich nicht so leicht einschränken wie explizite, so dass hier insofern dem HGB ein Vorteil zukommt.[355] Folgende Beispiele für implizite Wahlrechte seien hier angesprochen:

- Während für Gläubigerpapiere, die bis zur Fälligkeit gehalten werden sollen (held-to-maturity securities), grundsätzlich fortgeführte Anschaffungskosten gelten,[356] erfolgt bei Wertpapieren, die kurzfristig zum Verkauf bestimmt sind (trading securities) oder die verkauft werden können (available-for-sale securities), am Bilanzstichtag die Bewertung mit den Börsen- oder Marktpreisen. Unrealisierte Gewinne und Verluste von trading securities sind ergebniswirksam zu vereinnahmen (net income). Demgegenüber sind unrealisierte Gewinne und Verluste bei available-for-sale securities ergebnisneutral in einem gesonderten Eigenkapitalposten (separate component of shareholders equity) auszuweisen (other comprehensive income);[357] sobald die Gewinne oder Verluste realisiert sind, erfolgt eine Umgliederung aus dem other comprehensive income in das net income.[358] Diese Grundsätze gelten für debt securities wie für equity securities, die einen (leicht) feststellbaren fair value haben, gleichermaßen.[359] Für die Zuordnung ist zunächst der den Wertpapieren zugrundeliegende Verwendungszweck im Zeitpunkt der erstmaligen Eingruppierung maßgebend. An folgenden Bilanzstichtagen ist ein Wechsel innerhalb der Kategorien möglich.[360] Über dieses Ermessen hat das Management starken Einfluss auf die Rechnungslegung; eine willkürliche Kategorisierung und damit eine bilanzpolitische Veränderung der Erfolgsrechnung kann SFAS No. 115 nicht verhindern.[361]

- Bestimmte Teile der Entwicklungskosten von Software, die zum Verkauf, zur Überlassung an Dritte im Rahmen von Miet- bzw. Leasingverträgen oder für eine sonstige Form der Vermarktung entwickelt worden ist, sind zu aktivieren, sobald das Merkmal der Technological Feasibility gegeben ist. Letzteres ist der Fall, wenn alle Planungs-, Entwurfs-, Programmierungs- und Testaktivitäten zur Erfüllung der geforderten Design Specifications abgeschlossen wurden.[362] Bis zum Erreichen der Technological Feasibility angefallene Kosten sind als Forschungs- und Entwicklungskosten zu qualifizieren.[363] Nach Erreichen der Technological Feasibility anfallende Programmierungs- und Testkosten, die bis zur Fertigstellung des Product Masters anfallen, sind zu aktivieren.[364] Im Rahmen der

---

353 Schildbach (1994a), S. 705; Ballwieser (2001a), S. 160; Hoffmann (2000f), S. 826.

354 Dyckman/Davis/Dukes (2001), S. 121. Zu den IAS vgl. etwa Engel-Ciric (2002), S. 780-784; Egger (2001), S. 83-91.

355 Vgl. Ordelheide (1999), S. 528.

356 Vgl. SFAS 115.7.
Sofern held-to-maturity securities durch Zahlung eines Aufgelds (premium) bzw. mit Abschlag (discount) erworben werden, ist der Differenzbetrag zwischen den Anschaffungskosten und dem Nominalbetrag über die Laufzeit als Aufwand bzw. Ertrag zu verrechnen.
Liegt der fair value langfristig unter den Anschaffungskosten, so hat eine Wertberichtigung auf den niedrigeren fair value zu erfolgen, die in die earnings eingeht. Es besteht ein Wertaufholungsverbot, vgl. SFAS 115.16.

357 Vgl. SFAS 115.13. Eine außerplanmäßige Abschreibung ist bei dauernder Wertminderung vorzunehmen.

358 Vgl. SFAC 130.18 f.

359 Vgl. Kroner (1994), S. 2248; Göbel (2000), S. 183-185.

360 Vgl. im Einzelnen SFAS 115.15; Schildbach (2002), S. 122 f.; Kroner (1994), S. 2248 f.; Böcking/Benecke (2000), S. 213-215.

361 Vgl. Schildbach (2002), S. 119-125; ders. (1995a), S. 2639; Kroner (1994), S. 2249; Wiedmann (1995), S. 795; einschränkend Böcking/Benecke (2000), S. 238.

362 Vgl. SFAS 86.4.

363 Vgl. SFAS 86.3.

364 Vgl. SFAS 86.5.

Duplikation des Product Masters zur Herstellung der verkaufsfähigen Software entstehenden Kosten sind wie Herstellungskosten von inventories zu bilanzieren und damit aktivierungspflichtig.[365] Der Eintrittszeitpunkt der Technological Feasibility dürfte nicht immer zuverlässig ermittelbar sein, so dass dem Bilanzierenden hier ein Ermessensspielraum offen steht.[366]

- SFAS 109 begründet die Pflicht zur Berücksichtigung eines deferred tax asset mit der Erfüllung der allgemeinen Definition des asset.[367] Die Unsicherheit über die Höhe des zukünftigen erwarteten Einkommens wird bei der Bewertung des deferred tax asset berücksichtigt,[368] indem eine Wertberichtigung zu bilden ist (valuation account), wenn sich Gesichtspunkte ergeben, die mit einer Wahrscheinlichkeit von mehr als 50% (more likely than not) daraufhin deuten, dass das deferred tax asset ganz oder teilweise nicht realisierbar ist.[369] Dieser Korrekturposten wird direkt von dem aktivierten deferred tax asset abgezogen, so dass per Saldo nur der Betrag angesetzt wird, dessen Realisation tatsächlich erwartet wird.[370] Zu jedem Bilanzstichtag muss der valuation account neu überprüft werden.[371]
Das Kriterium more likely than not eröffnet große Ermessensspielräume.[372] Aufgrund dieses Unsicherheitspotentials kann der Informationswert der Bilanz besonders beeinträchtigt werden: " ... application of judgement based on a careful assessment of all available evidence is required to determine the position of a deferred tax asset for which it is more likely than not a tax benefit will not be realized."[373]
Aktive latente Steuern aus Verlustvorträgen unterliegen der Gefahr, Nonvaleurs zu sein. Denn heutige Verluste können Indiz für zukünftige Verluste sein, so dass es womöglich keine späteren Steuerbelastungen gibt, gegen die der Verlustvortrag aufgerechnet werden kann.[374] Deshalb sind Verlustvorträge einerseits Ursache für aktive latente Steuern, andererseits sind sie ein wichtiger Indikator für eine mögliche Notwendigkeit einer Wertberichtigung auf aktive latente Steuern.[375] Der Nettoeffekt ist offen; daher eröffnet das ohnehin unklare Kriterium more likely than not " ... einen fast grenzenlosen Freiraum für die Bilanzpolitik zum Nachteil des Informationsgehalts von Jahresabschlüssen für die Bilanzleser."[376]

- Bei der Einordnung einer unsicheren Verbindlichkeit in Form von loss contingencies als probable und "can be reasonably estimated" bestehen gleichfalls Ermessensspielräume.[377]

---

365 Vgl. SFAS 86.9.

366 Vgl. Küting/Pilhofer/Kirchhof (2002), S. 80-82. Aufwendungen für selbsterstellte Software, die zum Einsatz im eigenen Unternehmen bestimmt ist, sind aktivierbar, sobald die erste Phase abgeschlossen ist (Entwicklung der konzeptionellen Alternativen und Bewertung dieser Alternativen, Prüfung der Existenz der erforderlichen Technologie, Wahl einer Alternative). Vgl. im Einzelnen AICPA (SoP 98-1); Schildbach (2002), S. 75; Frizlen/Möhrle (2001), S. 233-243.

367 Vgl. SFAS 109.80-.86. Zur interperiod tax allocation nach US-GAAP vgl. Delaney/Epstein/Nach/Budak (2001), Ch. 15; Kieso/Weygandt/Warfield (2001), Ch. 20; Dyckman/Davis/Dukes (2001), Ch. 19; Gröner/Marten/Schmid (1997), S. 479-488; Hauck/Michel (1992), S. 451-455; Ordelheide (1995c); Schäffeler (2000), S. 44-102; Schmidt, M. (2000b); Klein (2001), S. 1450-1456.

368 Vgl. SFAS 109.86.

369 Vgl. SFAS 109.17, .92-.98; Schildbach (1999a), S. 363 f.

370 Vgl. SFAS 109.17e.

371 Vgl. Kieso/Weygandt/Warfield (2001), S. 1066.

372 Vgl. Kieso/Weygandt/Warfield (2001), S. 1082.

373 SFAS 109.98.

374 Vgl. Schildbach (1998d), S. 945.

375 Vgl. SFAS 109.23.

376 Schildbach (1998d), S. 945.

377 Vgl. Gliederungspunkt 3.1.3.1.

- Bei der Abbildung von Pensionsverpflichtungen nach US-GAAP ergeben sich Spielräume u.a. beim Ansatz von Zinssätzen (expected rate of return on plan assets), bei der Einbeziehung der verschiedenen Komponenten unberücksichtigter Lasten und Entlastungen und im Rahmen der projected unit credit method hinsichtlich der bis an die Grenze des übertriebenen backloading frei gestaltbaren pension benefit formula.[378]

- Die Anwendung der percentage of completion-Methode beruht in erheblichem Umfang auf Prognosen (Ermittlung des Fertigstellungsgrades, der Auftragskosten und -erlöse, Erfassung von Schätzungsänderungen).[379] Sieht sich ein Unternehmen nicht zur Abgabe von zuverlässigen Schätzungen fähig, scheidet die Anwendung der poc-Methode nach US-GAAP aus. Die Ermessensabhängigkeit der anteiligen Gewinnrealisierung nach der percentage of completion-Methode wird auch in den USA z.T. sehr klar herausgestellt: "It should, by now, be abundantly clear that the percentage of completion method of accounting for profits affords to management an extraordinary measure of flexibility and subjectivity; my experience, direct and vicarious, tell me that the auditor is almost powerless to discipline the data."[380]

- Beim Tausch unähnlicher Güter wird Gewinn realisiert, der Tausch ähnlicher Güter erfolgsneutral behandelt.[381] Wird beim Tausch ähnlicher Güter ein Loss realisiert, ist der Loss sofort erfolgsschmälernd zu erfassen. Assets gelten als ähnlich, wenn sie von der gleichen Art sind, die gleiche Funktion erfüllen oder im gleichen Geschäftszweig eingesetzt werden.[382] Erfolgsneutral ist der Tausch auch dann, wenn sich die Zeitwerte der beiden getauschten Güter nicht ermitteln lassen.[383] Die Unterscheidung zwischen ähnlichen und unähnlichen Gütern beim Tausch hinterlässt einen Ermessensspielraum.

- Beim Geschäfts- oder Firmenwert gilt explizit das Aktivierungskriterium des entgeltlichen Erwerbs.[384] Liegt dieser vor, war bisher der Geschäfts- oder Firmenwert zwingend zu aktivieren und über seine planmäßige Nutzungsdauer,[385] maximal aber über eine Laufzeit von bis zu 40 Jahren, i.d.R. linear abzuschreiben[386], wobei die SEC für bestimmte Branchen nur kürzere Nutzungsdauern akzeptiert.[387] Außerplanmäßige Abschreibungen waren möglich.[388]
  Für Akquisitionen ab dem 1.7.2001 gilt der Impairment-Only Approach (IOA), nach dem der aktivierte Goodwill nicht mehr planmäßig abgeschrieben wird.[389] Die auf die einzel-

---

378 Vgl. zur Bilanzierung von Pensionsverpflichtungen nach US-GAAP Schildbach (1999d), S. 957-977; ders. (2002), S. 185-210; Munschek/Braun (1998), S. 493-502; Postert/Wolz (1999), S. 2173-2178; Wolz (2000), S. 1371-1390.

379 Vgl. Bischof (1998), S. 14. Vgl. zur bilanziellen Behandlung der langfristigen Fertigung nach US-GAAP Kieso/Weygandt/Warfield (2001), S. 1004-1014; Delaney/Epstein/Nach/Budak (2001), S. 268-281; Buhleier (1997); Richter (2000); Kümpel, T. (2000); Rossmanith/Funk (2002), S. 1230 f.

380 Briloff (1972), S. 119.

381 Vgl. APBO 29.18, .21; Schildbach (1998c), S. 582.

382 Vgl. APBO 29.3.

383 Vgl. APBO 29.20, .26.

384 Vgl. APBO 17.26.

385 Vgl. APBO 17.27.

386 Vgl. APBO 17.29.

387 Vgl. Engel-Ciric (1998), S. 777. Zur Behandlung eines Badwill vgl. Hommel (2001b), S. 804; Schildbach (2002), S. 79.

388 Vgl. im Einzelnen Pellens/Sellhorn (2001a), S. 714 f.

389 Vgl. SFAS 141.13. Vgl. im Einzelnen Alvarez/Biberacher (2002), S. 346-353; Ballwieser (2002), S. 299; Busse von Colbe (2001a), S. 877-879; Davis (2002), S. 697-701; Eberle (2002), S. 184-190 u. 305-313; Hitz/Kuhner (2002), S. 273-287; Hommel (2001a), S. 1943-1949; ders. (2001b), S. 807 f.; Hütten/Lorson (2002), S. 25-33; Küting/Weber/Wirth (2001), S. 185-198; dies. (2002), S. 57-66; Lüdenbach/Schulz

nen Geschäftsbereiche (reporting units) verteilten Goodwill-Teilbeträge sind ausschließlich im Falle einer Wertminderung außerplanmäßig abzuschreiben (impairment test). Letzterer besteht aus zwei Schritten. Zuerst ist festzustellen, ob ein Impairment vorliegt, was der Fall ist, wenn der Fair Value der reporting unit unter ihrem bilanziellen Eigenkapital auf Buchwertbasis (incl. Goodwill) liegt.[390] Im zweiten Schritt ist der Wertminderungsbetrag zu ermitteln, indem der implizite (implied) Fair Value des Goodwills seinem bilanziellen Buchwert gegenübergestellt wird.[391] Als reporting units gelten die operating segments gem. SFAS 131 oder unter bestimmten Voraussetzungen die ihnen direkt untergeordneten Organisationseinheiten (components).
Der Verzicht auf eine planmäßige Abschreibung des Goodwill ist gleichbedeutend mit einer Aktivierung der für die Werterhaltung notwendigen Aufwendungen. Folglich kommt es zu einer Aktivierung originärer Goodwill-Komponenten. Die neue Goodwill-Bilanzierung wird daher als Ausdruck einer Fair Value-Bilanzierung interpretiert, denn in einer Fair Value-Bilanz müsste es zum Ausweis des originären Goodwill kommen, wobei allerdings auch ein steigender Goodwill erfasst werden müsste.[392]
SFAS 142 eröffnet beträchtliche bilanzpolitische Spielräume. So kann das Abschreibungspotenzial etwa durch zielgerichtete Verteilung akquirierter Goodwills auf reporting units beinflusst werden; wenn intern gewachsenen reporting units erworbene Goodwills zugeordnet werden, zeigt der erste Schritt des impairment test nur bei extremem Wertverfall der reporting unit ein impairment dem Grund nach an.[393] Beim zweiten Testschritt etwa hat das Management großen Spielraum bei der Ermittlung des Wertberichtigungsbetrags.[394] Die " ... Ermessensspielräume sind so groß, dass die Manager den Gewinnausweis durch die Modellierung von Goodwillabschreibungen beinahe beliebig steuern können."[395]

Diese Beispiele für die Ermessensspielräume nach US-GAAP zeigen deutlich, dass bezüglich der Rechenschaftsfunktion die Periodisierungsregeln des HGB internationalen Rechnungslegungsstandards keinesfalls unterlegen sind.

(2002), S. 489-499; Moehrle/Reynolds-Moehrle (2001), S. 31-38; Nestler/Thuy (2002), S. 169-179; Pejic/Buschhüter (2001), S. 107-112; Pellens/Sellhorn (2001a), S. 713-720; dies. (2001b), S. 1681-1689; Pellens/Sellhorn/Weinreis (2002), S. 25; Pfeil/Vater (2002), S. 66-81; Stauber/Ketterle (2001), S. 955-966; Teitler-Feinberg (2001), S. 331-338. Zur Behandlung des Goodwill in deutschen Konzernen vgl. Küting (2000c), S. 97-106.
Der DSR verzichtet in seinem DRS 1a gleichfalls auf die planmäßige Abschreibung des Goodwill; kritisch hierzu Moxter (2001b); Krawitz (2002), S. 145-148; Kleindiek (2001), S. 2572-2577; Henselmann (2002), S. 283-287; Pellens/Sellhorn (2002), S. 113 f.; Siegel (2002), S. 749-751; DRS 1a zustimmend Zimmermann (2002a), S. 385-390; ders. (2002b), S. 751-753.

390 Vgl. SFAS 142.19.
391 Vgl. SFAS 142.21.
392 Vgl. Pellens/Sellhorn (2001b), S. 1685.
393 Zu einem Beispiel vgl. Pellens/Sellhorn (2001b), S. 1685 f.
394 Zu einem Beispiel vgl. Pellens/Sellhorn (2001b), S. 1686.
395 Hommel (2001a), S. 1949. Vgl. auch Kleindiek (2001), S. 2576 f.; Pfeil/Vater (2002), S. 71 f., 78; Hitz/Kuhner (2002), S. 283 u. 285.

3.1.4. Fazit

Bei einem Wechsel vom HGB auf internationale Rechnungslegungsstandards würde lediglich eine Bilanzierungskonvention durch eine andere ersetzt werden. Dem Informationsanspruch der Adressaten könnte auch über Periodisierungsregeln nach IAS und US-GAAP nicht entsprochen werden. Die Vorstellung von einer Überlegenheit der Rechnungslegung nach US-GAAP bzw. IAS gegenüber einer solchen auf Basis von GoB und HGB ist kritisch zu sehen. Auch in empirischen Studien konnte ein höherer Informationsgehalt der IAS/US-GAAP gegenüber dem HGB nicht hinreichend belegt werden.

Bezüglich der Rechenschaftsfunktion lässt sich zusammenfassen, dass es zwar auch nach US-GAAP bei Aktivierung und Passivierung auf weitgehende Objektivierung ankommt. Allerdings kommt es teilweise zu Entobjektivierungen als Ausdruck einer stärkeren Betonung des Grundsatzes der relevance gegenüber dem der reliability, wie es etwa im Bereich der intangible assets und der deferred charges deutlich wird. Zudem bestehen zahlreiche Ermessensspielräume. Eine generelle Überlegenheit der US-GAAP besteht deshalb auch bzgl. der Rechenschaftsfunktion nicht.

Ein wesentlicher Aspekt für die Übernahme der IAS/US-GAAP ist die angestrebte internationale Vergleichbarkeit mit anderen Unternehmen. Der Vorteil internationaler Rechnungslegungsstandards in Bezug auf den Informationsgehalt liegt offenbar in den umfangreicheren Erläuterungen etwa durch notes, der tieferen Aufgliederung der Erfolgskomponenten, den Zusatzberechnungen und den kürzeren Fristen bis zur Offenlegung. Im Ergebnis zeigt sich, dass es sich nicht um die Annäherung „...an einen in allen Punkten besseren Standard handelt, als vielmehr die Wahl eines Standards, der ... eine bessere strategische Ausgangsposition besitzt.“[396]

Internationalen Rechnungslegungsstandards kommt eine nicht zu unterschätzende Bedeutung als Instrument der Marktkommunikation zu; sie haben den Ruf des Modernen, auch wenn deren Ansatz- und Bewertungsregeln nicht grundlegend besser informieren können als das HGB. Internationale Rechnungslegungsstandards gelten als ein Baustein innerhalb einer offe-

---

[396] Auer (1999b), S. 996; vgl. auch Ballwieser (2001a), S. 164

nen und wirksamen Finanzkommunikation; sie sollen dazu beitragen, " ... den Eindruck einer `provinziellen´ Präsentation zu vermeiden."[397]

Es passt ins Bild, dass IAS und US-GAAP – natürlich ganz gezielt, um Vertrauen bei den potentiellen Investoren zu erzeugen – von den sie anwendenden Unternehmen besser "vermarktet" werden. Deutlich wird dies etwa bezüglich des Anschaffungswertprinzips; während europäische Unternehmen dessen Auswirkungen i.d.R. " ... als stille Reserven (hidden reserves) bezeichnen, verstehen es US-amerikanische Vertreter und auch das IASC es besser, die Bedeutung des Anschaffungswertprinzips – mit wenigen Ausnahmen – als zentralen Grundsatz der Rechnungslegung zu `verkaufen´. Der Begriff `stille Reserven´ wird dabei ebenso wie das Problem der Existenz von `hidden liabilities´ tunlichst vermieden."[398]

In Anbetracht der konzeptionellen Grenzen der Informationsvermittlung über Bilanz und GuV sind für Kapitalgeber weitere Informationen von Interesse, über die sie ein Unternehmen wirtschaftlich einschätzen können. Dies kommt in der These des Übergangs vom Financial Accounting zum Business Reporting[399] zum Ausdruck. Das Konzept des Business Reporting stellt eine Weiterentwicklung der Moxter´schen Abkopplungsthese dar, indem den gegenwärtigen und potentiellen Investoren über die Vermittlung überwiegend betriebsindividueller, quantitativer und qualitativer Angaben eine interperiodische und vor allem zukunftsorientierte Analyse des Unternehmens ermöglicht werden soll, d.h. "[d]ie Informationen sollen die Informationsbedürfnisse des Kapitalmarktes befriedigen und werden somit eher vom Kapitalmarkt als von Rechnungslegungsinstitutionen bzw. dem Gesetzgeber gefordert"[400]. Es kommt demnach über die Abkopplungsthese zu einer Trennung zwischen Gewinnermittlung und Informationsgewährung und zugleich zu einer Grenzziehung zwischen regulierter und kapital-

---

[397] Busse von Colbe (1995b), S. 376. Vgl. auch Bühner (2002), S. 237. Nach Krumnow haben international anerkannte Jahresabschlüsse eine hohe Bedeutung für die deutschen global player: "Man kann nicht global handeln und provinziell bilanzieren", Krumnow (1996), S. 18.

[398] Auer (1999b), S. 995.

[399] Vgl. Böcking (1998), S. 44 f. Der Begriff des Business Reporting ersetzt im sog. Jenkins-Report des AICPA den des "financial reporting", "[d]a die umfangreichen Informationsbedürfnisse der Adressaten ... nicht nur in Form der bisher üblichen Jahresabschlüsse gedeckt werden sollen, sondern beispielswiese auch durch nicht-finanzielle Informationen Berücksichtigung finden sollen ... ", Berndlmaier/Klein (1997), S. 1091. Zum Jenkins-Bericht vgl. AICPA (1994); Noll/Weygandt (1997), S. 59-62; Berndlmaier/Klein (1997), S. 1089-1095; Vorwold (1999), S. 2326 f.
Die Idee, von den Unternehmen neben der Ermittlung eines überprüfbaren Gewinns weitere Angaben und Rechnungen zu verlangen, über die es den Adressaten möglich ist, eine zukunftsbezogene Beurteilung der finanziellen Lage des Unternehmens vorzunehmen, findet sich in der Literatur etwa bereits bei Schneider (1973), S. 57; Schildbach (1972), S. 42; Coenenberg (1968), S. 451.

[400] Böcking/Benecke (1998), S. 94.

marktinduzierter Publizität.[401] Aufgrund der Interessenlage des Managements ist allerdings fraglich, ob man von letzteren wahrheitsgemäße Informationen erwarten darf; zudem ergeben sich erhebliche Probleme bei der Prüfung von Prognosen.[402]

Um zu erreichen, dass sich die interne Wertschaffung des Unternehmens möglichst verzerrungsfrei in der Aktienkursentwicklung widerspiegelt und eine Reduzierung der Kapitalkosten eintritt,[403] wird auch die Kapitalmarktdarstellung des Unternehmens, heute oft als Value Reporting bezeichnet,[404] zunehmend bedeutender. Unter Value Reporting werden " ... Berichte über Strategien, Ziele und Zielerreichungen mit dem Ziel der Erhöhung des Unternehmenswertes "[405] verstanden. Zum Value-Reporting zählt auch eine umfassende Berichterstattung über die im Unternehmen installierten anlegerorientierten Steuerungs- und Kontrollinstrumente. Gute Value Reporting-Informationen werden als Value Driver eines Unternehmens gesehen und können als Differenzierungsargument im Kapitalmarkt genutzt werden, sofern der freiwillige Charakter eines Value Reporting bestehen bleibt.[406]

Während in diesem Gliederungspunkt 3.1. die Bedeutung internationaler Rechnungslegungsstandards für die externe Unternehmensbeurteilung erörtert wurde, soll im folgenden Gliederungspunkt 3.2. die Relevanz der IAS und US-GAAP für den zweiten Aspekt des Shareholder Value-Ansatzes, das Shareholder-Value-Management, diskutiert werden.

---

401 Vgl. Böcking (1998), S. 30.

402 Vgl. Ballwieser (2002a), S. 298.

403 Vgl. Pohle (1998), S. 362 f.; Labhart/Volkart (2001), S. 116; Michel (1999), S. 374; Günther/Beyer (2001), S. 1624.

404 Der Begriff des Value Reporting wird i.d.R. von dem der Investor Relations abgegrenzt, vgl. Ballwieser (2002d), S. 74 u. 79. Vgl. grundsätzlich zu Investor Relations im Einzelnen etwa Alvarez/Wotschofsky (2000), S. 651-654; Pohle (1998), S. 362-364; Günther/Otterbein (1996), S. 389-417; Paul (1991), S. 923-945.

405 Ballwieser (2002d), S. 79, sowie im Einzelnen Stützel (1967), S. 340; Pohle (1998), S. 363; Seeberg (1998), S. 611 f.; Günther (2001), S. 202-206; Müller, M. (1998), S. 125; Küting (2000b), S. 453; Labhart/Volkart (2001), S. 121; Baetge/Noelle (2001), S. 176-179; Günther/Beyer (2001), S. 1627-1630; Fischer/Wenzel/Kühn (2001), S. 1209-1211.
Zu Vorschlägen einer erweiterten Berichterstattung bezüglich immaterieller Vermögensgegenstände vgl. die Hinweise in Fn. 325 und 326. Zur freiwilligen Unternehmensberichterstattung in den USA vgl. Haller/Dietrich (2001b), S. 206-211.

406 Vgl. Labhart (1999), S. 275; Volkart/Labhart (2001), S. 120, 125; Fischer/Becker/Wenzel (2002), S. 14.

3.2. Internationale Rechnungslegungsstandards und Unternehmenssteuerung durch das Management

3.2.1. Grundlagen wertorientierter Unternehmenssteuerung

3.2.1.1. Unternehmensziel: Unternehmenswertsteigerung

Das Ziel der Unternehmensführung sollte darin bestehen, unter Einhaltung aller vertraglichen Vereinbarungen und der gesetzlichen Vorschriften den Marktwert des Eigenkapitals zu maximieren. Diese Zielsetzung leitet sich direkt aus den finanziellen Zielvorstellungen der Eigentümer ab. Bei Vorliegen eines vollkommenen (arbitragefreien) Kapitalmarktes ist Marktwertmaximierung eine von allen Investoren präferierte Zielsetzung: Konsum-, Finanzierungs- und Investitionsentscheidungen sind voneinander unabhängig (Fisher-Separationstheorem).[407]

Interessenkonflikte unter den Eignern können ohne Kenntnis der subjektiven Konsum- und Zeitpräferenzen gelöst werden, da der Eigner bei einer aus seiner Sicht zu geringen Ausschüttung sich die für den Konsum nötigen Mittel durch den entsprechenden Verkauf der Anteile beschaffen kann.[408] Entsprechend kann er einer zu hohen Ausschüttung mit Anlage der Mittel am Kapitalmarkt begegnen. Vorausgesetzt wird allerdings die Funktionsfähigkeit des Aktienmarktes und damit die Kursreaktion, " ... die Voraussetzung dafür ist, daß der Aktionär die Dividendenpolitik lediglich als Renditeproblem ansieht"[409]; unterstellt wird hier die These von der effizienten Informationsverarbeitung durch den Kapitalmarkt.[410] Zudem muss die Unternehmensleitung im Sinn der Anteilseigner handeln. "Nur unter dieser Annahme ist es sinnvoll, den Schluß zu ziehen, dass die Bewertung einer Unternehmung durch den Kapitalmarkt deren Investitionen in Höhe des Ertragswertes `richtig´ erfaßt und unverzüglich durch die Höhe des Börsenkurses `richtig´ widerspiegelt."[411] Unter den Bedingungen eines arbitragefreien Kapitalmarktes ist der Ertragswert der Investitionen der Unternehmung gleich dem

---

407 Vgl. Fisher (1930), S. 269 ff.; Drukarczyk (1993), S. 34-38; Wilhelm (1983), S. 516-534; Breuer (1997), S. 222-226; Rudolph (1983), S. 264-273; Ballwieser (1994), S. 1391-1394; Ballwieser/Schmidt (1981), S. 656-662.
Das Fisher-Separationstheorem gilt nur unter Sicherheit; es wurde von Arrow und Debreu um unsichere Erwartungen erweitert, vgl. Arrow (1964), S. 91-96; Debreu (1959), S. 89-102.

408 Beliebige Teilbarkeit der Anteile wird dabei vorausgesetzt.

409 Wagner (1982b), S. 874; auch ders. (1987), S. 416.

410 Vgl. Fama (1983), S. 383.

411 Wagner (1982b), S. 873.

Marktwert der Anteile; das Marktwertkriterium kann ersatzweise für das Ertragswertkriterium verwendet werden.[412]

Unter real existierenden Bedingungen lassen sich über das Kriterium der Marktwertmaximierung die Interessenkonflikte zwischen den Investoren nicht mehr ohne weiteres lösen. Die Konsumpläne der Anteilseigner müssten bekannt sein, um deren Interessen Folge leisten zu können. Es dürfte aber gerade bei Publikumsgesellschaften für die Unternehmensleitung unmöglich sein, die Zeit- und Risikopräferenzen sämtlicher Investoren festzustellen und Einigkeit über die Ausschüttungspolitik zu erlangen.[413] Den Unternehmen verbleibt damit nur die Möglichkeit, einen möglichst hohen Kurswert unter Berücksichtigung des Wertsteigerungsrisikos zu erzielen, um den Anlegern auch auf unvollkommenen Märkten die weitgehende Realisierung des gewünschten Konsumstroms durch Kauf und Verkauf von Anteilen zu ermöglichen.[414] In diesem Sinne gilt Marktwertmaximierung als " ... angemessene Vereinfachung ..., die hilft, praktische Probleme zu lösen."[415]

Das Management einer Unternehmung besitzt gewöhnlich bessere Informationen als der Markt. Wenn alle Informationen sofort im Börsenkurs enthalten wären, hätte die Unternehmensleitung keinen Vorsprung mehr, den sie bei der Identifikation von Wertlücken, der Auswahl von Strategien und damit der Unternehmenswertsteigerung nützen könnte. Die Annahme unvollkommener Märkte ist grundlegend für die Legitimation des Shareholder Value-Ansatzes, da nur so Wertlücken als Möglichkeiten einer Steigerung des Marktwerts des Eigenkapitals existieren können.

Wert für die Anteilseigner wird immer dann geschaffen, wenn ein Unternehmen mehr als die Kapitalkosten verdient. Nach dem Kriterium der Marktwertmaximierung sind demnach nur Investitionsprojekte mit positivem Kapitalwert zu realisieren. Ist der Kapitalwert von zugänglichen Investitionen negativ, kommt es nach dem Kapitalwertkriterium zu einer Ausschüttung, weil die externe Verzinsung höher liegt als die der Investition.[416]

---

412 Vgl. Wilhelm (1983), S. 516 f., 526.

413 Vgl. Mengele (1999), S. 12.

414 Vgl. Schmidt/Terberger (1997), S. 58; Drukarczyk (1993), S. 74; Ballwieser (1994), S. 1393; Haley/Shall (1979), S. 473.

415 Bärtl (2001), S. 36; Hachmeister (2000), S. 19.

416 Vgl. Wagner (1982b), S. 872. Bei Thesaurierung kommt es in diesem Fall zu agency costs of free cash flow, vgl. Jensen (1986), S. 323-329.

Der Kerngedanke der wertorientierten Unternehmensführung besteht darin, "... die Sichtweise des Marktes in das Unternehmen zu tragen ..."[417]. Aus den Renditeforderungen an den Gesamtkonzern sind den einzelnen zu steuernden strategischen Geschäftseinheiten, Teilkonzernen oder Sparten der Gruppe Kapitalkostensätze vorzugeben.[418] Die über die Ermittlung der Kapitalkosten für den Gesamtkonzern hinausgehende Berücksichtigung des spezifischen Risikos der einzelnen Geschäftsfelder (divisionale Kapitalkosten)[419] ermöglicht dabei eine effizientere Kapitalallokation.[420] Es ist sicherzustellen, dass das Gesamtunternehmen mehr Wert schafft als die Summe der einzelnen Geschäftsbereiche.[421]

3.2.1.2. Steuerung von Unternehmen

Zur Umsetzung der Maximen im Shareholder Value-Management-Konzept ist ein unternehmenswertorientiertes Steuerungssystem zu implementieren. Der Shareholder Value-Ansatz gibt zwar die Marschrichtung der Unternehmensführung vor, leistet selbst aber im Grunde keinen Beitrag zur Lösung unternehmensinterner Steuerungsprobleme. Denn er greift i.d.R. auf Konzepte neoklassischer Finanzierungstheorie zurück, so dass organisatorische Probleme ausgeblendet werden.[422]

Organisatorische Probleme resultieren aus der Delegation von Entscheidungsbefugnissen, wie sie typischerweise in größeren Unternehmen auftritt. Informationsasymmetrie ist charakteristisch für eine dezentrale Organisation, denn den Bereichsmanagern werden gerade deshalb Aufgaben delegiert, um Informationsvorteile und mehr Flexibilität vor Ort nutzen zu können. Jedoch sind grundsätzlich zwischen der Unternehmensleitung und den Managern der Ge-

---

[417] Englert/Scholich (1998), S. 685; desweiteren Rappaport (1999), S. 69; Pfitzer (1999), S. 8. Zur wertorientierten Unternehmenssteuerung bei der VEBA vgl. Lauk (1996), S. 168-177; zu E.ON vgl. Simson (2002), S. 101-116; zu Siemens vgl. Neubürger (2000), S. 188-196; ders. (2002), S. 171-185; Seeberg (1999), S. 269-278; zu DaimlerChrysler vgl. Klasen (2002), S. 187-206; zu Mannesmann vgl. Esser (2000), S. 176-187; zu RWE vgl. Börsig (2000), S. 167-175; zu ThyssenKrupp vgl. Middelmann (2001), S. 499-506, Schulz (2002), S. 13-25; zur Allianz vgl. Faber (2002), S. 27-33; zu Haniel vgl. Siegert (2002), S. 35-44.

[418] Vgl. Grünewälder (1996), S. 447; Busse von Colbe (1996), S. 17; Löw (1999), S. 91.

[419] Zur Problematik der Ableitung von divisionalen Kapitalkosten vgl. Bufka/Schiereck/Zinn (1999), S. 120-131; Fröhling (2000), S. 49-56; ders. (1999), S. 1445-1454.

[420] Vgl. Pellens/Tomaszewski/Weber (2000), S. 1830. Z.B. weisen Bereiche, die aus Wettbewerbsgründen hohe Aufwendungen für Marketing oder Forschung aufzubringen haben, höhere Kapitalkosten auf, da aus dem Blickwinkel der Kapitalgeber die schwer abschätzbare zukünftige Ertragsrealisierung dieser Vorleistungen ein zusätzliches Risiko bedeutet, vgl. Menn (2000), S. 210.

[421] Vgl. Arbeitskreis Finanzierung der Schmalenbach-Gesellschaft (1996), S. 545.

[422] Vgl. Bärtl (2001), S. 4; Bärtl/Pfaff (1997), S. 370-378. Vgl. grundsätzlich zum Steuerungsbegriff Busse von Colbe (1980), S. 259-261; Bergmann (1996), S. 51-60.

schäftsbereiche Interessenkonflikte anzunehmen.[423] Folglich ist sicherzustellen, dass die Geschäftsbereichsleiter nach dem Ziel der Zentrale handeln. Als Objekte der Steuerung werden im Folgenden Geschäftsbereiche in Form von Profit Centers oder Investment Centers betrachtet.[424]

Unternehmenszielkonformes Verhalten der Geschäftsbereichsleiter soll durch Vergütungen gefördert werden, die von dem in der Steuerungsrechnung ermittelten Ergebnis abhängen: Jede wertorientierte Führungsgröße bleibt "[o]hne eine unmittelbare Verknüpfung mit dem Vergütungssystem ... nur ein `Papiertiger´."[425] Dementsprechend gilt ein Entlohnungssystem als anreizkompatibel, wenn der Manager aufgrund einer Entscheidung nur dann eine höhere Entlohnung bezieht, wenn auch die Zielerreichung des Unternehmens steigt.[426]

Der wertorientierten Unternehmenssteuerung kommen zwei zentrale Aufgaben zu. Erstens muss der Wertbeitrag einzelner Investitionsprojekte oder Unternehmensteile zum Unternehmensgesamtwert gemessen werden (ex-ante-Beurteilung). Zweitens muss periodisch festgestellt werden, inwieweit dieses Ziel von der bereits durchgeführten Investition in der abgelaufenen Periode erreicht wurde (ex-post-Beurteilung).[427] Die ex post erhobenen Wertdaten sind von der Zentrale so in ein Anreizsytem zu integrieren, dass der Manager ex ante die richtigen

---

423 Vgl. Janschek (1999b), S. 767 f.; Picot (1997), S. 194 f.
Generell können Interessenkonflikte zwei Gruppen von Ursachen haben. Zum einen können unterschiedliche subjektive Präferenzen bestehen; hier liegen also die Konflikte in der Person des Entscheidungsträgers selbst begründet und werden deshalb als "gegeben" bezeichnet, vgl. Wagenhofer (1995a), S. 270; ders. (1997a), S. 65. Z.B. wird Produktdesignern nachgesagt, sie seien manchmal zu "verspielt" und achteten zu wenig auf die Kosten und den Nutzen ihrer Lösungen, vgl. Pfaff (1996), S. 151. Zum anderen können organisationsbedingte Interessenkonflikte auftreten (z.B. Einführung einer Profit Center-Organisation); sie sind von der Zentrale "gemacht", " ... d.h. auch wenn zwei Personen das gleiche Zielsystem haben, kommt es durch die Rolle, die sie in der Organisation spielen, zu Interessenkonflikten", Wagenhofer (1995a), S. 270; ders. (1997a), S. 65. So mag die Leitung des Profit Center versucht sein, den Bereichsgewinn zu vergrößern, ohne dabei aber negative Auswirkungen auf die anderen Bereiche und damit den Gesamtgewinn zu berücksichtigen, wenn sie für ihr Ergebnis selbst verantwortlich ist, vgl. Pfaff (1996), S. 151; Wagenhofer (1995a), S. 270; ders. (1995b), S. 124 f.

424 Beide Konzepte betonen die Eigenverantwortlichkeit und die Motivation der führenden Mitarbeiter, indem beim Profit-Center-Konzept der Unternehmensleitung nur noch die Ausstattung des Centers mit Betriebsmitteln und Finanzierungsmitteln obliegt, während im Investment-Center-Konzept auch diese Entscheidung dem Bereichsleiter zukommt. Folglich stellen in beiden Fällen Erfolgsgrößen die mit dem Verantwortungsbereich korrespondierenden Steuerungsgrößen dar; demgegenüber sind Cost Center über standardisierte Kosten, Expense Center über Ausgabenbudgets, Revenue Center über Umsätze zu steuern. In zentral organisierten Konzernen spielen Steuerungsrechnungen eine eher untergeordnete Rolle. Vgl. Schreiber (2000a), S. 1768 f., Rz. 46 f.; Frese (1990), S. 139-155; Siefke (1999), S. 27-33.

425 Neubürger (2000), S. 194. Zu erfolgsorientierten Managementvergütungen vgl. im Einzelnen Wagenhofer (1999), S. 183-205; Pape (1999), S. 165 ff.; Lorson (1997), S. 192-197; Wenger/Knoll (1999a), S. 565-591; Elschen (1991b), S. 213-220; Hüffer (1997), S. 214-245.

426 Vgl. Laux (1995), S. 75.

427 Vgl. Ballwieser (1994), S. 1383; Busse von Colbe (1995a), S. 714; Pfaff/Bärtl (1999), S. 88; Siefke (1999), S. 23; Baetge (1997), S. 109; Börsig (1993), S. 89; Pellens/Rockholtz/Stienemann (1997), S. 1936.

Investitionsanreize erhält. "Wünschenswert sind ex-post-Performancemaße, deren Anreizwirkungen zu Investitionsentscheidungen führen, die auch bei ex-ante-Anwendung der Kapitalwertmethode favorisiert werden."[428] Unternehmenssteuerung erfolgt also über die Antizipation der Kontrolle durch den Manager; ihr Nutzen liegt in der Verhaltenssteuerung im voraus, die zum Zeitpunkt der Kontrolle bereits vorgenommen wurde.[429]

Der geforderten Integration der Kapitalmarktorientierung in die Ziel- und Steuerungssysteme von Unternehmen wird durch die traditionellen jahresabschluss- und gewinnorientierten Kennzahlen nicht hinreichend entsprochen.[430] Aus herkömmlichen Maßstäben unternehmerischen Erfolgs (z.B. Jahresüberschuss lt. Handelsbilanz, Eigen- oder Gesamtkapitalrentabilität) kann nicht geschlossen werden, ob die den Anteilseignern zu gewährende risikoadäquate Mindestrendite (hurdle rate) bezogen auf den Unternehmenswert erreicht worden ist; der Jahresabschluss ist durch bilanzpolitische Maßnahmen beeinflussbar und vergangenheitsorientiert. Zudem berücksichtigen diese Kennzahlen das unterschiedliche Risiko verschiedener Investitionsalternativen sowie den Zeitwert künftiger Zahlungsströme nicht hinreichend.[431] Sie sind aber nach wie vor weit verbreitet;[432] die an zukünftige Zahlungsströme anknüpfende Vorgehensweise des Shareholder Value-Ansatzes droht in den Hintergrund zu geraten.[433]

Vielmehr ist auf wertorientierte Kennzahlen abzustellen, deren Qualität in erster Linie an drei Kriterien gemessen wird.[434] Bei der Feststellung der periodischen Wertgenerierung muss auf einperiodige, kurzfristige Performancemaße abgestellt werden; entscheidend ist hier eine hohe Korrelation der Kennzahl mit dem Unternehmenswert bzw. der Unternehmenswertände-

---

428 Pfaff/Bärtl (1999), S. 89.

429 Vgl. Wagenhofer (1999), S. 187; Bärtl (2001), S. 43.

430 Vgl. Gebhardt (1996), S. 186-191; Baetge (1997), S. 108; Volkart (1997), S. 446; Siegert (1995), S. 584; Englert/Scholich (1998), S. 684; Lorson (1999b), S. 1330.
Die Steuerungsrechnung war in der Vergangenheit i.d.R. auf eine statische Gesamtkapitalrentabilität als Spitzenkennzahl ausgerichtet, vgl. Janssen/Scheren (1999), S. 613-615. Die Ergebnisgröße im Zähler hatte kalkulatorischen Charakter, da u.a. kalkulatorische Zinsen und von Marktpreisen abweichende Verrechnungspreise zum Ansatz gelangten; die Kapitalgröße im Nenner wurde meist aus Wiederbeschaffungswerten abgeleitet. Vgl. im Einzelnen Küting (1985), S. 7 ff.

431 Vgl. Günter (1997), S. 41-50; ders. (2001), S. 184; Rappaport (1995), S. 19-46; Janssen/Scheren (1999), S. 611-616; Arbeitskreis Externe Unternehmensrechnung der Schmalenbach-Gesellschaft (1996), S. 1989-1994; Perlitz (1980), S. 371-378.

432 Vgl. Janssen/Scheren (1999), S. 625; Pellens/Tomaszewski/Weber (2000), S. 1829 f.; Küting/Lorson (1999a), S. 53.

433 Vgl. Rappaport (1999), S. 15 ff.; Copeland/Koller/Murrin (1998), S. 54 ff.; Lorson (1999b), S. 1337; Küting/Lorson (1999a), S. 53. Vgl. prägnant Dirrigl (1998), S. 575: "Es kann nicht `im Sinne des Erfinders´ sein, wenn zur Herstellung einer vermeintlichen Konvergenz im Bereich der Rechengrößen für die interne Unternehmensrechnung eine gewinnorientierte Ausrichtung von Steuerungsgrößen propagiert wird, deren Mängel gerade die Notwendigkeit zur Entwicklung einer wertorientierten Unternehmensrechnung haben entstehen lassen."

rung (Informationsfunktion der Kennzahl). Zudem muss die Kennzahl eine Steuerung von Managemententscheidungen im Sinne der Eigentümer bewirken (Steuerungsfunktion der Kennzahl). Drittens sind die Kosten der Verwendung der betreffenden Kennzahl (z.B. Ermittlung, Schulung, Durchsetzung) zu berücksichtigen.[435]

Es stellt sich die Frage nach den Anforderungen, die generell an ein effizientes Rechnungssystem der Profit Center zu stellen sind, damit es als Basis der Beurteilung der Profit Center und deren Verantwortlichen dienen kann.[436] Zentrales Kriterium ist die Anreizverträglichkeit, die zwei Ziele verfolgt: Zielkongruenz und Objektivität. Durch das Steuerungssystem sollen die Entscheidungsträger der Profit Center zur (gesamt-)unternehmenszielkonformen Nutzung ihrer Handlungsspielräume bewegt werden, was Kongruenz der Ziele des Gesamtunternehmens und der Geschäftsbereiche voraussetzt. Zielkongruenz meint, " ... daß ein höheres (niedrigeres) Erfolgsniveau des Profit Centers einen gestiegenen (gesunkenen) Beitrag zum Gesamtergebnis spiegeln muß."[437]

Die sich aus dem Principal-Agent-Verhältnis zwischen Zentrale und Geschäftsbereich ergebenden Probleme sind durch Sicherstellung der "Ehrlichkeit in der Wissensübertragung"[438] zumindest zu mildern. Hier spielt die Frage eine wichtige Rolle, " ... welche Informationsbasis am besten dazu geeignet ist, ein opportunistisches Verhalten dezentraler Entscheidungsträger zu begrenzen."[439] Der Zusammenhang zwischen Arbeitseinsatz und Engagement der Mitarbeiter und dem Beurteilungskriterium im Steuerungssystem muss erkennbar sein und als gerecht empfunden werden.[440] Erforderlich dafür ist Maßgenauigkeit, also Ermessensunabhängigkeit der Rechen- bzw. Zielgrößen (Objektivität).[441] Gleiche Sachverhalte müssen iden-

---

434 Vgl. Ewert/Wagenhofer (2000c), S. 4 u. 24; Michel (1999), S. 374.

435 Vgl. Zimmermann (1997), S. 106.

436 Im Folgenden geht es nur um die Steuerung mit Hilfe der Rechnungslegung; andere Controlling-Instrumente bleiben außer Betracht. Zum Steuerungskonzept gehören natürlich gerade auch nicht-monetäre Steuerungsgrößen, wie z.B. Qualität, Kundenzufriedenheit, Innovationsfähigkeit. Diese Größen stehen i.d.R. in einer direkten Verbindung mit den monetären Zielen und ermöglichen eine ergebniszielorientierte Steuerung des Profit Center o.ä. Vgl. z.B. Nebel/Brandl/Arnaout (1998), S. 275, 278 f. Zum Ansatz der Balanced Scorecard vgl. Kaplan/Norton (1997); Michel (1999), S. 374 f.; Horváth/Kaufmann (1998), S. 39-48; Seidenschwarz (2002), S. 207-232. Weiterhin ist es z.B. in großen Konzernen üblich, im Rechnungswesen und an anderen wichtigen Stellen Personen zu etablieren, die das Vertrauen der Konzernleitung genießen, d.h. das Controlling über Zahlen wird hier über ein Controlling via Vertrauenspersonen ergänzt. Vgl. Ordelheide (1999), S. 529.

437 Coenenberg (2000), S. 578. Vgl. auch Pfaff (1996), S. 153; Schneider (1997), S. 490.

438 Schneider (1997), S. 490.

439 Weber (1994), S. 102. Im Original z.T. kursiv.

440 Vgl. Weber (1994), S. 101 f.; Klein (1999a), S. 70 f.; ders. (1999b), S. 70; Coenenberg (2000), S. 579.

441 Vgl. Schneider (1988a), S. 1185; Hax (1989), S. 163; Laux (1995), S. 156 f.; Schellein (1998), S. 252; Coenenberg (1995), S. 2080; Küpper (1997a), S. 24; Deleker (1997), S. 632; Boemle (1997), S. 19; Bühner (2002), S. 237.

tisch abgebildet werden, veränderte Tatbestände sich in veränderten Maßgrößen zeigen. Explizite und implizite Ansatz- und Bewertungswahlrechte sind demnach möglichst zu eliminieren.

Weiterhin sollten Erfolge in zeitlicher Nähe zu der die Erfolge verursachenden Entscheidung ausgewiesen werden (zeitliche Entscheidungsverbundenheit), da ansonsten der Aufbau langfristiger Gewinnchancen vernachlässigt und eine demotivierende Wirkung befürchtet wird.[442] Allerdings werden durch die Annahme, ein früher Erfolgsausweis mit einer daran geknüpften Belohnung motiviere Entscheidungsträger zur Suche nach rentablen Investitionen oder Vertragsabschlüssen, Motivationsaspekte in den Vordergrund und Messprobleme und Objektivierungserfordernisse in den Hintergrund gestellt; hier ist also im Einzelfall zwischen dem Kriterium der zeitlichen Entscheidungsverbundenheit und der Objektivität abzuwägen.[443] Zudem sollten einem Entscheidungsträger nur jene Erfolge zugerechnet werden, die durch seine Entscheidungen verursacht worden sind (sachliche Entscheidungsverbundenheit).[444]

Darüber hinaus muss das Rechnungssystem dem Kriterium der Kommunikationsfähigkeit entsprechen,[445] das zum einen ein nachvollziehbares und möglichst einfach ausgestaltetes Rechnungssystem erfordert (Verständlichkeit). Klarheit der Datenentstehung ist u.a. Voraussetzung für die Akzeptanz der Kontrollrechnung innerhalb der Mitarbeiterschaft.[446] Zum anderen muss die Rechnung analysefähig sein, d.h. die Ursachen einer Abweichung von der Zielvorgabe erkennen lassen und die Interdependenzen zwischen den Einflussfaktoren offenlegen. Der Vergleich eines Unternehmens mit anderen Unternehmen des gleichen Konzernkreises oder mit Konkurrenten sowie der Vergleich von Ergebnissen über mögliche Betrachtungsperioden muss so möglich sein.[447] Zudem muss dem Kriterium der Wirtschaftlichkeit genügt werden.[448]

---

442 Vgl. Herter (1994), S. 162; Siefke (1999), S. 55 f.

443 Vgl. Siefke (1999), S. 56 u. 64-69. Zudem ist zu bedenken, dass eine frühe Prämiengewährung die Gefahr in sich birgt, dass die Abwicklung des Projektes vom Center-Leiter als nachrangig betrachtet wird, wenn die Steuerungsrechnung die Aktivitäten nachgelagerter Perioden ausblendet, vgl. ebd., S. 67.

444 Vgl. Siefke (1999), S. 56-60.

445 Vgl. Klein (1999a), S. 69-71; Coenenberg (1995), S. 2080 f.; Küting (1998), S. 19; Herter (1994), S. 163.

446 Vgl. Weber (1994), S. 103; ders. (1996), S. 199.

447 Vgl. Coenenberg (1995), S. 2081; Klein (1999a), S. 65 f. Die Kriterien der Relevanz und der Vergleichbarkeit bestimmen zusammen die Analysefähigkeit einer steuerungsorientierten Kontrollrechnung, vgl. Klein (1999b), S. 69.

448 Vgl. Klein (1999a), S. 71; Siefke (1999), S. 63 f.

Bei großen börsennotierten Unternehmen werden Unternehmenswertrechnungen zur Konzernsteuerung nicht in dem Maße eingesetzt, wie es die primäre Orientierung am Ziel der Unternehmenswertmaximierung erwarten ließe.[449] Die DCF-Verfahren[450] sind zwar anreizverträglich[451] und entsprechen dem Kriterium der zeitlichen Entscheidungsverbundenheit, insbesondere die Kriterien der Objektivität[452] und der Verständlichkeit sprechen aber gegen die Eignung der DCF-Verfahren als Steuerungsrechnung.[453] Die Kapitalanbieter verlangen offenbar verständliche, nachvollziehbare und zeitnahe Informationen, um prüfen zu können, ob sich ein Unternehmen auf "Shareholder Value Kurs" befindet.[454] Diese Eigenschaften erfüllen " ... noch so subtile und betriebswirtschaftlich feinsinnige interne Instrumente"[455] wie etwa die DCF-Verfahren eher nicht. Für Siemens führt *Baumann* z.B. aus:

> "Wir haben mit Discounted Cash-Flow experimentiert – mit wenig Erfolg. Das ist zu abstrakt, zu wenig kontrollierbar, zu weit entfernt von aktueller Berichterstattung und Jahresabschluß."[456]

Im Zuge der Implementierung des wertorientierten Management gehen viele Unternehmen auf IAS oder US-GAAP über. Internationale Rechnungslegungsstandards gelten als Baustein einer kapitalmarktorientierten Unternehmensführung und als "Chance zur Annäherung von

---

449 Vgl. Pellens/Rockholtz/Stienemann (1997), S. 1933 f. u. 1937; Pellens/Tomaszewski/Weber (2000), S. 1825 f. u. 1829 f.; Coopers & Lybrand (1997), S. 9.

450 Zu den DCF-Verfahren vgl. Ballwieser (1993b), S. 164-166; Coenenberg/Schultze (1998), S. 269-299; Hachmeister (1996), S. 251-277; Hoffmann/Wüest (1998), S. 187-195; Kußmaul (1999b), S. 332-347; Küting/Lorson (1997b), S. 4-13; Pfaff/Bärtl (1999), S. 89-91; Schmidbauer (1999), S. 365-367; Schmidt, J. G. (1995), S. 1088-1118; Sieben (1995), S. 713-737; Steiner/Wallmeier (1999), S. 1-10.
Auf den Cash flow Return on Investment (CfROI) wird hier nicht eingegangen; vgl. hierzu Lewis (1994), S. 40 ff.; Hachmeister (1997), S. 556-579; Lorson (1999a), S. 48-52; Schmidbauer (1999), S. 369-371; Kußmaul (1999a), S. 386-389; Beck/Lingnau (2000), S. 7-14.

451 Allerdings besteht diesbezüglich das Problem, den Beitrag des Geschäftsbereichs zum Unternehmenswert ermitteln zu müssen, was theoretisch nicht exakt möglich ist, vgl. Siefke (1999), S. 77 f.

452 Die Zentrale könnte zwar den Planungszeitraum, den Diskontierungszinsfuß, die Bestimmung des nichtbetriebsnotwendigen Vermögens und des Marktwertes des Fremdkapitals vorgeben, nicht "normierbar" bleiben aber die Cash-Flow-Prognosen, da sie auf Schätzungen der Geschäftsbereichsleiter beruhen, vgl. Siefke (1999), S. 80. Letztere könnten ihre Informationsvorsprünge gegenüber der Zentrale ausnutzen, vgl. Hax (1989), S. 164. Selbst wenn dies nicht der Fall ist, verbleibt die Anfälligkeit gegenüber Fehleinschätzungen. Um die Anreize zu überhöhten Schätzungen zu verringern, schlägt Kah vor, die Prämienzahlungen an den Geschäftsbereichsleiter zwar an den Kapitalwert zu koppeln, die Prämien aber nicht sofort auszubezahlen, sondern sie in eine Annuität umzurechnen. Basierend auf einer rollierenden Investitionsplanung, durch die die geplante mit der tatsächlichen Entwicklung verglichen wird, erhält der Manager Zu- oder Abschläge zu seiner Annuität, vgl. im Einzelnen Kah (1994), S. 137-167. Allerdings führt dieser Vorschlag zu einem Verlust an zeitlicher Entscheidungsverbundenheit, vgl. Siefke (1999), S. 83.

453 Zu weiteren möglichen Gründen vgl. im Überblick Baetge/Siefke (1999), S. 698 f.; Ballwieser (2000a), S. 162 f.; Lorson (1999a), S. 64 f.; Wagenhofer (1999), S. 191-194.

454 Vgl. Bruns (1999b), S. 586; Lorson (1999a), S. 63.

455 Bruns (1999b), S. 586.

456 Baumann, zitiert nach Dillebrand/Jahn (1997), S. 46. Ähnlich Seeberg (1999), S. 270; Neubürger (2000), S. 190. Für RWE vgl. Börsig (2000), S. 168.

externem und internem Rechnungswesen"[457]. Um dies überprüfen zu können, soll im folgenden Gliederungspunkt 3.2.2. zunächst erörtert werden, inwieweit die externe Rechnungslegung den aufgezeigten Anforderungen an Steuerungsrechnungen überhaupt entsprechen kann, d.h. es ist darzulegen, inwieweit eine Konvergenz von interner und externer Rechnungslegung zweckgerecht ist (3.2.2.1.). Sodann ist aufzuzeigen, wie die behauptete Förderung der Konvergenz durch internationale Rechnungslegungsstandards begründet wird (3.2.2.2.). Inwieweit die Periodisierungsregeln nach US-GAAP diesem Anspruch genügen können, wird in Gliederungspunkt 3.2.2.3. untersucht. Im Gliederungspunkt 3.2.3. wird zu prüfen sein, inwieweit internationale Rechnungslegungsstandards Vorteile gegenüber den traditionellen GoB bezüglich der wertorientierter Unternehmenssteuerung aufweisen. Der Gliederungspunkt 3.2. schließt mit einem Fazit (3.2.4.).

3.2.2. Externe Rechnungslegung als Steuerungsrechnung

3.2.2.1. Konvergenz interner und externer Rechnungslegung

Traditionell wurde in der Vergangenheit die Steuerung von Geschäftsbereichen über die Periodenerfolgsermittlung der Kostenrechnung vorgenommen.[458] Die Kostenrechnung gilt als das Kerninstrument des Controlling; ihr kommen zwei Funktionen zu, die Entscheidungs- und die Verhaltenssteuerungsfunktion.[459] Beide Funktionen führen zu einer Verbesserung des Informationsstandes eines Entscheidungsträgers; während bei der Entscheidungsfunktion der Informationsersteller und der -nutzer als identische Person unterstellt wird bzw. im Mehrpersonenkontext symmetrisch verteilte Informationen oder keine Interessenkonflikte angenommen werden, geht die Verhaltenssteuerungsfunktion bezüglich des Erstellers und des Nutzers der Informationen von unterschiedlichen Personen mit unterschiedlichen Interessen bei asymmetrischer Informationsverteilung aus.[460]

---

457 Menn (2000), S. 195.

458 Vgl. Küting (1985), S. 1-30; Küting/Lorson (1997a), S. 9-11; dies. (1998a), S. 2251-2254; Pfaff/Weber (1997), S. 466-468.

459 Vgl. Ewert/Wagenhofer (2000b), S. 6; Wagenhofer (1997a), S. 62-66; Pfaff (1995c), S. 439-441; Schildbach (1995b), S. 7 f.; Küpper (1995a), S. 31; Bärtl (2001), S. 127-130.
Zum Überblick über weitere Systematisierungen der Zwecke bzw. Funktionen der Kostenrechnung vgl. Coenenberg (1976), S. 1-7; Schweitzer/Küpper (1998), S. 38-49; Weber (1994), S. 99-104.

460 Die Entscheidungsfunktion wird daher auch mit "Unterstützung bzw. Beeinflussung eigener Entscheidungen" (decision-facilitating, decision making) umschrieben, während bezüglich der Verhaltenssteuerungsfunktion von der "Unterstützung bzw. Beeinflussung fremder Entscheidungen" (decision-influencing, stewardship) die Rede ist. Vgl. Demski/Feltham (1976), S. 8 f.; Gjesdal (1981); Ewert/Wagenhofer (2000b),

Die Steuerungsfunktion der Kostenrechnung erlangt folglich dann Relevanz, sofern neben der Interessendivergenz eine asymmetrische Informationsverteilung simultan auftritt, da nun die Zentrale nicht mehr sämtliche Entscheidungen selbst treffen und durchsetzen kann.[461] Der Zweck der Verhaltenssteuerung interner Rechnungen ist im Zuge der wirtschaftlichen Entwicklungen der vergangenen Jahre zunehmend betont worden.[462] Damit verbunden ist ein gewisser Bedeutungsverlust der Entscheidungsfunktion der Kostenrechnung.[463]

Unternehmen gehen zunehmend dazu über, die Steuerung von Geschäftsbereichen auf den Periodenerfolgen des externen Rechnungswesens statt jenen in der Kostenrechnung basieren zu lassen.[464] Bis auf die Periodenerfolgsermittlung bleibt die Struktur der Kostenrechnung aber weitgehend erhalten.[465] Für diese Entwicklung spielen folgende Überlegungen eine Rolle.

Pfaff und *Bärtl* leiten auf Basis eines Marktbewertungsmodells notwendige Bedingungen ab, unter denen die Ausgestaltung des externen und die des internen Rechnungswesens voneinan-

---

S. 6 u. 8; Wagenhofer (1995a), S. 269 f. Zu den Problemen der Entscheidungsorientierung der Kostenrechnung im Überblick vgl. Weber (1994), S. 100 f.

461 Vgl. Pfaff (1996), S. 152; Ewert/Wagenhofer (2000b), S. 8; Wagenhofer (1995a), S. 270; Schreiber (2000a), S. 1744 f., Rz. 4 f.; Küpper (1997b), S. 45. Zu Praxisbeispielen der Verhaltenssteuerung (Gemeinkostenschlüsselungen, Verrechnungspreise, Budgetierung u.a.) vgl. Pfaff (1996), S. 152 f.; Wagenhofer (1997a), S. 71-73.

462 Vgl. Weber (1996), S. 199; Pfaff/Weber (1998), S. 160 f.; Küpper (1998a), S. 154; Pfaff (1995b), S. 646. Der Verhaltensbezug der Kostenrechnung ist aber alles andere als neu. Schneider sieht sogar den Ursprung der Rechnungslegung darin, Rechnungswesendaten auf die Beeinflussung von Menschen auszurichten, vgl. Schneider (1992c), S. 4. Vgl. auch Weber (1994), S. 99 f.

463 Vgl. Weber (1996), S. 199; im Einzelnen vgl. Pfaff/Weber (1998), S. 151-165; dies. (1997), S. 459-472.

464 Im Jahre 1992 ist das Rechnungswesen bei Siemens einschneidend verändert worden. Das in der externen Rechnungslegung angewandte Umsatzkostenverfahren wird seitdem als Ersatz für die bis dahin durchgeführte interne dreistufige Ergebnisrechnung (Wirtschaftsrechnung) auch für das interne Rechnungswesen als Informations- und Steuerungsinstrument herangezogen, worin Schildbach "[n]icht nur Grundüberzeugungen, sondern die Fundamente der Kostenrechnung in Deutschland als solche .. in Frage gestellt" sieht, Schildbach (1995b), S. 10. Mit Ausnahme der kalkulatorischen Zinsen gibt es keine Unterscheidung zwischen Aufwendungen und Kosten mehr. Vgl. im Einzelnen Ziegler (1994), S. 175-188; Seeberg (1995), S. 641 f.; Seeliger/Kaatz (1998), S. 130-132; Sill (1995a), S. 13-31; ders. (1995b), S. 173-189; Pfaff (1994a), S. 1065-1084; Lorson (1996), S. 2506 f.; Neubürger (2000), S. 191-193.
Zur Entwicklung im Daimler-Benz-Konzern bzw. bei DaimlerChrysler vgl. Siener (1998), S. 27-30; Kauffmann (1997), S. 36-42; Bruns (1999b), S. 600 f.; ders. (1998b), S. 67-89; Gentz (1998), S. 374-377; Nebel/Brandl/Arnaout (1998), S. 275-278.
Zu vergleichbaren Entwicklungen bei der Bayer AG und der Thyssen AG vgl. Menn (1995), S. 217 ff.; Lorson (1996), S. 2507 f.; Stein (1993), S. 11 ff. Zum Volkswagen-Konzern vgl. Melching (1997), S. 246-252. Zur Deutschen Lufthansa AG vgl. Kley (2001), S. 2260 f.; ders. (2000), S. 289-295.

465 Vgl. Baetge/Siefke (1999), S. 677; Bruns (1999b), S. 594-596; Coenenberg (1995), S. 2079 f.; Klein (1999b), S. 68 f.; Küpper (1995b), S. 644; Küting (1998), S. 15; Küting/Lorson (1998c), S. 489 f. und die Übersicht auf S. 493; Pfaff (1994a), S. 1070-1076; Wagenhofer (2001), S. 10 f.; Ballwieser (2002d), S. 76. Z.B. sind Erfolge von Produktarten aus dem Jahresabschluss nicht ersichtlich; das öffentliche Preisrecht fordert die Existenz einer Kostenrechnung; zur Bestimmung deckungsbeitragsmaximierender Programm-, Verfahrenswahl-, Make-or-Buy-Entscheidungen u.a. ist eine Kostenrechnung notwendig, vgl. Küting/Lorson (1998c), S. 487 u. 490; Küting (2000b), S. 455.

der abhängen können.[466] Auf Basis dieser Bedingungen lässt sich zur Erklärung der Konvergenz interner und externer Rechnungslegung folgende Hypothese ableiten: Kapitalmarktpreis und "innerer" Wert eines Unternehmens können auseinanderfallen; da die Unternehmensleitung zunehmend am Kapitalmarktpreis beurteilt wird und das externe Rechnungswesen eine wichtige Informationsquelle für Investoren ist, versucht die Unternehmensleitung, Geschäftsbereiche u.ä. auf der Grundlage des externen Rechnungswesens zu führen. Folglich bindet die Unternehmensleitung untergeordnete Führungsebenen an jene Größen, an denen sie selbst über die Kapitalmarktbewertung beurteilt wird.[467]

Die Konvergenz lässt sich auch aus den aufgezeigten Anforderungen an Steuerungsrechnungen heraus begründen. Aus den Kriterien der Wirtschaftlichkeit und der Kommunikationsfähigkeit folgt, die interne Steuerungsrechnung soweit wie möglich an das externe Rechnungswesen anzupassen, das rechtlich vorgeschrieben ist, soweit die Zwecksetzungen kompatibel sind.[468] Dezentrale Einheiten sind i.d.R. nicht nur organisatorisch, sondern auch rechtlich selbstständig, so dass es naheliegt, die ohnehin vorliegenden Informationen des externen Rechnungswesens für die Konzernsteuerung zu verwenden. Jede Abweichung verursacht Aufwand, der durch einen entsprechenden zusätzlichen Nutzen gerechtfertigt sein muss. Bei Vorliegen zweier Ergebniswelten kommt es zu schulungs- und organisationsbedingtem Mehraufwand.[469]

Das Kriterium der Kommunikationsfähigkeit verlangt die Konvergenz, da sich bisher der Unternehmensleitung gegenüber unternehmensexternen Adressaten das Problem stellte, " ... daß die internen Ergebnisse nicht ohne weiteres mit dem von ihr nach außen zu vertretenden handelsrechtlichen Ergebnis kompatibel sind."[470] Die Konvergenz hat für Externe den Vorteil, dass eine Herleitung der Steuerungsgrößen anhand des Geschäftsberichts möglich ist. Man erhofft, dass Aktionäre die einheitliche Verwendung eines Erfolgsmaßstabes für interne und externe Zwecke honorieren, da dadurch die Beurteilung von Unternehmen transparenter wird.

466 Vgl. Bärtl (2001), S. 162-176; Pfaff/Bärtl (1998), S. 764 f.
467 Vgl. Bärtl (2001), S. 223 f.
468 Vgl. Klein (1999b), S. 68; Schneider (1988a), S. 1186; Küting/Lorson (1997a), S. 12 f.
469 Vgl. Siener (1998), S. 28; Küpper (1995a), S. 46; Klein (1999a), S. 71; Seeliger/Kaatz (1998), S. 125. Vgl. auch die Umfrage von Horvath/Arnaout unter den 200 umsatzgrößten Unternehmen Deutschlands; hier wurden als Chancen einer Vereinheitlichung von internem und externem Rechnungswesen im wesentlichen angegeben, konzernweit mit einheitlichen Kennzahlen operieren zu können, die Vereinfachung des Controlling, die Eindeutigkeit (internationale Verständlichkeit) des Rechnungswesens und die Möglichkeit zu Kosteneinsparungen, die Verbesserung der internationalen Steuerung und die Objektivierung. Vgl. Horvath/Arnaout (1997), S. 262 f.

D.h. der Kapitalmarkt soll die Risikostruktur des Unternehmens besser einschätzen können, woraus sich niedrigere Kapitalkosten ergeben mögen.[471]

Demnach ist die Konvergenz von internem und externem Rechnungswesen möglich und sinnvoll, sofern von einer übereinstimmenden Zielsetzung, nämlich der Vermittlung entscheidungsrelevanter Informationen, ausgegangen werden kann.[472] "Informationen, die sich für das Management als `decision useful´ erweisen, sind zweifelsfrei auch für externe Adressaten entscheidungsrelevant, sofern eine adressatenfreundliche Datenreduktion vorgenommen wird."[473] Insbesondere Geheimhaltungsgründe und drohende Wettbewerbseinbußen erlauben den Externen zwar keinen identischen Einblick in die Unternehmensabläufe, das Business des Unternehmens aus der Sicht der Unternehmensführung soll nach außen aber transparent gemacht werden.[474] Es dürfte den Kapitalmärkten "nur schwer zu vermitteln sein, dass die operativen Einheiten des Unternehmens nach konzeptionell anderen Ergebniszielen geführt werden, als jenen, für die das Management des Gesamtunternehmens den Aktionären verantwortlich ist."[475]

Unternehmensintern kam es bei Verwendung zweier Rechenwerke, wenn unterschiedliche Ergebnisentwicklungen aus den Rechnungen angezeigt wurden, zu der Situation, " ... daß in Abhängigkeit vom Standpunkt des Betrachters die gewünschte Argumentation mit Zahlen untermauert werden konnte."[476] Die Zahl der verwendeten Begriffe nimmt ab.[477] Die zwar in Deutschland, aber nicht international übliche Trennung in eine Kosten- u. Leistungsrechnung und eine Abgrenzungsrechnung verursacht Probleme, aufgrund derer sich nichtdeutsche Mitarbeiter schwertäten, das deutsche Rechnungswesen zu verstehen und zu akzeptieren.[478]

Auch dem Kriterium der Objektivität wird im Wege der Konvergenz stärker entsprochen. Die Daten des externen Rechnungswesens weisen einen höheren Grad an Zuverlässigkeit auf als

---

470 Küpper (1998a), S. 145; vgl. auch Siener (1998), S. 27 f.; Männel (1999a), S. 14; Kauffmann (1997), S. 36; Hahn/Nicklas (1999), S. 70; Sill (1995a), S. 17.

471 Vgl. Menn (1999), S. 646; Baetge/Siefke (1999), S. 697.

472 Vgl. Böcking (1999), S. 514 f.; Böcking/Benecke (1998), S. 94 f.

473 Böcking (1999), S. 515. Vgl. auch Bruns (1998b), S. 74: "Die wohl wichtigste Voraussetzung für den Dialog mit der Investment Community ist die grundsätzliche Übereinstimmung von extern zu veröffentlichenden finanzwirtschaftlichen Informationen und intern zur Verfügung stehenden Informationen."

474 Vgl. Böcking/Benecke (1998), S. 95; kritisch Moxter (1999b), S. 499.

475 Ordelheide/Stubenrath (2000), S. 397. Vgl. auch Kley (2001), S. 2261; Wenning (2001), S. 28.

476 Siener (1998), S. 28; Havermann (1997), S. 526.

477 Vgl. Küpper (1995a), S. 46 f. So besteht für das Begriffspaar Einnahmen und Ausgaben keine Notwendigkeit und sollte deshalb vermieden oder synonym zu Ein- und Auszahlungen verwandt werden. Vgl. Schneider (1997), S. 58; Küpper (1998a), S. 156.

kalkulatorische Werte, " ... weil sie explizit von Zahlungsgrößen ausgehen und das Handels- sowie Steuerrecht ihnen eine Vielzahl von Ermittlungsregeln vorgibt. Zudem unterliegen sie einer stärkeren Überprüfung durch die interne Revision und die Wirtschafts- sowie Betriebsprüfer als die Kostenrechnung."[479] Durch diese Objektivierung der Datenbasis wird dem Kriterium der Anreizverträglichkeit entsprochen, die interne Akzeptanz der Steuerungsrechnung erhöht.

Die Manipulationsspielräume der internen Rechnung sind bei Zugrundelegung pagatorischer Größen geringer als im Falle kalkulatorischer Rechengrößen;[480] dezentralen Stellen stehen Ermessensspielräume bei der Datenermittlung in der derzeitigen Kostenrechnung u.a. bei der Festlegung der kalkulatorischen Kosten und der Wiederbeschaffungswerte, der Verteilung von Gemein- und Fixkosten, der Festlegung von Wiederbeschaffungswerten und der Bestimmung von Plankosten offen.[481] Demgegenüber lassen sich realisierte Zahlungen " ... im Unterschied zu einem nicht geringen Teil der Kosten eindeutig messen, Prognosen künftiger Ein- und Auszahlungen besser überprüfen. Mit ihnen ist ein Höchstmaß an begrifflicher Klarheit erreichbar."[482] Kalkulatorische Kosten sind für Cash Flow-Kalküle irrelevant.

Darüber hinaus stellen Opportunitätskosten keine Kosten, sondern entgangene Gewinne dar, so dass sie für Aufgaben der Gewinnermittlung untauglich sind; *Schneider* lehnt demgemäß eine Trennung von Aufwand und Kosten ab.[483] Weiterhin setzt der richtige Ansatz von Opportunitätskosten letztlich die Kenntnis der optimalen Lösung voraus, nur wird er dann nicht mehr benötigt (Dilemma des wertmäßigen Kostenbegriffs).[484]

---

478 Vgl. Haller (1997b), S. 125; Küting/Lorson (1997a), S. 8; Lorson (1997), S. 174.

479 Küpper (1998a), S. 156; vgl. auch Küting/Lorson (1998a), S. 2306; Deleker (1997), S. 636; Bruns (1999b), S. 586; Sill (1995a), S. 25; Dörsig (2000), S. 168, Pfaff (1994b), S. 666, Menn (2000), S. 212; Neubürger (2002), S. 175.

480 Riebel spricht von der dem wertmäßigen Kostenbegriff innewohnenden "Narrenfreiheit der Bewertung" (Riebel (1994), S. 410), weshalb er in seinem System der Einzelkosten-Deckungsbeitragsrechnung ausschließlich pagatorische Größen verwendet, vgl. Riebel (1994), S. 409-429.
Durch den wertmäßigen Kostenbegriff ist es möglich, in Abhängigkeit von jeweils verfolgten Informationszwecken individuelle Wert- und Nutzenvorstellungen des Bewertenden zu berücksichtigen, vgl. Adam (1970), S. 30. Das Rechnen mit kalkulatorischen Zusatz- und Anderskosten geht vor allem auf das öffentliche Preisrecht zurück, vgl. hierzu Ebisch/Gottschalk (1994), S. 431 ff. Grundsätzlich zu den Ursachen der Divergenz zwischen internem und externem Rechnungswesen vgl. Männel (1999a), S. 14 f.; ders. (1999b), S. 11-13; ders. (1997), S. 9-11; Hax (2002), Sp. 760 f.

481 Vgl. Küpper (1998a), S. 145-148; ders. (1995a), S. 24-28; Stahl, H.-W. (1999), S. 34.

482 Küpper (1998a), S. 155, im Original z.T. kursiv; vgl. auch ders. (1999b), S. 9; ders. (1990), S. 255.

483 Vgl. Schneider (1984b), S. 2528; Männel (1999a), S. 17-19; ders. (1999b), S. 14.

484 Vgl. Schildbach (1995b), S. 4; Schneider (1998), S. 1474; Hummel/Männel (1986), S. 72; Männel (1999b), S. 13; Hax (2001), S. 99 f. Dem wird aber entgegengehalten, " ... daß es in der Praxis weniger um die Ermittlung exakter Opportunitätskosten als vielmehr um Approximationen derselben geht", Pfaff (1994a), S. 1073.

Als Nachteil der Konvergenz wird angeführt, dass die im Buchwert ausgewiesene Kapitalbindung zumeist als zu gering angesehen wird, da die Buchwerte auf (fortgeführten) Anschaffungs- und Herstellungskosten basieren.[485] Gegen die Aufgabe des wertmäßigen Kostenbegriffs mögen weiterhin im Einzelfall die in einem Unternehmen in der Regel vielfältigen Verbundbeziehungen (Ressourcen-, Erfolgs-, Risiko- und Bewertungsverbunde)[486] sprechen; sie lassen für Steuerungszwecke eine Abweichung von den Daten des externen Rechnungswesens sinnvoll erscheinen.[487] Somit ergibt sich im Falle der Konvergenz ein Trade-Off zwischen Kostenersparnissen und den Nutzeneinbußen aufgrund fehlerhafter Koordination.[488] Generell gilt es aber zu überprüfen, inwiefern die Betriebsergebnisrechnung " ... einen die Informationskosten wenigstens kompensierenden zusätzlichen Informationsnutzen gegenüber der bilanziellen Abbildung des Unternehmungserfolgs liefert, d.h. welchen Mehrwert eine eigenständige kalkulatorische Periodenerfolgsrechnung mit sich bringt ... "[489]. Soll im Einzelfall nicht auf kalkulatorische Rechengrößen verzichtet werden, könnten die Unterschiedsbeträge zwischen pagatorischen und kalkulatorischen Größen in Überleitungsrechnungen erfasst werden, die einen rechnerischen Ausgleich zwischen den Rechensystemen bewirken.[490]

Als Steuerungsinstrument kommt die HB II grundsätzlich in Frage.[491] Die HB I ist als Steuerungsrechnung nicht geeignet, weil unterschiedlich ausgeübte Wahlrechte in den Einzelabschlüssen eines Rechtskreises und womöglich gänzlich unterschiedliche Bilanzierungsvorschriften einzelner Länder einen sinnvollen Vergleich zwischen Geschäftsbereichen erschweren oder gar unmöglich machen.[492]

---

485 Vgl. Burger/Buchhart (2001b), S. 550.

486 Vgl. Laux/Liermann (1997), S. 195-198.

487 Vgl. Pfaff (1994a), S. 1079 f.; ders. (1995b), S. 641. Als Beispiel führt Pfaff die Investitionsbudgetierung an, bei der es vorteilhaft sein kann, " ... die um knappe Mittel konkurrierenden Verantwortungsbereiche nicht mit den (pagatorischen) Kapitalkosten des externen Rechnungswesens zu belasten, sondern einen höheren Zins in Rechnung zu stellen, der die Opportunitätskosten der Zentrale widerspiegelt oder aber Ressourcenpräferenzen der Bereichsverantwortlichen ausgleicht", Pfaff (1995b), S. 641. In ähnlicher Weise kann es zur Lösung der Gemeinkostenproblematik im Unternehmen notwendig sein, auf Verantwortungsbereiche oder andere Bezugsobjekte mehr oder weniger als die volle Höhe der tatsächlich angefallenen Gemeinkosten (-aufwendungen) zuzurechnen, was sich in der Praxis etwa in der Verrechnung kalkulatorischer Abschreibungen zeigt, vgl. Pfaff (1994b), S. 668; ders. (1995a), S. 128. Pfaff fasst zusammen: "Durch das Abstellen auf pagatorische Größen beraubt man sich der Möglichkeit, flexibel, d.h. mit anderen Wertansätzen als Aufwendungen, auf Koordinationsprobleme im Unternehmen zu reagieren", Pfaff (1994a), S. 1080.

488 Vgl. Pfaff (1994b), S. 668; ders. (1995c), S. 442-451.

489 Hahn/Nicklas (1999), S. 70; vgl. auch Wagenhofer (1993b), S. 163.

490 Vgl. Burger/Buchhart (2001b), S. 549.

491 Vgl. Schellein (1998), S. 251; Coenenberg (1995), S. 2081; Deleker (1997), S. 635.

492 Vgl. Müller, E. (1980), S. 34; Küting/Lorson (1998a), S. 2306; dies. (1999a), S. 51; Schneider (1988a), S. 1185. Nach Schneider kommt auch " ... ein betriebswirtschaftlich konsistent für den Zweck der Einkommensmessung aufgebauter Jahresabschluß ..." als Steuerungsinstrument nicht in Betracht, " ... weil die

3.2.2.2. Förderung der Konvergenz durch internationale Rechnungslegungsstandards?

Die Konvergenz interner und externer Rechnungslegung setzt, wie gesehen, die Zweckidentität voraus. Vor diesem Hintergrund gilt die Anwendung der IAS oder US-GAAP in der Konzernrechnungslegung " ... als zentrale Voraussetzung bzw. inhaltliche Rahmenbedingung für eine stärkere Verzahnung von externem und internem Rechnungswesen in deutschen Unternehmen."[493] Zwar wird bereits seit den 70er Jahren über eine Zusammenführung von internem und externem Rechnungswesen diskutiert, aber erst die Anwendung internationaler Rechnungslegungsstandards im Konzernabschluss lasse " ... es grundsätzlich ... als sinnvoll erscheinen, über eine konsequente Zusammenführung beider Rechnungswesenbereiche in einem Unternehmen nachzudenken ... ".[494] Durch den Übergang auf US-GAAP oder IAS würden deutsche Unternehmen " ... die Voraussetzungen für eine Homogenisierung ihres gesamten Rechnungswesens schaffen und damit ihr gesamtes Konzern-Controlling effektiver und effizienter gestalten können."[495] In der Tat kommt eine empirische Untersuchung unter den DAX 100-Unternehmen zu dem Ergebnis, dass eine Vereinheitlichung von internem und externem Rechnungswesen i.d.R. von der Anwendung internationaler Rechnungslegungsstandards begleitet wird.[496]

Diese Ansicht wird mit den Zielsetzungen des US-amerikanischen externen Rechungswesens, nämlich nützliche Informationen für ökonomische Entscheidungen der am Unternehmen Interessierten bereitzustellen (decision usefulness) sowie als Kontrollinstrument der Eigentümer in bezug auf das Verhalten der Manager zu dienen (stewardship function), begründet.[497] Denn die mit diesen Zielen verbundenen Basisgrundsätze des externen Rechnungswesens stünden im Einklang mit den aufgezeigten Anforderungen an Steuerungsrechnungen, wie die Kriterien der Vergleichbarkeit (comparability), der understandability und der Wirtschaftlichkeit (cost benefit consideration). Das Kriterium der Anreizverträglichkeit ist zwar nicht explizit

---

Bemessung gewinnabhangiger Ausgaben nicht der vorrangige Zweck einer internen Erfolgsermittlung als Koordinationshilfe bei Dezentralisation ist", Schneider (1997), S. 490 (beide Zitate).

493 Haller (1997a), S. 271. Im Original z.T. Kursiv- oder Fettdruck. Gl.A. Siener (1998), S. 29; Küting/Lorson (1998c), S. 491; dies. (1998a), S. 2303; Esser (2000), S. 186; Bormann/Odenthal (1997), S. 364; Bruns (1999b), S. 601; Burger/Buchhart (2001b), S. 552; Kümpel (2002b), S. 343 f.

494 Haller (1997a), S. 271; Siener (1998), S. 29; Horváth/Arnaout (1997), S. 267; Lorson (1997), S. 175; Hahn (1999), S. 80; Busse von Colbe (1998), S. 148; Menn (1996), S. 127.

495 Haller (1997a), S. 271. Vgl. auch Horváth/Arnaout (1997), S. 268.

496 Vgl. Pellens/Tomaszewski/Weber (2000), S. 1830 f.

497 Vgl. Küting/Lorson (1998b), S. 472; Küting (1998), S. 13; Bischof (1998), S. 9; Haller (1997a), S. 272; Bruns (1999b), S. 589; Hahn/Nicklas (1999), S. 71; Menn (2000), S. 205.
Nach Hahn verfolgen die US-GAAP " ... eine betriebswirtschaftliche Zielsetzung, die sich mit den Zielen der internen Ergebnisrechnung weitgehend deckt", Hahn (1999), S. 82.

im Conceptual Framework als Basisgrundsatz aufgeführt, es lasse sich aber implizit aus der Zielsetzung der externen Rechnungslegung sowie aus den Anforderungen der Entscheidungsrelevanz (relevance) und der Verlässlichkeit und Glaubwürdigkeit (reliability), vor allem aus der hiermit verbundenen Neutralität der Darstellung (neutrality) ableiten.[498] Beiden Rechnungswesenbereichen kommt die Aufgabe der Informationsvermittlung und Entscheidungsunterstützung gleichermaßen zu.

In der Tat besteht in den USA eine "systemimmanente Konvergenzneigung"[499]. Dort existiert zwar wie in Deutschland eine Trennungslinie zwischen Financial Accounting und Management Accounting, die aus den unterschiedlichen Aufgaben und Rechnungszwecken resultiert.[500] Jedoch besteht insofern ein konvergentes Verhältnis zwischen internem und externem Rechnungswesen, als keine zwei vollständig voneinander getrennten Erfolgsrechnungssysteme vorliegen. In den USA werden für die Konvergenz neben den Basisgrundsätzen insbesondere der grundsätzliche Verzicht auf den Einbezug kalkulatorischer Kosten angeführt; kalkulatorische Kosten spielen im Steuerungsinstrumentarium amerikanischer Unternehmen keine Rolle.[501] In bestimmten Entscheidungssituationen werden zwar Opportunitätskosten berücksichtigt; eine durchgängige Verwendung wertmäßiger Kosten in Periodenerfolgsrechnungen ist aber unüblich.[502]

Die weitgehende Übereinstimmung zwischen den Anforderungen an interne Steuerungsrechnungen und den Basisgrundsätzen der US-amerikanischen Rechnungslegung verdeutliche, " ... wieso in den USA eine konsequente Trennung zwischen interner und externer Erfolgser-

---

498 Vgl. Haller (1997a), S. 272; ders. (1997b), S. 118.

499 Bruns (1999b), S. 591.
Der Jenkins-Report des AICPA fordert eine Verstärkung dieser Konvergenz, wie sie inzwischen z.B. im neuen Standard zur Segmentberichterstattung zum Ausdruck kommt, vgl. Gliederungspunkt 3.1.2.3. Denn der Informationsbedarf der Anleger und Kreditgeber erstrecke sich z.B. auch auf disaggregierte Daten, mit denen die spezifischen Chancen und Risiken der unterschiedlichen Geschäftsfelder eines Konzerns beurteilt werden können oder etwa auf Informationen, die die Wettbewerbsposition eines Unternehmens im Vergleich zu den Konkurrenten erkennen lassen, beides Informationen, die bisher dem internen Rechnungswesen zugeordnet wurden. Vgl. AICPA (1994), S. 20 ff.; Berndlmaier/Klein (1997), S. 1090 f.; Haller (1997a), S. 275; ders. (1997b), S. 123.

500 Vgl. Bruns (1999b), S. 590. Das Management Accounting übernimmt also typische Aufgaben der traditionellen Kostenrechnung in Deutschland. Vgl. hierzu etwa Holzer/Norreklit (1991), S. 699-706; Demski (2002), Sp. 1231-1243.

501 Vgl. Bruns (1998b), S. 79; Baumann (1986), S. 431.

502 Vgl. Bierman/Dyckman/Hilton (1990), S. 44 f. Z.B. wird bei der Ermittlung von optimalen Produktionsprogrammen mit nicht pagatorischen Kosten, vor allem Opportunitätskosten gerechnet, vgl. Horngren/Foster/Datar (1994), S. 397 f., 833, 838 f. Sie gehen aber trotz ihrer Entscheidungsrelevanz nicht in die interne Erfolgsrechnung ein, weil sie durch die mangelnde Objektivität bei ihrer Ermittlung dem Grundsatz der relevance nicht genügen. Vgl. Haller (1997b), S. 119.

mittlung, wie in Deutschland traditionell üblich, gar nicht entstehen konnte."[503] Diese Deckungsgleichheit impliziere nämlich, " ... daß die Informationen, respektive Erfolgsgrößen, die zur internen Kontrolle, Planung und Steuerung eines Unternehmens und damit zur momentanen und prospektiven Abbildung der unternehmerischen Situation als nützlich und relevant erkannt werden, in aggregierter Form auch für die externe Unternehmensbeurteilung und mit dem Unternehmen verbundene Entscheidungsfindungen von Nutzen sind."[504] Demzufolge hat sich in den USA das externe an das interne Rechnungswesen angepasst, nicht umgekehrt.[505]

3.2.2.3. Ermittlung des Periodenerfolges nach US-GAAP

Um die behauptete Förderung der Konvergenz zwischen internem und externem Rechnungswesen über internationale Rechnungslegungsstandards näher zu prüfen, wird im Folgenden untersucht, ob aus den angeführten Anforderungen an Steuerungsrechnungen bestimmte Periodisierungs- und Bilanzierungsregeln folgen, mit denen die US-GAAP und IAS eventuell stärker im Einklang stehen als die Regeln des HGB. Als Basis dieser Beurteilung wird im Folgenden der institutionenökonomische Ansatz von *Schneider*[506] herangezogen.

Zentraler Zweck der Steuerungsrechnung ist bei *Schneider* die oben beschriebene Anreizverträglichkeit. Ein gegenüber einem anderen Geschäftsbereich oder gegenüber einer Vorperiode höherer Gewinn soll " ... ausdrücken, daß dahinter eine größere Anreizverträglichkeit im Sinne gestiegener Bemühungen der dezentral Verantwortlichen steht, die finanziellen Ziele der Unternehmungsleitung zu erreichen."[507] Im Falle einer Konvergenz interner und externer Periodenerfolgsrechnung besteht aber " ... die Gefahr, daß die dem externen Rechnungswesen immanente Erfolgsverschleierung innerhalb von Hierarchien zu einer internen Mißerfolgsverschleierung benutzt wird."[508] Durch die Betonung des Vorsichtsprinzips nimmt die handels- und steuerechtliche Rechnungslegung " ... in Kauf, daß Unterbewertungen in guten Jahren zum Ausgleich von Verlusten in schlechten Jahren benutzt werden können. Insbesondere

503 Haller (1997a), S. 273.
504 Haller (1997b), S. 119. Vgl. auch Baumann (1986), S. 430.
505 Vgl. Haller (1997a), S. 274; ders. (1997b), S. 121.
506 Vgl. Schneider (1988a), S. 1181-1192; ders. (1988b), S. 1371-1386; ders. (1997), S. 489-503; ders. (2001), S. 2510 f.
507 Schneider (1997), S. 491.
508 Schneider (1997), S. 490.

diese Form der Mißerfolgsverschleierung will eine anreizverträgliche interne Erfolgsrechnung vermeiden."[509]

Folglich sei eine selbstständige interne Wirtschaftsrechnung neben der handels- und steuerrechtlichen Rechnungslegung notwendig.[510] Um die beschriebene ordinale Messung der Anreizverträglichkeit sicherzustellen, sind bestimmte Periodisierungs- und Bilanzierungskonventionen zu fordern. Diese " .. zeigen zugleich Grenzen auf, die einer Vereinfachung des internen Rechnungswesens durch Annäherung an das externe gesetzt sind."[511]

Für Zwecke der Steuerungsrechnung ist das Realisationsprinzip nicht in der strengen Form des geltenden deutschen Bilanzrechts anzuwenden. Nach *Schneider* sollte die Gewinnverwirklichung mit dem Zeitpunkt der unternehmerischen Marktleistung zusammen fallen, welche bei mehrjähriger Lieferung und Leistung mit der Auftragserlangung beginnt (internes Realisationsprinzip).[512] "Strategische" Aufwendungen und Kosten, also solche, die in den dezentralen Einheiten im Prozess der Implementierung der Unternehmensstrategie anfallen (z.B. F&E-Aufwendungen, Aufwendungen für Personalentwicklung und Marketing), unterbleiben womöglich in ergebnisschwachen Jahren, wenn sie in der Steuerungsrechnung analog zur Vorgehensweise der externen Rechnungslegung behandelt werden würden,[513] d.h. es käme hier auf lange Sicht zur Zielinkongruenz.[514] Diese Ausgaben sollten daher für interne Zwecke

509 Schneider (1997), S. 494.

510 Diese interne Wirtschaftsrechnung soll nach Schneider " ... als betriebswirtschaftlicher Anhang zur bisherigen Betriebsbuchhaltung von den kaufmännischen Leitungen bzw. Leitern des Rechnungswesens der einzelnen Ertragszentren erstellt werden", Schneider (1988a), S. 1186. Dieser Anhang enthält das Ergebnis interner Wirtschaftsrechnung (Wirtschaftsergebnis), die Entwicklung des Fonds für zweckgebundenes Risikokapital und die Entwicklung des Fonds für Planabweichungen; bei mehrjähriger Lieferung und Leistung treten hinzu Ertragspotentiale aus selbsterstellten immateriellen Anlagen, Vermietungserträgen und Periodisierungen stoßweiser Ausgaben von FuE bis zur Absatzreife, vgl. Schneider (1988b), S. 1385 f.; ders. (1997), S. 492 f. Dabei seien die Ergebnisse aus Fertigungs- und Vertriebsentscheidungen von den Aufwendungen und Erträgen, die durch nur finanzwirtschaftliche Tätigkeiten erzielt werden, abzugrenzen, vgl. im Einzelnen ebd., S. 1187. Nur über die Umwandlung des Fertigungs- und Vertriebsergebnisses in das Wirtschaftsergebnis und die daneben gestellten Sonderposten " ... wird es möglich, Erfolgsverschleierungen zu verhindern und Anreizverträglichkeit zu sichern", Schneider (1997), S. 493.

511 Schneider (1997), S. 503.

512 Vgl. Schneider (1988a), S. 1188 f.; ders. (1997), S. 497-499. Nach Schneider ist das Ertragspotential vom Zeitpunkt des Vertragsabschlusses bis zum Zeitpunkt der endgültigen Leistungsabnahme zu verrenten, der Kapitalwert also in eine Annuität umzuwandeln; vgl. zu Beispielen Schneider (1988b), S. 1371-1386.

513 Der Prozess der Strategieimplementierung verschlechtert zunächst einmal das operative Ergebnis der dezentralen Einheiten und damit eventuell auch die Karrierechancen der Bereichsleiter; denn die strategischen Aufwendungen führen zwar zu einem Aufbau neuer Erfolgspotentiale, kurzfristig fallen aber nur Kosten, keine Erlöse an. In konventionellen Bereichserfolgsrechnungen wirken sich die Kosten der Strategieimplementierung in voller Höhe erfolgsmindernd auf das Bereichsergebnis aus. Damit wird das Divisionsmanagement zu einem Verhalten verleitet, das die Ausschöpfung von Erfolgspotentialen fördert und den langfristigen Aufbau von Erfolgspotentialen verhindert. Vgl. Werner (1994), S. 408.

514 Vgl. Klein (1999a), S. 68. Zu Lösungsansätzen vgl. im Überblick Coenenberg (1995), S. 2083 m.w.N.; Werner (1994), S. 410-413.

i.d.R. aktiviert werden (internes Periodisierungsprinzip); empfohlen wird die lineare Abschreibung.[515] Der Grundsatz des entgeltlichen Erwerbs (§ 248 Abs. 2 HGB) ist für interne Rechnungen demnach nur störend.

Die Ansatz- und Bewertungskonsequenzen des Imparitätsprinzips müssten unterbunden oder zumindest eingeschränkt werden.[516] Nach *Schneider* sollte zwischen realisierten Gewinnen und Verlusten einerseits und Zweckbindungen von Risikokapital wegen drohender Verluste andererseits getrennt werden, indem kalkulatorische Wagnisse bzw. Zuführungen zu Drohverlustrückstellungen nicht das interne Ergebnis berühren, sondern vielmehr in einem Fonds für zweckgebundenes Risikokapital (Verlustausgleichspuffer) erfasst werden (interner Grundsatz der Verlustvorwegnahme). Das bei drohenden Verlusten unvermeidliche Schätzungsermessen würde ansonsten den Aussagegehalt des Wirtschaftsergebnisses beeinträchtigen.[517]

Das allgemeine (über Realisation, Periodisierung und Verlustvorwegnahme hinausreichende) Vorsichtsprinzip wird nach *Schneider* ersetzt durch einen internen Grundsatz einer imparitätischen Behandlung von Ermessensentscheidungen, nach dem der nicht beanspruchte Teilbetrag von Bewertungsreserven bzw. Rückstellungen nicht das Wirtschaftsergebnis erhöht, sondern in einen Fonds zum Ausgleich realisierter Verluste aus Planabweichungen eingestellt wird.[518] Dieser Fonds soll wie der Fonds für zweckgebundenes Risikokapital " ... verhindern, daß Übervorsicht heute zum Ausgleich von Verlustquellen morgen unerkannt benutzt werden kann."[519]

Vor diesem Hintergrund überrascht es nicht, dass in Deutschland traditionell i.d.R. zwei vollständige, voneinander getrennte Erfolgsrechnungssysteme in den Unternehmen vorliegen, nämlich die Betriebsergebnisrechnung und die GuV-Rechnung. Die starke Betonung des Vorsichtsprinzips und des Gläubigerschutzgedankens im deutschen Bilanzrecht gilt bis heute als einer der zentralen Rechtfertigungsgründe für eine eigenständige interne Betriebsergebnisrechnung.[520] Auch kann für Zwecke einer Steuerungsrechnung die Beeinflussung der Datenbasis durch Bilanzpolitik nicht akzeptiert werden.

---

515 Vgl. Schneider (1988a), S. 1189 f.; ders. (1997), S. 500 f.
516 Vgl. Schneider (1988a), S. 1185; Coenenberg (1995), S. 2081.
517 Vgl. Schneider (1988a), S. 1190; ders. (1997), S. 494-496; ders. (2001), S. 2511.
518 Vgl. Schneider (1988a), S. 1191; ders. (1997), S. 496 f.
519 Schneider (1988a), S. 1186. Vgl. auch ders. (2001), S. 2511.
520 Vgl. Haller (1997a), S. 271; Bruns (1999b), S. 587 f.; Hardtmann (1996), S. 86; Küting/Lorson (1998b), S. 471; Laßmann (1995), S. 1050; Männel (1997), S. 10 f.; Küpper (1999b), S. 10.

Bezieht man die aufgezeigten Periodisierungsregeln einer zweckadäquaten internen Erfolgsrechnung hingegen auf US-amerikanische Rechnungslegungsgrundsätze, so verwundert es auf den ersten Blick nicht, wenn in der Literatur behauptet wird, " ... daß der Jahresabschluß nach US-GAAP dem Ideal einer Ausgangsbasis, aus der eine Steuerungsrechnung gespeist werden könnte, weitaus näherkommt als ein Jahresabschluß nach HGB."[521] Die Steuerungsqualität der US-GAAP wird gegenüber der der HGB-Normen höher eingeschätzt.[522] Nach diesen Ansichten können bzw. sollten die bisher mit Kostenrechnungsdaten gespeisten Steuerungsrechnungen für unternehmerische Geschäftseinheiten zukünftig nach den Prinzipien der US-GAAP ausgestaltet werden.

Als konkrete Rechnungslegungsgrundsätze und -methoden nach US-GAAP, die eine Konvergenz zwischen internem und externem Rechnungswesen begünstigten, werden insbesondere angeführt:[523]

- die Zurückdrängung des Vorsichtsprinzips;
- die starke Betonung des accrual principle und des damit verbundenen matching principle, was sich etwa in der percentage of completion-method oder der z.T. möglichen Bewertung zu Zeitwerten (z.B. bei bestimmten Wertpapieren) ausdrückt;
- der eingeschränkte Geltungsbereich des Imparitätsprinzips;
- das Verbot von Aufwandsrückstellungen;
- die Bewertung von Vorräten;
- die Ermittlung von Pensionsrückstellungen;
- das Fehlen einer umgekehrten Maßgeblichkeit;
- die klare Erfolgsspaltung in der GuV;
- das weitgehende Fehlen degressiver Abschreibungen;
- die Implementierung einer standardisierten Cash-flow-Rechnung;
- die Gewährung zahlreicher verbaler Zusatzinformationen neben den Rechenwerken;
- die bessere zeitliche Vergleichbarkeit der Jahresabschlüsse nach US-GAAP, indem der Stetigkeitsgrundsatz im Vergleich zur Praxis in HGB-Abschlüssen strikter angewandt wird.[524]

Nach Moxter ist es " ... eine uralte betriebswirtschaftliche Erkenntnis, daß ein ... vorsichtig ermittelter Gewinn ein gefährliches Steuerungsinstrument bildet: Er weist tendenziell in die falsche Richtung, weil er bei günstiger Unternehmensentwicklung die wirtschaftliche Lage zu negativ und bei ungünstiger Unternehmensentwicklung zu positiv anzeigt", Moxter (1999b), S. 500.

521 Küting/Lorson (1998a), S. 2305; gl.A. Siener (1998), S. 42.

522 Vgl. Siener (1998), S. 42; Küting/Lorson (1998a), S. 2303-2305; dies. (1998c), S. 492 u. die Übersicht auf S. 493; dies. (1999a), S. 55; Küting (2000a), S. 40; Peemöller/Fischer (2001), S. 142; Ruhnke/Tümmler (2000), S. 775; Scheffler, E. (2000), S. 1618; Hebeler (2001), S. 684; Schulte-Nölke (2001), S. 162 f.; Busse von Colbe (2002), S. 160; Hax (2002), Sp. 766; Stahl, A. B. (2002), S. 34. Für die IAS vgl. analog Baetge/Siefke (1999), S. 701; Menn (1999), S. 637-641; ders. (2000), S. 205-207; Burger/Buchhart (2002), S. 86 f.; Ernst, E. (2002), S. 187; Kümpel (2002a), S. 905-910.

523 Vgl. Hahn (1999), S. 82 f.; Hahn/Nicklas (1999), S. 71 f.; Haller (1997a), S. 274 f.; ders. (1997b), S. 120 f.; Heyd (2001a), S. 206-208; Küting (1998), S. 13 f.; Küting/Lorson (1998a), S. 2304 f.; dies. (1998c), S. 490 f.; dies. (1999b), S. 218; Siener (1998), S. 30-42; Für die IAS vgl. Altenburger (1999), S. 537-552; Klein (1999b), S. 71-76; Ordelheide (1999), S. 512-523.

Die vermeintlichen Vorteile der US-GAAP gegenüber den Regeln des HGB relativieren sich allerdings bei näherer Betrachtung. So wird behauptet, die US-GAAP böten in ihrer Gesamtheit im Gegensatz zu den Normen des HGB weitgehend nicht die Möglichkeit, Ergebnisglättungen im Zeitablauf vornehmen zu können, d.h. Sprünge im Ergebnis seien bei ihrer Anwendung unvermeidlich. Gerade diese nicht gestalteten, ungeschönten Ergebnisse sind aus interner Sicht wichtige Voraussetzung für das Controlling.[525] Aber auch eine Bilanz nach US-GAAP enthält (natürlich) stille Reserven; die Problematik der Erfolgsverschleierung betrifft auch die US-GAAP: "only a naive person would suggest that the same process cannot and does not occur under U. S. GAAP".[526] Beispielhaft seien folgende Sachverhalte angeführt:[527]

- Sachanlagen und Vorräte werden mit den historischen, ggf. fortgeführten Anschaffungs- oder Herstellungskosten bewertet, die zugleich die Obergrenze der Bewertung bilden.
  Die Anschaffungskosten (acquisition costs) setzen sich grundsätzlich aus dem Anschaffungspreis abzüglich Anschaffungspreisminderungen zuzüglich den Anschaffungsnebenkosten und nachträglichen Anschaffungskosten zusammen.[528] Zu den Anschaffungsnebenkosten zählen auch Gemeinkosten, die unmittelbar mit der Versetzung des Asset in den betriebsbereiten Zustand entstehen, sofern sie den Nutzen des Asset erhöhen.
  Selbsterstellte Vermögensgegenstände (materiell und immateriell) sind zu Vollkosten auszuweisen,[529] so dass der Ansatz über der Wertuntergrenze nach § 255 Abs. 2 HGB liegt, aber i.d.R. unter der handels- bzw. steuerrechtlichen Wertobergrenze bleibt.[530] Während anteilige Material- und Fertigungsgemeinkosten, Abschreibungen und allgemeine fertigungsbezogene Verwaltungskosten einrechnungspflichtig sind, dürfen allgemeine nicht produktionsbezogene Verwaltungskosten und Kosten für soziale Einrichtungen, freiwillige soziale Leistungen oder Altersversorgung i.d.R. nicht aktiviert werden.[531] Fremdkapitalzinsen sind aktivierungspflichtig, sofern die Nutzungs- oder Verkaufsfähigkeit eines asset erst nach einer längeren Anschaffungs-, Konstruktions- oder Herstellungszeit gegeben ist (sog. qualifying assets); das gilt auch für Anschaffungsvorgänge.[532] Vertriebskosten zählen nicht zu den Herstellungskosten. Der produktionsbezogene Vollkostenansatz (full bzw. absorption costing) ist Ausfluss des matching principle.

- Über das Dollar-Value-Lifo können stille Reserven besonders lange gebunden werden.[533]

---

524 Vgl. Küting/Lorson (1998c), S. 491; Hahn (1999), S. 83; Krog (1998), S. 103-105.

525 Vgl. Siener (1998), S. 29.

526 Harris (1993), S. 4; vgl. auch Auer (1999b), S. 995; Vorwold (1999), S. 2323 f.; Wurl/Kuhnert/Hebeler (2001), S. 1370.

527 Vgl. umfassend zu den Möglichkeiten der Existenz von stillen Reserven nach US-GAAP und IAS Wulf (2001a), S. 123-234; dies. (2001b), S. 1099-1106; Müller/Wulf (2001), S. 2206-2213; Thiele (1999), S. 117-148 u. 159-169.

528 Vgl. Kieso/Weygandt/Warfield (2001), S. 403-405, 501; Franken (2001), S. 138 f.

529 Vgl. Kieso/Weygandt/Warfield (2001), S. 404 u. 502 f.; Küting/Harth (1999), S. 2343 u. 2346 f.

530 Vgl. Ballwieser (2000b), S. 452; Kuhlewind (1997), S. 189; Haller (1994), S. 316.

531 Vgl. Ballwieser (2000b), S. 452; Kußmaul (2000), S. 431; Küting/Harth (1999), S. 2399. Der Umfang der Herstellungskosten nach US-GAAP wird teilweise in speziellen Vorschriften branchenspezifisch weiter präzisiert, vgl. z.B. SFAS 19.23 ff.

532 Vgl. SFAS 34.9; Weber/Hayn (1998), S. 183; Küting/Harth (1999), S. 2395 f.

533 Vorräte dürfen über Verbrauchsfolgeverfahren (inventory cost flow methods) bewertet werden. Zulässige Verfahren sind die Durchschnittskostenmethode, das FIFO-Verfahren, das LIFO-, das Pooled-LIFO- und

- Bei Wegfall der Gründe für eine außerplanmäßige Abschreibung besteht nach US-GAAP grundsätzlich ein Wertaufholungsverbot für Sachanlagevermögen, immaterielles Vermögen und Vorräte.[534]

Unrealisierte Verluste sind auch nach US-GAAP zu antizipieren, sofern sie aufgrund von am Bilanzstichtag eingetretenen Ereignissen mit großer Wahrscheinlichkeit anfallen. Ein allgemeines Imparitätsprinzip zur Verlustantizipation wie nach HGB ist im Conceptual Framework zwar nicht verankert; allerdings beinhalten diverse Einzelvorschriften entsprechende Normen.[535] Aus dem Imparitätsprinzip resultierende Schätzprobleme bestehen damit auch nach US-GAAP:

- Bei Vorräten greift ein strenges Niederstwertprinzip (lower of cost or market).[536] Der niedrigere Vergleichswert am Stichtag (market) entspricht den Wiederbeschaffungs- oder Wiederherstellungskosten (current replacement cost), sofern sie nicht höher als der Wert bei verlustfreier Bewertung (net realizable value)[537] und nicht niedriger als der Wert bei verlustfreier Bewertung abzüglich eines angemessenen Gewinns (net realizable value less profit) sind.[538]

- Anlagen sind nur dann außerplanmäßig abzuschreiben (impairment), wenn die Summe der nicht diskontierten Einzahlungen, die das Unternehmen aus der geplanten Nutzung der Anlage im Unternehmen oder durch Veräußerung an Dritte in Zukunft erwarten kann, abzüglich der entsprechenden nicht diskontierten Auszahlungen niedriger ist als der fortgeführte Buchwert der Anlage.[539] Die Anlage ist sodann auf ihren aktuellen Zeitwert (fair value) abzuschreiben, d.h. im Grundsatz den Veräußerungspreis.[540] Wertaufholungen sind nur bei Anlagen, die zur Veräußerung bestimmt sind, vorzunehmen.[541] Darüber hinaus sind auch bei Forderungen außerplanmäßige Abschreibungen vorzunehmen.[542]

- Zu den contingent liabilities zählen Rückstellungen für drohende Verluste aus schwebenden Geschäften (executory contracts).[543] Das gilt sowohl für schwebende Absatzgeschäfte

---

das Dollar-Value LIFO-Verfahren, vgl. ARB 43, Ch. 4, St. 4. Zu einem Beispiel zur Dollar-Value LIFO Method vgl. Kieso/Weygandt/Warfield (2001), S. 413 f.; Franken (2001), S. 143.

534 Vgl. SFAS 121.11; SFAS 115.16; ARB 43, Ch. 4, Fn. 2; Kußmaul (2000), S. 431. Zu Ausnahmen vgl. Fischer/Wenzel (2001), S. 604 f.

535 Vgl. Kieso/Weygandt/Warfield (2001), S. 660-662; Kuhlewind (1997), S. 198-212; Haller (2000), S. 15. Vgl. FASB (Technical Bulletin 79-15), Tz. 2.: "The general principle of recognizing losses on transactions and the applicability of that general principle to contracts that are expected to result in a loss are well established."

536 Vgl. ARB 43, ch. 4 statement 5.

537 Der net realizable value bezeichnet den erwarteten Verkaufserlös abzüglich der noch zu erwartenden Aufwendungen der Fertigstellung und des Verkaufs.

538 Vgl. ARB 43, ch. 4 statement 6; Schildbach (2002), S. 99 f.

539 Vgl. SFAS 121.6.

540 Vgl. SFAS 121.7; Schildbach (2002), S. 100-102.

541 Vgl. SFAS 121.17.

542 Vgl. SFAS 114.13-.16; Schildbach (2002), S. 102 f.

543 Vgl. SFAS 5.21-.23; Wangemann (1997), S. 196; Haller (1994a), S. 294. Es existiert daher keine eigenständige Normierung von Drohverlustrückstellungen. Fallbezogene Ausführungen sind vielmehr in verschiedenen Veröffentlichungen niedergelegt, vgl. insbes. SFAC 6.21-.23; SFAS 5.21-.23; ARB 43, chapter 4, statement 10; APBO 30.13-.17.

(sales commitments) als auch für Beschaffungsgeschäfte für Roh-, Hilfs- und Betriebsstoffe (purchase commitments).[544] Die Bildung von Drohverlustrückstellungen ist Ausdruck des amerikanischen Vorsichtsprinzips.[545] Ausgeglichene schwebende Geschäfte werden im Grundsatz nicht bilanziert.[546] Damit muss der Verlusteintritt wahrscheinlich und vernünftig schätzbar sein; ist der Verlust nur possible oder das Geschäft stornierungsfähig, wird die Passivierung des Verlustes verneint und lediglich eine Angabe im Anhang verlangt.[547]

- Bei der Bewertung von Drohverlustrückstellungen aus schwebenden Beschaffungsgeschäften kommt es zum Vergleich des niedrigeren Börsen- oder Marktpreises mit dem vereinbarten Kaufpreis. Die Bewertung von Drohverlustrückstellungen für schwebende Absatzgeschäfte basiert auf einer Gegenüberstellung von erwarteten Erträgen und bereits angefallenen sowie geschätzten Aufwendungen, die zur Vollendung des eingeleiteten Geschäfts notwendig sind.[548] Die Verlustbewertung beschränkt sich dabei auf die direkten und indirekten Herstellungskosten sowie die Vertriebseinzelkosten, während Verwaltungsaufwendungen und Vertriebsgemeinkosten nicht einzelnen Geschäften zugeordnet werden.[549] Verluste aus absatzbezogenen Dienstleistungsverträgen werden passiviert, " ... soweit die Summe aus den Kosten des Vertragsabschlusses (initial direct costs) und der direkten Aufwendungen der Leistungsbewirkung größer ist als der voraussichtlich erzielbare Gesamtertrag".[550]

Desweiteren wird herausgestellt, das fast vollständige Fehlen expliziter Bilanzierungs- und Bewertungswahlrechte verbessere die Eignung der US-GAAP für Kontroll- und Steuerungszwecke und erhöhe in hohem Maße deren Anreizverträglichkeit.[551] Die Problematik der konzerninternen Bilanzpolitik, "d.h. das Phänomen, daß innerhalb der Konzernberichterstattung bestehende Wahlrechte von den Managern untergeordneter Einheiten je nach der wirtschaftlichen Situation ihrer Einheit zu deren Vorteil ausgeübt werden"[552], verliere an Gewicht. In Gliederungspunkt 3.1.3.3. wurde jedoch gezeigt, dass nach US-GAAP zwar weniger explizite Wahlrechte, jedoch zahlreiche Ermessensspielräume (implizite Wahlrechte) bestehen. Weiterhin ergeben sich Gestaltungsspielräume, z.B. beim Leasing.[553]

---

544 Vgl. Kupsch (2000), S. 120 m.w.N.
545 Vgl. SFAC 5.87.
546 Vgl. Roese (1999), S. 83-85. Die Nichtbilanzierung ausgeglichener schwebender Geschäfte wird mit der fehlenden Ergebnisauswirkung begründet, da in gleicher Höhe Forderungen und Verbindlichkeiten anzusetzen wären, vgl. Moonitz (1960), S. 44 f. Es besteht im Grundsatz eine Ausgeglichenheitsvermutung der sich gegenüberstehenden Leistungsverpflichtungen, vgl. Hendriksen/van Breda (1992), S. 672.
547 Vgl. SFAC 6.252; Kuhlewind (1997), S. 207.
548 Vgl. Kuhlewind (1997), S. 206; Böttcher (1997), S. 206.
549 Vgl. Kupsch (2000), S. 129.
550 Kupsch (2000), S. 120.
551 Vgl. Haller (1997a), S. 275; Hahn (1999), S. 83.
552 Haller (1997b), S. 125. Vgl. auch Stein (1993), S. 38.
553 Zur Leasingbilanzierung nach US-GAAP vgl. im Einzelnen Kieso/Weygandt/Warfield (2001), Ch. 22; Ammann/Hucke (2000), S. 87-94; Ammann/Wulf (2000), S. 909-917; Küting/Hellen/Brakensiek (1999), S. 39-44; Reichertz/Frey (1997), S. 662-675; Gruber/Kühnberger (2001), S. 1734-1737.

Deshalb müssen gerade bei einer Bilanzierung nach US-GAAP die internen Konzernrichtlinien (Bilanzierungshandbücher) möglichst detaillierte Vorgaben enthalten, um eine vergleichbare bilanzielle Behandlung dieser Risikosachverhalte in allen Gesellschaften/Geschäftseinheiten sicherzustellen.[554] Zudem sind die US-GAAP einem schnelleren und stärkeren Wandel unterworfen als die GoB. Folglich können sich die Steuerungsgrößen selbst oder deren Berechnungsparameter häufiger ändern, mit der Konsequenz des Auftretens von Unstimmigkeiten zwischen den entsprechenden Planungs- und den Kontrollwerten, die zu bereinigen sind.[555]

Die dargelegten Mängel der US-GAAP lassen berechtigte Zweifel daran aufkommen, ob die Konvergenz von internem und externem Rechnungswesen über internationale Rechnungslegungsstandards tatsächlich gefördert wird. Immerhin war bisher eine Verwendung des externen Rechnungswesens zu internen Planungs-, Steuerungs- und Kontrollzwecken durchaus auch ohne eine international harmonisierte Rechnungslegung auf der Basis der HB II möglich.[556] Inwieweit man auf diesem Wege Fehlsteuerungspotential in Kauf nehmen müsste,[557] bleibt zwar fraglich. Das betriebswirtschaftliche Informationspotential des HGB-Konzernabschlusses könnte aber gesteigert werden.[558] Die §§ 300, 308 HGB eröffnen die Möglichkeit, im Rahmen des potentiellen Bewertungsrahmens des Mutterunternehmens eine eigenständige Konzernbilanzpolitik zu betreiben, d.h. übereinstimmende Sachverhalte können im Einzel- und Konzernabschluss unterschiedlich abgebildet werden, " ... um Informationsdefizite zu beseitigen, die im Einzelabschluß aus Gründen der Steuerminimierungs- oder Zahlungsbemessungspolitik bewußt in Kauf genommen wurden."[559] Rein steuerlich bedingte Ein-

---

554 Vgl. Hahn (1999), S. 83.
Darüber hinaus wird das Problem der "kulturellen Distanz" (vgl. hierzu Pausenberger/Roth (1997), S. 592-594; Baumann (1986), S. 432) durch die Übernahme der US-GAAP zwar abgemildert, aber keineswegs behoben, d.h. es müssen innerhalb des Konzerns möglichst einheitliche Interpretationen von Maß- und Berichtsgrößen zur Anwendung kommen, " ... was aufgrund der weiterhin existierenden und zwischen den Konzernunternehmen divergierenden nationalen Rechnungslegungsauffassungen äußerst schwierig sein dürfte", Haller (1997b), S. 126. Vgl. auch Weiss (1995), S. 125.

555 Vgl. Haller (1997b), S. 126.

556 Vgl. Baumann (1986), S. 431; Müller, E. (1985), S. 159-176; Seeberg (1994), S. 139; Küting (1998), S. 21 f.; Küting/Lorson (1998a), S. 2306; vgl. auch Deleker (1997), S. 635; Rost (1991), S. 30.

557 Vgl. Küting/Lorson (1998a), S. 2306.

558 Vgl. Küting/Lorson (1998a), S. 2258; Küting (1998), S. 10-12. Sofern im Konzern detaillierte Bilanzierungsrichtlinien vorliegen, die Sachverhalte bis auf die Ebene der Ermessensspielräume (z.B. Abschreibungsdauern) regeln, beschränken sich die Möglichkeiten zur Bilanzpolitik auf den Bereich der Ermessensspielräume, die sich nur schwierig in Richtlinien fassen lassen, sowie auf bilanzpolitisch motivierte Sachverhaltsgestaltungen, vgl. Baetge/Siefke (1999), S. 689 u. 695 f. Zu Ermessensspielräumen und bilanzpolitisch motivierten Sachverhaltsgestaltungen vgl. grundlegend Baetge (1998), S. 22-25.

559 Küting (1998), S. 12. Diese zweigleisige Strategie bedingt die Aufstellung zwei zum Teil divergierender Abschlüsse (HB I u. HB II).

flüsse, die auf die umgekehrte Maßgeblichkeit zurückzuführen sind, können im Wege des § 308 Abs. 3 HGB minimiert werden.[560]

Darüber hinaus galt bisher das Fehlen einer Segmentrechnung nach den Grundsätzen des externen Rechnungswesens als ein zentraler Grund für die hohe Bedeutung des internen Rechnungswesens für die Steuerungsrechnung.[561] Diese Begründung verliert aber zunehmend an Gewicht; zum einen kann das im externen Rechnungswesen gebräuchliche Gesamtkostenverfahren durch das Umsatzkostenverfahren ersetzt werden, bei dessen Verwendung die GuV des Konzerns unter Beibehaltung der Gliederung relativ flexibel in horizontaler Hinsicht nach interessierenden unternehmerischen Einheiten bis hin zur Produktgruppe aufgelöst werden kann.[562] Zum anderen ist gemäß § 297 Abs. 1 HGB der Konzernanhang von konzernrechnungslegungspflichtigen börsennotierten Unternehmen um eine Segmentberichterstattung zu erweitern. Diese beiden Aspekte – UKV und Segmentberichterstattung – zusammen genommen lassen " ... erwarten, daß in absehbarer Zeit eine jahresabschlußbezogene Datenbasis geschaffen wird, die zur Steuerung von unternehmerischen Geschäftseinheiten herangezogen werden kann."[563] Davon abgesehen, relativieren die in Gliederungspunkt 3.1.2.3. skizzierten Probleme der Segmentberichterstattung nach SFAS 131 den für den management approach in der Literatur angeführten Vorteil, die Einheitlichkeit von interner und externer Rechnungslegung explizit zu forcieren,[564] erheblich.

Als Fazit dieses Gliederungspunktes 3.2.2. lässt sich festhalten, dass die Periodisierungsregeln nach IAS bzw. US-GAAP mit den Anforderungen an Steuerungsrechnungen zwar tendenziell stärker in Einklang stehen als die Regeln des HGB. Für die Begründung der Konvergenz auf Basis internationaler Rechnungslegungsstandards scheint dieses Ergebnis allein aber nicht ausreichend zu sein.

---

560 Diese Norm eröffnet die Möglichkeit, nur steuerrechtlich zulässige Wertansätze und Sonderposten, die in der Handelsbilanz deshalb angesetzt wurden, weil diese Wertansätze ansonsten bei der steuerrechtlichen Gewinnermittlung nicht berücksichtigt würden, nicht in den Konzernabschluss übernehmen zu müssen. Die Eliminierung steuerrechtlicher Bewertungen ist in deutschen Konzernabschlüssen sehr verbreitet, vgl. Küting (1998), S. 11 f.; Küting/Lorson (1999b), S. 216 f.

561 Geschäftsbereiche stimmen nur selten mit ihren rechtlichen Grenzen überein (z.B. Tochtergesellschaften), so dass i.d.R. für diese Teilbereiche unmittelbar keine Daten des externen Rechnungswesens existieren. Es verbleibt damit nur der Rückgriff auf die Datenbasis des internen Rechnungswesens oder die Geschäftsbereichsdaten müssten aus den Bilanzen und den Gewinn- und Verlustrechnungen der Tochterunternehmen segmentiert und anschließend zu Geschäftsbereichsdaten aggregiert werden. Vgl. Siefke (1999), S. 149.

562 Vgl. Küting/Lorson (1998a), S. 2255.

563 Küting/Lorson (1998a), S. 2256.

564 Vgl. Menn (2000), S. 209; Neubürger (2002), S. 176 f.

3.2.3. Internationale Rechnungslegungsstandards als Basis wertorientierter Unternehmenssteuerung

3.2.3.1. Konzept des Economic Value Added

Während Investitionsentscheidungen häufig von den erwarteten zukünftigen Cash Flows abhängig gemacht werden, erfolgt die Kontrolle und Leistungsbeurteilung für dieselbe Investition oft auf Basis der Daten des periodenbezogenen Rechnungswesens.[565] Die herkömmliche Bilanz scheint für das Ziel der wertorientierten Unternehmenssteuerung ungeeignet zu sein. Auf der Ermittlung von Periodenerfolgen basierende Steuerungsrechnungen können nur anreizverträglich sein, sofern zwischen dem Marktwert des Eigenkapitals und dem Periodenerfolg ein ökonomischer Zusammenhang besteht.

Nach dem Lücke-Theorem[566] lässt sich der Bar- oder Endwert einer Zahlungsreihe nicht nur aus den Zahlungen, sondern auch aus anderen pagatorischen Erfolgsgrößen bestimmen, und zwar indem der Periodenerfolg um kalkulatorische Zinsen auf den Kapitalbestand der Vorperiode verringert wird (Residualgewinne). Voraussetzung des Lücke-Theorems ist zum einen, dass die Buchwerte des Vermögens vor Beginn der Investition und nach Ende der Investition jeweils Null sind, zum anderen die Gültigkeit des Kongruenzprinzips, nach dem alle Änderungen des Vermögens und der Schulden mit Ausnahme der Vermögenstransfers zwischen den Eigentümern und der Unternehmung ergebniswirksam werden müssen.[567] Unter dieser Bedingung ist der Zahlungssaldo aus Ein- und Auszahlungen (Z_t) der Summe der Periodengewinne (G_t) über die Totalperiode größengleich:

$$\sum_{t=0}^{T} G_t = \sum_{t=0}^{T} Z_t$$

Der Kapitalbestand der Vorperiode (V_{t-1}), auf den kalkulatorische Zinsen berechnet werden, resultiert aus der Differenz zwischen den Periodenerfolgen und den Zahlungsüberschüssen. Für ihn gilt:

---

[565] Vgl. Franke/Hax (1999), S. 101-103.

[566] Vgl. Lücke (1955), S. 310 ff.; ders. (1989), S. 238 ff.; ders. (1960), S. 371-374; ders. (1965), S. 22-27; Ewert/Wagenhofer (2000b), S. 73-78; Franke (1976), S. 185 ff.; Kloock (1981), S. 873 ff.; ders. (1986), S. 298 f.; Küpper (1991), S. 7-9; Pfaff/Pfeiffer/Kunz (2001), S. 119-135. Vgl. grundlegend bereits Preinreich (1937), S. 209-226.

[567] Durch den Ansatz von kalkulatorischen Kostenarten, Wiederbeschaffungswerten u.a. wird das Kongruenzprinzip verletzt; die Anreizverträglichkeit der Kostenrechnung als Steuerungsrechnung ist nicht gegeben. Die Anwendung des Residualgewinnkonzepts verlangt demnach – außer den kalkulatorischen Zin-

$$V_t = \sum_{t=0}^{t}(E_t - A_t) - \sum_{t=0}^{t}(ER_t - AU_t)$$

E: Einzahlung; A: Auszahlung; ER: Ertrag; AU: Aufwand.

Die Kapitalbindung setzt sich demnach zusammen aus Auszahlungen, die noch nicht als Aufwendungen verrechnet wurden (z.B. Buchwerte der Anlagen), sowie Einzahlungen, die noch nicht als Ertrag verbucht worden sind (z.B. Verkäufe auf Ziel). Den kalkulatorischen Kosten auf den Kapitalbestand kommt mithin die Funktion eines "Ausgleichsventils"[568] zu, indem sie die Effekte der unterschiedlichen Periodisierung in bezug auf die Berechnung des Kapitalwertes eliminieren. M.a.W. das Lücke-Theorem lässt völlig offen, wie der Totalerfolg auf die einzelnen Perioden zu verteilen ist.[569]

Für den Kapitalwert gilt dann beim Zinssatz i:

$$C_0 = \sum_{t=0}^{T} Z_t \cdot (1+i)^{-t} = \sum_{t=0}^{T} (G_t - i * V_{t-1}) * (1+i)^{-t}$$

Die externe Rechnungslegung kann demnach als Steuerungsrechnung eingesetzt werden, indem vom operativen Ergebnis kalkulatorische Zinsen auf das betriebsnotwendige Vermögen abgezogen werden.

Auf dem Lücke-Theorem beruht die Herleitung des Economic Value Added-Ansatzes von *Stern/Stewart*.[570] *Stewart* definiert den EVA als " ... operating profits less the cost of all of the

---

sen – den Verzicht auf kalkulatorische Größen. Vgl. Siefke (1999), S. 117-120; Pfaff (1994b), S. 667; Küpper (1998b), S. 530; Wurl/Kuhnert/Hebeler (2001), S. 1367.

568 Lücke (1955), S. 314.

569 Vgl. etwa Küpper (1998a), S. 124 f., 126; ders. (1999b), S. 10; Knoll (1996), S. 116.

570 EVA ist ein eingetragenes Warenzeichen der Stern Stewart & Co. Unternehmensberatung.
Zum EVA vgl. Stewart (1991) und (1994); Ehrbar (1998); Hostettler (1995) und (2000); Baldenius/Fuhrmann/Reichelstein (1999), S. 53-65; Behringer/Ottersbach (2001), S. 98-107; Böcking/Nowak (1999), S. 281-288; Keller/Plack (2001), S. 347-351; Crasselt/Schremper (2000), S. 813-816; Fischer (2000), S. 1-28; Küting/Eidel (1999), S. 829-838; Mengele (1999), S. 135-143; Nowak (2000), S. 141-157; Richter/Honold (2000), S. 265-274; Schüler (2000), S. 2105-2108; Schneider (2001), S. 2509-2514; Stern/Shiely/Ross (2001).
Zu den deutschen Ausprägungen der Übergewinnverfahren vgl. Moxter (1983), S. 56-63.
Auf den EVA-Ansatz wird hier stellvertretend für Verfahren zurückgegriffen, die letztendlich ebenfalls auf dem Übergewinn gründen, und zwar das Konzept des Economic Profit von McKinsey & Co. [vgl. hierzu Copeland/Koller/Murrin (1998), S. 171-175], das Added Value-Modell der London Business School [vgl. hierzu Davis/Flanders/Star (1991), S. 1-33; Davis/Kay (1990); Kay (1996); Röttger (1994)] und der Cash Value Added der Boston Consulting Group [vgl. hierzu Boston Consulting Group (1996); Crasselt/Schremper (2001), S. 271-274; Bärtl (2001), S. 59-61].

capital employed to produce those earnings".[571] EVA bestimmt sich entsprechend als Differenz zwischen einer Gewinngröße, dem NOPAT (Net Operating Profit After Taxes) nach US-GAAP, und den Kapitalkosten. Letztere berechnen sich auf Basis der gewichteten Kapitalkosten des Unternehmens (wacc-Ansatz).[572] EVA ist eine einperiodige Kennzahl, deren Berechnung nicht von Cash Flows, sondern von Jahresabschlüssen und damit von periodisierten Größen ausgeht. Für jeden Zeitpunkt gilt:

$$EVA_t = NOPAT_t - Capital_{t-1} \times wacc$$

$$wacc = r_{EK} \frac{EK}{GK} + r_{FK} \frac{FK}{GK}(1-s)$$

EK: Marktwert des Eigenkapitals
FK: Marktwert des Fremdkapitals

GK: Marktwert des Gesamtkapitals
r_{EK}: Erwartungswert der Rendite der Eigenkapitalgeber
r_{FK}: Renditeforderung der Fremdkapitalgeber
s: Grenzsteuersatz auf Unternehmensebene

Alternativ kann EVA wie folgt beschrieben werden:

$$EVA_t = (r - wacc) \times Capital_{t-1}$$

$$mit: r = \frac{NOPAT_t}{Capital_{t-1}}$$

r: return of invested capital

Hier kommt der Grundgedanke aller wertorientierten Konzepte, dass Wert für die Anteilseigner erst geschaffen wird, wenn das eingesetzte Kapital mehr als die Kapitalkosten erwirtschaftet, zum Ausdruck.

---

571 Stewart (1991), S. 2. Im Folgenden wird vom Entity-Ansatz ausgegangen, der von Industrieunternehmen bevorzugt wird. Zum Equity-Ansatz, den Finanzdienstleister präferieren, vgl. Ewert/Wagenhofer (2000c), S. 9-12.

572 Vorausgesetzt wird u.a. eine Konstanz der Kapitalstruktur, wobei diese in Marktwerten gemessen wird. Es kommt ein risikoangepasster Eigenkapitalkostensatz nach dem CAPM zur Anwendung. Zur Kritik am wacc vgl. im Einzelnen Schneider (1998), S. 1476 f.; ders. (2001), S. 2512-2514; Ballwieser (1994), S. 1394-1399.

Die Ermittlung von NOPAT basiert auf dem in der GuV ausgewiesenen Betriebsgewinn, der durch Modifikationen (Konversionen) in eine zahlungsstromorientierte Cash-Größe verwandelt werden soll.[573] Z.B. werden F+E-Ausgaben aktiviert, stille Reserven aufgrund einer Lifo-Bewertung aufgelöst, Rückstellungen korrigiert.[574] Der Steueraufwand berechnet sich unter der Annahme vollständiger Eigenfinanzierung. Im Ergebnis soll NOPAT dem operativen Cash Flow abzüglich der Abschreibungen entsprechen, m.a.W. den Abschreibungen kommt als einzigem nicht-zahlungswirksamen Aufwandsposten bei der Berechnung des EVA[575] eine erhebliche Bedeutung zu. Die Vermögensgröße spiegelt das zu Periodenbeginn gebundene betriebsnotwendige (d.h. für die Erwirtschaftung des $NOPAT_t$ eingesetzte) Kapital wider,[576] wobei die Bilanzbuchwerte korrigiert werden.

Der EVA-Ansatz dient zwar in erster Linie der Performance-Messung des Managements, kann aber auch für ex-ante-Beurteilungen genutzt werden. Die Residualgewinne lassen sich in Unternehmenswerte überführen, indem sie diskontiert und zum Buchwert des betriebsnotwendigen Vermögens addiert werden.[577] Die Summe der Barwerte der zukünftigen EVAs ergibt den Market Value Added (MVA), der demnach die Differenz zwischen dem Marktwert des Unternehmens (MV) und dem Buchwert (Capital) misst, also einen Nettokapitalwert darstellt:

$$MVA_0 = \sum_{t=0}^{T} \frac{EVA_t}{(1+wacc)^t}$$

[573] Da der NOPAT den Gewinn vor Finanzierungskosten bezeichnet, würde die Verwendung des Bilanzgewinns im EVA-Konzept zu einer doppelten Berücksichtigung der Fremdkapitalzinsen führen, da diese bereits im Kapitalkostensatz erfasst sind, vgl. Böcking/Nowak (1999), S. 283.

[574] Es werden bis zu 200 Korrekturen vorgeschlagen, die sich auch dadurch erklären, dass die EVA-Größe unabhängig von Besonderheiten nationaler Normensysteme zur externen Rechnungslegung vergleichbar zur Anwendung gelangen soll, vgl. z.B. Lorson (1999a), S. 54.
Zur Ermittlung des NOPAT und des Capital unter Berücksichtigung der Konversionen vgl. im Einzelnen Stewart (1991), S. 87 ff., 112 ff., 742-744; O'Hanlon/Peasnell (1998), S. 430-433; Günther (1997), S. 234 f.; Schmidbauer (1999), S. 368 f.; Fischer (2001), S. 169 f.; Böcking/Nowak (1999), S. 285-287.

[575] Vgl. Stewart (1991), S. 86.

[576] Da der derivative Goodwill nach US-GAAP nicht mehr planmäßig abgeschrieben wird, erhöht er das investierte Vermögen nachhaltig.

[577] Vgl. Böcking/Nowak (1999), S. 288; Richter/Honold (2000), S. 267; Richter (1996), S. 31 u. 34 ff.; Volkart/Labhart/Suter (1998), S. 355-366.
Notwendig ist demnach die Prognose zukünftiger EVAs analog zum DCF-Ansatz. Unter unsicheren Erwartungen leidet folglich die Ermittlung von Residualgewinnen genauso wie die DCF-Methode unter erheblichen Unsicherheits- und Objektivierungsproblemen. Bei festem Planungshorizont und sicheren Erwartungen ist die zahlungsstromorientierte Unternehmenswertermittlung einfacher, da nicht erst Residualgewinne ermittelt werden müssen, vgl. Küpper (1990), S. 257.

$$MVA_0 = MV_0 - Capital_0$$

Wenn für die Konvergenz von internem und externem Rechnungswesen nach Literaturmeinungen internationale Rechnungslegungsstandards die zentrale Voraussetzung bilden, dann müssen sie bezüglich der ex-post-Beurteilung von Investitionen im Rahmen des EVA-Ansatzes entweder zu einer höheren Korrelation von EVA mit dem Unternehmenswert führen oder im Vergleich zum HGB bessere Steuerungswirkungen hervorrufen. In den folgenden beiden Gliederungspunkten wird diesen Fragen nachgegangen.

3.2.3.2. Internationale Rechnungslegungsstandards und Kongruenzprinzip

Wenn die externe Rechnungslegung als Steuerungsrechnung nach dem Residualgewinnkonzept herangezogen werden soll, so ist auf die Einhaltung des Kongruenzprinzips zu achten. Es dürfen keine erfolgsneutralen Verrechnungen mit dem Eigenkapital vorgenommen werden, ansonsten geht der Zusammenhang zwischen der externen Rechnungslegung als Steuerungsrechnung und dem Ziel der Unternehmenswertsteigerung verloren.[578] Es soll im Folgenden dargelegt werden, dass das HGB eine stringentere Einhaltung des Kongruenzprinzips als US-GAAP und IAS gewährleistet.

Der Grundsatz der Bilanzidentität (§ 252 Abs. 1 Nr. 1 HGB) wird im Sinne der Kongruenz als Forderung nach Übereinstimmung der Summe der Periodenerfolge mit dem Totalerfolg verstanden.[579] Verstöße hiergegen können sich im wesentlichen nur aus der Verrechnung eines aus einem Anteilserwerb und anschließender Voll- bzw. Quotenkonsolidierung oder Equity-bewertung im Konzernabschluss resultierenden Goodwill mit dem Eigenkapital (§ 309 Abs. 1 S. 3 HGB)[580] und der Währungsumrechnung von Auslandsgesellschaften ergeben.[581]

---

578 Darüber hinaus liegt die Bedeutung des Kongruenzprinzips darin, dass es der Bilanzpolitik strenge und verlässliche Grenzen auferlegt, indem zwar die einzelnen Perioden, nicht aber die Summe der Periodenerfolge beeinflusst werden kann; Kongruenz stellt also die "Zweischneidigkeit der Bilanzierung" sicher. Gleichzeitig liegt darin auch ein Nachteil der Kongruenz: Bei Irrtümern werden Periodenerfolge doppelt verfälscht, nämlich zunächst in der Periode, in der der Irrtum unterläuft, und dann in der Periode oder den Perioden, in der (denen) der Irrtum erfolgswirksam ausgeglichen werden muss. Vgl. Schmalenbach (1926), S. 97 f.; Schildbach (1999e), S. 1813 f. Da die zweite Verfälschung ohne Kongruenz vermieden werden kann, verzichtet man in der Kosten- und Leistungsrechnung vor allem auch im Rahmen der kurzfristigen Erfolgsrechnung auf den Grundsatz der Kongruenz, vgl. Kloock/Sieben/Schildbach (1993), S. 29 u. 34 ff.

579 Vgl. ADS (1995), Tz. 9 zu § 252; Leffson (1987), S. 225; Schildbach (1999e), S. 1813.

580 Im Falle eines Goodwill, der aus einem Asset Deal oder einer Verschmelzung entsteht, ist die Kongruenz hingegen aufgrund § 255 Abs. 4 HGB gewahrt, vgl. Ordelheide (1998e), S. 523 f.

Demgegenüber folgt das FASB nur im Grundsatz dem All-Inclusive Income Concept bzw. der Clean Surplus Theory, wonach entsprechend der Kongruenz alle Erträge und Aufwendungen, Gewinne und Verluste erfolgswirksam in der GuV erfasst werden und damit unmittelbar im Jahresergebnis der laufenden Periode auszuweisen sind. In zahlreichen Ausnahmefällen werden aus der Bewertung bestimmter Vermögens- und Schuldpositionen resultierende Ergebnisse erfolgsneutral direkt in einer gesonderten Bilanzposition innerhalb des Eigenkapitals ausgewiesen (Direct to Equity Adjustments); demnach kommt es in diesen Fällen zu Veränderungen des Eigenkapitals, die keinen Niederschlag in der GuV finden (Income By-Pass), weshalb auch vom Modified All-Inclusive Concept gesprochen wird.[582] Das Comprehensive Income setzt sich entsprechend zusammen aus dem Net Income, in dem die während der Periode erfolgswirksam über die GuV erfassten Beträge enthalten sind, und dem Other Comprehensive Income, das die direkt im Eigenkapital erfassten Beträge aufnimmt, abgesehen von eigentümerbezogenen Eigenkapitalveränderungen.[583]

Im Grundsatz sind alle im Other Comprehensive Income erfassten Ergebnisse zum Zeitpunkt der Fälligkeit, Veräußerung o.ä. in die GuV rückzuführen (Income Recycling).[584] Zu letzteren Fällen zählen insbesondere Bewertungsergebnisse aufgrund der Fremdwährungsumrechnung (SFAS No. 52), unrealisierte Gewinne und Verluste im Zuge der Fair Value Bewertung bei Available-for-Sale-Wertpapieren (SFAS No. 115), Anpassungen an die Mindesthöhe der auszuweisenden Pensionsverpflichtungen (SFAS No. 87) sowie unrealisierte, nicht erfolgswirksam zu berücksichtigende Fair Value Veränderungen aufgrund des Cash Flow Hedge Accounting (SFAS No. 133);[585] diese Kongruenzverstöße sind nur vorläufig.[586]

Nach h.M. ist der Kongruenzverstoß des § 309 Abs. 1 S. 3 HGB allerdings im Zeitpunkt der Veräußerung der Beteiligung zu korrigieren, da diese Norm einen Fremdkörper darstelle, der – britischer Rechnungslegung entstammend – über die Transformation des Art. 30 Abs. 2 S. 7 der 7. EG-Richtlinie in deutsches Recht gelangen konnte; demnach setzt sich hier " ... der Grundsatz der Kongruenz ... gegen die fremde Spezialvorschrift durch ...", Schildbach (1999e), S. 1816, sowie ADS (1995), Tz. 262 f. zu § 301; Busse von Colbe/Ordelheide (1993), S. 253.

581 Vgl. im Einzelnen Busse von Colbe (1992), S. 129-138; Ordelheide (1998e), S. 522-524; Baetge/Siefke (1999), S. 686, 690 f.; Schildbach (1999e), S. 1815-1817; Küting/Hayn (1996), S. 54 ff.
Nach Schildbach lässt sich die Forderung nach Kongruenz nicht auf die Währungsumrechnung übertragen, weil in diesen Fällen kein aussagefähiger Totalerfolg mehr existierte, vgl. Schildbach (1999e), S. 1814 f.

582 Vgl. Kieso/Weygandt/Warfield (2001), S. 139; Holzer/Ernst (1999), S. 357.

583 Vgl. SFAS 130.8, .10, .14; Kieso/Weygandt/Warfield (2001), S. 150.

584 Vgl. Holzer/Ernst (1999), S. 362.

585 Vgl. SFAS 130.3, .5 i.V.m. .39, Appendix A; Holzer/Ernst (1999), S. 360 f.; Schildbach (1999e), S. 1817; ders. (2002), S. 264-266; Ordelheide (1998e), S. 522-527; Kuhlewind (2000), S. 310-317.

586 Vgl. Schildbach (2002), S. 266 f. Werden z.B. available-for-sale-Wertpapiere mit dem Zeitwert bewertet und damit erfolgsneutral in einem besonderen Eigenkapitalkonto erfolgsneutral verbucht, kommt es bei Realisation der Wertsteigerung zur Erfassung der Wertsteigerung in der GuV und zur Auflösung des Sonderpostens (reclassification adjustment). Ein Verstoß gegen die Kongruenz des Totalerfolgs mit der Sum-

Demgegenüber kann es aber zu Vorgängen kommen, die " ... in der Grauzone zwischen Entnahme und Einlage der Eigner einerseits und Kongruenzverstoß andererseits ..."[587] liegen und nicht im Other Comprehensive Income erfasst werden. In bestimmten Fällen der Behandlung von realen Optionen für Manager, bei bestimmten Programmen zur Beteiligung der Mitarbeiter an den Aktien des Unternehmens, der Verbuchung von fiktivem Steueraufwand nach einer Sanierung sowie bei Terminkäufen oder -verkäufen von eigenen Aktien des Unternehmens u.a. kommt es i.d.R. zu Kongruenzverstößen.[588]

Zu endgültigen Kongruenzverstößen kommt es darüber hinaus insbesondere bei der Behandlung von prior period adjustments, also Buchungen, mit denen Fehler in einem Jahresabschluss für ein früherers Geschäftsjahr korrigiert werden.[589] Prior period adjustments sind vom net income fernzuhalten;[590] sie werden direkt mit den retained earnings, die den anderen Gewinnrücklagen nach HGB vergleichbar sind, verrechnet, so dass die Bereinigung des ursprünglichen Fehlers, der sich in früheren Periodenrechnungen erfolgswirksam niedergeschlagen hat, erfolgsneutral erfolgt.[591] Dieser Kongruenzverstoß kann noch dadurch verschärft werden, dass changes in accounting principles sowie changes in estimates erfolgswirksam in der GuV zu berücksichtigen sind, eine klare Abgrenzung zwischen diesen Vorgängen und prior period adjustments aber wohl kaum gelingen kann.[592]

Auch die IAS beachten das Kongruenzprinzip weitaus weniger als das deutsche Bilanzrecht. Während etwa die erfolgsneutralen Verrechnungen bei Differenzen aus der Währungsumrechnung von Abschlüssen ausländischer Tochterunternehmen[593] nicht so bedeutend sind, da sie nur vorübergehend anfallen, wiegen die endgültigen Durchbrechungen nach IAS besonders schwer. So werden bei der Bewertung des Anlagevermögens zu Zeitwerten die Wertän-

---

me sämtlicher Periodenerfolge liegt also nicht vor. Vgl. Schildbach (1999e), S. 1818; Holzer/Ernst (1999), S. 363.

587 Schildbach (1999e), S. 1818.

588 Vgl. im Einzelnen SFAS 130.5, .109-.119; Schildbach (2002), S. 268-271.

589 Vgl. Kieso/Weygandt/Warfield (2001), S. 149; Breker/Naumann/Tielmann (1999), S. 144.

590 Vgl. SFAS 109.288n.

591 Vgl. Schildbach (2002), S. 271-273.
Die aufgezeigten Kongruenzverstöße nach US-GAAP können als Ausdruck des Current Operating Performance Concept bzw. der Dirty Surplus Method angesehen werden; danach werden nicht wiederkehrende Gewinne und Verluste (Non Recurring Gains and Losses bzw. Irregular Items) nicht erfolgswirksam über die GuV erfasst, sondern direkt in eine gesonderte Ergebnisposition innerhalb des Eigenkapitals eingestellt. Solche Gewinne und Verluste stellten keinen Indikator für die zukünftige Ertragskraft dar und seien deshalb getrennt vom Net Income zu erfassen. Vgl. Holzer/Ernst (1999), S. 356.

592 Vgl. Schildbach (1999e), S. 1819; ders. (2002), S. 272; Kieso/Weygandt/Warfield (2001), S. 149 f.

593 Vgl. IAS 21.30.

derungen erfolgsneutral im Eigenkapital erfasst;[594] auch hier zeigt sich, dass mit einer Zeitbewertung unter Steuerungsgesichtspunkten Folgeprobleme verknüpft sind. Buchungsfehler vergangener Jahresabschlüsse (fundamental errors) dürfen erfolgsneutral mit dem Gewinnvortrag verrechnet, können aber auch erfolgswirksam behandelt werden.[595]

3.2.3.3. Abschreibungsverläufe und Aussagekraft des EVA

Im Folgenden wird davon ausgegangen, dass der Bereichsmanager die mit einem Investitionsprojekt verbundenen Cash Flows bereits in t=0 kennt, während der Zentrale nur die Anschaffungskosten bekannt sind, die Zahlungen kann sie erst nach deren Realisation beobachten. Die Zentrale kennt nur die eigenen Opportunitätskosten, nicht die des Managers. Der Manager soll einen Anreiz haben, die aus Sicht der Zentrale unternehmenswertsteigernden Investitionen durchzuführen. Der Manager soll sich am Kapitalwert der an ihn fließenden Prämienzahlungen orientieren.

Nach dem Lücke-Theorem sind die konkreten Periodisierungskriterien über die *Gesamt*periode gesehen irrelevant.[596] Die *periodische* Performance-Messung nach dem EVA-Konzept wird aber durch die Rechnungslegungsregeln sehr wohl beeinflusst; buchwertbasierte Residualgewinne verteilen den Nettokapitalwert entsprechend der Rechnungslegungsdaten über die Laufzeit der Investition.[597]

Die Korrelation von EVA mit der Unternehmenswertänderung wird davon beeinflusst, ob das Rechnungslegungssystem ausschließlich dem Anschaffungskostenprinzip oder dem fair value accounting folgt. Dies wird deutlich, wenn man die Wertsteigerung der Periode t (ΔMV_t) betrachtet, wobei d_t für die Nettoauszahlung an die Eigner in der Periode t steht:[598]

$$\Delta MV_t = MV_t + d_t - (1 + wacc) \times MV_{t-1}$$

---

[594] Vgl. IAS 16.30.

[595] Vgl. IAS 8.34, .38. Dies gilt auch für changes in accounting policies, vgl. IAS 8.49, .54.

[596] Vgl. Richter/Honold (2000), S. 265 u. 267 f.; Henselmann (2001), S. 167. Baldenus/Fuhrmann/Reichelstein (1999), S. 54, sprechen daher auch vom "Irrelevanztheorem für das Rechnungswesen".

[597] Vgl. Schüler (2000), S. 2106.

[598] Vgl. Ewert/Wagenhofer (2000c), S. 16.

Da sich der Marktwert des Unternehmens aus dem Buchwert des Unternehmens und dem Market Value Added zusammensetzt ($MV_t = MVA_t + Capital_t$), folgt für die Wertsteigerung der Periode t:[599]

$$\Delta MV_t = Capital_t - Capital_{t-1} + d_t - wacc \times Capital_{t-1} + MVA_t - MVA_{t-1} - wacc \times MVA_{t-1}$$

Da ($Capital_t - Capital_{t-1} + d_t$) dem $NOPAT_t$ entspricht, folgt:

$$\Delta MV_t = EVA_t + \left[MVA_t - (1 + wacc) \times MVA_{t-1}\right]$$

Demnach spiegelt EVA nicht die gesamte Wertsteigerung einer Periode wider, es sei denn, der Market Value Added wächst gleichförmig mit dem wacc oder es gibt keinen Market Value Added.[600] Letzterer Fall tritt bei einer vollständigen Zeitwertbilanzierung ein, wobei auch nicht bilanzierungsfähige Positionen anzusetzen sind. Wenn die tatsächliche Wertschaffung gemessen werden soll, ist ein Rückgriff auf Barwerte zu prognostizierender Cash Flows unumgänglich (marktwertbasierter Residualgewinn).[601]

Beispiel 1:
Ein Unternehmen plant die Anschaffung eines Fertigungsautomaten zum 1.1.2002, Anschaffungskosten 900 TDM. Der Automat wird voraussichtlich jährliche Cash Flows wie in der Tabelle angegeben erwirtschaften. Der Restwert beträgt Null, der Zinssatz 10%. Es ergeben sich bei Zugrundelegung der Ertragswertabschreibung folgende Werte. Die Ertragswertabschreibung ergibt sich als Differenz zwischen dem Cash Flow und dem kapitaltheoretischen Gewinn.

Zeitpunkt	t_0	t_1	t_2	t_3	t_4	t_5
Cash Flow	-900	200	260	260	260	230
Ertragswert	912,43	803,67	624,04	426,45	209,09	0
Abschreibung		108,76	179,63	197,59	217,35	209,09
Bruttogewinn (ökonom. Gewinn)		91,24	80,37	62,41	42,65	20,91
Buchwert am Periodenende	912,43	803,67	624,04	426,45	209,09	0
Kapitalkosten		91,24	80,37	62,41	42,65	20,91
EVA		0	0	0	0	0
Kapitalwert	12,43					
Barwert der EVA	0					

599 Vgl. Ewert/Wagenhofer (2000c), S. 16.

600 Hier zeigt sich die Schwäche kurzfristig orientierter Performancegrößen deutlich: Wenn nur EVA und nicht auch die Wertänderung des Goodwill berücksichtigt wird, können kurzfristig wirkende Entscheidungen in der Tat besser erscheinen, indem sie den Residualgewinn der Periode erhöhen, gleichzeitig aber den Goodwill um einen höheren Betrag mindern, während bei langfristigen Maßnahmen kurzfristig negative EVA auftreten können, aber in späteren Perioden zu signifikant positiven Auswirkungen auf die Cash flows führen mögen. Vgl. Ewert/Wagenhofer (2000c), S. 17.

Das Beispiel verdeutlicht: Im Falle eines marktwertbasierten Residualgewinns ist der Nettokapitalwert bereits in der Kapitalbasis, dem Marktwert, enthalten, so dass die Residualgewinne dann stets gleich Null sind; Erwartungsänderungen würden im Zeitpunkt der Erwartungsänderung als Performance ausgewiesen werden.[602] Sofern die Erwartungen korrekt im Marktpreis berücksichtigt sind, geht bei Verwendung eines marktwertbasierten Residualgewinns als Performancegröße die Eigenschaft verloren, den Kapitalwert von Investitionen anreizkompatibel auf die einzelnen Perioden zu verteilen.[603] Eine Wertsteigerung des Unternehmens kann nur erzielt werden, wenn sich die Erwartungen infolge neuer Informationen verändern (Informationseffekt) und wenn neue wertsteigernde Projekte, die noch nicht im Ertragswert zu Periodenbeginn antizipiert wurden, entdeckt und in das Investitionsprogramm aufgenommen werden (Aktionseffekt).[604]

EVA zeigt die gesamte Wertänderung in einer Periode desto eher, je näher die Bilanzierung an den Zeitwerten ausgerichtet ist. Sofern das Kongruenzprinzip eingehalten wird, kommt hier internationalen Rechnungslegungsstandards mit ihrem partiellen fair value accounting[605] ein Vorteil gegenüber dem HGB zu: EVA auf Basis der US-GAAP oder IAS bildet die Wertsteigerung in einer Periode vollständiger ab.[606] Weil aber in der Bilanz der originäre Goodwill nach IAS einem Aktivierungsverbot unterliegt[607] und er nach der neuen Geschäftswertbilanzierung nach US-GAAP maximal mit einem aktivierten Goodwill implizit verrechnet werden kann,[608] wird EVA auch auf Basis der IAS/US-GAAP i.d.R. nur einen (kleinen) Teil der Unternehmenswertsteigerung (ΔMV_t) widerspiegeln. Zudem sind mit einer Zeitwertbilanzierung u.a. die generellen Probleme der Ermittlung des Diskontierungszinsfußes, der Zuordnung von Zahlungsströmen auf die Bewertungseinheit und der Zuverlässigkeit der Prognose zukünftiger Zahlungen verbunden.[609]

601 Durch den Vergangenheitsbezug findet beim EVA-Ansatz die Veränderung der in Zukunft zu erwartenden Free Cash Flows keine Berücksichtigung; dieses Problem lässt sich auch durch noch so detailliert gestaltete Adjustierungen nicht beheben, vgl. Volkart (1997), S. 453; Streim (2000), S. 127.

602 Vgl. z.B. Schüler (2000), S. 2107.

603 Vgl. Wagenhofer (1999), S. 198.

604 Dieses Konzept des kapitaltheoretischen Residualgewinns entspricht zwar in hohem Maße dem Prinzip der Entscheidungsverbundenheit, in der praktischen Umsetzung leidet es aber wie die DCF-Verfahren unter Prognose- und damit Manipulationsproblemen. Vgl. Mengele (1999), S. 143-149; Laux (1995), S. 177 f.; Hax (1989), S. 163 f.

605 Vgl. Gliederungspunkt 3.1.2.4.

606 Vgl. Ewert/Wagenhofer (2000c), S. 16 f.

607 Vgl. IAS 38.37.

608 Vgl. Hitz/Kuhner (2002), S. 280. Das bestehende Zuschreibungsverbot widerspricht einer fair value-Bilanzierung.

609 Vgl. im Einzelnen Gliederungspunkt 3.1.2.4.

Darüber hinaus bringt eine Zeitwertbilanzierung kritische Steuerungswirkungen mit sich. So bewirken im Falle langfristig gehaltener, festverzinslicher Positionen Kursgewinne bei erfolgsabhängigen Managementvergütungen erhöhte Prämien, obwohl im Zeitpunkt des Kaufs die Anlageentscheidung stattgefunden hat. Im Falle eines Wechsels in der Unternehmensführung kann es folglich dazu kommen, dass von den Kursgewinnen das ausscheidende Management profitiert, während die Nachfolger, die keinen Einfluss auf die Anlageentscheidung hatten, von den Kursrückgängen betroffen werden.[610] Bei erfolgsorientierten Managemententlohnungen stellt sich deshalb die berechtigte Frage, ob die Einbeziehung von Zinskomponenten überhaupt sinnvoll ist.[611]

Die Neuregelung der Goodwill-Bilanzierung nach US-GAAP dürfte zu einer erheblichen Steigerung der Volatilität von Ergebnisziffern führen, auf die das Management in der Regel nur geringen Einfluss hat,[612] so dass sich beim Management eine entmotivierende Wirkung einstellen mag.[613] Darüber hinaus hat die Ungleichbehandlung von originärem und derivativem Geschäftswert zur Konsequenz, dass die Bereichsmanager von intern gewachsenen Geschäften jenen von erworbenen reporting units im Vorteil sind; hier birgt ein erfolgsabhängiges Entlohnungssystem Konfliktpotenzial in sich.[614]

Weitere mit dem EVA verbundene Steuerungsprobleme können auch über IAS und US-GAAP nicht gelöst werden. Beim EVA-Ansatz kann es durch die Wahl des Abschreibungsverfahrens zu unterschiedlichen Beurteilungen des Periodenerfolgs kommen. Dies ist unproblematisch bei konstant positiven oder konstant negativen EVA; stets positive (negative) EVAs signalisieren eindeutig ein MVA>0 (MVA<0). Auch ist die Wahrscheinlichkeit für die Schaffung zusätzlichen Unternehmenswertes in der abgelaufenen Periode umso höher, je länger ein Zeitraum positiver Residualgewinne ist.[615] Steuerungsprobleme treten aber bei negativen EVA trotz positivem Kapitalwert auf.

---

610 Vgl. Schildbach (1999c), S. 182 f. Vgl. umfassend zu den Auswirkungen der Marktwertbilanzierung auf Managemententscheidungen Ackermann (2001).

611 Vgl. Starbatty (2001), S. 553.

612 Vgl. Pellens/Sellhorn (2001), S. 1688; Hütten/Lorson (2002), S. 29. Außerplanmäßige Abschreibungen auf den Goodwill mögen etwa allein aufgrund einer Veränderung der branchenspezifischen Beta-Faktoren vorgenommen werden müssen, vgl. Hitz/Kuhner (2002), S. 285.

613 Vgl. Hitz/Kuhner (2002), S. 284 f.

614 Vgl. Pellens/Crasselt/Schremper (2002), S. 131.

615 Vgl. Richter (1996), S. 38.

Beispiel 2:
Ausgangsdaten wie in Beispiel 1, nur wird der Automat linear über fünf Jahre abgeschrieben.

Zeitpunkt	t_0	t_1	t_2	t_3	t_4	t_5
Cash Flow	-900	200	260	260	260	230
Abschreibung		180	180	180	180	180
Bruttogewinn		20	80	80	80	50
Buchwert am Periodenende		720	540	360	180	0
Kapitalkosten		90	72	54	36	18
EVA		-70	8	26	44	32
Kapitalwert	12,43					
Barwert der EVA	12,43					

Das Beispiel zeigt, dass EVA trotz insgesamt positiven Kapitalwerts in einzelnen Perioden negativ werden kann, d.h. aus einem negativen EVA einer Periode kann nicht zwingend auf eine tatsächliche Wertvernichtung geschlossen werden.[616] Bei negativem Kapitalwert gilt Entsprechendes. Das Beispiel verdeutlicht die Verzerrung durch die lineare Abschreibung; aufgrund des sinkenden Restbuchwerts als Basis der Kapitalkosten ergeben sich trotz konstanter operativer Cash Flows steigende EVA-Werte.

Negative EVA in einzelnen Perioden bei positivem Kapitalwert sind für das Steuerungsproblem der Zentrale nur unter bestimmten Bedingungen irrelevant. Die Investitionssteuerung mit dem EVA-Ansatz setzt voraus, dass der Manager (zumindest) den gleichen Zeithorizont wie das Investitionsprojekt hat, weil er andernfalls später anfallende EVA für seine Entscheidung nicht mehr berücksichtigen würde, und dass der Manager gleiche Zeitpräferenzen wie die Zentrale hat.[617] Nur unter diesen Annahmen entspricht der Kapitalwert dem Barwert der EVA. Sofern der Manager des Profit Center in jedem Jahr einen konstanten Prozentsatz des erwirtschafteten Residualgewinns als Bonus erhält und er zukünftige Bonuszahlungen mit demselben Zinssatz wie die Zentrale diskontiert, so besteht für ihn der Anreiz, die Investition durchzuführen.[618]

Jedoch sind beide Annahmen – gleicher Zeithorizont, gleiche Zeitpräferenz – in der Realität vielfach nicht erfüllt. Hier tritt das Problem des "ungeduldigen Managers" auf.[619] Beträgt etwa im obigen Beispiel der Planungshorizont des Managers bei persönlicher Zinsrate von r=10% maximal 4 Jahre, so wird er den Kauf des Automaten nicht durchführen.[620]

616 Vgl. Wagenhofer (1999), S. 195 f.; Richter/Honold (2000), S. 270; Hachmeister (2002), Sp. 1390 f.; Hebertinger (2002), S. 137 f., 159.
617 Vgl. Wagenhofer (1999), S. 195; Pfaff/Bärtl (1999), S. 107 f.
618 Vgl. Baldenius/Fuhrmann/Reichelstein (1999), S. 54.
619 Vgl. Baldenius/Fuhrmann/Reichelstein (1999), S. 55; Pfaff (1999), S. 66; Pfaff/Kunz/Pfeiffer (2000).
620 Die Summe der Barwerte der EVA beträgt zum Ende des Jahres 2005 -7,44.

Periodisierungsregeln sollten Wertschöpfungen daher frühzeitig widerspiegeln. Sie führen im Idealfall dazu, dass kapitalwertsteigernde Investitionen die Residualgewinne in jeder Periode erhöhen.[621] In diesem Fall würde der Manager unabhängig von seinen Präferenzen und seinem Planungshorizont nur dann eine Investition durchführen, wenn deren Kapitalwert positiv ist.[622]

Dies ist bei der sog. relativen Beitragsabschreibung der Fall. Deren Kerngedanke besteht darin, die Perioden in der Art eines Tragfähigkeitsprinzips proportional zum Periodennutzen mit anteiligen Investitionsauszahlungen zu belasten. Die Summe der Investitionskosten (Abschreibungen plus kalkulatorische Zinsen) ist im Verhältnis der Cash Flows auf die Perioden zu verteilen. Ziel ist also ein matching von Investitionskosten und –rückflüssen, um die Residualgewinne über die Gesamtlaufzeit zu glätten und so zu erreichen, dass eine profitable Investition in jeder Periode positive Residualgewinne induziert.[623] Bei dieser Bemessung der Abschreibungen entscheidet sich der Manager auch bei isolierter Betrachtung der Perioden für (gegen) die zu beurteilende Investition, sofern das Investitionsprojekt einen positiven (negativen) Kapitalwert aufweist.[624] Das gilt selbst dann, wenn der Zentrale die Zeitpräferenz des Managers nicht bekannt ist.

Beispiel 3:
Unter den Annahmen des Beispiels 1 ergeben sich bei Zugrundelegung der relativen Beitragsabschreibung folgende Werte, wobei sich der jährliche Abschreibungsbetrag (AB_t) folgendermaßen ermittelt:

$$AB_t = \frac{Z_0}{EW_0} \times Z_t - i \times BW_{t-1}$$

mit: Z_0: Betrag der Investitionsauszahlung; EW_0: Ertragswert in t_0; Z_t: Zahlungsüberschuss der Periode t; BW_{t-1}: Buchwert am Periodenende.

---

621 Bei negativem Kapitalwert würde die Periodisierungsregel in jedem Jahr einen negativen Beitrag zum Residualgewinn leisten.

622 Vgl. Baldenius/Fuhrmann/Reichelstein (1999), S. 58.

623 Vgl. Reichelstein (1997) und (2000); Rogerson (1997), Pfaff (1998); Baldenius/Fuhrmann/Reichelstein (1999), S. 58-60; Pfaff/Bärtl (1999), S. 101-103; Wagenhofer/Riegler (1999); Bärtl (2001), S. 66-69; Hebertinger (2002), S. 142-159.
Erstmals hat Ladelle 1890 vorgeschlagen, Abschreibung und kalkulatorischen Zins nicht gleichförmig annuitätisch, sondern proportional zum Anfall der Investitionsrückflüsse über die Laufzeit zu verteilen, vgl. Brief (1976), weiterentwickelt von Brief/Owen (1968). Vgl. Hesse (1996), S. 147, Fn. 214; Henselmann (2001), S. 178, Fn. 82.

624 Vgl. Pfaff/Bärtl (1999), S. 102; Wagenhofer (1999), S. 196 f.

Zeitpunkt	t_0	t_1	t_2	t_3	t_4	t_5
Cash Flow	-900	200	260	260	260	230
Abschreibung		107,28	177,19	194,86	214,36	206,19
Bruttogewinn		92,72	82,81	65,14	45,64	23,81
Buchwert am Periodenende		792,72	615,98	421,12	206,76	0
Kapitalkosten		90	79,27	61,6	42,1	20,68
EVA		2,72	3,54	3,54	3,54	3,13
Kapitalwert	12,43					
Barwert der EVA	12,43					

Im Beispiel weist jede Periode einen positiven Residualgewinn aus. In Perioden konstanter Cash Flows (t_2 – t_4) müssen bei dieser Abschreibung auch die EVA konstant sein.

Das relative Beitragsverfahren stellt hohe Informationsanforderungen. Die zeitliche Verteilung der künftigen Rückflüsse (nicht die absolute Höhe der Cash Flows) muss der Zentrale bereits in t_0 bekannt sein; die Zentrale muss abschätzen können, ob die zukünftigen Cash Flows in jeder Periode z.B. mit einer bestimmten Rate wachsen oder in gleicher Höhe anfallen. Die Zentrale benötigt diese Information, um die Abschreibungen zur Bestimmung der Residualgewinne zielkongruent festlegen zu können.[625] Die Akzeptanz des relativen Beitragsverfahrens steht und fällt mit der Plausibilität dieser Informationsannahme.[626] Letztere dürfte häufig nicht der betrieblichen Praxis entsprechen.[627]

Konstante Residualgewinne bei konstanten Cash Flows stellen sich auch bei der Sinking-fund-depreciation ein, bei der die Investitionsauszahlung gleichmäßig als Annuität über die Nutzungsdauer verteilt wird.[628] Diese Kapitaldienstannuität umfasst sowohl die Kapitalkosten als auch die Abschreibung, wobei der Zinsanteil im Zeitablauf sinkt, der Abschreibungsanteil entsprechend steigt.

Beispiel 4:
Für die Ausgangsdaten des Beispiels 1 ergibt sich durch Multiplikation der Investitionsauszahlung mit dem Annuitätenfaktor eine Annuität i.H.v. 237,42. Es ergeben sich bei Zugrundelegung der Sinking-fund-depreciation folgende Werte.

---

625 Vgl. Pfaff (1999), S. 66; Pfaff/Bärtl (1999), S. 102 u. 109; Baldenius/Fuhrmann/Reichelstein (1999), S. 59; Hachmeister (2002), Sp. 1392.
Die absolute Höhe der Cash Flows könnte sich z.B. verdoppeln, ohne Änderungen bei Abschreibungen und Zinsen mit sich zu bringen, vgl. Henselmann (2001), S. 179.
Die Residualgewinne nach dem relativen Beitragsverfahren erlauben nur einen Vergleich der Vorteilhaftigkeit (i.S.v. ja/nein), aber nicht eine Entscheidung über die relative Vorziehenswürdigkeit (entweder/oder) bei konkurrierenden Projekten, vgl. Pfaff (1999), S. 67 f.; Pfaff/Bärtl (1999), S. 108 ff.

626 Vgl. Pfaff/Bärtl (1999), S. 109.

627 Vgl. Pfaff (1999), S. 67; Pfeiffer (2000), S. 78-82; Ballwieser (2002d), S. 79.

628 Vgl. Stewart (1994), S. 80 f.; Crasselt/Pellens/Schremper (2000), S. 76 f.

Zeitpunkt	t_0	t_1	t_2	t_3	t_4	t_5
Cash Flow	-900	200	260	260	260	230
Abschreibung		147,42	162,16	178,38	196,22	215,82
Bruttogewinn		52,58	97,84	81,62	63,78	14,18
Buchwert am Periodenende		752,58	590,42	412,04	215,82	0
Kapitalkosten		90	75,26	59,04	41,2	21,58
EVA		-37,42	22,58	22,58	22,58	-7,4
Kapitalwert	12,43					
Barwert der EVA	12,43					

In diesem Beispiel zur Sinking-fund-depreciation treten negative Residualgewinne auf, obwohl der Kapitalwert positiv ist. Bei konstanten Cash Flows ($t_2 - t_4$) ergeben sich aufgrund der steigenden Abschreibungsbeträge sinkende Bruttogewinne; die Residualgewinne sind infolge der Kapitalkostenberechnung konstant.

Konstante Residualgewinne bei gleichzeitigem Ausweis einer konstanten Rendite im Falle konstanter Cash Flows erreicht man, indem bei linearem Abschreibungsverlauf kalkulatorische Zinsen auf das durchschnittliche Nettobetriebsvermögen (∅NBV) verrechnet werden.[629] Die Annuität wird so aufgeteilt, dass sie in jeder Periode in konstanter Höhe auf kalkulatorischen Zins und Abschreibung entfällt. Das durchschnittliche Nettobetriebsvermögen unter Berücksichtigung von Zinseffekten wird folgendermaßen ermittelt:[630]

$$\varnothing NBV = \frac{\sum_{t=0}^{n-1} NBV_t \times (1 + wacc)^{-t}}{\sum_{t=0}^{n-1} (1 + wacc)^{-t}}$$

n: Laufzeit des Projekts

Beispiel 5:
Für die Ausgangsdaten des Beispiels 1 ergibt sich ein durchschnittliches Nettobetriebsvermögen i.H.v. 574,18 und damit folgende Werte:

629 Vgl. Richter (1996), S. 165 ff.; Dirrigl (1998), S. 550-553.
Ein stabiler Renditeausweis lässt sich auch über die Interne-Zinsfuß-Abschreibung nach Hotelling erzielen. Vgl. Hotelling (1925), S. 340-353; Hesse (1996), S. 139 ff.; Henselmann (2001), S. 179 f. Die Abschreibung ergibt sich hier als Veränderung der Ertragswerte, berechnet zum internen Zins der Zahlungsreihe. Dieser Ansatz ist für Steuerungszwecke nicht geeignet, da seine Informationserfordernisse das Steuerungsproblem verschwinden lassen: Die Unternehmensleitung muss über den internen Zins und damit über den genauen Anfall aller zukünftigen Zahlungsüberschüsse informiert sein, was bei asymmetrischer Informationsverteilung nicht der Fall sein dürfte. Vgl. Schneider (1974), S. 375; Küting/Eidel (1999), S. 837.

630 Vgl. Dirrigl (1998), S. 551.

Zeitpunkt	t_0	t_1	t_2	t_3	t_4	t_5
Cash Flow	-900	200	260	260	260	230
Abschreibung (linear)		180	180	180	180	180
Bruttogewinn		20	80	80	80	50
∅NBV	574,18	574,18	574,18	574,18	574,18	574,18
Buchwert am Periodenende		720	540	360	180	0
Kapitalkosten		57,42	57,42	57,42	57,42	57,42
EVA		-37,42	22,58	22,58	22,58	-7,42
Rendite (NBV_t)		3,48%	13,93%	13,93%	13,93%	8,71%
Kapitalwert	12,43					
Barwert der EVA	12,43					

Problematisch ist hier allerdings, dass in einzelnen Perioden wiederum negative EVA ausgewiesen werden, obwohl der Kapitalwert positiv ist.

Die aufgezeigten Beispiele sollen verdeutlichen, dass EVA nur bei bestimmten Abschreibungsverläufen ein geeignetes Steuerungsinstrument darstellt. Dieser Problematik kann man sich auch durch einen Übergang auf internationale Rechnungslegungsstandards nicht entziehen. Vielmehr handelt es sich bei den Abschreibungen nach US-GAAP und IAS um die herkömmlichen Buchwertabschreibungen. So zeigt das Beispiel 2, dass das relative Beitragsverfahren zu Abschreibungen führen kann, die sich von den üblichen Abschreibungsverfahren deutlich unterscheiden. Noch deutlicher als bei einem Fertigungsautomaten mit konstanten Rückflüssen wird der Unterschied z.B. bei Ausgaben für Forschung und Entwicklung, da diese sowohl nach HGB als auch nach US-GAAP sofort als Aufwand zu behandeln sind, das relative Beitragsverfahren aber zu späten Abschreibungen führen würde, da die Rückflüsse bei F+E-Tätigkeiten oft erst in späteren Perioden anfallen.[631]

Darüber hinaus misst der EVA-Ansatz, wie gesehen, die Kapitalkosten auf Basis des (ggf. aufgrund der Konversionen modifizierten) Buchwertes des eingesetzten verzinslichen Kapitals. Folglich werden hier aus dem Kapitalmarkt abgeleitete Kapitalkosten mit einer auf Buchwerten basierenden Kapitalgröße kombiniert. Ist aber die Kapitalbasis nicht marktorientiert, so sind auch die resultierenden Kapitalkosten und damit auch die periodischen EVA nicht marktorientiert; die ausgewiesene Wertschaffung entspricht nicht der Perspektive des Kapitalmarktes.[632] Zwar entspricht die Summe aus Buchwert des Kapitals und Summe der Barwerte der EVA dem Marktwert des Unternehmens, jedoch schwankt die Höhe der periodi-

631 Vgl. Baldenius/Fuhrmann/Reichelstein (1999), S. 60.

632 Vgl. Ballwieser (2000a), S. 164; Knorren (1998), S. 71; Richter/Honold (2000), S. 271; Pape (2000), S. 717.
Börsig wendet aber ein, dass theoretisch "richtige" Marktwerte in der Praxis häufig sehr schwierig ermittelbar sind; er führt als Beispiel ein seit Jahren in Betrieb befindliches Kraftwerk an, vgl. Börsig (2000), S. 167.

schen EVA mit dem zugrundegelegten Buchwert des Kapitals. Die Berechnung der Kapitalkosten müsste auf dem Marktwert der Investition basieren, was zur Problematik des oben aufgezeigten marktwertbasierten Residualgewinns führt.[633]

Diese ökonomischen Grundprobleme buch- und marktwertbasierter Residualgewinne können durch einen Übergang auf internationale Rechnungslegungsstandards nicht beseitigt werden.[634] Vor diesem Hintergrund ist der in der Literatur angeführte Vorteil internationaler Rechnungslegungsstandards, bei Verfolgung des EVA-Ansatzes gegenüber den Rechnungslegungsregeln des HGB zu einer geringeren Anzahl nötiger Konversionen zu führen,[635] ein schwaches Argument.

Als Ergebnis des Gliederungspunktes 3.2.3. ist herauszustellen, dass die Übernahme internationaler Rechnungslegungsstandards in den Konzernabschluss mit Konzepten marktwertorientierter Unternehmensführung nicht überzeugend begründet werden kann. Weder bei der ex-ante- noch der ex-post-Beurteilung von Investitionen ließ sich ein zwingender Vorteil der US-GAAP und IAS gegenüber dem HGB erkennen.

3.2.4. Fazit

Internationale Rechnungslegungsstandards stehen mit den Periodisierungs- und Bilanzierungsregeln, die für eine Steuerungsrechnung gefordert werden, eher im Einklang als die Regeln des HGB. Die ökonomischen Probleme bei den Versuchen, Rechnungslegung für die ex-ante- und ex-post-Beurteilung von Investitionen beziehungsweise Geschäftsbereichen zu verwenden, können aber auch durch Periodisierungsregeln nach US-GAAP und IAS nicht behoben werden.

---

633 Eine "Zwischenlösung" stellt der Refined Economic Value Added (REVA) dar, der die Kapitalkosten auf Basis des Unternehmenswertes berechnet, NOPAT aber im Grundsatz wie das EVA-Konzept definiert. Vgl. Bacidore u.a. (1997); zur Kritik vgl. Ferguson/Leistikow (1998); Ewert/Wagenhofer (2000c), S. 17 f.

634 Mit dem Lücke-Theorem werden die Zahlungs- bzw. Gewinnreihen weiterhin als gegeben angesehen, vgl. Ewert (1993), Sp. 1156. Das Lücke-Theorem hat daher nur eine formale, aber keine materielle Bedeutung, vgl. Ewert/Wagenhofer (2000b), S. 78. Schneider zieht den Schluss: "Die Lücke, die ein Verzicht auf das Lücke-Theorem hinterläßt, schließt es vollkommen", Schneider (1989b), S. 39. Küpper spricht von einer tautologischen Umformung, die nicht aufzeigen kann, " ... welche Kosten- und Erlösinformationen für eine am Kapitalwertziel orientierte kurzfristige Planung relevant sind", Küpper (1998a), S. 126.

635 So Englert/Scholich (1998), S. 687; wohl auch Eidel (1999), S. 356.

Zur Begründung der Konvergenz von internem und externem Rechnungswesen auf Basis internationaler Rechnungslegungsstandards hat offenbar die Notwendigkeit für Konzerne, auf eine gemeinsame Sprache innerhalb des Unternehmens und gegenüber den Kapitalmärkten zurückgreifen zu können, eine hohe Bedeutung.

Im folgenden Kapitel 4. wird der Frage nachgegangen, ob die Periodisierungsregeln der IAS/US-GAAP für einen bilanziellen Gläubigerschutz im Einzelabschluss geeignet sind. Kapitel 5. diskutiert entsprechend die Problematik der Eignung der Periodisierungsregeln internationaler Rechnungslegungsstandards für die steuerliche Gewinnermittlung.

4. Internationale Rechnungslegungsstandards, GoB und bilanzieller Gläubigerschutz

4.1. Grundlagen des bilanziellen Gläubigerschutzes

4.1.1. Der Eigner-Gläubiger-Konflikt

Der Kreditgeber hat einen Anspruch auf einen Festbetrag in Form der Tilgung und Verzinsung des Kreditbetrages.[1] Dem Eigner fließt der darüber hinausgehende Kooperationsgewinn der Vertragsbeziehung zu. Im Insolvenzfall sind die Gläubiger vollständig zu befriedigen, bevor mit der Verteilung an die Gesellschafter begonnen werden kann. Die Eigner beeinflussen durch ihre Investitions- und Finanzierungsentscheidungen die Wahrscheinlichkeitsverteilung der zukünftigen Zahlungen an die Gläubiger,[2] während letztere aber nur begrenzt Einblick in die Geschäftspolitik haben. Gläubiger-Eigner-Konflikte entstehen, wenn der Zahlungsanspruch der Gläubiger riskant, d.h. zumindest teilweise ausfallbedroht ist.[3] Letzteres kann nur bei Vorliegen einer Haftungsbeschränkung aufgrund der Rechtsform oder faktisch aufgrund eines beschränkten Privatvermögens der Eigner gegeben sein.

Kapitalüberlassungsverhältnisse wirken grundsätzlich wohlfahrtssteigernd.[4] Unter den Annahmen der neo-klassischen Theorie (vollständige Konkurrenz, vollständige Markttransparenz) wird das Kapital stets in die effizienteste Verwendung gelenkt.[5] Die neo-klassischen Theorien können als " ... Nullmarke für die durch Kapitalüberlassungsverhältnisse maximal erreichbare Wohlfahrt ... "[6] dienen. Kapitalüberlassungsverhältnisse führen bei Abwesenheit von Informationsasymmetrien und Transaktionskosten stets zum Wohlfahrtsoptimum. In erster Linie durch die Annahme vollständiger Markttransparenz werden die Kernprobleme von Kapitalüberlassungsverhältnissen in der Neoklassik aber wegdefiniert.

---

1 Vgl. § 241 BGB.

2 Vgl. Barnea/Haugen/Senbet (1985), S. 39 f. Für den Gläubiger-Eigner-Konflikt wird in der Literatur von einer Personalunion von Unternehmensleitung und Eigner oder von einer vollständigen Interessenkongruenz von Unternehmensleitung und Eigner ausgegangen. Vgl. im Überblick Leuz (1996), S. 54 m.w.N. Rückwirkungen auf den Gläubiger-Eigner-Konflikt aus Abstimmungsschwierigkeiten unter den Eignern oder Interessenkonflikte zwischen Unternehmensleitung und den Eignern bleiben unberücksichtigt.

3 Vgl. Jensen/Meckling (1976), S. 342; Wagenhofer (1993a), S. 248. Bei risikolosem Fremdkapital kann ein Konflikt nicht entstehen.

4 Wohlfahrtssteigerung wird hier i.S.d. Kaldor-Hicks-Kriteriums verstanden, nach dem eine Maßnahme immer dann effizient ist, wenn die daraus resultierenden Vorteile für die begünstigten Individuen groß genug sind, um die benachteiligten Individuen für ihren Nutzenentgang voll entschädigen zu können, vgl. Külp/Knappe (1984), S. 104. Vgl. auch Gliederungspunkt 3.1.1.

5 Vgl. Schneider (1995b), S. 250; Franken (2001), S. 14-16.

6 Franken (2001), S. 16.

Vollkommene und vollständige Kapitalmärkte bei symmetrischer Informationsverteilung können die Gläubiger wirkungsvoll schützen.[7] Rationale Gläubiger könnten bei symmetrischer Informationsverteilung sämtliche zukünftigen Konsequenzen einer riskanten Fremdkapitalvergabe korrekt antizipieren und so stets eine risikoäquivalente Verzinsung erhalten.[8] Bei Vorliegen eines vollkommenen und vollständigen Kapitalmarktes garantieren Arbitrageprozesse den maximalen Unternehmenswert unabhängig von der Kapitalstruktur, d.h. ein möglicher Konflikt zwischen Gläubigern und Eignern könnte hier kostenlos beseitigt werden.[9]

Auf unvollkommenen Kapitalmärkten mit asymmetrischer Informationsverteilung lassen sich Gläubiger-Eigner-Konflikte nicht mehr kostenlos beseitigen, denn Arbitrageprozesse können nicht mehr kostenlos ablaufen, Veträge nicht mehr kostenlos abgeschlossen, kontrolliert und durchgesetzt, die Risiken der Finanzierungsbeziehung nicht mehr vollständig antizipiert werden. Informationsasymmetrien und Transaktionskosten führen hier zu Wohlfahrtsverlusten, oder umgekehrt: durch eine Verringerung von Informationsasymmetrien und Transaktionskosten kommt es grundsätzlich zu Effizienzsteigerungen.[10]

Ohne ergänzende Schutzinstitutionen (neben der Teilungsregel) käme es bei Fremdfinanzierungen zu starken Effizienzeinbußen. Potentielle Fremdkapitalgeber würden sich vom Kapitalmarkt ganz zurückziehen oder Kapital nur zu sehr ungünstigen Bedingungen bereitstellen. Ursächlich hierfür sind die Risiken der Kapitalüberlassung (Kapitalgeberrisiken),[11] d.h. die bewussten Schädigungsmöglichkeiten des Kapitalnehmers zu Lasten des Kapitalgebers. Die Effizienzeinbußen resultieren aus der Antizipation dieser Schädigungsmöglichkeiten durch die Kapitalgeber. Es verbleibt ein Wohlfahrtsverlust gegenüber dem angenommenen Idealzustand: der vereinbarte Zinssatz liegt über dem Zins im Konkurrenzgleichgewicht.[12] Dieser Verlust hat den Charakter von Opportunitätskosten und kennzeichnet den residual loss,[13] er ist

---

7 Vgl. Haugen/Senbet (1978), S. 383 ff.

8 Vgl. Fama (1978), S. 278.

9 Vgl. Fama (1978), S. 280.

10 Vgl. Leuz (1996), S. 57; Franken (2001), S. 29-31.

11 Zu einer Darstellung der Kapitalgeberrisiken vgl. Schildbach (1983), S. 2130 f.; Franken (2001), S. 38-58. Vgl. zum Überblick über die Gläubigerrisiken im Verlauf der Gläubiger-Schuldner-Beziehung die Abbildung bei Hemmerde (1985), S. 21. Zum Risikoprofil der Gläubigerposition und dessen Veränderung durch Ausschüttung oder Erhöhung des Verschuldungsgrades vgl. Hemmerde (1985), S. 10-17 u. 20-25; grundlegend zu dieser Darstellungsweise Stützel (1966), S. 770 f.

12 Vgl. Elschen (1988), S. 249.

13 Monitoring costs, bonding costs und residual loss zusammen ergeben die Agency-Kosten, die für den aufgrund von Transaktionsproblemen auftretenden Reibungsverlust stehen, vgl. Schmidt/Terberger (1997), S. 405. Demnach ist im Rahmen der Principal-Agent-Theorie die " ..optimale Finanzierungsweise .. dadurch gekennzeichnet, daß die aus den Interessenkonflikten resultierenden Marktwertminderungen minimiert werden", Hax/Hartmann-Wendels/von Hinten (1988), S. 711.

das durch Institutionen " ... zu bekämpfende `Übel', nicht die Schädigungsmöglichkeiten an sich."[14] Letztere sind nur der Ansatzpunkt für die Minderung der Effizienzverluste. Gläubigerschutz resultiert also aus diesen Schädigungsmöglichkeiten, während die Gefahr des vollständigen oder teilweisen Verlustes der Forderungen (Kreditausfallrisiko) über den Begriff des Gläubigerrisikos hinausgeht.[15]

Moral hazard-Risiken können etwa im Konsum- und Finanzierungsverhalten des Schuldners zutage treten. Fremdfinanzierungsbedingte Fehlanreize im Konsumverhalten liegen vor, wenn der Kreditnehmer erhöhte Entnahmen zu Konsumzwecken tätigt, wodurch er dem Gläubiger Zahlungen entzieht, auf die ansonsten zur Befriedigung der Forderungen hätte zurückgegriffen werden können. Im Finanzierungsbereich entsteht das Problem, dass der Kreditnehmer bei bereits bestehender Verschuldung den Anreiz hat, weiteres Fremdkapital aufzunehmen. Damit sinken für ihn die Fremdkapitalkosten dadurch, " ... daß er den zweiten Gläubiger teilweise mit Hilfe von etwas `bezahlt', auf das eigentlich schon ein anderer Gläubiger Anspruch hatte."[16] Die als Qualitätsunsicherheit bezeichnete Problematik äußert sich bei Kreditbeziehungen insbesondere darin, dass der Eigner vor Vertragsabschluss über die Ertragslage seiner Unternehmung und damit das Kreditausfallrisiko besser informiert ist als der potentielle Gläubiger.[17] In Kreditverträgen sind Gläubiger ausbeutungsoffen, weil nicht alle Handlungsalternativen der Eigner vollständig antizipiert werden können und ihnen damit vertraglich nicht begegnet werden kann.[18] Das Problem der Vertragsunvollkommenheiten verhindert einen perfekten individuellen Gläubigerschutz.[19]

Zwar kann der residual loss nur dann berechnet werden, wenn dessen Kenntnis nicht benötigt wird, vgl. Schneider (1987b), S. 485-487; ders. (1995b), S. 279. Die Idee des residual loss kann aber als gedankliche Richtschnur für die Frage dienen, inwieweit durch institutionelle Arrangements Informations- und Anreizprobleme reduziert werden (was einen Rückgang des residual loss bedeutet), vgl. Franken (2001), S. 27 f. Vgl. desweiteren zur Diskussion um die agency costs etwa Neus (1989).

14 Franken (2001), S. 39. Schädigungen, die nicht zu Effizienzverlusten führen, sind demnach unproblematisch, solange nur auf den Maßstab residual loss abgestellt wird. Gerechtigkeitsüberlegungen müssten hier ansetzen.

15 Vgl. Schmidt/Terberger (1997), S. 413; Schneider (1997), S. 110; Franken (2001), S. 57 f.
Vgl. grundlegend Schneider (1986), S. 2296: "Der elementarste Tatbestand des Wirtschaftens lautet: Unsicherheit im Einkommenserwerb und der Einkommensverwendung ist unvermeidlich. Rechtsetzungen und andere Institutionenbildungen können einen Teil, aber eben nur einen Teil der Unsicherheit künftigen Einkommenserwerbs und künftiger Einkommensverwendung beseitigen."

16 Schmidt/Terberger (1997), S. 421.

17 Der Gläubiger könnte daher versucht sein, dieses durch seine Unkenntnis bedingte Risiko in seinen Konditionen zu antizipieren, indem er einen entsprechenden Risikozuschlag berücksichtigt. Dadurch wird aber womöglich ein Prozess der Negativauslese (adverse selection) ausgelöst, vgl. z.B. Schmidt/Terberger (1997), S. 68; Hax/Hartmann-Wendels/von Hinten (1988), S. 710 f.; vgl. grundlegend zur adverse selection Akerlof (1970), S. 488-500.
Zur Kreditwürdigkeitsbeurteilung vgl. Moxter (1978b), S. 321-324.

18 Vgl. Spremann (1990), S. 569.

19 Vgl. Burger/Buchhart (1999), S. 18.

Bei haftungsbeschränkten Unternehmen macht Fremdfinanzierung eine Begrenzung der Ausschüttungen erforderlich. Denn ansonsten könnten die Eigner zusätzliches (gleichberechtigtes oder vorrangiges) Fremdkapital aufnehmen und diese Mittel ausschütten (fremdfinanzierte Ausschüttungen) oder das (fremdfinanzierte) Investitionsprogramm der Unternehmung ganz oder teilweise veräußern und die so erhaltenen Mittel ausschütten (liquidationsfinanzierte Ausschüttungen).[20] Auf beiden Wegen ist im Extremfall eine vollständige Entwertung der Ansprüche der (Alt-)Gläubiger möglich. Ausschüttungsbeschränkungen sind demnach notwendige Bedingungen für die Kreditvergabe an eine haftungsbeschränkte Unternehmung.[21]

Es kommen explizite Beschränkungen der Ausschüttungen an die Anteilseigner (direkte Ausschüttungsrestriktion oder Ausschüttungsrestriktion i.e.S.) sowie indirekte Ausschüttungsrestriktionen, die etwa auf die Einhaltung bestimmter Finanzierungsregeln, auf Beschränkungen zur Aufnahme gleich- oder bevorrechtigten Fremdkapitals (me-first rules) oder zur Veräußerung des Investitionsprogramms (Kreditsicherheiten) abzielen, in Frage.[22] Sind sie gesetzlich nicht geregelt, so lässt der Eigner-Gläubiger-Konflikt entsprechende Bestimmungen in privaten Kreditverträgen erwarten.[23]

Direkte Ausschüttungsrestriktionen können gegenüber einer Beschränkung der Liquidations- und Neuverschuldungsmöglichkeiten eine zweckmäßige Alternative darstellen. Denn womöglich erschweren Sicherheiten solche Desinvestitionen, die Teil einer gesamtwertmaximalen Unternehmenspolitik sind, d.h. sie sind nicht kostenlos; ebenso kann ein generelles Verbot zur Aufnahme neuen (gleichberechtigten) Fremdkapitals eine gesamtwertmaximale Unternehmenspolitik verhindern. Direkte Ausschüttungsrestriktionen gewinnen vor allem dann an Bedeutung, wenn die Unternehmung nur über wenige Kreditsicherheiten verfügt und die Rückzahlung des Kredits im wesentlichen aus den zukünftigen Einzahlungsüberschüssen erfolgt (cash flow based lending).[24]

---

20 Vgl. Ewert (1986), S. 65 f.; Kalay (1982), S. 212; Hartmann-Wendels (1986), S. 210; Wagenhofer (1993a), S. 248. Die Neu-Gläubiger erhalten eine risikoäquivalente Verzinsung.

21 Vgl. Leuz (1996), S. 65; Franken (2001), S. 65. Vgl. zu einem Überblick über gläubigerschützende Institutionen Franken (2001), S. 58-76.

22 Vgl. John/Kalay (1982), S. 467 f.; Leuz (1996), S. 65.

23 Vgl. Ewert (1986), S. 66 f. Kreditvertraglich vereinbarte Beschränkungen der Ausschüttungen lassen sich in haftungsbeschränkten Unternehmen schon seit Beginn des 17. Jahrhunderts nachweisen, vgl. Watts (1977), S. 5; French (1977), S. 306 f.

24 Vgl. Leuz (1996), S. 65.

Die Ausschüttungsrestriktion muss um Institutionen zum Abbau der ex ante- und ex post-Informationsasymmetrie ergänzt werden. Die Gläubiger benötigen Informationen über die zeitliche Verteilung, Unsicherheit und Breite des zukünftigen Zahlungsstroms (Prognoseinformationen) sowie Informationen über die realisierten Zielbeiträge (Kontrollinformationen).[25] Ohne eine Schutzinstitution, die die Gläubiger mit den nötigen Informationen versorgt, kann es nicht zu einer effizienten Allokation kommen.[26] M.a.W. " ... ein effizientes Schutzinstitutionenset zur Verringerung von Gläubigerrisiken beinhaltet stets die Rechnungslegung."[27]

Während der bilanzielle Gläubigerschutz in Deutschland primär auf der Ausschüttungsbegrenzung basiert, zielen internationale Rechnungslegungsstandards auch bezüglich der Gläubiger auf die Informationsvermittlung ab. *Kübler* bringt dies vergleichend " ... auf die Formel eines Gegensatzes von institutionellem und informationellem Gläubigerschutz .."[28]. Es ist zu betonen, dass die Formulierung eines solchen Gegensatzes nur vor dem Hintergrund der unterschiedlichen Zwecksetzungen der Periodisierungsregeln nach HGB und US-GAAP und der Frage der Existenz eines zu erhaltenden Haftungskapitals sinnvoll erscheint, sich also nicht auf die Gesamtheit der Schutzinstitutionen in Deutschland und den USA beziehen kann. Denn auch der Gläubigerschutz in den USA ist natürlich keineswegs rein "informationell", was in Gliederungspunkt 4.3.1. im Einzelnen deutlich werden wird.

Dass Gläubigerschutz im Wege der Informationsvermittlung nur begrenzt gelingen kann, wurde in dieser Arbeit bereits erörtert. Aus den in den Gliederungspunkten 3.1.2.2. und 3.1.2.3. angeführten Gründen ist eine sinnvolle Prognose der Zahlungsüberschüsse späterer Perioden auf Basis der Bilanz nur sehr begrenzt möglich.[29] Die Bilanz kann nur eingeschränkt Informationen über die Schuldendeckungsmöglichkeiten bei Unternehmensfortführung geben.[30] Folglich liefert ein Jahresabschluss bei Kreditwürdigkeitsbeurteilungen nur einen ersten

---

25 Vgl. Moxter (1966), S. 51; Franken (2001), S. 63. Grundsätzlich reicht es für Gläubiger aus, darüber informiert zu werden, in welchen Umweltzuständen sie mit Ausfällen rechnen müssen und in welchen Umweltzuständen ihre Ansprüche erfüllt werden. Vgl. Schmidt/Terberger (1997), S. 413. Insbesondere wenn die Gläubiger den Informationen nicht vertrauen können, benötigen auch sie Informationen über den gesamten Zahlungsstrom, vgl. Franken (2001), S. 80.

26 Vgl. Faß (1992), S. 76; Wagenhofer (1993a), S. 251.

27 Franken (2001), S. 5. Die externe Rechnungslegung lässt sich deshalb " ... als gesetzlich geregelter Teil der Allgemeinen Geschäftsbedingungen von Finanzierungsverträgen ansehen", Elschen (1998), S. 558.

28 Kübler (1995b), S. 370; ders. (1995a), S. 560 f.

29 Vgl. Moxter (1978b), S. 321 f.

30 Vgl. Moxter (1974), S. 224; ders. (1984a), S. 88 f. Zur statischen Bilanztheorie vgl. Simon (1886); Moxter (1984a), S. 5-28.

Anknüpfungspunkt zur Entwicklung eines aussagefähigen Kreditstatus;[31] notwendig sind Zusatzinformationen, wie z.B. über bestehende Vorrechte Dritter, bestehende Haftungszusagen, schwebende Kauf-, Miet-, Pacht- und Pensionsverträge sowie etwa Produktions- und Absatzrisiken.[32]

Auch ein Jahresabschluss auf Basis internationaler Rechnungslegungsstandards ist deshalb konzeptionell unzweckmäßig für den informationellen Gläubigerschutz.[33] Vielmehr liegt in der Publikation von Finanzplänen der einfachste und direkteste Weg, die Gläubiger über die zukünftigen Zahlungsströme des Unternehmens zu informieren.[34] Aufgrund der Schwierigkeit von Prognoseprüfungen sind mit der Publikation von Finanzplänen aber massive Glaubwürdigkeitsprobleme verbunden.[35] Es wird daher vorgeschlagen, nachprüfbare, prognosegeeignete Informationen zu veröffentlichen, die es dem Gläubiger ermöglichen, seine eigenen Prognosen über die Zahlungsströme zu erstellen,[36] oder Finanzpläne neben nachprüfbaren, prognosegeeigneten Informationen zu veröffentlichen, so dass der Gläubiger die Prognose des Schuldners ungeprüft übernehmen, sie auf Übereinstimmung mit den zusätzlichen Informationen überprüfen oder mittels der zusätzlichen Informationen eigene Prognosen anstellen kann.[37]

---

31 Vgl. im Einzelnen Krümmel (1962), S. 137-151; Moxter (1978b), S. 321-324.

32 Vgl. Stützel (1967), S. 336.

33 Vgl. auch Bauman (1996), S. 26; a.A. etwa Böcking (2001), S. 1437; Niehues (2001), S. 1219 f.; Busse von Colbe (2002), S. 170; Sprissler (2001), S. 96 u. 102: " ... nicht die vorsichtige Ermittlung eines verteilbaren Gewinns, sondern die Vermittlung entscheidungsrelevanter Informationen sichert den besseren Schutz des Gläubigers." Im Original z.T. Fettdruck.
Nach den Untersuchungen von Baetge zur Insolvenzprognose lassen sich auf Basis der US-GAAP die Fehlklassifikationen nicht auf den nach HGB erreichbaren Umfang reduzieren, d.h. das HGB ist informativer als die US-GAAP. Vgl. Baetge (2000), S. 23-44.

34 Vgl. im Einzelnen Moxter (1966). Zur Kritik des finanzplanorientierten Tableaus von Moxter vgl. Egner (1974), S. 164 u. 171-177. Zu einem ähnlichen Vorschlag vgl. Maul (1968), S. 537-542, zur Würdigung Hemmerde (1985), S. 444-447.

35 Vgl. Egner (1974), S. 170; Schreiber (1986), S. 60; Pannen (2000), S. 121.

36 Vgl. Streim (1995), S. 718.
Für einen bilanziellen Gläubigerschutz (statt Finanzplan) spricht ausserdem, dass in amerikanischen Kreditverträgen in aller Regel auf einen bilanziellen Gewinn zurückgegriffen wird (vgl. Gliederungspunkt 4.4.2.), obwohl in US-Jahresabschlüssen geprüfte Cash-Flow-Informationen zur Verfügung stehen. Dieser Umstand lässt " ... auf eine mangelnde Eignung von Zahlungsüberschüssen zur Ausschüttungsbeschränkung schließen ..", Leuz (1996), S. 235.
Leuz begründet den bilanziellen (statt auf einem Zahlungsüberschuss basierenden) Gläubigerschutz über das Konzept einer transaktions- und ereignisorientierten Feinsteuerung des ausschüttungsfähigen Betrags, vgl. hierzu Leuz (1996), S. 101-200. Leuz zieht dabei die prospektive Theorie des kaufmännischen Rechnungswesens von Ordelheide heran, um sich gegen die vergangenheitsorientierte Sichtweise der bilanziellen Gewinnermittlung zu wenden, vgl. Leuz (1996), S. 184-186; Ordelheide (1988a, 1988b und 1989); Bärtl (2001), S. 96-104.

37 So Franken (2001), S. 81.

Rechnungslegung ist zum Abbau der ex ante- und ex post-Informationsasymmetrie zwar notwendig. Ein informationeller Gläubigerschutz, auch auf Basis der US-GAAP/IAS, ist aber nicht ausreichend. Deshalb stehen im Folgenden Ausschüttungsbegrenzungen und das Konzept der Nominalkapitalerhaltung als Instrumente des Gläubigerschutzes im Zentrum der Betrachtung. Zunächst soll erörtert werden, inwieweit Ausschüttungsrestriktionen Gläubiger wirksam schützen können; es wird der Frage nach den Wirkungen einer Ausschüttungsrestriktion auf den Marktwert einer Unternehmung und die Position der Gläubiger nachgegangen (Gliederungspunkt 4.1.2). Sodann wird die Wirksamkeit eines Verlustpuffers, also des Konzepts der Nominalkapitalerhaltung, diskutiert.

4.1.2. Ökonomische Wirkungen von Ausschüttungssperren: Unter- und Überinvestitionsprobleme

Reichtumsverlagerungsmöglichkeiten zwischen Gläubiger und Eigner können sich nicht nur über liquidations- und fremdfinanzierte Ausschüttungen, sondern gerade auch im Zuge der Investitionspolitik ergeben. Denn aus der Aufteilungsregel der Fremdfinanzierung können Interessenkonflikte zwischen Gläubiger und Schuldner entstehen. Da die Eigner nur noch an den Zahlungsüberschüssen aus dem Investitionsprogramm interessiert sind, die ihnen nach Befriedigung der Gläubiger verbleiben, kann es zu Reichtumsverlagerungen zwischen Gläubigern und Schuldner kommen. "Die Eigner tragen bei riskanter Fremdfinanzierung weder die *vollen* (negativen) Konsequenzen ihrer Entscheidungen, noch erhalten sie *alle* positiven Folgen."[38]

So kommt es zu investitionsinduzierten Vermögenstransfers zugunsten der Eigner dadurch, dass die Unternehmung nach Abschluss des Vertrages riskantere Investitionen eingeht, indem das bisherige Investitionsprojekt liquidiert wird und die Mittel sodann in ein riskanteres Projekt investiert werden (asset substitution) oder eine riskantere als bei der Aufnahme des Fremdkapitals mit den Gläubigern vereinbarte Investitionspolitik gefahren wird (risk shifting).[39] Es steigt damit nicht nur der Erwartungswert der Zahlungsüberschüsse, sondern auch das Insolvenzrisiko. Der Anreiz für den Schuldner, das Risiko des Investitionszahlungsstroms zu erhöhen, resultiert aus der für eine Fremdfinanzierung charakteristischen Teilungsregel.[40]

---

38 Leuz (1996), S. 63.

39 Vgl. Leuz (1996), S. 66; a.A. Weiss/Heiden (2000), S. 37.

40 Vgl. Schmidt/Terberger (1997), S. 415-418. Der Gläubiger kann in der Regel nicht kontrollieren, wie risikoreich die von der Unternehmung durchgeführten Investitionen sind; er wird daher darauf bedacht

Eine den Gesamtwert der Unternehmung maximierende Investitions- und Finanzierungspolitik ist damit nicht mehr sichergestellt. Die Vorteilhaftigkeit einer Investition für den Eigner hängt nun nicht mehr nur allein vom Kapitalwert, sondern auch von den damit verbundenen Vermögenstransfers ab. "Eine aus der Sicht der Eigner optimale Investitionspolitik führt bei riskanter Fremdfinanzierung .. nicht mehr `automatisch´ zur Maximierung des Marktwerts der Unternehmung."[41] So werden die Eigner von zwei sich gegenseitig ausschließenden Investitionsprojekten das riskantere auch bei einem niedrigeren Kapitalwert realisieren, solange der durch die Wahl dieses Projekts hervorgerufene Marktwertverlust durch einen Vermögenstransfer von den Gläubigern zu den Eignern überkompensiert wird (Risiko-Anreiz-Problem).

Moral hazard-Probleme äußern sich auch im Unterinvestitionsproblem; dieses besteht darin, dass bei bereits bestehender umfangreicher Fremdfinanzierung es sich für den Eigner nicht mehr in jedem Fall lohnt, vorteilhafte Investitionen mit Eigenmitteln zu finanzieren. Denn in diesem Fall käme es zu einer faktischen "Nachbesicherung" der risikobehafteten Gläubigerpositionen, indem mit den Erträgen dieser Investition zunächst Gläubiger befriedigt werden müssten, die ansonsten leer ausgegangen wären. Der dann verbleibende Rest der Erträge kann eine Durchführung der Investition häufig nicht rechtfertigen. Während also die Investitionsauszahlung der Schuldner zu tragen hätte, erhöhten die Einzahlungen aus der Investition vor allem den Wert der Gläubigerposition, so dass auf die Durchführung der Investition trotz positivem Kapitalwert verzichtet wird. Die Unterlassung der Investition führt im Ergebnis zu einem höheren Marktwert des Eigenkapitals als ihre Durchführung.[42]

Eine Unternehmung mag auch bereit sein, in ein Projekt mit negativem Kapitalwert zu investieren (Überinvestition). "Investitionsprojekte mit negativem Kapitalwert sind für die Eigner dann vorteilhaft, wenn die *Auszahlungs*überschüsse (überwiegend) in den Insolvenzzuständen auftreten und der Marktwertverlust aufgrund des negativen Kapitalwerts durch Vermögenstransfers zugunsten der Eigner überkompensiert wird."[43]

---

sein, die Vertragskonditionen so zu gestalten, dass sie zu dem von ihm gewünschten Verhalten des Agents führen. Vgl. Spremann (1990), S. 571. Schmidt/Terberger zeigen, dass sich durch die Berücksichtigung einer Risikoprämie dem erhöhten Ausfallrisiko in bestimmten Fällen nicht begegnen lässt, während über eine Beschränkung des Kreditbetrags der Agent davon abgehalten werden kann, die riskantere Investitionspolitik zu betreiben, vgl. Schmidt/Terberger (1997), S. 417 f.

41 Leuz (1996), S. 67.

42 Vgl. Niedernhuber (1988), S. 51; Schmidt/Terberger (1997), S. 419; im Einzelnen Myers (1977).

43 Leuz (1996), S. 69.

Das Entstehen von Unter- und Überinvestitionsproblemen erklärt sich aus den Wirkungen von Ausschüttungsrestriktionen. Direkte Ausschüttungsrestriktionen wirken unter bestimmten Bedingungen als Mindestinvestitionsverpflichtung, d.h. bei einem positiven Zahlungsüberschuss aus dem Umsatzprozess müssen die einzubehaltenden Teile dieses Umsatzüberschusses investiert werden, sowie als Mindesteigenfinanzierungsverpflichtung für neue Investitionen; letztere müssen demnach mindestens in Höhe der Ausschüttungsrestriktion eigenfinanziert werden.[44]

Diese Überlegungen lassen sich anhand des sog. einfachen Finanzierungsszenarios, in dem neue Investitionen nur mit Eigenkapital finanziert werden können,[45] verdeutlichen. Eine Schädigung der Gläubiger durch liquidations- oder fremdfinanzierte Ausschüttungen ist in diesem Szenario also nicht möglich; für das Zustandekommen riskanter Fremdfinanzierung ist eine Ausschüttungsrestriktion in diesem Szenario daher nicht notwendig, zur Beeinflussung der Investitionspolitik aber womöglich sinnvoll.

Bei zusätzlichen zwar unsicheren, aber stets nichtnegativen Zahlungsüberschüssen ist eine Schädigung der Gläubiger durch neue Investitionen nicht möglich; denn in diesem Fall stehen den Gläubigern in jedem Umweltzustand Zahlungsüberschüsse in mindestens gleicher Höhe zur Befriedigung ihrer Ansprüche zur Verfügung, so dass sich die Position der Gläubiger nur verbessern kann.[46]

Unterinvestitionsprobleme treten in diesem Szenario auf, sofern der Kapitalwert der eigenfinanzierten Investition an die Gläubiger geht.[47] Sofern direkte Ausschüttungsrestriktionen also ein Einbehaltungserfordernis für Teile des Umsatzüberschusses und somit eine zwingende Mindestinvestitionsverpflichtung formulieren, können sie Unterinvestitionsprobleme im einfachen Szenario reduzieren.

---

44 Vgl. im Einzelnen Smith/Warner (1979), S. 132 f.; Kalay (1982), S. 214 f.; Leuz (1996), S. 71-76.

45 In der agencytheoretischen Literatur wird zur Analyse von Ausschüttungsrestriktionen vorwiegend von diesem Szenario ausgegangen, vgl. z.B. John/Kalay (1982). Ewert analysiert auch das komplexe Finanzierungsszenario, in dem die Eigner neue Investitionen nicht nur mit Eigenkapital, sondern auch über Neuverschuldung oder Liquidationen finanzieren können, vgl. hierzu Ewert (1986); Leuz (1996), S. 69-71 u. 79-83.

46 Vgl. Ewert (1984), S. 829 f.

47 Vgl. Ewert (1986), S. 156; ders. (1984), S. 825; Leuz (1996), S. 77.

Beispiel 1:[48]

Ausgangsdaten:
Eine haftungsbeschränkte Unternehmung wird in t=2 liquidiert. Zu diesem Zeitpunkt wird ein Kredit i.H.v. 500 TGE fällig und werden folgende Einzahlungsüberschüsse EZÜ (U) aus dem bestehenden fremdfinanzierten Investitionsprogramm für die einzelnen Umweltzustände s mit ihren Eintrittswahrscheinlichkeiten $\pi(s)$ erwartet:

s	1	2	3
$\pi(s)$	1/3	1/3	1/3
EZÜ (U)	600	100	800

Betrachtet wird der Zeitpunkt t=1. Es soll ein Bestand an liquiden Mitteln i.H.v. 100 TGE gegeben sein (Umsatzüberschuss). Diese Mittel können am Kapitalmarkt alternativ in eine risikolose Anlage investiert oder in die im Folgenden zu betrachtenden Realinvestitionsprojekte investiert oder ausgeschüttet werden. Die Realinvestitionsprojekte erfordern jeweils eine Auszahlung i.H.v. 100 TGE. Zur Vereinfachung wird von einem Kapitalmarktzins i.H.v. 0% ausgegangen.

Im Folgenden sei das Realinvestitionsprojekt A gegeben, das folgende Rückflüsse in t=2 aufweist:

s	1	2	3
$\pi(s)$	1/3	1/3	1/3
EZÜ (A)	110	120	100

C_0 (A) = 10

Die Tabelle zeigt die Marktwerte in t=0.

	Marktwert EK	Marktwert FK	Gesamtmarktwert
Ausschüttung	233,33	366,67	600
Realinvestition A	203,33	406,67	610
Kapitalmarktanlage	200	400	600

Ohne Ausschüttungsrestriktion würde die Unternehmensleitung 100 TGE in t=1 ausschütten, anstatt in das vorteilhafte Projekt A zu investieren. Es käme zu einer Unterinvestition, die daraus resultiert, dass in s=2 der EZÜ (A)=120 an die Gläubiger fällt. Wirkt die Ausschüttungsrestriktion als Investitionsverpflichtung, so wird A und damit die gesamtwertmaximale Investitionspolitik realisiert (effiziente Restriktion). Es kommt zu einer Positionsverbesserung für die Gläubiger (406,67 statt 366,67) und der Gesamtmarktwert steigt um den Kapitalwert der Investition A.

Im einfachen Finanzierungsszenario können Überinvestitionen bei einer Ausschüttungsrestriktion mit einer über das gesamtwertmaximale Investitionsvolumen hinausgehenden Mindestinvestitionsverpflichtung auftreten, d.h. die Investition wäre vor Einführung der Ausschüttungssperre aufgrund des negativen Kapitalwerts nicht durchgeführt worden (restriktionsinduzierte Überinvestition).[49]

48 Zu ähnlichen Beispielen vgl. Leuz (1996), S. 83-86.

49 Vereinfachend wird hier von begrenzten Investitionsmöglichkeiten mit nichtnegativem Kapitalwert ausgegangen. Vgl. im Einzelnen Leuz (1996), S. 77-79 sowie das Beispiel III.1, S. 84 f.; Ewert (1986), S. 186-194.

Beispiel 2:

Unter Geltung der Ausgangsdaten des Beispiels 1 sei ein Realinvestitionsprojekt B mit folgenden Rückflüssen in t=2 gegeben:

s	1	2	3
$\pi(s)$	1/3	1/3	1/3
EZÜ (B)	120	40	110

C_0 (B) = -10

	Marktwert EK	Marktwert FK	Gesamtmarktwert
Ausschüttung	233,33	366,67	600
Realinvestition B	210	380	590
Kapitalmarktanlage	200	400	600

Ohne Ausschüttungsrestriktion werden die Eigner die liquiden Mittel ausschütten. Mit Ausschüttungsrestriktion in t=1 für sämtliche Zahlungen wird B realisiert. Folglich kommt es zu einer Überinvestition aufgrund der Ausschüttungssperre. Die Position der Gläubiger verbessert sich (von 366,67 auf 380); es tritt ein Marktwertverlust der Unternehmung in Höhe des negativen Kapitalwerts der Investition B ein (ineffiziente Restriktion).

Unter der Annahme nichtnegativer Zahlungsüberschüsse neuer Investitionen können Überinvestitionen für die Eigner niemals vorteilhaft sein, vielmehr führen sie zu einer Erhöhung des Marktwerts der Gläubigeransprüche bei gleichzeitiger Verminderung des Marktwerts der Unternehmung. Zieht man demnach den Marktwert der Ansprüche der Gläubiger als Bezugsmaßstab für den Gläubigerschutz heran, so zeigt sich bereits im einfachen Finanzierungsszenario, dass eine Maximierung der Ansprüche der Gläubiger nicht notwendig mit einer Maximierung des Marktwerts der Unternehmung verbunden ist. "Ein solcher `Gläubigerschutz´ ist .. unter Effizienzgesichtspunkten abzulehnen."[50] Die agencytheoretische Analyse orientiert sich an der Verringerung von Anreizproblemen bzw. der Steigerung des Marktwerts der Unternehmung.[51]

Bei negativen Zahlungsüberschüssen neuer Investitionen kann es zu Schädigungen der Gläubiger kommen.

---

[50] Leuz (1996), S. 89.

[51] Vgl. Leuz (1996), S. 90.

Beispiel 3:
Unter Geltung der Ausgangsdaten des Beispiels 1 sei ein Realinvestitionsprojekt C mit folgenden Rückflüssen in t=2 gegeben:

s	1	2	3
$\pi(s)$	1/3	1/3	1/3
EZÜ (C)	180	-100	190

C_0 (C) = -10

	Marktwert EK	Marktwert FK	Gesamtmarktwert
Ausschüttung	233,33	366,67	600
Realinvestition C	256,67	333,33	590
Kapitalmarktanlage	200	400	600

Unabhängig von einer Ausschüttungsbegrenzung ist das Projekt C für die Eigner vorteilhaft. Das Überinvestitionsproblem resultiert hier aus dem negativen EZÜ in s=2 und dem damit verbundenen Vermögenstransfer zugunsten der Eigner. Das moral hazard-Problem ist hier über eine Ausschüttungsbegrenzung nicht zu beseitigen (Positionsverschlechterung für die Gläubiger von 366,67 auf 333,33). Es tritt ein Gesamtmarktwertverlust in Höhe des negativen Kapitalwertes des Projektes C ein.

Bei negativen Zahlungsüberschüssen aus dem Realinvestitionsprojekt können Überinvestitionen nicht nur die Gläubiger, sondern auch die Eigner schädigen. Demnach ist offen, ob Ausschüttungssperren in jedem Falle im Interesse der Gläubiger liegen, selbst wenn der Schutz der Gläubiger vorrangig sein sollte.[52]

Beispiel 4:

Unter Geltung der Ausgangsdaten des Beispiels 1 sei ein Realinvestitionsprojekt D mit folgenden Rückflüssen in t=2 gegeben:

s	1	2	3
$\pi(s)$	1/3	1/3	1/3
EZÜ (D)	-70	-80	300

C_0 (D) = -50

	Marktwert EK	Marktwert FK	Gesamtmarktwert
Ausschüttung	233,33	366,67	600
Realinvestition D	210	340	550
Kapitalmarktanlage	200	400	600

Ohne Ausschüttungssperre käme es zur Ausschüttung. Mit Ausschüttungssperre kommt es zur Überinvestition. Die Ausschüttungssperre ist nicht nur ineffizient (Gesamtmarktwertverlust in Höhe des negativen Kapitalwertes des Projektes D), sie schädigt auch die Gläubiger (340 statt 366,67).

Die Ergebnisse lassen sich dahingehend zusammenfassen, " ... daß je nach gegebenen Investitions- und Finanzierungsalternativen strenge Ausschüttungsbegrenzungsregeln für den umsatzbezogenen Zahlungsüberschuß Unter- und Überinvestitionsprobleme sowohl mindern als

52 Vgl. Schreiber (1999), S. 892.

auch verschärfen können, so daß die optimale Strenge von Ausschüttungsbegrenzungsregeln situationsabhängig ist."[53] Für die Frage nach den Wirkungszusammenhängen zwischen dem maximal ausschüttungsfähigen Betrag und der Investitionspolitik ist prinzipiell nicht entscheidend, ob die Ausschüttungssperre auf Basis einer bilanziellen Gewinnermittlung oder einer reinen Zahlungsrechnung formuliert ist. Unterschiedliche Formulierungen der Ausschüttungsrestriktion sind letztlich Variationen des Parameters für die Strenge der Ausschüttungsrestriktion.[54] Auch für eine bilanzielle Ausschüttungsbeschränkung gilt, dass das optimale Einbehaltungserfordernis von den konkreten Investitions- und Finanzierungsmöglichkeiten in der betreffenden Situation abhängt. Ein höheres Einbehaltungserfordernis aufgrund einer vorsichtigen Gewinnermittlung kann daher auch zu einer Positionsverschlechterung für die Gläubiger führen.[55] *Leuz* kommt zu der Schlussfolgerung:

> "Eine Verringerung des ausschüttungsfähigen Betrags durch eine `vorsichtigere´ Gewinnermittlung führt .. nicht immer zu einer Positionsverbesserung für die Gläubiger und kann deshalb nicht einfach mit Gläubigerschutz gleichgesetzt werden. Die weit verbreitete Vorstellung, eine vorsichtige Gewinnermittlung sei gläubigerschützend, orientiert sich an der nominell vorhandenen Haftungsmasse und vernachlässigt die Anreize einer Ausschüttungsbegrenzung auf die Investitionsentscheidungen der Unternehmensleitung."[56]

Allerdings weist *Ewert* selbst daraufhin, dass für die Interpretation seiner Ergebnisse die von ihm gesetzten engen Prämissen zu beachten sind.[57] Insbesondere kennen die Gläubiger sämtliche Schädigungsmöglichkeiten der Eigner, ist der Ausgangsvertrag vollständig sowie dessen Durchsetzung kostenlos möglich und wird vorvertragliche Informationsasymmetrie ausgeblendet; unter diesen Annahmen tragen die Eigner die Verluste.[58] Gläubiger verfügen über die genannten Informationen in der Realität aber gerade nicht. Kapitalmärkte sind unvollständige Zukunftsmärkte, auf denen sich Risiken nicht vollständig über den Markt absichern lassen. Gläubiger können nicht alle Handlungsalternativen der Eigner vollständig antizipieren und ihnen folglich vertraglich auch nicht begegnen. Nur bei vollkommener Voraussicht wäre es

---

53 Ballwieser (1996a), S. 517.

54 Vgl. Ewert (1986), S. 168 f., 234, 345; Leuz (1996), S. 32, 91-93. Es ist zu beachten, dass die agencytheoretische Betrachtung i.d.R. einperiodig ist; mit ihr können die Wirkungen bilanzieller Ausschüttungsbegrenzung daher nur begrenzt beurteilt werden, vgl. Leuz (1996), S. 91-98 m.w.N.

55 Vgl. Ewert (1986), S. 251. Idealerweise sollte ein Imparitätsprinzip demnach nur in solchen Umweltzuständen zur Anwendung kommen, in denen ein entsprechendes Einbehaltungserfordernis zur Reduktion von Unterinvestitionsproblemen oder zur Minderung von Überinvestitionsproblemen in Verbindung mit fremd- oder liquidationsfinanzierten Investitionen beitragen kann, vgl. Leuz (1996), S. 218.

56 Leuz (1996), S. 90.

57 Vgl. Ewert (1986), S. 389.

58 Vgl. Leuz (1996), S. 171, im Einzelnen S. 171-176.

möglich, vollständige Verträge zu schließen, d.h. Verträge, in denen jede zukünftige Entwicklung vertraglich berücksichtigt ist.[59]

Aufgrund dieser Vertragsunvollkommenheiten und damit vom Einzelfall abhängiger Schädigungsmöglichkeiten ist die Erwartung plausibel, dass Gläubiger bei der Formulierung der Ausschüttungsrestriktion einer vorsichtigen Gewinnermittlung den Vorzug geben. Gläubiger dürften ein Interesse an einer Absicherung über einen Verlustpuffer haben, der aufgrund vorsichtiger Ansatz- und Bewertungsregeln nicht vorschnell angegriffen wird. Die Wirksamkeit des Prinzips der Nominalkapitalerhaltung wird im folgenden Gliederungspunkt untersucht.

4.1.3. Problematik der Nominalkapitalerhaltung

Das gesetzliche Garantiekapital hat in erster Linie für den Schutz von Deliktsgläubigern Bedeutung. Unter Deliktsgläubigern sind die nicht-rechtsgeschäftlichen Gläubiger, d.h. die Opfer von Delikten zu verstehen.[60] Letztere können sich nicht durch vertragliche Vereinbarungen vor Ausfällen schützen; ihnen wird die Rolle des Gläubigers gewissermaßen aufgedrängt, wie etwa dem " ... Klempner, der in die Firma gerufen wird, um einen Wasserrohrbruch abzudichten [und] sich nicht erst Verträge und Bilanzen vorlegen läßt, um anhand dieser Unterlagen abzuwägen, ob er den Auftrag nur dann ausführen soll, wenn ihm besondere Sicherheiten oder ein Risikoaufschlag ... zugestanden worden sind."[61] Für Deliktsgläubiger ist evident, dass ihnen Bilanzinformation wenig nützt.

Demgegenüber können sich Vertragsgläubiger grundsätzlich durch Verträge hinreichend sichern; durch eine entsprechende Zusammensetzung ihres Portefeuilles (Laufzeit des Kredits, Höhe des Zinssatzes, Sicherheiten u.a.) können sie die Risiken diversifizieren. Daher ist im Grundsatz davon auszugehen, dass Vertragsgläubiger nicht auf zwingende Regeln des Gesellschaftsrechts angewiesen sind.[62] Größere Finanzgläubiger können womöglich auf Bilanzinformationen völlig verzichten, weil ihnen das Kreditverhältnis genügend Einblicke in das

59 Vgl. Hart (1995), S. 21-28.
60 Vgl. Klose-Mokroß (1997), S. 86.
61 Kübler (1991), S. 408. Vgl. auch Bauer (1995), S. 106 f.; Lutter (1998), S. 376.
62 Vgl. Kübler (1998b), S. 328; Klose-Mokroß (1997), S. 93-161; Euler (2002), S. 879. Aufgrund der Vielfalt der bestehenden Sicherungsmöglichkeiten besteht nach Klose-Mokroß " ... kein Anlaß, das Gesellschaftsrecht zusätzlich mit institutionellem Gläubigerschutz zu überfrachten, der ... das Hauptübel der Aufzehrung des Garantiekapitals durch Verluste auch gar nicht zu beseitigen vermag", Klose-Mokroß (1997), S. 167.

Unternehmen verschafft. Zuverlässige Information dürfte für die Vertragsgläubiger nützlicher sein als ein letztlich ungewisses Sicherheitspolster in Form stiller Reserven.[63] Finanzgläubiger sind durch Ausschüttungssperren besser geschützt als durch Bilanzinformation, wenn die Informationen irrtums- oder manipulationsbehaftet sind.[64]

Da nicht jedem Gläubiger die Möglichkeit offensteht, im Rahmen seiner Verhandlungsmacht vertragliche Vereinbarungen zu erreichen und darüber hinaus jede Vertragslösung Transaktionskosten verursacht, sind gesetzliche Regelungen zur Sicherung einer angemessenen Eigenkapitalausstattung ökonomisch begründbar. Beim Gläubigerschutz geht es damit in erster Linie um den Schutz unfreiwilliger und anderer ungesicherter Gläubiger.[65]

Allerdings können durch die Höhe des gesetzlich vorgeschriebenen Mindestnennkapitals (§§ 5 Abs. 1 GmbHG, 7 AktG) keine Gläubigerverluste in nennenswerter Höhe aufgefangen werden,[66] wenn auch "Idee und Ausgestaltung dieses Garantiefonds zum Gläubigerschutz ... [als; Anm. d. Verf.] eine Kulturleistung des europäischen Rechts"[67] gelten. Die hohe Zahl an Insolvenzen insbesondere in der Rechtsform der GmbH, die hohe Zahl von Konkursabwicklungen mangels Masse und die ausgeprägte Häufigkeit von Insolvenzen in den ersten Jahren nach der Gründung lassen erkennen, dass die Mindestkapitalisierungserfordernisse einen wirksamen Gläubigerschutz nicht vermitteln können.[68] Nach *Schildbach* lehrt die Erfahrung

---

63 Vgl. Burger/Buchhart (2000), S. 2200; Kübler (1998b), S. 330.

64 Vgl. Siegel (1997), S. 124.

65 Vgl. Siegel (1997), S. 135; Streim (1988), S. 23; Westermann (1971), S. 8; kritisch Niehues (2001), S. 1215 f.

66 Vgl. Niederleithinger (1998), S. 378; Schuster (1998), S. 380; Walter (1998), S. 371.
Zur Diskussion um nominelle, substantielle und reale Kapitalerhaltung vgl. im Einzelnen Krümmel (1992), S. 307-320; Jacobs/Schreiber (1979); Münstermann (1963), S. 67 ff.; Hax (1957); Wenger (1981).

67 Wiedemann (1968), S. 6.

68 Vgl. Zimmer (1996), S. 327; Fabricius (1970), S. 140; Wiedemann (1968), S. 18; a.A. Immenga (1970), S. 402; Winkler (1969), S. 1205. Daher stellt nach Fabricius das Stammkapital " ... unter dem Blickwinkel eines Gläubigerschutzes eine Ideologie dar", Fabricius (1970), S. 140.
Die Gläuberschutzfunktion der Mindestkapitalziffer wird nicht als deren einzige Begründung diskutiert, vgl. Klose-Mokroß (1997), S. 64-70; Bauer (1995), S. 134-138; Fabricius (1970), S. 137 ff. So wird die sog. signaling-Wirkung der Nennkapitalziffer diskutiert, d.h. eine hohe, den gesetzlichen Mindestbetrag deutlich übersteigende Nennkapitalziffer kann "... durchaus geeignet sein, potentielle Geldgeber von der Glaubwürdigkeit der Zukunftsschätzungen der Gesellschafter zu überzeugen und damit die Kreditwürdigkeit der Gesellschaft zu erhöhen", Bauer (1995), S. 277; vgl. hierzu Schneider (1992a), S. 653 f.
Es bestehen weitere gesellschaftsrechtliche Kritikpunkte. Z.B. ist zwar vom Vorstand der AG bzw. von der Geschäftsleitung einer GmbH eine Haupt- bzw. Gesellschafterversammlung einzuberufen, wenn sich aus der Jahresbilanz, einer Zwischenbilanz oder auf andere Weise ergibt, dass die Hälfte des Grund- bzw. Stammkapitals verloren ist (§§ 92 Abs. 1 AktG, 49 Abs. 3 GmbHG), wobei die Ansatz- und Bewertungsgrundsätze für den Jahresabschluss maßgebend sind. Mit diesem Verfahren soll aber eher den Anteilseignern die Gelegenheit gegeben werden, über Fortführung oder Liquidation der Gesellschaft zu entscheiden (vgl. Müller, E. (1985), S. 194; Bauer (1995), S. 274; Mertens (1983), S. 175 f.) als ein zusätzlicher Gläubigerschutzmechanismus eingerichtet werden, der mit dem für die Hauptversammlung geltenden Öffentlichkeitsprinzip begründet wird (§ 121 Abs. 3 AktG), vgl. Martens (1972), S. 271; a.A. Mertens (1983), S.

in Deutschland, dass " ... Ausschüttungssperren auf Basis traditioneller Jahresabschlüsse die Gläubiger nur höchst unvollkommen schützen."[69] Wollte man aber ein weitaus höheres Mindestnennkapital vorschreiben,[70] so bliebe die Haftungsbeschränkung für viele kleinere Unternehmen faktisch unerreichbar.[71]

Dem Grund- bzw. Stammkapital wird eine Art Garantiefunktion, die Funktion eines Verlustpuffers zugeschrieben.[72] Der Grundsatz der nominalen Kapitalerhaltung kann nicht als "Grundsatz der Erhaltung eines dauernden Garantievermögensstockes der Gesellschaft"[73] verstanden werden, da das Nennkapitalsystem die Vermögensausstattung der Gesellschaft nur für den sehr kurzen Zeitraum der Gründung, Eintragung, Subskription oder Emission garantieren kann, während unmittelbar danach das gesamte Betriebskapital durch Verluste aufgezehrt werden kann.[74] Die vermögensmäßige Erhaltung des Nominalkapitals stellt vor einer Veräußerung oder Liquidation der Unternehmung eine Vermutung dar, deren Plausibilität von der Art der Ermittlung des Reinvermögens abhängt.[75] Zudem können die einbehaltenen Beträge für risikoreiche Investitionen eingesetzt werden, so dass sich das Insolvenzrisiko erhöht.

Eine exakt zu quantifizierende Mindestkapitalgröße ist ökonomisch nicht begründbar. Der Rechnungslegungszweck Einkommensmessung ist nach *Schneider* als Absicht zu verstehen, " ... zu messen, ob der Bedingungsteil einer Finanzierungshypothese bei einer Unternehmung erfüllt ist."[76] Diese Finanzierungshypothese lautet also: "Wenn am Bilanzstichtag mindestens das als Haftungsmasse eingelegte Vermögen vorhanden ist, dann ist das Risiko der Gläubiger so begrenzt, daß über den Mindestbetrag hinausgehendes Vermögen entzogen werden kann".[77] Sie ist bisher modellmäßig nicht expliziert und empirisch geprüft worden, wie überhaupt wissenschaftlich stichhaltige Finanzierungshypothesen über die Abhängigkeit von ge-

271. Danach könne der Gläubiger davon ausgehen, dass die Gesellschaft zumindest noch über die Hälfte ihres Grundkapitals verfügt, solange die Einberufung noch nicht erfolgt ist, während aus der Einberufung eine existenzbedrohende Krise der Gesellschaft erkenntlich sei, vgl. Mertens (1992), S. 419. Diese Publizitat kann sich negativ auf geplante Sanierungsmaßnahmen auswirken und womöglich als sich selbst erfüllende Prognose entfalten und damit dem Gläubigerschutz zuwiderlaufen, vgl. Müller, E. (1985), S. 191; Mertens (1983), S. 176.

69 Schildbach (1998b), S. 79.

70 Z.B. befürwortet Hommelhoff für eine deregulierte AG hohe Kapitalschwellen als Kern eines Gläubigerschutzes, vgl. Hommelhoff (1995), S. 536.

71 Vgl. Fromm (1979), S. 91.

72 Vgl. Moxter (1978b), S. 323.

73 Fabritius (1980), S. 630. Ähnlich mißverständlich Schulze zur Wiesche (1988), S. 31.

74 Vgl. Schneider (1986), S. 2297; Bauer (1995), S. 213; Ordelheide (1994b), S. 796; Fleck (1992), S. 393; Klose-Mokroß (1997), S. 62 f.

75 Vgl. Schneider (1997), S. 36.

76 Schneider (1997), S. 116. Im Original kursiv. Vgl. auch ders. (1983c), S. 135, 142.

77 Schneider (1997), S. 316.

winnabhängigen Ausgaben und Insolvenzrisiko bisher nicht bekannt sind.[78] Ein Abstellen auf Bilanzkennzahlen zur Einschätzung der künftigen Finanzlage[79] ohne Zugrundelegen einer wissenschaftlich begründeten Finanzierungshypothese bezeichnet *Schneider* daher als "measurement without theory"[80]: Eine mathematisch-statistische Umformung von Zahlen bleibt für sich allein empirisch gehaltlos.[81]

Schneider stellt ein entscheidungslogisches und finanzierungstheoretisches "Nicht-Belegen-Können" fest, " ... daß unter praktisch näherungsweise erfüllbaren Informationsannahmen das Realisationsprinzip zum Gläubigerschutz nötig erscheint."[82] Damit wird die Zielsetzung des Gläubigerschutzprinzips aber " ... so unscharf, daß ihre Erfüllung durch einzelne Bilanzierungsregeln nur schwer zu überprüfen ist."[83] Die Erhaltung des gezeichneten Kapitals als Verlustpuffer erscheint damit hauptsächlich deshalb als erwägenswert, " ... nicht planbare Ex-Post-Verluste zumindest zeitweise oder teilweise abfangen zu können."[84]

Aus ökonomischer Sicht gewährleistet der Grundsatz der nominellen Kapitalerhaltung ohnehin nicht die Erhaltung der Unternehmung als Einkommensquelle. Denn "[d]er richtige Periodengewinn kann nur als maximal entziehbarer Betrag bei Erhaltung der wirtschaftlichen Leistungsfähigkeit der Unternehmung verstanden werden."[85] Letztere spiegelt sich im Ertragswert der Unternehmung wider; entziehbarer Jahresgewinn ist daher der kapitaltheoretische Gewinn. Demgegenüber definieren die GoB " ... den ausschüttbaren Periodengewinn nur für eine Welt ohne Zahlungsziele, Anlagegüter, Preisschwankungen und technischen Fortschritt."[86]

Für Zwecke der Ausschüttung schlägt *Schneider* daher nach dem Prinzip des doppelten Minimums vor, die Bewertung nach dem Ertragswertprinzip und nach dem Realisationsprinzip nebeneinander auszuweisen, und nur den geringeren von beiden als ausschüttungsfähig anzu-

---

78 Vgl. Schneider (1997), S. 323; ders. (1996a), S. 494-499; ders. (1987a), S. 91-100; ders. (1986), S. 2296 f. Schneider weist zudem auf einen "methodischen Schnitzer" der unterstellten Finanzierungshypothese hin: Gewinnabhängige Ausgaben mindern zwar zunächst die Eigenkapitalhöhe, können aber gleichzeitig als Anreiz für Investitionen gelten, Anteile an dieser Unternehmung zu erwerben, so dass dadurch die Haftungsmasse verbessert wird, vgl. Schneider (1997), S. 113.

79 Grundlegend etwa Beaver (1966), S. 71-111.

80 Schneider (1989a), S. 636.

81 Vgl. Schneider (1989a), S. 634; im Einzelnen ders. (1985), S. 1489-1494.

82 Schneider (1996a), S. 499.

83 Ballwieser (1996b), S. 10.

84 Schneider (1997a), S. 323.

85 Schneider (1968a), S. 9; ders. (1968b), S. 49.

sehen.[87] Ist der ökonomische Gewinn geringer als der nach GoB, so ist der Differenzbetrag in eine "unternehmenserhaltende Rücklage" einzustellen (unternehmenserhaltende Selbstfinanzierung); diese Rücklage kann später, wenn der ökonomische Gewinn über dem buchhalterischen liegt, aufgelöst werden, sie kann aber natürlich auch für weitere Investitionen verwandt werden (wachstumsfördernde Selbstfinanzierung).[88] *Schneider* sieht in diesem Vorgehen " ... eine Behelfslösung, weil sie zwangsläufig die Interessen sehr verschiedener Aktionäre gleichschalten, also normieren, muss. Denn der ökonomische Gewinn, berechnet mit Hilfe eines normierten Zinssatzes und den Zukunftsschätzungen der Verwaltung und eventuell des Prüfers, kann nur als ungefähre, als `genormte´ zielentsprechende Größe angesehen werden."[89] Demnach wird nach *Schneider* nur derjenige, der vor den Problemen der Ungewissheit der Ertragswertermittlung und der Bestimmung des Kalkulationszinsfusses[90] resigniert, " ... eine allein vergangenheitsorientierte Ausschüttungsregel als ausreichend ansehen. Eine betriebswirtschaftlich begründete Ausschüttungsregelung kann nicht ohne Bezug auf die Zukunft entwickelt werden, und sie muß innerhalb der Grenzen liegen, die eine nachprüfbare Rechnungslegung setzt." Mit einer Ausschüttungsregelung ohne Zukunftsbezug werde " ... genau das Gegenteil dessen erreicht, was eine an den finanziellen Zielen der anspruchsberechtigten Empfänger ausgerichtete Rechnungslegung bezwecken sollte."[91]

Die Ermittlung des ökonomischen Gewinns setzt das Vorliegen eines vollkommenen und vollständigen Kapitalmarktes voraus: Er ist in einer Welt das Ausschüttungsideal, in der Aus-

---

86 Schneider (1968a), S. 5. Allerdings löst der ökonomische Gewinn das Problem der Preisschwankungen nicht zwangsläufig, vgl. Schneider (1972), S. 185.

87 Vgl. erstmals Schneider (1963), S. 469; im Einzelnen ders. (1968a), S. 1-29; ders. (1971a), S. 614-617; ders. (1972), S. 180-188.

88 Vgl. Schneider (1968a), S. 16 u. 28; ders. (1971a), S. 614. Nach Schneider " ... müßte eine Unternehmensleitung, die ausschließlich im Interesse der Anteilseigner handelt, auf wachstumsfördernde Selbstfinanzierung verzichten und statt dessen den Anteilseignern die Wahl zwischen Konsum, anderweitiger Anlage oder zusätzlicher Eigenfinanzierung in dieser Unternehmung belassen", Schneider (1968a), S. 29. Es ist zu beachten, dass Schneider hier von einer manipulationsfreien Vergangenheitsrechnung (strenge Anwendung des Realisationsprinzips, keine Bewertungswahlrechte, gesonderter Ausweis der vorweggenommenen Verluste) ausgeht, nicht vom geltenden Recht. Vgl. im Einzelnen Schneider (1971a).

89 Schneider (1972), S. 188.

90 Vgl. hierzu Schneider (1968a), S. 21-28; Schildbach (1972), S. 40. Nach Schneider ist der Einwand der Ungewissheit der Ertragswertermittlung nicht begründet: Hier steht "[e]ine gefühlsmäßige (traditionelle, praktische) Entscheidungsregel .. gegen eine logisch durchdachte theoretische Entscheidungsregel. Die gefühlsmäßige Entscheidungsregel erfaßt die Daten und ihre Ungewißheit implizite, die theoretische nennt sie offen. Durch das offene Nennen erkennt man erst die Voraussetzungen, die die Lösung eines Problems verlangt. Beide Entscheidungsregeln stehen aber vor derselben Ungewißheit der zukünftigen Entwicklung", Schneider (1968a), S. 21.

91 Schneider (1973), S. 39 (beide Zitate); ders. (1972), S. 188. Vgl. auch ders. (1968a), S. 13: "Überläßt man die Entscheidung darüber, wieviel maximal ausgeschüttet werden darf, dem Fingerspitzengefühl, dann gesteht man ein, keine wirtschaftlich begründete Antwort finden zu können."

schüttungen ohnehin irrelevant sind;[92] der Investor kann jede beliebige Konsumhöhe über private Kapitalmarkttransaktionen herstellen.[93] Versteht man den ökonomischen Gewinn lediglich als Leitbild für praktische Lösungen, so ist allerdings fraglich, ob dieser auf unvollkommenen und unvollständigen Märkten überhaupt noch ein anzustrebendes Ideal darstellt.[94]

Angesichts dieser offensichtlichen Unzulänglichkeiten des Prinzips der Nominalkapitalerhaltung wird auch in Deutschland diskutiert, zukünftig auf die gesellschaftsrechtlichen Kapitalschutzmechanismen ganz zu verzichten.[95] Das von der 2. gesellschaftsrechtlichen EG-Richtlinie[96] installierte System der Nominalkapitalerhaltung ist aber zumindest mittelfristig als europarechtlich festgeschriebenes Faktum zu akzeptieren.[97]

Im Folgenden werden der Gläubigerschutz in Deutschland (Gliederungspunkt 4.2.) und der Gläubigerschutz in den USA (Gliederungspunkt 4.3.) dargestellt. Sodann wird in Gliederungspunkt 4.4. die Zweckmäßigkeit internationaler Rechnungslegungsstandards für die Ausschüttungsbegrenzung untersucht. Ein Fazit (Gliederungspunkt 4.5.) beschließt das Kapitel 4.

---

92 Vgl. Miller/Modigliani (1961), S. 411-433.

93 Vgl. Wagner (1993), S. 5.

94 So bezeichnet etwa Ordelheide diese Orientierung an einem neoklassischen Ideal als "anpassenden Strukturidealismus", vgl. Ordelheide (1991), S. 511 f. Grundlegend Schauenberg/Schmidt (1983).
Zur weiteren Diskussion des Vorschlags von Schneider vgl. z.B. Jaensch (1972), S. 540-546; ders. (1968), S. 48-60; Engels/Müller (1970), S. 356; Schneider (1973), S. 40 f.

95 Vgl. zu dieser Diskussion Bauer (1995), S. 331-340; Kübler (1998a), S. I; ders. (1998b), S. 331 f.; ders. (1995a), S. 550-566; ; Lutter (1998), S. 375-377; Niederleithinger (1998), S. 377-379; Schuster (1998), S. 379-381; Spindler (1998), S. 71; Strobl (1996), S. 408; Strobl-Haarmann (1999), S. 634; Walter (1998), S. 370-372.

96 Vgl. Zweite Richtlinie vom 13.12.1976 (77/91/EWG), - Kapitalrichtlinie - , Abl. EG vom 31.1.1977, Nr. L 26, S. 1.

97 Vgl. etwa Herzig (2000a), S. 117; Baetge/Thiele (1997), S. 23; Schildbach (1995a), S. 2642; Schön, W. (1997a), S. 157; ders. (2001), S. S77; Hommelhoff (1998), S. 399.
Durch das Centros-Urteil des Europäischen Gerichtshofs hat die Frage nach der Akzeptanz der nominellen Kapitalerhaltung für das Europäische Gesellschaftsrecht besondere Aktualität erhalten. Der EuGH äußerte hier Zweifel an der Notwendigkeit eines festen Mindestkapitals; den Interessen der betroffenen Verkehrskreise könne auch durch die Publizität der gewählten Rechtsform Rechnung getragen werden, vgl. EuGH vom 9.3.1999 – Rs. C-212/97 (Centros Ltd/Erhvervs – og Selskabsstyrelsen), EuZW 1999, S. 216 ff., Tz. 36; Schön, W. (2000), S. 726.

4.2. Gläubigerschutz in Deutschland

4.2.1. Gläubigerschutz im Bilanzrecht

Im Handelsbilanzrecht kommt dem Gläubigerschutz nach h.M. eine Vorrangstellung, zumindest aber ein hoher Stellenwert zu.[98] Durch die Feststellung eines ausschüttbaren Gewinns als Obergrenze aller Ausschüttungen sollen die Gläubiger vor einem zu großen Abfluss von Haftungsvermögen aus dem Unternehmen an die Gesellschafter geschützt werden.[99] Gläubigerschutz meint "Kapitalschutz durch Verhinderung unberechtigter Entnahmen seitens der Eigner."[100] Vorsichts-, Realisations- und Imparitätsprinzip sowie deren wesentlichen Folgeprinzipien (Anschaffungswert-, Niederstwert- und Höchstwertprinzip) prägen die Gewinnermittlung, deren Ziel in der Ermittlung einer vorsichtig bemessenen, umsatzabhängigen und verlustantizipierenden Ausschüttungsbemessungsrichtgröße zum Zwecke des Gläubigerschutzes gesehen wird.[101] Die handelsrechtlichen GoB bilden Chancen und Risiken aus Gründen des Gläubigerschutzes asymmetrisch ab.

Vorsichtige Bewertung bedeutet " ... vorsichtige Disposition hinsichtlich der Gewinnausschüttung. Die Gewinnausschüttung ist ein finanzwirtschaftlicher Vorgang, und finanzwirtschaftliche Dispositionen müssen stets so getroffen werden, daß der Betrieb auch dann nicht in Zahlungsschwierigkeiten gerät, wenn die ungünstigste aller für möglich gehaltenen Entwicklungen eintritt."[102] Entsprechend wird das Imparitätsprinzip damit begründet, dass es Ausschüttungen bzw. Gewinnentnahmen verhindert, die im Verlustfalle nicht mehr rückgängig gemacht werden können.[103] "Eine dem steuerlichen sofortigen Verlustausgleich gleichwertige handelsrechtliche Zubußepflicht der Empfänger von Gewinnbeteiligungen widersprä-

---

[98] So im Ergebnis auch Siegel (1997), S. 121. Vgl. im Einzelnen Beisse (1993), S. 77-97; ders. (2001), S. 741-749; Moxter (1986), S. 67; Strobl (1995), S. 79; Wüstemann (1996), S. 429.
Zur geschichtlichen Entwicklung des Gläubigerschutzgedankens im deutschen Bilanzrecht vgl. Leuz (1996), S. 227-232.

[99] Vgl. insbes. Moxter (1984a), S. 93 ff., 157 ff.; Schildbach (2000c), S. 32 ff.; Bitz/Hemmerde/Rausch (1986), S. 191-193.

[100] Siegel (1997), S. 124.

[101] Vgl. Moxter (1987a), S. 361-374; ders. (1994), S. 98 f.; ders. (1999b), S. 499 f.; Döllerer (1959b), S. 1219; Ballwieser (1999b), Tz. 69; ders. (1992); Böcking (1989), S. 501.
Zu den Informations-GoB vgl. Moxter (2002b), Sp. 1049-1051; Ballwieser (2002b), S. 115-121.

[102] Hax (1964), S. 644. Vgl. auch Schildbach (1995a), S. 2637; Schön, W. (2000), S. 714; Leuz (1998), S. 580.

[103] Vgl. Herzig/Rieck (1998a), S. 315; Elschen (1989), S. 370.

che .. der Haftungsbeschränkung und damit einer grundlegenden Institution zur Verringerung von Einkommensunsicherheiten."[104]

Gläubigerschutz im Bilanzrecht besteht primär in dieser Konkursvorsorgefunktion vorsichtiger Gewinnermittlung,[105] nicht in der Informationsvermittlung; denn ein vorsichtig ermittelter Gewinn " ... läßt sich nicht als informativ einstufen, weil das Ausmaß der Vorsicht und der Verlustantizipation für Dritte nicht offenbar werden und unter Informationsaspekten unverzerrte Größen im Sinne einer Gleichbehandlung von Risiken und Chancen gesucht sind."[106] Der Objektivierung und Verlässlichkeit der Rechnungslegung wird tendenziell ein stärkeres Gewicht beigemessen als der Relevanz vermittelter Informationen für Entscheidungen der Jahresabschlussadressaten.[107]

Nach *Beisse* stehen die GoB "... als Ergebnis eines geschichtlichen Prozesses seit längerem fest".[108] Sie waren hiernach historisch vor der Bilanz im Sinne des Bilanzrichtliniengesetzes da, so dass der Gesetzgeber durch die Generalverweisung in § 243 Abs. 1 HGB " ... auf die vor-gesetzlichen GoB mit ihrer paradigmatischen Entfaltung des Gläubigerschutzgedankens und damit des Vorsichtsprinzips der neuen Handelsbilanz das Gepräge gegeben"[109] hat. GoB sind demnach als Konkretisierung des Gläubigerschutzgedankens anzusehen. Der Vorrang der GoB gilt insbesondere auch vor dem Grundsatz des true and fair view (§§ 264 Abs. 2, 297 Abs. 2, 322 Abs. 1 HGB).[110] Der Pluralismus der Jahresabschlusszwecke bleibt von der Primärorientierung am Gläubigerschutz unberührt.[111]

---

104 Schneider (1996c), S. 939; ders. (1995a), S. 1422; gl.A. Siegel (1994), S. 2243; Schreiber (1993b), S. 161 f.

105 Vgl. Moxter (1978c), S. 1629 f.; ders. (1985d), S. 1103; Gross (1995), S. 248.

106 Ballwieser (1999b), Tz. 70. Der Gewinn hat für den externen Adressaten aber dennoch einen gewissen Informationsgehalt, denn "[g]erade weil an die ermittelte Gewinnkennziffer harte, materiellrechtliche Konsequenzen geknüpft sind, gewinnt sie ihre eigenständige Bedeutung als Informationsgrundlage für den Kapitalanleger – ungeachtet der Tatsache, daß er in der Regel auch auf andere Informationsquellen zurückgreifen wird, um seine Entscheidung zu fundieren", Kuhner (1994), S. 175.

107 Nach *Siegel* sollte für das deutsche Bilanzrecht flankierend ein "informationeller Gläubigerschutz" gefordert werden, vgl. Siegel (1998), S. 595; ders. (1997), S. 135 f.. Die Abkoppelungsthese würde hier auf Jahresabschlusslesende Gläubiger erweitert werden; es sollten hier z.B. Ausführungen zur Rückstellungsbewertung veröffentlicht werden, vgl. Siegel (1997), S. 136.

108 Beisse (1990a), S. 501. Vgl. auch ders. (1993), S. 81.

109 Beisse (1990a), S. 507; vgl. auch ders. (1994), S. 15; ders. (2001), S. 741-744; Strobl (1995), S. 79.

110 Vgl. im Einzelnen Beisse (1993), S. 90 f., 92 f.; ders. (1989b), S. 15-31; ders (1996), S. 27-58; ders. (1988), S. 25-44; ders. (2001), S. 733; Clemm (1989), S. 357-366; Moxter (1995b), S. 419-429.

111 Vgl. im Einzelnen Beisse (1994), S. 15.

Der Vorrang des Gläubigerschutzes ist demnach im Bilanzrecht a priori gewählt und ein rechtspolitisches Werturteil.[112] Nach *Beisse* sind die GoB "... Ausdruck einer bewährten Wirtschaftsgesinnung. ... Ihr Leitbild ist der Kaufmann, dessen Unternehmen Existenzgrundlage ist und der kreditfähig bleiben muss, nicht jedoch der Investor, der nur auf kurze Sicht und mehr oder weniger spekulativ disponiert. Dessen Interessen werden nicht für besonders schutzwürdig erachtet."[113]

Das Bilanzrecht ordnet sich "... ohne Wertungswiderspruch in das Handels- und Wirtschaftsrecht ein, dessen oberstes Prinzip nach wie vor der Gläubigerschutz ist".[114] Erst durch das Zusammenspiel dieser eng verzahnten Normen, den Rechnungslegungsvorschriften und den gesellschaftsrechtlichen Bestimmungen über Gewinnausschüttung und Kapitalerhaltung wird der Gedanke des Gläubigerschutzes verwirklicht. Der Schutz der Gläubiger vor überhöhten Ausschüttungen wird vor diesem Hintergrund durch zwei Gruppen von Vorschriften angestrebt:[115] solche, die im Wege einer vorsichtigen Gewinnermittlung Ausschüttungsansprüche beschränken, und solche, die nur die Ausschüttungen, nicht auch die Gewinnermittlung betreffen. Letztere werden zusammen mit den Regeln zur Kapitalerhaltung im Folgenden knapp skizziert.

4.2.2. Gläubigerschutz im Gesellschaftsrecht

Da für die Verbindlichkeiten einer Kapitalgesellschaft nur das Gesellschaftsvermögen haftet (§§ 1 Abs. 1 S. 2 AktG, 13 Abs. 2 GmbHG), zielen das Aktienrecht und das GmbH-Recht zum Schutz der Gesellschaftsgläubiger – für die AG europarechtlich verankert[116] – darauf ab, das Grund- bzw. Stammkapital (§§ 6, 7 AktG, 5 GmbHG) zu erhalten. Durch den Grundsatz der Aufbringung und Erhaltung des Grundkapitals soll vermieden werden, dass die Gesell-

---

112 Vgl. Ballwieser/Kuhner (1994), S. 21; Beisse (1994), S. 15.

113 Beisse (1993), S. 87; Moxter (1996a), S. 239 f.; ders. (1995c), S. 39. Auch Havermann sieht in der vorsichtigen Bilanzierung ein Ausdruck bester kaufmännischer Tradition: "Man stellt sich gegenüber Dritten nicht reicher dar, als man ist, man schüttet keine Gewinne aus, die noch nicht endgültig realisiert sind, man zahlt kein haftendes Eigenkapital an die Einleger zurück oder jedenfalls so lange nicht, bis alle Ansprüche Dritter befriedigt sind", Havermann (1994), S. 662.

114 Beisse (1993), S. 82, mit Verweis auf Wiedemann (1980), S. 513 ff., 517 ff. Vgl. auch Baetge/Thiele (1997), S. 18; Gross (1996), S. 337 f.

115 Vgl. Moxter (1997c), S. 348 f.

116 Vgl. Zweite Richtlinie vom 13.12.1976 (77/91/EWG), - Kapitalrichtlinie -, Abl EG vom 31.1.1977, Nr. L 26, S. 1; Schön, W. (2000), S. 710.

schafter der Kapitalgesellschaft ihre finanzielle Mindestausstattung vorenthalten oder nachträglich entziehen.[117]

Zum Zwecke des Gläubigerschutzes muss verhindert werden, dass das aufgebrachte Gesellschaftsvermögen wieder an die Gesellschafter zurückfließt. Den Anteilseignern einer AG dürfen die Einlagen nicht zurückgezahlt (§ 57 AktG), die von den Gründeraktionären zum Erwerb der Aktien übernommenen Zahlungsverpflichtungen dürfen nicht erlassen werden (§ 66 AktG). Verboten sind außerdem die Unterpariemission (§ 9 Abs. 1 AktG) und im Grundsatz der Erwerb eigener Aktien.[118]

Entsprechend darf bei der GmbH das zur Erhaltung des Stammkapitals erforderliche Vermögen nicht ausgeschüttet werden (§ 30 Abs. 1 GmbHG).[119] Der GmbH ist der Erlass oder die Stundung der Stammeinlage, den Gesellschaftern die Aufrechnung mit einer Forderung gegen die GmbH und die Geltendmachung eines Zurückbehaltungswahlrechts verboten (§ 19 GmbHG). Der Erwerb eigener Anteile ist der GmbH nicht grundsätzlich untersagt;[120] das Verbot der Unterpariemission besteht grundsätzlich auch im GmbH-Recht.[121]

§ 58 Abs. 4 AktG räumt den Anteilseignern einer Aktiengesellschaft einen mitgliedschaftlichen Gewinnanspruch[122] auf den Bilanzgewinn i.S.d. § 158 Abs. 1 AktG ein, soweit eine Verteilung nach der erstgenannten Norm nicht ausgeschlossen ist und nachdem zuvor die Zuführung zur gesetzlichen Rücklage gemäß § 150 Abs. 2 AktG, die " ... als zusätzliche finanzielle Sicherung der Gesellschaft und ihrer Gläubiger"[123] fungiert, vorgenommen wurde. Der verbleibende Betrag stellt die Höchstgrenze der Ausschüttung dar (§ 57 Abs. 3 AktG); jede andere Gewinnausschüttung – ob offen oder verdeckt – ist verboten.[124] Dass die Rechnungs-

---

[117] Vgl. Kübler (1999), S. 154; Schmidt, K. (1985), S. 301.
Zu den Kapitalaufbringungsregeln vgl. im Einzelnen Bauer (1995), S. 139-212; Wiedemann (1968), S. 17 ff.; Baumbach/Hueck (2000), Rz. 23-35 zu § 5; Hüffer (1999), Rz. 20-29 zu § 27.

[118] Das Gesetz lässt in § 71 Abs. 1 Nr. 1-8 AktG eine Reihe von Fällen des Erwerbs eigener Aktien zu, vgl. Kübler (1999), S. 154 f.

[119] Vgl. Fleck (1992), S. 391-419. Im Falle einer nach § 30 Abs. 1 GmbHG verbotenen Ausschüttung hat die Gesellschaft einen Rückgewährsanspruch, vgl. § 31 GmbHG.

[120] Vgl. § 33 GmbHG.

[121] Vgl. Kübler (1999), S. 230 f.

[122] Zur Rechtsnatur vgl. Hüffer (1999), Rz. 26 zu § 58 m.w.N.

[123] Kübler (1999), S. 210.

[124] Vgl. Schmidt, K. (1997), S. 896; Schulze-Osterloh (1995a), S. 124. Vorabausschüttungen sind also bei der AG im Gegensatz zur GmbH nicht erlaubt, vgl. Kübler (1999), S. 228 f.; Schmidt, K. (1997), S. 1182; Vonnemann (1989), S. 877-879.
Zu den Rechtsfolgen verbotener Leistungen vgl. § 62 AktG; Schmidt, K. (1997), S. 897 f. Es ist anzumerken, dass auch bei Kapitalherabsetzungen ein Gläubigerschutzmechanismus besteht, vgl. § 225 AktG, §§ 58, 58d GmbHG; Bauer (1995), S. 257-259.

legung hier als Instrument der Kapitalerhaltung eingesetzt wird, zeigt sich durch die Heranziehung der Begriffe "Bilanzgewinn" (§§ 158 Abs. 1, 57 Abs. 3 AktG), "Jahresüberschuß" (§§ 58 AktG, 275 Abs. 2 u. 3 HGB) und "Jahresabschluß" (§§ 58 AktG, 242 Abs. 3, 264 Abs. 1 HGB).[125]

Nach der derzeitigen gesetzlichen Regelung stellt bei einer AG der Vorstand den für die Bemessung von Ausschüttungen maßgeblichen Jahresabschluss auf (§ 170 AktG), mit der Folge, dass Ansatz- und Bewertungswahlrechte von ihm auszuüben sind. Im Regelfall stellen Aufsichtsrat und Vorstand den Jahresabschluss fest (§ 172 AktG). Sie können bis zu 50% des Jahresüberschusses (nach Abzug der gesetzlichen Rücklage nach § 150 AktG und ggf. eines Verlustvortrags) in die anderen Rücklagen einstellen (§ 58 Abs. 2 AktG).[126] Wenn ausnahmsweise die Hauptversammlung den Jahresabschluss feststellt (§ 173 Abs. 1 AktG), kann die Satzung bestimmen, dass Beträge aus dem Jahresüberschuss in andere Gewinnrücklagen (bis zu 50%) einzustellen sind (§ 58 Abs. 1 AktG). In beiden Fällen kann die Hauptversammlung darüber hinaus weitere Beträge aus dem Bilanzgewinn von der Gewinnverteilung ausschließen (§ 58 Abs. 3 AktG).[127]

Mit dem Recht zur Feststellung des Jahresabschlusses ist die Kompetenz zur Auflösung von Rücklagen verbunden, d.h. die Hauptversammlung kann hierüber nicht entscheiden, gleich ob die Rücklagen von Vorstand und Aufsichtsrat oder von der Hauptversammlung gebildet wurden. Die Auflösung der gesetzlichen Rücklage (§ 272 Abs. 1 HGB) ist nur sehr eingeschränkt möglich, was dem Gläubigerschutz dient (§ 150 Abs. 3 u. 4 AktG); die gesetzliche Rücklage soll weder mittelbar noch unmittelbar an die Anteilseigner abgeführt werden.[128]

Die Gesellschafter einer GmbH haben Anspruch auf den Jahresüberschuss zuzüglich eines Gewinnvortrags und abzüglich eines Verlustvortrags, soweit der sich ergebende Betrag nicht von der Ausschüttung ausgeschlossen ist (§ 29 Abs. 1 S. 1 u. Abs. 2 GmbHG). Wird die Bilanz unter Berücksichtigung der teilweisen Ergebnisverwendung aufgestellt (§ 268 Abs. 1 HGB) oder werden Rücklagen aufgelöst, so tritt an die Stelle des Jahresüberschusses der Bi-

125 Vgl. Strobl (1996), S. 401; Schulze-Osterloh (1996a), S. 125.
126 Die Verwaltung kann durch Satzungsbestimmung auch zur Einstellung eines größeren Teils als der Hälfte ermächtigt werden.
127 Minderheitsaktionäre sind damit bezüglich der Ausschüttungsentscheidung von der Mehrheit der Hauptversammlung abhängig. Sie haben zwar ein Anfechtungsrecht nach § 254 AktG, das aber als bescheidener Schutz angesehen wird, weil hierüber allenfalls eine Dividende von 4% erzielt werden kann. Vgl. Kraft/Kreutz (1997), S. 310; Wagner (1982b), S. 875.
128 Vgl. Kübler (1999), S. 210.

lanzgewinn (§ 29 Abs. 1 S. 2 GmbHG).[129] Also auch hier ist der Jahresabschluss Berechnungsgrundlage der Ergebnisverwendung.

Die Gesellschafter einer GmbH sind für die Feststellung der Bilanz und für die Verteilung des Bilanzgewinns zuständig (§§ 46 Nr. 1, 42a Abs. 1 GmbHG). Die Vermögensbindung ist nicht so stark angelegt wie bei der AG; § 30 GmbHG sichert nur das zur Erhaltung des Stammkapitals erforderliche Vermögen und verwirklicht so den Grundsatz der Aufbringung und Erhaltung des Stammkapitals.[130] Eine Auszahlung über die Grenzen des § 30 GmbHG hinaus ist verboten. Das maßgebliche Gesellschaftsvermögen i.S.d. § 30 Abs. 1 GmbHG ergibt sich nach den für den Jahresabschluss maßgeblichen Bilanzierungsgrundsätzen.[131]

Die Ausschüttungsbemessungs- und Ausschüttungsbegrenzungsfunktion der Rechnungslegung stellt für Kapitalgesellschaften das Gegenstück der begrenzten Haftung der Gesellschafter dar. Die Gesellschafter sollen nur insoweit einer begrenzten Haftung unterliegen, als sie das Haftungskapital aufgebracht und später nicht durch Ausschüttung wieder entzogen haben.[132]

Der Jahresabschluss bildet auch bei Personenhandelsgesellschaften die Ausgangsgröße für die Berechnung des auf den einzelnen Gesellschafter entfallenden Gewinns (§§ 120 Abs. 1, 121 Abs. 1, 167, 168 HGB),[133] so dass der Bilanzgewinn zu einer "gesellschaftsrechtlich erheblichen Größe"[134] wird. Aufgrund der unbeschränkten Haftung der Gesellschafter einer OHG und der Komplementäre einer KG ist die Ausschüttung haftungsnotwendigen Vermögens grundsätzlich nicht untersagt.[135]

---

129 Vgl. Hommelhoff (1986), S. 420-423; Liebs (1986), S. 145-152.
Zur Diskussion um die Frage, ob bei Ausschüttungen, die zwar nicht zu einer Unterbilanz führen, aber die Existenz der Gesellschaft dadurch gefährden, dass der GmbH notwendiges Betriebskapital oder Liquidität entzogen wird, eine ungeschriebene, aus dem Zusammenhang und Zweck der Kapitalschutzvorschriften ableitbare Bindung auch des stammkapitalüberschreitenden Gesellschaftsvermögens besteht, vgl. Lutter/Hommelhoff (2000), Rz. 5-7 zu § 30; Fleck (1992), S. 398 f.; Falkenstein (1992), S. 187.

130 Vgl. Lutter/Hommelhoff (2000), Rz. 1 zu § 30; Baumbach/Hueck (2000), Rz. 16 zu § 3, Rz. 2 zu § 5, Rz. 1 zu § 30. Vgl. im Einzelnen Hommelhoff (1986); ders. (1994); Hueck (1990); Joost (1985); ders. (1984); Vonnemann (1989).

131 Vgl. Baumbach/Hueck (2000), Rz. 5 zu § 30.

132 Vgl. Schmidt, K. (1997), S. 541.

133 Zur Gewinnverteilung bei Personengesellschaften vgl. Schulze zur Wiesche (1994), S. 177-184; Selle (1993), S. 2040-2043.

134 Döllerer (1983), S. 164.

135 Vgl. Baumbach/Hopt (2000), Rz. 3 zu § 120, Rz. 3 zu § 122. Kritisch hierzu Schmidt, K. (1997), S. 541 f.
Die Entnahme des Gewinnanteils über die 4% Kapitalverzinsung hinaus ist allerdings - als Ausdruck der Treuepflicht des Gesellschafters [vgl. Westermann (1973), Rz. I 316] - dann versagt, soweit dies zum offenbaren Schaden der Gesellschaft gereicht (§ 122 Abs. 1 HGB), was der Fall ist, wenn das Unternehmen in seinem Bestand bedroht ist, der Zweck der Gesellschaft gefährdet oder bereits gefassten Beschlüssen

Bei Personengesellschaften findet das "Wechselspiel von Haftung und Kapitalsicherung"[136] also im Grundsatz nicht statt.[137] Für Kommanditisten kann aber die Rückzahlung der Hafteinlage eine Haftung begründen (§ 172 Abs. 4 HGB). Die Schutzfunktion des Bilanzrechts besteht bei Personengesellschaften darin, "... durch Gewinnermittlungsvorschriften Gewinnansprüche in einer Weise zu konkretisieren, daß Gewinnverkürzungen verhindert werden".[138] Die "Aushungerung" von Minderheiten soll verhindert werden.[139]

4.3. Gläubigerschutz in den USA

4.3.1. Grundkonzept des Gläubigerschutzes in den USA

In den USA wird ein Schutzbedürfnis über Rechnungslegungsdaten nicht nur den Aktionären von Publikumsaktiengesellschaften zugeschrieben, sondern auch den Gläubigern, d.h. insoweit werden Anleger und Gläubiger nicht als zu trennende Gruppen mit konfligierenden Interessen betrachtet.[140] Nach *Kübler* werden die Gläubiger in den USA " ... nicht als Objekt paternalistischer Fürsorge, sondern als zu rationaler Entscheidung befähigte Akteure behandelt ... ", die nicht so sehr an stillen Reserven, " ... sondern wie die Eigenkapitalgeber primär an möglichst präziser Information über den finanziellen Zustand des Unternehmens interessiert sind."[141] Es besteht der " ... Eindruck, daß sich deutsches und amerikanisches Bilanzrecht an sehr unterschiedlichen Bildern des durchschnittlichen Gläubigers orientieren. Das institutionelle Schutzkonzept sieht ihn als Opfer wirtschaftlicher Abläufe, die er nicht zu durchschauen vermag und über die er deshalb nicht aufgeklärt zu werden braucht. Der amerikanische An-

---

über Investitionsvorhaben finanziell der Boden entzogen würde, vgl. Schön, W. (1997b), S. 473 f. Nach dem Urteil des BGH v. 29.3.1996 (II ZR 263/94, NJW 1996, S. 1678) müssen zudem die persönlichen Verhältnisse des Gesellschafters bei der Ausschüttungsentscheidung berücksichtigt werden, vgl. ebd., S. 1681; gl.A. Hueck (1971), S. 249; Westermann (1973), Rz. I 314 ff.; a.A. Schön, W. (1997b), S. 473-481. Zur genannten BGH-Entscheidung vgl. desweiteren Binz/Sorg (1996), S. 969 ff.; Hoch (1998), S. 134-140; Hoffmann/Sauter (1996), S. 967 ff.; Moxter (1996b), S. 860 f.; Schulze-Osterloh (1995b), S. 2519 ff.; Rückle (1997), S. 433 ff. Diese Entnahmeschranke findet auch auf Kommanditisten Anwendung, vgl. im Einzelnen Schön, W. (1997b), S. 474, 480 f.

136 Vgl. Schmidt, K. (1997), S. 541.

137 Vgl. Strobl (1996), S. 402.

138 Moxter (1997c), S. 348.

139 Vgl. Moxter (1984a), S. 98.

140 Vgl. Beaver (1989), S. 8; Ballwieser/Kuhner (1994), S. 87; Kübler (1995b), S. 364; Wüstemann (1999), S. 131-134; Kühne (1997), S. 38; Heyd (2001b), S. 375. A.A. Haller (2000), S. 20, nach dem den Gläubigern ein Schutzbedürfnis nach US-GAAP nicht zukommt, " ... da jene aufgrund ihrer vertraglichen Position dem Unternehmen zur Minderung ihres Investitionsrisikos i.d.R. selbst entsprechende Auflagen ... machen können."

141 Kübler (1995b), S. 365; ders. (1995a), S. 560 f.

satz betrachtet ihn als rational agierenden Marktteilnehmer, der Ertragsaussichten gegen Verlustrisiken abzuwägen und seine Kreditbeziehungen zu den Schuldnerunternehmen entsprechend zu strukturieren und zu diversifizieren vermag."[142]

Entsprechend ist im US-amerikanischen Gesellschaftsrecht[143] der Kapitalgesellschaften bezüglich des Grundkapitals und des Nennwerts zwischen dem traditionellen System (Nennkapitalsystem) und dem modernen System, das durch die Abschaffung des Nennwertkonzepts und damit des Konzepts des gesetzlichen Grundkapitals gekennzeichnet ist, zu unterscheiden. Im Jahre 1980 wurde der MBCA vom par value-System auf das nennwertlose System umgestellt. Als wesentlicher Grund für den Übergang vom traditionellen zum modernen System wird angeführt, dass ersteres einen wirksamen Gläubigerschutz nicht leisten kann.[144] Denn in der Regel gibt es kein nennenswertes gesetzlich vorgeschriebenes Mindestkapital, und wenn es eines gibt, dann kann dieses Kapital nach der Gründung im Wege der Änderung der articles of incorporation auf einen belanglosen Betrag reduziert werden.

Insbesondere in den US-Bundesstaaten, die für die Erlangung der Haftungsbeschränkung keine oder eine geringe Mindestkapitalausstattung vorsehen, wird die Frage des Haftungsdurchgriffs (piercing the corporate veil) diskutiert.[145] Grundsätzlich ist ein Haftungsdurchgriff auf das Privatvermögen von Gesellschaftern in den USA leichter als in Deutschland erreich-

---

142 Kübler (1995b), S. 371. Kübler weist daraufhin, dass das volle Spektrum der Gläubigertypologie von keinem der beiden Bilder voll erfasst wird.

143 In den USA gibt es kein bundeseinheitliches Gesellschaftsrecht, vielmehr hat jeder einzelne Bundesstaat die Inkorporationshoheit: eine Kapitalgesellschaft unterliegt den gesellschaftsrechtlichen Gesetzen des Einzelstaates, in dem sie ihren Sitz hat, vgl. Merkt (1991), Rz. 147 ff.; Augustin (1994), S. 659.
Eine gewisse Vereinheitlichung wird durch die Entwicklung von Mustergesetzen durch das Committee on Corporate Laws der American Bar Association erreicht, die die einzelnen Bundesstaaten zumindest teilweise in ihr Recht übernommen haben. Es handelt sich hier um den Model Business Corporation Act (MBCA) aus dem Jahre 1943 und den Revised Model Business Corporation Act (RMBCA) aus dem Jahre 1980.

144 Vgl. Manning/Hanks (1990), S. 21; Kübler (1989), S. 30-33; Bauer (1995), S. 133, 316; Wüstemann (1999), S. 54 f.
Der Gläubigerschutz konnte von vornherein nie einem dem deutschen Recht vergleichbaren Stellenwert im amerikanischen Gesellschaftsrecht erlangen. Erstens standen aufgrund der Zusammensetzung des Committee on Corporate Laws der American Bar Association, das die Mustergesetze erarbeitete (vgl. Fn. 143), nicht die Interessen der Gläubiger im Vordergrund. Zweitens stehen die einzelnen Bundesstaaten untereinander in einem harten Standortwettbewerb, weil jede Eintragung einer großen Gesellschaft beträchtliche Steuereinnahmen bedeutet. Um diese Gesellschaften über eine Sitzverlegung nicht wieder zu verlieren, wurde das Gesellschaftsrecht stetig dereguliert und liberalisiert, was mit dem treffenden Ausdruck "race to the bottom" belegt wurde. Erwägungen zum Gläubigerschutz sowie zum Schutz von Minderheitsgesellschaftern und Anlegern konnten sich vor diesem Hintergrund nicht durchsetzen. Drittens ist das Staats- und Wirtschaftsverständnis in den USA nicht auf den Gläubigerschutz fixiert. Vgl. im Einzelnen Bauer (1995), S. 129-132; Merkt (2001b), S. 145.

145 Vgl. Maier (1986), S. 199 f.: "Verzichtet man auf das Prinzip der Kapitalerhaltung, so muß man umso mehr die Durchgriffshaftung zu einem wirksamen Institut des Gläubigerschutzes ausgestalten."

bar.[146] Nach der Rechtsprechung kann ein Haftungsdurchgriff u.a. dann in Betracht kommen, wenn die Kapitalausstattung bei Gründung der Gesellschaft nicht in einem angemessenen Verhältnis zu den zu erwartenden Geschäftsrisiken stand, während eine anhaltend verlustreiche Geschäftstätigkeit einer ursprünglich adäquat kapitalisierten Kapitalgesellschaft für sich genommen grundsätzlich keinen Haftungsdurchgriff begründet.[147] Ein disregard of the corporate entity ist bisher nur bei Einmanngesellschaften und bei close corporations (also Gesellschaften mit nur wenigen Gesellschaftern, die erheblichen Einfluss auf die Geschäftsführung haben) erfolgt.[148] Die Rechtsprechung zeigt bei Bestehen eines vertraglichen Haftungsgrundes i.d.R. geringere Neigung zur Annahme eines piercing the corporate veil als bei deliktischen Ansprüchen.[149]

Aus ökonomischer Sicht ist die Durchgriffshaftung kritisch zu sehen, da sie die beschränkte Haftung der Anteilseigner einer Aktiengesellschaft aufheben und folglich die Funktion der Aktiengesellschaft als Kapitalsammelbecken zerstören kann, sofern die Durchgriffshaftung nicht auf eng definierte Tatbestände beschränkt bleibt.[150] Die hieraus für die Aktionäre entstehenden hohen Risiken würden dazu führen, dass diversifizierte Anleger sich womöglich ganz vom Kapitalmarkt zurückzögen oder zumindest ihre Renditeforderungen erheblich erhöhten.[151] "Die gesamtwirtschaftlichen Nachteile, die mit einer Beschränkung des Kapitalmarkts als Quelle der Unternehmensfinanzierung verbunden wären, lassen deswegen einen Gläubigerschutz im Wege einer persönlichen Haftung von Aktionären, welche die börsennotierte Gesellschaft nicht beherrschen, nicht zu."[152] Da das amerikanische Schutzsystem weiterreicht als das deutsche, sollte auch nach *Siegel* " ... für Deutschland die Frage des Gläubigerschutzes durch Jahresabschlußrecht ... " weiterverfolgt werden".[153]

Die Gläubiger versuchen den durch das Gesellschaftsrecht unzureichend gewährten Schutz durch vertragliche Vereinbarungen in Kreditverträgen nachzubessern.[154] Dies spiegelt sich

---

146 Vgl. Maier (1986), S. 199-209; Merkt (1991), S. 216-232; Vagts (1994), S. 227-236; Kübler (1995a), S. 559; Zimmer (1996), S. 334-337. Zur Durchgriffshaftung nach deutschem Recht vgl. Kübler (1999), S. 311-316; ders. (1991), S. 391 ff.; Zimmer (1996), S. 340-344.

147 Vgl. Zimmer (1996), S. 336 f.; Maier (1986), S. 206.

148 Vgl. Zimmer (1996), S. 337.

149 Vgl. Merkt (1991), S. 221 f.; Zimmer (1996), S. 337.

150 Vgl. Bitz/Hemmerde/Rausch (1986), S. 162.

151 Vgl. Jensen/Meckling (1976), S. 331.

152 Watrin (2001a), S. 937.

153 Siegel (1997), S. 125.

154 Vgl. Kübler (1989), S. 31 f.; Manning/Hanks (1990), S. 98-114; Wüstemann (1996), S. 424. Dies steht im Einklang mit der "uramerikanischen individualistischen Ansicht, daß Selbsthilfe der Betroffenen ... allemal besser ist als ein hoheitlicher Akt", Augustin (1994), S. 660.

wieder in der zunehmenden Nutzung neuer Instrumente des Gläubigerschutzes (moderne Sicherungsrechte für Warenlieferanten und Erbringer von Dienstleistungen, Covenants für Finanzgläubiger).[155] Insbesondere langfristige Finanzgläubiger (vor allem Banken und Inhaber von Schuldverschreibungen) verlangen daher i.d.R. die Berücksichtigung von Schutzklauseln (covenants) und entsprechende Sanktionen bei Verletzung der Covenants in den Kreditverträgen.[156]

Covenants lassen sich inhaltlich grob in vier Gruppen einteilen.[157] Production/Investment Policy Covenants nehmen Einfluss auf die Produktion und die Investitionen des Unternehmens, indem etwa nur bestimmte Projekte erlaubt sind. Dividend Covenants beschränken direkt die Ausschüttungen an die Anteilseigner.[158] Financing Covenants haben zum Ziel, " ... neues, höherrangiges Fremdkapital, Verbindlichkeiten überhaupt oder Verbindlichkeiten unter bestimmten Umständen .. "[159] zu verhinden. Mit diesen drei Arten von Covenants können Ausschüttungsbeschränkungen verbunden sein.

Die vierte Gruppe, Bonding Covenants, befasst sich direkt oder indirekt mit dem Gläubiger-Schuldner-Verhältnis, indem etwa der Schuldnergesellschaft extensive Informationspflichten auferlegt werden, die den Rahmen der gesetzlichen Publizitätsvorschriften weit übersteigen und zum Teil auch zukünftige Geschäftsentscheidungen und interne Prognosen umfassen.[160] Bonding Covenants erlangen eine wichtige Bedeutung für die Ausschüttungsbemessung, da

---

155 Vgl. Kübler (1995a), S. 559; ders. (1989), S. 30-33.

156 Nach einer empirischen Studie von El-Gazzar/Pastena nimmt die Anzahl der Restriktionen mit dem Verschuldungsgrad der Unternehmung, der Höhe des Kredits und der Dauer des Kredits zu (vgl. El-Gazzar/Pastena (1991), S. 144-146), während die Strenge der vereinbarten Restriktion mit der Dauer des Kredits abnimmt; letzteres resultiert wohl daraus, dass strenge Restriktionen langfristig die Flexibilität der Unternehmung stark einengen und deshalb hohe Kosten verursachen, vgl. El-Gazzar/Pastena (1991), S. 135.
Bei einem Verstoß des Schuldners gegen die vertraglichen Vereinbarungen (event of default) hat der Gläubiger i.d.R. das Recht, das gesamte Darlehen zur sofortigen oder vorzeitigen Rückzahlung fälligzustellen (termination/acceleration of maturity), oder sogar direkt in die Geschäftsführung des Schuldners einzugreifen (negotiation). Zu diesen Maßnahmen wird der Gläubiger bei einem event of default gewöhnlich nicht greifen müssen, da sich der Schuldner in einem solchen Fall noch nicht direkt am Rande des Konkurses befindet; vielmehr besteht für den Gläubiger dann die Möglichkeit, den Darlehnsvertrag neu auszuhandeln, wobei er die Bedingungen dann praktisch diktieren kann. Der Gläubiger mag den Default natürlich auch übergehen (waiver), d.h. "die Augen noch einmal zudrücken". Vgl. im Einzelnen Smith (1993), S. 291 ff.; Beneish/Press (1993), S. 236, 251 ff.; Chen/Wei (1993), S. 221 ff.; Manning/Hanks (1990), S. 103; Alberth (1997a), S. 748.

157 Vgl. Leuz (1996), S. 233 ff.; Alberth (1997a), S. 745. Covenants werden nach ihrem Aufforderungscharakter unterteilt in Affirmative Covenants, die die Einhaltung und Verfolgung bestimmter Ziele von der Gesellschaft verlangen, und Negative Covenants, die ein Unterlassen fordern.

158 Vgl. Healy/Palepu (1990), S. 97 ff.; Press/Weintrop (1990), S. 74 f. Dividend Covenants sind offenbar die am häufigsten anzutreffende kreditvertragliche Restriktion.

159 Alberth (1997a), S. 745. Z.B. kann die Fremdkapitalquote auf einen bestimmten Wert beschränkt sein.

160 Vgl. Manning/Hanks (1990), S. 112.

sie gewöhnlich Bestimmungen über die anzuwendende Rechnungslegung umfassen (Accounting Covenants), womit Manipulationen der Bezugsgröße der Ausschüttungen durch den Schuldner unterbunden werden sollen.[161]

In den USA besteht weitgehend Konsens, dass der dort gewählte Ansatz weitaus mehr Sicherheit bietet als der institutionelle Gläubigerschutz durch Kapitalbindung und Vorsichtsprinzip.[162] *Kübler* zufolge lässt sich " ... der amerikanischen Rechtswirklichkeit nicht der geringste Hinweis auf Probleme und Schwierigkeiten entnehmen .. , für die die weitgehende Beseitigung des gesetzlichen Gläubigerschutzes verantwortlich gemacht werden könnte; es ist deshalb davon auszugehen, daß er in den USA weitgehend überflüssig geworden ist."[163]

Im Folgenden wird aufgezeigt, dass den US-GAAP für Zwecke der Ausschüttungsbegrenzung sowohl im traditionellen System (Gliederungspunkt 4.3.2.1.) als auch im modernen System (Gliederungspunkt 4.3.2.2.) eine nur geringe Bedeutung zukommt.

4.3.2. US-GAAP und gesellschaftsrechtliche Ausschüttungsregeln

4.3.2.1. Traditionelles System: Nennkapitalsystem

Im traditionellen System ergibt sich das Grundkapital (stated capital, legal capital) aus dem addierten Nennwert (par value) aller ausgegebenen Aktien.[164] Wenn die Einlage den Nennwert übersteigt (Überpariemission), so wird das Agio in die Rücklage (capital surplus) eingestellt. Dabei ist zu beachten, dass in den wenigen Bundesstaaten mit gesetzlich vorgeschriebenem Mindestkapital (in der Regel $ 1.000) dieses als Summe von Grundkapital und capital surplus definiert ist; es ist denkbar und zulässig, dass eine Kapitalgesellschaft ein Grundkapital von $ 0,01 und einen capital surplus von $ 999,99 hat.[165] Während das stated capital grundsätzlich erhalten werden muss, darf der capital surplus bei Bedarf mit Zustimmung der

---

161 Vgl. Alberth (1997a), S. 747.

162 Vgl. Kübler (1995b), S. 370.

163 Kübler (1989), S. 57.

164 Der klassische Nennwert dieser Aktien (par value shares) liegt bei $ 100. In den USA gab es zwar nie einen gesetzlich vorgeschriebenen Mindestnennwert, aber aufgrund der Tatsache, dass im 19. Jahrhundert ein hoher Nennwert noch als Indiz für die Seriösität der Gesellschaft galt, war ein Aktiennennwert von $ 100 die Regel. Vgl. Manning/Hanks (1990), S. 28.

165 Vgl. Merkt (1991), S. 245; Bauer (1995), S. 295.

Aktionäre als Dividende oder in anderer Form ausgeschüttet oder für den Rückerwerb eigener shares verwendet werden.[166]

Die Entscheidung über die Ausschüttung einer Dividende obliegt grundsätzlich allein dem board of directors.[167] Die Gesellschafter haben in den USA im Grundsatz keinen Mindestausschüttungsanspruch; ein Anspruch auf die Verteilung einer Dividende entsteht nur dann, wenn die Geschäftslage eine Rücklage der Gewinne nicht erfordert oder wenn eine Dividende aus unredlichen Motiven (etwa zum Zwecke der Selbstbegünstigung) versagt wird.[168] In seiner Entscheidung über eine Ausschüttung ist der board of directors durch die business judgement rule[169] vor richterlicher Richtigkeitsprüfung geschützt, sofern der board gewisse Sorgfalts- und Loyalitätspflichten beachtet.[170] Kurzum: Da die Anteilseigner nur in Ausnahmefällen eine Ausschüttung gerichtlich erstreiten können, geht es in den USA im Kern um eine Ausschüttungsobergrenze.[171]

In sämtlichen Bundesstaaten gilt entweder per Gesetz oder kraft common law die Bedingung, dass eine Ausschüttung nicht zur Insolvenz der Gesellschaft führen darf.[172] Der Begriff der Zahlungsunfähigkeit (insolvency) kann von Bundesstaat zu Bundesstaat unterschiedliche Bedeutung haben. Entweder ist hiermit gemeint, dass die Gesellschaft nicht in der Lage ist, ihre Verbindlichkeiten in der Reihenfolge der Fälligkeit zu erfüllen (equity insolvency test), oder dass die Passiva die Aktiva übersteigen (bankruptcy test).[173] Beide Kriterien sind nicht auf der

---

166 Bei der Ausgabe unter Nennwert (Unterpariemission, stock watering) ist der Empfänger des watered stock hinsichtlich der Differenz zwischen gezahltem Preis und Nennwert nachschusspflichtig. Um diesem Problem zu entgehen, werden oftmals Aktien mit geringem Nennwert (low par stock, nominal par stock) ausgegeben (häufig lediglich $ 1), zumal in manchen Bundesstaaten die Stempelsteuer (stamp tax) nach der Höhe des Nennwerts bemessen ist. Zu weiteren Einzelheiten des stock watering vgl. Merkt (1991), S. 246 f., Rz. 378-379.
In den meisten Bundesstaaten mit dem traditionellen System können zudem Aktien ohne Nennwert (no par stock) ausgegeben werden; vgl. hierzu im Einzelnen Bauer (1995), S. 295-304. Die dabei beim Ersterwerb zu leistende Einlage kann vom board of directors in freier Entscheidung festgesetzt werden. Allerdings müssen die directors aus Gründen des Aktionärsschutzes die von den Gerichten entwickelte rule of equitable contribution beachten. Hiernach ist für einen fairen Ausgabepreis zu sorgen, und es dürfen bei der Emission Aktien nicht ohne Grund an verschiedene Personen zu unterschiedlichen Preisen ausgegeben werden. Vgl. Bauer (1995), S. 300.

167 Vgl. § 6.40 RMBCA; Merkt (1991), S. 276 f.

168 Vgl. Merkt (1991), S. 277 mit Rechtsprechungsnachweisen.

169 Vgl. § 35 MBCA: " A director shall perform his duties in good faith, in a manner he reasonably believes to be in the best interest of the corporation, and with such care as an ordinarily prudent person in a like position would use under similar circumstances." Vgl. Bauer (1995), S. 239-241; Stern (1976), S. 1269-1281; Kessler, J. (1998), S. 614.

170 Zur Haftung der directors und shareholders für den Fall der Verletzung gesetzlicher Dividendenregelungen vgl. Merkt (1991), S. 281 f.; Bauer (1995), S. 237-253.

171 Vgl. Schildbach (1998b), S. 74.

172 Vgl. Manning/Hanks (1990), S. 63 ff.; Bauer (1995), S. 234-237; Wüstemann (1999), S. 55-57.

173 Vgl. auch § 6.40 (c) RMBCA.

Basis der US-GAAP definiert.[174] Diese Regelungen bilden den traditionellen Kern der Ausschüttungsbegrenzung in den USA.

Im traditionellen System ist eine Ausschüttung grundsätzlich nur dann erlaubt, wenn sie das Grundkapital unangetastet lässt und nicht zur Insolvenz der Kapitalgesellschaft führt. In der Regel darf eine Dividende daher nur aus dem Gewinn der Periode und den Gewinnrücklagen (earned surplus) erfolgen,[175] in einigen Bundesstaaten aber auch aus den Kapitalrücklagen (unearned surplus, capital surplus). Im Fall einer Ausschüttung aus dem capital surplus handelt es sich nicht um eine Ausschüttung von Gewinnen (dividend), sondern um eine Verteilung von Gesellschaftskapital (distribution).[176]

Nur ein Teil der Bundesstaaten verbietet zudem die Umwandlung von gezeichnetem Kapital in Kapitalrücklagen; diese Umwandlung wird sogar von den Gerichten anerkannt.[177] *Merkt* weist darauf hin, dass auch in Bundesstaaten, die dem earned surplus-Konzept folgen, i.d.R. ebenfalls eine Ausschüttung des capital surplus erfolgen kann, da nach dem Recht dieser Staaten lediglich die Verteilung von Dividenden, nicht aber eine sonstige Ausschüttung (distribution) unzulässig ist.[178]

Zum capital surplus zählen im wesentlichen[179] die aus dem Agio bei der Überpariemission gebildeten Rücklagen (paid in surplus), die aus einer Höherbewertung von Anlagegütern über die fortgeführten Anschaffungskosten gebildeten Rücklagen (revaluation surplus, appreciation surplus) und die aus einer Kapitalherabsetzung gebildeten Rücklagen (reduction

---

174 Zwar mag der balance sheet test auf Grundlage der US-GAAP erfolgen, jedoch müssen diese nur von Kapitalgesellschaften beachtet werden, die unter die Registrierung nach dem SEA 1934 fallen, während closely held corporations vornehmlich nur den Vorschriften des tax accounting genügen. Deshalb hat man davon abgesehen, auch diesen Gesellschaften die Anwendung der US-GAAP vorzuschreiben, vgl. die offizielle Begründung zu § 6.40 RMBCA, in: Manning/Hanks (1990), S. 203 f.

175 Vgl. § 45 (a) MBCA; im Einzelnen Manning/Hanks (1990), S. 80; Bauer (1995), S. 225-229.

176 Vgl. Schildbach (1999a), S. 360; Manning/Hanks (1990), S. 76. In einigen Bundesstaaten ist den Anteilseignern mitzuteilen, dass eine Ausschüttung aus dem capital surplus erfolgt, um der unrichtigen Vorstellung entgegenzuwirken, es würden Gewinne verteilt. Vgl. Merkt (1991), S. 278. Vor der Ausschüttung aus dem capital surplus müssen nicht alle Gewinnrücklagen ausgeschüttet werden, auch müssen die Gläubiger nicht informiert werden, vgl. Manning/Hanks (1990), S. 80 f.

177 Vgl. Manning/Hanks (1990), S. 76.

178 Vgl. Merkt (1991), S. 279.
Zudem ist in einigen Bundesstaaten die Verteilung sog. nimble dividends (schnelle Dividenden) erlaubt, d. h. Ausschüttungen von Gewinnen des laufenden und des vorangegangenen Geschäftsjahres, obwohl durch Verluste in der Vergangenheit die Rücklagen aufgebraucht und zusätzlich ein Teil des gezeichneten Kapitals aufgezehrt wurde. Vgl. Bauer (1995), S. 229-231; Merkt (1991), S. 279; Kübler (1989), S. 38 f.; Schildbach (1998b), S. 75; Wüstemann (1999), S. 59.

179 Vgl. Merkt (1991), S. 278 m.w.N.

surplus)[180]. Der mögliche Zugriff auf den revaluation surplus, mit dem also unrealisierte Wertsteigerungen zur Ausschüttung freigegeben werden, " ... zeigt die Unabhängigkeit der Rechnungslegung zur Ausschüttungsbemessung von US-GAAP besonders deutlich."[181]

4.3.2.2. Modernes System

Im modernen System steht es den Gründern einer Kapitalgesellschaft zwar frei, in den articles of incorporation einen Nennwert festzulegen,[182] verlangt wird dies jedoch nicht mehr. Die Ausgabe der Aktien erfolgt gegen eine Einlage, deren Höhe vom board of directors zu bestimmen ist;[183] die Gesellschafter können sich das Recht zur Festsetzung der Einlage vorbehalten.[184]

Durch die Aufgabe des Konzeptes vom legal capital im RMBCA kommt dem oben angesprochenen Insolvenztest große Bedeutung zu. Nach dem RMBCA ist eine Ausschüttung zulässig, wenn die Gesellschaft auch danach fähig ist, ihre Verbindlichkeiten entsprechend der Fälligkeit zu erfüllen (equity insolvency test).[185] Die Verteilung einer Dividende ist unabhängig hiervon dann nicht zulässig, wenn nach der Ausschüttung die Gesamtverbindlichkeiten das Gesamtvermögen übersteigen (balance sheet test).[186]

Dabei besteht bei der Bewertung des Vermögens und der Schulden der Gesellschaft keine Bindung an die GAAP,[187] weil die Frage des korrekten Bilanzansatzes stets eine Einzelfallentscheidung sei, die den directors nicht durch verbindliche Bilanzregeln abgenommen werden dürfe.[188] Vielmehr kann der board of directors einen Jahresabschluss zugrunde legen, der " ... on the basis of accounting practices and principles that are reasonable in the circumstances ... " erstellt ist; alternativ kann er seine Entscheidung stützen auf " ... a fair valuation or other method that is reasonable in the circumstances"[189]. Diese Regelungen legen Ansatz

---

180 Vgl. im Einzelnen Bauer (1995), S. 221 f.; Wüstemann (1996), S. 425.

181 Schildbach (1999a), S. 360. Vgl. im Einzelnen Manning/Hanks (1990), S. 76 f.; Bauer (1995), S. 219-221; Schildbach (1998b), S. 75 f.

182 Vgl. § 2.02 (b) (2) (iv) RMBCA.

183 Vgl. § 6.21 (b) RMBCA.

184 Vgl. § 6.21 (a) RMBCA.

185 Vgl. § 6.40 (c) (1) RMBCA; Bauer (1995), S. 319 f.

186 Vgl. § 6.40 (c) (2) RMBCA.

187 Vgl. RMBCA, Ann. § 6.40, Official Comment 4 (b); Manning/Hanks (1990), S. 203.

188 Vgl. Bauer (1995), S. 321 m.w.N.

189 § 6.40 (d) RMBCA (beide Zitate).

und Bewertung von Vermögensgenständen und Schulden nur in weitem Rahmen fest und unterscheiden nicht nach verschiedenen Kategorien des Eigenkapitals.[190]

Im Regelfall gelten die GAAP zwar als angemessen, so dass bei einer Abweichung von den GAAP an die Entscheidung der directors ein strengerer Sorgfaltsmaßstab anzulegen ist.[191] Die directors sind aber andererseits verpflichtet, von den GAAP abzuweichen, und zwar wenn es unvernünftig wäre, aufgrund sich abzeichnender Tatsachen oder Umstände oder neuer Informationen am Jahresabschluss nach US-GAAP festzuhalten.[192] "Damit darf zugunsten einer allgemeinen Bewertung mit aktuellen Zeitwerten und einer über die traditionellen Jahresabschlüsse hinausgehenden Vermögensdefinition von US-GAAP abgewichen werden, auch wenn den Jahresabschlüssen für Zwecke der Information US-GAAP zugrunde liegen."[193] Ist letzteres nicht der Fall oder legt die Kapitalgesellschaft nur nach steuerrechtlichen Vorschriften Rechnung, ist sie nicht gezwungen, für Zwecke der Ausschüttungsbegrenzung einen Abschluss nach US-GAAP zu erstellen, sofern sich ihre Vorgehensweise als "reasonable in the circumstances" bezeichnen lässt.[194]

Die zentrale Ausnahme besteht im California Corporation Code aus dem Jahre 1976.[195] Hier gibt es ebenfalls kein Mindestkapital und keine Mindesteinlagen. Der equity insolvency test verhindert auch hier eine Ausschüttung, sofern die Gesellschaft dadurch insolvent würde.[196] Zulässig ist eine Ausschüttung erst dann, wenn neben dem equity insolvency test mindestens einer der beiden Anforderungen der Sec. 500 Cal. Corp. Code genügt wird. Nach Sec. 500 (a) Cal. Corp. Code ist eine Ausschüttung bis zum Betrag der retained earnings (Gewinnrücklagen) der Gesellschaft zulässig, während Sec. 500 (b) Cal. Corp. Code eine Ausschüttung erlaubt, wenn danach die Aktiven mindestens 125% der Verbindlichkeiten betragen, was einem Eigenkapitalanteil an der Bilanzsumme von mindestens 20% entspricht (quantitative solvency

---

190 Vgl. Schreiber (1999), S. 885; Schildbach (1998b), S. 77.
191 Vgl. Bauer (1995), S. 322; Wüstemann (1996), S. 427.
192 Vgl. Manning/Hanks (1990), S. 203; Schildbach (1998b), S. 77.
193 Schildbach (1998b), S. 77. Vgl. auch ders. (1998c), S. 584; Wüstemann (1999), S. 64-66.
194 Vgl. Manning/Hanks (1990), S. 203 f.
195 Vgl. im Einzelnen Bauer (1995), S. 323-331.
196 Vgl. Sec. 501 Cal. Corp. Code. Bei eintretender Insolvenz ist eine Ausschüttung dann erlaubt, wenn die Verbindlichkeiten von einem Dritten übernommen werden oder dieser für die Schulden bürgt, vgl. Bauer (1995), S. 324 m.w.N.

test), und nach der Ausschüttung das Umlaufvermögen noch die kurzfristigen Verbindlichkeiten deckt (liquidity test).[197]

Das Besondere an den kalifornischen Ausschüttungsregeln liegt in ihrer Bindung an die GAAP. Die Bilanzen müssen vorbehaltlich expliziter Abweichungen gemäß den GAAP erstellt werden.[198] So sind die retained earnings nach den Grundsätzen der GAAP zu ermitteln, womit ein hier entstehendes Defizit erst durch neue Gewinne ausgeglichen werden muss, bevor eine Ausschüttung möglich ist.[199] Zu den (teilweisen) Abweichungen von einer Bilanzierung gemäß GAAP gehören beim quantitative solvency test das Verbot des Ansatzes von deferred charges und deferred credits und die Möglichkeit der Aktivierung des Goodwill und kapitalisierter Forschungs- und Entwicklungskosten.[200] Weiterhin erlaubt Sec. 500 (b) Cal. Corp. Code sowohl für den quantitative solvency test als auch für den liquidity test die Berücksichtigung nichtrealisierter Wertsteigerungen bei marktgängigen Wertpapieren und bei der Berechnung des Umlaufvermögens den Einbezug zukünftiger Einnahmen aus bestehenden Schuldverhältnissen, die innerhalb der nächsten zwölf Monate mit hinreichender Sicherheit realisiert werden.

Im Ergebnis zeigt sich, dass abgesehen von Kalifornien eine enge Verbindung zwischen Gewinnermittlungsregeln und dem Grundsatz der Nominalkapitalerhaltung bei Kapitalgesellschaften in den USA nicht besteht. Spätestens hier wird deutlich, dass in den USA "Bilanzierungsgrundsätze ... auf einen vom deutschen Bilanzrecht grundverschiedenen Sinn und Zweck hin konzipiert"[201] sind. Ausschüttungsbegrenzung ist nicht Sinn und Zweck der US-GAAP: Sie sind nicht auf die Ermittlung eines objektivierten und verteilbaren Gewinns ausgerichtet.

Auch nach US-amerikanischer Ansicht erforderte eine auf dem Jahresabschluss beruhende gesellschaftsrechtliche Ausschüttungssperre gesetzliche Rechnungslegungsnormen: "A balance sheet-based scheme for restricting distributions to shareholders would if seriously pursued, require the development of a full scale judicial jurisprudence of accounting." In den USA

---

197 Beim liquidity test wird eine Überdeckung der kurzfristigen Verbindlichkeiten um 25% verlangt, sofern in den beiden Geschäftsjahren vor der Ausschüttung der Gewinn vor Steuern nicht die Zinsverbindlichkeiten gedeckt hat.

198 Vgl. Sec. 114 Cal. Corp. Code. Von dieser Verpflichtung sind aber nach Sec. 1501 Cal. Corp. Code alle Gesellschaften mit weniger als 100 Aktionären ausgenommen.

199 Vgl. Bauer (1995), S. 326 m.w.N.

200 Vgl. Sec. 500 (b) Cal. Corp. Code.

201 Wüstemann (1996), S. 422. Vgl. auch ders. (1999), S. 116. Auch die Ausschüttungsregeln für die limited partnership verweisen nicht auf die GAAP.

bestehen aber keine bundeseinheitlichen Rechnungslegungsvorschriften. Die Rechnungslegung in die Verantwortung des Gesetzgebers und der Gerichte zu geben, gilt in den USA als nicht akzeptabel: "Nearly everyone agrees that that would be wholly impractical and a disaster." Gerichten wird nicht die Fähigkeit zugesprochen, " ... to sit as accounting tribunals"[202]; sie hätten kein spezifisches Wissen über Rechnungslegungsgrundsätze. Zudem scheinen US-GAAP nicht ausreichend gerichtsfest zu sein.[203] Sie sind uneindeutig für gleiche Sachverhalte.[204]

Es zeigt sich, dass die Ausschüttungsbeschränkungen des US-amerikanischen Gesellschaftsrechts im wesentlichen " ... auf einen ex post-Gläubigerschutz durch gerichtliche Kontrolle des Schuldnerverhaltens im Insolvenzfall"[205] abstellen. Hier ergibt sich aber eine gewisse Rechtsunsicherheit, weil das Konzept vorwiegend auf unbestimmte Rechtsbegriffe abstellt: "There is inevitably a greater degree of uncertainty with open-ended standards, and the enforcement of ex post controls requires a bigger enforcement effort."[206] Zudem ergibt sich beim Insolvenztest die Schwierigkeit, die Kausalität zwischen der Zahlungsunfähigkeit des Unternehmens und einer vorhergehenden Ausschüttung belegen zu müssen.[207]

Den Ergebnissen dieses Gliederungspunktes 4.3. zufolge wird man eine Unvereinbarkeit der US-GAAP und IAS mit der Zahlungsbemessungsfunktion vermuten. Den US-GAAP kommt für die Ausschüttungsbemessung nach dem Gesellschaftsrecht der Bundesstaaten nur eine sehr eingeschränkte Bedeutung zu. Nach dem Conceptual Framework des FASB ist das Financial Reporting nicht auf die Ausschüttungsbemessung zugeschnitten.

---

202 Manning/Hanks (1990), S. 66 (alle Zitate).
203 Vgl. Wüstemann (1999), S. 63; Luttermann (1999), S. 86.
204 Vgl. Manning/Hanks (1990), S. 66.
205 Watrin (2001a), S. 937.
206 Davies (1998), S. 353.
207 Vgl. Bauer (1995), S. 235 f.

4.4. Zweckmäßigkeit internationaler Rechnungslegungsstandards für die Ausschüttungsbemessung

4.4.1. Mangelnde Zweckmäßigkeit einzelner Ansatz- und Bewertungsregeln

Um die Zweckmäßigkeit internationaler Rechnungslegungsstandards für die Ausschüttungsbemessung zu prüfen, sollen im Folgenden zunächst zentrale Kritikpunkte an der derzeitigen deutschen Rechnungslegung knapp skizziert, um dann zu erörtern, inwieweit diese Mängel durch US-GAAP behoben oder verschärft werden.

Es wird herausgestellt, dass die "... Qualität der vom Bilanzrecht gesteuerten Kapitalbindung ... von der Stringenz des Rechts der Rechnungslegung"[208] abhängt. Die bilanzrechtlichen Wahlrechte schwächen im Grundsatz die Bedeutung der Rechnungslegung für die Kapitalbindung, da die Kapitalgesellschaft durch sie den Bilanzgewinn beeinflussen kann.[209] Während Bewertungswahlrechten durch das Stetigkeitsgebot des § 252 Abs. 1 Nr. 6 HGB noch in gewissen Grenzen begegnet wird, gilt diese Vorschrift für Ansatzwahlrechte nicht,[210] so dass hier ein gewisses Manipulationspotential besteht. Das gezielte Ausnutzen von Wahlrechten ist für die Gläubiger kontraproduktiv: in guten Zeiten bedürfen sie der Erweiterung der Haftungsmasse nicht, in schlechten aber droht eine nachträgliche Ausschüttung. Wahlrechte schaffen daher gerade keinen Gläubigerschutz.[211]

Nicht nur, aber auch über Wahlrechte ermöglicht das deutsche Konzept des institutionellen Gläubigerschutzes die Bildung stiller Reserven und damit auch deren stille Auflösung. In der Literatur wird die Bildung stiller Reserven vorwiegend abgelehnt.[212] Eine Unternehmung braucht " ... zur Sicherung der Widerstandsfähigkeit ... sicherlich Rücklagen ... "[213], jedoch sollte deren Bildung auf dem durch die Anteilseigner kontrollierbaren Weg der Zuweisung in

---

208 Schulze-Osterloh (1995a), S. 128.

209 Dies gilt in bezug auf die Ansatzwahlrechte für den Geschäfts- oder Firmenwert (§ 255 Abs. 4 HGB), das Disagio (§ 250 Abs. 3 HGB) und für Aufwandsrückstellungen (§ 249 Abs. 1, Abs. 2 HGB), nicht aber für die sog. Aktivierungshilfen (§§ 269, 274 Abs. 2 HGB), da letztere mit einer Ausschüttungssperre versehen sind. Bei den Bewertungswahlrechten sind insbesondere die explizite Bandbreite bei der Ermittlung der Herstellungskosten (§ 255 Abs. 2 u. 3 HGB) sowie die impliziten Freiheiten bei der Bewertung von Pensionsrückstellungen zu nennen. Vgl. Ballwieser (1996b), S. 12 f. Bei Pensionsrückstellungen gelten Zinssätze zwischen 3% und 6% als mit den GoB vereinbar, vgl. ADS (1995), Rz. 308-310 zu § 253.

210 Vgl ADS (1995), Rz. 104 zu § 252.

211 Vgl. Siegel (1986), S. 422; Kropff (1997a), S. 75 f.; Schneider (1970b), S. 1701; ders. (1980b), S. 88.

212 Vgl. Siegel/Bareis/Rückle/Schneider/Sigloch/Streim/Wagner (1999), S. 2081 f.; Schneider (1981b), S. 32-34; Börner (1996), S. 157 f.; Schmidt, M. (2000a), S. 46; Stützel (1962), S. 251. A.A. Moxter (1987b), S. 271-278.

213 Stützel (1962), S. 247.

offene Rücklagen erfolgen.[214] Die stille Auflösung stiller Reserven, die " ... ein Management ... als unerkannten Puffer zur Verschleierung von Unwirtschaftlichkeiten"[215] ausnutzen kann, gilt als gläubigergefährdend;[216] die Möglichkeiten zur Unterbewertung stellen daher keinen vergrößerten Gläubigerschutz, sondern eine Gefahr für die Gläubiger dar.[217] "Bei aller Berufung auf das Argument des Gläubigerschutzes war die Legung stiller Ermessensreserven durch das Vorsichtsprinzip aus Sicht der Rechnungslegenden wohl nicht selten durch das Interesse an der Schaffung von Innenfinanzierungsspielräumen und die Schaffung einer Manövriermasse zur Ergebnisgestaltung in zukünftigen Perioden bestimmt."[218]

In den Gliederungspunkten 3.1.3.3. und 3.2.2.3. wurde aufgezeigt, dass nach US-GAAP zwar wenige explizite, aber wie im HGB zahlreiche implizite Wahlrechte bestehen und es zur Bildung stiller Reserven kommt bzw. kommen kann. Auch die US-GAAP sind von diesen Mängeln nicht frei.

Die Zweckmäßigkeit der US-GAAP für die Ausschüttungsbegrenzung ist weiterhin am Ertragsrealisationszeitpunkt zu prüfen. Um den Gläubigerschutz zu verstärken, erscheint es sinnvoll, Gewinne erst nach dem Zeitpunkt der Lieferung oder Leistung zu realisieren; nicht

---

214 Vgl. Stützel (1962), S. 248; Siegel/Bareis/Rückle/Schneider/Sigloch/Streim/Wagner (1999), S. 2082. Vgl. auch Stützel (1967), S. 329: "Wer stille Reserven präferiert, hat nicht darzutun, daß Reservepolster gut seien; wer für stille Reserven plädiert, hat darzutun, daß die Stille von Reserven besser ist als deren Offenheit."

215 Siegel, Th. (1997), S. 133.

216 Vgl. Siegel/Bareis/Rückle/Schneider/Sigloch/Streim/Wagner (1999), S. 2082; Ballwieser (1996b), S. 12; Jacobs (1972), S. 175; Schneider (1968a), S. 7; Stützel (1962), S. 249.

217 Vgl. Schneider (1968a), S. 7; Burger/Buchhart (2000), S. 2200. Stützel formuliert prägnant: "Reserven als solche sind Verlustdeckungspotential. Stille von Reserven ist Verlustverschleierungspotential", Stützel (1962), S. 249. Vgl. auch ders. (1959), S. 460 f. Um die Tauglichkeit des Bilanzrechts für den Gläubigerschutz zu erhöhen, wäre nach Siegel auf eine Zeitwertbilanzierung abzustellen, vgl. Siegel (1997), S. 125-127, ders. (1998), S. 593-603. Vgl. hierzu auch Berlage (1993), S. 67-76. Zeitwerte wären als Einzelveräußerungswerte (nicht Einzelzerschlagungswerte) zu interpretieren; auf diese Weise würde das Schuldendeckungspotential gemessen. Unter den (ggf. fortgeführten) Anschaffungs- oder Herstellungskosten liegende Einzelveräußerungspreise verschärfen die Ausschüttungssperre. Grundsätzlich würde die Bewertung mit Zeitwerten die Ausschüttung noch nicht realisierter Gewinne ermöglichen, wodurch Gläubiger geschädigt werden können. Deshalb müssten nicht realisierte Gewinne durch einen Gegenposten auf der Passivseite (Wertberichtigung oder ausschüttungsgesperrte Rücklagen) kompensiert werden; Wertsteigerungen "am ruhenden Vermögen" werden also offen ausgewiesen, aber erfolgsneutral behandelt, vgl. Siegel/Bareis/Rückle/Schneider/Sigloch/Streim/Wagner (1999), S. 2080. Die derzeitige Ablehnung der Zeitwertbilanzierung infolge der Prämisse der Unternehmensfortführung (§ 252 Abs. 1 Nr. 2 HGB) provoziert ein "Abräummodell", vgl. hierzu Siegel (1997), S. 133; ders. (1998), S. 601.

218 Herzig (2000a), S. 110. Ähnlich Schneider (1996a), S. 490; Weber-Grellet (1999b), S. 2661. Das deutsche System des bilanziellen Gläubigerschutzes geht in hohem Maße auf den Einfluss der Banken zurück. Der deutsche Kapitalmarkt hat mehr als vier Jahrzehnte lang, vom Beginn des 1. Weltkrieges bis in die fünfziger Jahre, keinen nennenswerten Beitrag zur Unternehmensfinanzierung geleistet. Auch die börsennotierten Gesellschaften waren überwiegend auf Kredit- und Selbstfinanzierung angewiesen. Hierfür waren stille Reserven sicher geeignet.

nur das Auftrags- und Produktionsrisiko, sondern auch Bonitäts-, Gewährleistungs- und Haftungsrisiken könnten je nach Wahl eines späteren Zeitpunktes bewältigt werden.[219] So sollte nach *Schneider* erst im Zeitpunkt des Zahlungseinganges Gewinn realisiert werden, um dem Gedanken einer Ausschüttungssperrbilanz für die Gläubiger[220] zu entsprechen.[221]

Für die Zeitpunkte der Ertragsrealisierung nach US-GAAP gelten folgende Grundsätze:

1. "Revenues and gains generally are not recognized until realized or realizable".[222] Realisierung liegt dabei vor, wenn erbrachte Leistungen gegen Geld oder Geldforderungen getauscht werden; als maßgeblicher Realisationszeitpunkt gilt der Zeitpunkt der Lieferung und Leistung.
Realisierbarkeit ist gegeben, wenn jederzeitige oder zu einem bestimmten Zeitpunkt absehbare und der Höhe nach bestimmbare Umwandlung einer Leistung in liquide Mittel möglich ist, was an die Voraussetzungen der Fungibilität und der jederzeitigen Absetzbarkeit auf einem aktiven Markt gebunden ist. "Die Bedingung der Realisierbarkeit umfaßt dabei nicht nur dem Lieferungs- und Leistungszeitpunkt vorverlagerte, sondern auch unter dem Teilaspekt der Bestimmbarkeit von Erträgen dem Lieferungs- und Leistungszeitpunkt nachverlagerte Realisationszeitpunkte."[223]

2. "Revenues are not recognized until earned".[224] Revenues sind verdient, wenn im wesentlichen alles vollzogen wurde, um den Anspruch auf die Gegenleistung zu erlangen.[225] Einnahmen im Geschäftsjahr, die erst in künftigen Perioden realisierten Ertrag darstellen, sind bis dahin im Wege der Passivierung zu neutralisieren.[226]

Dementsprechend kommt es zu mehreren möglichen Gewinnrealisationszeitpunkten:

- Zur Ertragsrealisierung vor Lieferung und Leistung kommt es insbesondere bei langfristiger Auftragsfertigung,[227] der Bewertung bestimmter Wertpapiere[228] sowie bei der Bewertung von Agrargütern und Edelmetallen. Agrargüter und Edelmetalle können bereits vor Transaktionen am Absatzmarkt zum net realizable value angesetzt werden, sofern u. a. " ... die Güter jederzeit zu bekannten und unter Berücksichtigung des Angebots der bewerteten Menge nicht veränderten Marktpreisen absetzbar sind".[229] Angesprochen sind dem-

---

219 Vgl. Ballwieser (1996b), S. 11.
220 Vgl. Stützel (1967), S. 323 f.
221 Vgl. Schneider (1968a), S. 7; ders. (1996a), S. 486.
222 SFAC 5.83a. Vgl. grundlegend zur Diskussion um das realization concept etwa Defliese (1965), S. 517-521; Horngren (1965), S. 323-333; Sprouse (1965), S. 522-526.
223 Kuhlewind (1997), S. 114.
224 SFAC 5.83b.
225 Vgl. SFAC 5.83b. Zur Konkretisierung dieser Bedingungen in der US-Literatur vgl. Kuhlewind (1997), S. 115-119.
226 Vgl. Kuhlewind (1997), S. 162. Zu den alternativen Zeitpunkten der Ertragsrealisation vgl. Kieso/Weygandt/Warfield (2001), Ch. 19. Zur Umsatzrealisation bei Mehrkomponentenverträgen vgl. Küting/Turowski/Pilhofer (2001), S. 305-317; Nusbaum/Weiss (1998), S. 155-162.
227 Vgl. Gliederungspunkt 3.1.3.3.
228 Vgl. Gliederungspunkt 3.1.3.3.
229 Kuhlewind (1997), S. 128.

nach börsengehandelte Edelmetalle und Agrarprodukte mit staatlich garantiertem Preis; in der Regel greift hier die completion of production-method, die auf die nachvollziehbare Vollendung des Herstellungs- oder Abbauvorgangs marktfähiger, natürlicher Produkte abstellt.[230]

- Erst nach dem Zeitpunkt der Lieferung und Leistung ist die Ertragsrealisierung etwa dann möglich, wenn dem Käufer ein Rückgaberecht eingeräumt wurde. Nur unter bestimmten Voraussetzungen (keine Rückkaufverpflichtung des Verkäufers, begründete Schätzbarkeit des Werts zukünftiger Warenrückgaben und Erlösschmälerungen, Zahlungspflicht des Käufers unabhängig von erfolgreicher Weiterveräußerung u.a.)[231] kommt es bereits im Zeitpunkt der Lieferung und Leistung zum Ertragsausweis;[232] sofern die im Zuge von Warenrückgaben entstehenden Erlösminderungen begründet geschätzt werden können, ist die anteilige geschätzte Gewinnmarge passivisch zu berücksichtigen.[233] Liegen die Bedingungen nicht vor, kommt es erst nach Ablauf der Rückgabefrist zum vollen Gewinnausweis.[234] "In dieser Regelung wird der Einfluß der `reliability´ sichtbar, die im Zweifel eine zeitverzögerte, dann aber vergleichsweise sichere Information verlangt."[235]

- Zur Gewinnrealisierung erst nach dem Zeitpunkt der Lieferung und Leistung kann es auch bei Ratenzahlungsgeschäften kommen. Grundsätzlich liegt hier im point of sale Gewinnrealisierung vor, sofern u.a. die Geschäfte als relativ gering risikobehaftet angesehen werden können.[236] Bei Ratenzahlungsgeschäften hingegen, bei denen " ... die vollständige `collectibility´ der Forderungen nicht gegeben ist und die erwarteten Forderungsausfälle nicht begründet geschätzt werden können,"[237] wird der Ertrag entweder sukzessive entsprechend den tatsächlichen Einzahlungen erfolgswirksam verbucht (installment sales method)[238] oder erst ab dem Zeitpunkt ab sukzessive erfaßt, zu dem die Summe der eingegangenen Raten die Kosten des verkauften Vermögenswertes überschreitet (cost recovery method).[239] Grundsätzlich besteht zwischen diesen beiden Verfahren ein Wahlrecht.[240]

Im Ergebnis zeigt sich, dass das Realisationsprinzip in den USA nicht so streng interpretiert wird wie in Deutschland; es existieren aufgrund des trade-off-Problems zwischen relevance

---

230 So bewertet etwa ein Getreidefarmer seinen Weizen mit dem ihm staatlich garantierten Preis, eine Goldmine das geförderte Gold mit dem aktuellen Goldpreis auf dem Markt. Vgl. Schildbach (1998c), S. 582, sowie im Einzelnen Kieso/Weygandt/Warfield (2001), S. 457 f. u. 1014; Kuhlewind (1997), S. 129 f.

231 Vgl. SFAS 48.6; Kuhlewind (1997), S. 140.

232 Vgl. SFAS 48.6.

233 Vgl. SFAS 48.7; Kuhlewind (1997), S. 140 f.

234 Vgl. SFAS 48.6, S. 8. Während dieser Frist steht der ausgewiesenen Forderung ein passivischer Korrekturposten in Höhe der vollen Gewinnmarge gegenüber, vgl. Kuhlewind (1997), S. 141.

235 Kuhlewind (1997), S. 141. Zur bilanziellen Behandlung von Garantiegeschäften vgl. Kuhlewind (1997), S. 142.

236 Vgl. Kuhlewind (1997), S. 143.

237 Kuhlewind (1997), S. 145.

238 Der eingebuchten Forderung wird auf der Passivseite ein Korrekturposten in Höhe der Bruttogewinnmarge gegenüber gestellt, der in Abhängigkeit von den geleisteten Einzahlungen erfolgswirksam aufgelöst wird. Allerdings ist nicht sicher, dass durch jeden Rateneingang anteilig bereits Gewinn realisiert wird, weil das Gesamtausfallrisiko und das Ausfallrisiko zukünftiger Zahlungen ja gerade als nicht unwesentlich eingestuft wurden.

239 Vgl. SFAS 66.62-.64. Hier wird also die auf der Passivseite ausgewiesene Bruttogewinnmarge erst bei Überschreitung der eigenen Kosten erfolgswirksam aufgelöst. Im Zweifel ist aus Vorsichtsgründen die cost recovery method vorzuziehen, vgl. Kuhlewind (1997), S. 145.

240 Vgl. APBO 10.12, Fn. 8; Schildbach (2002), S. 107 f.

und reliability mehrere mögliche Realisationszeitpunkte,[241] auch wenn grundsätzlich der Verkauf als prima facie evidence anzusehen ist. Die nach US-GAAP z.T. erfolgende Gewinnrealisierung vor dem Zeitpunkt der Lieferung oder Leistung mindert die Zweckmäßigkeit dieser Standards für die Ausschüttungsbemessung erheblich.

Da Ausschüttungen von den Anteilseignern nicht zurückverlangt werden können, müssen Rechnungslegungsregeln zum Zwecke der Ausschüttungsbegrenzung Chancen und Risiken imparitätisch behandeln.[242] Eine Zubußepflicht der Anteilseigner widerspräche handelsrechtlich der Haftungsbeschränkung.[243] Wie bereits in Gliederungspunkt 3.2.2.3. dargestellt, enthält das Conceptual Framework des FASB zwar kein allgemeines Imparitätsprinzip, aber über diverse Einzelvorschriften kommt es nach US-GAAP zu einer recht weitreichenden Verlustantizipation (insbes. Niederstwertprinzip bei Vorräten, außerplanmässige Abschreibungen bei Anlagen und Forderungen, Drohverlustrückstellungen). Bezüglich des Imparitätsprinzips sind US-GAAP den GoB nicht zwingend unterlegen.

Externe Rechnungslegung hat aus der Perspektive der Ausschüttungsbemessungsfunktion sicherzustellen, dass der zukünftige Zahlungsstrom des Unternehmens zusammen mit den liquiden Mitteln der Vorperioden ausreicht, die Ansprüche der Gläubiger zu befriedigen,[244] m.a.W. sie hat " ... Ausschüttungen zu verhindern, wenn der voraussichtliche zukünftige Zahlungsstrom aus dem laufenden Geschäftsbetrieb nicht für die Befriedigung der Gläubigeransprüche ausreicht."[245] Für die Ausschüttungsbemessungsfunktion kommt es bezüglich der Aktivierung darauf an, dass eine hinreichende Konkretisierung der zukünftigen Einzahlungen gegeben ist; insofern sind folgende Aktivierungsregeln der US-GAAP als unzweckmäßig anzusehen:

---

[241] Vgl. SFAC 5.84a-g; Kuhlewind (1997), S. 119; Ballwieser (1997a), S. 55.

[242] Schneider zufolge wird bei Geltung des Imparitätsprinzips " ... die Rechnungslegung in der Zukunft völlig entstellt .. ", Schneider (1971a), S. 610. Drohende Verluste sollten vielmehr in einer (ausschüttungsgesperrten) Rücklage Berücksichtigung finden, um das Ermessen des Rechnungslegenden zu reduzieren, vgl. Schneider (1970b), S. 1704; ders. (1971a), S. 610; ders. (1997), S. 284. Zu Vorschlägen ausschüttungsgesperrter Rücklagen vgl. desweiteren Simon (1899), S. 336-338; Kronstein/Claussen (1960), S. 128-130; Hax (1964), S. 629.
Die Bewertung der Bestände mit gesunkenen Wiederbeschaffungspreisen lässt sich betriebswirtschaftlich nicht rechtfertigen, da für die Vorwegnahme eines drohenden Verlustes nur der voraussichtliche künftige Veräußerungspreis maßgebend sein kann. Vgl. Schneider (1971a), S. 610; Koch (1957), S. 31; Leffson (1967), S. 57-61.

[243] Vgl. Schneider (1996c), S. 938 f.; ders. (1995a), S. 1422; ders. (1997), S. 281, 337.

[244] Vgl. Egner (1974), S. 34; Walter (1998), S. 370.

[245] Franken (2001), S. 225.

- Die mögliche Aktivierung selbsterstellter immaterieller Vermögensgegenstände[246] erhöht die Gefahr der Gläubiger, durch zu hohe Vorab-Ausschüttungen geschädigt zu werden, da diese geleisteten Auszahlungen zukünftig womöglich nicht zu Einzahlungen führen werden.
- Die Gläubiger können durch überhöhte Ausschüttungen geschädigt werden, wenn bei der Software-Bilanzierung der Eintrittszeitpunkt der Technological Feasibility nicht zuverlässig ermittelbar ist.[247]
- Der Ermessensspielraum bei den start-up costs und das de facto-Aktivierungswahlrecht von organization costs[248] führen zu einer nicht zu rechtfertigenden Erhöhung des Risikos der Vorab-Ausschüttung.
- Die Möglichkeit, stock issue costs als deferred charges zu aktivieren.[249] Denn die alleinige Aufnahme neuen Eigenkapitals führt für sich gesehen nicht zur Schaffung zukünftiger Einzahlungspotentiale.

Passivierungsregeln sind für die Ausschüttungsbemessung unzweckmäßig, wenn sie zu einem unvollständigen Ausweis der sicheren und unsicheren Schulden führen.[250] Vor diesem Hintergrund sind folgende Regeln der US-GAAP als unzweckmäßig anzusehen:

- Die Kriterien der probability und der zuverlässigen Schätzbarkeit nach US-GAAP führen dazu, dass für viele, dem Bilanzierenden bekannte Sachverhalte keine liabilities bilanziert werden und es damit zur Bildung stiller Lasten kommt; somit weist die Bilanz bestehende Vermögensbelastungen nicht vollständig aus.[251]
- Rechtlich voll entstandene, aber wirtschaftlich noch nicht verursachte Liabilities werden überwiegend nach dem matching-principle behandelt, d.h. nicht bilanziert.[252] Die Nicht-Passivierung der Liability führt aber zu erhöhten Ausschüttungen. Demnach wird unterstellt, dass die zukünftigen Einzahlungen ausreichen werden, den Auszahlungsbedarf für die rechtlich voll entstandene Schuld zu decken. Es besteht die Gefahr, dass "[d]ie Ausschüttungsbemessungsfunktion .. ihrer Aufgabe, für absehbare zukünftige Auszahlungsüberschüsse Liquiditätspolster aufzubauen, um einen Ausfall der Gläubigeransprüche zu verhindern, nicht mehr gerecht werden kann."[253]
- Das Verbot von Aufwands-Rückstellungen.[254]

---

246 Vgl. Gliederungspunkt 3.1.3.2.

247 Vgl. Franken (2001), S. 226; Gliederungspunkt 3.1.3.3.

248 Vgl. Gliederungspunkt 3.1.3.2. Die Aktivierung von organization costs und start-up costs ist nicht mehr möglich für Geschäftsjahre, die nach dem 15.12.1998 beginnen.

249 Vgl. Gliederungspunkt 3.1.3.2.

250 Vgl. Franken (2001), S. 227.

251 Vgl. Gliederungspunkt 3.1.3.1.

252 Bei nachgelagerter wirtschaftlicher Verursachung ist die rechtliche Entstehung einer Verpflichtung in bestimmten Fällen hinreichend für die vollständige Passivierung, vgl. Wesner (1984), S. 105 f.; Kuhlewind (1997), S. 169 u. 179, so etwa bei atomrechtlichen Verpflichtungen zum Rückbau und zur Entsorgung von Kernkraftwerken, wobei allerdings durch eine spiegelbildliche Erhöhung der Anschaffungs- oder Herstellungskosten und damit der Abschreibungsbasis die Aufwandsverrechnung an die Ertragsrealisation gekoppelt ist, vgl. Böcking (1998), S. 43.
Zu dieser Diskussion für das deutsche Recht vgl. Woerner (1994), S. 483-506; Herzig (1993), S. 209-226; Moxter (1997g), S. 681; ders. (1995d), S. 311-326; Christiansen (1994), S. 25-38; Siegel (1995), S. 1141-1143; ders. (1997), S. 127.

253 Franken (2001), S. 228.

Bezüglich der Bewertung sind u.a. folgende Regelungen nach US-GAAP als unzweckmäßig für die Ausschüttungsbemessung anzusehen:

- Die Bewertung zu Vollkosten,[255] wenn durch die Herstellung oder den Erwerb des Asset nicht ein zukünftiger Einzahlungsstrom geschaffen wird, dessen Minimum den aufgewendeten Vollkosten größengleich ist.[256]
- Die Möglichkeiten zur Bildung von stillen Reserven über die Dollar-Value Lifo Methode,[257] das Wahlrecht zwischen verschiedenen Verbrauchsfolgeverfahren und das Wertaufholungswahlrecht nach außerplanmäßigen Abschreibungen.[258] Die Kritik richtet sich gegen die mögliche stille Auflösung stiller Reserven.
- Die Wahlrechte bei den Verfahren zur planmäßigen Abschreibung im Sachanlagevermögen, da sie von den Kapitalnehmern nicht im Interesse der Gläubiger ausgeübt werden könnten. Sie mögen den Kapitalnehmern dazu dienen, " ... der zeitlichen Verteilung der maximal zulässigen Ausschüttungen die von ihnen gewünschte Form zu geben".[259]
- Die Zeitwertbilanzierung bei Trading Securities und Available for Sale Securities,[260] da der hiermit angezeigte erhöhte zukünftige Einzahlungsstrom gegenüber einer Bewertung zu Anschaffungskosten zu ungewiss ist.
- Die Bewertung von Verbindlichkeiten zum Barwert.[261]
- Die Poc-Methode aufgrund der mit ihr verbundenen Ermessensspielräume.[262]

Im Ergebnis dürften investororientierte Rechnungslegungsregeln den GoB in Bezug auf die Ausschüttungsbemessung tendenziell unterlegen sein. Für dieses Ergebnis sprechen auch die Rechnungslegungsregeln in amerikanischen Kreditverträgen, wie der folgende Gliederungspunkt verdeutlicht.

4.4.2. Rechnungslegungsregeln in amerikanischen Kreditverträgen

Nicht selten wird in amerikanischen Kreditverträgen festgelegt, dass der Schuldner nur den bilanziell ermittelten Gewinn oder einen bestimmten Teil hiervon entnehmen darf.[263] Offenbar wird hier " ... privat etwas vereinbart, was dem Gläubigerschutz durch deutsche Kapitalerhaltungsvorschriften ... sehr nahe kommt."[264] Die Regelungen zur Rechnungslegung in pri-

---

254 Vgl. im Einzelnen Franken (2001), S. 228 f.
255 Vgl. Gliederungspunkt 3.2.2.3.
256 Vgl. Franken (2001), S. 231.
257 Vgl. Gliederungspunkt 3.2.2.3.
258 Vgl. Gliederungspunkt 3.2.2.3.
259 Franken (2001), S. 232; Ballwieser (1982), S. 776.
260 Vgl. Gliederungspunkt 3.1.3.3.
261 Vgl. Franken (2001), S. 233 f.
262 Vgl. Gliederungspunkt 3.1.3.3.
263 Vgl. Merkt (1991), S. 277 f.
264 Schildbach (1998b), S. 79; Schön, W. (2000), S. 727; Leuz (1998), S. 580 f.

vaten Kreditverträgen (amerikanische Gläubigerrechnungslegung)[265] gehen in der Regel zunächst von einem nur im Grundsatz nach den GAAP ermittelten Gewinn aus,[266] obwohl geprüfte cash-flow statements zur Verfügung stehen und auf diese zurückgegriffen werden könnte.[267] Weil die US-GAAP aber viele Wahlrechte enthalten und es deshalb leicht zu teuren Auseinandersetzungen kommen könnte, sie einer häufigen Weiterentwicklung unterliegen[268] und anderen Rechnungslegungsregeln unterlegen sind, " ... soweit es um die Beschränkung der Ausschüttungen an Eigner auf Basis der bisher gesammelten Erfahrungen geht"[269], enthalten die private debt agreements zusätzlich Änderungen, die stark der deutschen Rechnungslegung ähneln.

Diese Zusätze sind als gläubigerorientierte Regeln zu bezeichnen; als Beispiele können etwa Ansatzverbote für den Goodwill, aktive latente Steuern und große Teile der immateriellen Werte, strengere Vorschriften für Verbindlichkeiten als die der US-GAAP, die Geltung des strengen Niederstwertprinzips im Umlaufvermögen und strengere Anforderungen an die Gewinnrealisierung als nach US-GAAP angeführt werden.[270] Im Grundsatz sind die Zusatzregeln so gefasst, nur die Möglichkeiten des Managements zur Ausweitung, nicht aber zur Verminderung des Gewinns zu beschränken.[271] Tendenziell kommt es infolge dieser Anpassungen zu einem niedrigeren Reinvermögen sowie späteren Gewinnausweis, womöglich sogar zu einem insgesamt niedrigeren Ausschüttungspotential.[272]

---

265 So die Bezeichnung von Alberth (1998), S. 804.
Die vertragliche Rechnungslegung lässt sich in drei Stufen definieren. Zunächst wird eine Basisrechnungslegung festgelegt (etwa die US-GAAP), die sodann um allgemeine Modifikationen, welche für den gesamten Kreditvertragstext gelten, ergänzt wird (Vertragsrechnungslegung). Darüber hinaus können für einzelne Tests Erweiterungen oder Einschränkungen der Vertragsrechnungslegung erfolgen (Testrechnungslegung). Demnach bauen Basis-, Vertrags- und Testrechnungslegungen " ... aufeinander auf und entstehen stufenweise durch die Modifikation der vorhergehenden Version (tailoring)", Alberth (1998), S. 806.

266 Vgl. Leftwich (1983), S. 28; Alberth (1998), S. 808; Schildbach (1999a), S. 360; ders. (1998a), S. 10.
Es ist aber z.B. auch möglich, dass der Gläubiger die Basisrechnungslegung festlegen darf oder dass im Vertrag überhaupt keine Generalklausel vorgesehen ist, mit der Konsequenz der Festlegung der Basisrechnungslegung durch die Schuldnercorporation, vgl. im Einzelnen Alberth (1998), S. 807.

267 Zur Kapitalflussrechnung nach US-GAAP und IAS vgl. Roese (1999), S. 43-45; von Wysocki (1998) und (2000). Grundlegend zur Kapitalflussrechnung vgl. Busse von Colbe (1966); Scheffler (2002), S. 295-300.

268 Vgl. Leftwich (1983), S. 28 f. Die Ergänzungs- bzw. Änderungshäufigkeit der GAAP zeigt sich dabei auch darin, dass in den Kreditverträgen oftmals ausdrücklich bestimmt ist, ob die aktuelle GAAP-Version zum Zeitpunkt der Berechnung (rolling GAAP) oder die GAAP-Version, die zum Zeitpunkt des Vertragsabschlusses in Kraft war (frozen GAAP), Anwendung finden soll, vgl. Alberth (1998), S. 807.

269 Schildbach (1998b), S. 79.

270 Vgl. Leftwich (1983), S. 31-35; Alberth (1997b), S. 13-16; ders. (1998), S. 808-813; Leuz (1996), S. 235 f.; Schildbach (1999a), S. 360; ders. (1998b), S. 80; ders. (1998a), S. 10 f.; Wüstemann (1999), S. 68 u. 117.

271 Vgl. Leftwich (1983), S. 34.

272 Vgl. Leuz (1996), S. 235 f.

Demnach haben die freiwillige US-amerikanische Gläubigerrechnungslegung und die gesetzliche deutsche Rechnungslegung eine große Ähnlichkeit. Die genannten Zusätze legen die Vermutung nahe, dass eine vorsichtige Gewinnermittlung den Interessen der Gläubiger entspricht, denn ansonsten würden Gläubiger diese Vorsicht wohl nicht in US-amerikanischen privaten Kreditverträgen durchsetzen.[273] Offenbar gibt " ... es bei der (bilanziellen) Ermittlung des ausschüttungsfähigen Betrags Elemente .. , die man als länder*un*spezifisch bezeichnen könnte."[274] *Schildbach* schließt: "Die Grundsätze von Gläubigerschutz und Vorsicht nach deutschem Recht .. werden durch die privaten Kreditvereinbarungen auf dem Markt so eindrucksvoll bestätigt, daß sie mit hoher Wahrscheinlichkeit auch dann unverzichtbar bleiben werden, wenn in Deutschland eine politische Entscheidung zugunsten einer Rechnungslegung nach US-GAAP fallen sollte."[275]

Diese Überlegungen werden dadurch bestärkt, dass – wie im Gliederungspunkt 4.3.2.2. ausgeführt – in Kalifornien zwar im Grundsatz eine Bindung der Ausschüttungsregeln an die US-GAAP besteht, der Gesetzgeber in Kalifornien aber gezielt Abweichungen von den US-GAAP vorschreibt[276] und damit Zweifel an der greifbaren Werthaltigkeit der nach US-GAAP aktivierbaren Posten zum Ausdruck bringt. Insbesondere bei den deferred charges wird der entobjektivierte asset-Begriff manifest.[277] Das Ziel dieser kalifornischen Regeln wird daher auch darin gesehen, " ... diejenigen Ausschüttungssperren, welche typisch in Kreditkontrakten vereinbart werden, gesetzlich zu regeln. Wie in Deutschland könnte dies Vorteile haben, weil entsprechende private Kontrakte überflüssig werden und sich die Transaktionskosten der Kreditvergabe vermindern. Gläubiger können darauf vertrauen, daß die Einhaltung der gesetzlichen Rechnungslegungsvorschriften ein bestimmtes, bekanntes Maß an Innenfinanzierung sichert."[278] Dass kreditvertraglich festgelegte Ausschüttungsrestriktionen auf der Grundlage der bilanziellen Gewinnermittlung in Deutschland in der Regel nicht anzutreffen sind,[279] spricht zumindest nicht gegen die Effizienz der deutschen gesetzlichen Regelungen.

---

[273] Vgl. Schildbach (1998b), S. 80; ders. (1998a), S. 11; Streim (1998), S. 340.
[274] Leuz (1996), S. 249.
[275] Schildbach (1998b), S. 81.
[276] Vgl. Sec. 500 (b)(1) Cal. Corp. Code; Gliederungspunkt 4.3.2.2.
[277] Vgl. Wüstemann (1999), S. 62 f.; Gliederungspunkt 3.1.3.2.
[278] Schreiber (1999), S. 886.
[279] Vgl. Leuz (1996), S. 242. Zu einer Ausnahme vgl. §§ 54 Abs. 1, 54 Abs. 2 VAG.

4.5. Fazit

Internationale Rechnungslegungsstandards sind nicht auf die Ausschüttungsbemessung zugeschnitten. Die Messung des Eigenkapitals nach internationalen Rechnungslegungsstandards muss aber nicht zwingend mit den Interessen der Gläubiger unvereinbar sein. Die agencytheoretische Analyse von Ausschüttungsbegrenzungen zeigt, dass in bestimmten Finanzierungssituationen eine Verschärfung der Ausschüttungsrestriktion zu einer Verschlechterung der Gläubigerposition führen kann. Gläubigerschutz orientiert sich hierbei am Marktwert des Fremdkapitals. Schädigungsmöglichkeiten durch die Eigner können nicht vollständig ausgeschlossen werden, so dass Gläubiger ein Interesse an einer Absicherung über ein Verlustpuffer haben dürften. Zumindest bisher ließ sich eine exakt zu quantifizierende Mindestkapitalgröße ökonomisch nicht begründen.

Die in Deutschland gesetzlich und in den USA vorwiegend privatvertraglich geregelten Ausschüttungsbegrenzungen lassen vermuten, dass einer vorsichtigen Gewinnermittlung eine allgemeingültige Bedeutung bei der Ausschüttungsbegrenzung zukommt. Denn in US-amerikanischen Kreditverträgen finden die vorsichtsbetonten deutschen Grundsätze der Rechnungslegung eine gewisse Bestätigung. Zu "länderunspezifischen Elementen" bei der Ermittlung des ausschüttungsfähigen Betrags gehören offenbar z.B. eine umfangreiche Rückstellungsbildung und weitergehende Aktivierungsverbote für immaterielle Vermögensgegenstände. Dennoch muss Gläubigerschutz im Wege der bilanziellen Ausschüttungsbeschränkung höchst unvollkommen bleiben.

Nachdem in diesem Kapitel 4. die mangelnde Zweckmäßigkeit internationaler Rechnungslegungsstandards für den bilanziellen Gläubigerschutz aufgezeigt werden konnte, soll im folgenden Kapitel 5. die Eignung der Periodisierungsregeln nach IAS/US-GAAP für die steuerliche Gewinnermittlung untersucht werden.

5. Internationale Rechnungslegungsstandards, GoB und steuerliche Gewinnermittlung

5.1. Diskussion um den Maßgeblichkeitsgrundsatz im Zuge der Internationalisierung der Rechnungslegung

Die Öffnung des Konzernbilanzrechts für internationale Rechnungslegungsgrundsätze (§ 292a HGB) wird als "Generalangriff auf das Maßgeblichkeitsprinzip"[1] gewertet. In der Literatur wird überwiegend von der zukünftigen Aufgabe des Maßgeblichkeitsgrundsatzes ausgegangen, sofern IAS in den Einzelabschluss übernommen werden sollten.[2]

Die Argumentationen sind oftmals von einer erwarteten, ansteigenden Steuerbelastung der Unternehmen geleitet. Durch den frühzeitigen Gewinnausweis wird ein substanzgefährdender Mittelabfluss in Form von Steuerzahlungen befürchtet.[3] Der Steuerpflichtige müsste im Extremfall für die Zahlung der Ertragsteuern die Vermögenssubstanz angreifen, sofern die Ertragsbesteuerung schon an realisierbaren, aber noch nicht realisierten Gewinnen anknüpfen würde; die Steuerzahlungen könnten nicht mehr aus den erzielten Erträgen aufgebracht werden.

Die zahlreichen fiskalisch motivierten Durchbrechungen des Maßgeblichkeitsgrundsatzes[4] stünden bereits für diese Art der Substanzgefährdung; diese Durchbrechungen gehen " ... allesamt in die Richtung einer `internationalen´ Rechnungslegung: aktivierungsfreudig, passivierungsphob, niedrigere Wertansätze eher verhindernd."[5] In erster Linie wohl aus diesem Grund, so wird argumentiert, sei es " ... kein Wunder, daß von führenden Vertretern der Finanzverwaltung und der Finanzrechtsprechung die Einführung der sog. internationalen Rechnungslegung fast schon euphorisch begrüßt und herbeigesehnt wird."[6] In dieses Bild paßt die erstmalige Forderung des Steuerfachausschusses des IDW nach einer Trennung von Handels- und Steuerbilanz und der Kodifizierung der bewährten HGB-Grundsätze im Bilanzsteuer-

---

1 Groh (1998b), S. 180.

2 Vgl. Euler (1998), S. 23; Glaum (2001), S. 125; Herzig/Dautzenberg (1998), S. 34; Ballwieser (2001a), S. 164; Heyd (2001b), S. 375; Pannen (2000), S. 290; Broer (2001a), S. 353 ff., 395 ff.; van Hulle (2000), S. 548; Raupach (2001), S. 813; Böcking (2001), S. 1440.

3 Vgl. z.B. Hauser/Meurer (1998), S. 280.

4 Zu Beispielen aus Gesetzgebung und Rechtsprechung vgl. Lutz (1999), S. 148; Himmelreich (2001), S. 618 f. Zu den durch das StEntlG 1999/2000/2002 eingefügten Änderungen der steuerlichen Gewinnermittlung vgl. Theile (1999), S. 1183-1189; Herzig (2000c), S. 1863-1866; Weber-Grellet (2000), S. 165-169; Kußmaul/Klein (2001), S. 546-548; Scheffler, W. (2000), S. 489-494 u. S. 541-548; Treptow (1999), S. 5.

5 Lutz (1999), S. 148.

6 Lutz (1999), S. 148, mit Verweis auf Thiel (1998), S. 99-102; Weber-Grellet (1997a), S. 388.

recht;[7] es dürfe nicht zu einer " ... Abkehr von fundamentalen Prinzipien der Gewinnermittlung ... "[8] kommen.

Nach Berechnungen von *Oestreicher/Spengel* bezogen auf den Rechtsstand zum 1.1.2001 würde sich bei einer uneingeschränkten Maßgeblichkeit der IAS für die steuerliche Gewinnermittlung die effektive Steuerbelastung deutscher Unternehmen i.d.R. vermindern. Folglich würde sich die Wettbewerbsposition deutscher Unternehmen im internationalen Vergleich für den Fall einer einseitigen Umstellung der steuerlichen Gewinnermittlung grundsätzlich verbessern. Eine noch stärkere Verbesserung der Wettbewerbsposition träte bei einer internationalen Umstellung auf IAS ein.[9]

Gewiss werden Kapitaleigner der Unternehmen einer Abschaffung des Maßgeblichkeitsgrundsatzes ablehnend gegenüberstehen, weil das Vorsichtsprinzip ihnen Steuervorteile bringt. Die möglichen, für sie nachteiligen Wirkungen der umgekehrten Maßgeblichkeit lassen sie für ein "geläutertes Maßgeblichkeitsprinzip", also eine Beibehaltung nur der einfachen Maßgeblichkeit, eintreten. Verzerrungen der handelsbilanziellen Erfolgsermittlung würden auf diesem Wege unterbleiben.[10]

Bei Aufgabe der Maßgeblichkeit wird für die Handelsbilanz durch die Befreiung von den steuerrechtlichen Zwängen die Chance gesehen, " ... auf die unaufhaltsame Entwicklung der weltweiten Rechnungslegung und Prüfung allein unter handelsrechtlichen Gesichtspunkten zu reagieren."[11] Die Qualität des handelsrechtlichen Jahresabschlusses sei durch die einfache und umgekehrte Maßgeblichkeit deutlich beeinträchtigt worden; deshalb erscheine es unumgänglich, die steuerlichen Fesseln des handelsrechtlichen Jahresabschlusses zu beseitigen oder zumindest deutlich zu lockern. "Das deutsche Konzept der Einheitsbilanz, die unterschiedli-

---

7 Vgl. o.V. (1998), S. 24.

8 Vgl. IDW (1997), S. 231; ders. (1998c), S. 608; auch Pfitzer (1999), S. 12.

9 Vgl. Spengel (2001), S. 1-13; Oestreicher/Spengel (2001), S. 894-902.
Den Berechnungen von Oestreicher/Spengel im Jahr 1998 zufolge würden bei einer uneingeschränkten Maßgeblichkeit der IAS für die steuerliche Gewinnermittlung die Steuerbelastungen für die Unternehmen im Grundsatz ansteigen. Offenbar sind die Belastungsnachteile um so größer, desto höher die Anlagen- und die Vorratsintensität sind. Vgl. Oestreicher/Spengel (1999a), S. 595. Sofern nur Deutschland die IAS für die steuerliche Gewinnermittlung übernehmen würde, würde sich die internationale steuerliche Wettbewerbsposition aus deutscher Sicht gegenüber allen Vergleichsländern verschlechtern. Vgl. Oestreicher/Spengel (1999a), S. 596. Zu den Konsequenzen für das gesamtwirtschaftliche Steueraufkommen vgl. dies. (1999a), S. 597 f. Vgl. im Einzelnen Oestreicher/Spengel (1999b); Oestreicher/Schmidt/Spengel (1999), S. 1035-1041. Zu einer weiteren Berechnung vgl. Rahlf (2000).

10 So etwa in der Literatur die Forderung von Dziadkowski (1989), S. 439; ders. (1988), S. 419; ders. (1986), S. 329; ders. (1979), S. 235; Merkert (1988), S. 146.

11 Thiel (1998), S. 101 f.; vgl. auch Kuhn (1997), S. 312; Müller, W. (2001), S. 1863.

chen Zwecken dient und daher Beeinträchtigungen aller verfolgten Zwecke akzeptiert, muss als gescheitert angesehen werden."[12] Die drei Rechenwerke, Konzern- und Einzelabschluss sowie Steuerbilanz, sollten jeweils an einem Zweck, also Information, Ausschüttungs- und Steuerbemessung ausgerichtet werden.[13]

Um die Fülle an Argumenten zur Zukunft des Maßgeblichkeitsgrundsatzes für den Fall der Übernahme der IAS in den handelsrechtlichen Einzelabschluss zu strukturieren, wird in Kapitel 5. dieser Arbeit die grundlegende Frage erörtert, ob die Ansatz- und Bewertungsregeln internationaler Rechnungslegungsstandards den Anforderungen, die an eine steuerliche Gewinnermittlung gestellt werden, genügen. Dazu wird zunächst das Verhältnis handels- und steuerrechtlicher Rechnungslegung in Deutschland und den USA erörtert (Gliederungspunkt 5.2.). Hierbei wird sich zeigen, dass den US-GAAP für das US-tax accounting nur eine eingeschränkte Bedeutung zukommt. Dies muss aber nicht bedeuten, dass internationale Rechnungslegungsstandards für die Steuerbemessung generell ungeeignet sind. Deshalb wird in Gliederungspunkt 5.3. gefragt, ob die zentrale Zwecksetzung der IAS/US-GAAP, die Informationsvermittlung an Kapitalgeber, einer Maßgeblichkeit internationaler Rechnungslegungsstandards für die steuerliche Gewinnermittlung zwingend entgegensteht. Sodann wird im Hinblick auf die Entscheidungsneutralität der Besteuerung und Allokationseffizienz (Gliederungspunkt 5.4.), die Gleichmäßigkeit der Besteuerung (Gliederungspunkt 5.5.) und die rechtliche Ordnung der Besteuerung (Gliederungspunkt 5.6.) die Eignung der US-GAAP bzw. IAS für die steuerliche Gewinnermittlung untersucht. Ein Fazit (Gliederungspunkt 5.7.) beschließt Kapitel 5.

5.2. Verhältnis handels- und steuerrechtlicher Rechnungslegung in Deutschland und den USA

5.2.1. Grundlagen des Maßgeblichkeitsgrundsatzes in Deutschland

Der Maßgeblichkeitsgrundsatz zählt " ... zu den tragenden Grundsätzen des Bilanzsteuerrechts und der steuerlichen Gewinnermittlung"[14]. Nach § 5 Abs. 1 S. 1 EStG ist bei bestimmten Ge-

---

12 Herzig (2000a), S. 118. Vgl. auch ders. (1999), S. 793; Watrin (2001a), S. 938; Drüen (2001), S. 999. Auch *Groh* stellt heraus, dass der steuerliche Einfluss die Erstellung der Handelsbilanz determinieren wird, in diesem Sinne steht "Bilanzrecht im Dienste der Steuervermeidung", vgl. Groh (1996a), S. 175.

13 Vgl. Watrin (2001a), S. 938.

14 Hauser/Meurer (1998), S. 269; ähnlich Crezelius (1994), S. 689; Küting (1989), S. 109.

werbetreibenden für den Schluss des Wirtschaftsjahres das Betriebsvermögen anzusetzen, das nach den handelsrechtlichen Grundsätzen ordnungsmäßiger Buchführung auszuweisen ist.[15] Diese Maßgeblichkeit der handelsrechtlichen GoB für die Steuerbilanz wird als materielle Maßgeblichkeit bezeichnet;[16] zwingende steuerrechtliche Vorschriften stehen der materiellen Maßgeblichkeit entgegen. In bezug auf § 5 Abs. 1 S. 1 EStG spricht man auch von einfacher Maßgeblichkeit.[17]

Maßgeblich sind nicht sämtliche Gewinnermittlungsregeln des HGB, sondern nur die geschriebenen und ungeschriebenen handelsrechtlichen GoB als solche sowie " ... natürlich implizit auch diejenigen konkreten handelsrechtlichen Rechnungslegungsvorschriften .., die GoB zum Ausdruck bringen."[18] Nach h.M. sind die GoB rechtsformunabhängig, d.h. maßgeblich können nur Vorschriften im Ersten Abschnitt des Dritten Buches des HGB sein.[19] In erster Linie entwickeln die Steuergerichte, vor allem der BFH die GoB fort. Maßgeblich sind handelsrechtliche GoB, nicht aber "steuerrechtlich geprägte handelsrechtliche GoB" oder gar "steuerrechtliche GoB".[20]

In der Steuerbilanz ist anzusetzen, was auch nach Handelsrecht angesetzt werden muss, soweit keine einkommensteuerliche Ansatznorm eingreift.[21] In der Steuerbilanz ist zu aktivie-

---

15 Der Maßgeblichkeitsgrundsatz gilt für Kaufleute i.S.d. §§ 1 ff. HGB, die nach steuerrechtlichen Grundsätzen als Gewerbebetreibende anzusehen sind (derivative steuerliche Buchführungspflicht nach § 140 AO), sowie für Steuerpflichtige, die nach steuerrechtlichen Grundsätzen als Gewerbebetreibende anzusehen sind und freiwillig oder nach zwingenden Bestimmungen des Steuerrechts Bücher führen (originäre steuerliche Buchführungspflicht nach § 141 AO). Die handelsrechtlichen GoB gelten über § 141 Abs. 1 S. 2 AO auch für die Gewinnermittlung nach § 4 Abs. 1 S. 1 EStG (also z.B. für freiwillig bilanzierende Freiberufler oder für buchführungspflichtige Land- und Forstwirte).

16 Vgl. Döllerer (1993), S. 350; Raupach (1990), S. 516; Thiel (1989), S. 537.

17 Vgl. Reichert (1998), S. 549.

18 Schildbach (2000c), S. 133. So die h.M., vgl. Dziadkowski/Henselmann (2000), Rz. 51; Schulze-Osterloh (2000), S. 596 f.
Z.T. wird allerdings das gesamte Normensystem des HGB, soweit es Gewinnermittlungsregeln statuiert, als vereinbar mit den GoB angesehen, vgl. Beisse (1994), S. 25, 26, 29; Clemm (1990b), S. 547 u. 558; Mathiak (1990), S. 548 u. 558; Hennrichs (1999), S. 141. Der Unterschied zwischen einem Verweis auf handelsrechtliche GoB und der Maßgeblichkeit handelsrechtlicher Einzelnormen " ... wird nur beachtenswert, wenn nicht alle Einzelnormen (identisch mit oder) logische Konsequenz von handelsrechtlichen GoB sind", Ballwieser (1990), S. 479. Dies trifft etwa auf die Aufwandsrückstellung nach § 249 Abs. 2 HGB und die Abschreibung nach § 253 Abs. 4 HGB zu. Kropff (1997a), S. 85 f. und Ballwieser (1995b), S. 47-49; ders. (1999b), Tz. 79-81, sehen handelsrechtliche Wahlrechte generell als unvereinbar mit GoB an.
Vgl. in diesem Zusammenhang auch die Normschichten bei Beisse (1980), S. 637 und (1984), S. 5.

19 Vgl. Baetge (1986), S. 2; Ballwieser (1995b), S. 48 f.; ders. (1999b), Tz. 82-86; Beisse (1990a), S. 506; ders. (2001), S. 734; Börner (1987), S. 207; Leffson (1987), S. 152-154; Schildbach (1989a), S. 1448; Stobbe (1991), S. 79-81; a.A. etwa Döllerer (1993), S. 351; ders. (1987), S. 12; ders. (1965), S. 1405.

20 Vgl. Beisse (1990b), S. 2011; ders. (1993), S. 91; Crezelius (1994), S. 691; Döllerer (1965), S. 1405; Gelhausen/Fey (1994), S. 603; Mössner (1998), S. 148; Stobbe (1991), S. 81-84.

21 Aufgrund des BFH-Beschlusses vom 7.8.2000 – GrS 2/99, BB 2000, S. 2247-2252, ist " ... die lange Zeit beschworene Übereinstimmung von Vermögensgegenstand und Wirtschaftsgut fragwürdig geworden .. ", Herzig (2001a), S. 156; vgl. auch Wassermeyer (2001a), S. 1053-1055. Vgl. zum BFH-Beschluss vom

ren, was nach Handelsrecht aktiviert werden darf, und handelsrechtliche Passivierungswahlrechte werden zu steuerlichen Passivierungsverboten.[22] Die Irrelevanz handelsrechtlicher Ansatzwahlrechte erschließt sich mit Blick auf die verfassungsrechtlichen Vorgaben. Die Besteuerung muss dem Gleichheitsgrundsatz (Art. 3 Abs. 1 GG) genügen, aus dem für die Besteuerung der Grundsatz der Gleichmäßigkeit der Besteuerung abgeleitet wird.[23] Gleichmäßigkeit der Besteuerung verlangt, alle Personen, die über gleiche steuerliche Leistungsfähigkeit verfügen, unterschiedslos zu besteuern.[24]

Der Zweck der Vorschriften über die steuerliche Gewinnermittlung wird in ihrer Gesamtheit nach der Rechtsprechnung des BFH darin gesehen, im Interesse einer möglichst zutreffenden Abschnittsbesteuerung den "vollen Gewinn" zu erfassen.[25] Demnach wird auf eine gleichmäßige, möglichst "periodengerechte Erfassung des Betriebsgewinns"[26] abgestellt.

Der Wortlaut der §§ 5 Abs. 1, 6 EStG ("anzusetzen") und der Bewertungsvorbehalt in § 5 Abs. 6 EStG könnten dafür sprechen, den Maßgeblichkeitsgrundsatz nur auf den Ansatz zu beziehen. Rechtsprechung und Schrifttum gehen aber überwiegend davon aus, dass das Maßgeblichkeitsprinzip auch für die Bewertung gilt, sofern keine eigenständige steuerrechtliche Regelung greift.[27] Denn GoB regeln sowohl Ansatz als auch Bewertung und lassen dabei keine Wahlrechte zu.[28]

Nach der formellen Maßgeblichkeit sind die in der Handelsbilanz konkret gewählten Wertansätze für die Steuerbilanz maßgeblich, soweit sie nicht gegen zwingendes Steuerrecht versto-

---

7.8.2000 im Einzelnen Beisse (2001), S. 750-752; Blaum/Kessler (2000), S. 1233-1246; Groh (2000b), S. 2444-2446; ders. (2000c), S. 2558; Herzig (2000b), S. 2252-2253; Hoffmann (2000c), S. 1039-1040; ders. (2000d), S. 1809-1816; ders. (2000e), S. 2557 f.; Kempermann (2000), S. 1130-1131; Kraft (2001), S. 2-11; Luttermann (2000b), S. 1131-1133; Moxter (2000d), S. 2333-2336; ders. (2002a), S. 243-248; Weber-Grellet (2001), S. 35.

22 Vgl. BFH v. 3.2.1969, GrS 2/68, BStBl II 1969, S. 291-294; hierzu im Einzelnen Döllerer (1969), S. 501-507. Kritisch Crezelius (1994), S. 691.
Die Ausnahme von obiger Regel bilden insbesondere die Bilanzierungswahlrechte von Kapitalgesellschaften für Ingangsetzungsaufwendungen (§ 269 HGB) und aktive latente Steuern (§ 274 Abs. 2 HGB); sie gelten als Bilanzierungshilfen, nicht als Wirtschaftsgüter, so dass hier steuerlich ein Aktivierungsverbot greift.

23 Vgl. Jacobs (1971), S. 13.

24 Vgl. z.B. BVerfG vom 17.11.1998 – 1 BvL 10/98, DStR 1999, S. 111; Neumark (1970), S. 120 u. 353; Schneider (1971b), S. 329. Zur Besteuerung nach der wirtschaftlichen Leistungsfähigkeit vgl. im Einzelnen Gliederungspunkt 5.5.1.

25 Vgl. BFH vom 3.2.1969, GrS 2/68, BStBl II 1969, S. 293.

26 BFH vom 29.1.1965, VI 317/63 U, BStBl III 1965, S. 181; Hennrichs (1999), S. 145 f.; Stobbe (1991), S. 28-30.

27 Vgl. Döllerer (1987), S. 14; Raupach (1994), S. 106; a.A. z.B. Tanzer (1984), S. 77 f.

28 Vgl. Moxter (1985c), S. 26; Ballwieser (1990), S. 485.

ßen.[29] Bei gleichlaufenden Ansatz- oder Bewertungswahlrechten in Handels- und Steuerbilanz müssen daher Ansatz oder Bewertung aus der Handelsbilanz in die Steuerbilanz übernommen werden. Rechtsgrundlage ist § 5 Abs. 1 S. 2 EStG, wonach steuerrechtliche Wahlrechte bei der Gewinnermittlung in Übereinstimmung mit der handelsrechtlichen Jahresbilanz auszuüben sind. Die formelle Maßgeblichkeit enthält also im Gegensatz zur materiellen Maßgeblichkeit eine erhebliche zusätzliche Bindung, die bei uneingeschränkter Gültigkeit eine Einheitsbilanz erzwingen muss.[30]

Handelsrechtliche Bewertungsge- und verbote schlagen auf die Steuerbilanz durch, sofern dem nicht der Bewertungsvorbehalt des § 5 Abs. 6 EStG entgegensteht. Steuerrechtliche Ansatz- und Bewertungswahlrechte, die über die eigentlichen Vorschriften des Handelsrechts hinausgehen, müssen aufgrund von § 5 Abs. 1 S. 2 EStG ebenso in der Handelsbilanz ausgeübt werden. Handelsrechtliche "Öffnungsklauseln"[31] sorgen dafür, dass diese subventionellen Steuervergünstigungen Eingang in die Handelsbilanz finden (umgekehrte Maßgeblichkeit).[32] Bei der umgekehrten Maßgeblichkeit handelt es sich demnach um einen "Reflex der formellen Maßgeblichkeit".[33] Die umgekehrte Maßgeblichkeit bringt für das deutsche Bilanzrecht eine besondere Art von Imparität mit sich, weil handelsrechtliche Wahlrechte nur im Rahmen steuerbilanzieller Zulässigkeit Eingang in die Steuerbilanz finden, während steuerrechtliche Wahlrechte auch dann in die Handelsbilanz übernommen werden dürfen bzw. müssen, wenn dies bei alleiniger Betrachtung des Handelsrechts unzulässig wäre.[34]

Grundvoraussetzung einer Verbindung handels- und steuerrechtlicher Rechnungslegung ist, dass gesetzlich geregelte Bilanzierungspflichten überhaupt bestehen, was die Rechtslage in den USA verdeutlicht.[35] Dort kommt eine Einheitsbilanz schon deshalb nicht in Frage, weil es in den USA keine Kodifizierung der Rechnungslegung gibt, die etwa dem deutschen Han-

29 Vgl. Döllerer (1993), S. 350, Raupach (1990), S. 515; Gail (1995), S. 115; Schildbach (1989b), S. 130.
30 Vgl. Schildbach (1989a), S. 1447.
31 Vgl. §§ 247 Abs. 3, 273 HGB für Passivposten, §§ 254, 279 Abs. 2 HGB für Abschreibungen.
32 Vgl. Raupach (1990), S. 518; Schildbach (2000c), S. 141.
Zur Entstehung der umgekehrten Maßgeblichkeit vgl. im Einzelnen Dziadkowski (1986), S. 330-334; Henscheid (1992a), S. 101-105; Meincke (1990), S. 15-21; Merkert/Koths (1985), S. 1766; Raupach (1989), S. 108-113; Sarrazin (1989), S. 145-156; Schmitz (1986), S. 14-16. Zu konkurrierenden, aber mit gleicher Intention verfassten Entwürfen des § 5 Abs. 1 S. 2 EStG vgl. Thiel, J. (1989), S. 538 f.; Mathiak (1988), S. 276 f.
33 Vgl. Mathiak (1988), S. 275.
34 Vgl. Schneeloch (1990), S. 52.
35 Vgl. den folgenden Gliederungspunkt.

delsgesetzbuch vergleichbar wäre. Das Steuerrecht kann (und konnte) sich nicht auf bundeseinheitlich kodifiziertes Handelsrecht beziehen.[36]

Auch die Entstehung des Maßgeblichkeitsprinzips[37] zeigt diesen elementaren Zusammenhang:

> Die Einkommensbesteuerung konnte erst dann an die Gewinnermittlung der bilanzierenden Kaufleute anknüpfen, " ... als das Handelsrecht gesetzliche laufende Buchführungspflichten und periodische Bilanzierungspflichten eingeführt hatte. Diese Voraussetzungen erfüllte das ADHGB von 1861. Das kaufmännische Rechnungswesen beruhte zwar schon zuvor auf ähnlichen Vorstellungen. Die Besteuerung, die vom Dictum des Gesetzgebers lebt, konnte jedoch schon in frühesten Zeiten nicht allein auf ungeschriebenes Recht gestützt werden. Gesetzliche Regelungen für das kaufmännische Rechnungswesen bestanden vor dem ADHGB in Deutschland nur in Preußen ..., und auch hier nur für Teile der Kaufmannschaft, teilweise dispositiv und ohne eindeutige Bilanzierungspflichten."[38]

Der Maßgeblichkeitsgrundsatz wurde erstmalig festgeschrieben im bremischen Einkommensteuergesetz vom 17.12.1874 und fast zeitgleich im Einkommensteuergesetz für das Königreich Sachsen vom 22.12.1874.[39] Das preußische Gesetz betreffend die Einführung einer Klassen- und klassifizierten Einkommensteuer vom 1. Mai 1851, das den Beginn der Einkommensteuererhebung im Gebiet des ehemaligen deutschen Reiches markiert,[40] ging demgegenüber von einer Einnahmen-Ausgaben-Rechnung aus. Das preußische EStG vom 24.6.1891 enthielt sodann den Maßgeblichkeitsgrundsatz, der Geltung im gesamten Reichsgebiet durch das Einkommensteuergesetz vom 29.3.1920 erlangte (§ 33 Abs. 2 EStG 1920)

---

36 Vgl. Dubroff/Cahill/Norris (1983), S. 379; Lent (1962), S. 484;Walz (1982), S. 9.

37 Im Einzelnen zur historischen Entwicklung der Verknüpfung handels- und steuerrechtlicher Rechnungslegung vgl. Alsheimer (1974), S. 841-848; Barth (1953), S. 183 ff.; Broer (2001a), S. 35-70; Dziadkowski/Henselmann (2000), Rz. 10-19; Königbauer (1998), S. 49-105; Mathiak (1998), Rz. A 110 ff.; Pfahl (1999); Schmidt, L. (1994), S. 7-36; Schneider (1991), S. 175 ff.; Vogt (1991), S. 50-132; Zimmermann (2001), S. 806-809.

38 Mathiak (1998), Rz. A 111, S. 48. Im Original z.T. kursiv. Gl.A. etwa Söffing (1995), S. 636 f.; Stahlschmidt (2000), S. 415.
Das Preußische Allgemeine Landesrecht von 1794 gilt als die erste landesrechtliche Regelung der Handelsbilanz im deutschen Raum; es enthielt u.a. auch Regelungen zur Buchführung und Bilanzierung, vgl. Schmidt, L. (1994), S. 12 ff.; Pohl (1983), S. 14. Auf der Basis des ADHGB von 1861 wurden in den meisten Bundesstaaten sodann landesrechtliche Regelungen getroffen; das ADHGB wird 1869 norddeutsches Bundesgesetz, 1871 schließlich deutsches Reichsgesetz.

39 Vgl. Alsheimer (1974), S. 842 f.; Pohl (1983), S. 23. In Analogie zur Bremer Regelung wurde der Maßgeblichkeitsgrundsatz durch das Hamburgische Einkommensteuergesetz vom 7.3.1881 eingeführt, vgl. Alsheimer (1974), S. 844 m.w.N. Es folgten neben Preußen (s.o.) Sachsen-Meiningen (1890), Braunschweig (1896), Württemberg (1903) und Bayern (1910), vgl. Söffing (1995), S. 637.

40 Vgl. im Einzelnen Mathiak (2001), S. 324-340.

und im EStG 1925 wesentlich präzisiert wurde (§ 13 EStG 1925).[41] Zur Zeit der Einführung des Maßgeblichkeitsgrundsatzes lagen die Steuersätze zwischen 0,6 und 4 %.

Vereinfachungsüberlegungen waren bei der Entstehung des Maßgeblichkeitsgrundsatzes ausschlaggebend.[42] Die Pflicht zur Abgabe einer Steuererklärung sollte nicht dadurch erschwert werden, neben der Handelsbilanz – die der Kaufmann ohnehin aufzustellen hatte – noch ein weiteres Rechenwerk ausschließlich nach steuerrechtlichen Regeln aufstellen zu müssen. Dieser Gedanke der Einheitsbilanz wird auch heute betont.[43] Diese Einheitsbilanzen werden von vornherein nur unter Berücksichtigung der steuerrechtlichen Vorschriften aufgestellt, d.h. auf die Ausübung ausschließlich handelsrechtlicher Ansatz- und Bewertungswahlrechte wird verzichtet, weshalb hier auch von der Prädominanz des Steuerrechts die Rede ist.[44]

Handelsbilanz und Steuerbilanz haben sich in den letzten Jahren durch einen Zuwachs an kodifizierten speziellen steuerbilanziellen Vorschriften[45] verstärkt auseinanderentwickelt. Daher bestehen berechtigte Zweifel, " ... ob noch von einem umfassenden Maßgeblichkeitsprinzip gesprochen werden kann."[46] Das Vereinfachungsargument trägt nur noch bedingt.[47] Gerade in jüngerer Vergangenheit hat das Argument, " ... vor einer frei flottierenden steuerrechtlichen Betrachtungsweise"[48] bei Aufgabe der Maßgeblichkeit nicht mehr geschützt zu sein, sehr an Bedeutung verloren. § 5 EStG enthält Einzelvorschriften, die bewusst nur aus Gründen des

---

41 Vgl. Alsheimer (1974), S. 844 f.
Allerdings wurde sowohl in Bremen als auch in Sachsen nur ansatzweise erkannt, dass mit der Übernahme der kaufmännischen Bilanz in die steuerliche Gewinnermittlung ein inhaltlicher Unterschied zwischen dem Gewinnbegriff nach dem Handelsrecht und der bisherigen steuerlichen Überschussrechnung verbunden ist, vgl. im Einzelnen die Zitate bei Barth (1955), S. 189-194. Ähnlich verhielt es sich in Preussen, vgl. Schneider (1991), S. 186 f. "Erst Entscheidungen des sächsischen und preußischen Oberverwaltungsgerichts im 20. Jahrhundert haben den steuerlichen Gewinnbegriff auf den Umfang des Gewinnbegriffs nach dem Handelsgesetzbuch erweitert" (Schneider (1991), S. 190), weshalb nach Ansicht von Schneider der Maßgeblichkeitsgrundsatz nicht unmittelbar durch das sächsische, bremische oder preußische EStG, sondern vollständig erst durch diese Entscheidungen des sächsischen und preußischen Oberverwaltungsgerichts zustande kam, vgl. im Einzelnen Schneider (1991), S. 187-190.

42 Vgl. Barth (1963), S. 390 f.; Jacobs (1971), S. 32 f.

43 Vgl. Clemm (1999), S. 639; Stahlschmidt (2000), S. 416; Treptow (1999), S. 2.

44 Vgl. Raupach (1990), S. 525; Gail (1989), S. 252 f.; Kort (2001), S. 55; Rautenberg (1990), S. 256; Wacker (1998), S. 239. Steht die Handelsbilanz im Vordergrund, muss der Steuerpflichtige lediglich hinsichtlich der Ansätze oder Beträge, die den steuerrechtlichen Vorschriften widersprechen, entsprechende Zusätze oder Anmerkungen anbringen (§ 60 Abs. 2 EStDV).

45 Vgl. die Hinweise in Fn. 4.

46 Schulze-Osterloh (2000), S. 595; ähnlich z.B. Scheffler, E. (2000), S. 1616.

47 Vgl. Hennrichs (1999), S. 144; Lauth (2000), S. 1368; Schneider (1999a), S. 107; Schulze-Osterloh (2000), S. 600; Weber-Grellet (1994a), S. 288; ders. (1999b), S. 2659; a.A. etwa Söffing (1995), S. 651-653.

48 Mellwig (1983), S. 1618. Vgl. auch Crezelius (1994), S. 691; Döllerer (1971), S. 1335; Gail (1971), S. 326; Krieger (1988), S. 138; Mössner (1998), S. 149 f.; Sarrazin (1989), S. 146; Söffing (1995), S. 655.
Z.T. wird das Verfassungsrecht und die aus dem Verfassungsrecht abgeleiteten steuerrechtlichen Prinzipien als Grenze für die Besteuerung gesehen, vgl. Bareis (1972), S. 502; Wagner (1990), S. 13, Fn. 62; ders. (1998a), S. 57; Weber-Grellet (1994a), S. 290; ders. (1997a), S. 389 f.; a.A. z.B. Söffing (1995), S. 656.

Staatshaushalts eingefügt wurden und eindeutig Verstöße gegen die GoB darstellen.[49] Derzeit kann aufgrund der Durchbrechungen der Maßgeblichkeit von der Möglichkeit einer Einheitsbilanz auch bei kleinen und mittelständischen Unternehmen kaum noch die Rede sein.[50]

5.2.2. Trennung von financial accounting und tax accounting in den USA

In den USA besteht keine systematische Verbindung zwischen steuerlicher Gewinnermittlung und financial accounting. Auf den ersten Blick enthält allerdings auch der Internal Revenue Code (IRC) ein Maßgeblichkeitsprinzip (conformity requirement): "Taxable income shall be computed under the method of accounting on the basis of which the taxpayer regularly computes his income in keeping his books."[51] Als Rechnungslegungsmethoden gelten dabei nicht nur die overall methods, d.h. insbesondere die Einnahmeüberschussrechnung (cash receipts and disbursements method), die accrual method oder Mischformen der beiden (hybrid methods),[52] sondern auch die buchhalterische Behandlung eines jeden einzelnen Postens (accounting treatment of any item), z.B. der Forschungs- und Entwicklungskosten, der Abschreibungen oder der Verluste.[53] Im Grundsatz ist dem Steuerpflichtigen selbst überlassen, welcher Methode er folgt.[54]

Da u.a. Kapital- und Personengesellschaften mit einer Corporation als Gesellschafter zur accrual method gesetzlich verpflichtet sind,[55] sowie bei unternehmerischer Tätigkeit, die Vorräte zur Einkommenserzielung benutzt, die accrual method zwingend vorgeschrieben ist,[56] besteht

---

49 Vgl. Gail (1995), S. 123, der auf § 5 Abs. 3 u. 4 EStG verweist. Gl.A. z.B. Strobl (1995), S. 87; Dziadkowski/Henselmann (2000), Rz. 17; Stobbe (1997), S. 364.

50 Vgl. Schulze-Osterloh (2000), S. 603.

51 Sec. 446 (a) IRC. Nach Reg. § 1.446-1(a)(4) besteht der Sinn dieser Bindung darin, die Erstellung der tax returns zu erleichtern: "Accounting records include the taxpayer´s regular books of account and such other records and data as may be necessary to support the entries ... on his return".
Vgl. umfassend zur steuerlichen Gewinnermittlung in den USA Schreiber (2000b), S. 61-88; Kahle (1996), S. 68-124; Kroschel (2000), S. 82-128; Thiele (1997), S. 61-79; Kadel (2001a), S. 451-456; ders. (2001b), S. 419-424; Eberhartinger (2000), S. 201-213; Reusch (2002).

52 Vgl. Sec. 446 (c) IRC; Reg. § 1.446-1(a)(1).

53 Vgl. Reg. § 1.446-1(a)(1).

54 Vgl. Sec. 446 (c) IRC. Eine einmal gewählte Methode ist aber grundsätzlich beizubehalten und kontinuierlich anzuwenden, vgl. Reg. § 1.446-1(c)(2)(ii) und -1(a)(2).

55 Vgl. Sec. 448 (a) IRC. Zu weiteren Restriktionen in der Wahl der steuerlichen accounting method vgl. White (1996), S. A-41 - A-47.

56 Vgl. Reg. § 1.446-1(c)(2)(i).
Die cash-method kommt vornehmlich bei natürlichen Personen, insbesondere bei Freiberuflern, zur Anwendung. Im gewerblichen Bereich kommt sie dagegen nur in Betracht, wenn Vorratsvermögen keine wesentliche Rolle spielt. Kapitalgesellschaften können nur unter bestimmten Voraussetzungen die Cash-Method anwenden; entweder muss es sich um eine S corporation oder personal service corporation handeln oder die durchschnittlichen Bruttoeinnahmen eines Jahres müssen in allen bisherigen Steuerjahren unter 5

offenbar eine Bindung an GAAP, sofern dem nicht eigenständige steuerliche Vorschriften entgegenstehen. Der Umstand, dass andere Personengesellschaften die cash method verwenden können, es sei denn, Vorratsvermögen spielt bei der Einkommenserzielung eine wesentliche Rolle,[57] deutet aber bereits die schwache Bindung an GAAP an.

Die handelsrechtliche Rechnungslegungsmethode kann nämlich nur dann steuerlich Anwendung finden, sofern sie das Einkommen klar widergibt (clearly reflect income).[58] Ist letzteres nicht der Fall, schreibt der Internal Revenue Service (IRS) die Methode vor, die seiner Meinung nach dieser Generalklausel genügt. Zwar gilt die Bedingung einer klaren Einkommensermittlung grundsätzlich als erfüllt, wenn die steuerliche Gewinnermittlung beständig entsprechend den GAAP erfolgt.[59] Den GAAP kommt aber keineswegs eine Richtigkeitsvermutung (presumption of accuracy) zu, sie unterliegen vielmehr gleichfalls der steuerlichen Generalklausel clearly reflect income.[60] Dementsprechend wird eine accounting method, die gegen eine eindeutige Vorschrift im IRC oder den Richtlinien verstößt, vom IRS nicht anerkannt, nur weil sie im Einklang mit GAAP steht. Aber auch dann, wenn kein Verstoß gegen steuerliche Einzelvorschriften vorliegt, führt die Übereinstimmung mit GAAP nicht dazu, " ... that for income tax purposes it so clearly reflects income as to be binding on the Treasury."[61]

Zwar kann daher von den GAAP bei der steuerlichen Gewinnermittlung nicht abgewichen werden, soweit kein steuerspezifischer Grund dafür besteht.[62] Deshalb könne nach *Haller* "... in einem gewissen Sinn von einem Maßgeblichkeitsprinzip gesprochen ..."[63] werden und auch *Bittker/Lokken* stellen heraus, dass " ... the taxpayer´s books and records exert a powerful influence on the ... accounting method used in computing taxable income ..."[64]. Zum Teil finden sich in einzelnen steuerlichen Vorschriften auch explizite Verweise auf das financial accoun-

---

Mio. $ liegen. Letzterer gross receipts test gilt auch für Personengesellschaften mit einer C-corporation als Gesellschafter, vgl. Sec. 448 (b), (c) IRC; im Einzelnen Bittker/Lokken (1992), S. 105-10ff.

57 Vgl. Reg. § 1.446-1(c)(2)(i).

58 Vgl. Sec. 446 (b) IRC.

59 Vgl. Reg. § 1.446-1(a)(2).

60 Vgl. Bittker/Lokken (1992), S. 105-16; White (1996), S. A-36. In diesem Zusammenhang stellen Raby/Richter heraus: " .. the IRS often believes that income should be reported at an earlier point, and expenses deducted at a later point, than accountants would find proper for financial accounting purposes", Raby/Richter (1975), S. 43.

61 White (1996), S. A-36 (American Automobile Association v. U.S.). Nach Raby/Richter wird der IRS dann das tax accounting dem financial accounting folgen lassen, wenn dies zu höheren Steuereinnahmen führt, vgl. Raby/Richter (1975), S. 43.

62 Vgl. Dubroff/Cahill/Norris (1983), S. 402; Raby/Richter (1975), S. 43; Bittker/Lokken (1992), S. 105-16 f.

63 Haller (1988), S. 726.

64 Bittker/Lokken (1992), S. 105-3f.

ting.[65] Das Konzept des clearly reflect income begründet aber kein Maßgeblichkeitsprinzip deutscher Prägung, weil es die Bindung an den konkreten Jahresabschluss oder an die GAAP nicht verlangt; vielmehr betont diese Generalnorm die Eigenständigkeit steuerlicher Gewinn- und Einkommensermittlung.[66] Aufgrund der steuerlichen Generalklausel clearly reflect income sowie von Umfang und Reichweite eigener – unten beispielhaft erörterten – steuerrechtlichen Vorschriften, die auch von *Bittker/Lokken* und *Haller* betont werden,[67] kann von einer echten Koppelung an das GAAP-Accounting nicht mehr gesprochen werden. Auch *Lischer/Märkl* stellen fest, dass " [a]t best, GAAP may be a significant, but not controlling, factor for the taxpayer, and the relevance of GAAP depends upon the purposes of the particular tax accounting rule."[68] Die Trennung zwischen tax und book ist so stark ausgeprägt, dass *Raby/Richter* von coincidental conformity sprechen, sofern es einmal zu Übereinstimmungen zwischen den beiden Rechenwerken kommen sollte.[69] Im deutschen Sprachkreis kommt man zu dem Ergebnis, dass die Kopplung der steuerlichen Rechnungslegung an die US-GAAP "relativ schwach ausgeprägt" ist.[70]

Auch in den USA wird die Arbeitserleichterung und Kostenersparnis betont, wenn eine umfassende conformity bestünde. So führen *Lischer/Märkl* aus: "The world would be an infinitely simpler place for taxpayers and tax professionals if the financial accounting records were to be ported over mechanically to the tax return"[71]. Das AICPA hat 1971 herausgestellt, dass aufgrund der unterschiedlichen Zwecke von financial accounting und tax accounting eine vollständige Maßgeblichkeit der GAAP nicht durchführbar und auch nicht anzustreben sei; aber immerhin " .. the manner of achieving these different objectives is essentially similar, i. e., the fair determination of business income on an annual basis"[72]. Deshalb sollte man nach Ansicht des AICPA aus Gründen der Arbeitserleichterung und der Kostenersparnis eine Maßgeblichkeit anstreben, soweit dies mit den unterschiedlichen Zielsetzungen dieser Rechenwerke vereinbar sei.[73]

---

65 Vgl. z.B. Sec. 461 (h)(3)(B) IRC; Reg. § 1.461-5(b)(4)(ii), (iii); Regs. §§ 1.446-1(a)(2); 1.451-5(b); 1.471-11(c)(2)(iii); 1.897-2(b)(2). Vgl. auch Lischer/Märkl (1997), S. 98-103.

66 Vgl. Schreiber (2000b), S. 64-66; Siebert (1996), S. 383 f.; Kahle (1997), S. 325.

67 Vgl. Haller (1994a), S. 251 f.; Bittker/Lokken (1992), S. 105-18 ff.

68 Lischer/Märkl (1997), S. 98. Sie führen aber weiter aus, dass " ... the tax accounting and financial accounting rules converge in a many instances so that, for many taxpayers, the divergence is not apparent", ebd., S. 104.

69 Vgl. Raby/Richter (1975), S. 42, Fn. 1.

70 Vgl. Haller (1994a), S. 252; Smith (1991), S. 38; Vogel (1982), S. 69; Small (1995), S. 156; Ditz (2001), S. 29.

71 Lischer/Märkl (1997), S. 104.

72 AICPA (1971), S. 75.

73 Vgl. AICPA (1971), S. 75 f.

Insbesondere aufgrund der Unbestimmtheit der steuerrechtlichen Generalklausel[74] in den USA ergibt sich in gewissem Maße eine verdeckte umgekehrte Maßgeblichkeit. Aus der Sicht des tax accounting tendieren die US-GAAP zu einer eher vorsichtigen Bilanzierung (z.B. lower of cost or market valuation); steuerlich werden Aufwendungen oftmals später und Erträge früher erfasst.[75] "Thus, the more book income exceeds taxable income, the more evidence the IRS may have that the firm has been aggressive in its tax reporting."[76] Vor diesem Hintergrund kann empirischen Untersuchungen zufolge die Wahrscheinlichkeit, dass der IRS eine Rechnungslegungsmethode, die den Steuerpflichtigen Minderungen des Steuerbarwertes erwarten lässt (aggressive tax treatment), als in Übereinstimmung mit der steuerrechtlichen Generalklausel akzeptiert, erhöht werden, wenn auch im financial accounting entsprechend verfahren wird.[77] M.a.W., " ... book-tax differences create red flags for the *IRS* or weaken taxpayer positions in audit."[78] Bei einer Übereinstimmung der Rechnungslegungsmethoden entfällt die Notwendigkeit, dem IRS eine Erklärung der Unterschiede zwischen tax accounting und financial accounting vorlegen zu müssen,[79] welche Ausgangspunkt einer möglichen Verwerfung der steuerrechtlichen Gewinnermittlung durch den IRS sein könnte.[80] In einer Untersuchung hat sich dementsprechend auch ergeben, " ... that the more book income exceeds taxable income, the greater are proposed audit adjustments by the Internal Revenue Service, ceteris paribus."[81]

---

74 Vgl. Gliederungspunkt 6.4.1.

75 Vgl. Mills (1998), S. 345.

76 Mills (1998), S. 345.

77 Vgl. Cloyd/Pratt/Stock (1996), S. 23-43. Einzige gesetzliche Regelung, die eine umgekehrte Maßgeblichkeit vorsieht, ist Sec. 472 (c) IRC (lifo confirmity requirement). In der Vergangenheit verlangte das Treasury Department aber des öfteren ein solches booking requirement, z.B. 1971, als Voraussetzung für die steuerliche Anwendung der completed contract method eine entsprechende Vorgehensweise im financial accounting vorgeschrieben wurde, vgl. Simonetti (1971), S. 76.
Darüber hinaus wird in der Literatur z.T. diskutiert, aus Kostengründen in den financial statements steuerliche Regeln der Gewinnermittlung zu übernehmen. Diese tax basis financial statements ersparten den Unternehmen zwar den doppelten Aufwand für zwei Rechenwerke, ihr Nutzen für den Adressaten des Jahresabschlusses gilt aber als begrenzt, da die GAAP stärker auf die Informationsgewährung ausgerichtet sind: "Thus, a potential trade-off arises between the greater usefulness of GAAP statements and the lower cost of tax basis statements", Robbins (1985), S. 90. Tax basis financial statements leiden zudem u.a. darunter, unter dem Vorbehalt eventueller Korrekturen durch den IRS zu stehen, vgl. im Einzelnen Robbins (1985), S. 92-100. Sie kommen im Ergebnis nur in Frage für " ... small, nonpublic entities when the cost of GAAP financial statements is not reasonable in relation to the needs of the likely users of the financial statements and their knowledge of the entity", Robbins (1985), S. 90. Vgl. auch Cloyd (1995).

78 Mills (1998), S. 345.

79 Form 1120 - U. S. Corporation Income Tax Return, Schedule M-1, abgedruckt in: Pratt/Kulsrud (1996), Appendix B, B-34 ff., B-37.

80 Vgl. Cloyd/Pratt/Stock (1996), S. 26.

81 Mills (1998), S. 345, zur statistischen Erhebung im Einzelnen S. 345-355.

Nach diesen Ergebnissen können Unternehmen nicht kostenlos financial reporting benefits und tax savings unabhängig voneinander maximieren.[82] Unternehmen werden umso eher bereit sein, die mit der aggressive tax position verbundene Gewinnminderung auch im financial accouting zuzulassen, je geringer die aus dem lower reported net income resultierende Erhöhung der nicht-steuerlichen Kosten (z.B. durch negative Wirkungen auf dem Eigenkapitalmarkt, verminderte Managervergütungen) ausfällt.[83]

5.3. Steuerliche Gewinnermittlung und die Zwecksetzung internationaler Rechnungslegungsstandards

5.3.1. These der Zweckkomplementarität von Handels- und Steuerbilanz

Das Maßgeblichkeitsprinzip wird insbesondere mit der Gleichstellungsthese begründet, nach der die Gewinnansprüche des Fiskus als "stiller Teilhaber" nicht anders bemessen werden könnten als die Gewinnansprüche anderer Teilhaber am Gewinn der Unternehmung.[84] Hierin sieht *Döllerer* " ... die große Klammer, die das Handelsrecht und das Steuerrecht verbindet."[85] Es gibt hiernach keine spezifisch steuerrechtliche Leistungsfähigkeit; vielmehr ist es steuerrechtlich sinnvoll, auf den betriebswirtschaftlichen und handelsrechtlichen Maßstab der Leistungsfähigkeit eines Unternehmens, den Gewinn, zurückzugreifen. M.a.W.: Es kann nicht unterschieden werden zwischen einem ausschüttungs- bzw. entnahmefähigen Gewinn nach der Handelsbilanz und einem "richtigen" Gewinn nach der Steuerbilanz. Der Staat als bedeutender Gläubiger gegenüber dem Unternehmen müsse in erster Linie darauf bedacht sein, nur

---

82 Vgl. Mills (1998), S. 355.

83 Vgl. Cloyd/Pratt/Stock (1996), S. 24 u. 28 f.; Mills (1998), S. 345. Cloyd/Pratt/Stock gehen davon aus, dass " ... conformity will decrease as the nontax costs associated with conformity increase ...", wobei sie eine Abhängigkeit der nontax costs von der Eigentümerstruktur des Unternehmens unterstellen, und zwar: "We argue that relative to private firms, public firms incur higher nontax costs when they reduce reported net income and, therefore, for a given level of expected tax savings, public firms will be less inclined to choose financial accounting methods that are consistent with aggressive tax positions", ebd., S. 25. In einer Umfrage unter großen bis mittelgroßen US-Industrieunternehmen konnten diese Aussagen bestätigt werden: " ... private firms are more likely to consider tax consequences in their financial reporting decisions", ebd., S. 25. Hiermit in Übereinstimmung stehen Forschungsergebnisse, wonach "owner-controlled firms" weit weniger als "management controlled firms" Rechnungslegungsmethoden anwenden, die die "reported earnings" erhöhen, vgl. Dhaliwal/Salamon/Smith (1982), S. 41-53; Wolfson (1993), S. 318-332.

84 Vgl. Döllerer (1971), S. 1334; ders. (1988), S. 238; gl.A. Clemm (1999), S. 639; Clemm/Nonnenmacher (1985), S. 240 f.; Crezelius (1994), S. 691; Euler (1998), S. 19; Gail (1971), S. 323; ders. (1989), S. 255 f.; Gelhausen/Fey (1994), S. 604; Hauser/Meurer (1998), S. 269; Mössner (1998), S. 149; Moxter (1997a), S. 195; ders. (2000c), S. 63; Schön, W. (1995), S. 376 f.; Söffing (1995), S. 658 f.; Strobl (1995), S. 83-86.

85 Döllerer (1971), S. 1334. Vgl. auch Moxter (1999a), S. 629: "In der Aufgabe, Gewinnberechtigte vor einer Verkürzung ihrer Ansprüche zu schützen, liegt der gemeinsame Nenner von Handelsbilanz und Steuerbilanz."

einen Gewinn zu besteuern, der auch entziehbar ist, da ansonsten die Basis der Einnahmequelle des Staates gefährdet sei.

Nach *Moxter* kann die Frage, ob die "... GoB überhaupt auf den `vollen Gewinn´ zielen"[86], aufgrund der Relativität der handelsrechtlichen GoB, nach der sich der Inhalt der GoB nach dem jeweils maßgeblichen Rechnungslegungszweck bestimmt,[87] bejaht werden. Denn die mit dem Maßgeblichkeitsprinzip gemeinten handelsrechtlichen GoB würden Unterbewertungen grundsätzlich ausschließen, d.h. nur jene handelsrechtlichen GoB können für die Steuerbilanz maßgeblich sein, die für die Konkretisierung von Gewinnansprüchen gelten. Diese Gewinnanspruchs-GoB haben zum Ziel, im Sinne der Reinvermögenszugangskonzeption nach *Schanz* " ... eine Grenzziehung zwischen der zu erhaltenden Gewinnquelle und dem ausschüttbaren Gewinn" zu ziehen, was sich im Vorsichts-, Realisations- und Imparitätsprinzip konkretisiert. Ganz im Sinne der Döllerer-These bezeichnet *Moxter* die Reinvermögenszugangskonzeption als " ... die Basis für die Einheit von Handelsbilanz und Steuerbilanz."[88]

Der *Döllerer*-These widerspricht z.B. *Siegel*, der unterschiedliche Zwecke von Handels- und Steuerbilanz sieht und das Maßgeblichkeitsprinzip für nicht begründbar hält. Während das Vorsichtsprinzip bei der Ermittlung des ausschüttbaren Gewinns zu berücksichtigen ist, da die Anteilseigner bei Verlusteintritt nicht zur Rückerstattung erhaltener Ausschüttungen verpflichtet werden können,[89] kann es bei der Ertragsbesteuerung im Grunde genommen keine Rolle spielen, weil vom Fiskus im Verlustfall grundsätzlich die Rückzahlung von Gewinnsteuern zu erwarten ist. "Solange dem Staat vertraut werden kann, unterscheidet sich daher die Situation wesentlich von der auf der Anteilseignerseite: Gläubigerschutz ist bezüglich des Fiskus irrelevant .. "[90]. Das *Döllerer*-Argument ist daher nach Auffassung von *Siegel* nicht haltbar: "Denn die Anteilseigner müssen mit der (gegenüber der Steuerbilanz) geringeren Ausschüttungsbasis einen Preis für die fehlende Rückzahlungspflicht ausgeschütteter Gewinne zahlen. Es besteht kein Grund, den Fiskus – bei gegebener Rückzahlungspflicht – ebenfalls diesen Preis zahlen zu lassen"[91]. Voraussetzung ist hier also das Bestehen eines unbeschränkten steuerlichen Verlustrücktrages.[92]

86 Moxter (2000a), S. 159. Vgl. auch ders. (2000b), S. 2146.
87 Vgl. Beisse (1997), S. 403; Moxter (2000b), S. 2146.
88 Moxter (2000a), S. 160 (beide Zitate).
89 Vgl. Siegel (1987), Rz. 106-118.
90 Siegel (1999a), S. 196. Vgl. auch ders. (1994), S. 2243-2245; ders. (1997), S. 132 f.
91 Siegel (1999a), S. 196.

Die Gleichstellungsthese geht davon aus, dass der dominierende Zweck der Handelsbilanz in der Zahlungsbemessung zu sehen ist. Diese dominierende Zielsetzung des handelsrechtlichen Jahresabschlusses steht im Zentrum des Meinungsstreites, der sowohl die Entwicklung des deutschen Handelsbilanzrechts geprägt hat als auch im Vordergrund der Diskussion um die Internationalisierung der Rechnungslegung steht.[93] Für den Fall, dass die Ansatz- und Bewertungsregeln des Einzelabschlusses in Zukunft von IAS geprägt sein sollten, wird eine Beibehaltung der Maßgeblichkeit von weiten Teilen der Literatur für nicht vertretbar gehalten; die konzeptionelle Grundlage der Koppelung von Handels- und Steuerbilanz, die Identität der Bilanzzwecke, würde entfallen; dem Verweisungsziel des Maßgeblichkeitsprinzips wäre der Boden entzogen.[94]

In den USA jedenfalls wird die dortige Trennung zwischen financial accounting und tax accounting[95] sowohl in der Literatur als auch in der Rechtsprechung mit den unterschiedlichen Zwecken der beiden Rechnungen begründet. Informationsvermittlung verlange eine andere Periodisierung als die faire Erhebung von Steuern, so dass auf die Informationsfunktion ausgerichtete Gewinnermittlungsregeln steuerrechtlich ungeeignet seien.[96] Auf den ersten Blick mag man dieser Überlegung folgen, denn bereits in Gliederungspunkt 4.3.2. wurde gezeigt, dass das financial accounting in den USA nicht auf finanzielle Folgen hin konzipiert ist. Mit Ausnahme des Gesellschaftsrechts in Kalifornien haben US-GAAP für die Bemessung der Ausschüttung eine nur geringe Bedeutung. Der Vorstellung, die steuerliche Gewinnermittlung an Ansatz- und Bewertungsregeln zu binden, die nicht in erster Linie als Grundlage für Ausschüttungen dienen, begegnet man daher in den USA eher mit Zurückhaltung. So steht auch die SEC einer Maßgeblichkeit skeptisch gegenüber.[97]

Wie aber in Gliederungspunkt 5.2.2. aufgezeigt wurde, ist ein zentraler Grund für die fehlende conformity in den USA darin zu sehen, dass den US-GAAP der nötige Geltungsbereich fehlt. Das US-Steuerrecht kann sich nicht auf bundeseinheitliche Rechtsnormen der Rechnungslegung beziehen. Dass internationale Rechnungslegungsstandards keine Ausschüttungsbemes-

---

92 Vgl. Siegel (1999a), S. 195; ders. (2000a), S. 33.

93 Vgl. Herzig (1999a), S. 786.

94 Vgl. Euler (1998), S. 23; ders. (2000), S. 195; Fülbier/Gassen (1999), S. 1513; Hüttche (1996), S. 1024; Robisch/Treisch (1997), S. 164; Schruff (1993), S. 410.

95 Vgl. im Einzelnen Gliederungspunkt 5.2.2.

96 Vgl. Lischer/Märkl (1997), S. 104 f.; Dubroff/Cahill/Norris (1983), S. 379; Raby/Richter (1975), S. 44; Porcano/Tran (1998), S. 437 f.; vgl. auch Kirchner (1997), S. 283; a.A. Arnett (1969), S. 485 ff.

97 Vgl. Siebert (1996), S. 389 m.w.N.

sungsfunktion haben, muss daher nicht zwangsläufig bedeuten, dass der Jahresüberschuss nicht der Besteuerung zugrunde gelegt werden könnte.[98]

5.3.2. Objektivierung informationsorientierter Rechnungslegungsregeln

Die Besteuerung unterliegt in besonderem Maße dem Rechtsstaatsprinzip (Art. 20 Abs. 3 GG); sie ist nur aufgrund eines Gesetzes erlaubt (Grundsatz des Gesetzesvorbehalts) und nur zulässig, wenn der jeweilige Tatbestand den Eingriff deckt (Prinzip der Tatbestandsmäßigkeit, § 3 Abs. 1 AO).[99] Aus dem Rechtsstaatsprinzip leitet sich so der Gedanke der Rechtssicherheit ab, der getragen wird von den Elementen der Rechtsklarheit, der Kontinuität, der Bestimmtheit, der Zugänglichkeit des Rechts/der Gesetze und der Rechtsdurchsetzung.[100]

Die Norm, die eine Steuerpflicht begründet, muss eindeutig und objektiv kontrollierbar bestimmt sein, damit der Steuerpflichtige die Steuerlast vorausschauen und berechnen und der Richter die Anwendung der Norm durch die Finanzverwaltung ausreichend überprüfen kann:[101] " ... je konkreter der Tatbestand, an den die Besteuerung anknüpft, im Gesetz formuliert ist, desto stärker wird der Grundsatz der Rechtssicherheit gewährleistet."[102] Der mit Rechtssicherheit "gemeinte Zustand der Klarheit und Berechenbarkeit des Handelsbilanzrechts war und ist eine wesentliche rechtspolitische Voraussetzung für das Festhalten am Grundsatz der sog. Maßgeblichkeit der Handelsbilanz für die Steuerbilanz."[103]

Die Rechtssicherheit der Besteuerung wäre nach Literaturmeinungen nicht mehr gewährleistet, wenn die steuerliche Gewinnermittlung auf handelsrechtliche GoB zurückgreifen würde, die uneingeschränkt angelsächsische Rechnungslegungskonzeptionen als GoB anerkennten.[104] IAS und US-GAAP weisen eine ausgeprägte Unbestimmtheit auf und eröffnen dem Rechnungslegungspflichtigen einen breiten Ermessensspielraum.[105] Aufgrund dieses Objektivierungsdefizits seien sie für eine Übernahme in das Steuerbilanzrecht ungeeignet: "Das Maß-

98 Vgl. Groh (1998b), S. 192; Bippus (1998), S. 650; Oestreicher/Spengel (1999a), S. 595.

99 Vgl. Weber-Grellet (1993b), S. 101; Hartz (1968), Sp. 249. Vgl. im Einzelnen zu den verfassungsrechtlichen Vorgaben der Besteuerung Weber-Grellet (1997c), S. 398-401; Kirchhof (1997), S. 129-135.

100 Vgl. Budde/Steuber (1998a), S. 504; Münch (1996), S. 3321; Jacobs (1971), S. 24 f.

101 Vgl. Jacobs (1971), S. 25; Weber-Grellet (1997c), S. 400.

102 Jacobs (1971), S. 26.

103 Beisse (1988), S. 43.

104 Vgl. Beisse (1993), S. 88 f.; Hauser/Meurer (1998), S. 279; Moxter (1995c), S. 39; ders. (1998b), S. 1426; Kuhn (1997), S. 312; Herzig (2000a), S. 115 f.

geblichkeitsprinzip kann sich nur auf solche GoB beziehen, die objektivierungsgeprägt sind und daher Rechtssicherheit und Rechtsklarheit gewährleisten."[106]

Moxter sieht zwar unterschiedliche Aufgaben von Handels- und Steuerbilanz: "Im Bilanzsteuerrecht hat der Gedanke der Konkursvorsorge und damit einer `vorsichtigen´ Bilanzierung an sich zurückzutreten zugunsten einer Erfassung des `wirklichen´ Gewinns (Einkommens), also der tatsächlichen Leistungsfähigkeit ... ".[107] Der Aspekt der Rechtssicherheit ist nach *Moxter* aber entscheidend für die Begründung des Maßgeblichkeitsgrundsatzes, was er am Beispiel der Ansatzkriterien immaterieller Wirtschaftsgüter des Anlagevermögens, die als Objektivierungsinstrument einen "(relativ) ermessensfreien Wertansatz der Wirtschaftsgüter" erleichterten, verdeutlicht. Ohne diese Objektivierung drohte " ... ein unerträglicher Bewertungsspielraum aller Beteiligten."[108]

Mit der Informationsorientierung der internationalen Rechnungslegungsstandards ist eine Zurückdrängung des Vorsichtsprinzips verbunden, d.h. in unsicheren Ansatz- und Bewertungsfragen erfolgen anstelle vorsichtiger Bilanzierung erläuternde Zusatzangaben. Demgegenüber müssen Ausschüttungsansprüche und Steuerzahlungen einwertig bestimmt werden; hier kann die Berücksichtigung der Unsicherheit nicht von der Gewinnermittlung auf die Gewinnerläuterung im Wege von Zusatzangaben verlagert werden.[109]

In Gliederungspunkt 3.1.3. wurde allerdings gezeigt, dass auch informationsorientierte Rechnungslegungsregeln ein bestimmtes Maß an Objektivierung aufweisen müssen. Ohne Frage kommt es im Rahmen der US-GAAP und IAS zu stärkeren Entobjektivierungen als es bei den deutschen Regeln der Fall ist,[110] jedoch weisen auch internationale Rechnungslegungsgrundsätze einen Kern an objektivierten Gewinnermittlungsregeln auf.[111] Es zeigen sich insoweit trotz aller Unterschiede Parallelen zu Bilanzierungsregeln, die bilanztheoretisch auf den Zweck der Einkommensmessung abzielen, und zum geltenden Bilanzrecht in Deutschland.

---

105 Vgl. Moxter (2000a), S. 158; Wüstemann (1999), S. 14, 34 u. 92; ders. (1996), S. 423; Ballwieser (1993a), S. 119 f.

106 Moxter (2000a), S. 158. Vgl. auch Moxter (1995f), S. 489: " .... ein Bilanzrecht, das etwa nur aus derart abstrakten internationalen Rechnungslegungs-Grundsätzen bestünde, wäre völlig unvereinbar mit den Erfordernissen der Rechtssicherheit und der Rechtsklarheit ... ".

107 Moxter (1978c), S. 1631.

108 Moxter (1978c), S. 1631 (beide Zitate).

109 Vgl. Moxter (2000a), S. 158.

110 Vgl. Gliederungspunkt 3.1.3.2.

111 Vgl. Gliederungspunkt 3.1.3.1.

In den USA gelangt man trotz angeblicher Zweckverschiedenheit nicht zu grundlegend unterschiedlichen Periodisierungsregeln nach tax und book. Denn auch das US-tax accounting folgt im Grundsatz dem matching principle, weil das Einkommen durch Periodisierung – so die Rechtsprechung – genauer bestimmt werden könne.[112] Damit steht es im Grunde genommen vor vergleichbaren Problemen wie das financial accounting. *Schreiber* kommt nach einem Vergleich der grundlegenden Aktivierungs- und Passivierungsregeln nach book und tax in den USA zu dem Ergebnis, " ... , daß für die USA der zwingende Schluß, aus den Zielen `Einkommensmessung für steuerliche Zwecke´ und `Informationsvermittlung für Kapitalgeber´ folge ein grundsätzlich unterschiedlicher Bilanzinhalt bei `tax´ und `book´, nicht zu ziehen ist."[113] Mit diesem Ergebnis im Einklang stehen Vorbehalte in der US-amerikanischen Literatur gegen die Begründung der fehlenden Conformity durch die Rechtsprechung, wonach die unterschiedlichen Zwecke der beiden Gewinnermittlungen einer Einheitsbilanz entgegenstünden.[114] Vielmehr deckten sich die Regeln des tax accounting und jene nach US-GAAP öfter als sie auseinanderfielen: " ... the disparities are not always justified by the different objectives served by the two systems."[115]

"Die Notwendigkeit, die Vermögens- und Gewinnermittlung auf nachprüfbare Daten zu stützen, ist sowohl einer der Information als auch einer der Messung von Einkommen für steuerliche Zwecke dienenden Rechnung eigen."[116] In beiden Fällen der Rechnungslegung muss zwischen der Zuverlässigkeit der Zahlen und deren Relevanz bzw. Gehalt abgewogen werden. "Objektivierung führt ... dazu, dass ein und dieselbe Einzelregelung mit verschiedenen Zielen kompatibel sein kann."[117] Unterschiedliche Zwecksetzungen von Rechnungslegungsregeln

---

[112] Vgl. McDaniel/Ault/McMahon/Simmons (1994), S. 408.

[113] Schreiber (1999), S. 896, im Einzelnen S. 894-896.
Es wird in der Literatur herausgestellt, dass internationale Rechnungslegungsstandards zwar im Detail, aber nicht grundsätzlich von den HGB-Normen abweichen: "Es wird ein buchhalterischer Gewinn ermittelt, der sich im wesentlichen aus vergangenen Geschäftsvorfällen ergibt", Streim (2000), S. 120 (für die IAS). Vgl. auch Breker/Naumann/Thielmann (1999), S. 144: "Die Gewinnermittlungskonzeption der IAS bzw. US-GAAP ist im Grundsatz vergleichbar mit der des HGB."

[114] Vgl. Thor Power Tool Co. v. Commissioner, U.S. 1979, Vol. 439, S. 542-544; Dubroff/Cahill/Norris (1983), S. 379.

[115] Bittker/Lokken (1992), S. 105-19.

[116] Schreiber (1999), S. 894.

[117] Ballwieser (2001a), S. 163. Vgl. auch Sigloch (2000), S. 172 u. 179.
So stellt Mellwig für den geltenden Maßgeblichkeitsgrundsatz fest: "In beiden Fällen (Handels- und Steuerbilanz; Anm. d. Verf.) handelt es sich um die Sicherung der Fähigkeit, künftig Zahlungen zu leisten, um die Ermittlung des bei Erhalt dieser Zahlungsfähigkeit entziehbaren Betrages. Die dabei anzulegenden Objektivierungsmaßstäbe je nach dem angesprochenen Zahlungsempfänger zu differenzieren, ist – bis zum Beweis des Gegenteils – reine Willkür. Beide Bilanzen ermitteln die eine, wenngleich objektivierungsbedingt verzerrte wirtschaftliche Leistungsfähigkeit", Mellwig (1983), S. 1616 f. Vgl. auch Mellwig (1989), S. 163. Zustimmend z.B. Streim (1990), S. 540. Auch Schön sieht die Gemeinsamkeit der Ermittlungsmethoden in dem gemeinsamen Ziel der objektiven, d.h. von den Interessen der beteiligten Verfahrenssubjek-

nach tax und book sind als Begründung für die Aufgabe der Maßgeblichkeit stichhaltig, " ... wenn sich zeigen läßt, daß die Erstellung einer Steuerbilanz auf der Grundlage der US-GAAP ausgeschlossen ist. Dieser Nachweis fällt schwer, weil der Inhalt einer Informationszielen dienenden Bilanz nicht eindeutig bestimmbar ist."[118]

Vor diesem Hintergrund ist es nicht ersichtlich, warum an die handels- und steuerrechtliche Gewinnermittlung grundlegend verschiedene Maßstäbe angelegt werden sollten. Die Bindung des Steuerrechts an Normen des Handelsrechts hat " ... den Vorteil, dass das Recht der Gewinnermittlung sich dort nicht auseinanderentwickelt, wo es wegen der beiden Rechtsgebieten gemeinsamen Notwendigkeit, rechenschaftsfähige, verläßliche und damit rechtssichere Vermögens- und Gewinngrößen zu ermitteln, auf gleiche Grundsätze zurückgreifen kann."[119]

Es ist allerdings zu betonen, dass diesem Zurückgreifen auf einen Kern objektivierter Gewinnermittlungsregeln enge Grenzen gesetzt sind, was widerum durch einen Blick auf die Rechtslage in die USA bestärkt wird. Nach Auffassung der Steuerrechtsprechung stellen die GAAP bei weitem kein Regelsystem dar (a canonical set of rules), das wirtschaftlich gleiche Sachverhalte im Rechnungswesen auch gleich abbilde.[120] In der Tat besteht innerhalb der US-GAAP keine konzeptionelle Geschlossenheit; der kasuistische Lösungsansatz der US-GAAP wird treffend als "patchwork system of standards"[121] oder auch als "Flickenteppich"[122] bezeichnet. So zeigt *Schildbach* auf, dass nach US-GAAP verschiedene Stufen der Vorsicht vorliegen, d.h. sie decken eine viel breitere Spanne unterschiedlicher Konzeptionen von Vorsicht ab als das HGB.[123] Die Steuerrechtsprechung kommt deshalb zu dem Schluss, dass " ... a presumptive equivalency between tax and financial accounting would create insurmountable difficulties of tax administration."[124] Die durch die GAAP gewährten Abbildungsspielräume widersprächen dem Grundsatz gleichmäßiger Besteuerung; die für ein rationales Steuersystem

---

te unabhängigen Gewinnermittlung. Daraus lasse sich der Maßgeblichkeitsgrundsatz verfassungsrechtlich begründen. Vgl. Schön, W. (1995), S. 375 f.

118 Vgl. Schreiber (1999), S. 891.

119 Schreiber (1997), S. 506 f.

120 Vgl. Bittker/Lokken (1992), S. 105-19 (Thor Power Tool v. Commissioner). Dieser Ansicht waren schon weit vor diesem Urteil Vertreter der accounting profession, vgl. Lent (1962), S. 484 f., der den damaligen Präsidenten der AICPA zitiert; vgl. auch Simonetti (1968), S. 69.

121 Vgl. Siegel, S. (1996), S. 104.

122 Vgl. Schildbach (1999a), S. 414; vgl. auch Schildbach (2000a), S. 196; Großfeld (2001), S. 131.

123 Vgl. Schildbach (1999a), S. 362, Tabelle 1, sowie im Einzelnen S. 362-365; ders. (2002), S. 129. Vgl. auch Niehus (1997), S. 1424-1427.

124 Bittker/Lokken (1992), S. 105-19 (Thor Power Tool v. Commissioner).

elementaren Grundsätze der Rechtssicherheit und der Praktikabilität wären durch die GAAP nicht gewährleistet.[125]

Daher könnte eine Maßgeblichkeit der IAS auf keinen Fall uneingeschränkt bestehen. Regelungen der IAS, die nach Ansicht des Gesetzgebers dem steuerrechtlichen Objektivierungsgebot nicht genügen, müsste durch originäre steuerrechtliche Vorschriften begegnet werden, so dass letztlich " ... der schon bisher beschrittene Weg der Einschränkung des Maßgeblichkeitsprinzips fortgesetzt"[126] werden würde. So wäre z.B. bei langfristiger Fertigung die percentage of completion-Methode (IAS 11) aus Gründen der Nachprüfbarkeit steuerlich nicht anwendbar. Auch die nach IAS 38 mögliche Aktivierung von Entwicklungskosten[127] dürfte im Falle einer Maßgeblichkeit der IAS aufgrund des großen Ermessensspielraums steuerlich nicht möglich sein.

Es lässt sich festhalten: Periodisierungsregeln können aufgrund der Objektivierungsnotwendigkeit mit verschiedenen Zwecken kompatibel sein. Entobjektivierungen der IAS wäre steuerlich durch eigenständige Vorschriften zu begegnen.

5.4. Steuerliche Gewinnermittlung, internationale Rechnungslegungsstandards und Investitionsentscheidungen

5.4.1. Grundlagen entscheidungsneutraler Besteuerung

Eine steuerliche Gewinnermittlung auf Basis der IAS wäre der derzeitigen Bezugnahme auf die handelsrechtlichen GoB vorzuziehen, wenn sich zeigen ließe, dass Investitionsentscheidungen weniger verzerrt würden. Ob und inwieweit dies der Fall ist, soll in diesem Gliederungspunkt 5.4. erörtert werden.

Den Ausgangspunkt einer Analyse der Wirkungen des Steuerrechts bilden individuelle Kalküle von Wirtschaftssubjekten bei der Wahl zwischen alternativen Handlungsmöglichkeiten in einer Entscheidungssituation. Der Kapitaleigner einer Unternehmung wird die finanziell vorteilhafteste Handlungsalternative der Unternehmung auswählen. Bei der Alternativenwahl

---

125 Vgl. Bittker/Lokken (1992), S. 105-17 (Thor Power Tool v. Commissioner); Dubroff/Cahill/Norris (1983), S. 379.

126 Selchert (1999), S. 931. Vgl. auch Oestreicher/Spengel (2001), S. 894.

127 Vgl.IAS 38.45.

wird der Entscheidungsträger auch negative Erfolgsbeiträge in Form zu leistender Steuerzahlungen berücksichtigen, weil sie die der Unternehmung entziehbaren konsumfähigen Ausschüttungen verringern. Dabei wird Steuerminimierung nicht ausdrücklich angestrebt.[128]

Die ökonomische Wahl wird durch die Besteuerung dann beeinflusst, wenn sich ohne Berücksichtigung (oder Existenz) von Steuern und mit Berücksichtigung der Besteuerung eine andere Rangfolge der Handlungsalternativen ergibt. Steuerrechtsetzung ist demnach entscheidungsneutral, wenn sie bei vernünftigen Steuerpflichtigen keine Ausweichhandlungen verursacht.[129] Steuerwirkung im betriebswirtschaftlichen Sinne meint daher nicht die bloße Steuerzahlung, sondern die Veränderung einer Entscheidung infolge der Besteuerung.

Das einzelwirtschaftliche Ideal entscheidungsneutraler Besteuerung entspringt dem gesamtwirtschaftlichen Ziel der Allokationseffizienz.[130] Unter der Annahme, dass der Marktmechanismus eine effiziente Verteilung der Produktionsfaktoren sichert, darf diese Verteilung auch durch die Besteuerung nicht verändert werden. Während Einkommenseffekte der Besteuerung i.d.R. gewollt sind, sollten bei Befolgung des reinen Fiskalziels durch die Besteuerung hervorgerufene Preisänderungen vermieden werden.[131] Steuerwirkungen verzerren die optimale Ressourcenallokation und führen zu einer Zusatzlast der Besteuerung (excess burden) und damit zu einer Verringerung der volkswirtschaftlichen Wohlfahrt.[132] Der Substitutionseffekt hat zur Folge, dass die Gesamtlast einer Volkswirtschaft, d.h. der durch den Einkommens- und Substitutionseffekt hervorgerufene Nutzenverlust, höher ist als er dem Steueraufkommen nach ausfallen müsste. Darüber hinaus erlaubt es ein neutrales Steuersystem, mittels Steuern gezielt zu "steuern", also Fiskal- und Lenkungsfunktion klar zu trennen.[133]

---

128 Vgl. Wagner (1986), S. 34. Als zweckmäßigstes Vorteilhaftigkeitskriterium dieser Alternativen wird deren Kapitalwert oder Endwert angesehen. Vgl. im Einzelnen Schreiber (1987), S. 23-49; Wagner/Dirrigl (1980), S. 24-33; Scheffler (1991), S. 449-455; Stellpflug (1998), S. 138-140; Wagner (1979), S. 67-72.

129 Vgl. Schneider (1992a), S. 193; Elschen (1991a), S. 102-104.

130 Vgl. Wagner/Wenger (1996), S. 403; Wagner (2001), S. 356; Sprey (1997), S. 67-71. A.A. Schneider, der Entscheidungsneutralität der Besteuerung nicht als Norm für die staatliche Steuerpolitik versteht, vgl. Schneider (1999b), S. 2-4. Zur Diskussion um das Verständnis entscheidungsneutraler Besteuerung als "Eichstrich" oder als Forderung an die Steuerpolitik vgl. Schwinger (1992), S. 14-18; Schneider (1992a), S. 735-738.

131 Vgl. Elschen (1991a), S. 101 f.; Wenger (1990), S. 187; Wagner (1995), S. 741; Siegel (1999c), S. 358; Henselmann (1994), S. 8 f.; Richter (2001), S. 1000.

132 Vgl. Musgrave (1959), S. 140 ff.; Sinn (1985), S. 5; Wagner (1992b), S. 294; Haller, H. (1971), S. 214 ff.

133 Vgl. Sigloch (1990), S. 229; Wagner/Wissel (1995), S. 67.

Einzelwirtschaftlich hat eine neutrale Besteuerung den Vorteil, dass sich Entscheidungskalküle vereinfachen und damit Planungskosten reduzieren lassen.[134] Der Entscheidungsträger kann ohne Inkaufnahme eines Fehlerrisikos eben nur dann auf die Berücksichtigung von Steuerwirkungen bereits im Entscheidungszeitpunkt verzichten, wenn von vornherein transparente Neutralitätsbedingungen vorliegen.

Entscheidungsneutrale Besteuerung lässt sich – neben der hier nicht interessierenden entscheidungsfixen Besteuerung[135] – über eine Zielgrößenbesteuerung erreichen.[136] Ist Bemessungsgrundlage der Besteuerung die Zielgröße des Entscheidungsträgers, führt die Alternative mit dem höchsten Bruttoergebnis auch zum höchsten Nettoergebnis. Der Steuerpflichtige könnte bei einer Zielgrößenbesteuerung nur dann ausweichen, wenn er auf mögliche individuelle Zielerreichung (also auf zusätzlichen Konsum) verzichten würde.[137] Der Gewinn der Steuerbilanz stimmt mit dem aus der Unternehmung fließenden Entnahmestrom i.d.R. nicht überein, d.h. durch zeitliche Verwerfungen zwischen dem Gewinn und dem Entnahmestrom können Steuerwirkungen verursacht werden. Eine auf buchhalterischen Erfolgsgrößen basierende Gewinnsteuer stellt daher regelmäßig keine Zielgrößenbesteuerung dar.[138]

Neben Investitionsentscheidungen sollen vor allem Entscheidungen bezüglich der konsumtiven Verwendung von verfügbaren finanziellen Mitteln durch die Besteuerung nicht verzerrt werden.[139] Im ersteren Fall spricht man von Investitionsneutralität bzw. intersektoraler Neutralität. Übt die Besteuerung keinen Einfluss auf Konsum-/Sparentscheidungen aus, so liegt intertemporale Neutralität bzw. Konsumneutralität vor; intertemporale Verzerrungen der optimalen Kapitalallokation entstehen durch die Besteuerung von Zinsen. Konsumneutral sind Besteuerungssysteme, die Zinsaufwendungen steuerlich nicht zum Abzug zulassen und Zinserträge steuerlich nicht belasten.[140]

---

134 Vgl. Schwinger (1992), S. 12; Wagner (1999e), S. 444, 449.

135 Bei entscheidungsfixer Besteuerung besteht keine Abhängigkeit der Steuerzahlung von den Entscheidungsvariablen, vgl. Wagner (1999e), S. 448.

136 Vgl. Schneider (1992a), S. 206-208; Wagner (1984), S. 203; ders. (1986), S. 36; ders. (1983), S. 45; Strobel (1970), S. 376 ff.; Sigloch (1999), S. 1792.

137 Wagner/Wissel (1995), S. 67.

138 Vgl. Wagner (1999e), S. 451; ders. (1984), S. 204; Sigloch (1999), S. 1792; Siegel (1999c), S. 360.

139 Vgl. Sinn (1985), S. 218-221; Wenger (1990), S. 187; Jacobs (1998), S. 111; Wissel (1997), S. 43 f. Zu einem Überblick über die Entscheidungen, auf die die Besteuerung Einfluss nehmen könnte, vgl. Elschen/Hüchtebrock (1983), S. 257-263.

140 Vgl. Wissel (1997), S. 41-43; Treisch (2000), S. 369. Zur Diskussion um die Zinsbesteuerung vgl. u.a. Schneider (2000d), S. 421-430; Wenger (1983), S. 243-245; Wagner (1999b), S. 82-87; ders. (1999d), S. 1521-1524.

Die Einkommensteuer verzerrt intertemporale Konsumentscheidungen. Im Blickpunkt stehen im Folgenden primär Investitionsentscheidungen, was sich damit rechtfertigen lässt, dass nach dem Produktionseffizienztheorem nach *Diamond/Mirlees* Produktionsentscheidungen stets unverzerrt bleiben sollten, während die Verzerrung von Konsumentscheidungen durchaus optimal sein kann.[141] Zudem ist bei offenen Kapitalmärkten für das Wohlstandswachstum eines Staates weniger die lokale Ersparnis als vielmehr die lokale Investitionstätigkeit entscheidend; demnach sollte die Besteuerung von Kapitaleinkommen in erster Linie darauf achten, dass Verzerrungen der Investitionstätigkeit unterbleiben.[142]

Das Ziel der Investitionsneutralität stellt strenge Anforderungen an die steuerliche Gewinnermittlung. Entscheidungsneutral ist die Besteuerung des kapitaltheoretischen Gewinns, also der Verzinsung des Ertragswertes der Unternehmung zu Beginn der Periode; der Ertragswert der Investition wird periodisiert.[143] Das Modell erzeugt eine entscheidungsneutral wirkende Innenfinanzierung aus Aufwands- (und Ertrags-) Verrechnung.[144] Der Grund für die Entscheidungsneutralität liegt in der Besteuerung der ökonomischen Zielgröße Gewinn. Die Ertragswerte der Investitionsobjekte werden von den Steuern nicht verändert (Investitionsneutralität). Die Besteuerung nimmt keinen Einfluss auf den Investitionsumfang. Zudem ist im Modell Kapitalkostenneutralität gewahrt. Die Besteuerung des kapitaltheoretischen Gewinns ist demnach intersektoral neutral, nicht aber intertemporal neutral, was in der steuerbedingten Kürzung der Bruttorendite der Alternativanlage zum Ausdruck kommt.[145]

Anhand des Modells wird offensichtlich, dass eine Gleichbehandlung in Bezug auf Rechtsbegriffe keineswegs auch Gleichmäßigkeit der ökonomischen Belastung gewährleistet. Denn tarifliche Durchschnitts- und Grenzsteuersätze beziehen Steuerzahlungen auf eine steuerrechtlich definierte Zielgröße des Steuerzahlers und sagen daher nur sehr wenig über die tatsächli-

---

[141] Vgl. Diamond/Mirlees (1971), S. 8-27 u. 261-278; Homburg (2000), S. 188-195.

[142] Vgl. Richter (2001), S. 1002.

[143] Vgl. im Einzelnen Samuelson (1964), S. 604-606; Johansson (1969), S. 104-110; Richter (1986), S. 434-449; Schneider (1992a), S. 224-229; ders. (1997), S. 251-273; Wagner (1989), S. 266-270; Wenger (1985), S. 715; ders. (1983), S. 231 f.; Homburg (2000), S. 331-335.

[144] Vgl. Schneider (1999a), S. 106.

[145] Vgl. Wagner/Schwinger (1991), S. 497. Schneider sieht im Modell des ökonomischen Gewinns " ... eine Präzisierung der Quellentheorie des Einkommens, nach der die Substanz, hier gemessen im Ertragswert, erhalten bleiben soll", Schneider (2000b), S. 1244. Denn abgeschrieben wird der Ertragswert, nicht die Investitionsauszahlung. Damit kommt es aber zu Verstößen gegen das Postulat der Gleichmäßigkeit der Besteuerung, da bei gleichen Investitionsauszahlungen für unterschiedlich rentable Investitionen ungleich viel abgeschrieben wird. Vgl. Siegel (1999c), S. 360. Diese Verstöße könnten nur vermieden werden, wenn der mit der Investition eintretende Sprung des Ertragswertes i.H.v. Null auf den Kapitalwert als steuerpflichtiges Einkommen behandelt würde, vgl. Siegel (1991), S. 523. Letzteres widerum würde aber nicht der Quellentheorie entsprechen.

che Steuerbelastung aus, weil sie Vergünstigungen oder Benachteiligungen bei den Bemessungsgrundlagen und sog. Subventionstatbestände (z.B. steuerfreie Einnahmen) nicht erfassen. Den Entscheidungsträger interessiert aber vielmehr die wirtschaftliche (effektive) Steuerbelastung der ins Planungskalkül einbezogenen Alternativen; bei dieser werden die Steuerzahlungen auf eine ökonomisch definierte Zielgröße bezogen.[146] Wählt man hier die Rendite als Entscheidungskriterium, so ist die wirtschaftliche Grenzsteuerbelastung (s_{eff}) folgendermaßen definiert, wobei r die Rendite vor Steuern, r_s die Rendite nach Steuern bezeichnet: $s_{eff} = (r-r_s)/r$.

Die Differenz $r - r_s$ wird als Steuerkeil bezeichnet und deckt den Unterschied zwischen Grenzsteuersatz und effektiver Grenzsteuerbelastung auf.[147] Im Modell der Besteuerung des kapitaltheoretischen Gewinns gleicht bei Grenzinvestitionen die wirtschaftliche Grenzsteuerbelastung dem Grenzsteuersatz. Das Modell bietet eine Vorstellung von einem nicht-begünstigenden und einem nicht-benachteiligenden Steuerrecht. Ist die effektive Grenzsteuerbelastung kleiner als der Grenzsteuersatz, so liegt eine Steuervergünstigung vor; im umgekehrten Fall handelt es sich um eine Steuerbenachteiligung.[148] Dabei ist zu bedenken, dass das Aufzeigen von Steuerwirkungen in entscheidungslogischen Kalkülen immer an die Prämissen des Modells gebunden ist.[149]

So ist etwa der steuerliche Verlustausgleich eine wichtige Ursache für Neutralitätsverletzungen; sie entstehen etwa, wenn steuerliches Entlastungspotential endgültig verlorengeht oder vorgetragene Verluste Zinsverluste auslösen.[150] Die lineare Abschreibung ist nur dann neutral,

---

146 Vgl. Schneider (1990), S. 499 f. Zu einer Systematisierung von Methoden zur Messung der effektiven Steuerbelastung vgl. Spengel/Lammersen (2001), S. 223 f.

147 Vgl. King/Fullerton (1984), S. 9; Schneider (2002), S. 16. Zur Differenzierung Unternehmungssteuerkeil - Kapitalmarktsteuerkeil vgl. Schneider (2002), S. 17.

148 Vgl. Schneider (1992b), S. 1737 ff.; ders. (1996b), S. 147 f.; ders. (1999a), S. 105; Sprey (1997), S. 81-83. Neutralitätsverletzungen lassen sich zurückführen auf Bemessungsgrundlageneffekte (z.B. Steuerfreiheit für private Veräußerungsgewinne), Steuertarifeffekte (z.B. § 34 EStG) und Zeiteffekte (z.B. Sonderabschreibungen), vgl. Wagner (1984), S. 211-213; ders. (2001), S. 357-360; ders. (1992b), S. 295 f.; Sigloch (1990), S. 230.

149 Vgl. Wagner (1992a), S. 6; ders. (1999a), S. 23; im Einzelnen Rümmele (1998). Vgl. auch Wagner (1983), S. 46: "Mit der Herstellung entscheidungslogischer Modellneutralität ist nichts für die reale Allokation gewonnen, wenn die Modelle von den Steuerpflichtigen nicht angewendet werden. Da die Untersuchung der Auswirkungen auf die Ressourcenallokation jedoch auf dem tatsächlichen Verhalten der Steuerpflichtigen aufbauen müßte, wäre eine faktisch allokationsneutrale Besteuerung nur auf dem Wege über gesicherte empirische Steuerwirkungen zu erreichen." Mit deren Gewinnung ist aber – wenn überhaupt – auf absehbare Zeit nicht zu rechnen.

150 Vgl. Sigoch (1990), S. 234 u. 238.

wenn sie der Ertragswertabschreibung entspricht;[151] insbesondere in Abhängigkeit von der Rückflussstruktur und der Laufzeit der Investition können sich bei Investitionsalternativen unkontrolliert steuerliche Begünstigungen oder Verbesserungen ergeben.[152] Die degressive Abschreibung setzt einen degressiv fallenden Zahlungsstrom voraus, wenn sie keine Entscheidungswirkung auslösen soll.

Das Modell der Besteuerung des kapitaltheoretischen Gewinns ist praktisch nicht umsetzbar, weil die Erfassung und Verrechnung aller erfolgswirksamen Vorgänge bereits im Zeitpunkt der Erkennbarkeit nötig wäre. Alle Einflussgrößen des Ertrags- bzw. Kapitalwertes müssten als Schätzgrößen verwendet werden, so dass sich der kapitaltheoretische Gewinn einer intersubjektiven Nachprüfbarkeit entzieht. Zwar wäre es denkbar, den kapitaltheoretischen Gewinn ex post zu besteuern; eine solche Vorgehensweise scheiterte aber spätestens an der subjektiven Festlegung des Zinssatzes.[153] Die Besteuerung des kapitaltheoretischen Gewinns würde gegen den Grundsatz der Tatbestandsmäßigkeit der Besteuerung und das Praktibilitätsprinzip verstoßen.

Demnach ist eine Gewinnermittlung, die der Forderung nach Entscheidungsneutralität gerecht wird, nicht rechtssicher und justitiabel zu verwirklichen.[154] *Wagner/Wissel* kommen zu dem Schluss: "Eine Einkommensteuer, die sowohl entscheidungsneutral als auch rechtssicher ist, kann nicht konstruiert werden. Wenn beide Desiderata nicht aufgegeben werden sollen, legt dies die Abkehr von der Einkommensteuer herkömmlicher Prägung nahe."[155] Hier wäre der Übergang zu einer Cash-flow-Besteuerung[156] oder zur zinskorrigierten Einkommensteuer[157] zu prüfen, bei denen es zu einer Freistellung der Zinsen in Höhe der üblichen Kapitalmarkt-

---

151 Ausreichend ist, dass die Summe der Barwerte der steuerlichen Abschreibungsbeträge der Summe der Barwerte der Ertragswertabschreibungen gleicht, berechnet zum Zinssatz nach Steuern; vgl. Schneider (1992a), S. 226.

152 Vgl. Sigloch (1990), S. 231, mit Berechnungsbeispiel.

153 Vgl. Schwinger (1992), S. 154-159; Schreiber (1993b), S. 148; Kahle (1995), S. 217 f.

154 Vgl. Sigloch (1987), S. 174; Schneider (1992a), S. 705; Schreiber (1991), S. 65; ders. (1999), S. 900; Wagner (1992a), S. 11; ders. (1983), S. 46; Jacobs (1997), S. 219.

155 Wagner/Wissel (1995), S. 68. Im Original z.T. Fettdruck. Vgl auch Wagner (1995), S. 742; ders. (1989), S. 268 f.

156 Vgl. Bach (1993) u. (1999); Brown (1948); Cansier (1989), (1990a) und (1990b); Feldhoff (1989); McLure (1992), S. 145-154; Treisch (2000), S. 371 f.; Wagner (1989); Kaiser (1992), S. 36-95; Sinn (1987), S. 11-53; Swoboda (1991), S. 473-489; Hessler (1994), S. 533-557.

157 Vgl. Wenger (1983); ders. (1985), S. 723 f.; ders. (1990), S. 188 f.; ders. (1997), S. 127-132; ders. (1999), S. 46-50; Rose (1992), S. 7 f.; ders. (1990), S. 10-15; ders. (1998), S. 1-15; Schreiber (1998a), S. 63-73; ders. (1998b), S. 127-143; Jacobs (1997); Lammersen (1999); Knoll (1996), S. 116 f.; Boadway/Bruce (1984), S. 231 ff.; McLure/Zodrow (1991), S. 117 ff.; Gammie (1991), S. 238 ff.; Siegel (2000c), S. 724-741; Schneider (1971d), S. 572-578.

verzinsung kommt.[158] In dieser Arbeit wird der Diskussion, ob das Einkommen oder der Konsum besteuert werden sollte,[159] nicht weiter nachgegangen. Vielmehr wird von der Prämisse einer Beibehaltung der Einkommensteuer ausgegangen.

Mit dieser Prämisse soll aber eine fundamentale Kritik an der Einkommensteuer nicht übergangen werden. *Wenger* zufolge existiert die Einkommensteuer " ... nicht einmal als theoretisches Modell .. "[160], also im Modell des kapitaltheoretischen Gewinns. Denn es ist fraglich, ob es bei einer Besteuerung von Zinsen für die Steuerbefreiung der Verzinsung des Kapitalwertes bis zum Zeitpunkt der Durchführung der Investition eine Rechtfertigung gibt. Konsequenterweise müsste bei Investitionen mit positivem Kapitalwert der erste Besteuerungszeitpunkt im Unendlichen vor der ersten Zahlung liegen; der steuerliche Anfangszeitpunkt ist logisch nicht definiert, weil es keinen Zeitpunkt vor der ersten Investitionszahlung gibt, zu dem der Ertragswert und dessen Verzinsung Null beträgt. Um eine einheitliche Besteuerung des ökonomischen Gewinns zu erreichen, kommen Steuersätze i.H.v. 0% oder Nachholsteuersätze auf den Antizipationsfehler i.H.v. 100% in Frage; in letzterem Fall käme es zur restlosen Konfiskation des positiven Kapitalwerts jeder Investition.[161] Diesem Einwand *Wengers* lässt sich entgegnen, dass in ökonomischen Planungsmodellen der Anfang eines Barwertes und des kapitaltheoretischen Gewinns nicht vor dem Beginn der Planungstätigkeiten (dem Planungszeitpunkt) liegen kann; die der Besteuerung des kapitaltheoretischen Gewinns zugrunde liegende neoklassische Theorie geht von einem Ausgangs- und Hintergrundwissen in einem Planungszeitpunkt aus.[162] Ob die Kritik *Wengers* an der Einkommensteuer damit aber letztlich ausgeräumt ist, bleibt fraglich.[163]

Als Zwischenergebnis lässt sich festhalten: Weil Einkommen von zukünftigen Zahlungen abhängt, ist das Maßgeblichkeitsprinzip mit den Voraussetzungen neutraler Besteuerung völlig unvereinbar. Daher gibt es weder für eine Beibehaltung der traditionellen GoB im Steuerrecht noch für einen Übergang auf IAS eine stichhaltige materielle Begründung. Auch IAS und US-GAAP sind keineswegs dazu geeignet, systematisch Entscheidungsneutralität herzustellen.

---

158 Vgl. Wagner (1999b), S. 82-87; ders. (1999d), S. 1521-1524.

159 Zur Diskussion vgl. die Quellen in den Fn. 156-158, sowie Homburg (1997), S. 107-114; Schneider (1999b), S. 1-14; Schreiber/Stellpflug (1999), S. 186-192; Stellpflug (2001), S. 17-33.

160 Wenger (1999), S. 38.

161 Vgl. Wenger (1999), S. 50-55.

162 Vgl. Schneider (2000d), S. 429.

Es wäre aber zu überlegen, ob aus dem Modell der Besteuerung des ökonomischen Gewinns Periodisierungsregeln folgen, mit denen internationale Rechnungslegungsstandards stärker im Einklang stehen als die traditionellen GoB, so dass US-GAAP bzw. IAS unter dem Blickwinkel der Investitionsneutralität den GoB vorzuziehen wären. Es ist jedoch strittig, inwieweit das Modell der Besteuerung des kapitaltheoretischen Gewinns als Deduktionsbasis steuerlicher Gewinnermittlungsregeln dienen kann. *Schneider* sieht in diesem Modell den "Eichstrich" einer wirkungslosen Steuerrechtsetzung[164], den gedanklichen Nullpunkt einer Steuerwirkungslehre, jedoch ist für *Schneider* Entscheidungsneutralität keine Leitlinie der Steuerpolitik.[165] Immerhin zieht er aber dieses Modell als Hilfe " ... zur argumentativen Begründung von Näherungslösungen, z.B. wie das Realisationsprinzip in Richtung auf eine Barrealisation der Einnahmeüberschußrechnung anzunähern, die Notwendigkeit eines steuerlichen `sofortigen Verlustausgleichs´ zu betonen, mit denen das Imparitätsprinzip bzw. der niedrigere Teilwert im Bilanzsteuerrecht entbehrlich würde usw."[166] heran. Hier ergeben sich aber zunächst deshalb Bedenken, weil die Barrealisation zwar zur Zahlungsüberschussorientierung in der betrachteten Periode passt, es aber auch einen positiven ökonomischen Gewinn gibt, wenn keine Zahlungen in der betreffenden Periode vorliegen (z.B. bei Zero-Bonds).[167]

Die auf dem Schanz-Haig-Simons-Konzept basierende geltende Einkommensteuer kann nicht als Näherungslösung einer investitionsneutralen Einkommensteuer angesehen werden. Das SHS-Konzept ist einzelwertorientiert, während die investitionsneutrale Einkommensteuer von einer Gesamtbewertung ausgeht. Im Modell des ökonomischen Gewinns kommt es nicht auf eine Zurechnung des Barwerts zukünftiger Zahlungen auf einzelne Vermögensgegenstände an; das SHS-Konzept aber ermittelt Vermögen synthetisch durch Addition des Wertes einzelner Vermögensgegenstände.[168]

Daher kann eine investitionsneutrale Einkommensteuer keine verbindlichen Ansatz- und Bewertungsprinzipien für einzelne Vermögensgegenstände vorgeben. Eine im Sinne des Modells investitionsneutrale Gewinnreihe kann vielmehr durch zahlreiche Kombinationen von Einzelbewertungsansätzen laut SHS realisiert werden. "So ist es letztlich gleichgültig, ob der neutrale Gewinnausweis durch eine Kombination z.B. von linearen Abschreibungen der Anlagen

163 Vgl. Stellpflug (2001), S. 31.
164 Vgl. Schneider (1992a), S. 195; ders. (1999a), S. 105; ders. (2000b), S. 1244.
165 Vgl. die Verweise in Fn. 130.
166 Schneider (2000d), S. 430; vgl. auch ders. (2000b), S. 1245.
167 Vgl. Ballwieser (1995a), S. 731.
168 Vgl. Wagner (2000a), S. 190; ders. (1999a), S. 30 f.

und einer Lifo-Bewertung der Vorräte oder degressiver Abschreibung und einer Fifo-Bewertung zustandekommt."[169] Es ist methodisch unzulässig, Einzelprobleme des Ansatzes und der Bewertung unter Rückgriff auf die Ertragswertkonzeption lösen zu wollen; Aussagen, die nur im Kapitalmarktgleichgewicht und unter Sicherheit gelten, können nicht ohne weiteres auf eine Bilanzierungswelt übertragen werden, die sich durch Unsicherheit und fehlendes Kapitalmarktgleichgewicht auszeichnet.[170]

Im Ergebnis taugt das ökonomische Neutralitätsprinzip nicht als alleinige Deduktionsbasis für steuerrechtliche Gewinnermittlungsregeln. Es muss letztlich ökonomisch unklar bleiben, " ... wie eine `richtige´ steuerrechtliche Gewinnermittlung im einzelnen aussieht. Deswegen besteht keine Einigkeit über die Zweckmäßigkeit der Bindung des Einkommensteuerrechts an handelsrechtliche GoB."[171] Weil ein praktikables, ökonomisch und rechtlich überzeugendes Konzept steuerlicher Gewinnermittlung fehlt, bestehen seit jeher Zweifel, " ... ob die `Krücke´ Maßgeblichkeitsprinzip aufgegeben werden muß."[172] Aus diesem Blickwinkel lässt sich eine Maßgeblichkeit auf Basis internationaler Rechnungslegungsstandards weder ablehnen noch befürworten.

5.4.2. Zentrale Gewinnermittlungsgrundsätze und Investitionsentscheidungen

Wenn zu erwarten ist, dass die Einkommensteuer Investitionsentscheidungen verzerrt, dann sollte die steuerliche Gewinnermittlung zumindest so ausgestaltet sein, dass die Verzerrungen möglichst gering ausfallen. Es stellt sich damit die Frage, ob durch eine Übernahme internationaler Rechnungslegungsstandards in die steuerliche Gewinnermittlung dem Postulat der Investitionsneutralität stärker entsprochen werden könnte als nach geltendem Maßgeblichkeitsprinzip.

---

169 Wagner (2000a), S. 191.

170 Vgl. Schreiber (1999), S. 900; Ballwieser (1995a), S. 730 f.
Generell besteht hier die Gefahr des Modellmissbrauchs, also das Modell des kapitaltheoretischen Gewinns als Erklärungsmodell für die kaufmännische Bilanz zu benutzen. Schneider wirft Ordelheide diesen Modellmissbrauch vor, da dieser " ... die Rechenimplikation eines Kapitalmarktgleichgewichtsmodell, das ausdrücklich Unsicherheiten ausklammert, `zur Unsicherheitsrepräsentation bei der Konzeption von Erfolgsgrößen´" heranzieht, Schneider (1997), S. 271. Ordelheide deutet aus dem Erklärungsmodell heraus u.a. das Anschaffungskosten-, Niederstwert- und Realisationsprinzip als eine Form der Repräsentation unsicherer Zahlungsströme. Vgl. Ordelheide (1988a), S. 275-302; ders. (1988b), S. 269-295; ders. (1989), S. 21-41. Vgl. zur Würdigung und Kritik des Ansatzes von Ordelheide insbesondere Ballwieser (1996a), S. 514-516; Körner (1994), S. 72-78.

171 Schreiber (1997), S. 503. Vgl. auch ders. (1999), S. 906.

Im Blickpunkt stehen zunächst Grenzinvestitionen, also Investitionen mit einem Kapitalwert i.H.v. Null. Die Grenzinvestition bestimmt den Investitionsumfang des einzelnen Investors. Sofern das Steuersystem den Anforderungen entscheidungsneutraler Periodisierung nicht entspricht, wird der Kapitalwert nach Steuern der Grenzinvestition positiv sein, so dass ineffizient viel investiert wird, oder der Kapitalwert nach Steuern wird negativ sein, so dass ineffizient wenig investiert wird.

Die allokativen Entscheidungswirkungen des Vorsichtsprinzips stehen in der Kritik. Es führt oftmals zu einer Senkung der effektiven Steuerbelastung des cash flows einer Investition; infolge der steuerrechtlichen Gewinnermittlung kommt es zu einer Subvention der Investition, so dass Investitionen auch dann noch durchgeführt werden, wenn ihre Rendite unter dem Marktzins liegt. Durch unverzinsliche Steuerkredite sorgt der Staat dafür, dass die Kapitalgeber die von ihnen geforderte Rendite erzielen. Derartige Subventionen sind ineffizient, weil sie zuviel Kapital in die begünstigte Investition lenken. Eine Zurückdrängung des Vorsichtsprinzips " ... entspricht eher dem steuerlichen Leitbild einer unverzerrten Gewinnermittlung."[173]

Die gezielte Begünstigung der Unternehmensbesteuerung wird i.d.R. mit der Schaffung von Arbeitsplätzen versucht zu rechtfertigen. Zu belegen bleibt nun aber, " ... daß die hierdurch bewirkte Begünstigung von Unternehmensinvestitionen gerade eine gewollte und begründete Verzerrung ist."[174] Eine steuerliche Verzerrung bedarf in einer marktwirtschaftlichen Ordnung der Begründung eines korrekturbedürftigen Marktversagens, das etwa dann vorliegt, wenn externe Effekte in einem privatwirtschaftlichen Kalkül nicht internalisiert werden. Es ist aber offensichtlich, dass für die Verzerrungen des Maßgeblichkeitsprinzips keine aus dem Marktversagen heraus zu führende Begründung existiert. Deshalb werden selbst die entschiedendsten Befürworter des Vorsichtsprinzips nicht behaupten wollen, dass Marktversagen gerade durch diese Grundsätze der steuerlichen Gewinnermittlung zielgenau korrigiert wird.[175]

Die steuerliche Gewinnermittlung ist gerade auch vor dem Hintergrund des internationalen Steuerwettbewerbs zu sehen. Der internationale Steuerwettbewerb erzwingt die Senkung der

---

172 Schreiber (1997), S. 506, mit Verweis auf Ballwieser (1990), S. 494.
173 Schreiber (1997), S. 505.
174 Wagner (1998b), S. 2075.
175 Vgl. Wagner (1998a), S. 61; ders. (2000a), S. 193. Auch die Begründung des Vorsichtsprinzips als Instrument der gezielten Distribution, mit dem also eine gewollte Einkommensumverteilung zugunsten der aus

tariflichen Steuersätze für Gewinne, führt aber auch tendenziell zu einer Verringerung der Möglichkeiten, die effektive Steuerbelastung durch die Gewinnermittlung weiter zu mindern.[176] Auch in Deutschland werden die Steuersätze (insbesondere der Körperschaftsteuersatz) an das international übliche Niveau herangeführt. Für die damit verbundene Entlastung der Unternehmen sucht der Steuergesetzgeber in der Verbreiterung der Bemessungsgrundlage einen Ausgleich.[177]

Eine Politik der Senkung der Steuersätze und der Einschränkung durch die Gewinnermittlung gewährter Steuererleichterungen ist aus dem Blickwinkel der Allokationseffizienz zu begrüßen, da sie einen ineffizient hohen Investitionsumfang verringert. Letzteres wird allein durch die Änderungen der Gewinnermittlung hervorgerufen, während die Senkung der tariflichen Steuersätze auf Gewinne und Zinsen ohne Bedeutung für den Investitionsumfang sind, wenn Investitionen und Finanzanlagen in gleichem Umfang entlastet werden.[178]

Es ist kaum abschätzbar, ob ein Übergang der steuerlichen Gewinnermittlung auf internationale Rechnungslegungsstandards dem Postulat der Allokationseffizienz besser entsprechen würde als das geltende Maßgeblichkeitsprinzip. Man mag argumentieren, IAS und US-GAAP seien weniger vom Vorsichtsprinzip geprägt als das deutsche Bilanzsteuerrecht, so dass die Verzerrungen der Allokation geringer ausfielen. Dem stehen aber zwei Einwände entgegen. Zum Einen hat *Schildbach* dargelegt, dass im Rahmen der US-GAAP verschiedene Stufen der Vorsicht zu unterscheiden sind;[179] so bestehen z.B. zahlreiche Möglichkeiten zur Bildung stiller Reserven,[180] und es erfolgt aufgrund diverser Einzelvorschriften eine Verlustantizipation, wenn auch im Conceptual Framework ein allgemeines Imparitätsprinzip nicht verankert ist. Unrealisierte Verluste sind auch nach US-GAAP zu antizipieren, sofern sie aufgrund von am Bilanzstichtag eingetretenen Ereignissen mit großer Wahrscheinlichkeit anfallen.[181]

Zum Anderen ist es unzureichend, die Steuerwirkungen nur einer einzelnen oder einzelner Bilanzierungsregeln zu betrachten. Denn die Neutralitätsverletzungen der Einzelpositionen

dem Vorsichtsprinzip begünstigten Steuerpflichtigen bewirkt werden soll, schlägt fehl. Vgl. Wagner (1998a), S. 61; ders. (2000a), S. 193 f.

176 Vgl. Thiel (1999), S. 829.

177 Vgl. Schreiber (2000b), S. 95.

178 Der Investitionsumfang ist berührt, wenn die tariflichen Steuersätze der Steuerarten fallen, die Gewinne zusätzlich belasten (z.B. GewSt). Vgl. Schneider (2002), S. 75 f.

179 Vgl. Schildbach (1999a), S. 362.

180 Vgl. im Einzelnen Gliederungspunkt 3.2.2.3.

181 Vgl. Kieso/Weygandt/Warfield (2001), S. 660-662; Kuhlewind (1997), S. 198-212; Haller (2000), S. 15. Vgl. im Einzelnen zum Imparitätsprinzip nach US-GAAP Gliederungspunkt 3.2.2.3.

können sich gegenseitig kompensieren. So mag etwa eine Abschreibungsregelung für sich genommen eine Steuervergünstigung darstellen, alle Posten zusammen aber womöglich doch "barwertrichtig" sein. "Es ist daher auch nicht beurteilbar, ob eine Reform der Einkommensteuer bei der Bewertung einzelner Bilanzpositionen richtige Teilschritte macht, da lauter Schritte in die `falsche´ Richtung in der Summe doch das `Richtige´ ergeben können."[182] Die Regeln der steuerlichen Gewinnermittlung in ihrer Gesamtheit können demnach dem Postulat entscheidungsneutraler Besteuerung zufällig gerecht werden, völlig unabhängig davon, ob sie auf die GoB oder internationale Rechnungslegungsstandards Bezug nehmen.

Weil der Einfluss der steuerlichen Gewinnermittlung auf die Grenzinvestition vom Zusammenwirken sämtlicher Regeln steuerlicher Zahlungsperiodisierung abhängt, stellen die mit dem Maßgeblichkeitsprinzip verbundenen niedrigeren Steuerlasten womöglich keinen Investitionsanreiz dar, gleichwohl sie zu Einnahmeausfällen für den Fiskus führen.[183] Steuerbemessungsgrundlagen können nur entscheidungswirksam werden, wenn planerisch zwischen der Zielgröße und der Bemessungsgrundlage differenziert wird. Eine detailgetreue Abbildung der Bemessungsgrundlage erforderte die Berücksichtigung aller Gewinnermittlungsregeln, vor allem auch die der Bewertung von Realgütern, während üblicherweise in der Literatur die Bewertung des Vermögens stellvertretend durch "Abschreibungen" berücksichtigt wird:[184] Investoren werden die steuerlichen Verzerrungen des Gewinnermittlungsrechts in seiner Gesamtheit in den steuerlichen Planungskalkülen kaum abbilden können.

Weil in der Planungspraxis möglicherweise mehrwertige Zukunftserwartungen auf einwertige und grundsätzlich unbeschränkte Planungszeiträume auf wenige Perioden reduziert werden sowie eine explizite Planung periodenspezifischer Zahlungsüberschüsse durch einwertige Repräsentativgrößen mittels "Trägheitsprojektion" im Sinne einer nachhaltigen Erfolgsschätzung ersetzt wird, ist in der Realität mit Einschränkungen der Antizipation von Steuerwirkungen zu rechnen, wobei das Ausmaß der innerhalb dieser vereinfachten Kalküle noch erfassbaren Steuerwirkungen entsprechend der Reduktion der Planungskomplexität abnimmt.[185] Vor diesem Hintergrund muss etwa die Behauptung, die derzeitige steuerliche Rechnungslegung

---

182 Wagner (2000a), S. 191.
183 Vgl. Wagner (1998b), S. 2076; ders. (2000a), S. 197 f. Gl.A. Heurung (2000), S. 428.
184 Vgl. Wagner (2000a), S. 192.
185 Vgl. Wagner (1998a), S. 61 f.; ders. (2000a), S. 194.

werde als Standortvorteil angesehen, da sie die Bildung stiller Reserven begünstigt,[186] kritisch gesehen werden.

Während etwa Sonderabschreibungen in den vereinfachten Kalkülen noch erfasst werden, da sich auch bei stark verkürztem Planungszeitraum hohe Abschreibungen in den ersten Perioden im Kalkül ergeben, haben die Steuervorteile, die auf dem Vorsichtsprinzip fußen, bei reduzierter Kalkülkomplexität die geringste Chance, bereits in der Investitionsentscheidung berücksichtigt zu werden, weshalb sie in der Praxis offenbar auch nicht als entscheidungsbeeinflussender Investitionsanreiz empfunden werden.[187] Dies gilt umso mehr bei ausländischen Investoren, denen derartige Steuervorteile aus ihrem nationalen Steuerrecht heraus fremd sind: Bei größtmöglicher Vereinfachung der Planung werden Zielgröße und Steuerbemessungsgrundlage gleichgesetzt. In den Kalkülen nicht berücksichtigte Regeln steuerlicher Gewinnermittlung sind entscheidungsneutral. Wenn sich aus dem Vorsichtsprinzip Mitnahmeeffekte, nicht aber Wirkungen auf die wahrgenommene Vorteilhaftigkeit ergeben, kann es zurückgeführt werden.[188]

Es ist folglich nicht überraschend, wenn häufig festgestellt wird, "... daß die deutsche Steuerbelastung tatsächlich nicht zu hoch sei, sondern daß sie den Investoren nur als zu hoch erscheine."[189] Insbesondere für internationale Standortvergleiche kommt es aber darauf an, dass eine tatsächlich niedrige Steuerbelastung als solche auch erkennbar ist.[190] Da in den Planungskalkülen Tarifreduzierungen relativ einfach berücksichtigt werden können, haben viele Staaten die tariflichen Steuersätze für Gewinne gesenkt und damit den Weg der Sichtbarmachung von Steuervorteilen gewählt.

Bei Investitionen mit positivem Kapitalwert (rentablen Investitionen) scheint der Tarif auf den ersten Blick ohne Bedeutung für den Investitionsumfang zu sein, da rentable Investitionen solange durchgeführt werden, wie die Besteuerung den Kapitalwert nicht vernichtet. Jedoch kann die Besteuerung eine Änderung der Rangfolge der Investitionsalternativen bewirken, so dass womöglich inländische Investoren einen ausländischen Standort wählen oder ausländische Unternehmen das Inland meiden. Steuersatzsenkungen sind bei rentablen Inves-

186 Vgl. Krumnow (1994), S. 693.
187 Vgl. Wagner (1998b), S. 2076; ders. (2000a), S. 198 f.
188 Vgl. Schreiber (2000b), S. 95 f.; Wagner (2000a), S. 199.
189 Wagner (1998a), S. 63.
190 Vgl. Wagner (1998a), S. 62; ders. (2000a), S. 195.

titionen vorteilhaft für einen Standort, weil sie die Attraktivität eines Standortes für mobiles Kapital erhöhen.

Die Bedeutung der steuerlichen Gewinnermittlung für Investitionsentscheidungen wird – neben der geschilderten Problematik der Berücksichtigung steuerlicher Regeln der Zahlungsperiodisierung in Investitionskalkülen – bei rentablen Investitionen zusätzlich dadurch relativiert, dass für einen gegebenen Steuersatz und einen gegebenen Nettozinssatz der Barwert der Steuerersparnis aus der Abschreibung konstant ist, während der Barwert des versteuerten Zahlungsüberschusses mit wachsender Rendite der Investition wächst. Mit steigendem Kapitalwert der Investition nimmt folglich der Einfluss des tariflichen Steuersatzes auf den Nettokapitalwert und die Nettorendite zu, während die relative Bedeutung der Gewinnermittlung für diese ökonomischen Zielgrößen abnimmt.[191] Demnach werden Unternehmen bei international ausgerichteten Standortentscheidungen für rentable Investitionen stärker auf attraktive Steuersätze als auf Steuervergünstigungen, die auf Grenzinvestitionen zugeschnitten sind, reagieren. Daher verliert die Frage, ob die steuerliche Gewinnermittlung internationalen Rechnungslegungsstandards folgen sollte, an Relevanz.

Empirische Untersuchungen bestätigen, dass für Investitionsentscheidungen ausländischer Investoren der tarifliche Steuersatz eine hohe Bedeutung hat.[192] Die Position Deutschlands im internationalen Wettbewerb um günstige steuerliche Standortbedingungen dürfte deshalb durch eine Senkung der Steuersätze bei gleichzeitiger Verbreiterung der Bemessungsgrundlage stärker verbessert werden als im Fall einer Verringerung der Bemessungsgrundlage bei gleichbleibenden Steuersätzen.[193]

Sowohl bei Grenzinvestitionen als auch bei rentablen Investitionen liegt es demnach nahe, das Vorsichtsprinzip in der steuerlichen Gewinnermittlung zukünftig einzuschränken. Dazu besteht zunächst die Möglichkeit, auch unrealisierte Gewinne zu antizipieren und damit einen in diesem Sinne "vollen" Gewinn zu ermitteln. Hiergegen sprechen Liquiditätseffekte der Be-

---

191 Vgl. Devereux/Griffith (1999), S. 21-23; Spengel/Lammersen (2001), S. 227-229.

192 Vgl. Devereux/Griffith (1998), S. 353 u. 362; EU-Kommission (2001b), S. 7.

193 Vgl. Wissenschaftlicher Beirat beim BMF (1999), S. 108 f. Dem Einwand, steuerliche Vergünstigungen der Gewinnermittlung seien nötig, um die Besteuerung der an ausländische Kapitalgeber fließenden Verzinsung des Kapitals auszugleichen, lässt sich entgegnen, dass Kapitalgeber etwa im Wege der Fremdfinanzierung der Investitionen eine zusätzliche Belastung der Kapitaleinkommen vermeiden oder zumindest deutlich verringern können. Steuerliche Vergünstigungen der Gewinnermittlung behalten in diesem Fall vollständig ihre Wirkung, der Investitionsumfang bleibt ineffizient hoch. Folglich sollten die Vergünstigungen gestrichen werden.

steuerung. Zwar ist bekannt, dass aufgrund des Realisationsprinzips[194] zwingend Steuerwirkungen in Kauf genommen werden müssen. Es garantiert keine entscheidungsneutrale Innenfinanzierung. An der Abschreibungsverrechnung wird bemängelt, dass bei verzinslicher Wiederanlage zu viel als Aufwand verrechnet wird; hier genügte als Abschreibungsausgangsbetrag der Barwert der Ersatzbeschaffungsausgaben.[195] Schon für Grenzinvestionen wird damit von der entscheidungsneutralen Periodisierung abgewichen.[196] Jedoch ist das Realisationsprinzip mit Entscheidungswirkungen der Gewinnbesteuerung bei Unsicherheit und unvollkommenem Kapitalmarkt begründbar. Die Besteuerung auch unrealisierter Gewinne ist nur bei Gewährung eines vollständigen, sofortigen Verlustausgleichs, einer Liquiditätshilfe und der Verzinsung der zuviel entrichteten Steuern mit einer Einkommensbesteuerung vereinbar.[197] Diese Voraussetzungen liegen aber nicht vor. Aufgrund der Unsicherheit über die Entwicklung zukünftiger Zahlungen wird kein Staat einen unbeschränkten sofortigen Verlustausgleich gewähren, denn er würde zum Teilhaber werden, der Steueraufkommen riskant investiert. Vor dem Hintergrund der geltenden Regeln zum steuerlichen Verlustausgleich[198] " ... spricht wenig dafür, Periodisierungsregeln den Vorzug zu geben, welche in vielen Fällen einen erheblich höheren Druck auf den Verlustausgleich ausüben als dies im Referenzmodell bei entscheidungsneutraler Periodisierung der Fall ist."[199]

Folglich wird auf die Besteuerung der in Geld realisierten Gewinne und Verluste zurückgegriffen. Um den Extremfall zu verhindern, dass ein Wirtschaftsgut veräußert werden muss, um die Steuern entrichten zu können, muss der Gewinnrealisationszeitpunkt identisch mit dem Zeitpunkt des Zahlungsmittelzuflusses sein.[200] Das Abstellen nach geltendem Recht auf

---

194 Folgt man Moxter und seinen Schülern, so leitet sich das Realisationsprinzip aus dem Vorsichtsprinzip ab, vgl. Moxter (1987a), S. 365-368; ders. (1984b), S. 1784; Böcking (1988), S. 114-117, 123-127; Euler (1996), S. 112-115, 118-120; Hommel (1998), S. 47. Infolge dieser Unterordnung ist der Gefahr zu begegnen, " ... daß die steuerrechtliche Gewinnermittlung einer unsachgemäßen Überlagerung durch das dem Gläubigerschutz dienende und insofern dem Steuerrecht fremden Vorsichtsprinzip ausgesetzt wird", Schreiber (1993b), S. 159.

195 Vgl. Schneider (1992a), S. 708 f.

196 Vgl. Schneider (1988b), S. 1227. Daher schlägt Schneider alternativ eine Festwertrechnung vor, bei der der Zahlungsüberschuss jeder Periode um die Ausgaben für die Ersatzbeschaffung von Wirtschaftsgütern gemindert wird; das mengenmäßige Anfangsinventar bleibt als Vermögensstamm erhalten. Bei einer Festwertrechnung mit vollständigem sofortigem Verlustausgleich wäre eine Abschreibungsverrechnung überflüssig.

197 Vgl. die Hinweise in Fn. 230.

198 Der Fiskus erweist sich nach den derzeitigen Verlustausgleichsregeln nicht als fairer Partner, sondern als asymmetrischer Teilhaber, so dass auch gegenüber dem Fiskus gläubigerschützende Vorsorgemaßnahmen geboten sind. Mit dem StEntlG 1999/2000/2002 (Einschränkung des Verlustrücktrags, betragsmäßige Begrenzung des Verlustvortrags) ist der Verlustausgleich weiter beschränkt worden. Vgl. Sigloch (2000), S. 178.

199 Schreiber (1993b), S. 158.

200 Vgl. Schneider (1978b), S. 57 f.; ders. (1984a), S. 418; Jacobs (1971), S. 125.

den Zeitpunkt der Lieferung oder Leistung ist aber noch akzeptabel, weil die Zahlungsrisiken aus dem Geschäft auf das Delkrederisiko beschränkt sind und Forderungen im Grundsatz in Zahlungsmittel umgewandelt werden können.[201] Durch das Realisationsprinzip wird dem Grundsatz der Tatbestandsmäßigkeit der Besteuerung Rechnung getragen, da ohne eine Transaktion Einnahmen und damit Gewinn oder Verlust nicht rechtssicher feststellbar sind.[202]

Liquiditätseffekte der Besteuerung sprechen für ein Festhalten am Realisationsprinzip nach geltendem HGB und gegen internationale Rechnungslegungsstandards. Der Zeitpunkt der Gewinnrealisierung nach US-GAAP ergibt sich nur im Grundsatz aus dem Zeitpunkt der Lieferung und Leistung. Vorzeitige Gewinnrealisierungen sind etwa möglich bei langfristiger Auftragsfertigung,[203] der Bewertung bestimmter Wertpapiere[204] sowie bei der Bewertung von Agrargütern und Edelmetallen.

Zur Einschränkung des Vorsichtsprinzips in der steuerlichen Gewinnermittlung verbleibt der Weg, die Antizipation negativer Erfolgsbeiträge zu reduzieren. Demnach sollte die steuerliche Gewinnermittlung von Vorsichtselementen wie Teilwertabschreibungen und Rückstellungen befreit werden. Das Imparitätsprinzip muss im Steuerbilanzrecht ausgeschaltet werden. Aus dem Blickwinkel entscheidungsneutraler Gewinnermittlung sind derartige asymmetrische Ertragswertschätzungen nicht sachgerecht; es gibt keinen trifftigen Grund, erwartete Reinvermögensänderungen je nach Abweichungsrichtung unterschiedlich zu behandeln.[205] Hier wird deutlich, dass das Vorsichtsprinzip von vornherein " ... Gleichbehandlung im Sinne von Investitionsneutralität nicht einmal programmatisch anstrebt."[206] Vielmehr muss ein entscheidungsneutraler Gewinn sowohl positive als auch negative Wertänderungen erfassen.

Folgt man der Forderung nach vollständiger Abschaffung des Imparitätsprinzips, so ist Voraussetzung ein unbeschränkter sofortiger Verlustausgleich oder alternativ ein zeitlich und in der Höhe unbegrenzter Verlustrücktrag oder Verlustvortrag, um der Gefahr zu begegnen, Verluste zu besteuern. Beim Verlustrücktrag wären die zuviel gezahlten Steuern, beim Verlustvortrag die Verluste bis zum Zeitpunkt ihrer Verrechnung zu verzinsen. Solange diese Ver-

---

201 Vgl. Schreiber (1993b), S. 157.
202 Vgl. Döllerer (1971), S. 1334; Schreiber (1993b), S. 156.
203 Vgl. Gliederungspunkt 3.1.3.3.
204 Vgl. Gliederungspunkt 3.1.3.3.
205 Vgl. Schreiber (1993b), S. 161; Wagner (1997c), S. 519; ders. (1990), S. 12; Ballwieser (1997a), S. 53.
206 Wagner (1998a), S. 59.

lustbehandlung nicht besteht, ist das Imparitätsprinzip als zweitbeste Lösung für die steuerliche Gewinnermittlung nötig.[207]

Man wird im Ergebnis von einer Übernahme internationaler Rechnungslegungsstandards in die steuerliche Gewinnermittlung wohl kaum geringere Verzerrungen von Investitionsentscheidungen als nach geltendem Maßgeblichkeitsprinzip erwarten können.

5.5. Internationale Rechnungslegungsstandards, GoB und Gleichmäßigkeit der Besteuerung

5.5.1. Grundlagen gleichmäßiger Besteuerung

Unterschiedliche Periodisierungsregeln gewinnen auf unvollkommenen Märkten bezüglich gleichmäßiger Besteuerung Relevanz: Im Zuge einer steuerbedingten Veränderung der Marktallokation kommt es zu Preiswirkungen auf den Kapital- und Gütermärkten, d.h. in einer mikroökonomisch geprägten Analyse von Steuerwirkungen sind auch Marktanpassungsprozesse (Arbitrageprozesse) zu berücksichtigen.[208] Eine Steuervergünstigung etwa steigert den Preis der begünstigten Investition, da diese unter Beachtung der Besteuerung von den Investoren bevorzugt wird. Folglich sinkt die als Verhältnis von Zinsertrag zu erhöhten Anschaffungskosten definierte Vorsteuerrendite; man spricht von einer impliziten Steuer, da der Steuerpflichtige eine aus der begünstigten Besteuerung resultierende Renditeminderung implizit zahlt.[209] Das Konzept der impliziten Steuer stellt demnach einen Bezug zwischen steuerbedingten Renditedifferenzen und dem Markthandeln der Kapitalgeber her.[210]

Auf einem vollkommenem Markt sorgt der Wettbewerb dafür, dass nach Beendigung der Planrevisionen der Wirtschaftssubjekte die Nachsteuerrenditen aller Investitionen identisch sind, d.h. die steuerbegünstigte Investition wird solange nachgefragt, bis der gestiegene Preis

---

207 Vgl. die Nachweise in den Fn. 277-279.

208 Vgl. Schneider (1992a), S. 193; Elschen (1991a), S. 109; Künne (1997), S. 120.

209 Vgl. Scholes/Wolfson (1992), S. 83-88. Der implizite Steuersatz ergibt sich, indem die implizite Steuer, also die Differenz zwischen der Rendite einer voll besteuerten und einer steuerlich begünstigten Investition, auf die Rendite der nicht besteuerten Investition bezogen wird.

210 Vgl. Künne (1997), S. 120. Unterliegen nicht alle Steuerpflichtigen den gleichen steuerlichen Bedingungen, kommt es infolge der Preiswirkungen der Besteuerung zur Bildung von Steuerklienteln, vgl. Scholes/Wolfson (1992), S. 96 f. Der Markt wird gespalten; "normal" besteuerte Investoren werden das steuerbegünstigte Vermögen nachfragen, während Investoren mit einem Steuersatz von Null diese Investitionen meiden werden, da es sich aus deren Sicht um überbewertete Kapitalanlagen handelt, vgl. Schreiber/Kaupp/Krebok (1989), S. 789.

den Steuervorteil vernichtet hat. Demnach treten im Gleichgewicht keine die Gleichmäßigkeit der Besteuerung störenden Umverteilungswirkungen durch ungleichmäßige Steuern auf.[211] Die ex post sich einstellenden Vermögensmehrungen hängen nur vom Nettomarktzins ab, und sie sind für alle Investitionen gleich, unabhängig davon, wie stark das Steuerrecht sie im Einzelnen (möglicherweise differenzierend) begünstigt. Daraus folgt im Umkehrschluss, dass Verteilungsfolgen durch Verstöße gegen gleichmäßige Besteuerung von Reinvermögensmehrungen nur dann relevant sind, wenn der Markt sie nicht in den Preisen bewertet. Der einzelne Steuerpflichtige ist durch "begünstigendes Steuerrecht" im ökonomischen Sinne nicht mehr bevorteilt, wenn er die betreffenden Vermögensgegenstände zu erhöhten Preisen erwirbt.[212] Demnach ist es unter vollkommenen Marktbedingungen für die Gleichmäßigkeit der Besteuerung irrelevant, ob die steuerliche Gewinnermittlung auf den GoB oder internationalen Rechnungslegunggstandards basiert.

Die Märkte sind aber i.d.R. nicht vollkommen und Gleichmäßigkeit der Besteuerung wird gewöhnlich nur auf eine Periode bezogen: Gleichmäßigkeit der Besteuerung gilt als verwirklicht, sofern Steuerpflichtige mit gleich hoch gemessener Leistungsfähigkeit innerhalb einer Periode die gleichen Steuerzahlungen leisten.[213] So wird in den USA ein steuerrechtseigener Maßstab vorgegeben: "The focus of this equity analysis is the taxpayer´s economic ability to pay tax, regardless of the manner in which the taxpayer´s activities might be reported for financial accounting purposes."[214] Mit dieser Argumentation wird z.T. auch in Deutschland die Zweckverschiedenheit von Handels- und Steuerbilanz zu begründen versucht;[215] während das Steuerbilanzrecht den Grundsätzen der Besteuerung nach der Leistungsfähigkeit, der Tatbestandsmäßigkeit und Gleichmäßigkeit zu entsprechen habe, zielten die handelsrechtlichen GoB auf die Ermittlung eines ausschüttungsfähigen Gewinns ab. Die Erfüllung des Ziels der Gleichmäßigkeit der Besteuerung sei aufgrund dieser Zweckverschiedenheit nicht erreichbar.

---

211 Vgl. Sinn (1990), S. 81.

212 Vgl. Schreiber (1993a), S. 7.

213 Vgl. im Einzelnen Kirchhof (1985), S. 319-329; Schemmel (1995), S. 39-57; Jachmann (1998), S. 198; Lang (2001), S. 313-338. Als Indikatoren steuerlicher Leistungsfähigkeit kommen generell die Bestandsgröße "Vermögen" sowie die Stromgrößen "Konsum" und "Vermögensänderung" in Frage, vgl. Schneider (1994), S. 28-40. Zu den vier alternativen Bedeutungsinhalten für die Bezugsgröße periodischer steuerlicher Leistungsfähigkeit vgl. Schneider (1994), S. 29-38; ders. (1979), S. 27-43.

214 Vgl. Lischer/Märkl (1997), S. 105.

215 Vgl. Weber-Grellet (1993a), S. 161, 176; ders. (1994a), S. 289 f.; ders. (1994b), S. 30, 33; ders. (1997a), S. 390; ders. (1999b), S. 2661; Thiel (1998), S. 100 f., S. 103; ders. (1999), S. 829; Dziadkowski (1988), S. 413 f.; ders. (1979), S. 235.

Nach dieser Ansicht hat im Zweifel die Maßgeblichkeit des Leistungsfähigkeitsprinzips Vorrang vor der Maßgeblichkeit handelsrechtlicher GoB.[216]

Ob GoB mit dem Grundsatz gleichmäßiger Besteuerung zu vereinbaren sind und inwieweit internationale Rechnungslegungsstandards stärker mit gleichmäßiger Besteuerung im Einklang stehen als die GoB, lässt sich einwandfrei nur klären, wenn sich aus dem Leistungsfähigkeitsprinzip konkrete Bilanzierungsregeln ableiten lassen, an denen IAS/US-GAAP und die GoB zu messen wären. Das ist ohne Werturteile aber nicht möglich. Gleichmäßigkeit der Besteuerung setzt eine Inhaltsbestimmung gleicher steuerlicher Leistungsfähigkeit voraus, steuerliche Leistungsfähigkeit muss gemessen werden.[217] *Schneider* führt aus:

> "Das Problem ist doch, überhaupt erst eine Maßgröße für steuerliche Leistungsfähigkeit zu finden, an der die Forderung: unterschiedslose Besteuerung gleicher Leistungsfähigkeit (Gleichmäßigkeit der Besteuerung) ausgerichtet werden kann."[218]

Wählt man als Bezugspunkt für Gleichmäßigkeit der Besteuerung den Ertragswert, so muss die effektive Steuerbelastung für Steuerpflichtige, die vergleichbare Zahlungsströme erwarten (und damit in einem Zeitpunkt über das gleiche Vermögen verfügen und gleiche Konsummöglichkeiten haben), identisch sein: Gleiche Barwerte von Zahlungsüberschüssen müssen zu gleichen Steuerbarwerten führen. Jedoch kann unter realistischen Bedingungen diese Gleichheit effektiver Steuerbelastung überhaupt nicht sichergestellt werden, da die Ermittlung und Besteuerung des Ertragswertes mit Objektivierungsproblemen behaftet wäre.[219] Aus Gründen der Rechtssicherheit muss die steuerliche Vermögensrechnung vom Einzelbewertungsgrundsatz ausgehen, so dass der Gewinn nicht die Veränderung des Effektivvermögens, sondern des bilanziellen Eigenkapitals darstellt. Damit hängt die Vorstellung, eine bestimmte Zahlungsperiodisierung sei unter Unsicherheit fairer als eine andere, ökonomisch in der Luft. "Die Wahl bestimmter Konventionen der Zahlungsperiodisierung offenbart daher allenfalls ein verstecktes Werturteil über steuerliche Leistungsfähigkeit."[220]

Wird Leistungsfähigkeit im Einkommen gemessen, so ist lediglich klar, dass Einkommen formal nur eine arithmetische Saldogröße ist und definiert wird als eine Vermögensmehrung,

216 Vgl. Weber-Grellet (1994a), S. 291; ders. (1994b), S. 30; ders. (1997a), S. 385; Hennrichs (1999), S. 146; Tipke (1993), S. 611 ff.; Lang (1988), S. 286; Pezzer (1991), S. 5, 17 f.; ders. (1994), S. 30 f.

217 Vgl. Schneider (1971d), S. 567; ders. (2000b), S. 1245; ders. (1971b), S. 327. Zur grundsätzlichen Kritik am Leistungsfähigkeitsprinzip vgl. Littmann (1970), S. 113-134.

218 Schneider (1973), S. 45.

219 Vgl. Gliederungspunkt 5.4.1.

nämlich als Überschuss, der entnommen werden kann, ohne das Anfangsvermögen zu schmälern.[221] Die Definition des Einkommens hängt also von der Definition des Vermögens ab.[222] Die Problematik verdeutlicht widerum *Schneider*:

> "Wie der Gewinn zu definieren ist, um als Maßgröße steuerlicher Leistungsfähigkeit überhaupt tauglich zu sein, das ist die Grundfrage jeder Theorie steuerlicher Bilanzierung und, wie ich meine: der Bilanztheorie schlechthin."[223]

Letztendlich " ... kann jeder rechnerischen Kombination von Abschreibung, Rückstellungsbildung und Vorratsbewertung und unzählig anderer Bilanzposten das Substantiv `Vermögen' zugeordnet werden ... ".[224] Daher ist von vornherein die Erwartung, aus dem Leistungsfähigkeitsprinzip umfassende Folgerungen für die Ermittlung des steuerlichen Gewinns ableiten zu können,[225] kritisch zu sehen.[226]

Zur Präzisierung des Leistungsfähigkeitsprinzips bedarf es Wertungen, deren "Richtigkeit" wissenschaftlich nicht bewiesen werden kann.[227] Ohne die Offenlegung dieser Wertungen ist das steuerliche Leistungsfähigkeitsprinzip als Basis für die Ableitung von Steuerbemessungsgrundlagen ungeeignet.[228] Aufgabe der Wissenschaft kann es hier nur sein, diese Wertungen auf ihre Plausibilität und gesellschaftliche Akzeptanz zu prüfen und zu untersuchen, ob aus den Ausgangspunkten die entsprechenden Folgerungen gezogen wurden.[229]

So kann die Präzisierung des Einkommensbegriffs über die Reinvermögenszugangs- oder die Reinvermögenszuwachstheorie erfolgen. Während nach ersterer lediglich realisierte Vermögenszugänge steuerlich relevant sein sollen, sind nach der Reinvermögenszuwachstheorie auch alle nicht realisierten Wertveränderungen zu berücksichtigen. Leistungsfähigkeit sollte

---

220 Schreiber (1999), S. 900.

221 Vgl. Hicks (1946), S. 172; Schneider (1976a), S. 105.

222 Vgl. grundsätzlich hierzu Schneider (1997), S. 239, der herausstellt, dass die Messung des Einkommens theoriebeladen ist, " ... weil Einkommen keinen unmittelbar zu beobachtenden Sachverhalt darstellt, sondern einen Begriff verkörpert, der nur durch eine Fülle von Annahmen im Rechnungswesen abzubilden ist."

223 Schneider (1973), S. 45.

224 Wagner (1999a), S. 17. Vgl. auch Hoffmann/Rüsch (1999), S. 45.

225 Vgl. Weber-Grellet (1999b), S. 2666; Treisch (2001), S. 316: "Im steuerrechtlichen Schrifttum muss .. noch Arbeit hinsichtlich der Ableitung der Periodisierung aus dem Leistungsfähigkeitsprinzip geleistet werden."

226 Schulze-Osterloh weist darauf hin, dass sich das BVerfG "[b]ezeichnenderweise ... bei der verfassungsrechtlichen Prüfung bilanz- und unternehmenssteuerrechtlicher Regelungen immer sehr zurückgehalten" hat, Schulze-Osterloh (2000), S. 602.

227 Vgl. Siegel (2000a), S. 30.

228 Vgl. Wagner (2000a), S. 186; ders. (1999a), S. 16-20; Kruse (1990), S. 328; Schreiber (1999), S. 906; Scheffler (2001a), S. 153; a.A. insbesondere Schneider (2000b), S. 1245.

nur einheitlich nach einer dieser beiden Theorien (oder einer anderen) bestimmt werden. Überwiegend wird die Reinvermögenszugangstheorie bevorzugt;[230] danach heißt "Einkommen .. ein über bzw. statt Markthandlungen verwirklichter Zugang an Reinvermögen während eines Abrechnungszeitraumes."[231]

Die Problematik der Ableitung von Periodisierungsregeln aus dem Leistungsfähigkeitsprinzip heraus lässt sich etwa anhand der Besteuerung von Vorauszahlungen zeigen.[232] Während nach deutschem Handels- und Steuerbilanzrecht erhaltene Anzahlungen erfolgsneutral behandelt werden,[233] sind nach US-Steuerrecht Zahlungen in das gross income einzubeziehen, wenn sie "without restriction under a claim of right"[234] empfangen wurden. Nach der vom Supreme Court entwickelten claim-of-right doctrine sind Einnahmen unabhängig von der Gewinnermittlungsmethode der Periode zuzurechnen, in der die uneingeschränkte rechtliche Verfügungsgewalt über die finanziellen Mittel erlangt wird.[235] Die Erlangung der Verfügungsgewalt über Einnahmen kann folglich im Zeitpunkt der Erbringung der Lieferung oder Leistung erfolgen oder zu einem früheren Zeitpunkt, in dem Einnahmen aus einer Transaktion zugehen. Die Erfassung von Einnahmen nach der claim-of-right doctrine ist unberührt davon, ob sich später herausstellt, dass ein Recht nicht bestand und sich eine Verpflichtung zur Rückzahlung ergibt.[236] Steuerbares Einkommen liegt auch vor bei Einzahlungen, die mit einer Verpflichtung zu späteren Leistungen verbunden sind (prepaid income).[237]

---

229 Vgl. Schneider (1994), S. 47; Siegel (2000a), S. 30.

230 Vgl. Schneider (1994), S. 38-40; Siegel (1999c), S. 365 f.
Das Einbeziehen unrealisierter Gewinne führte zu einer realen Vermögensabgabe. Nur unter restriktiven Bedingungen (sofortiger Verlustausgleich, Liquiditätshilfe, Verzinsung der zeitweilig zuviel entrichteten Steuern) wäre das nicht der Fall. Vgl. Schneider (1997), S. 247-250; ders. (1984a), S. 417 f.

231 Schneider (1994), S. 42 (im Original Fettdruck).

232 Vgl. Schreiber (1999), S. 897 f.

233 Vgl. Schmidt, L. (2002), Rz. 316 zu § 5.

234 CCH (2000), Tz. 1543.

235 Vgl. Reg. § 1.451-1(a); Dubroff (1985), S. 729-771, zur Entwicklung der Rechtsprechung.

236 Die Claim of Right Doktrin wurde am Fall des Zugangs von Zahlungen bei bestehender Möglichkeit späterer Rückzahlungspflicht entwickelt und sodann ausgeweitet auf die Fälle, in denen eine spätere Rückzahlungspflicht nicht bestand; dies wurde von Justice Harlan scharf kritisiert, da die Doktrin "... comes into play only in determining whether treatment of an item of income should be influenced by the fact that the right to receive or keep it is in dispute; it does not relate to the entirely different question whether items that admittely belong to the taxpayer may be attributed to a taxable year other than that of receipt in accordance with principles of accrual accounting", Bittker/Lokken (1992), S. 105-81 (Automobile Club of Michigan v. Commissioner). Die Rechtsprechung hielt an der Steuerpflicht der Einnahmen im Zeitpunkt des Zugangs fest, vgl. Malman (1981), S. 103-155.
Erfolgen tatsächlich Rückzahlungen, so sind sie in dem Jahr einkommensmindernd zu erfassen, in dem sie geleistet werden. Vgl. CCH (2000), Tz. 1543. Spezielle Regeln bestehen für den Fall, dass die Rückzahlung das Einkommen (vor Rückzahlung) übersteigt oder Tarifeffekte wirksam werden, vgl. Sec. 1341 IRC; Reg. § 1.1341-1.

237 Vgl. CCH (1999), Tz. 333; McDaniel/Ault/McMahon/Simmons (1998), S. 1014-1018 (Schlude v. Commissioner); Dubroff (1985), S. 770 f.

Die Grundlage für die Besteuerung von Vorauszahlungen nach US-Steuerrecht wird im Leistungsfähigkeitsprinzip gesehen: "From a pure ability to pay perspective, prepayments properly are included in income when received."[238] Der Aufschub der Steuerzahlung auf solche Einnahmen würde das Einkommen nicht klar darstellen, weil die Beträge verfügbar sind und für beliebige Zwecke verwendet werden können.[239] *Lischer/Märkl* weisen darauf hin, dass " ... deferral might be contrary to the interests of the government because the taxpayer's ability to pay the tax at a later date when the prepayment is earned might be impaired because the funds may be dissipated at that later date."[240]

Auch die Diskussion um das Imparitätsprinzip verdeutlicht die Dehnbarkeit des Leistungsfähigkeitsprinzips. So stimmt *Siegel* der Streichung der steuerlichen Anerkennung von Drohverlustrückstellungen (§ 5 Abs. 4a EStG) zu.[241] Würde man die Drohverlustrückstellung zulassen, käme es in der laufenden Periode zu einer Steuerminderzahlung, während die verlustbedingte Auszahlung erst für eine spätere Periode erwartet wird. Über eine solche steuerliche Korrespondenzlücke können Steuerwirkungen ausgelöst werden, die u.U. über den Vorsorgebedarf hinausgehen. Die Steuerminderzahlung muss daher vielmehr mit der Periode der entsprechenden (zahlungswirksamen) Betriebsausgabe korrespondieren.[242]

Teilwertabschreibungen[243] sind *Siegel* zufolge allerdings angezeigt, da bei Anschaffungs- bzw. Herstellungsvorgängen bereits Zahlungen erfolgt sind. Denn liegen diese Beschaffungs-

---

Für die konkrete Behandlung von Vorauszahlungen muss zwischen Leistungen (services) und Lieferungen (sale of merchandise) unterschieden werden. Der IRS erlaubt nämlich in bestimmten Fällen die zeitliche Abgrenzung der Zahlungen (deferral) für accrual-basis taxpayers, vgl. Reg. § 1.451-5 (b).

238 Lischer/Märkl (1997), S. 105.

239 Vgl. CCH (1999), Tz. 333.

240 Lischer/Märkl (1997), S. 105.

241 Vgl. Siegel (1999a), S. 197. A.A. z.B. Kessler (2000) und Küting/Kessler, nach denen sich die Erfassung von Vermögensminderungen nach der Reinvermögenszuwachstheorie, die Erfassung von Vermögensmehrungen grundsätzlich nach der Reinvermögenszugangstheorie richten soll. Über die Definitionssetzung, eingetretene und realisierte Vermögensminderungen seien unter Leistungsfähigkeitsgesichtspunkten gleichwertig, kommen sie zu dem Schluss, Drohverlustrückstellungen seien auch in der Steuerbilanz zwingend anzusetzen, vgl. Küting/Kessler (2000), S. 21-29. Kritisch hierzu Siegel (2000a), S. 29-33, der die Einkommenskonzeption von Küting/Kessler als Systembruch wertet. Allerdings folgt das HGB und das EStG bis 1997 diesem Systembruch, vgl. Hoffmann (2000b), S. 250; ders. (2000d), S. 1097 f.

242 Vgl. Siegel (2000a), S. 32. Die ökonomisch gleiche Wirkung wird erzeugt, wenn nicht auf die Bildung der Drohverlustrückstellung verzichtet wird, deren Ansatz aber nur zum Barwert der erwarteten Auszahlung erfolgt und der Barwert in den Folgeperioden nicht aufgezinst wird, vgl. Siegel (1999a), S. 198; ders. (2000a), S. 32 f.; ders. (2000b), S. 565 f.

243 Seit dem StEntlG 1999/2000/2002 sind Teilwertabschreibungen nur noch bei voraussichtlich dauernder Wertminderung vorzunehmen (§ 6 Abs. 1 Nr. 1 S. 2 u. Nr. 2 S. 2 EStG), verbunden mit einem strikten Wertaufholungsgebot (§ 6 Abs. 1 Nr. 1 S. 4 u. Nr. 2 S. 3 EStG). Zu Einzelheiten vgl. Albert (1999a), S. 591-594; ders. (1999b), S. 930-931; Siegel (1999b), S. 928-929.

kosten später über dem Einzelveräußerungswert[244], so gehe durch diese Einbuße an Konsumpotential Leistungsfähigkeit verloren. Weil bei einem Verlustauftrag demgegenüber noch keine Zahlung erfolgt ist, " ... lassen sich Beschaffungsgeschäft und Produktionsauftrag – jeweils mit erwartetem Verlust – wegen des unterschiedlichen Zahlungsverlaufs nicht miteinander vergleichen, so daß eine unterschiedliche steuerliche Behandlung gerechtfertigt erscheint."[245] Während sich Drohverlustrückstellungen aus dem Imparitätsprinzip erklären, folgen Teilwertabschreibungen nach *Siegel* aus dem Leistungsfähigkeitsprinzip: Nur im Abschreibungsfall sei die Leistungsfähigkeit verringert, nicht aber im Rückstellungsfall.[246] Dieser Ansicht liegt die Wertung zugrunde, dass steuerliche Leistungsfähigkeit im Sinne der Reinvermögenszugangskonzeption nur auf Zahlungen (und Zahlungsäquivalenten) zurückgeführt werden kann.[247] Nicht nur realisierte Vermögensmehrungen, auch realisierte Vermögensminderungen setzen danach Zahlungen voraus.[248]

Die Offenheit des Leistungsfähigkeitsprinzips als Deduktionsbasis steuerlicher Gewinnermittlungsregeln wird weiterhin daran deutlich, dass deutsche Vertreter eines eigenständigen Steuerbilanzrechts zwar das Leistungsfähigkeitsprinzip als zentrale Begründung der Aufgabe der Maßgeblichkeit anführen, bei der Konkretisierung von Ansatz- und Bewertungsregeln basierend auf diesem Prinzip aber weitgehend auf die traditionellen GoB zurückgreifen. So nennt *Weber-Grellet* das Realisationsprinzip, das Einzelbewertungs- und Stetigkeitsprinzip sowie den Grundsatz des Bilanzenzusammenhangs "spezielle steuerbilanzrechtliche Grundsätze".[249] Ein eigenständiges Steuerbilanzrecht müsste darüber hinaus dem Vollständigkeitsgrundsatz, dem Prinzip des Going-Concern, dem Anschaffungswertprinzip und der Maßgeblichkeit des Nominalwertes entsprechen.[250]

Als Zwischenergebnis kann festgehalten werden: Das Leistungsfähigkeitsprinzip kommt bei der Ableitung von Ansatz- und Bewertungsregeln ohne Werturteile nicht aus. Daher lässt sich auf seiner Grundlage ohne Wertungen auch nicht entscheiden, ob ein Maßgeblichkeitsprinzip auf Basis internationaler Rechnungslegungsstandards dem derzeitigen System der steuerlichen Gewinnermittlung vorzuziehen wäre.

---

244 Vgl. hierzu Koch (1957), S. 31.
245 Siegel (1999a), S. 200; ders. (1999b), S. 928 f.
246 Vgl. Siegel (1999b), S. 928 f.; ders. (2000a), S. 33.
247 Vgl. Siegel (2000a), S. 33.
248 Vgl. Siegel (2000b), S. 567. Zur Diskussion vgl. Hoffmann (2000a), S. 568.
249 Weber-Grellet (1998), S. 1347 f. Vgl. auch Hoffmann (1999a), S. 1087: ".. eine wie auch immer geartete alteingesessene steuerliche Gewinnermittlung durch Vermögensvergleich wird nicht auf einer Nullbasis ansetzen können und wesentliche GoB einfach negieren können ...". Vgl. auch ders. (1999b), S. 1688.

Auch ein Maßgeblichkeitsgrundsatz auf Basis der IAS könnte einem zentralen Verstoß gegen den Grundsatz der Gleichmäßigkeit der Besteuerung, dem Dualismus der Einkünfte, wohl nicht entrinnen. Es ist Grundvoraussetzung gleichmäßiger Besteuerung, dass alle Steuerpflichtigen das Einkommen nach den gleichen Regeln ermitteln. Das geltende Einkommensteuerrecht geht von zwei Säulen der Einkunftsermittlung aus, dem Betriebsvermögensvergleich und dem Überschuss der Einnahmen über die Werbungskosten, die auf die Einkommensbegriffe von *Schanz*[251] und *Fuisting*[252] zurückgehen. Dieser Dualismus der Einkünfte[253] bringt es mit sich, dass die Art der Betätigung des Steuerpflichtigen Einfluss auf die Höhe seiner Steuerbelastung nimmt; der Umfang der steuerbaren Einzahlungen und Auszahlungen ist bei beiden Methoden i.d.R. nicht identisch. So verletzt die im Rahmen der steuerlichen Vermögensrechnung eingeschränkt erfolgende Antizipation negativer Erfolgsbeiträge den Grundsatz steuerlicher Gleichbehandlung zwischen den Einkunftsermittlungsmethoden. Denn bei der Überschussermittlung dürfen im Grundsatz Wertänderungen des Vermögens weder in positiver noch in negativer Hinsicht berücksichtigt werden.

Infolge des Dualismus kommt es zu Unterschieden der effektiven Steuerbelastung von Arbeitseinkommen und Kapitaleinkommen. Arbeitseinsatz wird gegenüber dem Kapitaleinsatz steuerlich begünstigt. Während Auszahlungen zur Erhöhung des Humankapitals objektivierungsbedingt grundsätzlich nicht zum Erwerb eines Wirtschaftsgutes führen und damit sofort abziehbar sind, werden Ausgaben für Sachkapital erst zeitverzögert durch Abschreibungen erfolgswirksam.[254] Da der Vermögensvergleich die systematisch korrekte Methode der Einkunftsermittlung i.S.d. SHS-Konzeptes darstellt, wäre es zwar theoretisch denkbar, das Humankapital eines Arbeitnehmers, den Barwert der künftigen Einnahmen aus seinem Arbeitseinsatz, in einen Vermögensvergleich zur Ermittlung des Arbeitseinkommens einzubeziehen.[255] Eine Objektivierung von Humankapitalschätzungen dürfte aber nicht gelingen, so dass aus Praktikabilitätsgründen auf die Überschussrechnung für Arbeitseinkommen nicht verzichtet werden kann. Ein vollständiger Übergang zu einer Zahlungsrechnung bedeutete aber eine Abkehr von der Einkommensteuer hin zu der Besteuerung der Konsumausgaben

---

[250] Vgl. Hennrichs (1999), S. 146; Tipke/Lang (1998), § 9 Rz. 314 ff.
[251] Vgl. Schanz (1896).
[252] Vgl. Fuisting (1902).
[253] Zu Kritik und Diskussion des Dualismus der Einkünfte vgl. im Einzelnen Sigloch (1995), S. 691 f.; ders. (1999), S. 1794 f.; Tipke (1973), S. 391-401; Wagner (1997c), S. 517 f.; Dziadkowski (1999b), S. 1107-1110; Kanzler (1998), S. 233-247.
[254] Vgl. Nielsen/Sørensen (1997), S. 312.
[255] Vgl. Kaplow (1994), S. 1477 ff.

eines Jahres.[256] Aus ökonomischer Sicht ist der Dualismus unbefriedigend, da es keinen Unterschied machen kann, ob das Effektivvermögen des Steuerpflichtigen aus der Nutzung von Sachkapital, Finanzkapital oder der Arbeitskraft resultiert.[257]

Mit dem SHS-Konzept unvereinbar ist auch die Überschussrechnung bei den Einkünften aus Kapitalvermögen und Vermietung und Verpachtung. Veräußerungsgewinne und -verluste wären hier generell zu erfassen, um Gleichmäßigkeit der Besteuerung zu erzielen.[258] Bereits innerhalb der Gewinneinkünfte kommt es zu unterschiedlichen Methoden der Einkunftsermittlung (insbesondere §§ 4 Abs. 1 u. 3, 5 Abs. 1 EStG). Eine Abkehr von der vereinfachten Gewinnermittlung nach § 4 Abs. 3 EStG und der Überschussrechnung kommt aus Praktikabilitäts- und Vereinfachungsüberlegungen aber nicht in Betracht. Wenn diese Einkunftsermittlungsmethoden unvermeidbar sind, Gleichmäßigkeit der Besteuerung aber verwirklicht werden soll, so muss sich die Gewinnermittlung stärker an den Zahlungen orientieren,[259] zumal Bewertungswahlrechte und eigenes Ermessen in der Gewinnermittlung mit gleichmäßiger Besteuerung nicht vereinbar sind (Grundsatz der Manipulationsfreiheit).[260] Zudem tritt der Grundsatz der Einfachheit, nach dem " ... die Höhe der Steuerzahlung nicht von der Begabung und Erfahrung des Steuerpflichtigen und seiner Helfer im Umgang mit Steuergesetzen .. "[261] abhängen darf. Demnach darf also "[n]icht die Handelsbilanz .. das Rückgrat der Steuerbilanz sein, sondern die Forderung nach möglichst unterschiedsloser Besteuerung der Einkünfte bei den einzelnen Ermittlungsmethoden: Überschußrechnung und Vermögensvergleich."[262]

256 Die Besteuerung von Arbeitseinkommen gleicht einer Cash flow Besteuerung. Wie in Gliederungspunkt 5.4.1. aber bereits betont, wird in dieser Arbeit von der Prämisse der Beibehaltung der Einkommensteuer ausgegangen. Der Übergang zu einer Konsumbesteuerung wird unmittelbar nicht diskutiert.

257 Mit Blick auf die Dual Income Tax in Schweden, Finnland und Norwegen wird zur Korrektur der Belastungsunterschiede diskutiert, den Steuertarif für Kapitaleinkommen niedriger zu wählen als für Arbeitseinkommen. Zur Bestimmung der erforderlichen Tarifdifferenzierung sind aber Informationen über zukünftige Zahlungen der Investitionen, den Zinssatz und den steuerlichen Regeln der Periodisierung nötig, so dass der Gesetzgeber die erforderliche Tarifdifferenzierung nicht kennen kann. Vgl. im Einzelnen Wagner (2000c), S. 432-437; Nielsen/Sørensen (1997), S. 311-329; Sørensen (1998), S. 1-27; Knoll (2001), S. 337 f.; Kaplow (1996), S. 347-352; ders. (1994), S. 1477-1514.

258 Vgl. Schneider (1971b), S. 330 f.

259 Vgl. Schneider (1971b), S. 330; ders. (1972), S. 185.

260 Vgl. Schneider (1971c), S. 354; Dziadkowski/Henselmann (2000), Rz. 257.

261 Schneider (1971c), S. 354.

262 Schneider (1978b), S. 175. Vgl. grundsätzlich zur Argumentation Schneiders zum Maßgeblichkeitsprinzip Schneider (1997), S. 273-285 u. 334-338. Zur Kritik Schneiders an der wirtschaftlichen Betrachtungsweise des BFH vgl. Schneider (1983b), S. 141-160; ders. (1997), S. 325-328; ders. (1981a), S. 179-186; ders. (1980a), S. 1225-1232; hiergegen vor allem Mellwig (1983), S. 1616 ff.

5.5.2. Orientierung der Gewinnermittlung an den Zahlungen

Steuerzahlungen können grundsätzlich erst geleistet werden, nachdem der Einnahmenzufluss erfolgt ist. "Deshalb kann Ertrag erst verwirklicht sein, nachdem ein Wirtschaftsgut abgegangen und die Einnahme zugeflossen ist"[263] (Grundsatz der Barrealisation). Ansonsten ist die Gleichmäßigkeit der Besteuerung zwischen Gewinnermittlern und nichtselbstständigen Einkommensbeziehern nicht gewahrt.[264] Zur Herleitung des Grundsatzes der Barrealisation zieht *Schneider* auch das Modell der Besteuerung des kapitaltheoretischen Gewinns heran.[265] Der Grundsatz der Barrealisation hat die Bewertung zu Anschaffungs- oder Herstellungskosten zur Konsequenz.[266] Eine Zeitbewertung ist abzulehnen, da sie zu einer realen Vermögensabgabe und zu weiteren Verstößen gegen die Gleichmäßigkeit der Besteuerung führte.[267] Als Billigkeitsmaßnahme sollte regelmäßig nur linear abgeschrieben werden.[268]

Nach *Schneider* verstößt die derzeitige Interpretation des bilanzierungsfähigen positiven Wirtschaftsgutes gegen das Realisationsprinzip; er verwirft das Kriterium der selbstständigen Bewertbarkeit i.S.d. BFH als Wesensmerkmal des Wirtschaftsgutes.[269] "Wer den Gewinnbegriff auf die Realisierung, den Umsatzakt am Absatzmarkt abstellt, der kann nur das als aktivierungsfähig ansehen, was auch einzeln veräußert werden kann."[270] Demnach enthalten das Realisationsprinzip und der hieraus abgeleitete Einzelbewertungsgrundsatz eine eindeutige Aussage über die Aktivierungspflicht. Der derivative Geschäfts- oder Firmenwert etwa stellt daher kein Wirtschaftsgut dar.[271] Entsprechend müssen auch negative Wirtschaftsgüter selbstständig verkehrsfähig sein, d.h. das Eingehen einer Zahlungsverpflichtung muss vorliegen; Innenverpflichtungen sind zu vernachlässigen.[272]

---

263 Schneider (1970b), S. 1702, im Original kursiv; ders. (1971c), S. 379; im Einzelnen ders. (1976a), S. 101-117. So im Grundsatz schon Rieger (1959), S. 211 f. Im Ergebnis gl.A. Jacobs (1972), S. 178.

264 Vgl. Schneider (1971a), S. 609 f.; ders. (1971c), S. 379; ders. (1997), S. 279 f.
Moxter wendet gegen den Grundsatz der Barrealisation ein, dass er Manipulationen erleichtere, weil Periodenverlagerungen von Einnahmen wesentlich leichter seien als Periodenverlagerungen von Leistungen (Umsätzen), vgl. Moxter (1976b), S. 292. Das Barrealisationsprinzip verlangt aber sowohl die Marktleistungsabgabe als auch den Einnahmenzufluss, so dass Periodenverlagerungen von Einnahmen nur möglich sind, " ... wenn Verkäufer und Käufer unter einer Decke stecken", Schneider (1997), S. 281.

265 Vgl. Schneider (2000b), S. 1245; ders. (2000d), S. 430. Zur Kritik vgl. Gliederungspunkt 5.4.1.

266 Vgl. Schneider (1997), S. 280; ders. (1978a), S. 345.

267 Vgl. Fn. 230 sowie Schneider (1971c), S. 379; ders. (1978b), S. 54-60.

268 Vgl. Schneider (1970b), S. 1702-1704; ders. (1971c), S. 380 f.; ders. (1997), S. 131.

269 Vgl. Schneider (1970b), S. 1699-1701; ders. (1971a), S. 608 f.; ders. (1971c), S. 375-379; ders. (1972), S. 182; ders. (1978c), S. 1577 f. A.A. z.B. Jacobs (1972), S. 174-176.

270 Schneider (1978a), S. 329.

271 Vgl. Schneider (1970b), S. 1700 f.; ders. (1971a), S. 608; ders. (1971b), S. 340. Als Kompromiss erwägt Schneider, den Geschäfts- oder Firmenwert als Sonderposten nach einer Konvention (z.B. innerhalb von fünf Jahren) abzuschreiben.

272 Vgl. Schneider (1971c), S. 378 f.

Wenn nach dem Einzelbewertungsgrundsatz und dem Realisationsprinzip nur selbstständig verkehrsfähige Wirtschaftsgüter aktiviert werden dürfen, dann sind fertige und unfertige Erzeugnisse zu ihren Einzelkosten anzusetzen. Durch den Verzicht auf die Aktivierung von anteiligen Gemeinkosten wird die Gewinnermittlung und ihre Nachprüfbarkeit ganz entscheidend vereinfacht, zahlreiche Manipulationsmöglichkeiten über die Gemeinkostenzuschläge werden vermieden.[273] Diesen bilanziellen Teilkostenansatz vertritt *Schneider* seit 1978 nicht mehr, vielmehr könne nach dem Periodisierungsprinzip ein bestimmter Teil der Gemeinkosten in den Herstellungskosten aktiviert werden.[274]

Der Grundsatz der Verlustvorwegnahme ist zu streichen und durch einen sofortigen Verlustausgleich zu ersetzen, weil er zu Verstößen gegen den Grundsatz der Gleichmäßigkeit der Besteuerung führt. Vor diesem Hintergrund ist das Verbot der Bildung von Drohverlustrückstellungen in der Steuerbilanz (§ 5 Abs. 4a EStG) zu begrüßen[275] und eine völlige Ausschaltung des Imparitätsprinzips durch Streichung auch der Teilwertabschreibung zu fordern.[276] Voraussetzung hierfür ist allerdings – um der Gefahr zu begegnen, Verluste zu besteuern[277] – ein unbeschränkter sofortiger Verlustausgleich oder alternativ ein zeitlich und in der Höhe unbegrenzter Verlustrücktrag oder Verlustvortrag, wobei beim Verlustrücktrag die zuviel gezahlten Steuern, beim Verlustvortrag die Verluste bis zum Zeitpunkt ihrer Verrechnung zu verzinsen wären.[278] Solange diese Verlustbehandlung nicht besteht, ist das Imparitätsprinzip als zweitbeste Lösung für die steuerliche Gewinnermittlung nötig.[279]

---

273 Vgl. im Einzelnen Schneider (1971b), S. 336 f.; ders. (1971c), S. 381-383; ders. (1971a), S. 609. A.A. z.B. Jacobs (1972), S. 176-178.

274 Vgl. Schneider (1997), S. 294-296; ders. (1978b), S. 144. Kritisch hierzu Siegel (1996), S. 655.

275 Zur Diskussion um den Apotheker-Fall vgl. BFH v. 23.6.1997, GrS 2/93, FR 1997, S. 678-682; Weber-Grellet (1997d), S. 2233-2238; Herzig/Rieck (1997), S. 1881-1885.

276 A.A. z.B. Groh (1999), S. 978-984; Moxter (1997d), S. 1477-1480, ders. (1998e), S. 509-514; Kessler (1994), S. 1289-1296.

277 Vgl. Schneider (1970a), S. 69.

278 Vgl. Schneider (1971c), S. 384-389; ders. (1971b), S. 338 f.; ders. (1970a), S. 68-72; ders. (1969), S. 311-313; ders. (1997), S. 292 f.; gl.A. Siegel (1994), S. 2244; Schreiber (1997), S. 504; Scheffler (2001a), S. 154; Herzig/Rieck (1998a), S. 315; Herzig (2001b), S. 58. Das Imparitätsprinzip zurückzudrängen und gleichzeitig die Verlustverrechnung einzuschränken, wie im StEntlG 1999/2000/2002 geschehen (vgl. Wosnitza (2000), S. 763-772), ist also nicht sachgerecht.
Kritisch hierzu Moxter (2000a), S. 160, der in einer Aufgabe des Imparitätsprinzips für die Steuerbilanz die Aufgabe der Reinvermögenszugangskonzeption und damit der Basis des Maßgeblichkeitsgrundsatzes sieht. Nicht nur verfüge das EStG nicht über den erforderlichen Verlustausgleich, es müsse auch bedacht werden, " ... dass finanzielle Anspannungen mit entsprechenden Gefährdungen der Gewinnquelle längst eingetreten sein können, bevor der Ausgleich wirksam wird".
Bereits 1985 hat die EG-Kommission eine Richtlinie zur steuerlichen Übertragung von Unternehmensverlusten vorgeschlagen, die einen dreijährigen Verlustrücktrag und einen zeitlich unbegrenzten Verlustvortrag vorsieht, vgl. Lutter (1991), S. 633 f. Das Ruding-Komitee empfahl die sofortige Annahme, vgl. Commission of the European Communities (1992), S. 216.

Dem Grundsatz der Gleichmäßigkeit der Besteuerung dürfte es auch entsprechen, auf die Bildung von Rückstellungen zu verzichten. Im geltenden Steuerbilanzrecht werden zukünftige Auszahlungen, die heutigen Erträgen zuzuordnen sind und zu einer ungewissen Belastung des Vermögens führen, über Rückstellungen berücksichtigt. Im Wege der nach geltendem Steuerbilanzrecht gebotenen Abzinsung von Rückstellungen[280] wird das gleiche Ergebnis erreicht wie bei einem Passivierungsverbot für Rückstellungen und einem gewinnmindernden Abzug des Zahlungsbetrags zu dem Zeitpunkt, zu dem die Zahlung geleistet wird, sofern man vereinfachend von der richtig gewählten Höhe des Zinssatzes ausgeht.[281] Demnach wird durch die Abzinsung von Rückstellungen der Finanzierungseffekt von Rückstellungen neutralisiert. Unter der Voraussetzung eines sofortigen oder wirtschaftlich vergleichbaren Verlustausgleichs könnte auf die Bildung von Rückstellungen verzichtet werden.[282] Man würde sich " ... die leidvollen Erfahrungen mit Streitfällen auf dem Gebiet der Passivierung von Rückstellungen ... "[283] ersparen.

Weiterhin würde man durch einen Verzicht auf die Bildung von Rückstellungen die Möglichkeiten der Steuerarbitrage reduzieren. Nach geltendem Recht kommt es zu Korrespondenzlücken bei Geschäftsbeziehungen zwischen bilanzierungspflichtigen Unternehmen und Steuerpflichtigen, die ihr Einkommen vorwiegend auf der Basis von Zahlungsüberschüssen ermitteln. Beispielsweise dürfen Unternehmen, die Pensionsrückstellungen bilden, in Höhe der Zuführung jeweils einen Aufwand buchen, während es beim Pensionsberechtigten erst beim Geldzufluss der Pension zur Besteuerung kommt. Es vergehen zwischen der Passivierung der Pensionsrückstellung und dem entsprechenden steuerlich erfassten Zufluss der Altersversorgung im Extremfall 35 Jahre, die der Fiskus zwischenfinanzieren muss.[284] Die resultierende Steuerersparnis kommt möglicherweise den Pensionsberechtigten zugute, möglicherweise aber auch den Kapitaleignern der Unternehmen, wenn die Pensionsberechtigten Lohnverzicht üben. Diese Steuerarbitrage könnte man unterbinden, wenn der zur Leistung Verpflichtete die Einkünfte erst im Zeitpunkt des Zahlungsabflusses mindern darf.

---

279 Vgl. Schneider (2000b), S. 1244; ders. (1997), S. 283, 286; Dziadkowski/Henselmann (2000), Rz. 258.
280 Vgl. § 6 Abs. 1 Nr. 3a Buchst. e EStG.
281 Vgl. Schreiber (1999), S. 895. Vorbild ist der economic performance test des US tax law, vgl. Sec. 461 (h) (1) IRC; Reg. § 1.461-4(a)(1).
282 Vgl. Schneider (1995a), S. 1421 f., der Rückstellungen, die aus dem Realisationsprinzip resultieren, für unverzichtbar hält, weil sie zwar den Innenfinanzierungsspielraum erhöhten, aber eine Fremdkapitalausstattung bewirkten.
283 Dziadkowski (2000a), S. 399.
284 Vgl. Wagner (1998a), S. 66; ders. (1997c), S. 518 f.; ders. (1999a), S. 32; Sigloch (1990), S. 233; Schwinger (1993), S. 227-246; Schreiber (1993a), S. 18-25; Siegel (1999c), S. 367.

Es lässt sich zusammenfassen: Wenn Gleichmäßigkeit der Besteuerung angestebt wird und auf die Gewinnermittlung nach § 4 Abs. 3 EStG und die Überschussrechnung nicht verzichtet werden kann, so sind die Gewinnermittlungsregeln stärker an Zahlungen zu orientieren. Das spricht sowohl gegen GoB[285] als auch gegen IAS. Mit den aufgezeigten Rechnungslegungsregeln stehen IAS noch weit weniger als die GoB im Einklang. Als Beispiele mögen hier der im Vergleich zum HGB weite asset-Begriff nach IAS,[286] die mögliche fair value-Bewertung etwa von Finanzanlagen in Immobilien (investment property)[287] und die dem Grad der Erfüllung am Abschlussstichtag entsprechende Gewinnrealisierung z.B. bei der Erbringung von Dienstleistungen[288] genügen.

5.6. Internationale Rechnungslegungsstandards, GoB und die rechtliche Ordnung der Besteuerung

5.6.1. Rechtsnormcharakter der GoB

Rechtssicherheit als Voraussetzung des Maßgeblichkeitsprinzips wird dadurch gewährleistet, dass die GoB als Rechtsnormen verstanden werden.[289] Nach *Moxter* steht und fällt das Maßgeblichkeitsprinzip mit dem Verständnis der GoB als Rechtsnormen.[290] Die Ermittlung von GoB bedeutet Rechtsfindung, nicht Tatsachenermittlung. Der Inhalt der GoB ergibt sich durch " ... Nachdenken darüber, wie eine konkrete Bilanzierungsfrage entschieden werden muß, um zur Bilanz zu gelangen."[291] Nach diesem deduktiven Ansatz werden die GoB durch den Zweck der Rechnungslegung bestimmt.[292]

285 Vgl. Schneider (1997), S. 337 f.; ders. (2000b), S. 1245; ders. (1996c), S. 938 f.; ders. (1995a), S. 1422.

286 Vgl. IAS 38.7.

287 Vgl. IAS 40.24, .27, Baetge/Zülch (2001), S. 553-559.

288 Vgl. IAS 18.20.

289 Vgl. Beisse (1984), S. 7; ders. (1999), S. 2182; Moxter (2000a), S. 158; Wüstemann (1999), S. 93; Strobl (1995), S. 95.
Zu einem Überblick über den historischen Wandel im Verständnis der GoB in Literatur und Rechtsprechung vgl. Euler (1998), S. 17.

290 Vgl. Moxter (2000a), S. 161. Nach Literaturmeinungen stehen die GoB als unbestimmter Rechtsbegriff, deren Ermittlung und Inhalt dem Grundsatz der Tatbestandsmäßigkeit der Besteuerung entgegen. Durch den Verweis auf die GoB agierte der Steuerpflichtige gleichsam als Richter in eigener Sache, weil er sich durch die Bilanzierungswahlrechte " ... den gesetzlichen Tatbestand, der auf ihn angewandt werden soll, selbst formen und sich die Rechtsfolge aussuchen" dürfte, Pezzer (1991), S. 6. Vgl. Weber-Grellet (1994a), S. 289 u. 291; ders. (1994b), S. 30 f.; ders. (1997a), S. 385; Pezzer (1991), S. 6 f.; Thiel (1998), S. 100 f.

291 Döllerer (1959a), S. 656. Vgl. auch ders. (1993), S. 350; Ballwieser (1995b), S. 45 f.

292 Vgl. Jacobs (1971), S. 46; Beisse (1980), S. 637-646; ders. (1981), S. 1-14; ders. (1984), S. 1 ff.; Döllerer (1959b), S. 1220; Moxter (1989), S. 232-241; Böcking (1997), S. 87 f.; Icking (2000), S. 491 f. Kritisch Moxter (2000b), S. 2147 f. u. (2002b), Sp. 1043 sowie Beisse (2001), S. 748, die herausstellen, dass das Erfordernis massiver Interessenwertungen eine GoB-Ermittlung "aus der Natur der Sache heraus" verhindert. Zu den Alternativen wirtschaftlicher Betrachtungsweise im Bilanzrecht vgl. Böcking (1994), S. 5-32.

Würden die GoB hingegen durch Ermittlung der Bilanzierungsgepflogenheiten des " ... ordentlichen, ehrenwerten und seine Verhältnisse sorgfältig abwickelnden Kaufmanns ... "[293] festgestellt, so käme dies einer Selbsteinsteuerung der Bilanzierenden gleich. Die induktive GoB-Ermittlung steht dem Grundsatz der Rechtssicherheit entgegen;[294] sie ist mit den Schutzfunktionen des Jahresabschlusses nicht vereinbar.[295] Der RFH war in wichtigen Fällen von der Kaufmannsübung abgerückt,[296] weil sich Kaufmannsübungen bei der Konkretisierung einzelner GoB als zu unbestimmt, Auskünfte hierüber als zu wenig zuverlässig erwiesen.[297] Insbesondere unter dem Einfluss von *Döllerer*[298] hat der BFH die Wende zum Verständnis der GoB als Rechtsnormen vollzogen.[299] So formulierte der BFH im Jahre 1967:

> "Grundsätze ordnungsmäßiger Bilanzierung sind die Regeln, nach denen der Kaufmann zu verfahren hat, um zu einer dem gesetzlichen Zweck entsprechenden Bilanz zu gelangen, nicht aber die Regeln, die tatsächlich eingehalten werden. Für ihre Ermittlung kann freilich die tatsächliche Übung der Kaufleute eine wichtige Erkenntnisquelle sein ... , aber sie hat nicht die Kraft, Grundsätze ordnungsmäßiger Bilanzierung rechtsschöpferisch zu gestalten."[300]

Das Verständnis der GoB als Rechtsnormen wird nicht durch das Wirken des DRSC verändert; dem DRSC als vertraglich anerkanntem privaten Rechnungslegungsgremium kommen als Aufgaben zu, Empfehlungen zur Anwendung der Grundsätze über die Konzernrechnungslegung zu erarbeiten, das BMJ bei Gesetzgebungsvorhaben zu Rechnungslegungsvorschriften zu beraten und Deutschland in internationalen Standardisierungsgremien zu vertreten (§ 342 Abs. 1 S. 1 HGB).[301]

---

293 Glade (1966), S. 378; Icking (2000), S. 489 f.

294 Vgl. Jacobs (1971), S. 35-45. Die Aussage kann auf den Grundsatz der Gleichmäßigkeit der Besteuerung übertragen werden.

295 Vgl. Moxter (1999a), S. 621 f.

296 Vgl. z.B. RFH vom 22.10.1931, VI A 935/30, RFHE 29, S. 276.

297 Vgl. Döllerer (1959b), S. 1221; Moxter (1993a), S. 64 f.; ders. (1993b), S. 534.

298 Vgl. Döllerer (1959b), S. 1217-1221.

299 Vgl. Beisse (1990a), S. 509; Moxter (1993a), S. 74 f.

300 BFH vom 31.5.1967, I 208/63, BStBl III 1967, S. 607. Vgl. auch BFH v. 3.2.1969, GrS 2/68, BStBl II 1969, S. 291.

301 Zur Entstehungsgeschichte der Norm vgl. Budde/Steuber (1998b), S. 1181-1183; Zitzelsberger (1998a), S. 246-249. Zu Aufgaben, Struktur und Bedeutung des DRSC vgl. Ballwieser (1999a), S. 442-446; Schildbach (1999b), S. 645-652; Ebke (1999), S. 1193-1203; Küting/Brakensiek (1999), S. 681 f.; Schwab (1999), S. 731-738 u. 783-788; Havermann (2000b), S. 693-701; Baetge/Krumnow/Noelle (2001), S. 769-774.
Zu früheren Vorschlägen und Initiativen zur Einrichtung eines Beirates bzw. privaten Gremiums vgl. Biener (1987), S. 52-55; ders. (1995a), S. 48, 56; ders. (1996a), S. 62 f., 67-79; Kommission Rechnungswesen im Verband der Hochschullehrer für Betriebswirtschaft (1979), S. 4; Breidenbach (1997), S. 227-235. Zur Übersicht vgl. Langenbucher/Blaum (1995), S. 2325 f. Zur Organisation des FASB und des IASC als mögliche Referenzmodelle eines privaten Rechnungslegungsgremiums in Deutschland vgl. Drescher (1998), S. 249-252; Zitzelsberger (1998a), S. 254-258; Langenbucher/Blaum (1995), S. 2329 f.

Zwar sieht das DRSC in der Erarbeitung von Standards offenbar " ... eine grundlegende Methodenänderung, die der ursprünglichen Idee der Selbstverwaltung der Rechnungsleger wieder Vorrang vor der Gesetzgebung einräumt."[302] Sollte mit diesem "Vorrang vor der Gesetzgebung" nach *Moxter* " ... eine Rückkehr zu einem an der Kaufmannsübung orientierten GoB-Verständnis gemeint und damit im Ergebnis eine Zurückdrängung der ... höchstrichterlichen Rechtsprechung ... "[303] gemeint sein, so bedeute dies eine Aufgabe des Maßgeblichkeitsprinzips.[304] Denn von dem Verständnis der GoB als Rechtsnormen würde man sich damit abwenden. GoB als Fachnormen wären den Gerichten weitgehend entzogen.[305]

Jedoch ist nach der Begründung des Rechtsausschusses des Deutschen Bundestages die Erarbeitung von Empfehlungen ausdrücklich auf den Konzernabschluss beschränkt;[306] weil auch der Konzernabschluss an die handelsrechtlichen GoB und das Einblicksgebot gebunden ist,[307] besteht diese Bindung ebenso für den Standardisierungsrat des DRSC bei Erabeitung der genannten Empfehlungen.[308] Ein privatrechtliches Rechnungslegungsgremium hat in Deutschland aus verfassungsrechtlichen Gründen keine Normsetzungsbefugnis.[309] Die vom DRSC entwickelten Standards können also keine Rechtsnormen sein. Es kann sich nur um qualifizierte Fachnormen handeln, für welche die GoB maßgeblich sind.[310] Das DRSC kann ledig-

---

302 Standardisierungsrat des DRSC, Presseerklärung vom 15.5.1998.
Zur Idee der Selbstverwaltungsaufgabe der Rechnungslegenden vgl. Biener (1996a), S. 61, 69; ders. (1995a), S. 56.

303 Moxter (1998b), S. 1426.

304 Vgl. Hauser/Meurer (1998), S. 279; Moxter (1998b), S. 1426. Vgl. auch Moxter (2000b), S. 2148: "Keinesfalls dürfen die zur Rechnungslegung Verpflichteten selbst Rechnungslegungsinhalte festlegen, auch nicht etwa auf dem Umweg über von ihnen beherrschte sog. private Rechnungslegungsgremien; auf diese Weise würde die Schutzfunktion der Rechnungslegung konterkariert."

305 Vgl. Hommelhoff/Schwab (1998), S. 42-52.

306 Vgl. BT-Drucksache 13/10038, S. 27; Hauser/Meurer (1998), S. 279; Havermann (2000a), S. 124 f.

307 Vgl. §§ 243 Abs. 1, 264 Abs. 2 S. 1, 297 Abs. 2 S. 1 HGB.

308 Vgl. Moxter (1998b), S. 1425; Beisse (2001), S. 735. Es wird aber zu bedenken gegeben, dass auch " ... eine auf die GoB-Anwendung gerichtete Aufgabenstellung [des Gremiums, Anm. d. Verf.] im Kern einen Eingriff in die Rechnungslegung aller Bilanzierenden" impliziert; folglich ist damit " ... die Gefahr einer Ausstrahlung der zu entwickelnden Empfehlungen auf den Einzelabschluß und damit über die Maßgeblichkeit auf die Steuerbilanz nicht gebannt ... ", Zitzelsberger (1998a), S. 252; auch Böcking/Orth (1998b), S. 1877.

309 Vgl. Budde/Steuber (1998b), S. 1183-1186; Hommelhoff/Schwab (1998), S. 38 ff.; Harder (1996), S. 923 ff.
Eine Normsetzungsbefugnis kann nicht durch den Abschluss eines Normenvertrags zwischen der Bundesrepublik, vertreten durch das BMJ, und dem DRSC – wie von Biener in Analogie zum DIN-Vertrag vorgeschlagen, vgl. Biener (1995a), S. 56 - erzielt werden; dem DIN e.V. wurde keine Rechtsetzungsbefugnis eingeräumt, die DIN-Normen sind keine Rechtsregeln, vgl. Hommelhoff (1997a), S. 125; Harder (1996), S. 923. Eine Subdelegation vom BMJ auf ein privates Gremium wäre verfassungsrechtlich ohnehin unzulässig, vgl. Budde/Steuber (1998b), S. 1185; Harder (1996), S. 924. Hingegen bestehen gegen eine Delegation innerhalb des Hoheitsorgans BMJ, wie in § 342a HGB über die Einrichtung eines Rechnungslegungsbeirats als Unterabteilung des BMJ vorgesehen, keine verfassungsrechtlichen Bedenken; jedoch ist gemäß § 342a Abs. 9 HGB die Einrichtung eines öffentlich-rechtlichen Rechnungslegungsbeirats subsidiär, vgl. Budde/Steuber (1998b), S. 1185 f.

310 Vgl. Beisse (1999), S. 2185; ders. (2001), S. 748.

lich " ... Konzernrechnungslegungsregeln, die noch nicht als Einzelnormen in das HGB aufgenommen wurden oder als GoB zu verstehen sind, diskutieren und dem Gesetzgeber vorschlagen. Es wird sich damit um die Regeln handeln, die aus dem Fundus der IAS oder US-GAAP stammen, und spezifische Probleme für deutsche Konzerne darstellen."[311]

5.6.2. Steuerliche Inkompetenz privater Standardsetter

Die EU-Kommission beabsichtigt, nicht mehr selbstständig Rechnungslegungvorschriften zu erarbeiten, sondern will stattdessen einen flexiblen und dynamischen rechtlichen Rahmen für die Rechnungslegung schaffen, der "Spielraum für Anpassungen an spätere internationale Entwicklungen in diesem Bereich"[312] – und damit künftige IAS-Vorschriften – ermöglicht. Nach Auffassung der Kommission bedarf Rechnungslegung nicht mehr als eines institutionellen Rahmens. An die Stelle von Rechtsvorschriften treten fachtechnische Normen von "Rechnungslegungsbegriffen, die an anderer Stelle – wie in Rechnungslegungsstandards und in der Rechnungslegungsliteratur – brauchbar definiert sind."[313]

US-GAAP wie auch IAS sind nach deutscher Terminologie als Fachnormen und damit als Gegenteil von Rechtsnormen anzusehen.[314] Fachtechnische Normen stellen lediglich anerkannte Gepflogenheiten dar; Sollenssätze sind aus ihnen nicht ableitbar, denn "[d]ie ausschließliche Befugnis zur Aufstellung rechtlich verbindlicher Sollenssätze liegt bei den verfassungskräftig institutionalisierten und demokratisch legitimierten Rechtsetzungsorganen."[315] Mit der Bezeichnung der GoB als Rechtsnormen ist folglich nicht deren unmittelbare Geltung kraft kaufmännischer Übung, sondern vielmehr deren Geltung kraft richterlicher Anerkennung gemeint.[316] Den Unterschied kennzeichnend ist der Umstand, dass in den USA " ... als konkretisierendes Gegengewicht zu den durch den Berufsstand geprägten Bilanzierungsgrundsätzen nach unserem Verständnis die ständige Überprüfung durch die Gerichtsbarkeit

---

311 Ballwieser (1999a), S. 445.

312 Vgl. EU-Kommission (2000b), S. 6.

313 Vgl. EU-Kommission (2000b), S. 8.
Diese Entwicklung ist Resultat der im November 1995 von der EU-Kommission verabschiedeten neuen Strategie zur Hamonisierung der Rechnungslegung in der EU, die Kleekämper/König als Paradigmenwechsel bezeichnen, da mit dieser Strategie die " ... Aufgabe einer unabhängigen Normierung innerhalb der EU verbunden" sei. "Statt dessen wird eine Anpassung der Richtlinien an die IAS und eine damit verbundene Öffnung des europäischen Bilanzrechts für IAS den Regelfall bilden", Kleekämper/König (2000), S. 570 (beide Zitate).

314 Vgl. Wüstemann (1996), S. 429.

315 Hommelhoff/Schwab (1996), S. 153.

316 Vgl. Hommelhoff/Schwab (1996), S. 153.

und damit die (notwendige) Festlegung auf einwertige Größen fehlt – mithin der interdisziplinäre Dialog, der das deutsche Handelsrecht und Bilanzrecht auszeichnet."[317]

Im Charakter der IAS als Fachnormen besteht ein weiterer Grund für die Aufgabe der Maßgeblichkeit, wenn IAS in den Einzelabschluss übernommen werden. Während man der mit der induktiven Ermittlung einhergehenden Entobjektivierung noch begegnen könnte, indem sich das Steuerrecht nur auf den Kern objektivierter Gewinnermittlungsregeln nach IAS beziehen würde,[318] lassen sich die gegenüber einer Steuerbilanz auf Basis der IAS bestehenden verfassungsrechtlichen Zweifel nicht ausräumen. Denn die IAS werden durch eine privatrechtliche Institution festgesetzt. Die steuerliche Bemessungsgrundlage würde damit durch eigeninteressierte Privatpersonen definiert.[319] "Die Pflicht zur Steuerzahlung würde folglich nicht mehr durch Rechtsnormen legitimiert – selbst eine gesetzliche Verweisung änderte hieran materiell nichts –, so daß das Legalitätsprinzip und die Tatbestandsmäßigkeit der Besteuerung ad absurdum geführt würden."[320]

Eine Einbeziehung des deutschen Steuergesetzgebers dürfte unverzichtbar sein, da Steuern nur auf gesetzlicher Grundlage erhoben werden können (nullum tributum sine lege). Sie " ... kann sich nach den vorherrschenden rechtsstaatlichen Vorstellungen nicht auf eine nur technische Umsetzung von Regeln erstrecken, die von privaten Standardsettern erarbeitet worden sind."[321] Das verfassungsrechtliche Rechtsstaatsgebot des Art. 20 GG verlangt, dass der Gesetzgeber die grundlegenden Entscheidungen eines Rechtsbereichs selbst trifft. Nach dem vorgesehenen Komitologieverfahren[322] wird es eine parlamentarische Entscheidung über einen neu geschaffenen oder geänderten Standard aber nicht geben. Mit den deutschen rechtsstaatlichen Vorstellungen wäre auch eine Bindung der Finanzgerichte an Regeln privater Standardsetter nicht zu vereinbaren.[323]

Ein Blick auf die Rechtslage in den USA verdeutlicht die Problematik. Selbst wenn die US-GAAP den nötigen Geltungsbereich in den USA hätten, käme eine Maßgeblichkeit kaum in

---

317 Wüstemann (1996), S. 428. Zur überwiegend induktiven Ermittlung der US-GAAP vgl. im Einzelnen Schildbach (2002), S. 22-25; Wüstemann (1999), S. 35 f.

318 Vgl. Gliederungspunkt 5.3.2.

319 Vgl. Hommelhoff/Schwab (1998), S. 48-51; Schulze-Osterloh (2000), S. 602; Euler (2000), S. 197 f.; ders. (2002), S. 876; Scheffler (2001a), S. 152; Heyd (2001b), S. 376; Himmelreich (2001), S. 622; Schön (2001), S. S79.

320 Euler (2000), S. 198; vgl. auch Hommelhoff/Schwab (1996), S. 153; Kirchhof (2000), S. 690 f.

321 Herzig (2001a), S. 155; Himmelreich (2001), S. 622.

322 Vgl. Gliederungspunkt 6.1.3.

323 Vgl. Herzig (2001a), S. 156.

Frage; der Vollzug der Steuergesetze wäre gefährdet: " ... a firm, indeed, could decide unilaterally – within limits dictated only by its accountants – the tax it wished to pay. Such unilateral decisions would not just make the Code inequitable; they would make it unenforceable."[324] Es ergäben sich demnach Anreize zur Formulierung steuergünstiger GAAP.[325] Es wäre wenig überzeugend, wenn der Steuerzahler und nicht der Kongress oder der IRS die Kontrolle über die steuerlichen Gewinnermittlungsregeln hätte: "To assert that the taxpayer's financial accounting choices should control for tax accounting purposes sounds equally as dangerous as assigning the fox to guard the chickens".[326]

Im Ergebnis dürfte es zu einer Aufgabe der Maßgeblichkeit kommen, wenn IAS in den Einzelabschluss gelangen.[327] Das gilt natürlich erst recht dann, wenn nur börsennotierte Unternehmen die IAS im Einzelabschluss anwenden müssen oder können. Nicht nur der Rechtsnormcharakter, auch die Einheitlichkeit der handelsrechtlichen Gewinnermittlung als zentrale Voraussetzung des Maßgeblichkeitsgrundsatzes und einer gleichmäßigen Besteuerung wäre nicht gegeben.

Wenn auch eine direkte Bindung der steuerlichen Gewinnermittlung an die IAS nicht in Betracht kommen wird, so müssen IAS in der EU für steuerliche Zwecke nicht bedeutungslos sein. Denn nachdem bisherige Vorschläge einer Angleichung der steuerlichen Gewinnermittlung in der EU wirkungslos blieben,[328] stellt die EU-Kommission derzeit vier Alternativen für die Ermittlung einer konsolidierten Steuerbemessungsgrundlage auf EU-Ebene zur Diskussion.[329] Während der Ansatz der Home State Taxation, nach dem sich die konsolidierte Gewinnermittlung von EU-Muttergesellschaften und ihren im Inland und im EU-Ausland ansässigen Tochtergesellschaften nach den Regelungen des Sitzstaates der Muttergesellschaft richten soll,[330] und die Ansätze der Common (Consolidated) Base und der European Union Company Income Tax (EUCIT), die beide für Zwecke der Ergebniskonsolidierung einheitliche, harmo-

---

324 Bittker/Lokken (1992), S. 105-19 (Thor Power Tool v. Commissioner).

325 Vgl. Lent (1962), S. 486; Raby/Richter (1975), S. 44 u. 48; Arnett (1969), S. 490, 492 f.; Dubroff/Cahill/Norris (1983), S. 389; letztere folgern auf S. 406 f.: "The Supreme Court in Thor was not far off the mark when it said that taxpayers, at least in certain situations, could write their own tax bill under GAAP." Vgl. auch Lent (1962), S. 486: "Because of the strong temptation to reduce or postpone the realization of taxable income, the Treasury, rather than the accounting profession, would become the final authority and arbiter of accounting standards."

326 Lischer/Märkl (1997), S. 104.

327 A.A. Oestreicher/Spengel (2001), S. 891.

328 Vgl. den Vorentwurf einer Richtlinie von 1988 (Gewinnermittlungsrichtlinie), abgedruckt bei Lutter (1991), S. 635-640, sowie die Empfehlungen des Ruding-Kommittees, Commission of the European Communities (1992), S. 211-218.

329 Vgl. Commission of the European Communities (2001), S. 373-383.

nisierte Gewinnermittlungsvorschriften vorsehen, die neben die einzelstaatlichen Regelungen treten,[331] keinen unmittelbaren Nutzen der IAS erkennen lassen, dürfte das beim vierten Ansatz, der Harmonised Tax Base anders sein. Denn nach letzterem soll es zu einer vollständigen Harmonisierung der einzelstaatlichen Gewinnermittlungsvorschriften für alle Unternehmen kommen, über die zugleich die konsolidierten Bemessungsgrundlagen ermittelt werden. Die EU-Kommission sieht in den IAS einen geeigneten Ausgangspunkt für die Schaffung einer (partiellen) europäischen Steuerbasis.[332] IAS sind für ein Maßgeblichkeitsgrundsatz zwar nicht geeignet, sie könnten aber dazu beitragen, Unterschiede der steuerlichen Gewinnermittlung zwischen den europäischen Staaten einzuebnen.

5.7. Fazit

Der zentrale Zweck internationaler Rechnungslegungsstandards, die Informationsvermittlung an Kapitalgeber, ist als Begründung zur Aufgabe der Maßgeblichkeit nicht hinreichend, sofern IAS in den Einzelabschluss übernommen werden sollten. Denn die Objektivierungsnotwendigkeit führt dazu, dass eine Periodisierungsregel mit verschiedenen Zielen kompatibel sein kann; auch internationale Rechnungslegungsstandards weisen einen Kern an objektivierten Gewinnermittlungsregeln auf. Entobjektivierungen könnte durch originäre steuerliche Vorschriften begegnet werden.

Für eine Bindung der steuerlichen Gewinnermittlung an handelsrechtliche Normen oder internationale Rechnungslegungsstandards gibt es aber keinen materiellen ökonomischen Grund. Denn ökonomisches Einkommen hängt von zukünftigen Zahlungen ab, ist jedoch nicht rechtssicher zu ermitteln. Das Modell der Besteuerung des kapitaltheoretischen Gewinns taugt nicht als alleinige Basis steuerlicher Gewinnermittlungsregeln, so dass man mit ihm auch nicht für oder gegen ein Maßgeblichkeitsprinzip auf Basis der IAS argumentieren kann.

Es ist fraglich, ob eine Übernahme internationaler Rechnungslegungsstandards in die steuerliche Gewinnermittlung zu geringeren Verzerrungen von Investitionsentscheidungen als nach geltendem Maßgeblichkeitsprinzip führen würde. Der Einfluss von Periodisierungsregeln auf Grenzinvestitionen lässt sich kaum abschätzen, da die Gesamtheit der Regeln berücksichtigt

---

330 Vgl. Lodin/Gammie (2001); Gammie (1998), S. 159-170.
331 Vgl. Plasschaert (1997), 10-13.
332 Vgl. Commission of the European Communities (2001), S. 375.

werden müsste. Das wird in den Kalkülen der Investoren aber nicht möglich sein. Bei rentablen Investitionen kommt es stärker auf den Tarif an; die Frage, ob die steuerliche Gewinnermittlung auf den IAS basiert, verliert deshalb (zusätzlich) an Relevanz. Liquiditätseffekte der Besteuerung sprechen für ein Festhalten am geltenden Realisationsprinzip und damit gegen internationale Rechnungslegungsstandards.

Gleichmäßigkeit der Besteuerung ist im streng ökonomischen Sinne nur dann gewahrt, wenn sie sich an der Besteuerung des Ertragswertes orientiert. Bei der objektivierungsbedingten Bezugnahme auf das Periodeneinkommen tritt das Problem auf, dass sich aus dem Leistungsfähigkeitsprinzip ohne Wertungen keine Ansatz- und Bewertungsregeln ableiten lassen. Folglich wird man werturteilsfrei für oder gegen eine Maßgeblichkeit auf Basis internationaler Rechnungslegungsstandards nicht argumentieren können. Der Dualismus der Einkünfte stellt einen grundlegenden Verstoß gegen die Gleichmäßigkeit der Besteuerung dar. Eine stärkere Orientierung der Gewinnermittlung an den Zahlungen ist daher sachgerecht. Daraus folgende Bilanzierungsregeln sprechen stark gegen IAS, aber auch gegen GoB.

In Deutschland existiert ein gut ausgebautes System von Bilanzierungsregeln, auf die das Steuerrecht zurückgreifen kann. Dieser Weg dient der Rechtssicherheit. Die GoB sind Rechtsnormen. IAS hingegen sind keine Rechtsnormen, sondern Fachnormen; sie werden von einer privaten Institution bestimmt. Das IASB würde die steuerliche Bemessungsgrundlage festsetzen, während der deutsche Steuergesetzgeber hierauf letztendlich keinen Einfluss hätte. Hierin dürfte ein weiterer Grund für eine Aufgabe der Maßgeblichkeit liegen, sofern IAS in den Einzelabschluss übernommen werden. Für die Harmonisierung der steuerlichen Gewinnermittlung in der EU könnten IAS aber den (gedanklichen) Ausgangspunkt bilden.

Wenn die IAS *nicht* in den Einzelabschluss übernommen werden, erweist sich die Bindung der steuerlichen Gewinnermittlung an die handelsrechtlichen GoB nur unter dem Gesichtspunkt der Objektivierung der Rechnungslegung als stabil. Der Maßgeblichkeitsgrundsatz wäre – wie bei seiner Entstehung – als Vereinfachungsregel aufzufassen, die ein unnötiges und kompliziertes Nebeneinander von Gewinnermittlungsregeln vermeiden soll. Es ergäben sich auch weiterhin Verstöße gegen eine effiziente und gleichmäßige Besteuerung der Gewinne.

6. Beurteilung von Vorschlägen zur Weiterentwicklung des europäischen und deutschen Bilanzrechts

6.1. Stand der Internationalisierung der Rechnungslegung in Deutschland und der EU

6.1.1. Transaktionskostenvorteile bei Anwendung internationaler Rechnungslegungsstandards

Nach den bisherigen Ergebnissen dieser Arbeit lässt sich die Übernahme internationaler Rechnungslegungsstandards in den Konzernabschluss nur bedingt mit institutionellen bzw. ökonomischen Argumenten begründen. Denn eine Inanspruchnahme des US-amerikanischen Kapitalmarktes gelingt in Grenzen auch ohne Rechnungslegung nach US-GAAP,[1] und für Zwecke der externen und internen Unternehmenssteuerung konnte eine Überlegenheit der IAS/US-GAAP gegenüber den Periodisierungsregeln des HGB nicht überzeugend belegt werden.[2] Im Einzelabschluss würden internationale Rechnungslegungsstandards zu einer Beeinträchtigung des bisherigen bilanziellen Gläubigerschutzkonzepts führen[3] und eine Aufgabe des Maßgeblichkeitsgrundsatzes auslösen.[4]

Neben der starren Haltung der SEC sind es in erster Linie Transaktionskostenvorteile, die deutsche Konzerne zur Übernahme der IAS/US-GAAP in die Konzernabschlüsse veranlassen. Die Komplexität und damit die Kosten des Rechnungswesens spielen in der Diskussion um die Internationalisierung der Rechnungslegung offenbar eine tragende Rolle. "Durch die Internationalisierung wird die Komplexität des Rechnungswesens so groß, daß die Differenzen innerhalb sowie zwischen den externen und den internen Rechnungen kaum mehr zu handhaben sind."[5] Die Notwendigkeit eines möglichst einheitlichen und nicht zu komplizierten Rechnungswesens wird bei international tätigen Unternehmen dringlicher; der Kostendruck sowie die Notwendigkeit, wesentlich schneller mit der Berichterstattung zu sein, fördert die Zusammenführung interner und externer Rechnungslegung. International tätige Unternehmen haben deshalb nicht nur ein Interesse an einer Vereinheitlichung des externen Rechnungswesens, sondern auch an einer Reduzierung der Unterschiede zwischen internen und externen Systemen.[6]

---

1 Vgl. Gliederungspunkt 2.2.
2 Vgl. die Gliederungspunkte 3.1. und 3.2.
3 Vgl. Gliederungspunkt 4.
4 Vgl. Gliederungspunkt 5.
5 Küpper (1999a), S. 453.
6 Vgl. Küpper (1998a), S. 153; Weiss (1999), S. 665; Kubin (1998), S. 527; Hebeler (2001), S. 682.

Erforderlich für die externe und interne Steuerung eines global player sind gleichartige und vergleichbare Informationen, d.h. benötigt wird eine gemeinsame Sprache für eine leistungsfähige Unternehmensrechnung.[7] Offenbar geht es nicht zwingend um konkrete Periodisierungsregeln der US-GAAP und IAS, sondern darum, dass auf der Welt angloamerikanische Rechnungslegungsgrundsätze weitaus verbreiteter sind als traditionelle kontinentaleuropäische. Bei sonst gleichen Eigenschaften hat derjenige Rechnungslegungsstandard, der zu Beginn des Wettbewerbs dieser Systeme die meisten Nutzer auf sich vereint, die größten Chancen, sich durchzusetzen.[8] Die "Spielregeln" auf dem internationalen Kapitalmarkt werden aufgrund ihrer großen Wirtschaftskraft von den USA bestimmt. Für einen international tätigen Konzern liegt es folglich nahe, auf internationale Rechnungslegungsstandards zurückzugreifen, da i.d.R. die Mehrheit der Konzernunternehmen bereits mit diesen Regeln vertraut sind. Umstellungs- und Anpassungskosten fallen bei diesem Vorgehen niedriger aus. Der wesentliche Vorteil international einheitlicher Rechnungslegungsregeln dürfte vor diesem Hintergrund in der Ersparnis von Transaktionskosten zu sehen sein. Effizienzsteigerungen des Reportingprozesses durch eine zumindest europaweite IAS-Bilanzierung auch im Einzelabschluss können den Übergang auf internationale Rechnungslegungsstandards erklären, auch wenn bisher aus Sicht des Unternehmens kein Grund für eine Abkehr von der HGB-Bilanzierung bestand.[9]

Allerdings ist zu beachten, dass auch bei einer Steuerungsrechnung auf Basis internationaler Rechnungslegungsstandards Modifikationen gegenüber der Bilanzierung nötig sind (z.B. immaterielle Werte), so dass insofern wieder eine Trennung von internem und externem Rechnungswesen und eine Erhöhung der Kosten des Rechnungswesens eintritt.[10] Die neue Goodwill-Bilanzierung bringt unter anderem eigenständige Unternehmensbewertungen sämtlicher reporting units und auf der zweiten Stufe des impairment test eine kostenintensive Neubewertung der bilanzierungsfähigen Vermögenswerte und Schulden mit sich.[11]

Im Falle einer international harmonisierten Rechnungslegung wird die Buchführung und Aufstellung der Einzelabschlüsse wie des Konzernabschlusses für internationale Konzerne vereinfacht. Es ist eben " ... vielfach unverständlich, warum ein global agierendes Unternehmen mit Tochterunternehmen weltweit die Rechnungslegungsvorschriften gerade des Sitzstaates

---

7 Vgl. Müller, E. (1985), S. 167; Küpper (1999b), S. 6; Schweitzer/Ziolkowski (1999), S. 70; Kleekämper (1994), S. 44; Havermann (1997), S. 533; Mueller/Gernon/Meek (1987), S. 1; Maret/Wepler (1999), S. 41.

8 Vgl. Kallfass (1999), S. 210.

9 So das Beispiel Haniel, vgl. Ohlms/Tomaszewski/Trützschler (2002).

10 Vgl. Ewert/Wagenhofer (2000c), S. 20 u. 59.

11 Vgl. Hitz/Kuhner (2002), S. 10; Hütten/Lorson (2002), S. 28 f.; Pfeil/Vater (2002), S. 72.

des Mutterunternehmens für die gesamte Konzernberichterstattung verwenden soll. So müssen alle ausländischen Tochterunternehmen ihren Jahresabschluß an die Rechnungslegungsvorschriften dieses einen Staates anpassen."[12] Internationale Rechnungslegungsstandards würden hier folglich zu Zeit- und Kostenersparnissen führen. International tätigen Banken würde durch harmonisierte Jahresabschlüsse bei der Prüfung der Kreditwürdigkeit der Vergleich von Jahresabschlüssen internationaler Kreditnehmer erleichtert.[13]

Mit diesen Überlegungen steht im Einklang, dass nach einer empirischen Studie[14] – wie bereits in Gliederungspunkt 3.2.2.2. erwähnt – eine Vereinheitlichung von internem und externem Rechnungswesen zwar grundsätzlich von der Anwendung internationaler Rechnungslegungsstandards begleitet wird, nach anderen Untersuchungen die Konvergenz aber gerade nicht als zentraler Grund für die Übernahme der US-GAAP oder IAS gilt, sondern die angestrebte Vergleichbarkeit von Unternehmensinformationen.[15]

Es besteht eine gewisse Parallele zwischen der Anwendung internationaler Rechnungslegungsstandards und jener modern anmutenden Steuerungsinstrumente: Der EVA-Ansatz findet bei den Unternehmen offenbar auch deshalb eine große Verbreitung, weil viele namhafte Analysten und Investoren (z.B. Merill Lynch, Goldman Sachs, CS First Boston, Oppenheimer Capital) bei ihren Analysen das EVA-Konzept verwenden.[16] Analysten und Investoren können EVA aus einem Jahresabschluss approximativ ermitteln, so dass " ... die Gedanken der Wertorientierung top-down – beginnend mit der Sicht der Eigenkapitalgeber über das Top-Management bis hin zu dezentralen Einheiten – mit nur einem Konzept konsequent in alle Unternehmensbereiche hineingetragen werden"[17] können. EVA wird aufgrund seiner einfachen Anwendbarkeit, guten praxisbezogenen Implementierungsfähigkeit und leichten Verständlichkeit zur gemeinsamen Sprache innerhalb und außerhalb des Unternehmens und trägt zur Vereinfachung der Kommunikation mit der Financial Community bei.[18]

---

12 Wagenhofer (2001), S. 9. Vgl. auch Menn (2000), S. 199; Maret/Wepler (1999), S. 40 f.; Hoffmann/Lüdenbach (2002b), S. 878.

13 Vgl. z.B. Wagenhofer (2001), S. 8 f. Kritisch Rost (1991), S. 34.

14 Vgl. Pellens/Tomaszewski/Weber (2000), S. 1830 f.

15 Vgl. Krawitz/Albrecht/Büttgen (2000), S. 556; Spannheimer/Koch (2000), S. 305 u. 306.

16 Vgl. Seeberg (1999), S. 271; Pfaff/Kunz/Pfeiffer (2000), S. 567. Vgl. zum EVA-Ansatz im Einzelnen Gliederungspunkt 3.2.3.

17 Pfaff/Kunz/Pfeiffer (2000), S. 567.

18 Vgl. Seeberg (1999), S. 271; Küting/Eidel (1999), S. 833; Behringer/Ottersbach (2001), S. 106; Stern/Shiely/Ross (2001), S. 15; Ballwieser (2002d), S. 79.

Dennoch täuscht sicher nicht der " ... Eindruck, daß die rasche Verbreitung dieser Konzepte vor allem eine Folge des Herdentriebs ist, wonach Unternehmen praktisch gezwungen sind, `moderne´ Instrumente zu verwenden, wenn dies auch andere Unternehmen tun"[19] – trotz der offensichtlichen Schwächen des EVA-Konzeptes.[20] Im Zuge des Wettbewerbs auf den Kapitalmärkten sind die Unternehmen gezwungen, sich die wertorientierte Unternehmensführung auf die Fahnen zu schreiben (Shareholder Value als Rhetorik)[21] – das gilt offenbar in analoger Weise für US-GAAP und IAS.[22] Die Kommunikationskosten im Konzern und außerhalb des Unternehmens werden aber gesenkt, wenn die Ermittlung von EVA nach einheitlichen Regeln erfolgt.

6.1.2. Das Kapitalaufnahmeerleichterungsgesetz

Seit Beginn bis Mitte der 90er Jahre vollzieht sich " ... eine schrittweise, aber stetige Entfernung von den EG-Richtlinien und damit auch von den Regelungen des HGB ... "[23]. Während einige Unternehmen den nationalen Konzernabschluss um eine Überleitungsrechnung auf die US-GAAP (reconciliation) ergänzten,[24] stellten andere neben dem Konzernabschluss nach HGB einen vollständigen Abschluss nach international anerkannten Rechnungslegungsregeln auf.[25] Als dritte Variante treten sog. duale Abschlüsse auf, mit denen durch eine entsprechende Ausübung von Ansatz- und Bewertungswahlrechten sowie durch freiwillige Zusatzangaben in Form von Kapitalfluss- und Segmentrechnungen eine gleichzeitige Übereinstimmung des Konzernabschlusses mit den IAS bzw. den US-GAAP und dem HGB erreicht werden sollte.[26]

---

19 Wagenhofer (1999), S. 184.

20 Vgl. Gliederungspunkt 3.2.3.

21 Vgl. Schneider (1998), S. 1474.

22 Vgl. auch Küting (2000b), S. 451. Vgl. grundlegend Schneider (2000a), S. 1322: "Was aus Amerika kommt, wird in der deutschen Praxis, zumindest der Großunternehmungen, in Politik und leider auch in Teilen der Wissenschaft überwiegend kritikarm nachgeäfft ... ".

23 Zitzelsberger (1998b), S. 799.

24 Vgl. z.B. Geschäftsbericht 1993 der Daimler Benz AG.

25 Vgl. z.B. Geschäftsberichte 1998 der Adidas AG und der Deutschen Bank AG (vollständige parallele Konzernabschlüsse nach IAS); Geschäftsbericht 1998 der Pfeiffer Vacuum Technology AG (vollständiger paralleler Konzernabschluss nach US-GAAP).

26 Vgl. erstmals Bayer AG, Geschäftsbericht 1994, S. 48; Schering AG, Geschäftsbericht 1994, S. 38; Heidelberger Zement AG, Geschäftsbericht 1994, S. 56; Hoechst AG, Geschäftsbericht 1994, S. 52. Der HGB-Primat bleibt dabei gewahrt, d.h. maßgebend bleiben die deutschen Vorschriften. Auf die Übereinstimmung mit den IAS bzw. US-GAAP kann lediglich verwiesen werden. Vgl. im Einzelnen Kirsch (1995), S. 1773-1778; Goebel/Fuchs (1995), S. 1521-1527; Niehus (1995a), S. 937-940; ders. (1995b), S. 1341-1345; ders. (1996), S. 893-898; Mandler (1997), S. 134 f.; Grund (1996), S. 1294; Ordelheide (1998d), S. 17-20 u.33-51.
Zur Problematik des Standard Shopping vgl. z.B. Deleker (1998), S. 2047.

Die ersten beiden Vorgehensweisen leiden unter hohen Kosten; die Transaktionskosten, die zuvor die internationalen Kapitalmärkte aufgrund des Nebeneinanders unterschiedlicher Rechnungslegungsvorschriften zu tragen hatten, werden zu innerorganisatorischen Kosten.[27] Letztere mögen sich z.B. darin zeigen, dass für ausländische Tochtergesellschaften zumindest teilweise mehrere HB II erforderlich werden oder dass Friktionen zwischen dem internen und einem jetzt zumindest teilweise gespaltenen externen Rechnungswesen entstehen.[28] Die Unternehmen werden demnach eine Änderung der nationalen Rechnungslegungsvorschriften anstreben, um die gestiegenen Organisationskosten zu senken.[29]

Dualen Abschlüssen sind in Gestalt zwingender Abweichungen zwischen internationalen Standards und handelsrechtlichen Grundsätzen rechtliche Schranken gesetzt.[30] Infolge der Streichung der Wahlrechte in den IAS, u.a. durch das Comparability and Improvement Project, wird die Möglichkeit zur Erstellung eines dualen Konzernabschlusses stark eingeschränkt.[31] Zudem sind oftmals – um die entsprechende Übereinstimmung herzustellen – gewisse "Verrenkungen" nötig, weshalb hier auch von "IAS light" bzw. "US-GAAP light" die Rede ist, womit zum Ausdruck gebracht werden soll, dass derartige Abschlüsse "nichts Halbes und nichts Ganzes"[32] darstellen.

Das Kapitalaufnahmeerleichterungsgesetz (KapAEG)[33] ist das Ergebnis dieser Entwicklung. Nach dem hierdurch eingeführten § 292a HGB können börsennotierte Unternehmen, die Mutterunternehmen eines Konzerns sind, von der Aufstellung eines handelsrechtlichen Konzernabschlusses befreit werden, wenn sie einen nach international anerkannten Rechnungslegungsgrundsätzen erstellten Konzernabschluss veröffentlichen.[34] Dabei gelten diejenigen Ak-

---

27 Vgl. Ordelheide (1994a), S. 34 f.; Hartmann, U. (1998), S. 267; Havermann (1997), S. 530 f.

28 Vgl. im Einzelnen zu den Problemen einer mehrfachen Rechnungslegung Ordelheide (1994a), S. 34 f.; Kühnberger (1996), S. 566 f.; Seeberg (1994), S. 143 f.

29 Vgl. Ordelheide (1994a), S. 35.

30 Vgl. Seeberg (1994), S. 142; Kühnberger (1996), S. 570; Goebel (1995), S. 1038; Niehus (1996), S. 894. Zu den zwingenden Abweichungen zwischen HGB und IAS vgl. IDW (1998a), S. 55-61; ders. (1998b), S. 70-72; Zitzelsberger (1998b), S. 801-803

31 Vgl. Drescher (1998), S. 242, Fn. 23; Zitzelsberger (1998b), S. 800.

32 So Mayer-Wegelin (1997), S. 722.

33 Vgl. KapAEG vom 20.4.1998, BGBl I 1998, S. 707-709; Busse von Colbe (1997a), S. 417-429; Buhleier/Helmschrott (1997), S. 775-779; Ordelheide (1996), S. 548 ff.; Strobel (1996), S. 1601-1607; Hüttche (1996), S. 1021 f.; Oser (1996), S. 38 f.
Zu einem Überblick über den Inhalt der Vorschriften des KonTraG und des KapAEG vgl. Böcking/Orth (1998a), S. 1242-1246; dies. (1998b), S. 1873-1879; Moxter (1997b), S. 722-730; Claussen (1998), S. 177-186. Zu dem ebenfalls durch das KapAEG neu in das HGB aufgenommenen § 264 Abs. 3 HGB vgl. Arbeitskreis Externe Unternehmensrechnung der Schmalenbach-Gesellschaft (1999), S. 493-496; Dörner/Wirth (1998), S. 1525-1531; Janschek (1999a), S. 101 f.

34 Zu Anwendungs- und Auslegungsfragen dieser Norm vgl. im Einzelnen Pellens/Bonse/Gassen (1998), S. 785-788; Breker/Naumann/Tielmann (1999), S. 150-153; Müller/Maul (1999), S. 445-456; Wollmert/Oser

tiengesellschaften als börsennotiert, deren Aktien zum Amtlichen Handel, Geregelten Markt und Neuen Markt zugelassen sind.[35] Der Anwendungsbereich des § 292a HGB ist im Rahmen des KapCoRiLiG[36] erweitert worden; danach steht § 292a HGB auch Mutterunternehmen offen, die selbst oder deren Tochterunternehmen durch von ihnen ausgegebenen Wertpapieren i.S.d. § 2 Abs. 1 S. 1 WpHG einen organisierten Kapitalmarkt i.S.d. § 2 Abs. 5 WpHG in Anspruch nehmen.

Zu den international anerkannten Rechnungslegungsgrundsätzen zählen die IAS und die US-GAAP, wobei nach § 292a Abs. 2 Nr. 2 HGB deren Kompatibilität mit den EG-Richtlinien gewährleistet sein muss, weil der deutsche Gesetzgeber nicht eigenständig von Vorschriften des Gemeinschaftsrechts abweichen darf.[37] Zudem muss Gleichwertigkeit mit einem HGB-Konzernabschluss bestehen (§ 292a Abs. 2 Nr. 3 HGB).[38] Aufgrund des Einklangserfordernisses kann sich § 292a HGB in der Praxis allerdings als teilweise wirkungslos erweisen, und zwar wenn im konkreten Fall bei Einhalt der Regelungen der 7. EG-Richtlinie kein Testat für einen Abschluss nach IAS oder US-GAAP zu erlangen ist, so dass im Ergebnis weiterhin nach den Regeln des HGB zu bilanzieren wäre.[39]

(2000), S. 729-735; Busse von Colbe (1999a), S. 401-420; ders. (1999b), S. 463-473; Mujkanovic (1999), S. 999-1004; Peemöller/Kunowski (1999), S. 421-438.
Gegen § 292a HGB bestehen erhebliche verfassungsrechtliche Bedenken. Die verfassungsrechtlichen Anforderungen an das Recht der Rechnungslegung betreffen dessen Herkunft, dessen Rechtsquelle, nicht dessen Inhalt. Aufgrund des nicht vorhandenen oder nur schwachen Einflusses Deutschlands auf IAS und US-GAAP gilt § 292a Abs. 2 Nr. 2a HGB in der Literatur z.T. als verfassungswidrig; diese Norm wird als dynamische Verweisung angesehen. Das Rechtsstaatsprinzip sei verletzt. Vgl. im Einzelnen Budde (1997), S. 112 f.; ders. (1996), S. 96; Budde/Steuber (1997a), S. 3-35; dies. (1997b), S. 602 f.; dies. (1998a), S. 507 f.; Hommelhoff (1996); Kirchhof (2000), S. 681; Schulze-Osterloh (1998), S. 304. Zur verfassungsrechtlichen Problematik dynamischer Verweisungen vgl. grundsätzlich Schenke (1980), S. 743-749. Nach Hellermann ist es dem deutschen Gesetzgeber verfassungsrechtlich verboten, von der Pflicht nach § 290 HGB zu befreien, wenn hinreichende Steuerung internationaler Gremien unterbleibt, vgl. Hellermann (2000), S. 1097. a.A. Hauser/Meurer (1998), S. 278; Heintzen (2001b), S. 151 f. Heintzen zufolge liegt eine dynamische Verweisung nicht vor, weil international anerkannte Rechnungslegungsgrundsätze gar nicht Teil der deutschen Rechtsordnung würden. In § 292a Abs. 2 HGB gehe es nicht um die Inkorporation fremder Normen in die deutsche Rechtsordnung, sondern um die Anerkennung fremdbestimmter Einzelakte, vgl. Heintzen (2001b), S. 151. Vgl. auch Raupach (2000), S. 366 f.

35 Vgl. § 3 Abs. 2 AktG sowie Böcking/Orth (1998b), S. 1873; Breker/Naumann/Tielmann (1999), S. 151.

36 Vgl. KapCoRiLiG v. 24.2.2000, BGBl I 2000, S. 154.

37 Vgl. van Hulle (1998), S. 143 ff.; Pellens/Bonse/Gassen (1998), S. 787 f.; Ordelheide (1996), S. 548 f. Zu handels- und strafrechtlichen Konsequenzen, die sich bei einer GoB-widrigen Anwendung internationaler Rechnungslegungsnormen ergeben, vgl. Helmschrott/Buhleier (1997), S. 10-17.
Dieses Einklangerfordernis soll sich auf eine "europäische Sichtweise und Umsetzung der Richtlinien" stützen, vgl. DRS 1, Tz. 21 f.; Baetge/Sell (1999), S. 1043; Scheffler, E. (1999), S. 1288; Mujkanovic (1999), S. 1001; a.A. Küting/Hütten (1999), S. 15; Schön, W. (2000), S. 724.

38 Diese Forderung bezieht sich auf den Konzernabschluss und den Konzernlagebericht in seiner Gesamtheit, nicht auf einzelne, darin enthaltene Informationen, vgl. im Einzelnen Scheffler, E. (1999), S. 1289.
Zur Vereinbarkeit internationaler Konzernrechnungslegung mit handelsrechtlichen Grundsätzen vgl. Busse von Colbe/Seeberg (1999).

39 Vgl. Pellens/Bonse/Gassen (1998), S. 788.

Das KapAEG hat eine "mangelnde Vergleichbarkeit der Konzernabschlüsse"[40] zur Konsequenz; man nimmt in Kauf, dass womöglich DaimlerChrysler nach US-GAAP, BMW nach IAS und VW nach HGB bilanziert.[41] Desweiteren betrifft § 292a HGB nur den Konzernabschluss; die Einzelabschlüsse der Konzerngesellschaften sind weiterhin nach deutschem Recht aufzustellen. Im Rahmen der Aufstellung der HB II müssen die Einzelabschlüsse der einbezogenen Unternehmen an die internationalen Rechnungslegungsvorschriften angepasst werden. Angesichts des hohen Konzernierungsgrades wird § 292a HGB einen wesentlichen Teil der deutschen Wirtschaft unmittelbar betreffen.[42] Börsennotierte Einzelunternehmen fallen nicht unter den Anwendungsbereich des § 292a HGB.[43]

In empirischen Untersuchungen zeigt sich, dass Unternehmen mehrheitlich auch ohne die Möglichkeit eines befreienden Konzernabschlusses nach § 292a HGB internationale Rechnungslegungsstandards anwenden würden.[44] Der Druck der Kapitalmärkte hätte demnach auch ohne eine offizielle Harmonisierung der Rechnungslegung eine faktische Harmonisierung auf der Grundlage internationaler Rechnungslegungsstandards bewirkt. Die Unternehmen bewerten offenbar die sich durch § 292a HGB ergebende Kostenersparnis nicht so hoch, wie der Gesetzgeber es in der Gesetzesbegründung zu dieser Norm betont hatte.[45]

Das KapAEG bricht mit einer Jahrzehnte dauernden Tradition und Entwicklung.[46] *Groh* stellt fest: "Es ist schon bemerkenswert, daß ebenjenes Management, das in der Vergangenheit so nachdrücklich für die Billigung stiller Reserven gefochten hat, heute gegen eine `Welt der Unterbewertung´, gegen das Überdecken von Fehlern und das Verstecken von Vermögen und für eine `gläserne Rechnungslegung´ plädiert, die in der Aktienrechtsreform 1965 noch verworfen wurde."[47]

Die Grundidee des Kapitalaufnahmeerleichterungsgesetzes besteht zusammenfassend darin, " ... die `Internationalisierung´ des deutschen Bilanzrechts zu betreiben, ohne das Gläubiger-

40 So Ballwieser (1999a), S. 441.
41 Vgl. Ballwieser (1999a), S. 441; Lutter (1996), S. 1945; Hennrichs (2000), S. 628; Jacob (2001), S. 198 f.; Rückle (2001), S. 263-266.
42 Vgl. Pellens/Bonse (1999), S. 870; Spanheimer/Koch (2000), S. 302.
43 Vgl. Pellens/Fülbier (2000a), S. 573.
44 Vgl. Krawitz/Albrecht/Büttgen (2000), S. 543.
45 Vgl. Krawitz/Albrecht/Büttgen (2000), S. 550; BT-Drs. 13/7141, S. 1 u. 7.
46 Vgl. Wagner (1998a), S. 52; Wagenhofer (1999a), S. 2.
47 Groh (1996a), S. 185. Der Gesetzgeber ist im Zuge der Bilanzrechtsreform 1985 von den Spitzenorganisationen der gewerblichen Wirtschaft noch um eine möglichst schonende Form der Übernahme der 4. EG-Richtlinie in deutsches Recht gebeten worden.

schutzprinzip als oberstes Prinzip des deutschen Handelsbilanzrechts und den Maßgeblichkeitsgrundsatz als eine der Essentialien des deutschen Steuerbilanzrechts aufzugeben ... ".[48] Der deutsche Gesetzgeber hat offenbar keine gegenüber § 292a HGB weitergehenden Öffnungsklauseln geplant, um das deutsche Vorsichtsprinzip und den Maßgeblichkeitsgrundsatz zu erhalten.[49] Diese Vorgehensweise steht im Einklang mit der in der Literatur verbreiteten These, daß der Konzernabschluß anderen Zwecken dient als der Einzelabschluß, so dass keine unmittelbaren Auswirkungen auf den Einzelabschluß entstehen.[50] Auch sollte man zunächst beachten, dass bereits nach geltendem und praktiziertem Recht bei der Aufstellung des Konzernabschlusses vom Einzelabschluss abweichende Ansatz- und Bewertungsvorschriften zur Anwendung kommen (§§ 300, 308 HGB).

§ 292a HGB tritt zum 31.12.2004 außer Kraft. Es gilt, " ... eine dauerhafte Lösung zu entwickeln, die den international tätigen Unternehmen den Weg zu den internationalen Produkt- und Kapitalmärkten ebnet."[51] Eine Benachteiligung von deutschen Unternehmen auf dem internationalen Kapitalmarkt wird ansonsten befürchtet.

6.1.3. Anpassung der Rechnungslegung in der EU an IAS

Um die Vergleichbarkeit und Gleichwertigkeit der von Kapitalgesellschaften veröffentlichten Finanzinformationen zu erreichen, wurde 1978 die 4. EG-Richtlinie für den Einzelabschluss und 1983 die 7. EG-Richtlinie für den Konzernabschluss verabschiedet.[52] In der 4. EG-Richtlinie wird ein tragfähiger Kompromiss zwischen der eher statisch orientierten kontinentaleuropäischen Rechnungslegung und der mehr dynamisch orientierten britischen Rech-

---

48 Kuhn (1997), S. 300.

49 Vgl. Entwurf eines Gesetzes zur Verbesserung der Wettbewerbsfähigkeit deutscher Konzerne an internationalen Kapitalmärkten und zur Erleichterung der Aufnahme von Gesellschafterdarlehen (Kapitalaufnahmeerleichterungsgesetz – KapAEG), BR-Drs. 967/96 v. 20.12.1996, S. 12: "Das deutsche Vorsichtsprinzip hat sich bewährt. Es ist Grundlage der Maßgeblichkeit der Handelsbilanz für die steuerliche Gewinnermittlung. Seine Aufgabe wäre nicht nur für die mittelständische Wirtschaft nachteilig. Seine Aufgabe oder Einschränkung kommt daher nicht in Frage."

50 Vgl. Kuhn (1997), S. 309.

51 Hartmann, U. (1998), S. 268.

52 Vgl. vierte Richtlinie des Rates vom 25.7.1978 über den Jahresabschluß von Gesellschaften bestimmter Rechtsformen (78/660/EWG), Abl. EG, Nr. L 222 v. 14.8.1978, S. 11-31; siebente Richtlinie des Rates vom 13.6.1983 über den konsolidierten Abschluß (83/349/EWG), Abl. EG, Nr. L 193 v.18.7.1983, S. 1-17. Zur Entstehung und zum Inhalt der Bilanzrichtlinien vgl. Wöhe (1999), S. 80-86; Niessen (1991), S. 193-195; van Hulle (1994), S. 9-13; Küting (1993), S. 30 f., sowie insbesondere zu den einzelnen Bilanzpositionen die Beiträge in Albach/Klein (1988).

nungslegung geschen.[53] Denn maßgebend ist die Bewertung zu historischen Kosten; bezüglich des Vorsichtsprinzips enthält die Richtlinie keine Mitgliedstaatenwahlrechte. Das matching principle steht gemäß Art. 31 der Richtlinie gleichrangig neben dem Vorsichtsprinzip; allerdings ist nach Ansicht von *Zitzelsberger* eine materielle Gleichrangigkeit von der 4. Richtlinie nicht vollzogen worden.[54] Die Entstehung der 4. Richtlinie stand maßgeblich unter deutschem Einfluß; als 1972 Großbritannien, Dänemark und Irland der EU beitraten, lagen bereits Entwürfe der 4. Richtlinie vor und waren wesentliche Grundaussagen getroffen, von denen dann im wesentlichen nicht mehr abgewichen wurde.[55] Damit steht das europäische Bilanzrecht maßgeblich unter dem Einfluss der deutschen Rechnungslegungstradition.

Trotz Umsetzung der EG-Bilanzrichtlinien in den Mitgliedstaaten zeigt sich heute deutlich, daß eine tiefgreifende Harmonisierung der Rechnungslegungsvorschriften i.S. einer Vergleichbarkeit der Abschlüsse nicht stattgefunden hat.[56] Erstens enthielten die Richtlinien viele Mitgliedstaatenwahlrechte (Alternativvorschriften)[57], durch die es den Mitgliedstaaten ermöglicht wurde, ihre bisherige Rechnungslegungstradition weitgehend unverändert beizubehalten; diese Wahlrechte wurden " ... vornehmlich von der Bundesregierung erstritten ... , um wichtige Besonderheiten des deutschen Bilanzrechts, insbesondere das Vorsichtsprinzip, beibehalten zu können."[58] Die Ausprägung des Vorsichtsprinzips im deutschen HGB wird so nicht zwingend durch die 4. EG-Richtlinie vorgegeben; in Großbritannien können etwa selbstgeschaffene Patente mit ihrem aktuellen Wert bilanziert werden, und bei langfristiger Fertigung kann es schon vor der Endabnahme zur Gewinnrealisierung kommen.[59] Zweitens waren wichtige Bereiche (z. B. Leasing, neue Finanzinstrumente) überhaupt nicht geregelt.[60] Drittens fehlt es an einer einheitlichen Interpretation der Richtlinienvorschriften, wie z.B. im Bereich des Realisationsprinzips ersichtlich wird; während in Deutschland streng auf rechtliche Kriterien der Realisierung abgestellt wird, reicht in England die jederzeitige Realisierbarkeit aus, um entsprechende Erträge zu vereinnahmen.[61]

53 Vgl. Biener (1993), S. 180; Zitzelsberger (1998b), S. 804.
54 Vgl. Zitzelsberger (1998b), S. 804.
55 Vgl. Nobes (1997), S. 37; Kleekämper (1994), S. 45.
56 Vgl. Havermann (1994), S. 666 f.; Hommelhoff (1998), S. 395 f.; Hüttche (1996), S. 1020; Küting (1993), S. 30-32; ders. (2000a), S. 38 f.; Schruff (1993), S. 400 f.
57 Vgl. Niessen (1991), S. 193; Niehus (1987), S. 249-252.
58 Biener (1993), S. 173.
59 Vgl. Hommelhoff (1998), S. 387 f.m.w.N. Zu Unterschieden in der Bilanzierung immaterieller Güter zwischen Deutschland, Frankreich und Großbritannien vgl. Lettmann (1997), S. 21-153.
60 Vgl. Buhleier/Helmschrott (1996), S. 355 f.; Probst (1992), S. 431; Havermann (1994), S. 668; van Hulle (1993), S. 199.
61 Vgl. Havermann (1994), S. 668.

Zwar wurde das europäische Bilanzrecht im Laufe der Zeit auf Branchen und Unternehmen ausgedehnt, die bisher nicht erfasst wurden,[62] darüber hinaus haben aber verschiedene Initiativen zur Weiterentwicklung der europäischen Rechnungslegung bisher keine einschneidenden Fortschritte gebracht.[63] Eine weitere Harmonisierung in der EG wurde offenbar auch nicht angestrebt. Auf einer Konferenz der EG-Kommission im Januar 1990 über die Zukunft der Rechnungslegungsharmonisierung in der EG war die Mehrheit der Vertreter der Mitgliedstaaten und der bilanzierenden Wirtschaft der Ansicht, der Harmonisierungsauftrag des EG-Vertrags sei erfüllt.[64] Auch in Deutschland wurde von gewichtigen Stimmen die Meinung vertreten, daß der erreichte Harmonisierungsgrad der Rechnungslegung in der EU ausreichend sei.[65] Die fünf Spitzenverbände der deutschen Wirtschaft haben Mitte 1996 eine weitergehende Harmonisierung der europäischen Rechnungslegung für Konzerne und Einzelunternehmen abgelehnt.[66] Die Harmonisierung der internationalen Rechnungslegung dürfte aber ohne die EG stattfinden, wenn verschiedene Mitgliedstaaten aus unterschiedlichen Gründen gegen eine weitere Harmonisierung sind. "Damit erhalten die sog. anglo-amerikanischen Vorschriften einen Freibrief, fortschreitend die Welt zu erorbern."[67]

Die EU hat inzwischen die Nachteile erkannt, die der europäischen Wirtschaft drohen, wenn letzterer die bedeutendsten Kapitalmärkte nur bei einer zusätzlichen Rechnungslegung nach US-GAAP offenstehen.[68] Vor diesem Hintergrund hat die EU-Kommission im November 1995 eine neue Strategie zur Harmonisierung der Rechnungslegung veröffentlicht.[69] Danach soll die Zusammenarbeit zwischen der EU und dem IASC weit über die bisher praktizierte Zusammenarbeit verstärkt werden, um ein gemeinsames, harmonisiertes, europa- und weltweit akzeptiertes Bilanzrecht zu schaffen. Zu diesem Zweck erfolgte im Jahre 1996 eine Prü-

---

62 Dies geschah z. B. durch die Bankbilanzrichtlinie und die Versicherungsbilanzrichtlinie, vgl. im Überblick Ordelheide (1995b), S. 484 m. w. N.

63 Vgl. van Hulle (1996), S. 11-16.
Zu den Versuchen, die Harmonisierung voranzutreiben, zählen vor allem die im Jahre 1990 von der EU-Kommission einberufene Konferenz zur Weiterentwicklung der europäischen Rechnungslegung, das daraufhin geschaffene Accounting Advisory Forum (AAF) sowie Überlegungen zur Verabschiedung einer Ermächtigungsrichtlinie. Vgl. im Überblick Buhleier/Helmschrott (1996), S. 355 f.; Ordelheide (1995b), S. 484 f. m.w.N.; ders. (1994a), S. 15 f.; van Hulle (1994), S. 14-16; Küting (1993), S. 34-36; Probst (1992), S. 431-436. Zum Wirken des Accounting Advisory Forum vgl. van Hulle (1994), S. 14 f.; ders. (1993), S. 200 f.; Ordelheide (1995b), S. 495-504; Küting (1993), S. 33 f.; Küting/Hayn (1993b), S. 586-592; kritisch hierzu Biener (1993), S. 184-186.

64 Vgl. Kleber (1993), S. 381; Baumann (1991), S. 99.

65 Vgl. Biener (1997a), S. 397.

66 Vgl. Hommelhoff (1998), S. 396 m.w.N.

67 Van Hulle (1993), S. 205, mit Verweis auf Ernst (1992), S. 177-184.

68 Vgl. Schildbach (1998a), S. 18.

69 Vgl. EU-Kommission (1995); van Hulle (1996), S. 19-25; Biener (1997a), S. 402; Wagenhofer (1997b), S. 34 f.

fung der Konformität der IAS mit den Richtlinien[70] durch die EU, die zu dem Ergebnis kam, dass bis dato keine größeren Konflikte zwischen den IAS und den Bilanzrichtlinien bestanden. Auswirkungen auf den Einzelabschluss sollten vermieden werden, im Mittelpunkt stand der konsolidierte Abschluss. Darüberhinaus wollte die EU offenbar durch eine "dynamische Interpretation" der Richtlinienvorschriften möglichen Abweichungen zwischen IAS und den Vorschriften der Richtlinien begegnen. Dies äußert sich in Stellungnahmen der EU zu einzelnen aktuellen Fragen der Arbeit des IASC.[71] Zu Beginn des Jahres 1998 hat die EU-Kommission zudem eine Mitteilung zu Auslegungsfragen im Hinblick auf bestimmte Artikel der vierten und der siebenten Richtlinie des Rates auf dem Gebiet der Rechnungslegung veröffentlicht.[72]

In Fortsetzung dieser Strategie sind nach der EU-Verordnung vom Juni 2002,[73] wie es sich in der Auffassung der EU-Kommission vom Juni 2000[74] bereits abzeichnete, kapitalmarktorientierte europäische Unternehmen (einschließlich Banken und Versicherungen) verpflichtet, für Geschäftsjahre, die am oder nach dem 1.1.2005 beginnen, ihre Konzernabschlüsse nach den IAS aufzustellen. Europäischen Unternehmen, die den Kapitalmarkt lediglich über Fremdkapitaltitel in Anspruch nehmen oder die in Drittländern gelistet sind und daher die US-GAAP oder ein anderes Rechnungslegungssystem anwenden, kann über Mitgliedstaatenwahlrechte ein Aufschub bis 2007 gewährt werden.[75] Die Mitgliedstaaten können die Anwendung der

---

70 Vgl. Kontaktausschuß für Richtlinien der Rechnungslegung, Eine Überprüfung der Konformität der IAS mit den europäischen Richtlinien der Rechnungslegung, Dok. XV/7003/96-De, Rev. 2 v. 1.4.1996, S. 1 ff. Zu den Konfliktfällen vgl. Rz. 30-42. Wichtige IAS waren zum damaligen Überprüfungszeitpunkt noch nicht in Kraft (insbesondere immaterielle Vermögensgegenstände, latente Steuern, Finanzierungsinstrumente).
Das IDW hat gleichfalls eine Konformitätsstudie vorgenommen; hiernach besteht eine Reihe bedeutsamer Unterschiede zwischen den Regeln der IAS und den Richtlinien. Vgl. IDW (1998a), S. 55-61; IDW (1998b), S. 70 ff.; van Hulle (1998), S. 143-147.

71 Vgl. Buhleier/Helmschrott (1996), S. 356. Kritisch hierzu IDW (1998a), S. 55; Zitzelsberger (1998b), S. 804 f.

72 Vgl. hierzu van Hulle/Broichhagen (1998), S. 591-598.

73 Vgl. EU (2002); zum Verordnungsentwurf vgl. EU-Kommission (2001a), hierzu Luttermann (2001), S. 263-272; Ernst (2001b), S. 823-825; Heintzen (2001a), S. 825-829; Pellens/Gassen (2001), S. 137-142; IDW (2001a), S. 221-227; Göthel (2001), S. 2057-2061; Theile (2001), S. 895-898; Ekkenga (2001), S. 2362-2369.
Im Zusammenhang mit dem Verordnungsvorschlag der EU bezüglich der Anwendung der IAS auf die Konzernabschlüsse hat das DRSC mit Schreiben vom 6.7.2001 an das BMJ einen Vorschlag für einen Gesetzentwurf "Zur Internationalisierung der Rechnungslegung" gemacht. Der Gesetzesvorschlag des DRSC betrifft allein die Konzernrechnungslegungspflichten und -techniken. Das BMJ hat den Vorschlag des DRSC teilweise aufgegriffen und am 26.11.2001 einen Entwurf für ein Transparenz- und Publizitätsgesetz vorgelegt. Vgl. hierzu Niehus (2002), S. 53-58; Pfitzer/Oser/Orth (2002), S. 157-165; Busse von Colbe (2002), S. 165-167; Willeke (2002), S. 227-233; Hucke/Ammann (2002), S. 689-696.

74 Vgl. EU-Kommission (2000b); hierzu Luttermann (2000a), S. 1318-1324.

75 Unternehmen, die zwar gemäß § 292a HGB nach US-GAAP bilanzieren, in den USA aber nicht gelistet sind, können die verlängerte Übergangsfrist nicht beanspruchen.

IAS auf die Einzelabschlüsse kapitalmarktorientierter Unternehmen und die Einzel- und/oder Konzernabschlüsse nicht kapitalmarktorientierter Unternehmen ausdehnen.

Aufgrund der Anwendung des Rechtsinstruments der EU-Verordnung gilt die Verpflichtung zur Erstellung von IAS-Konzernabschlüssen unmittelbar, d.h. ohne eines besonderen Umsetzungsaktes der Mitgliedstaaten (Art. 249 Abs. 2 EGV). Die IAS werden erst nach Prüfung der Konformität mit den Richtlinien der EU durch ein Anerkennungsverfahren verbindlich (endorsement mechanism).[76] Ohne Annahme durch die Kommission ist ein Rechnungslegungsgrundsatz des IASB in der EG-Rechtsordnung ein "juristisches Nullum"[77]. Die EU behält sich durch das Erfordernis der Annahme " ... zwar nicht die Möglichkeit vor, Vorgaben des IASC zu ändern, wohl aber die Möglichkeit, Vorgaben zurückzuweisen."[78] In dem Anerkennungsverfahren wird die Gefahr gesehen, dass spezifische "EU-IAS" geschaffen werden.[79] Die Befugnis zur Rechtsetzung wird zwar nicht formal, aber materiell vom europäischen Gesetzgeber auf eine private Institution, das IASB, übertragen.[80]

Die bestehenden EU-Richtlinien zur Rechnungslegung haben für alle haftungsbeschränkten Unternehmen in der EU weiterhin Geltung. Sie müssen aber für diejenigen Gesellschaften, die die IAS anzuwenden haben oder freiwillig anwenden, entsprechend angepasst werden. Für diese Anpassung hat die EU-Kommission einen Vorschlag für eine Richtlinie zur Modernisierung der Bilanzrichtlinien vorgelegt.[81]

Damit entscheidet sich die EU gleichzeitig gegen die US-GAAP. Die IAS hätten " ... den eindeutigen Vorteil, dass sie mit einer internationalen Perspektive verfasst sind, anstatt allein auf

---

76 Die EU-Kommission wird ihre Vorschläge zur Annahme jedes einzelnen Rechnungslegungsstandards einem Regelungsausschuss vorlegen, der sich aus Vertretern der verschiedenen Mitgliedstaaten zusammensetzt. Die EU-Kommission muss den EU-Rat befassen, sofern der Regelungsausschuss mit einem Vorschlag der Kommission nicht übereinstimmt; der EU-Rat kann einen Vorschlag nur mit qualifizierter Mehrheit (ca. 70% der Stimmen) innerhalb von drei Monaten ablehnen. Dieser Regelungsebene ist eine Sachverständigenebene vorgeschaltet, die u.a. die Aufgabe hat, die EU-Interessen bei der Entstehung neuer IAS einzubringen; diese Aufgabe übernimmt die privatrechtlich organisierte European Financial Reporting Advisory Group (EFRAG). Vgl. im Einzelnen EU (2002), Art. 6; EU-Kommission (2000b), Tz. 20-25; EU-Kommission (2001a), Artikel 4 u. 6; Luttermann (2000a), S. 1320 f.; Ernst (2001b), S. 824; ders. (2001c), S. 1442; Heintzen (2001a), S. 827; Göthel (2001), S. 2059 f.; Bruns (2001), S. S68.

77 Vgl. Heintzen (2001a), S. 827; Budde/Steuber (1997b), S. 588.

78 Heintzen (2001a), S. 827.

79 Vgl. z.B. Brücks (2002), S. 166.

80 Vgl. Seifert (2000), S. 717; Ernst (2001c), S. 1442; Euler (2002), S. 876, 880. Grundlegend Kirchhof (2000), S. 690 f.

81 Vgl. EU-Kommission (2002); vgl. auch bereits EU-Kommission (2000b), Tz. 32. Vgl. im Einzelnen zur Diskussion um die Anpassung der EG-Bilanzrichtlinien an die IAS Busse von Colbe (2001b), S. 199-205; FEE (2001); IDW (2001a), S. 222 und (2001b), S. 620-623.

das US-amerikanische Umfeld zugeschnitten zu sein."[82] Entscheidend dürfte aber sein, " ... der sich abzeichnenden amerikanischen Dominanz bei der Rechnungslegung ein eigenes europäisches Konzept .. "[83] entgegensetzen zu wollen.[84]

Die EU-Kommission begründet ihre Vorgehensweise mit den Informationsbedürfnissen von Anlegern wie auch börsennotierten Unternehmen, die in bezug auf deren Rechnungslegung mehr Transparenz, eine vergleichbare Rechnungslegung und verschärfte Offenlegungsvorschriften forderten.[85] Die Anpassung der Rechnungslegung an die nationalen rechtlichen Bedingungen konnte solange gerechtfertigt werden, wie Kapitalanleger und andere Interessengruppen i.d.R. die Staatsangehörigkeit des Landes besaßen, in dem sich der Sitz der Gesellschaft befand. Mittlerweile würden jedoch Wertpapiere von Unternehmen immer mehr von einer heterogenen Gruppe internationaler Anleger gehalten.[86] Anlegern fehle der ausreichende Einblick in vergleichbare Jahresabschlüsse, so dass der grenzüberschreitende Handel beeinträchtigt werde.[87] "[I]m Ergebnis ist es eine Fragmentierung der Märkte, die für die Wertpapiermärkte der EU weltweit zu einem ernsthaften Wettbewerbsnachteil führt."[88]

6.1.4. Politökonomische Argumente als wesentlicher Grund für die IAS als Standard der Rechnungslegung

Nach den Ergebnissen dieser Arbeit liegt das Erfolgsgeheimnis der US-GAAP nicht in ihrer Qualität, sondern in erster Linie in der starren Haltung der SEC. Globalisierung der Wirtschaft ist oftmals " ... weniger eine Frage rationaler Überzeugung, denn eine solche wirtschaftlicher und wirtschaftspolitischer Macht ... Im Gewande fachtechnischer Rationalität werden nicht selten amerikanische Wertvorstellungen und Lösungsmuster exportiert."[89]

82 EU-Kommission (2000b), Tz. 15. Vgl. auch van Hulle (1998), S. 139.
83 Seifert (2000), S. 717.
84 Vgl. auch EU-Kommission (2000b), Tz. 15: "Die Europäische Union hat .. keinen Einfluss auf die Ausarbeitung der US-GAAP"; van Hulle (2000), S. 544.
85 Vgl. EU-Kommission (2000b), Tz. 9. Nach Auffassung der Kommission werden die derzeitigen " ... Richtlinien den Anforderungen solcher Unternehmen nicht gerecht, die auf europäischen oder internationalen Wertpapiermärkten Kapital aufnehmen wollen", ebd., Tz. 9. "Das klingt wie die Bankrotterklärung der europäischen Rechtsnormen", Luttermann (2000a), S. 1320.
86 Vgl. EU-Kommission (2000b), Tz. 10.
87 Vgl. ebd., Tz. 11.
88 Ebd., Tz. 11.
89 Hommelhoff (2000a), S. 105.

Der "Export" der eigenen Rechnungslegungsregeln beschert dem exportierenden Land gegenüber Ländern mit anderen Wert-, Wirtschafts- und Rechtsordnungen einen relativen Vorteil.[90] Den Accountants und Prüfern aus dem exportierenden Land sowie deren großen internationalen Prüfungsgesellschaften kommen aufgrund deren Fachwissen und Erfahrung mit den exportierten Regeln im Vergleich zu ihren nationalen Wettbewerbern in den übernehmenden Ländern entscheidende, wenn auch vorübergehende Wettbewerbsvorteile zu.[91] Damit führt "[d]as Beharren der SEC auf Jahresabschlüssen nach amerikanischem Standard ... zweifellos zu Reichtumsverschiebungen, die aus der Sicht der amerikanischen Wirtschaft, des Berufsstands der Accountants und insbesondere der großen internationalen Prüfungsfirmen ... – Gruppen, mit denen die SEC bei der Regulierung der Rechnungslegung intensiv zusammenarbeitet – vorteilhaft sind."[92] Deshalb haben sich auch schon in der Vergangenheit die amerikanischen Wirtschaftsprüfungsgesellschaften u.a. durch finanzielle Zuschüsse und die kostenlose Abstellung von Mitarbeitern für die Arbeit im IASC engagiert.[93]

Ordelheide fasst diese für das Gesamtverständnis der Diskussion um die Internationalisierung der Rechnungslegung zentralen Gedanken treffend zusammen:

> "Der Wettbewerb der Rechnungslegungssysteme ist auch ein Wettbewerb um Dienstleistungsmärkte. Die Durchsetzung von Hegemonialansprüchen ist in der Regel profitabel. Das Land, das die Kontrolle der Spielregeln für die Finanzmärkte erringt, schafft seinen Dienstleistungsunternehmen relative Wettbewerbsvorteile. Dies ist aus anderen Bereichen, wie der Kontrolle technischer Standards, wohl bekannt. Wenn sich US-GAAP bei großen deutschen Unternehmen und damit auch bei ihren Tausenden von Tochtergesellschaften und darüber hinaus in Europa durchsetzen würden, hätte jener Wirtschaftsprüfer, jener Finanzanalyst, jener Rechtsanwalt oder jene Ausbildungsinsitution relative Vorteile, der den US-GAAP näher steht. \`Näher´ meint Vertrautheit mit der zugrundeliegenden Kultur der Regulierung, meint persönlichen Kontakt zu den Personen, die im Regulierungsprozeß aktiv sind, meint zeitliche Nähe zum Regulierungsprozeß und meint Nähe zur Gruppe jener Unternehmen, die nach US-GAAP bilanzieren."[94]

Die Haltung der SEC wird in Deutschland (wie auch in den USA)[95] kritisiert; so führt *Kleber* aus, dass sich unter " .. dem Schlagwort \`internationale Harmonisierung´ ... die amerikanische

---

90 Vgl. Schildbach (1998a), S. 16; Adelt (1999), S. 429.
91 Vgl. Schildbach (1998a), S. 17. Vgl. auch Ordelheide (1994a), S. 30 u. 34; Kühnberger (1996), S. 566.
92 Schildbach (1998a), S. 17.
93 Vgl. im Einzelnen Buhleier/Helmschrott (1996), S. 355; Grammer (1998), S. 363; Rost (1991), S. 29; Uhde (1999), S. 32.
94 Ordelheide (1998d), S. 29 f.
95 Vgl. z.B. Bushan/Lessard (1992), S. 163.

Diskriminierung nicht so offen als solche erkennen"[96] läßt. Aufgrund befürchteter bzw. tatsächlich eingetretener Verluste an Marktpotential vor allem an die Börsen Tokyo und London übten auch die amerikanischen Börsen, insbesondere die NYSE, und einzelne Expertengruppen Druck auf die SEC aus, die restriktiven Voraussetzungen für die Börsenzulassung ausländischer Unternehmen zu revidieren.[97]

Solange noch Unterschiede zwischen IAS und US-GAAP bestehen, werden " ... die amerikanischen Vertreter bei der IOSCO den Hebel, über den sie infolge der Bedeutung des amerikanischen Kapitalmarktes verfügen, nicht ... aus der Hand zu legen bereit ... "[98] sein, d.h. IAS ohne reconciliation nicht anerkennen.[99] Aber auch eine Anerkennung der IAS als Rechnungslegungssystem für den US-amerikanischen Kapitalmarkt würde den Machtbereich der SEC kaum einschränken, da die Stellungnahmen der SEC auch bei dem IASB eine große Bedeutung haben dürften. Es ist aber wahrscheinlicher, dass die SEC die Taktik der "scheibchenweisen" IAS-Anerkennung fahren wird.[100] Diese resultiert daraus, dass ein Ausschluss der US-GAAP in der EU zur Konsequenz hat, dass europäische Unternehmen mit US-amerikanischem Börsenlisting eine Überleitungsrechnung auf US-GAAP vornehmen müssen. Diese Unternehmen werden darauf drängen, die künftigen Standards des IASB möglichst nah an US-GAAP auszurichten, so dass die Möglichkeit der Anerkennung einzelner IAS besteht. "Somit ist auch in Zukunft eine fortschreitende Konvergenz von IAS und US-GAAP zu erwarten"[101] – und folglich ein mittelbares Diktat der SEC.[102]

---

96 Kleber (1993), S. 382. Vgl. auch Budde (1996), S. 83: "Es ist keineswegs so, daß die ausländischen Rechnungslegungsvorschriften als die besseren Regelungen angesehen werden, sondern es geht um das Diktat der Wertpapierzulassungsstellen."

97 Vgl. Kleber (1993), S. 382; Seeberg (1994), S. 147; Hayn (1997), S. 374; Liener (1993), S. 722.

98 Kunnemann (2001a), S. 186. Vgl. auch Ballwieser (2001b), S. 652 f.

99 In der Literatur wird der Verdacht geäußert, dass das IASC bzw. IASB als "trojanisches Pferd" der SEC fungiert, d.h. dass die SEC ihren starken Einfluss in der IOSCO nutzt, um die US-GAAP – womöglich als IAS "verkleidet" – weltweit durchzusetzen. Kleekämper führt verschiedene Argumente an, warum das I-ASC als trojanisches Pferd der SEC angesehen werden kann. Das Framework des IASC basiert eindeutig auf der amerikanischen Rechnungslegungsphilosophie des FASB; die einzelnen IAS müssen sich in diese Konzeption einfügen. Der "Umweg" über IAS läßt sich dadurch erklären, daß die Standards nur eines Landes sich schon rein psychologisch wohl kaum weltweit durchsetzen lassen. Zudem erscheint es wenig sinnvoll, die Flexibilität des "Standard Setting" einem einzigen Land zu überlassen, dessen wirtschaftliche Rahmenbedingungen nicht unbedingt denen anderer Staaten entsprechen. Durch die Einschaltung des I-ASC könne vermieden werden, daß bei der Auswahl neuer Projekte, die international für die Rechnungslegung von Bedeutung sind, zum gleichen Sachverhalt unterschiedliche nationale Verlautbarungen entwickelt werden. Vgl. im Einzelnen Kleekämper (2000).

100 Vgl. Pellens/Gassen (2001), S. 141.

101 Pellens/Gassen (2001), S. 142; vgl. auch Glaum (2001), S. 134; Küting/Dürr/Zwirner (2002), S. 5.

102 Vgl. Ballwieser (1999a), S. 434.

Es ist schon erstaunlich, dass das IASC nach seiner Reorganisation[103] plötzlich " ... die größten Chancen hat, als weltweit akzeptierter Standardsetter anerkannt zu werden."[104] Sicher spielt hier eine große Rolle, dass das FASB in dem neu formierten IASB vertreten ist. Mehr als die Hälfte der 14 Sitze im IASB entfällt auf Vertreter der angelsächsischen Staaten, darunter vier Amerikaner, von denen zwei zugleich dem FASB angehören. Eine der zentralen Aufgaben des IASB ist es, eine Konvergenz zwischen IAS und US-GAAP herzustellen.[105] Bei einer solchen Konvergenz sei " ... nicht auszuschließen, dass das eine oder andere Verfahren aus dem US-amerikanischen Regelwerk übernommen wird und so einen derzeit noch gültigen IAS ersetzt ... "[106]. Es passt ins Bild, wenn *Havermann* herausstellt, dass es "eine andere Frage" ist, "[w]ie groß der Einfluss der Europäer im Ernstfall wirklich ist"[107]. Mit dem IASB hat sich den Amerikanern ein günstiges Forum gebildet, " ... ihr Interesse an der schrittweisen Angleichung der IAS an die US-GAAP zur Geltung zu bringen."[108] Die " .. Konvergenz von US-GAAP und IAS im Sinne einer Gewinnung neuer Regeln aufgrund der gleichgewichtigen Veränderung beider ursprünglicher Regelwerke .." zu verstehen, ist nach *Ballwieser* ein Missverständnis, " ... weil es die Machtverhältnisse und die Interessenlage der SEC ausser acht lässt."[109]

Da sich deutsche Großunternehmen dieser angloamerikanischen Dominanz nicht entziehen können, werden sie den auf ihnen lastenden Druck auf die nationale Rechtsordnung weiterreichen. Es überrascht nicht, wenn in der Literatur herausgestellt wird, dass " ... zumindest bisher die Rechnungslegung großer Unternehmen als Leitbild der künftigen Rechtsentwicklung diente."[110] Es erscheint eher fraglich, ob für die Regulierung der Rechnungslegung allein die Sachargumente ausschlaggebend sind. Vielmehr dürfte aufgrund der wirtschaftlichen und politischen Macht der die IAS und US-GAAP vertretenden Interessengruppen wohl davon auszugehen sein, dass IAS in absehbarer Zeit in den Einzelabschluss übernommen werden. Es ist bezüglich des "Wettbewerbs der Rechnungslegungssysteme" zu erwarten, " ... dass – wie im wirtschaftlichen Wettbewerb üblich – nicht allein die Kraft der Argumente über die endgültige Durchsetzung bestimmter Rechnungslegungsregeln entscheiden wird, sondern auch

---

103 Vgl. Baetge/Thiele/Plock (2000), S. 1033-1038; Bruns (2002), S. 173-176.

104 Havermann (2001), S. 154 f.

105 Zum improvements project des IASB vgl. Brücks (2002), S. 167 f.

106 Niehus (2001b), S. 739.

107 Havermann (2001), S. 158.

108 Ekkenga (2001), S. 2368.

109 Ballwieser (2002a), S. 297 (beide Zitate).

110 Euler (1998), S. 23; gl.A. Schildbach (1999b), S. 649. Havermann stellt fest, dass von der Veröffentlichung internationaler Abschlüsse durch einen Meinungsführer in einer Branche (insbesondere der Chemie- und Pharmaindustrie) eine gewisse Sogwirkung ausgeht. Vgl. Havermann (1997), S. 527, 537.

die Macht der die jeweiligen Regeln vertretenden Interessengruppen."[111] Es ist ungewiss, " ... ob gesamtwirtschaftlich orientierte Kosten-Nutzen-Überlegungen in dem politischen Prozeß der Entstehung und Gestaltung von Rechnungslegungsvorschriften überhaupt eine maßgebliche Rolle spielen."[112] So gehen selbst nüchtern analysierende Fachvertreter nicht mehr davon aus, dass ihre Sachargumente die Internationalisierung der Rechnungslegung noch aufhalten können.[113]

Die Forschungsergebnisse der Politischen Ökonomie der Rechnungslegung zeigen in diese Richtung. Dieser Forschungsansatz untersucht die Bedeutung politischer Macht von gesellschaftlichen Gruppen und die Mechanismen zur Durchsetzung von Interessen bei der Entstehung von Rechnungslegungsregeln.[114] Ausgangspunkt der Überlegungen ist die Erkenntnis, dass Rechnungslegungsregeln politökonomischen Ursprungs sind, da sie das Resultat der Auseinandersetzung zwischen Interessengruppen darstellen, deren Wohlfahrt sie beeinflussen.[115] Daher wird etwa gefragt, welche gesellschaftlichen Gruppen sich am Regelsetzungsprozess beteiligen, welche Interessen eine Rolle spielen und welche Gruppen ihre Interessen bei welcher Art von Regeln durchsetzen.[116] Zahlreiche Arbeiten der Politischen Ökonomie der Rechnungslegung betrachten die Regulierung der Rechnungslegung als Lobbying: Rechnungslegungsregeln gelten als Folge der Aktivitäten von Lobbyisten, nicht als " ... das Ergebnis einer Entscheidung des formell dazu befugten Entscheidungsgremiums." Dieses Gremium ist lediglich "Medium der gesellschaftlichen Interessen."[117]

Als Beispiel für Lobbying bei der Entstehung von Rechnungslegungsregeln kann das FASB dienen. Die Ansicht, US-GAAP seien kompromisslos auf die Aufgabe der Informationsvermittlung ausgerichtet, verliert so stark an Bedeutung. Das FASB kann trotz der bestehenden

---

111 Herzig (2000a), S. 105; Schildbach (2000a), S. 201; ders. (1999f), S. 425; Ordelheide (1997), S. 235-259.

112 Hax (1988), S. 187.

113 Vgl. Schildbach (1998a), S. 21; Streim (2000), S. 129. "Die Enthusiasten sind ohnehin davon überzeugt, auf dem richtigen Weg zu sein – möglicherweise allerdings ohne zu ahnen, daß sie sich weniger von gesichertem Wissen als von Mythen leiten lassen", Künnemann (2001a), S. 203.

114 Vgl. Booth/Cocks (1990), S. 511-528; Cousins/Sikka (1993), S. 53-72.
Generell zum Forschungsansatz der Politischen Ökonomie der Rechnungslegung vgl. Ordelheide (1998a), S. 1-16; ders. (1997), S. 235-259; Fülbier (1999), S. 472 f.; Feldhoff (1994), S. 531 f. Zum Ansatz der Positive Accounting Theory, die darauf abzielt, das Entstehen von Rechnungslegungsvorschriften aus den Interessenlagen der am politischen Prozess Beteiligten zu erklären, vgl. Watts/Zimmermann (1986), vor allem S. 222-243, 338-351; dies. (1990), S. 131-156; Haller (1994b), S. 597-612.

115 Vgl. Cooper/Sherer (1984), S. 208.

116 Vgl. Ordelheide (1998a), S. 6.

117 Ordelheide (1998a), S. 7 (beide Zitate).

Formel des substantial authoritative support[118] faktisch keine Regelung erlassen, die den Vorstellungen der SEC widerspricht; das FASB wird in seinen Regeln den Wünschen der SEC Rechnung tragen, um seine eigene Autorität nicht zu untergraben.[119] Von einer Unabhängigkeit des FASB kann nicht die Rede sein, wohl besser von "vorauseilendem Gehorsam".[120] Auch der amerikanische Kongress nimmt z.T. massiv Einfluss auf das FASB, indem er in Einzelfällen die Abbildung bestimmter Sachverhalte im Jahresabschluss vorschreibt, wenn er mit der Regelung durch das FASB nicht einverstanden ist; Kongressabgeordnete und Senatoren üben in anderen Fällen direkt oder indirekt über die SEC Druck auf das FASB aus.[121] Die Behandlung von Stock Options[122] und die Neuregelung der Goodwillbilanzierung[123] sind hier markante Beispiele. Zudem kann das Parlament ggf. das alte Gremium durch ein neues ersetzen, wie 1959 und 1973 geschehen.

Weiterhin spricht die Zusammensetzung des FASB nicht dafür, dass hier rein sachbezogene Rechnungslegungsstandards erarbeitet werden; Nutzer von Jahresabschlussinformationen sind im FASB nur gering vertreten. Darüber hinaus ist das FASB in finanzieller Hinsicht in hohem Maße abhängig von Unternehmen und Wirtschaftsprüfern, während nur ein kleiner Teil der Spenden von Nutzern des Jahresabschlusses stammt;[124] Mitglieder der Financial Accounting Foundation sollen mit einem Einstellen der Mitgliedsbeiträge und Spenden gedroht haben, wenn es nicht zu einer Verabschiedung gewünschter Standards kommt.[125] In Anbetracht dieser Abhängigkeiten erscheint die Vorstellung von den rein informationsorientierten Lösungen im Rahmen der Rechnungslegungsregeln des FASB als nicht gerechtfertigt.

---

118 Durch die Formel des substantial authoritative support erlangen die GAAP für Unternehmen, die den Berichterstattungsanforderungen des SA bzw. des SEA unterliegen, quasi gesetzlichen Charakter.

119 Vgl. Hayn (1997), S. 39 u. 318 f.; Schildbach (2002), S. 35 f.; ders. (1999a), S. 414 f.

120 Vgl. Wagenhofer (2001), S. 29; Schildbach (2002), S. 36; Vorwold (2000), S. 601-607.

121 Vgl. Kieso/Weygandt (1998), S. 843; Kieso/Weygandt/Warfield (2001), S. 871 f.; Schildbach (2000a), S. 199; Wagenhofer (1997b), S. 36.

122 Vgl. Gliederungspunkt 3.1.3.3.

123 Im impairment only approach (vgl. im Einzelnen Gliederungspunkt 3.1.3.3.) wird ein politischer Kompromiss gesehen, damit die Manager die Abschaffung der Pooling-of-Interest-Methode akzeptieren, vgl. Ballwieser (2001a), S. 162; Busse von Colbe (2001a), S. 877; Pellens/Sellhorn (2001b), S. 1685: "SFAS 142 ist ein Produkt der Lobbyismustätigkeit der akquisitionsintensiven Branchen sowie der Investmentbankingindustrie." Zur Pooling-of-Interest-Methode vgl. Bruns (1999a), S. 831-840; Böcking/Klein/Lopatta (2001), S. 17-25.

124 Vgl. Schildbach (1999a), S. 413 m.w.N.; ders. (2002), S. 27 u. 36 f.

125 Vgl. Miller/Redding/Bahnson (1998), S. 7 f. und 39.

Als Beispiel für erfolgreiches Lobbying kann auch die Transformation der 4. EU-Bilanzrichtlinie in Deutschland gelten. Hier haben sich in erster Linie betroffene Großunternehmen, ihre Spitzenverbände und die sie unterstützenden Wirtschaftsprüfer durchgesetzt.[126]

Vor dem Hintergrund der hier geäußerten Vermutung, dass Großunternehmen ihre Interessen bei der Entstehung von Rechnungslegungsregeln durchsetzen und damit IAS womöglich auch in den Einzelabschluss eindringen werden, ist der weitere Verlauf der Arbeit zu verstehen. Im folgenden Gliederungspunkt 6.2. wird basierend auf den bisherigen Ergebnissen dieser Arbeit dargelegt, wie die zukünftige Regulierung der Rechnungslegung in Deutschland ausgestaltet werden sollte. Gliederungspunkt 6.3. diskutiert Anpassungsstrategien der Kapitalgeber und des Gesellschaftsrechts für den Fall, dass IAS in den Einzelabschluss übernommen werden. Gliederungspunkt 6.4. erörtert die Zukunft der steuerlichen Gewinnermittlung.

6.2. Weichenstellung der zukünftigen Regulierung der Rechnungslegung in Deutschland

6.2.1. Verträglichkeit einer internationalisierten Rechnungslegung mit nationalen Rechtstraditionen und Interessen

Bei der zukünftigen Regulierung der Rechnungslegung in Deutschland sollten nicht nur die Interessen der Großunternehmen und damit die internationale Perspektive, sondern auch das nationale Umfeld der Rechnungslegung beachtet werden. Die Verträglichkeit der Rechnungslegung mit der Rechts- und Wirtschaftsordnung eines Landes gilt als zentrales Qualitätsmerkmal der Rechnungslegung.[127] "Rechnungslegungs*normen* sind eingebettet in den institutionellen Rahmen, dessen Teile zumindest ansatzweise aufeinander abgestimmt sind. Sie können deshalb streng genommen auch nicht losgelöst von ihrer Rolle im institutionellen Rahmen betrachtet werden."[128] Rechnungslegung gilt als Strukturelement einer Wirtschaftsordnung und wird als interdependent mit anderen Strukturelementen angesehen. Daher sind einschneidende Veränderungen der Rechnungslegungsregeln auch nur dann möglich, wenn gleichzeitig auch diese sog. sozioökonomischen Rahmenbedingungen verändert würden.[129] Übernationale

126 Vgl. Ordelheide (1998a), S. 10-15.

127 Vgl. Schildbach (1998a), S. 14-16; vgl. auch ders. (1994), S. 720.

128 Leuz (1996), S. 229; vgl. auch Glaum (2001), S. 125-127; Perlitz (2000), S. 538 f.; Goerdeler (1982), S. 239; Zaß (1997), S. 30.

129 Vgl. Gray (1988), S. 1-15; ders. (1989), S. 294-307; Riahi-Belkaoui/Picur (1991), S. 118-130; Schruff (1993), S. 410 f.; Auer (1999b), S. 982-984.

Harmonisierungsbestrebungen müssen auf Grenzen stoßen, wenn sich die Wertvorstellungen, Rechtsordnungen und Wirtschaftspraktiken in den einzelnen Ländern nicht entsprechen.[130]

Die Struktur, Qualität und Bedeutung des Kapitalmarktes stellt einen der wesentlichen Gestaltungsparameter der Rechnungslegungsnormen eines Landes dar.[131] In Deutschland stehen bankmäßige Finanzierungen und damit einhergehende Verknüpfungen zwischen den Banken und der Industrie (Hausbankprinzip, Vollmachtsstimmrecht und Industriebeteiligungsbesitz der Banken, relativ hohe Repräsentanz von Bankenvertretern in den Aufsichtsräten der Gesellschaften u.a.) im Vordergrund. Aufgrund dieser Beziehungen und der relativ hohen Konzentration im Bankensektor bestehen in Deutschland offenbar besonders niedrige agency costs des Fremdkapitals, wodurch – neben der steuerlichen Bevorzugung des Fremdkapitals – ein vergleichsweise hoher Verschuldungsgrad der Unternehmen begünstigt wird.[132]

Die in Deutschland in der Vergangenheit zu beobachtende Zurückhaltung privater Haushalte bei Aktienengagements erklärt sich insbesondere durch die breit angelegte gesetzliche Rentenversicherung sowie die staatliche Unterstützung des Bausparens und des Versicherungssparens.[133] Institutionelle Anleger investieren aufgrund aufsichtsrechtlicher Regelungen und aus Gründen der Anlagepräferenz nur sehr beschränkt in Aktien.[134] Durch die Möglichkeit deutscher Unternehmen zur Bildung von Pensionsrückstellungen wird ein großes Anlagepotential gebunden. Das Fehlen der Pensionsfonds als Anlegergruppe gilt als zentrales Problem des deutschen Aktienmarktes.[135] Die unterschiedlichen Kapitalmarktkulturen zwischen den USA und Deutschland kommen auch darin zum Ausdruck, dass europäische Sell-side-Analysten Unternehmen eher auf jährlicher Basis bewerten, während deren amerikanischen

---

130 Vgl. Küting (1993), S. 37; Mayer-Wegelin (1997), S. 717; Schildbach (1998a), S. 16; Seeberg (1994), S. 140; Choi/Mueller (1993), S. 6.

131 Vgl. Macharzina (1981), S. 377; Helbling (2001), S. 295. Zum sozioökonomischen Umfeld der deutschen Rechnungslegung zählen zudem insbesondere der Fiskus und der Arbeitsmarkt. Vgl. im Überblick Ordelheide (1994a), S. 22; Seeberg (1994), S. 138; Kleber (1993), S. 381; Kühnberger (1996), S. 569.
Zu einer Übersicht über die relevanten Rahmenbedingungen für die Bilanzierung im Vergleich Deutschland – USA vgl. Küting (1993), S. 36.

132 Vgl. Francfort/Rudolph (1992), S. 1062 f.; Löwe (1998), S. 57 f. Insbesondere Unternehmen mit langer historischer Bindung an das Banksystem (z.B. Maschinenbau, Stahlindustrie) sind vergleichsweise hoch verschuldet; vgl. für börsennotierte deutsche Aktiengesellschaften Stehle (1994), S. 811-837. Geringere Verschuldungsgrade werden ermittelt, wenn auf Markt- statt Buchwerte des Eigenkapitals abgestellt wird; dies wird auf die Existenz stiller Reserven zurückgeführt, vgl. Perlitz/Küpper/Löbler (1985), S. 16-49.

133 Vgl. Titzrath (1996), S. 92.

134 Vgl. Titzrath (1996), S. 93. Das KAGG begrenzt den Einfluss einer Fondsgesellschaft auf das jeweilige Unternehmen auf maximal 10% für alle von ihr verwaltete Einzelfonds. Selten halten Fondsgesellschaften Anteile von mehr als 5% an einem Unternehmen. Vgl. Strenger (2001), S. 67 f.

135 Vgl. Heintges (1997), S. 78.

Kollegen eher kurzfristig orientiert sind und auf das quartalsweise Ergebnis je Aktie (earnings per share)[136] fokussieren.[137]

In jüngerer Zeit gewinnt aber auch in Deutschland die Eigenkapitalfinanzierung über die Kapitalmärkte an Bedeutung,[138] "... und deshalb auch eine Rechnungslegung, wie sie auf internationalen Kapitalmärkten üblich ist."[139] Private Investoren nutzen stärker aktienorientierte Anlageformen, womit auch in Deutschland die Bedeutung institutioneller Investoren zunimmt.[140] Bedingt durch die Situation des deutschen Staatshaushaltes bekommt die private Altersversorgung auch in Deutschland ein immer stärkeres Gewicht. Zudem werden in Deutschland bis zum Jahre 2010 über 2 Billionen Euro vererbt,[141] die für eine Wiederanlage zur Disposition stehen. Resultat ist ein verändertes Anlageverhalten deutscher Haushalte: Die Zahl der Aktionäre hat sich allein im ersten Halbjahr 2000 auf 8 Millionen verdoppelt,[142] Anfang Oktober waren es bereits mehr als 13 Millionen Aktionäre: Der deutsche Anleger gilt nicht mehr als aktienscheu.[143]

Zudem kündigt sich in Deutschland offenbar die Entwicklung an, dass Unternehmen die Abwicklung der langfristig wirkenden Pensionsverpflichtungen durch Übertragung auf Pensionsfonds "externalisieren".[144] VW hat als erster deutscher Großkonzern die Altersversorgung umgestellt; künftig werden alle Betriebsrenten aus Pensionsfonds gezahlt.[145] Damit zeigt sich eine Annäherung an das im angelsächsischen Bereich bereits bestehende Modell, durch das " ... nicht zuletzt auch den steigenden Renditeerwartungen der Pensionsberechtigten besser Rechnung getragen werden"[146] kann.

Neben dem Kapitalmarkt gilt in Deutschland der starke Mittelstand als prägender Faktor der Rechnungslegung. Mit "Mittelstand" sollen im Folgenden die nicht den organisierten Kapitalmarkt in Anspruch nehmenden Betriebe gemeint sein.[147] Eine Bilanzierung nach IAS bzw.

---

136 Vgl. Förschle (1997), S. 499-518.
137 Vgl. Gentz (2001), S. 23.
138 Vgl. Bühner/Tuschke (1997), S. 501; Pape (2000), S. 711.
139 Maret/Wepler (1999), S. 43; vgl. auch Glaum (2001), S. 128.
140 Vgl. Baums (1996), S. 324-330; Gode (1996), S. 316-323; Weishaupt (1999), S. 13.
141 Vgl. o.V. (2000), S. 25: "Fondsvermögen wächst zu einem Billionenberg".
142 Vgl. ebd., S. 25.
143 Vgl. Strenger (2001), S. 66.
144 Vgl. Middelmann (2001), S. 495.
145 Vgl. o.V. (2001).
146 Middelmann (2001), S. 495.
147 So auch Herzig (2001b), S. 47, der herausstellt, dass diese Abgrenzung nicht unbedenklich ist, aber auch jeder andere Versuch einer sachgerechten Mittelstandsdefinition angreifbar wäre. In der Literatur besteht

US-GAAP ist für diese Unternehmen i.d.R. nicht notwendig.[148] Denn sie " ... stoßen nur bedingt in internationale Märkte vor, entweder mit der Beschaffung oder mit dem Absatz, und erreichen allenfalls kontinentale Reichweiten."[149] Die Beschaffung der Finanzmittel erfolgt national, im Falle internationaler Finanzierung handelt es sich um Fremd-, nicht um Eigenkapital.[150] Informelle Informationssysteme sind bei diesen Unternehmen einem ohnehin problematischen Jahresabschluss auf Basis der IAS überlegen.[151]

Davon abgesehen wird eine internationalisierte Rechnungslegung für mittelständische Unternehmen als nachteilig angesehen,[152] da bei einer Bilanzierung nach US-GAAP oder IAS die Möglichkeiten zur Bildung stiller Reserven erheblich eingeschränkt würden. Die Selbstfinanzierung ist bei diesen Unternehmen aber neben der Fremdfinanzierung über Hausbanken die wesentlichste Finanzierungsform und oftmals die einzige Möglichkeit zur Erhöhung des Eigenkapitals.[153] Auch eine erschwerte Fremdkapitalaufnahme wird erwartet. Die nach geltendem Recht gläubigerschutzorientierte Rechnungslegung wird bei einer Kreditvergabeentscheidung der Banken um Zusatzinformationen über stille Reserven und Lasten ergänzt;[154] sie vermag zumindest Anhaltspunkte für das Schuldendeckungspotential zu geben, während bei einer Bilanzierung nach US-GAAP oder IAS die Banken aufgrund der Lösung von den strengen Anforderungen des Realisationsprinzips verunsichert werden könnten und deshalb womöglich weitergehende Informationen fordern.[155] Darüber hinaus fielen erhebliche Anpassungskosten an.[156]

Weiterhin wird befürchtet, dass durch die Offenlegung oder Vermeidung stiller Reserven ein schleichender Substanzverlust durch steigende Ausschüttungsansprüche der Gesellschafter entsteht, dass durch den hohen Detaillierungsgrad der Informationen Wettbewerbsvorteile aufgedeckt werden, dass langfristig Begehrlichkeiten des Fiskus geweckt werden und dass die

keine einheitliche Abgrenzung mittelständischer Unternehmen. Es wird sowohl auf quantitative (z.B. Mitarbeiterzahl und Umsatz) als auch auf qualitative Abgrenzungskriterien abgestellt (z.B. Unternehmer besitzt zentrale Machtposition). Vgl. Bassen/Behnam/Gilbert (2001), S. 428, Fn. 8.

148 Vgl. Goebel (1995), S. 1039; Mattheus (2000), S. 565 f.; Kühnberger (1996), S. 570; Müller, A. (1999), S. 310 f.; Herzig (2001b), S. 46; Euler (2002), S. 880.

149 Küffner/Hock (1998), S. 57.

150 Vgl. Küffner/Hock (1998), S. 57 f.; Müller, A. (1999), S. 311.

151 Vgl. Euler (2002), S. 880.

152 Vgl. Goebel (1995), S. 1039; Krumnow (1994), S. 658 f.; Küffner/Hock (1998), S. 57 ff.; Kühnberger (1996), S. 570.

153 Vgl. Küffner/Hock (1998), S. 60 f.

154 Vgl. § 18 KWG.

155 Vgl. Küffner/Hock (1998), S. 62.

strategische Planung durch die Orientierung an der kurzfristigen performance statt an langfristigen Perspektiven erheblich erschwert wird.[157] Im Ergebnis ergeben sich für mittelständische Unternehmen " ... weder Bedarf noch Sinnhaftigkeit, den gegenwärtigen Prozeß zur Internationalisierung der Rechnungslegung zu unterstützen."[158]

Eine empirische Untersuchung von *Bassen/Behnam/Gilbert* zur Internationalisierung des deutschen Mittelstands[159] stützt diese Überlegungen weitgehend. Zwar ist die Internationalisierung der untersuchten Unternehmen weit fortgeschritten, was sich insbesondere über Exporte, Kooperationen und die Gründung ausländischer Tochtergesellschaften ausdrückt.[160] Die Finanzierung der Internationalisierungsaktivitäten erfolgt aber in erster Linie über den Cash flow und über Fremdkapital; nur 23% der untersuchten Unternehmen nutzt bisher die Beteiligungsfinanzierung.[161] Die Potentiale der Beteiligungsfinanzierung ohne Börsengang mit Hilfe von Venture-Capital-Gesellschaften[162] werden nicht erschöpfend genutzt. Als wesentliche Ursache der relativ geringen Bedeutung der Beteiligungsfinanzierung gilt das dominante Ziel mittelständischer Unternehmen, die eigene Unabhängigkeit zu wahren.[163] Diesem Ziel kann über die Selbstfinanzierung entsprochen werden, während Banken, institutionelle Anleger an Kapitalmärkten und Venture-Capital-Gesellschaften auf unterschiedliche Bereiche der Unternehmensführung Einfluss nehmen.[164] Zudem ist der Cash flow häufig die einzige Möglichkeit der Finanzierung, wenn Intermediären das Risiko der Internationalisierung zu hoch erscheint.[165]

Allerdings könnte auch bei der typischen Mittelstands-GmbH die Notwendigkeit einer Internationalisierung der Rechnungslegung zunehmen. Die " ... Auswirkungen, die ein Rating gemäß `Basel II´ für die Kreditgewährung an den deutschen Mittelstand und auf Form und Inhalt des dafür vorzulegenden Jahresabschlusses des in Frage stehenden Unternehmens haben

---

156 Angeführt werden Kosten durch die Reorganisation des gesamten EDV-Umfeldes, die Schulung des Personals, die Abstimmung mit Steuerberatern, Wirtschaftsprüfern, Banken sowie Behörden. Vgl. Glaum/Mandler (1996), S. 80; vgl. auch die Umfrageergebnisse bei Horváth/Arnaout (1997), S. 260.

157 Vgl. Goebel (1995), S. 1039; Küffner/Hock (1998), S. 67 u. 69.

158 Küffner/Hock (1998), S. 76.

159 In dieser Studie diente der Umsatz als Abgrenzungskriterium mittelständischer Unternehmen (Umsatz zwischen 25 Mio. DM und 1 Mrd. DM), vgl. Bassen/Behnam/Gilbert (2001), S. 415.

160 Vgl. Bassen/Behnam/Gilbert (2001), S. 418.

161 Vgl. Bassen/Behnam/Gilbert (2001), S. 425.

162 Zu den Vorteilen von Venture-Capital-Gesellschaften vgl. Schefczyk (1998).

163 Vgl. Leopold/Frommann (1998), S. 95-98.

164 Vgl. Bassen/Hauck (2000), S. 5.

165 Vgl. Bassen/Behnam/Gilbert (2001), S. 426.

wird"[166], sind noch ungewiss. Womöglich trägt Basel II dazu bei, dass viele Unternehmen auf Drängen der Bankinstitute zur IAS-Bilanzierung übergehen, da die Kreditinstitute nicht bereit sein mögen, ihre Ratingsysteme auf zwei unterschiedliche Rechnungslegungssysteme einzustellen.[167]

Insgesamt betrachtet scheint für die Masse der Unternehmen in Deutschland eine internationalisierte Rechnungslegung nicht notwendig zu sein, weil für diese Unternehmen die Vorteile der IAS und US-GAAP – die Inanspruchnahme des US-amerikanischen Kapitalmarktes und der Transaktionskostenvorteil – weitgehend irrelevant sind.

6.2.2. Beschränkung der IAS auf den Konzernabschluss

Es wird zunehmend gefordert, dass die IAS generell auch für die Einzelabschlüsse[168] oder zumindest für die Einzelabschlüsse der Unternehmen, die in den Anwendungsbereich der 4. EU-Richtlinie fallen, gelten sollten.[169] Nach *Kübler* lasse sich "[d]ie traditionelle Prämisse des deutschen Bilanzrechts, daß die Informationsfunktion der Bilanz hinter der Ausschüttungsbegrenzungsfunktion zurückzustehen habe, ... wirtschaftspolitisch nicht länger begründen und rechtfertigen."[170]

Der Forderung, IAS in den Einzelabschluss zu übernehmen, wird hier widersprochen. Mit einer Öffnung des Einzelabschlusses für IAS würde das in Grenzen erreichbare Ziel des Gläubigerschutzes unnötig preisgegeben,[171] um dagegen ein auch mit Ansatz- und Bewertungsregeln nach internationalen Rechnungslegungsstandards nicht erreichbares Informati-

---

166 Niehus (2001b), S. 741. Zur Neuen Basler Eigenkapitalvereinbarung (Basel II) vgl. Steiner/Starbatty (2001), S. 417-422.

167 Vgl. Baums (2001), Tz. 268; Böcking (2001), S. 1439; Niehues (2001), S. 1220.

168 Vgl. Arbeitskreis Externe Unternehmensrechnung der Schmalenbach-Gesellschaft (2001), S. 161; Böcking (2001), S. 1439 f.; Niehues (2001), S. 1220 f.

169 Vgl. IDW (2001a), S. 223-226; IDW (2001b), S. 621; Naumann/Tielmann (2001), S. 1451; Busse von Colbe (2002), S. 169.

170 Kübler (2000), S. 557. Das deutsche Vorsichtsprinzip gilt inzwischen nach *Kübler* als " ... ein Relikt der Finanzierungsprobleme in Nachkriegs- und anderen Krisenzeiten". Der Wiederaufbau der deutschen Industrie sah sich angesichts eines versiegten Kapitalmarktes " ... in erheblichem Maße auf Selbstfinanzierung angewiesen; diese wird wesentlich erleichtert, wenn Gewinne bilanziell versteckt ... werden können. Für eine hochentwickelte und international verflochtene Wirtschaft kann das nicht länger erstrebenswert sein", Kübler (2000), S. 556 (beide Zitate).

171 Vgl. Gliederungspunkt 4.

onsziel einzutauschen.[172] Letztendlich aus diesen Überlegungen heraus wird bereits nach geltendem Recht dem Einblickgebot des § 264 Abs. 2 HGB in erster Linie über den Anhang versucht zu entsprechen, während Bilanz und GuV der Ermittlung der Ausschüttungsbemessungsrichtgröße dienen; § 264 Abs. 2 S. 1 HGB stellt keine vorrangige Generalnorm dar.[173] Es erscheint daher sinnvoll, die Konzernrechnungslegung vom Einzelabschluss abzukoppeln.[174] Bei einer Ablehnung der IAS im Einzelabschluss verbleibt die Möglichkeit, die Ansatz- und Bewertungswahlrechte des HGB nur insoweit auszuüben, wie sie mit den IAS konform gehen.[175]

Angesichts der offensichtlichen Mängel internationaler Rechnungslegungsstandards hat die zwischenzeitliche "US-GAAP-Euphorie" merklich abgenommen. Spätestens seit den Pleiten und Krisen bei Enron, Global Crossing, Qwest, Tyco, Xerox u.a.[176] besteht weltweit tiefe Nachdenklichkeit über die Aussagekraft von Abschlüssen nach US-GAAP: "US-GAAP – der Glanz ist ab."[177] Wahrscheinlich sähe "[u]nsere Zukunft .. besser aus, wenn wir uns auf die *Vorteile unserer guten Bilanztraditionen* besinnen, auf dieser Linie unsere Regeln reformieren und unseren Standpunkt selbstbewußt verteidigen."[178] *Schildbach* fasst zusammen:

> "Soweit der Kapitalmarkt ähnliche Anreicherungen der Informationen auch in Deutschland wünscht, können die notwendigen Konzessionen auch ohne einen Wechsel der Grundlagen der Rechnungslegung gemacht werden. Wer das Heil aber in einem weltweiten Einschwenken auf US-GAAP sucht, verbessert die Rechnungslegung nicht, verursacht außerhalb der USA hohe Kosten und läuft Gefahr, daß Regeln für einen exklusiven Kreis von Unternehmen in einem Land in anderen Ländern allgemeinverbindlich werden sowie daß bei uns in privaten Kreditverträgen wieder aufleben wird, was der Gesetzgeber soeben wegreformiert hat."[179]

Nach Ansicht des *Arbeitskreises Externe Unternehmensrechnung der Schmalenbach-Gesellschaft* und des *IDW* sollten die IAS zum globalen Standard der Konzernrechnungsle-

---

[172] Vgl. Gliederungspunkt 3. sowie Moxter (1995c), S. 38 f.; Schildbach (2001), S. 857, 861; Euler (2002), S. 880.

[173] Vgl. zum true and fair view-Gebot im Einzelnen den Gliederungspunkt 6.4.2.2.4.

[174] Vgl. Euler (2000), S. 198; Förschle (2001), S. 254.

[175] Vgl. Niehus (2001b), S. 742-745.

[176] Zum Fall Enron, hierbei insbesondere den special purpose entities, und anderen jüngeren US-Bilanzskandalen vgl. Brakensiek/Küting (2002), S. 209-215; Wüstemann (2002b), S. 10; Lüdenbach/Hoffmann (2002b), S. 1169-1175; Hoffmann/Lüdenbach (2002a), S. 546 f.; Meitner/Hüfner/Kleff (2002), S. 139-141; Kütng/Weber/Pilhofer (2002), S. 310-329; Schmidbauer (2002), S. 1013-1017.

[177] Henselmann (2002), S. 286.

[178] Schildbach (1999f), S. 428.

[179] Schildbach (1998b), S. 81. Vgl. auch ders. (1998a), S. 22.

gung erhoben werden,[180] wobei neuen IAS stets die Vermutung der EU-Konformität zukommen soll. EU-Besonderheiten sollten im Entstehungsprozess der IAS berücksichtigt werden, während die Möglichkeit der Ablehnung eines IAS durch die EU-Kommission nicht zielführend sei (Problematik des Entstehens separater EU-IAS).[181] Nationale Bilanzierungs- und Bewertungswahlrechte sollten entfallen.[182]

Eine Begrenzung der Konzernrechnungslegung börsennotierter Unternehmen auf IAS ist kritisch zu sehen. Denn durch ein Wahlrecht zwischen verschiedenen Rechnungslegungssystemen wird Unternehmen die Möglichkeit gegeben, ihre Rechnungslegungspolitik auf ihre Finanzierungspolitik abzustimmen.[183] Die Marktkapitalisierung zahlreicher börsennotierter Aktiengesellschaften ist zu gering, um die Aufmerksamkeit internationaler institutioneller Investoren auf sich zu ziehen, so dass sich die Gesellschaften vorwiegend auf nationalen Kapitalmärkten finanzieren.[184] Transatlantische Firmenübernahmen und -zusammenschlüsse kommen für diese Unternehmen i.d.R. nicht in Frage, so dass auch insofern eine Börsenzulassung in den USA nicht ansteht. Daher wurde die Beibehaltung des Wahlrechts des § 292a HGB über das Jahr 2004 hinaus empfohlen.[185]

Nicht-börsennotierten Unternehmen IAS im Konzernabschluss vorzuschreiben, erscheint nicht sinnvoll.[186] Für Unternehmen, die internationale Finanzmärkte nicht in Anspruch nehmen wollen, ist eine Rechnungslegung nach HGB einfacher und kostengünstiger. Zudem haben Anteilseigner dieser Unternehmen i.d.R. größere Möglichkeiten, Einblick in die Unternehmensabläufe zu bekommen, als dies bei börsennotierten Unternehmen der Fall ist. Auch für diese Unternehmen sollte man ein Wahlrecht einräumen; es " ... reduziert die Standardisie-

---

180 Vgl. Arbeitskreis Externe Unternehmensrechnung der Schmalenbach-Gesellschaft (2001), S. 160 f.; IDW (2001a), S. 221 f.; gl.A. Böcking (2001), S. 1435; Naumann/Tielmann (2001), S. 1451; Knorr (2001), S. 300.

181 Vgl. Arbeitskreis Externe Unternehmensrechnung der Schmalenbach-Gesellschaft (2001), S. 160 f.; Fülbier/Gassen (2001), S. 183; Havermann (2001), S. 161; Förschle (2001), S. 255; IDW (2001a), S. 226; Jacob (2001), S. 215; Göthel (2001), S. 2060 f.

182 Vgl. Arbeitskreis Externe Unternehmensrechnung der Schmalenbach-Gesellschaft (2001), S. 160. Moxter verweist auf die große Bedeutung impliziter Wahlrechte: "Das Kernproblem, der anzustrebende Objektivierungsgrad, verdeckt man durch eingängige Parolen wie Wahlrechtsabschaffung", Moxter (2001), S. 606.

183 Vgl. Hax (1988), S. 199.

184 Vgl. Herzig/Watrin (2000), S. 143.

185 So auch Watrin (2001a), S. 936; ders. (2001b), S. 261 f.

186 Vgl. Mattheus (2000), S. 565; Havermann (2001), S. 160; Niehus (2001b), S. 740; Förschle (2001), S. 254. So dürfte es z.B. nicht sachgerecht sein, einem GmbH&Co. KG-Konzern IAS verpflichtend vorzuschreiben.

rungskosten und ermöglicht einen aus dynamischer Sicht positiv erscheinenden Wettbewerb der Rechnungslegungssysteme."[187]

Der *Arbeitskreis Externe Unternehmensrechnung der Schmalenbach Gesellschaft* schlägt weiterhin vor, die Rechnungslegungsinhalte zukünftig nicht mehr nach Rechtsform und anderen herkömmlichen Merkmalen abzustufen, sondern " ... diese unterschiedlichen Kriterien einheitlich durch das Kriterium der Inanspruchnahme des Kapitalmarkts durch ein Unternehmen zu ersetzen".[188] Demnach träfe die erweiterte Pflicht zur marktbezogenen Transparenz alle Gesellschaften, deren Anteile öffentlich angeboten und vertrieben werden.[189] Eine Begrenzung auf börsennotierte Unternehmen erscheint nicht sachgerecht, da so Unternehmen ausgeschlossen werden, deren Aktien allein im Freiverkehr gehandelt werden.[190] Von dem Kriterium der Inanspruchnahme des Kapitalmarktes nicht betroffene Unternehmen ziehen i.d.R. keinen erkennbaren Nutzen aus einer erhöhten Publizität.[191] Jedoch sollte auch zukünftig zwischen haftungsbeschränkten und nicht haftungsbeschränkten Unternehmen unterschieden werden, denn die Informationsansprüche der Gläubiger haben bei haftungsbeschränkten Unternehmen eine größere Bedeutung als bei Einzelunternehmen und Personengesellschaften.[192]

Bei Geltung internationaler Rechnungslegungsstandards im Konzernabschluss ist zukünftig generell zu überlegen, ob die Klagemöglichkeiten der Aktionäre verbessert werden sollten.[193] Denn "[e]ine transparentere Rechnungslegung ist .. nur ein Baustein im gesamten Gebäude der Entscheidungs- und Kontrollrechte."[194] Derzeit sind in Deutschland private Schadensersatzklagen von Anteilseignern mit hohen Beweisanforderungen und Prozessrisiken behaftet. Der Entwurf für ein Viertes Finanzmarktförderungsgesetz zielt u.a. darauf ab, den Anlegerschutz zu stärken; es sollen Anspruchsgrundlagen für solche Anleger geschaffen werden, die durch die unterlassene oder verspätete Veröffentlichung oder die falsche Behauptung potenziell kurserheblicher Tatsachen einen Schaden erlitten haben.[195]

---

187 Pellens/Gassen (2001), S. 142, im Einzelnen S. 138 f.
188 Vgl. Arbeitskreis Externe Unternehmensrechnung der Schmalenbach-Gesellschaft (2001), S. 160.
189 Vgl. Kübler (2000), S. 563. Zu Abgrenzungsproblemen vgl. Dittrich (1998), S. 62 ff.
190 Vgl. Möllers (1999), S. 435 f.
191 Vgl. auch Watrin (2001a), S. 935; Pellens/Fülbier (2000a), S. 586.
192 Vgl. Moxter (2001), S. 606; Watrin (2001a), S. 935.
Zur Rechnungslegungsdifferenzierung nach geltendem Recht vgl. Pellens/Fülbier (2000a), S. 574-576.
193 Vgl. Watrin (2001a), S. 935; Wenger/Kaserer (1999), S. 172. Zur Aktionärsklage im amerikanischen Gesellschaftsrecht vgl. Ulmer (1999), S. 302-318. Zur derzeitigen deutschen Rechtslage (§ 147 AktG) vgl. Wenger (1996), S. 442-445; Hüffer (1999), Tz. 1-10 zu § 147; Hoffmann-Becking (2001), S. S128.
194 Wenger/Kaserer (1999), S. 172. Vgl. auch Wüstemann (2002a), S. 164 f.
195 Vgl. hierzu etwa Wüstemann (2002c), S. 724.

Zukünftig dürfte die Vermittlung zukunftsgerichteter Informationen an Gewicht gewinnen. In den USA versuchte man die Glaubwürdigkeit der Veröffentlichung zukunftsgerichteter Informationen zu sichern, indem ex-post-Abweichungen von Prognose und Realisation der Information sanktioniert wurden, und zwar in erster Linie durch Klagen.[196] Eine starke Einschränkung der freiwilligen Bekanntgabe zukunftsgerichteter Informationen durch die Unternehmen war die Folge, weshalb 1995 safe harbor rules für prognostizierte Finanzinformationen geschaffen wurden (private securities litigation act), die eine spätere Klage ausschließen, und zwar wenn zusammen mit den Prognosezahlen die wesentlichen Annahmen und einschränkend die Faktoren, die zu einer Prognoseabweichung führen können, aufgeführt werden (cautionary statement).[197] D.h. die Gerichte untersuchen die Abweichungen der Istwerte von den Planwerten daraufhin, ob exogene Einflussfaktoren (z.B. schwache Konjunktur) für diese Abweichung verantwortlich waren. Dennoch ist die Veröffentlichung zukunftsgerichteter Informationen in US-Geschäftsberichten eher selten. In Deutschland ist demgegenüber die Frage der Haftung für den Fall, dass sich Anteilseigner bei Verfehlung der Prognosen getäuscht fühlen, noch ungeklärt. Ähnliche Regeln wie in den USA werden auch für Deutschland gefordert, " ... damit das Management einerseits nicht für etwas verantwortlich gemacht werden kann, was es nicht zu vertreten hat und andererseits die Chancen verbessert werden, dass das Topmanagement die Planwerte sowie die zugehörigen Prämissen angibt."[198]

Zudem wird in Betracht gezogen, eine der SEC oder dem britischen Financial Reporting Review Panel (FRRP) vergleichbare Behörde zu schaffen,[199] der die Aufgabe zuteil werden würde, " ... eine unzulänglich informierende Gesellschaft und ihren allzu toleranten Wirtschaftsprüfer zur Modifikation ihrer Bilanzierungs- und Prüfungspraxis anzuhalten."[200] Die *Regierungskommission Corporate Governance* spricht sich – offenbar entsprechenden Überlegungen des *IDW*[201] folgend – für die Einrichtung einer Behörde wie die des FRRP aus.[202] Möglich wäre eine Anbindung an das DRSC.[203]

---

196 Vgl. grundlegend Lev (1995), S. 8-28.

197 Vgl. Ewert/Wagenhofer (2000a), S. 45; Pellens/Fülbier/Gassen (1998), S. 61; Baumann (1998), S. 10; Seeberg (1998), S. 610; Baetge/Noelle (2001), S. 178.

198 Baetge/Noelle (2001), S. 178.

199 Vgl. zur enforcement-Diskussion Hütten/Brakensiek (2000), S. 872; Böckem (2000a), S. 1190 f.; dies. (2000b), S. 63-147; Wiedmann (2001), S. 226-228; Förschle (2001), S. 256 f.; Sprissler (2001), S. 101; Tielmann (2001a), S. 1625-1634; dies. (2001b); dies. (2001c), S. S60-S66; Haller/Eierle/Evans (2001), S. 1673-1680; Coenenberg (2001), S. 403-406; Hommelhoff (2001), S. S39-S50; Naumann/Tielmann (2001), S. 1454-1458; Page (2001), S. S34-S38; van Hulle (2001), S. S30-S34; Wüstemann (2002c), S. 718-725.

200 Kübler (2000), S. 564.

201 Vgl. IDW (2000b), S. 1029-1031.

202 Vgl. Baums (2001), Tz. 278.

203 Vgl. Haller/Eierle/Evans (2001), S. 1679.

Es liegt auf der Hand, dass der in dieser Arbeit vorgeschlagene Weg – IAS im Konzernabschluss, bei nicht-kapitalmarktorientierten Unternehmen IAS als Wahlrecht im Konzernabschluss, für alle Unternehmen traditionelle GoB im Einzelabschluss – einen Kompromiss zwischen der nationalen und internationalen Perspektive zu vermitteln versucht. Demzufolge kann nicht allen Interessen voll entsprochen werden: Kapitalgeber von Kapitalgesellschaften, die nicht Mutterunternehmen sind, aber den Kapitalmarkt in Anspruch nehmen, haben grundsätzlich das gleiche Informationsbedürfnis wie Kapitalgeber von Konzernen, weshalb die Anwendung der IAS im Einzelabschluss gefordert wird; im Falle eines Verbots der IAS im Einzelabschluss werden diese Unternehmen folglich dazu veranlasst, die Tatbestandsmerkmale eines Konzerns durch Gestaltung zu erreichen.[204] Mittelständische Unternehmen mögen aufgrund von Basel II zu einer Bilanzierung nach IAS tendieren, so dass auch für sie womöglich zusätzliche Kosten entstehen.[205] Liegt ein IAS-Einzelabschluss vor, entfällt die Notwendigkeit einer HB II-Umstellung.

In der Literatur wird es als zweifelhaft angesehen, ob sich eine Trennung zwischen Bilanzierungsregeln für den Einzelabschluss und solchen für den internationalen Bereich auf Dauer aufrechterhalten lässt.[206] Die Konzernabschlüsse börsennotierter Unternehmen würden mit denen anderer Kapitalgesellschaften nicht mehr vergleichbar sein, so dass erwartet wird, dass die nicht börsennotierten Gesellschaften ihre Rechnungslegung anpassen und damit auch sie IAS übernehmen werden. Darüber hinaus, so wird argumentiert, dürfte es den Unternehmen auf Dauer schwerfallen, " ... die Ausschüttungen an die durch den Konzernabschluß geweckten Erwartungen anzupassen"[207]; man wird den Kapitalgebern dieser Unternehmen nur schwer

---

204 Vgl. Niehus (2001b), S. 741.

205 Vgl. Gliederungspunkt 6.2.1.

206 Vgl. Ballwieser (2001a), S. 163; Böcking/Orth (1998b), S. 1877; Budde (1997), S. 120 f.; Budde/Steuber (2000), S. 975 f.; Busse von Colbe (1995a), S. 720; ders. (2002), S. 167 f.; Clemm (1999), S. 639; Dücker (2002), S. 72; Dziadkowski (2001), S. 14; Emmrich (1999), S. 186 f.; Groh (1996b), S. 186; Grotherr/Jorewitz (2001), S. 149 f.; Hahn (2001), S. 1267; Havermann (2001), S. 158; Herzig (1999), S. 792; ders. (2001b), S. 49-53; Heyd (2001b), S. 380 f.; Janschek (1999a), S. 106; Kleekämper (1994), S. 59; Kort (2001), S. 60; Krawitz (2001), S. 630; Krawitz/Albrecht/Büttgen (2000), S. 551; Küting (2000b), S. 456; Küting/Lorson (1999a), S. 50; Lauth (2000), S. 1370; Lüdenbach/Hoffmann (2002a), S. 231; Niehus (2001a), S. 55 u. 57 f.; Pannen (2000), S. 280-284; Pfitzer (1999), S. 8; Raupach (2001), S. 810 f.; Scheffler, E. (2000), S. 1628; Schulze-Osterloh (1998), S. 309 f.; Selchert (1999), S. 916; Sprissler (2001), S. 98; Streim (2000), S. 111; ders. (1998), S. 325; Thiel (1998), S. 95 f.; ders. (1999), S. 829; Treptow (1999), S. 2. A.A. etwa Biener (1997b), S. 351, nach dem die internationale Entwicklung im Konzernabschluss " ... nicht zwingend dazu führen [muss, Anm. d. Verf.], daß die deutsche Rechnungslegung materiell angepaßt werden muß."
Zudem besteht die Erwartung, dass die GoB quasi schleichend "internationalisiert" werden, vgl. Kuhn (1997), S. 306-311.

207 Groh (1998b), S. 191.

vermitteln können, dass im Einzelabschluss andere Regeln gelten sollen als im Konzernabschluss.[208]

Insgesamt betrachtet dürften aber die Nachteile aus einer Übernahme der IAS in den Einzelabschluss überwiegen. Neben den bisher in dieser Arbeit angeführten Argumenten für eine Ablehnung der IAS im Einzelabschluss ist zu bedenken, dass die Unternehmen im Falle einer Übernahme der IAS eine "Ausschüttungsbilanz" und die eigenständige Steuerbilanz erstellen müssten, so dass in der Summe die Kosten der Rechnungslegung gegenüber dem Status Quo ansteigen dürften. Es ist offensichtlich, dass eine Entwicklung in Richtung IAS einen hohen innerdeutschen Preis hätte, " ... weil der Neuorientierung des Konzernabschlusses eine Neuorientierung des Jahresabschlusses und eine Abkopplung der Handels- von der Steuerbilanz folgen .."[209] würde.

Wenn aber die internationalen Grundsätze der Rechnungslegung aus dem Konzernabschluss in den Einzelabschluss überschwappen, " ... so ist der Konflikt zwischen Informationsorientierung einerseits sowie Ausschüttungs- und Steuerbemessung andererseits im Einzelabschluß vorgezeichnet. Wie kann diesem Dilemma begegnet werden ... ?"[210] Grundsätzlich wäre zu überlegen, die bisher an den Einzelabschluss geknüpften Rechtsfolgen an die ohnehin auch weiterhin zu erstellende Steuerbilanz zu knüpfen.[211] Der Vorteil wird in einer Trennung zwischen der Informationsvermittlung im IAS-Konzern- und IAS-Einzelabschluss und der Einkommensbemessungsfunktion über die Steuerbilanz gesehen; eine Überleitungsrechnung vom kapitalmarktorientierten Gewinn auf die ausschüttbare Ergebnisgröße wäre im Anhang denkbar.[212] Diese Vorgehensweise dürfte aber daran scheitern, " ... dass durch eine Anbindung der Rechtsfolgen an das steuerrechtliche Ergebnis unweigerlich eine – ggf. nicht gewünschte – Publizität des Steuerergebnisses oder gar des gesamten Steuerabschlusses erfolgt."[213] Darüber hinaus ist die derzeitige Steuerbilanz nicht zwingend für die Ausschüttungsbemessung geeignet, was am Beispiel Drohverlustrückstellungen deutlich wird.[214]

---

208 Vgl. Sprissler (2001), S. 98.
209 Ballwieser (2001a), S. 164.
210 Herzig (1999), S. 792.
211 Die Diskussion, die Ausschüttungsbemessungsfunktion auf den Konzernabschluss de jure zu übertragen – de facto hat er sie wohl weitgehend inne – wird hier nicht aufgegriffen. Vgl. hierzu Kühnberger/Schmidt (1999), S. 1263-1291; Schildbach (1993), S. 53-63 u. 94-98; Busse von Colbe (1987), S. 61-77; Hahn (2001), S. 1271.
212 Vgl. Pellens/Gassen (2001), S. 140.
213 Pellens/Gassen (2001), S. 140.
214 Vgl. Moxter (2001), S. 606.

Daher verbleibt nur die Möglichkeit, über Ausschüttungssperren auf Basis des IAS-Einzelabschlusses ein Ausschüttungsergebnis zu ermitteln. Dieser Ansatz wird innerhalb dessen, was in einem bilanziellen Gläubigerschutzkonzept überhaupt möglich ist, im Folgenden erörtert (Gliederungspunkte 6.3.1. und 6.3.2.). Sodann wird dargestellt, welche Bedeutung Covenants für den privatvertraglichen Schutz der Gläubiger zukommen wird (Gliederungspunkt 6.3.3.).

Die Zukunft der steuerlichen Gewinnermittlung wird in Gliederungspunkt 6.4. erörtert. Während im Gliederungspunkt 6.3. bezüglich der Ausschüttungsbemessung für den Fall "vorgesorgt" wird, dass IAS in den Einzelabschluss übernommen werden, sollen im Gliederungspunkt 6.4.1. analog Grundsätze der Entwicklung eines eigenständigen Steuerbilanzrechts erörtert werden. Womöglich erscheint dem Gesetzgeber der "innerdeutsche Preis" bei Übernahme der IAS in den Einzelabschluss – Anpassungen im Gesellschaftsrecht und die Aufgabe der Maßgeblichkeit – doch als zu hoch, so dass er es beim Status Quo belässt. Deshalb wird in Gliederungspunkt 6.4.2. das Fortbestehen der Maßgeblichkeit für den Fall diskutiert, dass IAS auf den Konzernabschluss beschränkt bleiben. Ein Fazit wird das Kapitel 6. abschließen (6.5.).

6.3. Fortentwicklung der Rechnungslegung und gesellschaftsrechtlicher Kapitalschutz

6.3.1. Vorschläge erhöhter Rücklagenbildungen und Ausschüttungssperren

Die Verbindung zwischen bilanz- und gesellschaftsrechtlichem Gläubigerschutz in Deutschland bringt es mit sich, dass " ... Reformen des Bilanzrechts zugleich Reformen des Gesellschaftsrechts"[215] bedeuten. Eine Anpassung der deutschen Rechnungslegung an die IAS würde u.a. bewirken, dass im Grundsatz der Ertragsausweis deutscher Kapitalgesellschaften ausgeweitet würde. Die Bewertung von financial instruments zum fair value[216] würde es erstmals ermöglichen, anstelle realisierter nur realisierbare Gewinne zur Bemessung einer Ausschüttung heranzuziehen, sofern diese Gewinne erfolgswirksam erfasst werden. Obwohl die spätere Realisation dieser Buchgewinne nicht gesichert ist, würde dem Unternehmen damit Liquidität entzogen werden. Die Gläubiger tragen damit einseitig das Risiko einer nachträglichen Ent-

[215] Schulze-Osterloh (1996a), S. 133.
[216] Vgl. Gliederungspunkt 3.1.2.4.

wertung der financial instruments bzw. ihrer Verpflichtungserhöhung im Falle einer Verbindlichkeit. Gegen eine Zeitwertbilanzierung wird zudem vorgebracht, man könne "gläserne Taschen" gegen die Renditeerwartungen der Aktionäre auf Dauer nicht verschlossen halten.[217] Das Unternehmen sei vor der "grassierenden Begehrlichkeit"[218] der Aktionäre zu schützen.[219]

Bei Übernahme der IAS in den handelsrechtlichen Einzelabschluss würde man an die Regelungen jener europäischer Staaten anknüpfen, die bereits heute den angloamerikanischen Rechnungslegungsgrundsätzen und gleichzeitig den EU-Regeln der Kapitalerhaltung folgen. So wird in England die Handelsbilanz in erster Linie zu Informationszwecken nach Maßgabe des true and fair view aufgestellt;[220] für Ausschüttungszwecke werden die "sicher" realisierten Gewinne aus dieser Bilanz herausgerechnet (distributable profits).[221] Es wäre demnach zu differenzieren zwischen erwirtschaftetem und entziehbarem Gewinn. Ähnlich wurde im Vorfeld der Novellierung des AktG 1965 über das Konzept der gläsernen, aber verschlossenen Taschen argumentiert, das auf eine im Vergleich zu einer vorsichtigen Gewinnermittlung informativeren Gewinnziffer abstellte, die jedoch nicht automatisch ausschüttungsoffen sein sollte.[222]

---

217 Vgl. Moxter (1985a), S. 258.
Das Bundesverfassungsgericht hat in seinem Beschluss vom 20.9.1999 u.a. dieses Argument als Begründung herangezogen, eine Verfassungsbeschwerde nicht zur Entscheidung anzunehmen, die den Auskunftsanspruch nach § 131 Abs. 3 S. 1 Nr. 3 AktG betraf. Ein Aktionär (Prof. Wenger) wollte zur Beurteilung der Angemessenheit einer Ausgleichszahlung Auskunft über die Höhe der stillen Reserven erhalten. Vgl. BVerfG vom 20.9.1999 - 1 BvR 168/93, AG 2000, S. 72 f.; gl.A. Claussen (2001), S. 409-424; a.A. Siegel/Bareis/Rückle/Schneider/Sigloch/Streim/Wagner (1999), S. 2080; Kaserer (1999), S. 2085-2087.

218 So Moxter (1985d), S. 1103.

219 Negative Erfahrungen mit dem Ansatz von aktuellen Marktwerten machte man allerdings in Deutschland bereits in der zweiten Hälfte des 19. Jahrhunderts. In einer Leitentscheidung des Reichsoberhandelsgerichts aus dem Jahre 1873 wurde der beizulegende Wert mit dem fiktiven Veräußerungserlös bei Fortführung des Unternehmens gleichgesetzt, vgl. ROHG v. 3.12.1873, Rep 934/73 (1873), S. 15-23, was zum Ansatz von aktuellen Marktwerten in der Bilanz führte. Durch großzügige Nutzung von tatsächlichen oder vermeintlichen Preisspielräumen konnte der Vorstand einer AG sehr leicht Gewinne ausweisen und auch ausschütten, die am Markt weder verdient waren noch verdient werden konnten. Vgl. Schön, W. (1997a), S. 140 m.w.N.; Herzig (1999a), S. 787. Später hat das Reichsgericht die Unzuverlässigkeit von Zeitwertbilanzen zur Darstellung des Effektivvermögens erkannt, vgl. RG-Urteil vom 18.9.1908, VII/151/08, RGZ 69, S. 203.

220 Vgl. Cook (1997), S. 693-704.

221 Vgl. Davies (1997), S. 281 ff. Allerdings werden in der britischen Literatur z.B. die percentage of completion-Methode und Wertänderungen am ruhenden Vermögen zur Ermittlung des ausschüttungsfähigen Betrags als zulässig erachtet, vgl. im Einzelnen Fresl (2000), S. 176-184; Schröer (1998), S. 298-307, 390-392, 398-405; Barz (1997), S. 72 f., 90-96.

222 Vgl. Kronstein/Claussen (1960), S. 136. Bereits 1856 im preußischen Entwurf eines Allgemeinen Deutschen Handelsgesetzbuches ist der Versuch unternommen worden, in der Bilanz sowohl der Ausschüttungssperrfunktion als auch der Aktionärsinformation nachzukommen. Vgl. Stützel (1967), S. 336 f. Zur Aktionärsinformation sollte es zum Ansatz von Tageswerten kommen; durch Sonderrechnungen sollten die darin steckenden noch nicht realisierten Gewinne gegen Ausschüttung gesperrt werden. Zudem hat z.B. auch Stützel zur Aktienrechtsreform 1967 für diese Vorschläge plädiert, vgl. Stützel (1960), S. 956-959. Er ist später hiervon aber abgewichen, weil "[d]ie Zukunft, die man vorausschätzen muß, um Bewertungshilfe zu leisten, .. ungewiß" ist und unklar bleiben muss, "[w]essen Glaubwürdigkeitsvorstellungen über den

Ganz im Einklang mit diesen Überlegungen wird zur Kompensation der befürchteten Abschwächung des Kapitalschutzes im Falle einer Übernahme der IAS vorgeschlagen, die Aktivierung bestimmter Sachverhalte, die bisher aufgrund der strengen Geltung der GoB nicht in die Bilanz gelangen konnten, im Interesse des Gläubigerschutzes mit einer Ausschüttungssperre zu versehen,[223] so wie das nach geltender Rechtslage bei der Aktivierung von Aufwendungen für die Ingangsetzung und Erweiterung des Geschäftsbetriebs (§ 269 HGB) der Fall ist. Als Beispiel kann die Aktivierung von Entwicklungskosten angeführt werden. In Frage kommen auch Aktivierungen mit obligatorischen Gegenbuchungen auf der Passivseite.[224]

Bonitätsinduzierte Bewertungsgewinne aus dem fair value accounting bei Schulden[225] sind mit einer Ausschüttungssperre zu versehen, da ansonsten das Management einen Anreiz hätte, durch riskante Investitionspolitik Vermögensverschiebungen von den Gläubigern zu den Eignern zu bewirken und zur Ausschüttung zu bringen.[226] Anteilige Gewinne aus langfristiger Fertigung können aktiviert werden, wenn man sie gleichzeitig für Ausschüttungen sperrt.[227]

Bei gezielten Ausschüttungssperren ist der Gesetzgeber aufgerufen, im relativ dynamischen IAS-Umfeld möglichst zeitnah auf Normenänderungen zu reagieren. Zudem ist mit diesem Weg mit zunehmender Anzahl der mit Ausschüttungssperren versehenen IAS-Bilanzierungsregeln erneut ein dreigleisiges Rechnungslegungssystem verbunden (IAS-Abschluss, Ausschüttungsbilanz, Steuerbilanz).[228]

Zur Kompensation der befürchteten Abschwächung des Kapitalschutzes wird weiterhin diskutiert, Vorstand und Aufsichtsrat von Aktiengesellschaften zu ermöglichen, über § 58 Abs. 2 S. 1 AktG hinaus von sich aus mehr als die Hälfte des Jahresüberschusses in die anderen Gewinnrücklagen einzustellen.[229] Offenbar geht man dabei davon aus, dass Manager ein Interesse an der Thesaurierung haben und zusammen mit dem Aufsichtsrat entsprechend verfahren; sofern Vorstand und Aufsichtsrat im Einvernehmen mit den Eignern Ausschüttungen vorzu-

wahrscheinlichsten Spielausgang .. maßgeblich sein" sollen, Stützel (1967), S. 337 (beide Zitate). Vgl. im Einzelnen ebd., S. 337-340.

223 Vgl. Ballwieser (2001a), S. 163; Herzig (2001a), S. 159; Ordelheide (1998d), S. 31; Busse von Colbe (1995b), S. 386; ders. (2001b), S. 204; ders. (2000), S. 505; ders. (2002), S. 170; Schruff (1993), S. 407.

224 Vgl. Hommelhoff (1998), S. 400, mit Verweis auf die "additive Gewinnermittlung" nach Buhleier (1997), S. 191 ff.

225 Vgl. Gliederungspunkt 3.1.2.4.

226 Vgl. Hitz/Kuhner (2000), S. 901 f.

227 Vgl. Förschle (2001), S. 253.

228 Vgl. Pellens/Gassen (2001), S. 140.

229 Vgl. Schulze-Osterloh (1995a), S. 137; Krumnow (1994), S. 694; Schruff (1993), S. 426; Strobl (1996), S. 409.

nehmen wünschen, wäre hingegen eine Erhöhung der gesetzlichen Rücklage erforderlich, um die Gläubiger zu schützen. Dementsprechend wird auch für die GmbH die Pflicht zur Bildung einer gesetzlichen Rücklage gefordert, welche von der Gesellschafterversammlung nicht beliebig aufgelöst werden dürfte. Die Auszahlungsbeschränkungen des § 30 Abs. 1 GmbHG müssten um einen vom Ausmaß der Änderungen der Rechnungslegung abhängigen Faktor erhöht werden.[230]

Gliederungspunkt 4.1.2. hat deutlich werden lassen, dass diese generellen wie auch spezifischen Erweiterungen der Ausschüttungssperren nicht zwingend im Interesse der Gläubiger liegen müssen. Bei einer Übernahme der IAS in den handelsrechtlichen Einzelabschluss wäre demnach unklar, in welchem Ausmaß hierdurch die Interessen der Gläubiger gefährdet würden und in welchem Umfang dem durch eine Änderung der Regeln der Gewinnverwendung zu begegnen wäre. Womöglich würden im Einzelfall durch die Ausschüttung nicht-realisierter Gewinne Gläubigerinteressen verletzt werden, wenn die gesellschaftsrechtlichen Ausschüttungsregeln unverändert blieben.[231] Andererseits ist eine pauschale Erweiterung der Ausschüttungssperre im Wege einer Kompetenzverteilung von Vorstand und Aufsichtsrat notwendigerweise grob formuliert und birgt die Gefahr in sich, unnötig hohe Mittel vom Kapitalmarkt fernzuhalten.[232] Letzterer Aspekt wird im folgenden Gliederungspunkt näher erörtert.

6.3.2. Anlegerschutz, bilanzielle Ausschüttungsbemessung und Gewinnverwendung

Die derzeitige starke Betonung des Gläubigerschutzes im deutschen Bilanz- und Gesellschaftsrecht hat zur Konsequenz, dass die Interessen der Manager gegenüber denen der Eigner gestärkt werden. Eine Überbetonung der Gläubigerinteressen an Eigenkapitalbindung widerspricht dem Eigentümerschutz, wenn Manager sich nicht an den finanziellen Zielen der Eigentümer orientieren. Die Gesellschafter üben durch die Ausschüttungen "Mitbestimmung" aus: hierin wird die gesellschaftliche Funktion der Ausschüttungsbemessungsfunktion des

---

230 Schulze-Osterloh (1995a), S. 138.
Durch den Ausweis nicht realisierter Gewinne können auch die Interessen der Anteilseigner beeinträchtigt werden, indem gesellschaftsrechtliche Schutzmechanismen nicht eingreifen. Der Verlust des halben Grund- oder Stammkapitals (§§ 49 Abs. 3 GmbHG, 92 Abs. 1 AktG) wird nicht oder erst spät angezeigt. Es wird diskutiert, diese Verlustanzeigepflichten vorzuverlegen. Vgl. Schulze-Osterloh (1995a), S. 138. Allerdings haben die Anteilseigner im Gegensatz zu außenstehenden Gläubigern die Möglichkeit, durch Vereinbarungen in Gesellschaftsverträgen für ihre rechtzeitige und umfassende Information zu sorgen. Vgl. Strobl-Haarmann (1999), S. 626.

231 Vgl. Schreiber (1999), S. 888.

232 Vgl. Siegel (1997), S. 140.

Jahresabschlusses gesehen. "Durch den Kauf von Kapitalanteilen bringen die Eigner ihr Vertrauen und durch das Interesse an Ausschüttungen ihren Zweifel in die Fähigkeiten und Absichten der Manager zum Ausdruck. Gleichzeitig wird erklärt, warum jemand Aktien kauft und trotzdem Ausschüttungen fordert."[233] Vor diesem Hintergrund sollten Bilanz- und Gesellschaftsrecht es Eignern nicht erschweren, dem Unternehmen freie Mittel zu entziehen, um sie einer aus deren Sicht besseren Verwendung zuzuführen. Die Allokationseffizienz des Kapitalmarktes sollte durch die Regelungen der Ausschüttungskompetenz möglichst wenig beeinträchtigt werden.[234]

Mit den derzeitigen Regelungen der Ausschüttungskompetenz[235] enthält das Gesellschaftsrecht keine Lenkungsnorm, " ... anhand derer die Unternehmensleitung auf die Verfolgung des Shareholder Value als Ziel verpflichtet werden könnte."[236] Vielmehr ergibt sich nach juristischer Auffassung aus dem AktG keine vorgegebene Rangordnung der Interessenabwägung.[237] Das AktG tritt derzeit der Gefahr der Auszehrung einer AG durch die Aktionäre entgegen, die womöglich in Verkennung der Sachlage sich selbst und der Volkswirtschaft finanziellen Schaden zufügen könnten, wenn sie durch überraschenden Abzug freier Rücklagen rentable Investitionen zum Erliegen bringen.[238]

Es wird bezweifelt, ob die Anteilseigner tatsächlich zu einer solchen Auszehrung vorschnell neigen könnten, da jede irrtümlich verhinderte Investition für die Anteilseigner einen Verzicht auf Gewinne bedeutet. Es gibt " ... keinen Grund, von unvernünftigen Gesellschaftern auszu-

---

233 Wagner (1982a), S. 765.

234 Wagner (1982a), S. 765 f.; ders. (1982b), S. 872; Schreiber (1999), S. 889. Die Argumentation zur marktwertmaximalen Ausschüttung betrachtet Dividenden als eines von mehreren Instrumenten des Kapitalmarktes, die zur Allokationseffizienz beitragen. Da letztere bei einer rentabilitätsorientierten Dividendenpolitik von den Eignern im eigenen Interesse herbeigeführt wird, können die Anteilseigner " ... damit als der natürliche Motor der Allokationseffizienz angesehen werden", Wagner (1987), S. 412; vgl. auch von Hayek (1967), S. 308 ff.; Easterbrook/Fischel (1983), S. 403 ff.

235 Vgl. Gliederungspunkt 4.2.2.

236 Wagner (1997b), S. 492.

237 Vgl. Müller, W. (1993), S. 212. Der Entwurf einer 5. EG-Richtlinie, der tiefgreifende Änderungen zugunsten einer erheblichen Ausweitung der Hauptversammlungskompetenzen vorsieht, ist nicht umgesetzt worden, vgl. Abl. EG v. 9.9.1983, Nr. C 240, S. 2. Danach soll die Hauptversammlung offenbar nicht nur über den Jahresüberschuss, sondern auch über den gesamten Bestand an freien (Gewinn-)Rücklagen verfügen, vgl. Wagner (1988), S. 233-237; Niedernhuber (1985), S. 6 f. u. 9-12; Chmielewicz (1984), S. 406.

238 In der Regierungsbegründung zur Gewinnverwendung nach § 58 AktG 1965 heißt es, dass zur "Wahrung übergeordneter wirtschafts- und gesellschaftspolitischer Ziele" eine Begrenzung der Entnahmerechte von Anteilseignern vorgesehen werden müsse, da jedes "Unternehmen einen Teil seines Gewinns einbehalten muß, um seinen Bestand und seine Stellung am Markt zu erhalten", Kropff (1965), S. 14 u. 58; vgl. auch Wagner (1982a), S. 766; ders. (1997b), S. 492; ders. (2000b), S. 111. § 58 AktG wurde erst nach längeren Diskussionen in das AktG 1965 aufgenommen und galt als bedeutendstes Resultat der damaligen Aktienrechtsnovelle, vgl. Allgemeine Begründung des Regierungsentwurfs eines AktG, in: Kropff (1965), S. 15.

gehen, die durch das Management bei der Gewinnermittlung geschützt werden müssen."[239] Die Behauptung, Anteilseigner wünschten stets möglichst viel Dividende, ist nur unter unvollkommenen Marktbedingungen diskutierbar.[240] Der Aktionär wird i.d.R. nur dann auf eine Ausschüttung verzichten, wenn er sich einer entsprechenden Werterhöhung seines Anteils sicher sein kann. *Stützel* führt aus:

> "Das ist bei Aktien nur der Fall, wenn dem Aktionär ausreichende Informationen geliefert werden, den Ertragswert seiner Gesellschaft zu beurteilen. Weil Informationen die Kurse beeinflussen, insbesondere Informationen über hohe Erträge zu Kurssteigerungen führen, kann für den Aktionär die Ausschüttung von Dividenden häufig durch Ausschüttung von Informationen ersetzt werden. Je weniger allerdings der Kapitalmarkt über den Ertragswert der Gesellschaft selbst erfährt – etwa wegen unzureichender Rechnungslegung – desto eher ist er darauf verwiesen, die Aktien allein aufgrund der Dividendenausschüttung zu bewerten. Hieraus resultiert dann ein besonderes Interesse der Aktionäre an hoher Dividende."[241]

Die Eigner werden sich nur dann zum Kapitalabzug entschließen, " ... wenn sie massive Zweifel an der Loyalität der Verwaltung haben und befürchten müssen, daß `ihre´ Rücklagen lediglich einer faktischen Erhöhung des haftenden Kapitals dienen sollen und dabei, gemessen an der Kapitalmarktverzinsung von Anlagen gleichen Risikos, zu geringe Renditen abwerfen."[242] Eine Begrenzung der Ausschüttungskompetenz der Eigner auf den Periodengewinn birgt somit die Gefahr in sich, als Allokationsbremse zu wirken.[243]

In der derzeitigen Regelung der Gewinnverwendungskompetenzen wird daher zwar ein wesentlicher Fortschritt gegenüber dem AktG 1937 gesehen, das Vorstand und Aufsichtsrat erlaubte, in fast beliebiger Höhe Rücklagen zu bilden,[244] nicht aber die ultima ratio i.S. einer einzel- wie auch gesamtwirtschaftlich effizienten Regelung.[245] Es wird deshalb vorgeschlagen, die Ausschüttungskompetenz der Gesellschafter auf den Kapitalbestand zu erweitern, " ... der nicht zum Zwecke des Gläubigerschutzes ausschüttungsgesperrt ist und ihnen zusätzlich

---

239 Ballwieser (1996b), S. 17; vgl. auch Claussen (2001), S. 414; Niedernhuber (1985), S. 13.

240 Vgl. Stützel (1962), S. 245 f. Nach der These von Modigliani/Miller ist die Dividendenpolitik der Unternehmung aus Sicht der Anteilseigner irrelevant, vgl. Miller/Modigliani (1961), S. 411-433. Aufgrund der ihr zugrundeliegenden Annahme eines vollkommenen und vollständigen Kapitalmarktes kann sie gerade nicht erklären, warum es ein Regelungsproblem überhaupt gibt, vgl. Wagner (1987), S. 414.

241 Stützel (1962), S. 245 f.

242 Niedernhuber (1985), S. 13.

243 Vgl. Wagner (1982a), S. 767; Pütz/Willgerodt (1985), S. 113. Zu einer modelltheoretischen Analyse der Situationsabhängigkeit der Wirkungen und der Vorteilhaftigkeit gesetzlicher Kompetenzverteilungsregelungen der Gewinnverwendung vgl. Pfaff (1989).

244 Vgl. im Einzelnen Großmann (1980), S. 159 ff.
Bis zur Aktienrechtsnovelle 1937 hatte jeder Aktionär einen einklagbaren Anspruch auf Ausschüttung seines Anteils am Periodengewinn, vgl. § 213 HGB i.d.F. vom 18.07.1884.

die periodische Verfügung über einen bestimmten Prozentsatz des Bestandes freier Rücklagen zu übertragen."[246] Bei einer solchen Regelung laufen verlustträchtige Unternehmen Gefahr, dass ihnen die Hauptversammlung schrittweise die finanziellen Mittel entzieht. Allerdings muss für das Management der Kapitalentzug durch Ausschüttungen liquiditätsmäßig planbar und darf in der einzelnen Periode nicht zu hoch sein, denn der Spezialisierungsvorteil der Manager soll nicht grundsätzlich in Frage gestellt werden. Die Regelung zur Ausschüttungskompetenz " .. muß aber den Eignern die Möglichkeit geben, nach und nach das nicht ausschüttungsgesperrte Gesellschaftsvermögen aus ihrer Sicht rentableren Verwendungsmöglichkeiten zuzuführen."[247]

Vor diesem Hintergrund wirkt eine Ausdehnung der Rücklagenbildung, wie sie oben beschrieben bei Übergang auf IAS im Einzelabschluss vorgeschlagen wird, kontraproduktiv. Zwar mag es im Einzelfall dazu kommen, dass Eigentümer rentable Investitionen durch den Entzug von Mitteln verhindern. Jedoch ist das Ausdruck der Kosten, die die Kontrolle der Manager durch Mittelentzug mit sich bringt. Nur wenn davon auszugehen wäre, dass diese Kosten generell den Nutzen in Form der Senkung von Risikoprämien übersteigen, müsste man den Ausbau von Ausschüttungsbegrenzungen oder die Vermehrung der Befugnisse des Managements zur Thesaurierung befürworten. Eine Zurückdrängung der Eignerinteressen gegenüber denen des Managements kann nicht im Interesse der Unternehmen sein, die auf den internationalen Kapitalmärkten Eigenkapitalgeber gewinnen wollen.

6.3.3. Zunehmende Bedeutung von Covenants

Rationale Kreditgeber werden die Anreizprobleme des Gläubiger-Eigner-Konflikts und die Konsequenzen für ihre eigene Position antizipieren, so dass sie grundsätzlich in der Lage sind, sich selbst durch entsprechende vertragliche Regelungen zu schützen.[248] Gläubiger könnten durch privatrechtlich vereinbarte Ausschüttungssperren eine aus ihrer Sicht ungeeignete gesetzliche "nachbessern." Ausschüttungssperren stellen nur einen Teil des Instrumentariums dar, das Gläubigern zum Schutz ihrer finanziellen Interessen zur Verfügung steht;

---

245 Vgl. Niedernhuber (1985), S. 13; Wenger (1987), S. 219-226.

246 Wagner (1982a), S. 767.

247 Wagner (1982a), S. 768.
Pütz/Willgeroth schlagen vor, die Ausschüttungskompetenz ausschließlich der Hauptversammlung zu übertragen, d.h. § 58 Abs. 2 AktG zu streichen, vgl. Pütz/Willgerodt (1985), S. 112-116.

248 Vgl. Maier (1986), S. 159; Leuz (1996), S. 90; Walz (1997), S. 560.

daneben sind insbesondere der Zinssatz, das Volumen, die Fristigkeit von Krediten (Prolongation) und Kreditsicherheiten, die im Konkurs bevorrechtigt sind, zu nennen.[249]

Bei Geltung der IAS im handelsrechtlichen Einzelabschluss ist aufgrund deren Mängel für die Ausschüttungsbemessung zu erwarten, dass es auch in Deutschland verstärkt zu vertraglichen Vereinbarungen zwischen Kreditgebern und Kreditnehmern kommt, die auf eine Ausschüttungsbegrenzung abzielen. Nach *Schmidt* sind gesetzliche Regelungen " ... angebracht, wenn sie wie vorfabrizierte Formularverträge einmal und mit geringeren Kosten das regeln, was Private ohnehin – aber vielmals und dadurch mit höheren Kosten – in Verträgen regeln würden."[250] Der Jahresabschluss verringert die Transaktionskosten, und zwar die Kosten der Erstellung und Einhaltung des Vertrags.[251] Umgekehrt steigen die Transaktionskosten bei einer Zunahme vertraglich vereinbarter Gewinnermittlungsregeln zum Zwecke der Ausschüttungsbeschränkung. Es stellt sich die Frage, ob mit Covenants ein wirksamerer Gläubigerschutz verbunden ist.

Ein zentraler Vorteil von Covenants ist darin zu sehen, dass sie individuell formuliert und somit auf die konkrete Vertragssituation bezogen werden; sie sind präziser auf das vom Gläubiger erwartete Kreditrisiko zugeschnitten als es eine gesetzliche Ausschüttungssperre sein kann.[252] Deshalb gelten gesetzliche Ausschüttungssperren in den USA als unzureichend: "More fundamentally still, it must be recognized that in most ongoing business situations, there is only a fractional relationship between the concerns of the creditor and the figures that show up on a corporate balance sheet."[253] Über Negativklauseln können Kreditnehmer zu einem finanzwirtschaftlichen Wohlverhalten in der Ausschüttungs-, Kredit- und Investitionspolitik veranlasst und damit moral hazard-Pobleme internalisiert werden.[254]

Natürlich ist die Schutzwirkung auch von Covenants begrenzt. Covenants hängen vom Geschick und der Verhandlungsposition (Marktmacht) des Gläubigers ab; während Kleingläubiger von der Inanspruchnahme derartiger vertraglicher Vereinbarungen aufgrund der mit ihnen verbundenen hohen Transaktionskosten ohnehin faktisch ausgeschlossen und daher ausbeutungsoffen sind, das Aushandeln dieser Bedingungen und deren Kontrolle sich also nur bei

---

249 Vgl. Schmidt/Terberger (1997), S. 421-432; Franken (2001), S. 58-76.

250 Vgl. Schmidt, R. H. (1982), S. 746; Hax (1989), S. 198.

251 Vgl. Wagenhofer (1993a), S. 252; Neus (2001), S. 368; Streim (1988), S. 24.

252 Vgl. Kübler (1995a), S. 559 f.; Hax (1993), S. 425 f.; Thießen (1996), S. 157; Burger/Buchhart (2001a), S. 102.

253 Manning/Hanks (1990), S. 67.

hohen Kreditsummen lohnt,[255] können "Kreditgeber mit großer Marktmacht und starker Risiokoaversion .. durch zahlreiche Covenants das unternehmerische Handeln des Schuldners stark binden und im Extremfall eigentümerähnliche Rechte ausüben."[256] Aufgrund der starken Machtstellung des Gläubigers mag es aber für den Gläubiger keine oder nicht genügend Anreize geben, Covenants zuzustimmen.[257]

Kleingläubiger werden z.T. nicht als schutzwürdig angesehen, weil sie von einem trickle down-Effekt profitierten, der daraus resultiert, dass der Schuldner infolge der Bedingungen aus Großkrediten zu einer soliden Finanzierung gezwungen würde.[258] Eine Ausschüttungsbeschränkung aus einem Covenant in einem einzigen Kreditvertrag bindet das gesamte Unternehmen und entfaltet so auch Wirkung für alle anderen Gläubiger. Nur sehen Covenants im Krisenfall für die ungeschützten Gläubiger keinerlei Rechte vor; die durch Klauseln geschützten Gläubiger haben keine Beiträge zugunsten der Kleingläubiger zu leisten.[259]

Die angesprochenen hohen Transaktionskosten setzen sich zusammen aus Informations-, Verhandlungs- und Abschlusskosten, die vor dem eigentlichen Vertragsabschluss anfallen, aus Kontrollkosten während der Vertragslaufzeit sowie aus Kosten für die Durchsetzung der vertraglich zugesicherten Sanktionen.[260] Durch Covenants geschützte Gläubiger tragen demnach weit höhere Kosten als ungeschützte Gläubiger, für die in erster Linie nur Informationskosten anfallen, und reduzieren so ihr Kreditrisiko; die Risikoprämie und damit der vereinbarte Zinssatz werden entsprechend niedriger ausfallen.[261] Auf den ersten Blick nehmen somit geschützte Gläubiger im Vergleich zu Kleingläubigern höhere Kosten auf sich, um geringere Zinseinnahmen zu erwirtschaften. Jedoch besteht zum einen für marktmächtige Gläubiger die Möglichkeit, die Kosten auf den jeweiligen Schuldner zu überwälzen, zum anderen ergibt sich für ihn eine wesentlich günstigere Risikoverteilung bezüglich der Zahlungsreihe.[262]

---

254 Vgl. Klose-Mokroß (1997), S. 180 f.

255 Vgl. Bauer (1995), S. 314; Burger/Buchhart (1999), S. 17. Es kann hier zu einem Marktversagen kommen, indem ungeschützte Gläubiger ihr Kreditangebot aus dem Markt zurückziehen, vgl. Burger/Buchhart (1999), S. 18, Fn. 31, u. S. 20.

256 Burger/Buchhart (1999), S. 17. Vgl. auch Alberth (1997a), S. 749; Schön, W. (2000), S. 727.

257 Vgl. Thießen (1996), S. 150.

258 Vgl. Kummert (1984), S. 190; Westerbeck (1971), S. 840.

259 Vgl. Burger/Buchhart (1999), S. 17.

260 Vgl. Baetge/Thiele (1997), S. 22; Burger/Buchhart (1999), S. 19.

261 Vgl. Burger/Buchhart (1999), S. 19.

262 Vgl. Burger/Buchhart (1999), S. 19; dies. (2001a), S. 103.

Es kann zu Kollisionen zwischen den Klauseln der beteiligten Gläubiger kommen; Verhandlungslösungen mögen deshalb kostenintensiv und suboptimal sein. Die Effektivität von Covenants ist weiterhin von ex-post-Kontrollrechten abhängig. Es sind Informationen über das tatsächliche Investitions- und Finanzierungsverhalten des Schuldners nach Vertragsschluss nötig, damit die Gläubiger die ex ante festgelegten Rechte ausüben können und der Schuldner den Covenants entsprechend gebunden wird.[263]

Darüber hinaus kann in Kreditverträgen der Zustandsraum nicht vollständig formuliert werden; nur begrenzt können zukünftige Konstellationen von Umweltsituationen und Schuldnerverhalten antizipiert werden. Schuldner sind außerdem unbequemen Covenants nicht hilflos ausgeliefert, da ihnen zum einen Ermessensspielräume und Wahlrechte in der Rechnungslegung verbleiben und ihnen zum anderen vor allem vorzeitige Kündigungs- und Tilgungsmöglichkeiten sowie einfache Umschuldungen offenstehen, so dass der unwillkommene Vertrag aufgelöst wird.[264] Nach einer bereits vorgenommenen Ausschüttung können Covenants alleine nicht mehr helfen, da sie zivilrechtliche Anspruchsgrundlagen gegen Aktionäre nicht enthalten können; Covenants schützen daher nur präventiv.[265]

Deliktsgläubigern steht die Möglichkeit der Vereinbarung von Covenants nicht offen. Für sie sind i.d.R. auch die zusätzlichen Informationen der IAS wertlos. Angesichts des nur eingeschränkten Schutzes durch das gesetzliche Garantiekapital liegt es nahe, Deliktsgläubiger durch eine gesetzliche Verpflichtung zum Abschluss einer Versicherung zu schützen, die die Befriedigung ihrer Ansprüche garantiert.[266]

6.4. Zukunft der steuerlichen Gewinnermittlung

6.4.1. IAS im Einzelabschluss: Eigenständige steuerliche Gewinnermittlung

Im Falle einer Aufgabe des Maßgeblichkeitsprinzips aufgrund einer Übernahme der IAS in den Einzelabschluss[267] könnte der Gesetzgeber – dem Vorbild des US tax law folgend – eine

---

263 Vgl. Burger/Buchhart (1999), S. 17; Thießen (1996), S. 150.
264 Vgl. Alberth (1997a), S. 749.
265 Vgl. Alberth (1997a), S. 748.
266 Vgl. Bauer (1995), S. 107 f.; Kübler (1995a), S. 559; Klose-Mokroß (1997), S. 87-89.
267 Zur Begründung vgl. zusammenfassend Gliederungspunkt 5.7.

Generalklausel der Gewinnermittlung in das Einkommensteuerrecht aufnehmen.[268] Das Beispiel USA, die Generalklausel des clearly reflect income,[269] lässt aber darauf schließen, dass in diesem Falle das gesamte Gebiet der Gewinnermittlung in dauernder Unruhe wäre; die Rechtssicherheit der Besteuerung würde leiden. Die Rechtslage in den USA lässt es sinnvoll erscheinen, in Deutschland im Rahmen einer eigenständigen steuerlichen Gewinnermittlung auf eine Generalklausel zu verzichten.

Es ist im Steuerrecht der USA weder gesetzlich noch in den Richtlinien generell festgelegt, ob und wann eine Rechnungslegungsmethode den Grundsatz des clearly reflect income erfüllt. Diese Formulierung ist nicht nur "hopelessly vague".[270] Vielmehr noch enthält sie einen Zirkelschluss: "Indeed, the requirement is circular in that the accounting method must clearly reflect taxable income which in turn is computed by reference to accounting methods."[271] Die steuerliche Generalklausel ist unbestimmt, denn sie wird " ... influenced by many factors but not controlled by any one"[272]; sie gilt als " ... very troublesome in that its scope and meaning are far from certain ... "[273].

Hinter der Formulierung clearly reflect income verbirgt sich zunächst die Absicht des Gesetzgebers, Steuervorteile durch die Wahl einer accounting method zu vereiteln. Der IRS wird zwar eine GAAP-konforme Vorgehensweise aus Vereinfachungsgründen auch dann akzeptieren, wenn sie die gleiche steuerliche Belastung hervorbringt wie die entgegenstehende Vorschrift im IRC oder den Regulations (substantial identity of results test),[274] "but the inaccuracies in some circumstances become too substantial and the method ceases clearly to reflect income."[275] Nur ist zum einen unklar, wann eine Abweichung als "wesentlich" einzustufen ist, zum anderen fehlt es an einer eindeutigen Bezugsbasis, anhand derer die Generalklausel ausgelegt werden könnte.[276]

Liegt eine steuerliche Einzelvorschrift erst gar nicht vor, gibt es keinen eindeutigen Maßstab, mit dem die Methode des Steuerpflichtigen verglichen werden könnte.[277] In diesem Fall ist

268 Vgl. Schreiber (1997), S. 506; Gail (1995), S. 117 f.
269 Vgl. Gliederungspunkt 5.2.2.
270 Bittker/Lokken (1992), S. 105-17.
271 McDaniel/Ault/McMahon/Simmons (1998), S. 983.
272 White (1996), S. A-35.
273 Lischer/Märkl (1997), S. 94.
274 Vgl. White (1996), S. A-36; Seago (1994), S. 366.
275 McDaniel/Ault/McMahon/Simmons (1998), S. 983.
276 Vgl. Bittker/Lokken (1992), S. 105-17.
277 Vgl. White (1996), S. A-39.

die Übereinstimmung mit GAAP zwar ein wichtiger, aber nicht der einzige Faktor für die Erfüllung der steuerlichen Generalklausel. Einfluss hat auch, ob der Steuerpflichtige die Methode schon seit langem anwendet,[278] sowie die Bedeutung eines Postens für das zu versteuernde Einkommen.[279] Um ungerechtfertigte Steuervorteile, insbesondere die Steuerfreiheit von Erträgen und den doppelten Abzug von Ausgaben zu vermeiden, welche sich bei einem Nebeneinander von cash method und accrual method ergeben können,[280] wird die Stetigkeit (consistency) in der Anwendung der Methoden verlangt.[281] Stetigkeit allein ist aber nicht hinreichend, eine accounting method steuerlich zu begründen.[282]

Der Einfluss der GAAP zeigt sich hier insofern, als das matching principle von der Rechtsprechung als wesentliche Determinante für die Erfüllung der steuerlichen Generalklausel angesehen wird: "When either the taxpayer or the IRS argues in favor of an accounting method that will not satisfy the matching principle, the party is generally under a distinct disadvantage."[283] Allerdings wird das accrual principle in der steuerlichen Rechnungslegung von vielen Elementen eines cash-accounting überlagert, so dass die Reichweite des matching principle zur Auslegung des clearly reflect income von vornherein begrenzt ist. Denn das erste US-Einkommensteuerrecht kannte die accrual-method noch nicht; der Revenue Act 1913 erlaubte nur die cash-method, während die accrual method erst 1916 in das Gesetz aufgenommen wurde.[284] Wichtige Grundsätze der cash method blieben in der Folgezeit unangetastet. Außerdem wurden in einer Zeit, in der es noch keine einheitlichen Rechnungslegungsgrundsätze gab, wichtige Entscheidungen des Supreme Court zur einkommenswirksamen Erfassung von Einnahmen und Ausgaben (1926 u. 1932) getroffen,[285] an denen auch später festgehalten wurde.[286] Im Ergebnis spricht man deshalb auch von der steuerlichen partial accrual method

---

278 Vgl. White (1996), S. A-39 u. A-40.

279 Vgl. Dubroff/Cahill/Norris (1983), S. 366.

280 Vgl. McDaniel/Ault/McMahon/Simmons (1998), S. 983.

281 Vgl. Reg. § 1.446-1(c)(2)(ii).

282 Vgl. McDaniel/Ault/McMahon/Simmons (1998), S. 983 f. (Electric & Neon, Inc. v. Commissioner).

283 Seago (1994), S. 361; auch White (1996), S. A-37.

284 Vgl. Dubroff/Cahill/Norris (1983), S. 356; Freeman (1958), S. 728; Lent (1962), S. 479; Lischer/Märkl (1997), S. 95. Der maßgebliche Sec. 13 (d) IRC 1916 sprach allerdings nicht ausdrücklich von "accrual accounting"; der heute geltende Sec. 446 IRC wurde 1954 in den IRC aufgenommen, wobei der Begriff "accrual accounting" ausdrücklich in den Gesetzestext aufgenommen wurde.

285 Angesprochen sind hier die Entscheidungen North American Oil Consolidated v. Burnet zur claim of right-Doktrin, sowie Mooney Aircraft, Inc. v. US zum all events test. Vgl. McDaniel/Ault/McMahon/Simmons (1998), S. 165 u. 1023.

286 Vgl. Dubroff/Cahill/Norris (1983), S. 384-388; Lent (1962), S. 479 f. Vgl. auch Lischer/Märkl (1997), S. 103: "The early U. S. tax accounting principles arose by statute and judicial decision before the U. S. accounting profession was well organized and able to speak with a unified voice regarding sound accounting principles."

nach dem IRC, die im Gegensatz zu einer complete accrual method durch infusions of cash basis features gekennzeichnet ist.[287]

Der Gesetzgeber kodifizierte erstmals 1916 infolge der steuerlich von nun an zulässigen accrual method die Generalklausel clearly reflect income, da er es offenbar für unmöglich hielt, die Regeln der Periodisierung durch Vermögensvergleich umfassend gesetzlich zu regeln, insbesondere weil zu dieser Zeit Grundsätze der Rechnungslegung nur schwach entwickelt waren.[288] Daher hat der Kongress der Finanzverwaltung aufgrund deren Nähe zum betreffenden Fall, nicht den Gerichten – auch um eine Verschwendung von Ressourcen zu vermeiden[289] – weitreichende Kompetenzen bei der Auslegung dieser Norm eingeräumt.[290] Daher wird betont, dass "the Commissioner´s power to require a taxpayer to change its method of accounting is strong"[291]; dieses Ermessen ist aber zumindest insoweit begrenzt, als eine im IRC oder den Regulations vorgesehene accounting method vom Commissioner nicht mit der Begründung verworfen werden kann, eine andere Vorgehensweise gebe das Einkommen noch klarer wider.[292]

Im Ergebnis sind die Steuerpflichtigen einem nicht unbeachtlichen Maß an Ermessen durch die Finanzverwaltung ausgesetzt. Der Ermessensspielraum des IRS wird auch von der Rechtsprechung anerkannt: "Whether a particular method of accounting clearly reflects income is a question of fact, and the issue must be decided on a case-by-case basis."[293] Dies erklärt auch, warum häufig zur Generalklausel Urteile ergehen.[294] Erschwerend für die Steuerpflichtigen tritt hinzu, dass Gerichte in einem reflection of income case nur darüber zu entscheiden haben, ob der IRS das ihm zukommende Ermessen überschritten hat (rational basis standard bzw. abuse of discretion standard), nicht aber eine bestimmte Rechnungslegungsmethode vorzuschreiben (substitution standard).[295] Ersterer standard wird vom IRS leichter er-

287 Vgl. Hahn (1960), S. 49.

288 Vgl. Seago (1994), S. 358.

289 Vgl. Seago (1994), S. 358: " ... leaving these determinations to the courts would require an inordinate commitment of resources to answer questions that did not then seem tremendously important."

290 Vgl. Seago (1994), S. 357 f.; Dubroff/Cahill/Norris (1983), S. 356-363; White (1996), S. A-38, Fn. 489.

291 McDaniel/Ault/McMahon/Simmons (1998), S. 984; ebenso White (1996), S. A-38.

292 Vgl. White (1996), S. A-38 u. A-48; McDaniel/Ault/McMahon/Simmons (1998), S. 984 f. (RLC Industries Co. v. Commissioner).

293 McDaniel/Ault/McMahon/Simmons (1998), S. 985 (Thor Power Tool v. Commissioner); auch Seago (1994), S. 356; Vorwold (2002), S. 510. Ähnlich Lischer/Märkl (1997), S. 94: " ... the applicability of the clear reflection standard very much depends upon the facts of each situation."

294 Vgl. Seago (1994), S. 356.

295 Vgl. White (1996), S. A-47, Fn. 583, insbes. RCA Corp. v. U. S.: "the court´s task ... `is not to determine whether in its own opinion [the taxpayers] method of accounting ... `clearly reflect[s] income´ but to de-

füllt, da dem Gericht hier eine schlüssige Erklärung für die Entscheidung der Finanzverwaltung genügt; liegt eine solche vor und wird die accounting method des Steuerpflichtigen folglich abgelehnt, ist damit aber nicht gesagt, "that if the commissioner and the taxpayer began on even terms - with an equal burden of persuasion - the commissioner´s arguments would prevail."[296]

Das Beispiel USA verdeutlicht, dass es im Falle einer eigenständigen steuerlichen Gewinnermittlung nicht sinnvoll erscheint, eine generalklauselartige Regelung in das Einkommensteuerrecht aufzunehmen. Zwar ist es zweifelhaft, ob die Steuergesetze aufgrund der Komplexität des Geschehens, das sie erfassen sollen, immer ohne die Anwendung von Generalklauseln auskommen können.[297] Die Rechtssicherheit der Besteuerung wird aber vor allem durch die Anwendungen von unbestimmten Rechtsbegriffen oder vagen Generalklauseln eingeschränkt.[298] Daher ist es sehr fraglich, ob eine solche Generalklausel dem Grundsatz der Tatbestandsmäßigkeit der Besteuerung überhaupt genügen könnte.[299]

Stattdessen sollte ein geschlossenes Gewinnermittlungssystem im Einkommensteuergesetz etabliert werden. Wie im Einzelnen in Gliederungspunkt 5. aufgezeigt, sollte die steuerliche Gewinnermittlung die Allokation von Ressourcen so wenig wie möglich verzerren und dem Grundsatz der Gleichmäßigkeit der Besteuerung genügen. Es wurde deutlich, dass die aus diesen beiden Kriterien gewinnbaren Erkenntnisse über die konkrete Ausgestaltung von steuerlichen Periodisierungsregeln – zumindest ohne Werturteile – letztendlich spärlich sind. Einkommensermittlung hat konventionellen Charakter, da es keine materiell haltbaren ökonomischen Prinzipien unter Unsicherheit gibt.

Das Kriterium der Allokationseffizienz lässt es sinnvoll erscheinen, die steuerliche Periodisierung von Zahlungen zu beschränken. Denn wie im Einzelnen in Gliederungspunkt 5.4. erörtert, sind die Wirkungen der steuerlichen Gewinnermittlung in ihrer Gesamtheit auf die Grenzinvestition weder für den Steuergesetzgeber noch für den Investor eindeutig berechenbar, weil sich Steuerwirkungen einzelner Bilanzierungsregeln gegenseitig kompensieren mögen. Ein Zurückdrängen der steuerlichen Regeln der Zahlungsperiodisierung dürfte nicht zu

termine whether there is adequate basis in law for the IRS´conclusion that it d[oes] not"; Seago (1994), S. 356 u. 370 f.

296 Seago (1994), S. 356.

297 Vgl. Jacobs (1969), Sp. 635.

298 Vgl. BVerfG vom 10.10.1961, 2 BvL 1/59, BVerfGE Bd. 13, S. 153 ff. (160); Hartz (1968), Sp. 245-250.

299 Vgl. Gail (1995), S. 117 f.; Weber-Grellet (1994a), S. 289; ders. (1999b), S. 2661.

einer Verminderung des Investitionsumfanges führen. Die Transparenz des Steuerbilanzrechts wird sich im Wege der Beschränkung der Zahlungsperiodisierung erhöhen. Eine stärkere Orientierung an den Zahlungen steht auch mit dem Grundsatz gleichmäßiger Besteuerung im Einklang. Verstöße gegen den Grundsatz gleichmäßiger Besteuerung aufgrund des Dualismus der Einkünfte[300] würden durch eine Beschränkung der steuerlichen Zahlungsperiodisierung reduziert.

Im Falle eines eigenständigen Steuerbilanzrechts sind Ansatz- und Bewertungsfragen nicht einfacher zu lösen als auf der Grundlage der Verweisung auf die handelsrechtlichen GoB. Die Streitanfälligkeit des Steuerbilanzrechts liegt eben in der dem Betriebsvermögensvergleich immanenten Aufgabe der Periodisierung begründet.[301] Daher liegt es nahe, die nötigen Periodisierungen so gering wie möglich zu halten, um den Grundsätzen der Einfachheit und Nachprüfbarkeit zu entsprechen. Für diesen Ansatz spricht auch, dass es nach *Groh* illusorisch ist, " ... von der Einführung der selbständigen Steuerbilanz eine vollständige Abnabelung vom Handelsbilanzrecht zu erwarten; auch eine umfängliche steuerrechtliche Regelung, die auf das Maßgeblichkeitsprinzip verzichtet, ließe sich nur anwenden, wenn in Zweifelsfragen auf die Grundsätze ordnungsmäßiger Buchführung rekurriert wird."[302] *Groh* stützt dieses Argument mit dem Hinweis, dass auch in den Staaten, die ein Maßgeblichkeitsprinzip nicht kennen,[303] die Steuerbilanz in gewissem Umfang dem geltenden kaufmännischen Gewinnermittlungsrecht verhaftet blieben; Zweifelsfragen würden auch hier nach den sound business practices entschieden werden.[304] Wenn daher IAS im Einzelabschluss Anwendung finden, besteht die Gefahr, dass IAS über Auslegungsfragen Einfluss auf die steuerliche Gewinnermittlung neh-

---

300 Vgl. zum Dualismus die Nachweise in Fn. 253 auf S. 210. Der Karlsruher Entwurf zur Reform des Einkommensteuergesetzes will den Dualismus der Einkünfte abschaffen, hält letztlich aber am Dualismus zwischen Gewinnermittlung und Überschussermittlung fest, vgl. Kirchhof u.a. (2001), S. 28, Begründung zu § 2, und S. 37, Begründung zu § 10. Zum Karlsruher Entwurf vgl. auch Kirchhof (2001), S. 913-920; Wassermeyer (2001b), S. 920-924; Scheffler (2001b), S. 904-914; Wagner (2001), S. 354-362; Maiterth (2001), S. 1172-1175; Bareis (2002), S. 135-147; Tipke (2002), S. 148-175.

301 Vgl. Hennrichs (1999), S. 15; Strobl (1995), S. 85; Clemm/Nonnenmacher (1985), S. 230-243; Söffing (1995), S. 661-663.

302 Groh (1998b), S. 181. Auch die Steuerreformkommission 1971 (Eberhard-Kommission), die statt des Maßgeblichkeitsgrundsatzes eine umfängliche Regelung in das EStG aufnehmen wollte, beabsichtigte in Zweifelsfragen auf die GoB zurückzugreifen, vgl. Bundesministerium für Wirtschaft und Finanzen (1971), S. 428 u. 435; im Einzelnen Thiel, R. (1971), S. 534-548. Ebenso sah der erste Referentenentwurf eines EStG 1974 eine weitgehende Verselbständigung der Steuerbilanz vor, vgl. hierzu Klotz (1972), S. 34 ff.; Rau (1974), S. 123; Pohl (1983), S. 224 ff; in einem neuen Regierungsentwurf wurde die Forderung nach einer eigenständigen Steuerbilanz wieder aufgehoben, vgl. BT-Drucks. 7/1470; BR-Drucks. 700/73.

303 Hierbei handelt es sich neben den USA um Kanada, Großbritannien, Japan, die Niederlande, Dänemark und Australien. Demgegenüber findet sich ein Maßgeblichkeitsgrundsatz insbesondere auch in Belgien, Frankreich, Schweden, Österreich, Portugal, Spanien, Luxemburg und Italien. Vgl. im Einzelnen Gail/Greth/Schumann (1991), S. 1389-1400; Hölscher (1999), S. 302-307; Pannen (2000), S. 241-255.

304 Vgl. Groh (1998b), S. 182.

men, was zu einer erhöhten Rechtsunsicherheit führen würde. Auch deshalb ist es sinnvoll, die steuerliche Gewinnermittlung stärker an Zahlungen zu orientieren.

Bei der Erörterung des Einflusses der steuerlichen Gewinnermittlung auf Investitionsentscheidungen wurde aufgrund von Liquiditätseffekten der Besteuerung die Anknüpfung an das Realisationsprinzip betont. Zwar können Forderungen grundsätzlich in Zahlungsmittel umgewandelt werden; um Gleichmäßigkeit der Besteuerung zwischen Gewinnermittlern und nichtselbstständigen Einkommensbeziehern zu erreichen, sollte zukünftig aber auf den Grundsatz der Barrealisation abgestellt werden.[305]

Im Einzelnen ergibt sich somit für ein eigenständiges Steuerbilanzrecht: Gewinn wird durch den Vergleich des Eigenkapitals zu Beginn und zum Ende des Steuerjahres, vermehrt um Entnahmen und vermindert um Einlagen ermittelt. Der Gewinn wird nicht erhöht um Einzahlungen, die zum Entstehen einer Schuld führen, und nicht vermindert, um Auszahlungen, mit denen der Zugang eines Wirtschaftgutes verbunden ist. Mit dem Grundsatz der Barrealisation ist die Bewertung zu Anschaffungs- oder Herstellungskosten verknüpft.[306] Ein Abstellen auf Zahlungen legt den Vollkostenansatz nahe, wodurch allerdings die Einfachheit und Nachprüfbarkeit der Rechnung beeinträchtigt wird.[307] Im Vorratsvermögen können Bewertungsvereinfachungsverfahren gewährt werden. Aus Gründen der Nachprüfbarkeit sollte auf selbstständig veräußerbare Wirtschaftsgüter und selbstständig verkehrsfähige Schulden abgestellt werden.[308] Der Einfachheit und Nachprüfbarkeit der Gewinnermittlung entspicht es auch, nur die lineare Abschreibung zuzulassen.[309] Sofern kein sofortiger Verlustausgleich oder ein betriebswirtschaftlich adäquater Verlustausgleich besteht, kann auf das Imparitätsprinzip als zweitbeste Lösung für die steuerliche Gewinnermittlung und die Bildung von Rückstellungen nicht verzichtet werden.[310]

---

305 Vgl. Schneider (1997), S. 279 f.; Gliederungspunkt 5.5.2.

306 Vgl. Schneider (1997), S. 280; Gliederungspunkt 5.5.2.

307 Vgl. zur Diskussion um die steuerlichen Herstellungskosten die Nachweise in den Fn. 273 und 274 auf S. 213.

308 Zur Begründung von Schneider vgl. Gliederungspunkt 5.5.2.

309 Vgl. Schneider (1997), S. 131.

310 Vgl. Gliederungspunkt 5.5.2.
Es ergeben sich insofern Ähnlichkeiten zum Karlsruher Entwurf (vgl. Fn. 300), als dieser den Ansatz von Drohverlustrückstellungen und Rechnungsabgrenzungsposten untersagt und Teilwertabschreibungen sowie Abschreibungen wegen außergewöhnlicher wirtschaftlicher Abnutzung nicht zulässt. Allerdings soll der Verlustabzug im Vergleich zum geltenden Recht wesentlich beschränkt werden; der Verlustvortrag wird auf fünf Jahre beschränkt, der Verlustrücktrag entfällt.

Es empfiehlt sich, den Einkommensteuersatz zu senken und die Progression des Tarifs entsprechend zu verringern, weil bei einer Annäherung an eine Zahlungsrechnung die periodischen Schwankungen der Gewinne stark zunehmen werden. Denn ansonsten könnte es zu hohen Grenzbelastungen des Gewinns kommen, obwohl über mehrere Jahre gesehen eine derart hohe Steuerbelastung nicht vorliegt.

Während dieser Gliederungspunkt 6.4.1. von einer Übernahme der IAS in den Einzelabschluss ausging und daher Grundstrukturen eines eigenständigen Steuerbilanzrechts erörterte, wird im folgenden Gliederungspunkt 6.4.2. der Frage nach der Zukunft des Maßgeblichkeitsprinzips unter der Voraussetzung, dass IAS auf den Konzernabschluss beschränkt bleiben, diskutiert.

6.4.2. IAS nur im Konzernabschluss: Beibehaltung einer einfachen Maßgeblichkeit

6.4.2.1. Begründung einer einfachen Maßgeblichkeit – Aufgabe der umgekehrten Maßgeblichkeit

Sofern IAS nicht in den Einzelabschluss übernommen werden, lässt sich – wie der Gliederungspunkt 5. verdeutlicht hat – ein Beibehalten der einfachen Maßgeblichkeit lediglich über den Vereinfachungsaspekt begründen.[311] Schon früh wurde als gewichtiger Vorteil des Maßgeblichkeitsprinzips herausgestellt, auf den Normenvorrat der Grundsätze handelsrechtlicher Rechnungslegung für Zwecke der Steuererhebung zurückgreifen zu können.[312] Aufgrund der nur sehr groben Kodifizierung bildet Bilanzrecht faktisch weitgehend Richterrecht, d.h. es wird im Wesentlichen erst durch höchstrichterliche Entscheidungen konkretisiert. Daher kommt der Geradlinigkeit dieser Entscheidungen, " ... deren Einordenbarkeit in ein in der Grundstruktur einfaches Gefüge von Bilanzrechtssätzen"[313], eine hohe Bedeutung zu. Inzwischen habe die Einflussnahme des BFH auf das Handelsbilanzrecht zu einer weitgehend geschlossenen, systematischen Auslegung des Bilanzrechts geführt.[314] Es liege " ... in keinem

311 Vgl. zusammenfassend Gliederungspunkt 5.7.

312 Vgl. Schneider (1970b), S. 1697; Wagner (1983), S. 48; Lang (1988), S. 377. Vgl. auch Raupach (1994), S. 124: "Nicht auszudenken, welches Chaos die Steuergesetzgebung im Bilanzrecht anrichten würde, wenn sie die `Fessel´ der Handelsbilanz abwerfen würde."

313 Moxter (1999a), S. 622.

314 Vgl. Moxter (1993b), S. 533; ders. (1996c), S. 179; Crezelius (1987), S. 43; Döllerer (1988), S. 241. Nach Moxter könnte das Bilanzrecht noch an Systematik gewinnen, indem die höchstrichterlichen Entscheidungen sich z.T. noch konsequenter an der wirtschaftlichen statt der formalrechtlichen Betrachtungsweise orientierten, vgl. Moxter (1999a), S. 622-629, mit Beispielen aus der Rechtsprechung; ders. (2000b), S. 2146.

anderen Lande der EU und vielleicht der Welt eine vergleichbar eingehende Bilanzrechtsprechung .. " vor. "Sie ist dem Maßgeblichkeitsprinzip zu verdanken."[315]

Wenn in Zukunft die IAS auf den Konzernabschluss beschränkt bleiben sollten und am Maßgeblichkeitsprinzip des § 5 Abs. 1 EStG festgehalten wird, sollte aber die umgekehrte Maßgeblichkeit gestrichen werden. Von der herrschenden Meinung in der Literatur wird die Abschaffung der umgekehrten Maßgeblichkeit seit langem gefordert.[316]

Der Zweck der umgekehrten Maßgeblichkeit wird im Wesentlichen darin gesehen, " ... durch die Ausübung von Wahlrechten, die den steuerlichen Gewinn mindern, oder durch steuerliche Vergünstigungen die Kapital- und Finanzkraft des Unternehmens zu stärken."[317] Diesem Zweck würde widersprochen werden, wenn die aufgrund der Steuervergünstigung erlangte Betriebsvermögensmehrung an die Anteilseigner verteilt werden dürfte, d.h. dem Steuerverzicht des Staates entspricht der Ausschüttungsverzicht der Anteilseigner.[318]

Diese Ausschüttungssperre greift nur bei Kapitalgesellschaften, da bei Personengesellschaften und Einzelunternehmen unabhängig vom ausgewiesenen Gewinn Entnahmen vorgenommen werden können. Daher wird in dieser Ausschüttungssperre ein Verstoß gegen den Grundsatz der Gleichmäßigkeit der Besteuerung gesehen.[319]

Die durch die umgekehrte Maßgeblichkeit verminderten Ausschüttungsmöglichkeiten stellen aber bei personenbezogenen Kapitalgesellschaften und bei Publikumskapitalgesellschaften für den Fall, dass die Unternehmensleitung im Sinne der Anteilseigner handelt, aus ökonomischer Sicht[320] nicht zwingend eine Ungleichbehandlung dar. Bei geplanter Reinvestition der Aus-

---

315 Groh (1998b), S. 179 (beide Zitate); vgl. auch Döllerer (1971), S. 1334; Moxter (2000a), S. 159.

316 Vgl. Busse von Colbe (2000), S. 503; Esser (1999), S. 225; Herzig (1999), S. 781; ders. (2000a), S. 116; Krawitz (1998), S. 217; Kuhn (1997), S. 312; Moxter (1988), S. 942; Raupach (1989), S. 116 f.; ders. (1994), S. 124; Schmidt, P.-J. (1996), S. 912; Schneider (1978c), S. 1580; Schulze-Osterloh (2000), S. 603; Sigloch (2000), S. 179; Söffing (1995), S. 673.
In Befragungen wird die umgekehrte Maßgeblichkeit überwiegend abgelehnt, vgl. Glaum/Mandler (1996), S. 164.

317 Hauser/Meurer (1998), S. 275.

318 Vgl. BT-Drs. 10/4268, S. 146; zustimmend z.B. Groh (1998b), S. 183; Kreile (1987), S. 453.
Das Argument von Döllerer zur Begründung der einfachen Maßgeblichkeit (vgl. Gliederungspunkt 5.3.1.) wird hier umgedreht: "die Anteilseigner sollen nicht – auf Kosten des Fiskus – einen vergleichsweise höheren Anteil am Unternehmenserfolg haben als der Fiskus", Hauser/Meurer (1998), S. 275.

319 Vgl. Thiel, J. (1989), S. 537; Dziadkowski (1989), S. 439; Merkert/Koths (1985), S. 1767; Lause/Sievers (1990), S. 26; Raupach (1989), S. 117.

320 Vgl. zur Diskussion insbes. Wagner (1990), S. 5-11; Wagner/Hawlitzky (1991), S. 309-321; Eichinger (1993), S. 237-273; Henscheid (1992b), S. 1243-1245; Robisch (1993), S. 1002-1004; Schildbach (1989a),

schüttungen bewirkt die Umkehrung des Maßgeblichkeitsgrundsatzes einen Nachteil für den Anteilseigner, wenn die Gesellschaft nicht mindestens den Nettozins auf die zusätzlich einbehaltenen Mittel verdient. Der Nettozins ist hier maßgebend, denn während der Kapitalgeber auf eine Ausschüttung nach Steuern verzichtet, investiert die Unternehmung die zusätzliche Abschreibung vor Steuern.[321] Bei geplanter konsumtiver Verwendung der Ausschüttungen könnte der Gesellschafter Konsumkredite aufnehmen, sofern er seinen Lebensstandard aufrechterhalten will. Die Fremdkapitalzinsen sind allerdings als Kosten der privaten Lebensführung steuerlich nicht abzugsfähig. Die Gesellschafter sind indifferent zwischen Innenfinanzierung und Ausschüttung, wenn der Marktzins verdient wird. Denn während bei der Unternehmung Mittel in Höhe der zusätzlichen Abschreibung unversteuert verbleiben, wären sie im Falle der Ausschüttung zu versteuern gewesen; die Unternehmung verdient netto den Betrag, den der Kapitalgeber als Schuldzinsen zahlen muss. Bei Publikumskapitalgesellschaften haben diese Überlegungen geringe Relevanz, weil auf organisierten Kapitalmärkten die Konsumausgaben auch durch Anteilsveräußerungen bestritten werden können.[322] Schädigungen der Kapitalgeber sind damit eher unwahrscheinlich.

Bei diesen Argumentationen darf aber nicht übersehen werden, dass eine Transferierung von Mitteln an die Anteilseigner auch über die Auflösung von nicht ausschüttungsgesperrten Rücklagen sowie die Vereinbarung von Gesellschaftervergütungen erfolgen kann. "Beide Transfermöglichkeiten können für die investive Reallokation von Mitteln außerhalb der Unternehmung ebenso eingesetzt werden wie zur Alimentierung des Konsumstroms."[323]

Gläubiger haben vermutlich eher ein Interesse, die Beibehaltung der Umkehrmaßgeblichkeit zu fordern. Denn bei bereits bestehenden Kreditverträgen bewirken subventionelle Steuervergünstigungen in der Handelsbilanz eine Vergrößerung der ausschüttungsgesperrten Haftungsmasse. Ist hingegen die Kreditvergabe am Bilanzstichtag noch nicht erfolgt, so wird in der Literatur z.T. ein beeinträchtigter Kreditspielraum wegen des niedrigeren Vermögensausweises vermutet.[324] Dies trifft aber nur dann zu, " ... wenn Gläubiger außerstande wären, die

S. 1452; Merkert (1988), S. 145; Stobbe (1988), S. 7. Zur Bedeutung der umgekehrten Maßgeblichkeit für die Bilanzpolitik vgl. Henscheid (1992b), S. 1245-1247.

321 Vgl. Stellpflug (2001), S. 105-112, 152 f.

322 Vgl. Wagner (1990), S. 10.

323 Wagner (1990), S. 7.

324 So Haeger (1989), S. 57; Merkert (1988), S. 143.

durch die Umkehrung des Maßgeblichkeitsprinzips gelegten stillen Rücklagen zu erkennen und für die Festlegung der Beleihungsgrenze zu berücksichtigen."[325]

Die umgekehrte Maßgeblichkeit ist nicht nur wegen ihrer Ausschüttungssperrwirkungen, sondern auch aufgrund ihrer Informationswirkungen problematisch. Infolge der umgekehrten Maßgeblichkeit finden Bilanzansätze Eingang in die Handelsbilanz, die außerhalb der handelsrechtlichen GoB liegen; in diesem Sinne dominiert die Steuerbilanz die Handelsbilanz.[326] Letztere wird in vielen Fällen zu einer Bilanz, die wegen der steuerlich veranlassten Unterbewertung materiell nicht mehr den GoB entspricht.[327] Die Aussagefähigkeit der Handelsbilanz wird beeinträchtigt;[328] bei Kapitalgesellschaften wird die Generalnorm des § 264 Abs. 2 HGB verletzt.[329] Durch die Unterbewertungen wird die Vermögenslage nicht sachgerecht dargestellt, die Ertragslage mehrerer Jahre wird verfälscht. Insbesondere aus diesen Gründen – neben dem oben erwähnten Einfließen steuerrechtlichen Gedankengutes bei der Auslegung von GoB – wird die deutsche Handelsbilanz weltweit als tax driven bezeichnet.[330]

Diese "Deformierung der Handelsbilanz"[331] ist für Gesellschafter personenbezogener Kapitalgesellschaften im Grundsatz irrelevant, weil ihnen in der Regel alle internen Informationsquellen des Unternehmens zur Verfügung stehen. Außerdem resultieren hier wesentliche Informationsverzerrungen " ... bei Nichtkapitalgesellschaften nur insoweit, als die Steuerwerte die Werte nach § 253 Abs. 4 u. 5 HGB noch unterschreiten."[332] Bei Publikumskapitalgesellschaften ist eine "deformierte" Handelsbilanz nur insoweit entscheidungsrelevant, als die Handelsbilanz überhaupt vom Kapitalmarkt für die Kursbildung von Aktien als wesentlich angesehen wird.[333]

---

325 Wagner (1990), S. 9.
326 Vgl. Dziadkowski (1989), S. 438; ders. (1979), S. 234.
327 Vgl. Küting (1989), S. 116; Raupach (1990), S. 519.
328 Vgl. Schneider (1971b), S. 331; ders. (1970b), S. 1705; Küting (1989), S. 112; Dziadkowski (1989), S. 439; Raupach (1994), S. 111.
329 Vgl. Henscheid (1992a), S. 105. Durch zusätzliche Angaben im Anhang soll dem verminderten Aussagegehalt der Handelsbilanz bei Kapitalgesellschaften entgegengewirkt werden, vgl. §§ 280 Abs. 3, 281 Abs. 2, 285 Nr. 5 HGB; die Literatur sieht diese Konzeption überwiegend kritisch, vgl. Dziadkowski (1989), S. 438; Haeger (1989), S. 292 f.; Haller (1992), S. 47; Henscheid (1992b), S. 1247; Karrenbrock (1993a), S. 534-544; ders. (1993b), S. 1045-1052; Küting (1989), S. 120 f.; a.A. Krieger (1988), S. 338; Ballwieser (1990), S. 490 f., 495.
330 Vgl. Kleber (1993), S. 385.
331 Busse von Colbe/Chmielewicz (1986), S. 316.
332 Ballwieser (1990), S. 495, im Einzelnen S. 490.
333 Vgl. Wagner (1990), S. 9.

Im Ergebnis sollte die umgekehrte Maßgeblichkeit abgeschafft werden, soweit IAS auf den Konzernabschluss beschränkt bleiben. Im Falle einer Beibehaltung der einfachen Maßgeblichkeit stellt sich allerdings die Frage, ob der Einfluss der Rechtsprechung des Europäischen Gerichtshofes (EuGH) nicht ohnehin zu einer Abkehr vom § 5 Abs. 1 EStG führen wird. Dieser Frage wird im folgenden Gliederungspunkt nachgegangen.

6.4.2.2. Einfluss der Rechtsprechung des Europäischen Gerichtshofes auf den Maßgeblichkeitsgrundsatz

6.4.2.2.1. Richtlinienkonforme Auslegung und Vorabentscheidungsverfahren nach Art. 234 EGV

Wesentliche Leitlinie bei der Transformation der 4. EG-Richtlinie in deutsches Recht im Wege des Bilanzrichtliniengesetzes 1985 war die steuerneutrale Umsetzung,[334] d.h. es sollten hiervon keine negativen steuerlichen Effekte auf die Unternehmen ausgehen. Aufgrund des bestehenden Maßgeblichkeitsprinzips musste der Gesetzgeber ständig bestrebt sein, die Umsetzung ohne wesentliche Änderungen für die handelsrechtliche Gewinnermittlung vorzunehmen, um der Maxime der steuerneutralen Umsetzung zu genügen.[335] Das Maßgeblichkeitsprinzip wurde vor diesem Hintergrund von zahlreichen Interessenvertretern unterstützt.[336] Das true and fair view-Konzept der 4.-Richtlinie wurde im Ergebnis zugunsten der steuerneutralen Umsetzung stark abgeschwächt; die handelsbilanzrechtliche Grundentscheidung, den true and fair-view bzw. die Informationsfunktion in den Anhang zu verbannen, machte den Weg frei für das Maßgeblichkeitsprinzip. Vor allem in dieser Hinsicht hat der Maßgeblichkeitsgrundsatz bisher als "Bollwerk gegen Internationalisierungstendenzen"[337] fungiert.

Allerdings war bereits vor dem EU-Verordnungsentwurf[338] fraglich, ob die Internationalisierung der Rechnungslegung vor dem Maßgeblichkeitsgrundsatz tatsächlich Halt gemacht hat oder Halt machen wird. Wesentliche Einflüsse können sich hier aus der Rechtsprechung des Europäischen Gerichtshofes ergeben, sofern der Maßgeblichkeitsgrundsatz als strenge Inbezugnahme des handelsbilanziellen Gemeinschaftsrechts zu verstehen ist.

---

334 Vgl. Helmrich (1985), S. 731 f.
335 Vgl. Haller (1992), S. 46; Herzig (1999), S. 790; Groh (1998c), S. I; Schmitz, R. (1988), S. 10 f.
336 Vgl. Schmidt, P. J. (1991), S. 607.
337 So Selchert (1999), S. 914.
338 Vgl. Gliederungspunkt 6.1.3.

Vorschriften, mit denen eine Richtlinie in innerstaatliches Recht umgesetzt worden ist, sind richtlinienkonform auszulegen.[339] Das ist Konsequenz der in Art. 24 EGV festgeschriebenen Verpflichtung zur Gemeinschaftstreue. Richtlinienkonforme Auslegung soll die einheitliche Auslegung des angeglichenen Rechts sichern bzw. verhindern, " ... daß die dem Norm*text* nach harmonisierten Bereiche durch eine uneinheitliche Auslegung wieder auseinanderdriften, also schleichend *ent*harmonisiert werden."[340] Um den Inhalt der Richtlinie bei der Interpretation des innerstaatlichen Rechts einbeziehen zu können, ist Voraussetzung, dass der Inhalt der Richtlinie feststeht.[341]

Die Auslegung der Richtlinie obliegt dem EuGH. Er entscheidet nach Art. 234 EGV im Wege der Vorabentscheidung u.a. über die Auslegung der Handlungen der Organe der Europäischen Gemeinschaft und somit auch über die Auslegung der Richtlinien des Rates der EU. Aufgabe des EuGH im Vorabentscheidungsverfahren ist es also, die einheitliche Anwendung des Gemeinschaftsrechts sicherzustellen.[342]

Voraussetzung einer Vorabentscheidung ist, dass eine gemeinschaftsrechtliche Frage als Vorfrage für die Entscheidung eines Rechtsstreites überhaupt erheblich ist. Die nationalen Gerichte beurteilen nach eigener Zuständigkeit, ob für ihre Urteilsfindung eine Entscheidung über eine gemeinschaftsrechtliche Frage erforderlich ist.[343] Steht die Erheblichkeit der gemeinschaftsrechtlichen Vorfrage fest, so besteht nach Art. 234 EGV Vorlagepflicht für letztinstanzliche Gerichte.[344] Es kann also nicht auf das Gemeinschaftsrecht nur materiell verwiesen werden, ohne die Konsequenzen der Vorlagepflicht des Art. 234 EGV tragen zu wollen. Ansonsten würden nationale Gerichte Fragen zum Gemeinschaftsrecht ohne Kontrolle des EuGH entscheiden.[345] Die Vorlagepflicht entfällt nur dann, wenn (1) die Frage der Auslegung der Richtlinie bereits in einem gleichgelagerten Fall Gegenstand einer Vorabentscheidung

---

339 Vgl. im Einzelnen zur richtlinienkonformen Auslegung Bleckmann (1987), S. 929-935; Dänzer-Vanotti (1991a), S. 1-15; ders. (1991b), S. 754 f.; Spetzler (1991), S. 579-582; Weymüller (1991), S. 501-504; Weber-Grellet (1995), S. 342 f.; Schön, W. (1993), S. 35 ff.; Herlinghaus (1997), S. 532 f.

340 Hennrichs (1999), S. 149.

341 Vgl. Schulze-Osterloh (1995b), S. 173.
Vgl. auch Beisse (1990a), S. 511: "Richtlinienkonforme Auslegung setzt die Auslegung der Richtlinie selbst voraus", meint Auslegung nationalen Rechts im Lichte der Richtlinie und findet ihre Grenze dort, wo eine Vorschrift nationalen Rechts entgegen ihrem Wortsinn "richtlinienkonform" aufgefasst werden soll. Vgl. auch ders. (1990b), S. 2011.

342 Zum Vorabentscheidungsverfahren nach Art. 234 EGV vgl. im Einzelnen Ahmann (1993), S. 273 f.; Arndt (1998), S. 43 ff.; Dautzenberg (1992), S. 2401; Groh (1996b), S. 1207-1209; Herlinghaus (1997), S. 535-537; Hirsch (1999), S. 103-115; Kirchhoff, W. (1989), S. 2264; Schulze-Osterloh (1995b), S. 172.
Zu den Auslegungsmethoden des EuGH vgl. etwa Vanistendael (1997), S. 1027-1030.

343 Vgl. Meilicke (1999), S. 890; Offerhaus (1997), S. 504, mit Rechtsprechungsnachweisen.

344 Andere Gerichte sind zur Vorlage berechtigt, nicht verpflichtet, vgl. Art. 234 Abs. 2 EGV.

gewesen ist, (2) hinsichtlich der Auslegungsfrage eine gesicherte Rechtsprechung des EuGH besteht, und (3) es an der Entscheidung der Auslegungsfrage keinen vernünftigen Zweifel geben kann.[346] Das innerstaatliche Gericht ist im Grundsatz an die Vorabentscheidung des EuGH gebunden.[347]

6.4.2.2.2. EuGH-Rechtsprechung und Handelsbilanzrecht

Nach h.M. trifft den BGH die Vorlagepflicht, soweit Fragen des Jahresabschlusses einer AG, GmbH oder KGaA angesprochen sind, da durch die Vorschriften im Dritten Buch des HGB vor allem die 4. und die 7. EG-Richtlinie in deutsches Recht umgesetzt worden sind.[348] So verwundert es nicht, dass der EuGH im Fall Tomberger[349] – des ersten Urteils des EuGH anhand des Jahresabschlusses einer deutschen Kapialgesellschaft über die materielle Auslegung der 4. Richtlinie – offenbar nicht den geringsten Zweifel an seiner Zuständigkeit hatte.[350]

Auch für die Jahresabschlüsse von Einzelunternehmen und Personengesellschaften bejaht die überwiegende Meinung in der Literatur die Vorlagepflicht. Auch ein "abgekoppelter" Rechtsbereich wie das Bilanzrecht der Personengesellschaften müsse letztlich richtlinienkonform ausgelegt werden, weil der Gesetzgeber durch die Parallelregelung doch erreichen wollte, " ...

---

345 Vgl. Meilicke (1999), S. 890.

346 Vgl. insbesondere EuGH vom 6.10.1982, Rs. 283/81 (CILFIT), RIW 1983, S. 281, sowie mit weiteren Verweisen auf die Rechtsprechung Schulze-Osterloh (1995b), S. 173 f.; Groh (1996b), S. 1208 f.; Weber-Grellet (1995), S. 340; Ahmann (1993), S. 276 f.; Canaris (1994); Offerhaus (1997), S. 504 f.; Olbertz (1992), S. 40 f.
Der EuGH kann das letztinstanzliche Gericht nicht zur Anrufung zwingen; bei Unterlaufen der Vorlagepflicht kann es zu einem Vertragsverletzungsverfahren nach Art. 169, 170 EGV kommen. Über die Erfüllung der Vorlageverpflichtung wacht das Bundesverfassungsgericht. Vgl. im Einzelnen Beisse (1992), S. 49; Groh (1996b), S. 1207 f.; Hirsch (1998), S. 493 f.; Offerhaus (1997), S. 505.

347 Vgl. Schulze-Osterloh (1995b), S. 173.

348 Vgl. Schulze-Osterloh (1997), S. 282; Weber-Grellet (1995), S. 349; Kolb (1999), S. 397; Herzig/Watrin (2000), S. 150; Kellersmann (2001), S. 126; a.A. Moxter (1995e), S. 1464-1466; Biener (1996b), S. 42; Kessler (1999), S. 92; Theile (1996), S. 397.
Für den Jahresabschluss einer Kapitalgesellschaft & Co. gilt obige Aussage mit Geltung des KapCoRiLiG im Grundsatz gleichermaßen. Zur Kapitalgesellschaft & Co. vgl. bereits Schulze-Osterloh (1997), S. 283; Herlinghaus (1997), S. 533; kritisch Hennrichs (1997), S. 84 ff.

349 Vgl. EuGH v. 27.6.1996, Rs. C-234/94, IStR 1996, S. 352 ff.; Berichtigungsbeschluss vom 10.7.1997, DB 1997, S. 1513. Vgl. Biener (1997c), S. 63 ff.; Forster (1996), S. 419; Gelhausen/Gelhausen (1996), S. 573 ff.; Groh (1998a), S. 813-819; Haselmann/Schick (1996), S. 1529 ff.; dies. (1997), S. 58 ff.; Heni (1996), S. 1095; Henkel (1997), S. 35-40; Hennrichs (1997), S. 66 ff.; Herzig (1996), S. 1401 f.; Herzig/Rieck (1998b), S. 309 ff.; Hoffmann (1996), S. 1493 ff.; Kempermann (1996), S. 570 f.; Kraneis (1997), S. 57 f.; Kropff (1997b), S. 115 ff.; Küspert (1997), S. 877 ff.; Küting (1996), S. 1947 ff.; Schön, W. (1997c), S. 573 ff.; Schüppen (1996), S. 1481 ff.; Schulze-Osterloh (1996b), S. 1453 ff.; Theile (1996), S. 395 ff.; Weber-Grellet (1996a), S. 2089 ff.; ders. (1996b), S. 1094 f.; ders. (1997b), S. 95 ff.; de Weerth (1996), S. 763 ff.
Vgl. hieran anschließend BGH vom 12.1.1998 – II ZR 82/93, WPg 1998, S. 375 ff.

350 Vgl. Kempermann (1996), S. 571; Herzig (1996), S. 1401; Herzig/Rieck (1998b), S. 310.

daß in beiden Bereichen nach gleichen Grundsätzen entschieden wird; dann muß aber die gemeinschaftsrechtliche Entwicklung im transformierten Bereich mitberücksichtigt werden."[351] Denn der EuGH hat in der *Leur-Bloem*-Entscheidung verdeutlicht, es bestehe ein klares Interesse der Gemeinschaft daran, dass die aus dem Gemeinschaftsrecht übernommenen Bestimmungen oder Begriffe unabhängig davon, unter welchen Voraussetzungen sie angewandt werden, einheitlich ausgelegt werden, um künftige Auslegungsunterschiede zu verhindern. Er hat mit dem *Leur-Bloem*-Urteil deshalb ausdrücklich seine Zuständigkeit für die Auslegung des Gemeinschaftsrechts auch für den Fall bejaht, dass das EU-Recht einen fraglichen Sachverhalt nicht unmittelbar regelt, der nationale Gesetzgeber bei der Umsetzung einer Richtlinie in nationales Recht aber beschlossen hat, rein innerstaatliche Sachverhalte und von einer EU-Richtlinie betroffene Sachverhalte gleichzubehandeln, und er deshalb die innerstaatlichen Rechtsvorschriften an das Gemeinschaftsrecht angepasst hat.[352]

Demgegenüber besteht nach einem Teil der Meinungen in der Literatur bei Nicht-Kapitalgesellschaften keine Vorlagepflicht, da die §§ 242 ff. HGB in diesem Fall " ... nationalen Ursprungs sind und nur aus Zweckmäßigkeitsgründen mit den Normen übereinstimmen, mit denen die 4. EG-Richtlinie umgesetzt worden ist."[353] Der Gesetzgeber habe bewusst gegen eine Erstreckung des Grundsatzes des true and fair view auf Nicht-Kapitalgesellschaften entschieden. Er habe damit gerade keine Parallelregelung i.S. der *Leur-Bloem*-Entscheidung getroffen.[354] Damit kann es hiernach zu einer sog. Normspaltung kommen, die dazu führt, dass eine Vorschrift der §§ 238-263 HGB auf Grund ihres europarechtlichen Bezugs unterschiedlich auszulegen ist, je nach dem ob der Jahresabschluss einer Kapitalgesellschaft oder der einer Einzelunternehmung oder Personengesellschaft betroffen ist.[355] Im ersten Fall handelt es sich um Umsetzungsrecht, das richtlinienkonform auszulegen ist; für die Auslegung der Richtlinie ist der true and fair view beherrschend. Liegt aber der Jahresabschluss einer

---

351 Groh (1996b), S. 1208; ders. (1998a), S. 817 f.; im Ergebnis gl.A. Ahmann (1993), S. 277; Arndt/Wiesbrock (1999), S. 353, Fn. 46; Henkel (1997), S. 42; Herlinghaus (1997), S. 537; Herzig/Dautzenberg (1998), S. 27; Meilicke (1999), S. 893; ders. (2001), S. 40 f.; Müller, W. (1997), S. 93; Oestreicher/Spengel (1999b), S. 454; Schön, W. (1997c), S. 576-579; Wassermeyer (2000), S. 1642 f.

352 Vgl. EuGH vom 17.7.1997, Rs. C-28/95 (Leur-Bloem), IStR 1997, S. 539.

353 Schulze-Osterloh (1997), S. 283; gl.A. Hennrichs (1997), S. 82 ff.; Ahmann (1993), S. 276; Meyer-Arndt (1993), S. 1624 f.; Kolb (1999), S. 397.

354 Vgl. Kolb (1999), S. 397.

355 Vgl. im Einzelnen Beisse (1998), S. 314 f.; ders. (1997), S. 405-407; ders. (1996), S. 50 ff. Beisse gibt hiermit seine früher vertretene Auffassung eines Gebots einheitlicher Auffassung auf, vgl. dazu ders. (1989a), S. 305; ders. (1990b), S. 2011. Vgl. weiterhin Schulze-Osterloh (1997), S. 284 f.; Hennrichs (1997), S. 78.
Für Kapitalgesellschaften & Co. vgl. FN 348.

Nicht-Kapitalgesellschaft vor, erfolgt die Auslegung der allgemeinen Bilanzierungsvorschriften aus den Leitprinzipen des GoB-Systems heraus.[356]

6.4.2.2.3. EuGH-Rechtsprechung und Steuerbilanzrecht

Der EuGH bejaht das Interesse der Gemeinschaftsordnung an einer einheitlichen Anwendung und Auslegung in Fällen der Inbezugnahme von Gemeinschaftsrecht über nationale Verweisungsnormen, soweit über diese Verweisungsnormen eine zwingende inhaltliche Verknüpfung zu einem Regelungsbereich des Gemeinschaftsrechts hergestellt wird.[357] Sofern die Verweisungsnorm statt dessen nicht mehr als eine unverbindliche Anlehnung – nach Art eines Musters – an Bestimmungen des Gemeinschaftsrechts beinhaltet, kommt eine Vorlage nicht in Betracht. Demnach ist die inhaltliche Tragweite entscheidend, die der nationalrechtlichen Verweisung auf das Gemeinschaftsrecht beizumessen ist. Dabei handelt es sich um eine Frage der Auslegung des originären nationalen Rechts. Die nationalstaatlichen Gerichte, nicht der EuGH, haben die nationalstaatliche Verweisungsnorm zu interpretieren.[358]

Der I. Senat des BFH hatte dem Großen Senat die Frage vorgelegt, ob sich die in § 5 Abs. 1 EStG bestimmte Maßgeblichkeit auf die Vorschriften der 4. EG-Richtlinie erstreckt.[359] Die Finanzgerichte Köln und Hamburg gehen hiervon offenbar aus.[360] Inzwischen hat der I. Senat die Vorlage an den Großen Senat des BFH zurückgenommen.[361] Nach der Rechtsprechung des VIII. Senates des BFH ist in bilanzrechtlichen Fragen, die Einzelunternehmen und Perso-

---

356 Vgl. Beisse (1998), S. 314 f.; ders. (1997), S. 405-407; Kolb (1999), S. 398 f.

357 Vgl. EuGH vom 28.3.1995, Rs. C-346/93 (Kleinwort Benson), EuGHE 1995, S. 615.

358 Vgl. Kolb (1999), S. 400.

359 Vgl. BFH v. 9.9.1998, I R 6/96, StuB 1999, S. 89-91, mit Berichtigungsbeschluss vom 17.11.1999, DB 1999, S. 25; Meilicke (1999), S. 891.
Der vorlegende I. Senat des BFH vertritt die Auffassung, § 5 Abs. 1 S. 1 EStG beinhalte keine Inbezugnahme handelsbilanziellen Gemeinschaftsrechts; die Transformation der Bilanzrichtlinie beschränke sich auf §§ 264 ff. HGB.
Der BFH hat bisher in keinem Fall die Notwendigkeit gesehen, eine Rechtsfrage dem EuGH vorlegen zu müssen. Zu einer Auswahl an Urteilen, in denen auf eine Vorlage verzichtet wurde, vgl. Schön, W. (1997c), S. 575 f.; Hauser/Meurer (1998), S. 276, Fn. 37.; Fresl (2000), S. 66 f.

360 Vgl. Vorlagebeschluss des FG Köln vom 16.7.1997, 13 K 812/97, DB 1997, S. 2158; FG Hamburg vom 22.4.1999, II 23/97, BB 1999, S. 1866. Zum Vorlagebeschluss des FG Köln vgl. Moxter (1998a), S. 269-272.
Mit Urteil vom 14.9.1999 hat der EuGH über den Vorlagebeschluss des FG Köln vom 16.7.1997 entschieden, vgl. EuGH vom 14.9.1999, Rs. C – 275/97, GmbHR 1999, S. 1145-1149; vgl. hierzu Hermanns (1999), S. 1123-1132; Dziadkowski (1999a), S. 636; Hoffmann (1999a), S. 1086 f.; ders. (1999b), S. 1686-1688; Berndt (2001), S. 368-385. Der EuGH geht in diesem Urteil zwar von einer Zulässigkeit des Vorlageersuchens aus, jedoch ist – wie oben ausgeführt – der EuGH für die Beurteilung der Zulässigkeitvoraussetzungen nicht zuständig, vgl. Hermanns (1999), S. 1129.

361 Vgl. BFH vom 8.11.2000, I R 6/96, DStR 2001, S. 290-293; vgl. hierzu Hoffmann (2001), S. 452 f.

nengesellschaften betreffen, eine Vorabentscheidung des EuGH nicht einzuholen, weil dem Anwendungsbereich der 4. EG-Richtlinie nur Kapitalgesellschaften unterfielen.[362]

Die h.M. in der Literatur versteht § 5 Abs. 1 S. 1 EStG als strenge Inbezugnahme des handelsbilanziellen Gemeinschaftsrechts. Es wird herausgestellt, dass " ... sich die steuerliche Gewinnermittlung auf Regelungen europarechtlicher Qualität"[363] stützt. Das Ziel dieses Verweises ist nach h.L. eine einheitliche Interpretation des handelsrechtlichen Normenbestandes;[364] die gesetzliche Fassung des § 5 Abs. 1 EStG soll eine Entscheidungsdivergenz zwischen den Zivilgerichten und den Finanzgerichten in Fragen der Bilanzierung ausschließen.[365] Nach h. M. sind die Finanzgerichte zur Vorlage berechtigt bzw. im Falle des BFH verpflichtet,[366] mit der Konsequenz, dass der EuGH " ... in einem wichtigen Teilbereich der steuerlichen Gewinnermittlung einen beachtlichen Einfluß auf die deutsche Rechtspraxis bekäme."[367] *Herzig/Rieck* sprechen in diesem Zusammenhang von " ... einer – zumindest partiellen – Maßgeblichkeit des Europarechts für die Staatsfinanzen."[368]

Die Vorlagepflicht des BFH wird von einem Teil des Schrifttums abgelehnt. Es wird argumentiert, die handelsrechtlichen GoB würden durch den Bezug in § 5 Abs. 1 EStG dem Steuerrecht inkorporiert und damit in steuerrechtliche GoB verwandelt. Sie sind damit Teil des nicht harmonisierten Steuerrechts, so dass ihnen jeder gemeinschaftsrechtliche Bezug fehlt und folglich eine Vorlagepflicht nicht in Rede stehen kann.[369] *Schulze-Osterloh* sieht bei der

---

362 Vgl. BFH v. 28.3.2000, VIII R 77/96, DStR 2000, S. 1178 f. Kritisch hierzu Meilicke (2001), S. 40 f., nach dem der VIII. Senat diese Frage nicht ohne Vorlage an den Großen Senat des BFH hätte entscheiden dürfen.
Für Kapitalgesellschaften & Co. vgl. Fn. 348.

363 Schulze-Osterloh (1997), S. 285.

364 Vgl. Herlinghaus (1997), S. 538; Schön, W. (1997d), S. 81.

365 Vgl. Schön, W. (1997c), S. 580.

366 Vgl. Arndt/Wiesbrock (1999), S. 353; Broer (2001b), S. 760-762; Dziadkowski (1998), S. 871; Groh (1996b), S. 1209; ders. (1998a), S. 818; Großfeld (1997), S. 13-15; Henkel (1997), S. 44 f.; Herlinghaus (1997), S. 538; Herzig (1996), S. 1402; Herzig/Dautzenberg (1998), S. 27 f.; Herzig/Rieck (1998b), S. 318 f.; Herzig/Watrin (2000), S. 150; Hirsch (1998), S. 494; Kempermann (1996), S. 571; Kropff (1997b), S. 128; Meilicke (1992), S. 972; ders. (1999), S. 894; Meyer-Arndt (1993), S. 1626 f.; Neu (1995), S. 404; Oestreicher/Spengel (1999b), S. 455; Schön, W. (1996), S. 197; ders. (1997c), S. 580 f.; Schüppen (1996), S. 1484, Fn. 31; Schulze-Osterloh (1995b), S. 177; ders. (1996b), S. 1457, Fn. 45; Spetzler (1993), S. 557; Streck/Olgemöller (1993), S. 423; Thömmes (1997), S. 84 f.; Walz (1998), S. 103 f.; Wassermeyer (2000), S. 1644; de Weerth (1996), S. 765.

367 Schulze-Osterloh (1995b), S. 189.

368 Herzig/Rieck (1998b), S. 318.

369 Vgl. Weber-Grellet (1995), S. 349; ders. (1996a), S. 2091 f.; ders. (1996b), S. 1095; Ahmann (1993), S. 280-289.
Gegen diese Position wird eingewandt, dass durch die Verweisung in § 5 Abs. 1 EStG Handelsrecht gerade nicht zu Steuerrecht werde, sondern die §§ 238 ff. HGB so umfänglich formuliert wurden, um ihre Akzeptanz auch im Steuerrecht zu erreichen, vgl. Groh (1996b), S. 1209, mit Verweis auf Krieger (1988), S. 340,

Anwendung des § 5 Abs. 1 EStG keine Auslegungskompetenz des EuGH, weil die in dieser Vorschrift gegebene Verweisung einer europarechtlichen Grundlage entbehre und allein auf einer Entscheidung des nationalen Gesetzgebers beruhe. Wie im Fall der Handelsbilanz einer Nicht-Kapitalgesellschaft sei die Anknüpfung des Steuerbilanzrechts an das Handelsbilanzrecht nationalen Ursprungs und nur aus Zweckmäßigkeitsgründen erfolgt.[370]

Nach *Beisse* sind die Entscheidungen des EuGH den ergänzenden Vorschriften für Kapitalgesellschaften zuzuordnen; sie sind damit vom Maßgeblichkeitsgrundsatz nicht erfasst. *Beisse* bezieht sich auf die Entstehungsgeschichte des Bilanzrichtlinien-Gesetzes; der Rechtsausschuss des Bundestages lehnte eine Erstreckung der Generalklausel des true and fair view auf alle Kaufleute, wie es im Regierungsentwurf vorgesehen war, ausdrücklich ab, weil er nicht mehr aus der 4. Richtlinie in das HGB übernehmen wollte als gemeinschaftsrechtlich vorgeschrieben war. Damit kam es zur Trennung zwischen den "Vorschriften für alle Kaufleute" und den "ergänzenden Vorschriften für Kapitalgesellschaften", wobei nur erstere steuerlich maßgebend sein sollten.[371] Der BFH hat daher nach Meinung *Beisses* weder Verpflichtung noch Anlass, den EuGH anzurufen.[372]

Bejaht man demgegenüber den Charakter des § 5 Abs. 1 S. 1 EStG als strenge Verweisungsnorm, so stellt sich die Frage nach der Tragweite dieser Norm.[373] Steuerrechtliche Sondertatbestände, die bewusst von der handelsrechtlichen Regelung abweichen (z.B. § 5 Abs. 3, 4 EStG), können eine Vorlagepflicht naturgemäß ebensowenig auslösen wie die Fälle, in denen das Steuerrecht Begriffe und Differenzierungen einführt, die keine handelsrechtliche Entsprechung haben (z. B. die Abgrenzung zwischen Betriebs- und Privatvermögen). Sofern das Steuerrecht zwar besondere Regelungen enthält, diese aber inhaltlich mit dem Handelsbilanz-

---

343; Schulze-Osterloh (1997), S. 286; Herzig/Rieck (1998b), S. 317. Es gilt als gefestigte und h.M., dass der BFH mit der Ausformung der GoB Handelsrecht interpretiert, vgl. etwa Beisse (1980), S. 637 ff.

370 Vgl. Schulze-Osterloh (1997), S. 286. Die von ihm bis dahin vertretene, gegenteilige Auffassung gibt er damit auf, vgl. hierzu Schulze-Osterloh (1995b), S. 177 und (1996b), S. 1437, Fn. 45.

371 Vgl. mit Nachweisen Beisse (1998), S. 312; ders. (1997), S. 398.

372 Vgl. Beisse (1999), S. 2184; ders. (1998), S. 315 f.; ders. (1997), S. 406 f.; ders. (1996), S. 50 f. Beisse gibt unter dem Eindruck des Maastricht-Urteils des Bundesverfassungsgerichts (BVerfG v. 12.10.1993, 2 BvR 2134, 2159/92, BVerfGE 89, S. 155) seine frühere, eine Vorlagepflicht des BFH bejahende Auffassung auf, vgl. hierzu Beisse (1989a), S. 300, 304, 306 f.; ders. (1995), S. 80 f., 84 f. Gl.A. Hennrichs (1999), S. 149; Kolb (1999), S. 397 f. Desweiteren wird die Vorlagepflicht auch abgelehnt von Bärenz (2001), S. 692-696; Lohse (2001), S. 202.

373 Vgl. Schön, W. (1997c), S. 581-585; Herzig/Dautzenberg (1998), S. 28-30; Arndt/Wiesbrock (1999), S. 351-353; Kolb (1999), S. 386-390; Hoffmann (1999b), S. 1687; Henkel (1997), S. 45-47; Broer (2001b), S. 762-764.
Die folgenden Ausführungen gelten auch für Steuerpflichtige, die zwar nicht nach dem HGB, aber nach § 141 Abs. 1 AO zur Erstellung einer Steuerbilanz verpflichtet sind. Denn für sie gelten gemäß § 141 Abs. 1

recht übereinstimmen, kommt es auf den "spezifischen steuerrechtlichen Charakter"[374] an. So verwendet das EStG zwar den Begriff des Wirtschaftsgutes, während handelsrechtlich auf den Vermögensgegenstandsbegriff abgestellt wird; da die beiden Begriffe nach der Rechtsprechung des BFH aber deckungsgleich sind,[375] ist die Frage der Aktivierungsfähigkeit auch steuerlich nicht der Vorlagepflicht an den EuGH entzogen.[376] Bei deckungsgleichen Vorschriften in Handels- und Steuerrecht (insbesondere Rechnungsabgrenzungsposten nach §§ 250 HGB, 5 Abs. 5 EStG; immaterielle Wirtschaftsgüter nach §§ 248 Abs. 2 HGB, 5 Abs. 2 EStG) " ... muß jeweils anhand der Gesetzgebungsgeschichte geprüft werden, ob legislatorisch ein zwingendes einheitliches Begriffsverständnis gewollt war"[377].

Nach der BFH-Rechtsprechung kommt eine Vorlage an den EuGH in Fragen, die die Bewertung von Aktiva und Passiva betreffen, aufgrund des Bewertungsvorbehalts des § 5 Abs. 6 EStG nicht in Frage, auch wenn die steuerrechtlichen Bewertungsmaßstäbe mit den Grundsätzen des Handelsrechts übereinstimmen.[378] Demgegenüber wird in der Literatur folgendermaßen argumentiert: Werden bei der steuerlichen Bewertung einzelner Bilanzpositionen handelsrechtliche Bewertungsnormen herangezogen, weil das Steuerrecht keine eigenständigen Vorschriften enthält (z.B. zum Grundsatz der Einzelbewertung), so muss der BFH in Zweifelsfällen eine Vorlage an den EuGH leisten.[379] Besonders problematisch sind die Fälle, in denen das Steuerrecht trotz des Bewertungsvorbehalts des § 5 Abs. 6 EStG gleiche Regelungen wie das Handelsrecht getroffen hat, wie dies insbesondere für die Bewertung zu Anschaffungs- oder Herstellungskosten geschehen ist (§§ 253, 255 HGB, 6 Abs. 1 EStG). Nach der h.M.[380] und der Rechtsprechnung des BFH[381] ist von einer vollen inhaltlichen Übereinstimmung der Anschaffungs- und Herstellungskosten in Handels- und Steuerrecht auszugehen, was zu einer

S. 2 AO die wichtigsten Vorschriften der §§ 238-256 HGB gleichermaßen. Vgl. Schön, W. (1997c), S. 584.

374 Schön, W. (1997c), S. 581.

375 Aufgrund des BFH-Beschlusses vom 7.8.2000 – GrS 2/99, BB 2000, S. 2247-2252, ist allerdings " ... die lange Zeit beschworene Übereinstimmung von Vermögensgegenstand und Wirtschaftsgut fragwürdig geworden .. ", Herzig (2001a), S. 156. Vgl. zur Diskussion dieses BFH-Beschlusses die Literaturhinweise in Fn. 21 auf S. 171.

376 Vgl. Schön, W. (1997c), S. 583; a.A. Kolb (1999), S. 387.

377 Schön, W. (1997c), S. 582; gl.A. Herzig/Dautzenberg (1998), S. 29 f. Vgl. zu dieser Diskussion Beisse (1995), S. 67 ff.; Hartung (1988), S. 52 f.; ders. (1994), S. 213-225; Herzig/Rieck (1998b), S. 319; Kolb (1999), S. 388 f.; Meilicke (1992), S. 972; Meyer-Arndt (1993), S. 1627; Schön, W. (1997c), S. 582; Streck/Olgemöller (1993), S. 423.

378 Vgl. BFH v. 15.7.1998, I R 24/96, DStR 1998, S. 1463 f.; vom 20.6.2000, VIII R 32/98, IStR 2000, S. 730.

379 Vgl. Schön, W. (1997c), S. 583.

380 Vgl. Knobbe-Keuk (1993), S. 162-166, 167-170.

381 Vgl. BFH v. 4.7.1990, GrS 1/89, BStBl II 1990, S. 833 ff.

Vorlagepflicht des BFH führt, sofern nicht " ... spezifisches Steuerrecht in den Blick kommt – z. B. zur Bedeutung handelsrechtlicher Bewertungswahlrechte für die Steuerbilanz ... "[382].

Zudem werden auch im Bereich der Überschusseinkunftsarten Begriffe verwandt, die dem Handelsbilanzrecht entstammen. Als wichtigstes Beispiel werden die Anschaffungs- und Herstellungskosten im Rahmen der Einkünfte aus Vermietung und Verpachtung genannt. Aufgrund der Übereinstimmung dieser Begriffe im Handels- und Steuerrecht[383] und ihrer Geltung auch bei den nicht-gewerblichen Einkünften[384] ist auch hier eine Vorlagepflicht an den EuGH gegeben.[385] Im Ergebnis dürfte sich der Kreis potentiell vorlagefähiger Fragen enorm erweitern.[386]

6.4.2.2.4. Konsequenzen für den Maßgeblichkeitsgrundsatz

Sofern § 5 Abs. 1 S. 1 EStG als strenge Verweisungsnorm anzusehen ist, mag der Umstand an Bedeutung gewinnen, dass der Grundsatz des true and fair view im Gefüge der 4. EG-Richtlinie eine übergeordnete Stellung innehat. Letzteres hat der EuGH im Falle *Tomberger* herausgestellt.[387] Dieser Grundsatz beherrscht als Generalnorm die Auslegung jeder Einzelbestimmung dieser Richtlinie und gilt als overriding principle.[388] Während einerseits in der Literatur behauptet wird, dass der Maßgeblichkeitsgrundsatz durch die Europäisierung des deutschen Bilanzrechts gefördert werde, weil der true and fair view im Gegensatz zum Vorsichtsprinzip mit dem Leistungsfähigkeitsprinzip zu vereinbaren sei,[389] wird andererseits das Maßgeblichkeitsprinzip als bedroht angesehen, wenn der true and fair view Einfluss auf die Steuerbilanz nehmen würde. Denn diese Klausel " ... ist so unbestimmt und eröffnet die unterschiedlichsten Interpretationsmöglichkeiten, daß das Steuerbilanzrecht, wenn es zur Herrschaft dieses Grundsatzes käme, sich vom Handelsbilanzrecht abkoppeln müßte. Der Maß-

---

382 Schön, W. (1997c), S. 583; gl.A. Herzig/Rieck (1998b), S. 319; Arndt/Wiesbrock (1999), S. 352; Hoffmann (1999a), S. 1087.
383 Vgl. Fn. 380 und Fn. 381.
384 Vgl. BFH v. 4.7.1990, GrS 1/89, BStBl II 1990, S. 835; BFH v. 16.7.1996, IX R 34/94, DB 1996, S. 1957.
385 Vgl. Schön, W. (1997c), S. 584 f.; Spetzler (1993), S. 558; Herzig/Rieck (1998b), S. 319.
386 Vgl. Herzig/Rieck (1998b), S. 319; Arndt/Wiesbrock (1999), S. 352 f. Zur Frage der Vorlagefähigkeit von Teilwertabschreibungen auf Beteiligungen vgl. Herkenroth/Körner/Rodewald (1999), S. 9 ff.
387 Vgl. EuGH vom 27.6.1996, Rs. C-234/94, IStR 1996, S. 353.
388 Vgl. Herzig (1999), S. 791; Groh (1998a), S. 816.
389 Vgl. Tipke/Lang (1998), Rz. 310 zu § 9; Weber-Grellet (1996c), Rz. 4 ff. zu § 5.

geblichkeitsgrundsatz könnte wegen der dann eintretenden Rechtsunsicherheit nicht mehr aufrechterhalten werden."[390]

In der Tat ist die Generalklausel in der 4. EG-Richtlinie nicht näher definiert, und selbst im Mutterland des true and fair view besteht keine Klarheit über Inhalt und Bedeutung dieser Begriffe.[391] Allerdings kommt es auf die britische Sicht des true and fair view letztlich nicht an, da diese Klausel durch die Aufnahme in die 4. EG-Richtlinie ein autonomer Gemeinschaftsbegriff geworden ist und damit dessen abschließende Klärung dem EuGH zukommt.[392]

Bisher ist in Deutschland der true and fair view der 4. EG-Richtlinie nur auf das Handelsbilanzrecht der Kapitalgesellschaften bezogen worden,[393] wobei strittig ist, ob die Transformation der 4. EG-Richtlinie in deutsches Recht bezüglich des true and fair view überhaupt gemeinschaftstreu und vollständig vollzogen wurde.[394] Die Generalnorm des § 264 Abs. 2 HGB entspricht zunächst Art. 2 Abs. 3 u. 4 der 4. EG-Richtlinie, jedoch wurde der Zusatz "unter Beachtung der GoB" eingefügt. Dieser Zusatz lässt sich damit rechtfertigen, dass auch in der 4. EG-Richtlinie Vorsichts-, Realisations- und Imparitätsprinzip besonderes Gewicht beigemessen wird.[395] Schwerwiegender ist jedoch der Einwand der Nicht-Umsetzung des Art. 2 Abs. 5 der 4. EG-Richtlinie,[396] wonach in Ausnahmefällen von der Anwendung einer Vorschrift abzusehen ist, sofern ansonsten ein den tatsächlichen Verhältnissen entsprechendes Bild der Vermögens-, Finanz- und Ertragslage nicht vermittelt würde. Eine gemeinschaftstreue Transformation wird hier etwa mit dem Hinweis auf das Wahlrecht des Art. 2 Abs. 5 S. 3 4. EG-Richtlinie zu gründen versucht, wonach der nationale Gesetzgeber die Ausnahmefälle bezeichnen und entsprechende Ausnahmeregelungen festzulegen vermag.[397] Der deutsche Gesetzgeber hat sich demnach für die „Nullmenge" entschieden und keine Ausnahmen zuge-

---

390 Beisse (1998), S. 311.

391 Vgl. Niehus (1979), S. 221 f.; Alexander (1993), S. 59 ff.; Walton (1993), S. 49 ff.; Streim (1994), S. 393-395.

392 Vgl. Ordelheide (1993), S. 82; van Hulle (1995), S. 317 f.

393 Nach dem BFH-Beschluss vom 7.8.2000 – GrS 2/99, BB 2000, S. 2251, kann es " ... dahinstehen, ob dieser Grundsatz (des true and fair view; Anm. d. Verf.) ... als Generalnorm des deutschen Steuerbilanzrechts zu verstehen ist ... ". Kritisch hierzu Beisse (2001), S. 734; Moxter (2002a), S. 244.

394 Neben § 264 Abs. 2 HGB wird in der Literatur insbesondere die EU-Komformität des § 255 Abs. 2 HGB und das Wertaufholungsgebot (§ 280 Abs. 2 HGB) diskutiert. Vgl. im Überblick Altenburger (1997), S. 723-730.

395 Vgl. Euler (1998), S. 20 f. Zur Diskussion vgl. etwa Hartung (1988), S. 52.

396 Zum Meinungsstand vgl. Altenburger (1997), S. 724.

397 Vgl. Euler (1998), S. 20.

lassen;[398] ohnehin seien die gesetzlichen Vorschriften so anzuwenden, " ... daß der den gesetzlichen Vorschriften vom Gesetzgeber beigelegte Sinn und Zweck erfüllt wird."[399]

Das Einblicksgebot ist daher in erster Linie eine Sache des Anhangs; während Bilanz und GuV primär der Ermittlung eines vorsichtig bemessenen, ausschüttbaren Gewinns dienen, wird die Informationsvermittlung im wesentlichen über den Anhang vorgenommen (Abkoppelungsthese).[400] § 264 Abs. 2 S. 1 HGB ist keine vorrangige Generalnorm (kein overriding principle), d.h. sie kann im Konfliktfall nicht Einzelvorschriften außer Kraft setzen oder dazu dienen, Einzelvorschriften interpretationsmäßig abzuwägen. Vielmehr hat sie die Aufgabe, Zweifelsfragen zu klären und Lücken zu schließen, die die Einzelvorschriften offenlassen.[401]

Mit der Umsetzung der 4. EG-Richtlinie ist das europäische Verständnis der GoB an die Stelle des früheren deutschen Verständnisses dieser GoB getreten: "Die GoB sind Begriffe europäischen Rechts geworden ... "[402]. Folglich stellt *Herzig* heraus, " ... dass eine Reihe der Unterschiede, die traditionell zwischen dem Bilanzrecht einzelner europäischer Staaten angeführt werden, möglicherweise in Wirklichkeit rein rechtlich bereits gar nicht mehr existent sind; vielmehr können auf den Gebieten, für die die 4. Richtlinie eine einheitliche Regelung für Europa vorschreibt, lediglich nur noch nationale *Auslegungsdifferenzen* existieren, die mit einer zunehmenden Rechtsprechungsintensität des EuGH im Bilanzrecht zwangsläufig an Bedeutung verlieren werden."[403] Demnach können Handelsbilanzrecht und bisheriges Steuerbilanzrecht auseinanderlaufen; das Handelsbilanzrecht wird womöglich von dem entfernt, was der BFH bisher für dessen Inhalt gehalten hat. Über die Maßgeblichkeit der EuGH-Rechtsprechung können sich damit auch steuerliche Grundsätze ändern.[404] Es werden " ... dramatische Verschiebungen im hierarchischen Gefüge der steuersystematischen Bilanzierungsgrundsätze in Deutschland ... "[405] erwartet, insbesondere eine Zurückdrängung des Vorsichtsprinzips.

---

398 Vgl. BT-Drs. 10/317, S. 77.

399 BT-Drs. 10/317, Begr. zu § 237 HGB, letzter Satz.

400 Vgl. Moxter (1979a), S. 141-146; ders. (1978c), S. 1630 f.; ders. (1997e), S. 97-116; ders. (1995b), S. 419-429; Beisse (1996), S. 27-58; ders. (1998), S. 313 f.

401 So die h.M., vgl. im Überblick ADS (1995), Rz. 45 ff. zu § 264; Budde/Karig (1999), Rz. 25-31 zu § 264; Ballwieser (1985c), S. 1035; Beisse (1989b), S. 15-30; Schildbach (1987), S. 11 f. Zur Kritik und Diskussion der Abkopplungsthese vgl. u.a. Claussen (1987), S. 79-92; Clemm (1995), S. 135-156; ders. (1989), S. 357-366; Kleindiek (1998), S. 478-480; Walz (1997), S. 570-577; ders. (1998), S. 91-101.

402 Herzig (2000a), S. 107.

403 Herzig (2000a), S. 107. Gl.A. Dziadkowski/Henselmann (2000), Rz. 386.

404 Vgl. Herzig (2000a), S. 107; Arndt/Wiesbrock (1999), S. 351-353.

405 Arndt/Wiesbrock (1999), S. 351.

Inwieweit sich das europäische Verständnis der GoB von den diesbezüglichen deutschen Auffassungen unterscheidet, ist aber nicht geklärt, was nicht überrascht, da es eine einheitliche europäische Interpretation der 4. und 7. EG-Richtlinie bisher nicht gibt.[406] Dafür, dass die Reichweite des true and fair view hierbei nicht allzu erheblich sein dürfte, spricht neben der Unbestimmtheit dieser Klausel die in einer bei der Verabschiedung der Richtlinie zu Protokoll gegebenen Ratserklärung, nach der es nach Auffassung des Rates und der Kommission normalerweise ausreicht, die Einzelvorschriften der Richtlinie anzuwenden, damit das den tatsächlichen Verhältnissen entsprechende Bild der Vermögens-, Finanz- und Ertragslage entsteht.[407] Auch aufgrund der bisherigen Rechtsprechung des EuGH erscheint eine Aufgabe des Maßgeblichkeitsgrundsatzes nicht zwingend zu sein. Denn in der 4. EG-Richtlinie wird ein tragfähiger Kompromiss zwischen der eher statisch orientierten kontinentaleuropäischen Rechnungslegung und der mehr dynamisch orientierten britischen Rechnungslegung gesehen,[408] so dass auch das Vorsichtsprinzip eine starke Betonung erfahren hat.[409]

Entsprechend fasst der EuGH im *DE+ES*-Urteil den Vorsichtsgedanken nicht als Gegenpol zum true and fair view, sondern als Ausprägung dieser Generalnorm auf,[410] d.h. "[d]ie Auslegung des Grundsatzes der Bilanzwahrheit erfolgt im Lichte des Vorsichtsprinzips."[411] Dies zeigt sich im besagten Urteil darin, dass Pauschalrückstellungen für drohende Gewährleistungsverpflichtungen immer dann nicht nur zulässig, sondern geboten sind, wenn die Bilanz ansonsten kein den tatsächlichen Verhältnissen entsprechendes Bild der Finanzlage des Unternehmens vermitteln könne. Nach diesem Urteil des EuGH stehen das Vorsichtsprinzip und der Grundsatz des true and fair view also nicht in einem Spannungsverhältnis zueinander, sondern das Vorsichtsprinzip unterstützt gerade die Generalnorm.[412]

Um eine mögliche Rechtsunsicherheit einzudämmen, könnte der deutsche Gesetzgeber dem ansteigenden Einfluss des EuGH durch kasuistische Durchbrechungen des Maßgeblichkeitsgrundsatzes entgegentreten, worin letztendlich keine Änderung gegenüber dem heutigen Zustand zu sehen wäre. Für das innere System der steuerlichen Gewinnermittlung wäre das al-

---

406 Vgl. auch Havermann (2000a), S. 126; Wollmert/Oser (2000), S. 732 f.
407 Vgl. van Hulle (1995), S. 316, 320.
408 Vgl. Zitzelsberger (1998b), S. 804.
409 Vgl. van Hulle (1995), S. 319.
410 Vgl. EuGH vom 14.9.1999, Rs. C – 275/97 (DE+ES Bauunternehmung GmbH), GmbHR 1999, S. 1145 – 1149, hier Tz. 26.
411 Hermanns (1999), S. 1129.
412 Vgl. Hoffmann (1999b), S. 1687; auch Kort (2001), S. 58.

lerdings eine unerfreuliche Perspektive.[413] Die Alternative wäre – " ... um das Ertragsteuerrecht vor dem Einfall harmonisierten Gemeinschaftsrechts zu bewahren"[414] – eine vom Handelsrecht völlig abgekoppelte steuerrechtliche Gewinnermittlung. Dessen mögliche Grundstruktur wurde im Gliederungspunkt 6.4.1. skizziert.

6.5. Fazit

IAS sollten nicht in den Einzelabschluss übernommen werden, weil auch Periodisierungsregeln internationaler Rechnungslegungsstandards nicht die Informationsbedürfnisse der Adressaten erfüllen können und IAS wie US-GAAP für den bilanziellen Gläubigerschutz schlechter geeignet sind als die GoB. Die Anwendung der IAS im Konzernabschluss sollte nichtkapitalmarktorientierten Unternehmen möglich sein; hierbei ist zu bedenken, dass Rechnungslegung nur ein Baustein innerhalb der Entscheidungs- und Kontrollrechte darstellt.

Aufgrund der wirtschaftlichen und politischen Macht der die internationalen Rechnungslegungsstandards vertretenden Interessengruppen ist es nicht unwahrscheinlich, dass IAS in den Einzelabschluss übernommen werden. Für diesen Fall muss im Gesellschafts- und Steuerrecht "vorgesorgt" werden.

Bei Geltung der IAS im Einzelabschluss sollte zwischen erwirtschaftetem und entziehbarem Gewinn differenziert werden. In Frage kommen Ausschüttungssperren für einzelne Sachverhalte. Von einer generellen Erweiterung der Ausschüttungskompetenz von Vorstand und Aufsichtsrat über den derzeitigen § 58 Abs. 2 AktG hinaus sollte abgesehen werden, da die Übernahme internationaler Rechnungslegungsstandards auch mit einer stärkeren Betonung der Beteiligungsfinanzierung zu erklären ist. Die Transaktionskosten der Kreditvergabe dürften sich aufgrund der Zunahme von Covenants in den Kreditverträgen erhöhen.

Eine eigenständige steuerliche Gewinnermittlung sollte – so lehrt das Beispiel USA – auf eine Generalklausel verzichten. Auf Vorsichts- und Imparitätsprinzip und auch auf die Bildung von Rückstellungen kann unter der Voraussetzung eines sofortigen Verlustausgleichs oder einer ökonomisch adäquaten Verlustverrechnung verzichtet werden. Der Grundsatz der Bar-

413 Vgl. Herzig/Rieck (1998b), S. 319.
414 Arndt/Wiesbrock (1999), S. 353.

realisation, die Bewertung zu Anschaffungs- und vollen Herstellungskosten sowie ein Abstellen auf einzelveräußerbare Wirtschaftsgüter und selbstständig verkehrsfähige Schulden erscheinen sachgerecht.

Sofern der Gesetzgeber am Status Quo festhält und IAS vom Einzelabschluss fernhält, kann eine Beibehaltung der einfachen Maßgeblichkeit nur über das Vereinfachungsargument begründet werden. Die umgekehrte Maßgeblichkeit sollte gestrichen werden. Der Einfluss der Rechtsprechung des EuGH muss für sich genommen nicht zu einer Aufgabe des Maßgeblichkeitsgrundsatzes zwingen.

7. Thesenförmige Zusammenfassung

(1) Mit einer Inanspruchnahme des US-amerikanischen Kapitalmarktes ist nicht zwingend eine Bilanzierung nach US-GAAP verbunden. Level I ADR und Rule 144a SA-Privatplatzierungen stellen sinnvolle Alternativen zu Level II und III ADR dar. Sofern die eigene Aktie als Akquisitionswährung eingesetzt werden soll, ist eine Rechnungslegung nach US-GAAP Pflicht.

(2) Die in der Literatur häufig anzutreffende Behauptung, internationale Rechnungslegungsstandards seien für die Entscheidungsunterstützung von Kapitalgebern besser geeignet als die Ansatz- und Bewertungsregeln des HGB, ist kritisch zu sehen. Auch mithilfe der Periodisierungsregeln nach US-GAAP/IAS kann den Informationsbedürfnissen der Investoren nur in Grenzen entsprochen werden. Eine Prognose zukünftiger Cash flows ist nur sehr eingeschränkt möglich. An den Grenzen der Informationsfunktion i.e.S. kommt auch ein fair value-accounting nicht vorbei.

(3) In empirischen Studien konnte ein höherer Informationsgehalt der IAS/US-GAAP gegenüber dem HGB sowie eine Reduzierung der Kapitalkosten nicht eindeutig belegt werden.

(4) Internationale Rechnungslegungsstandards sind auch bezüglich der Rechenschaftsfunktion den Periodisierungsregeln des HGB keinesfalls überlegen. Nach IAS/US-GAAP kommt es teilweise zu Entobjektivierungen als Ausdruck einer stärkeren Betonung des Grundsatzes der relevance gegenüber dem der reliability.

(5) Das Argument, internationale Rechnungslegungsstandards förderten die Konvergenz von internem und externem Rechnungswesen, überzeugt nicht. Zwar stehen IAS/US-GAAP mit den Periodisierungs- und Bilanzierungsregeln, die für eine Steuerungsrechnung gefordert werden, zumindest tendenziell eher im Einklang als die Regeln des HGB. Der Beitrag internationaler Rechnungslegungsstandards zu einer wertorientierten Unternehmenssteuerung ist aber begrenzt. Denn auch durch Periodisierungsregeln nach US-GAAP und IAS können die ökonomischen Probleme bei den Versuchen, Rechnungslegung für die ex-ante- und ex-post-Beurteilung von Investitionen beziehungsweise Geschäftsbereichen zu verwenden, nicht behoben werden.

(6) So spiegelt der Economic Value Added (EVA) i.d.R. nicht die gesamte Wertsteigerung einer Periode wider. Beim EVA-Ansatz kann es durch die Wahl des Abschreibungsverfahrens zu unterschiedlichen Beurteilungen des Periodenerfolgs kommen. Nur unter strengen Informationsanforderungen erhöhen kapitalwertsteigernde Investitionen die Residualgewinne in jeder Periode. Zudem gewährleistet das HGB eine stringentere Einhaltung des Kongruenzprinzips als IAS/US-GAAP.

(7) Internationale Rechnungslegungsstandards sind für den Zweck der Ausschüttungsbegrenzung den GoB unterlegen. Gläubiger bevorzugen unter Unsicherheit eine vorsichtige Gewinnermittlung. Rechnungslegungsregeln in amerikanischen Kreditverträgen sprechen für diese Vermutung. Weil IAS/US-GAAP auch für den informationellen Gläubigerschutz konzeptionell unzweckmäßig sind, sollten IAS nicht in den Einzelabschluss übernommen werden.

(8) IAS sind als Basis eines Maßgeblichkeitsgrundsatzes kaum geeignet. Zwar sind auch internationale Rechnungslegungsstandards von der Objektivierungsnotwendigkeit beeinflusst, so dass grundsätzlich eine Periodisierungsregel mit verschiedenen Zwecken kompatibel sein kann. Liquiditätseffekte der Besteuerung sprechen aber für ein Festhalten am geltenden Realisationsprinzip und damit gegen IAS. Der Grundsatz der Gleichmäßigkeit der Besteuerung verlangt infolge des Dualismus der Einkünfte eine stärkere Orientierung an den Zahlungen; daraus ableitbare Periodisierungsregeln sprechen gegen GoB, noch stärker gegen IAS. Da die IAS durch eine privatrechtliche Institution festgesetzt werden, würde die steuerliche Bemessungsgrundlage durch eigeninteressierte Privatpersonen definiert werden. Das von der EU vorgesehene Komitologieverfahren dürfte für die unverzichtbare Einbeziehung des deutschen Steuergesetzgebers nicht ausreichend sein.

(9) Die Kosten der Rechnungslegung spielen für die Übernahme internationaler Rechnungslegungsstandards in den Konzernabschluss eine tragende Rolle.

(10) Die Anwendung der IAS im Konzernabschluss sollte nicht kapitalmarktorientierten Unternehmen möglich sein.

(11) Infolge der wirtschaftlichen und politischen Macht der internationale Rechnungslegungsstandards vertretenden Interessengruppen ist es nicht unwahrscheinlich, dass IAS in den Einzelabschluss übernommen werden.

(12) Bei Geltung der IAS im Einzelabschluss ist zwischen erwirtschaftetem und entziehbarem Gewinn zu differenzieren. Bestimmte Bilanzpositionen sollten mit einer Ausschüttungssperre versehen werden. Von einer generellen Erweiterung der Ausschüttungskompetenz von Vorstand und Aufsichtsrat über den derzeitigen § 58 Abs. 2 AktG hinaus sollte abgesehen werden. Die Transaktionskosten der Kreditvergabe dürften sich aufgrund der Zunahme von Covenants in den Kreditverträgen erhöhen.

(13) Sofern IAS in den Einzelabschluss gelangen, bedarf es einer eigenständigen steuerlichen Gewinnermittlung. Sie sollte der Gleichmäßigkeit der Besteuerung genügen und Investitionsentscheidungen soweit möglich unverzerrt lassen. Die steuerliche Periodisierung von Zahlungen sollte deshalb eingeschränkt werden.

(14) Ein Festhalten am Maßgeblichkeitsgrundsatz für den Fall, dass der Gesetzgeber IAS vom Einzelabschluss fernhält, ließe sich nur mit Vereinfachungsüberlegungen begründen. Die umgekehrte Maßgeblichkeit sollte gestrichen werden. Nur aufgrund einer möglichen Einflussnahme der Rechtsprechung des EuGH muss der Maßgeblichkeitsgrundsatz nicht fallen.

Literaturverzeichnis

I. Monographien, Beiträge in Handbüchern und anderen Sammelwerken sowie Artikel in Periodika

Ackermann, U. [2001], Marktwertbilanzierung von Finanzinstrumenten nach US-GAAP/IAS. Auswirkungen auf Managemententscheidungen, Frankfurt a.M. u.a. 2001.

Adam, D. [1970], Entscheidungsorientierte Kostenbewertung, Wiesbaden 1970.

Adams, M. [1997], Corporate Governance: Vertragen sich die deutsche Unternehmensverfassung und das Shareholder Value-Prinzip?, in: Betriebswirtschaftslehre und Rechtsentwicklung, Hrsg. Albach, H./Brockhoff, K., ZfB-Ergänzungsheft 4/1997, Wiesbaden 1997. S. 21-30.

Adelt, B. [1999], Internationalisierung der Rechnungslegung: Besteht die Notwendigkeit eines neuen Rechnungslegungsstandards?, in: Internationale Rechnungslegung, Festschrift für C.-P. Weber, Hrsg. Küting, K./Langenbucher, G., Stuttgart 1999, S. 417-431.

Adler/Düring/Schmaltz [1995], Rechnungslegung und Prüfung der Unternehmen, bearb. v. Forster, K.-H. u.a., 6. Aufl., Stuttgart 1995.

Ahmann, K.-R. [1993], Die Bilanzrichtlinie und die steuerliche Gewinnermittlung – Eine Zwangsehe?, in: Ertragsbesteuerung: Zurechnung, Gestaltung, Ermittlung, Festschrift für L. Schmidt, Hrsg. Raupach, A./Uelner, A., München 1993, S. 269-289.

AICPA [1971], Statement on Conformity of Tax and Financial Accounting, vom 8.10.1971, abgedruckt bei: Simonetti (1971), S. 75-76.

AICPA [1994], Improving Business Reporting – A Customer Focus. Meeting the Information Needs of Investors and Creditors, New York 1994.

AICPA [SoP 98-1], Statement of Position 98-1: Accounting for the Costs of Computer Software Developed or Obtained for Internal Use, in: Journal of Accountancy, April 1998, S. 91-98.

AICPA [SoP 98-5], Statement of Position 98-5: Reporting on the Costs of Start-Up Activities, in: Journal of Accountancy, July 1998, S. 99-102.

AIMR [1993], Financial Reporting in the 1990s and Beyond, Charlottesville 1993.

Akerlof, G. A. [1970], The market for "lemons": Quality uncertainty and the market mechanism, in: The Quarterly Journal of Economics 1970, Vol. 84, S. 488-500.

Albach, H. [1965], Grundgedanken einer synthetischen Bilanztheorie, in: ZfB 1965, S. 21-31.

Albach, H. [1997], Globalisierung und Konzentration – Bedrohung oder Chance für den Mittelstand? , in: Die Ordnung des Welthandels, Hrsg. Fritz-Assmus, D./Tuchtfeldt, E., Wien 1997, S. 67-84.

Albach, H./Klein, G. (Hrsg.)[1988], Harmonisierung der Rechnungslegung in Europa, ZfB-Ergänzungsheft 1/1988.

Albert, M. [1999a], Zur Einschränkung der Teilwertabschreibung im System der steuerlichen Gewinnermittlung durch Betriebsvermögensvergleich, in: StuB 1999, S. 591-594.

Albert, M. [1999b], Nochmals: Zur Einschränkung der Teilwertabschreibung im System der steuerlichen Gewinnermittlung, in: StuB 1999, S. 930-931.

Alberth, M. R. [1997a], USA: Vertraglicher Gläubigerschutz und Ausschüttungsbemessung durch Covenants als Vorbild zur Änderung des deutschen Bilanzrechts?, in: WPg 1997, S. 744-750.

Alberth, M. R. [1997b], HGB – Modell für Amerika? Deutsche und US-amerikanische "Gläubiger-Rechnungslegung" gleichen sich!, in: Aktienkultur + BVH-News 1997, Nr. 4, S. 13-16.

Alberth, M. R. [1998], US-amerikanische Gläubigerbilanzen durch Covenants in Verträgen, der Versuch einer weltweiten Kategorisierung der Rechnungslegung und Folgen für die internationale Harmonisierungsdiskussion, in: ZfB 1998, S. 803-824.

Alexander, D. [1993], A European true and fair view?, in: European Accounting Review 1993, S. 59-80.

Alford, A./Jones, J./Leftwich, R./Zmijewski, M. [1993], The Relative Informativeness of Accounting Disclosures in Different Countries, in: Journal of Accounting Research, Supplement 1993, S. 183-223.

Alsheimer, H. [1974], Einhundert Jahre Prinzip der Maßgeblichkeit der Handelsbilanz für die Steuerbilanz, in: ZfB 1974, S. 841-848.

Altenburger, O. A. [1997], Inwieweit sind die deutschen Rechnungslegungsvorschriften EU-konform?, in: BFuP 1997, S. 721-735.

Altenburger, O. A. [1999], Besitzen IAS-konforme Jahres- und Konzernabschlüsse im Hinblick auf die Unternehmens- und Konzernsteuerung Vorteile gegenüber den Rechnungslegungstraditionen im deutschen Sprachraum?, in: Fortschritte im Rechnungswesen, Festschrift für G. Seicht, Hrsg. Altenburger, O. A./Janschek, O./Müller, H., Wiesbaden 1999, S. 533-552.

Alvarez, M./Biberacher, J. [2002], Goodwill-Bilanzierung nach US-GAAP – Anforderungen an Unternehmenssteuerung und -berichterstattung, in: BB 2002, S. 346-353.

Alvarez, M./Wotschofsky, S. [2000], Investor Relations, in: FB 2000, S. 651-654.

Alvarez, M./Wotschofsky, S./Miethig, M. [2002], Bilanzierung von Leasinggeschäften nach US-Generally Accepted Accounting Principles, in: IStR 2002, S. 65-72.

Amir, E./Harris, T. S./Venuti, E. K. [1993], A Comparison of the Value-Relevance of U. S. versus Non-U. S. GAAP Accounting Measures Using Form 20-F Reconciliations, in: Journal of Accounting Research 1993, S. 230-264.

Ammann, H./Hucke, A. [2000], Rechtliche Grundlagen des Leasing und dessen Bilanzierung nach HGB, US-GAAP sowie IAS, in: IStR 2000, S. 87-94.

Ammann, H./Wulf, I. [2000], Leasingbilanzierung gemäß HGB, US-GAAP sowie IAS, in: StuB 2000, S. 909-917.

Arbeitskreis Externe Unternehmensrechnung der Schmalenbach-Gesellschaft [1996], Empfehlungen zur Vereinheitlichung von Kennzahlen in Geschäftsberichten, in: DB 1996, S. 1989-1994.

Arbeitskreis Externe Unternehmensrechnung der Schmalenbach-Gesellschaft [1999], Interpretation des mit dem Kapitalaufnahmeerleichterungsgesetz (KapAEG) neu in das HGB aufgenommenen § 264 Abs. 3 HGB, in: DB 1999, S. 493-496.

Arbeitskreis Externe Unternehmensrechnung der Schmalenbach-Gesellschaft für Betriebswirtschaft [2001], Die Zukunft der Rechnungslegung aus Sicht von Wissenschaft und Praxis – Fachprogramm des Arbeitskreises Externe Unternehmensrechnung im Rahmen des 54. Deutschen Betriebswirtschafter-Tags, in: DB 2001, S. 160-161.

Arbeitskreis Finanzierung der Schmalenbach-Gesellschaft [1996], Wertorientierte Unternehmenssteuerung mit differenzierten Kapitalkosten, in: ZfbF 1996, S. 543-579.

Arbeitskreis "Immaterielle Werte im Rechnungswesen" der Schmalenbach-Gesellschaft für Betriebswirtschaft [2001], Kategorisierung und bilanzielle Erfassung immaterieller Werte, in: DB 2001, S. 989-995.

Armstrong, M. S. [1977], The Politics of Setting Accounting Standards, in: Journal of Accountancy 1977, Vol. 143, S. 76-79.

Arndt, H.-W. [1998], Europarecht, 3. Aufl., Heidelberg 1998.

Arndt, H.-W./Wiesbrock, M. R. [1999], Der EuGH als gesetzlicher Richter in ertragsteuerlichen Rechtsstreitigkeiten?, in: DStR 1999, S. 350-354.

Arnett, H. [1969], Taxable Income vs. Financial Income: How Much Uniformity Can We Stand?, in: The Accounting Review 1969, S. 482-494.

Arrow, K. J. [1964], The Role of Securities in the Optimal Allocation of Risk Bearing, in: REStud 1964, Vol. 31, S. 91-96.

Arrow, K. J. [1986], Agency and the Market, in: Handbook of Mathematical Economics, Hrsg. Arrow, K. J./Intriligator, M. D., 3. Aufl., North-Holland 1986, S. 1183-1195.

Assmann, H.-D. [1982], American Depositary Receipts (ADR's), in: RIW 1982, S. 69-78.

Assmann, H.-D. [1985], Prospekthaftung, Köln u. a. 1985.

Auer, K. [1994], Zum Stellenwert von Rechnungslegungsinformationen aus finanzierungstheoretischer Sicht, in: Rechnungslegung und Börse, Hrsg. Pernsteiner, H., Wien 1994, S. 97-119.

Auer, K. V. [1998], Der Einfluß des Wechsels vom Rechnungslegungsstandard auf die Risikoparameter von schweizerischen Aktien, in: ZfbF 1998, S. 129-155.

Auer, K. V. [1999a], Internationale Rechnungslegungsstandards – ein Plädoyer für Transparenz und Vergleichbarkeit, in: Kreditwesen 1999, S. 373-379.

Auer, K. V. [1999b], Mythos und Realität von US-GAAP und IAS, in: ZfB 1999, S. 979-1002.

Auer, K. V. [1999c], International harmonisierte Rechnungslegungsstandards aus Sicht der Aktionäre. Vergleich von EG-Richtlinien, US-GAAP und IAS, 2. Aufl., Wiesbaden 1999.

Augustin, R. R. [1994], Ausschüttungspolitik deutscher und amerikanischer börsennotierter Unternehmen, in: RIW 1994, S. 659-662.

Bach, S. [1993], Die Idee einer Cash-flow-Steuer vor dem Hintergrund des gegenwärtigen Steuersystems, Berlin 1993.

Bach, S. [1999], Der Cash-flow als Bemessungsgrundlage der Unternehmensbesteuerung, in: Einkommen versus Konsum, Hrsg. Smekal, C./Sendlhofer, R./Winner, H., Heidelberg 1999, S. 85-122.

Bacidore, J. M./Boquist, J. A./Milbourn, T. T./Thakor, A. V. [1997], The Search for the Best Financial Performance Measure, in: Financial Analysts Journal, May/June 1997, S. 11-20.

Backer, M./McFarland, W. B. [1968], External Reporting for Segments of a Business, New York 1968.

Bärenz, C. [2001], Keine gemeinschaftsrechtliche Vorlagepflicht des BFH gemäß Art. 234 EGV im Bilanzsteuerrecht, in: DStR 2001, S. 692-696.

Bärtl, O. [2001], Wertorientierte Unternehmenssteuerung – Zum Zusammenhang von Kapitalmarkt, externer und interner Rechnungslegung, Frankfurt a.M. u.a. 2001.

Bärtl, O./Pfaff, D. [1997], Wertorientierte Unternehmenssteuerung mit differenzierten Kapitalkosten, in: ZfbF 1997, S. 370-378.

Baetge, J. [1970], Möglichkeiten der Objektivierung des Jahreserfolges, Düsseldorf 1970.

Baetge, J. [1986], Grundsätze ordnungsmäßiger Buchführung, in: DB 1986, Beilage 26 zu Heft 45.

Baetge, J. [1993], Harmonisierung der Rechnungslegung - haben die deutschen Rechnungslegungsvorschriften noch eine Chance?, in: Schmalenbach-Gesellschaft e. V. (Hrsg.), Internationalisierung der Wirtschaft, 1993, S. 109-123.

Baetge, J. [1994], Begrüßung anläßlich des 10. Münsterischen Tagesgespräches am 29. April 1994, in: Die deutsche Rechnungslegung vor dem Hintergrund internationaler Entwicklungen, Hrsg. Baetge, J., Düsseldorf 1994, S. 2-9.

Baetge, J. [1997], Gesellschafterorientierung als Voraussetzung für Kunden- und Marktorientierung, in: Marktorientierte Unternehmensführung: Reflexionen – Denkanstöße – Perspektiven, Festschrift für H. Meffert, Hrsg. Bruhn, M./Steffenhagen, H., Wiesbaden 1997, S. 103-117.

Baetge, J. [1998], Bilanzanalyse, Düsseldorf 1998.

Baetge, J. [2000], Rechnungslegungskonzeptionen im empirischen Test, in: Rechnungslegungskonzeptionen im Widerstreit. Beiträge zu den Wirtschaftswissenschaften, Hrsg. Wirtschaftswissenschaftliche Fakultät der Universität Leipzig/KPMG/PWC, Leipzig 2000, S. 23-44.

Baetge, J./Armeloh, K.-H./Schulze, D. [1997], Anforderungen an die Geschäftsberichterstattung aus betriebswirtschaftlicher und handelsrechtlicher Sicht, in: DStR 1997, S. 176-180.

Baetge, J./Beermann, Th. [2000], Vergleichende Bilanzanalyse von Abschlüssen nach IAS/US-GAAP und HGB, in: BB 2000, S. 2088-2094.

Baetge, J./Kirsch, H.-J./Thiele, S. [2001], Bilanzen, 5. Aufl., Düsseldorf 2001.

Baetge, J./Krumnow, J./Noelle, J. [2001], Das "Deutsche Rechnungslegungs Standards Committee" (DRSC), in: DB 2001, S. 769-774.

Baetge, J./Noelle, J. [2001], Shareholder-Value-Reporting sowie Prognose- und Performancepublizität, in: KoR 2001, S. 174-180.

Baetge, J./Roß, H.-P. [2000], Was bedeutet "fair presentation"?, in: US-amerikanische Rechnungslegung, Hrsg. Ballwieser, W., 4. Aufl., Stuttgart 2000, S. 29-47.

Baetge, J./Sell, K. [1999], Entwurf eines Deutschen Rechnungslegungsstandards Nr. 1 (E-DRS 1) zum befreienden Konzernabschluß nach § 292a HGB, in: StuB 1999, S. 1042-1044.

Baetge, J./Siefke, M. [1999], Läßt sich die offenzulegende Rechnungslegung so gestalten, daß sie eine zielkonforme Konzernsteuerung ermöglicht?, in: Fortschritte im Rechnungswesen, Festschrift für G. Seicht, Hrsg. Altenburger, O. A./Janschek, O./Müller, H., Wiesbaden 1999, S. 675-704.

Baetge, J./Thiele, S. [1997], Gesellschafterschutz versus Gläubigerschutz - Rechenschaft versus Kapitalerhaltung. Zu den Zwecken des deutschen Einzelabschlusses vor dem Hintergrund der internationalen Harmonisierung, in: Handelsbilanzen und Steuerbilanzen, Festschrift für H. Beisse, Hrsg. Budde, W. D./Moxter, A./Offerhaus, K., Düsseldorf 1997, S. 11-24.

Baetge, J./Thiele, S./Plock, M. [2000], Die Restrukturierung des International Accounting Standards Committee – Das IASC auf dem Weg zum globalen Standardsetter?, in: DB 2000, S. 1033-1038.

Baetge, J./Zülch, H. [2001], Fair Value-Accounting, in: BFuP 2001, S. 543-563.

Baetge, J./Zülch, H./Matena, S. [2002], Fair Value-Accounting, in: StuB 2002, S. 365-372 u. 417-422.

Baldenius, T./Fuhrmann, G./Reichelstein, S. [1999], Zurück zu EVA, in: BFuP 1999, S. 53-65.

Ball, R./Brown, P. [1968], An Empirical Evaluation of Accounting Income Numbers, in: Journal of Accounting Research, Autumn 1968, S. 159-177.

Ballwieser, W. [1982], Zur Begründbarkeit informationsorientierter Jahresabschlußverbesserungen, in: ZfbF 1982, S. 772-793.

Ballwieser, W. [1985a], Ergebnisse der Informationsökonomie zur Informationsfunktion der Rechnungslegung, in: Information und Produktion, Hrsg. Stöppler, S., Festschrift für W. Wittmann, Stuttgart 1985, S. 21-40.

Ballwieser, W. [1985b], Informationsökonomie, Rechnungslegungstheorie und Bilanzrichtlinien-Gesetz, in: ZfbF 1985, S. 47-66.

Ballwieser, W. [1985c], Sind mit der neuen Generalklausel zur Rechnungslegung auch neue Prüfungspflichten verbunden?, in: BB 1985, S. 1034-1043.

Ballwieser, W. [1987], Kapitalmarkt und Informationsversorgung mit Jahresabschlüssen, in: Zweihundert Jahre Geld und Brief, Herausforderungen an die Kapitalmärkte, Festgabe an die Niedersächsische Börse zu Hannover aus Anlaß ihres 200jährigen Bestehens, Hrsg. Claussen, C. P./Hübl, L./Schneider, H.-P., Frankfurt a. M. 1987, S. 163-178.

Ballwieser, W. [1990], Ist das Maßgeblichkeitsprinzip überholt?, in: BFuP 1990, S. 477-498.

Ballwieser, W. [1992], Das Anschaffungs- und Höchswertprinzip für Schulden, in: Rechnungslegung, Festschrift für K.-H. Forster, Hrsg. Moxter, A. u.a., Düsseldorf 1992, S. 45-62.

Ballwieser, W. [1993a], Die Entwicklung der Theorie der Rechnungslegung in den USA, in: Ökonomische Analyse des Bilanzrechts, Hrsg. Wagner, F. W., Düsseldorf 1993, ZfbF-Sonderheft 32, S. 107-138.

Ballwieser, W. [1993b], Methoden der Unternehmensbewertung, in: Handbuch des Finanzmanagements, Hrsg. Gebhardt, G./Gerke, W./Steiner, M., München 1993, S. 151-176.

Ballwieser, W. [1993c], Bilanzanalyse, in: Handwörterbuch des Rechnungswesens, Hrsg. Chmielewicz, K./Schweitzer, M., 3. Aufl., Stuttgart 1993, Sp. 211-221.

Ballwieser, W. [1994], Adolf Moxter und der Shareholder Value-Ansatz, in: Bilanzrecht und Kapitalmarkt, Festschrift für A. Moxter, Hrsg. Ballwieser, W. u.a., Düsseldorf 1994, S. 1377-1405.

Ballwieser, W. [1995a], Ein neuer Ansatz zur Theorie des externen Rechnungswesens?, in: ZfbF 1995, S. 726-734.

Ballwieser, W. [1995b], Zur Frage der Rechtsform-, Konzern- und Branchenunabhängigkeit der Grundsätze ordnungsmäßiger Buchführung, in: Rechenschaftslegung im Wandel, Festschrift für W.-D. Budde, Hrsg. Förschle, G./Kaiser, K./Moxter, A., München 1995, S. 43-66.

Ballwieser, W. [1996a], Ein Überblick über Ansätze zur ökonomischen Analyse des Bilanzrechts, in: BFuP 1996, S. 503-527.

Ballwieser, W. [1996b], Zum Nutzen handelsrechtlicher Rechnungslegung, in: Rechnungslegung - warum und wie, Hrsg. Ballwieser, W./Moxter, A./Nonnenmacher, R., Festschrift für H. Clemm, München 1996, S. 1-25.

Ballwieser, W. [1997a], Das Verhältnis von Aussagegehalt und Nachprüfbarkeit amerikanischer Rechnungslegung, in: WPK-Mitteilungen, Sonderheft Juni 1997, S. 51-56.

Ballwieser, W. [1997b], Grenzen des Vergleichs von Rechnungslegungssystemen - dargestellt anhand von HGB, US-GAAP und IAS, in: Aktien- und Bilanzrecht, Festschrift für B. Kropff, Hrsg. Forster, K.-H. u. a., Düsseldorf 1997, S. 371-391.

Ballwieser, W. [1998], Unternehmensbewertung mit Discounted Cash Flow-Verfahren, in: WPg 1998, S. 81-92.

Ballwieser, W. [1999a], HGB-Konzernabschlußbefreiung und privates Rechnungslegungsgremium, in: Internationale Rechnungslegung, Festschrift für C.-P. Weber, Hrsg. Küting, K./Langenbucher, G., Stuttgart 1999, S. 433-449.

Ballwieser, W. [1999b], Grundsätze ordnungsmäßiger Buchführung, in: Beck'sches Handbuch der Rechnungslegung, Hrsg. Castan, E. u. a., München 1987, Stand: Januar 1999, Abschnitt B 105.

Ballwieser, W. [2000a], Wertorientierte Unternehmensführung: Grundlagen, in: ZfbF 2000, S. 160-166.

Ballwieser, W. [2000b], Was bewirkt eine Umstellung der Rechnungslegung vom HGB auf US-GAAP?, in: US-amerikanische Rechnungslegung, Hrsg. Ballwieser, W., 4. Aufl., Stuttgart 2000, S. 447-465.

Ballwieser, W. [2001a], Anforderungen des Kapitalmarkts an Bilanzansatz- und Bilanzbewertungsregeln, in: KoR 2001, S. 160-164.

Ballwieser, W. [2001b], Konzernrechnungslegung und Wettbewerb, in: DBW 2001, S. 640-657.

Ballwieser, W. [2001c], Rechnungslegung und Prüfung am Neuen Markt, in: ZfbF 2001, S. 840-853.

Ballwieser, W. [2002a], Rechnungslegung im Umbruch, in: ST 2002, S. 295-304.

Ballwieser, W. [2002b], Informations-GoB – auch im Lichte von IAS und US-GAAP, in: KoR 2002, S. 115-121.

Ballwieser, W. [2002c], Shareholder Value, in: Handwörterbuch Unternehmensrechnung und Controlling, Hrsg. Küpper, H.-U./Wagenhofer, A., 4. Aufl., Stuttgart 2002, Sp. 1745-1754.

Ballwieser, W. [2002d], Wertorientierung und Betriebswirtschaftslehre: Von Schmalenbach bis heute, in: Wertorientierte Unternehmensführung: Strategien – Strukturen – Controlling, Hrsg. Macharzina, K./Neubürger, H.-J., Stuttgart 2002, S. 69-98.

Ballwieser, W./Hachmeister, D. [2000], Möglichkeiten und Grenzen einer international ausgerichteten Abschlußanalyse, in: Investororientierte Unternehmenspublizität, Hrsg. Lachnit, L./Freidank, C.-C., Wiesbaden 2000, S. 3-29.

Ballwieser, W./Kuhner, C. [1994], Rechnungslegungsvorschriften und wirtschaftliche Stabilität, Köln 1994.

Ballwieser, W./Schmidt, R. H. [1981], Unternehmensverfassung, Unternehmensziele und Finanztheorie, in: Unternehmungsverfassung als Problem der Betriebswirtschaftslehre, Hrsg. Bohr, K. u. a., Berlin 1981, S. 645-682.

Barckow, A. [1999], Der Abschluß des Core Set of Standards durch das IASC – Inhalte, Bewertungen, Folgen, in: DB 1999, S. 1173-1181.

Barckow, A./Gräfer, H. [1997], Aktuelle Entwicklungen und Tendenzen in der Arbeit des International Accounting Standards Committee (IASC), in: DB 1997, S. 1189-1193.

Bardenz, A. [1996], Durchbruch für das International Accounting Standards Committee?, in: WM 1996, S. 1657-1671.

Bardenz, A. [1998], Von Deutscher zu Internationaler Rechnungslegung, Frankfurt a. M. 1998.

Bareis, H. P. [1972], Zur Reform des Maßgeblichkeitsprinzips, in: WPg 1972, S. 498- 503.

Bareis, H.-P. [2002], Zur Kritik am "Karlsruher Entwurf zur Reform des EStG", in: StuW 2002, S. 135-147.

Barker, R. G. [1998], The market for information – evidence from finance directors, analysts and fund managers, in: Accounting and Business Research, Vol. 29, Winter 1998, S. 3-20.

Barker, R. G. [1999], The role of dividends in valuation models used by analysts and fund managers, in: The European Accounting Review, Vol. 8, 1999, S. 195-218.

Barnea, A./Haugen, R./Senbet, L. [1985], Agency Problems and Financial Contracting, Englewood Cliffs 1985.

Barth, K. [1953], Die Entwicklung des deutschen Bilanzrechts, Band I, Stuttgart 1953.

Barth, K. [1955], Die Entwicklung des deutschen Bilanzrechts, Band II, Teilband I, Stuttgart 1955.

Barth, K. [1963], Die Grundsätze ordnungsmäßiger Buchführung, betriebswirtschaftlich, handelsrechtlich und steuerrechtlich – Ein geschichtlicher Aufriß, in: ZfbF 1963, S. 384-397.

Barth, M. E./Landsman, W. R. [1995], Fundamental Issues Related to Using Fair Value Accounting for Financial Reporting, in: Accounting Horizons 12/1995, S. 97-107.

Barz, K. [1997], Die Auswirkungen von Rechnungslegungsunterschieden auf die Ermittlung ausschüttbarer Gewinne der britischen *public company limited by shares* und der deutschen Aktiengesellschaft, Frankfurt a.M. u.a. 1997.

Bassen, A./Behnam, M./Gilbert, D. U. [2001], Internationalisierung des Mittelstands. Ergebnisse einer empirischen Studie zum Internationalisierungsverhalten deutscher mittelständischer Unternehmen, in: ZfB 2001, S. 413-431.

Bassen, A./Hauck, M. [2000], Institutionelle Anleger, in: Handbuch Corporate Finance. Konzepte, Strategien und Praxiswissen für das moderne Finanzmanagement, Köln 2000, S. 1-21.

Batchelor, A. [1999], Is the balance sheet outdated?, in: Accountancy International, Febr. 1999, S. 81.

Bauer, M. [1995], Gläubigerschutz durch eine formelle Nennkapitalziffer - kapitalgesellschaftsrechtliche Notwendigkeit oder überholtes Konzept?, Frankfurt a. M. u. a. 1995.

Baum, H./Breidenbach, S. [1990], Die wachsende internationale Verflechtung der Wertpapiermärkte und die Regelungspolitik der U. S. Securities and Exchange Commission: Neue Entwicklungen in der internationalen Anwendung des amerikanischen Kapitalmarktrechts, in: WM, Sonderbeilage Nr. 6/1990.

Bauman, M. P. [1996], A review of fundamental analysis research in accounting, in: Journal of Accounting Literature 1996, Vol. 15, S. 1-33.

Baumann, K.-H. [1986], Das Rechnungswesen als Instrument zur Steuerung und Kontrolle von US-Tochtergesellschaften deutscher Unternehmen, in: ZfbF 1986, S. 425-432.

Baumann, K.-H. [1987], Die Segment-Berichterstattung im Rahmen der externen Finanzpublizität, in: Bilanz- und Konzernrecht, Festschrift für R. Goerdeler, Hrsg. Havermann, H., Düsseldorf 1987, S. 1-23.

Baumann, K.-H. [1991], Weiterentwicklung der Rechnungslegung in der EG, in: Unternehmensverfassung und Rechnungslegung in der EG, Hrsg. Chmielewicz, K./Forster, K.-H., ZfbF-Sonderheft 29, Düsseldorf/Frankfurt a. M. 1991, S. 95-105.

Baumann, K.-H. [1998], Externe Rechnungslegung im Spannungsfeld nationaler und internationaler Grundsätze, in: Controlling und Rechnungswesen im internationalen Wettbewerb, Hrsg. Börsig, C./Coenenberg, A. G., Stuttgart 1998, S. 3-13.

Baumbach, K. J./Hopt, A. [2000], Handelsgesetzbuch, 30. Aufl., München 2000.

Baumbach, A./Hueck, A. [2000], GmbH-Gesetz, Kommentar, 17. Aufl., München 2000.

Baums, Th. [1996], Rechtstatsachen zu "Institutionelle Investoren und Publikumsgesellschaft", in: Corporate Governance: Optimierung der Unternehmensführung und der Unternehmenskontrolle im deutschen und amerikanischen Aktienrecht, Hrsg. Feddersen, D./Hommelhoff, P./Schneider, U. H., Köln 1996, S. 324-330.

Baums, Th. (Hrsg.) [2001], Bericht der Regierungskommission Corporate Governance, Köln 2001.

Beaujean, R. [1998], Registrierung bereits emittierter Aktien und laufende Berichterstattung durch ausländische Unternehmen an der NYSE, in: DB 1998, S. 273-276.

Beaver, W. H. [1966], Financial Ratios as Predictors of Failure, in: Journal of Accounting Research, Supplement to Vol. 4 (1967), S. 71-111.

Beaver, W. H. [1973], What should be the FASB's objectives?, in: The Journal of Accountancy 1973, S. 49-56.

Beaver, W. [1981], Financial Reporting: An Accounting Revolution, Englewood Cliffs, New Jersey 1981.

Beaver, W. H. [1983], Zur Effizienz des Kapitalmarkts: Gegenwärtiger Stand der Forschung, in: BFuP 1983, S. 344-358.

Beaver, W. [1989], Financial Reporting: An Accounting Revolution, 2. Aufl., Englewood Cliffs 1989.

Beaver, W. [1998], Financial Reporting: An Accounting Revolution, 3. Aufl., London u.a. 1998.

Beaver, W. H./ Demski, J. S. [1974], The Nature of Financial Accounting Objectives: A Summary an Synthesis, in: Journal of Accounting Research, Supplement 1974, S. 170-187.

Beaver, W. H./Demski, J. S. [1979], The Nature of Income Measurement, in: Accounting Review 1979, Vol. 54, S. 38-46.

Beck, C./Lingnau, V. [2000], Marktwertorientierte Kennzahlen für das Beteiligungscontrolling – Ermittlung und Eignung, in: krp 2000, S. 7-14.

Behringer, S./Ottersbach, J. H. [2001], Wertorientierte Unternehmensführung mit dem Economic Value Added (EVA), in: StB 2001, S. 98-107.

Beisse, H. [1980], Handelsbilanzrecht in der Rechtsprechung des Bundesfinanzhofs, in: BB 1980, S. 637-646.

Beisse, H. [1981], Die wirtschaftliche Betrachtungsweise bei der Auslegung der Steuergesetze in der neueren deutschen Rechtsprechung, in: StuW 1981, S. 1-14.

Beisse, H. [1984], Zum Verhältnis von Bilanzrecht und Betriebswirtschaftslehre, in: StuW 1984, S. 1-14.

Beisse, H. [1988], Die Generalnorm des neuen Bilanzrechts, in: Handels- und Steuerrecht, Festschrift f. G. Döllerer, Hrsg. Knobbe-Keuk, B./Klein, F./Moxter, A., Düsseldorf 1988, S. 25-44.

Beisse, H. [1989a], Die steuerrechtliche Bedeutung der neuen deutschen Bilanzgesetzgebung, in: StVj 1989, S. 295-310.

Beisse, H. [1989b], Die Generalnorm des neuen Bilanzrechts und ihre steuerrechtliche Bedeutung, in: Handelsbilanz und Steuerbilanz, Beiträge zum neuen Bilanzrecht, Bd. 2, Hrsg. Mellwig, W./Moxter, A./Ordelheide, D., Wiesbaden 1989, S. 15-31.

Beisse, H. [1990a], Rechtsfragen der Gewinnung von GoB, in: BFuP 1990, S. 499-514.

Beisse, H. [1990b], Grundsatzfragen der Auslegung des neuen Bilanzrechts, in: BB 1990, S. 2007-2012.

Beisse, H. [1992], Rechtsfortbildung durch den Europäischen Gerichtshof, in: StVj 1992, S. 42-50.

Beisse, H. [1993], Gläubigerschutz - Grundprinzip des deutschen Bilanzrechts, in: Festschrift für Karl Beusch, Hrsg. Beisse, H./Lutter, M./Närger, H., Berlin/New York 1993, S. 77-97.

Beisse, H. [1994], Zum neuen Bild des Bilanzrechtssystems, in: Bilanzrecht und Kapitalmarkt, Festschrift für A. Moxter, Hrsg. Ballwieser, W. u. a., Düsseldorf 1994, S. 3-31.

Beisse, H. [1995], Wandlungen der Rechnungsabgrenzung, in: Rechenschaftslegung im Wandel, Festschrift für W. D. Budde, Hrsg. Förschle, G./Kaiser, K./Moxter, A., München 1995, S. 67-85.

Beisse, H. [1996], Zehn Jahre "True and fair view", in: Rechnungslegung - warum und wie, Hrsg. Ballwieser, W./Moxter, A./Nonnenmacher, R., Festschrift für H. Clemm, München 1996, S. 27-58.

Beisse, H. [1997], Wandlungen der Grundsätze ordnungsmäßiger Bilanzierung. Hundert Jahre "GoB", in: Gedächtnisschrift für B. Knobbe-Keuk, Hrsg. Schön, W., Köln 1997, S. 385-409.

Beisse, H. [1998], "True and fair view" in der Steuerbilanz?, in: DStZ 1998, S. 310-317.

Beisse, H. [1999], Normqualität und Normstruktur von Bilanzvorschriften und Standards, in: BB 1999, S. 2180-2186.

Beisse, H. [2001], Die paradigmatischen GoB, in: Gesellschaftsrecht, Rechnungslegung, Steuerrecht, Festschrift für W. Müller, Hrsg. Hommelhoff, P./Zätzsch, R./Erle, B., München 2001, S. 731-753.

Belkaoui, A. R. [1993], Accounting Theory, 3. Aufl., Fort Worth u. a. 1993.

Benecke, B. [2000], Internationale Rechnungslegung und Management Approach, Wiesbaden 2000.

Beneish, M. D./Press, E. [1993], Costs of Technical Violation of Accounting-Based Debt Covenants, in: Accounting Review 1993, Vol. 68, S. 233-257.

Berblinger, J. [1998], Die Umstellung der Rechnungslegung aus Sicht einer Ratingagentur, in: Die Umstellung der Rechnungslegung auf IAS/US-GAAP, Hrsg. Auer, K. V., Wien 1998, S. 257-269.

Bergmann, E./Butzlaff, J.-M. [1998], Institutionelles Anlegerverhalten und Shareholder Value, in: Shareholder Value Reporting, Hrsg. Müller, M./Leven, F.-J., Wien 1998, 203-212.

Bergmann, J. [1996], Shareholder Value-orientierte Beurteilung von Teileinheiten im internationalen Konzern, Aachen 1996.

Berlage, H. [1993], Einzelveräußerungsstatik und Bilanzierung latenter Steuern, Hamburg 1993.

Bernard, V. L. [1995], The Feltham-Ohlson framework: Implications for empiricists, in: Contemporary Accounting Research, Vol. 11, Spring 1995, S. 733-747.

Berndlmaier, A. F./Klein, G. A. [1997], Kundenorientierung in der US-amerikanischen Rechnungslegung: Der Comprehensive Report des Special Committee on Financial Reporting des AICPA, in: DB 1997, S. 1089-1095.

Berndt, T. [2001], Vorsichtsprinzip und Grundsatz der Bilanzwahrheit im Rahmen der Jahresabschlussrichtlinie, in: ZfbF 2001, S. 366-390.

Biener, H. [1987], Die Möglichkeiten und Grenzen berufsständischer Empfehlungen zur Rechnungslegung, in: Bilanz- und Konzernrecht, Festschrift für R. Goerdeler, Hrsg. Havermann, H., Düsseldorf 1987, S. 45-60.

Biener, H. [1993], Die negativen Aspekte der Harmonisierung, in: Rechnungslegung und Prüfung: Perspektiven für die neunziger Jahre, Hrsg. Baetge, J., Düsseldorf 1993, S. 171-189.

Biener, H. [1995a], Die Erwartungslücke – eine endlose Geschichte, in: Internationale Wirtschaftsprüfung, Festschrift für H. Havermann, Hrsg. Lanfermann, J., Düsseldorf 1995, S. 38-63.

Biener, H. [1995b], Rezeption der US-GAAP über IOSCO und IASC?, in: Rechenschaftslegung im Wandel, Festschrift für W.-D. Budde, Hrsg. Förschle, G./Kaiser, K./Moxter, A., München 1995, S. 87-103.

Biener, H. [1996a], Fachnormen statt Rechtsnormen - Ein Beitrag zur Deregulierung der Rechnungslegung, in: Rechnungslegung - warum und wie, Hrsg. Ballwieser, W./Moxter, A./Nonnenmacher, R., Festschrift für H. Clemm, München 1996, S. 59-79.

Biener, H. [1996b], Bilanzierung im Spannungsfeld von Europa-, Umwandlungs- und Steuerrecht, in: StbJb 1995/96, S. 29-52.

Biener, H. [1997a], Stand und künftige Entwicklung der Harmonisierung der Vorschriften über die Rechnungslegung und deren Prüfung in der Europäischen Union, in: Aktien- und Bilanzrecht, Festschrift für B. Kropff, Hrsg. Forster, K.-H. u. a., Düsseldorf 1997, S. 393-415.

Biener, H. [1997b], Internationalisierung des Bilanzsteuerrechts - Was wird auf uns zukommen?, in: DStZ 1997, S. 345-356.

Biener, H. [1997c], Rechtspolitische Entscheidungen zur EuGH-Entscheidung, in: Europäisierung des Bilanzrechts, Hrsg. Herzig, N., Köln 1997, S. 63-74.

Bierman, H./Dukes, R. [1975], Accounting for research and development costs, in: JoA April 1975, S. 48-55.

Bierman, H./Dyckman, T. R./Hilton, R. W. [1990], Cost Accounting – Concepts and Managerial Applications, Boston 1990.

Binz, M. K./Sorg, M. H. [1996], Bilanzierungskompetenzen bei der Personengesellschaft, in: DB 1996, S. 969-972.

Bippus, B. E. [1998], US-amerikanische Grundsätze der Rechnungslegung von Unternehmen und die Maßgeblichkeit im deutschen Bilanzrecht – keine unvereinbaren Bilanzierungsphilosophien!, in: DStZ 1998, S. 637-650.

Bischoff, J. [1994], Das Shareholder-Value-Konzept, Wiesbaden 1994.

Bischof, S. [1998], Anwendbarkeit der percentage of-completion-Methode nach IAS und US-GAAP im internen Rechnungswesen, in: krp 1998, S. 8-15.

Bittker, B. I./Lokken, L. [1992], Federal Taxation of Income, Estates and Gifts, second edition, Boston 1992, mit Ergänzungsband 1995.

Bitz, M./Hemmerde, W./Rausch, W. [1986], Gesetzliche Regelungen und Reformvorschläge zum Gläubigerschutz, Berlin u. a. 1986.

Blackwell, D./Girshick, M. A. [1954], Theory of Games and Statistical Decisions, New York 1954.

Blaum, U./Kessler, H. [2000], Das Ende der phasengleichen Vereinnahmung von Beteiligungserträgen in der Steuerbilanz?, in: StuB 2000, S. 1233-1246.

Bleckmann, A. [1987], Probleme der Auslegung von EWG-Richtlinien, in: RIW 1987, S. 929-935.

Boadway, R./Bruce, N. [1984], A general proposition on the design of a neutral business tax, in: Journal of Public Economics 1984, Vol. 24, S. 231-239.

Böckem, H. [2000a], Die Durchsetzung von Rechnungslegungsstandards in Deutschland, in: DB 2000, S. 1185-1191.

Böckem, H. [2000b], Die Durchsetzung von Rechnungslegungsstandards, Frankfurt a.M. u.a. 2000.

Böckem, H./Schurbohm, A. [2002], Die Bilanzierung von Immobilien nach den International Accounting Standards, in: KoR 2002, S. 38-51.

Böckenhoff, J./Ross, M. I. [1993], "American Depositary Receipts" (ADR) - Strukturen und rechtliche Aspekte -, in: WM 1993, S. 1781-1787 u. 1825-1829.

Böcking, H.-J. [1988], Bilanzrechtstheorie und Verzinslichkeit, Wiesbaden 1988.

Böcking, H.-J. [1989], Der Grundsatz umsatzbezogener Gewinnrealisierung beim Finanzierungsleasing, in: ZfbF 1989, S. 491-515.

Böcking, H.-J. [1994], Verbindlichkeitsbilanzierung, Wiesbaden 1994.

Böcking, H.-J. [1997], Betriebswirtschaftslehre und wirtschaftliche Betrachtungsweise im Bilanzrecht, in: Handelsbilanzen und Steuerbilanzen, Festschrift für H. Beisse, Hrsg. Budde, W. D./Moxter, A./Offerhaus, K., Düsseldorf 1997, S. 85-103.

Böcking, H.-J. [1998], Zum Verhältnis von Rechnungslegung und Kapitalmarkt: Vom "financial accounting" zum "business reporting", in: Rechnungslegung und Steuern international, ZfbF-Sonderheft Nr. 40, Hrsg. Ballwieser, W./Schildbach, Th., Düsseldorf 1998, S. 17-53.

Böcking, H.-J. [1999], Segmentberichterstattung – Ein Baustein zur Kontrolle und Transparenz im Unternehmensbereich!, in: Reform des Aktienrechts, der Rechnungslegung und der Prüfung, Hrsg. Dörner, D./Menold, D./Pfitzer, N., Stuttgart 1999, S. 509-538.

Böcking, H.-J. [2001], IAS für Konzern- und Einzelabschluss?, in: WPg 2001, S. 1433-1440.

Böcking, H.-J./Benecke, B. [1998], Neue Vorschriften zur Segmentberichterstattung nach IAS und US GAAP unter dem Aspekt des Business Reporting, in: WPg 1998, S. 92-107.

Böcking, H.-J./Benecke, B. [1999], Der Entwurf des DRSC zur Segmentberichterstattung "E-DRS 3". Eine Orientierung an dem Standard SFAS 131 des FASB und/oder an dem Standard IAS 14 revised des IASC?, in: Wpg 1999, S. 839-845.

Böcking, H.-J./Benecke, B. [2000], Die *fair value*-Bewertung von Finanzinstrumenten, in: US-amerikanische Rechnungslegung, Hrsg. Ballwieser, W., 4. Aufl., Stuttgart 2000, S. 193-239.

Böcking, H.-J./Klein, G./Lopatta, K. [2001], Internationale Entwicklungen bei der Bilanzierung von Unternehmenszusammenschlüssen, in: KoR 2001, S. 17-25.

Böcking, H.-J./Nowak, K. [1998], Der Beitrag der Discounted Cash Flow-Verfahren zur Lösung der Typisierungsproblematik bei Unternehmensbewertungen, in: DB 1998, S. 685-690.

Böcking, H.-J./Nowak, K. [1999], Das Konzept des Economic Value Added, in: FB 1999, S. 281-288.

Böcking, H.-J./Orth, C. [1998a], Neue Vorschriften zur Rechnungslegung und Prüfung durch das KonTraG und das KapAEG, in: DB 1998, S. 1241-1246.

Böcking, H.-J./Orth, C. [1998b], Offene Fragen und Systemwidrigkeiten bei den neuen Rechnungslegungs- und Prüfungsvorschriften des KonTraG und des KapAEG, in: DB 1998, S. 1873-1879.

Boemle, M. [1997], Der Jahresabschluß als Instrument der Rechenschaft, in: Der Schweizer Treuhänder 1997, S. 19-24.

Bolin, M. [1990], Das International Accounting Standards Committee, in: WPg 1990, S. 482-486.

Booth, P./Cocks, N. [1990], Critical Research Issues in Accounting Standard Setting, in: Journal of Business, Finance & Accounting 1990, Vol. 17, S. 511-528.

Bormann, M. [1996], Internationale Harmonisierung der Rechnungslegung, in: RIW 1996, S. 35-44.

Bormann, M./Odenthal, S. [1997], Rechnungslegung nach internationalen Standards als strategische Bedingung im Value Management, in: DStZ 1997, S. 361-366.

Börner, D. [1987], Bilanzrichtlinien-Gesetz und Steuerbilanzpolitik, in: StbJb 1986/87, S. 201-234.

Börner, D. [1996], Bilanzpolitik im Spannungsfeld der Jahresabschlußaufgaben: Zur Zukunft des deutschen Einzelabschlußrechts, in: Rechnungslegung, Prüfung und Beratung, Festschrift für R. Ludewig, Hrsg. Baetge, J. u. a., Düsseldorf 1996, S. 143-179.

Börsig, C. [1993], Unternehmenswert und Unternehmensbewertung, in: ZfbF 1993, S. 79-91.

Börsig, C. [2000], Wertorientierte Unternehmensführung bei RWE, in: ZfbF 2000, S. 167-175.

Börsig, C. [2001], Segmentberichterstattung – Ziele und Probleme, in: Internationale Rechnungslegung - Konsequenzen für Unternehmensführung, Rechnungswesen, Standardsetting, Prüfung und Kapitalmarkt, Hrsg. Coenenberg, A. G./Pohle, K., Stuttgart 2001, S. 231-245.

Boston Consulting Group [1996], Shareholder Value Metrics, Booklet 2 of Shareholder Value Management, Boston 1996.

Botosan, C. A. [1997], Disclosure Level and the Cost of Equity Capital, in: The Accounting Review 1997, Vol. 72, S. 323-349.

Böttcher, B. [1997], Eigenkapitalausstattung und Rechnungslegung, Frankfurt a. M. 1997.

Brakensiek, S./Küting, K. [2002], Special Purpose Entities in der US-amerikanischen Rechnungslegung, in: StuB 2002, S. 209-216.

Breidenbach, K. [1997], Normensetzung für die Rechnungslegung, Wiesbaden 1997.

Breker, N./Gebhardt, G./Pape, J. [2000], Das Fair-Value-Projekt für Finanzinstrumente – Stand der Erörterungen der Joint Working Group of Standard Setters im Juli 2000 -, in: WPg 2000, S. 729-744.

Breker, N./Naumann, K.-P./Tielmann, S. [1999], Der Wirtschaftsprüfer als Begleiter der Internationalisierung der Rechnungslegung, in: Wpg 1999, S. 140-154 u. 185-195.

Breuer, R.-E. [1999], "Ein richtiger Quantensprung", Interview mit R.-E. Breuer, in: Wirtschaftswoche vom 1.4.1999, Nr. 14, S. 44-52.

Breuer, W. [1997], Die Marktwertmaximierung als finanzwirtschaftliche Entscheidungsregel, in: WiSt 1997, S. 222-226.

Brief, R. P. [1976], A Late Nineteenth Century Contribution to the Theory of Depreciation, in: Journal of Accounting Research 1976, S. 27-38.

Brief, R. P./Owen, J. [1968], Depreciation and Capital Gains: A "New" Approach, in: Accounting Review 1968, S. 367-372.

Briloff, A. J. [1972], Unaccountable Accounting, New York 1972.

Broer, F. D. [2001a], Maßgeblichkeitsprinzip und Harmonisierung der Rechnungslegung, Baden-Baden 2001.

Broer, F. [2001b], Vorlagepflicht des BFH beim EuGH in bilanzsteuerrechtlichen Fragen, in: RIW 2001, S. 756-765.

Bromwich, M. [1977], The Use of Present Value Valuation Models in Published Accounting Reports, in: The Accounting Review 1977, S. 587-596.

Brown, E. C. [1948], Business-Income Taxation and Investment Incentives, in: Income, Employment and Public Policy, Hrsg. Metzler, L. et al. (Hrsg.), New York 1948, S. 300-316.

Brücks, M. [2002], EU-Verordnung zur Anwendung der IAS/IFRS und Improvements Project des IASB, in: KoR 2002, S. 165-168.

Bruns, C. [1998], Unternehmensbewertung auf der Basis von HGB- und IAS-Abschlüssen, Herne/Berlin 1998.

Bruns, H.-G. [1997], Der Gang an die New York Stock Exchange: Das Beispiel der Daimler Benz AG, in: Wirtschaftsprüferkammer-Mitteilungen, Sonderheft Juni 1997, S. 31-36.

Bruns, H.-G. [1998a], Aktienplazierung an ausländischen Kapitalmärkten – Überlegungen, Erfahrungen, Folgerungen, in: DBW 1998, S. 382-400.

Bruns, H.-G. [1998b], Die Umstellung der Rechnungslegung aus Sicht des Konzernmanagements, in: Die Umstellung der Rechnungslegung auf US-GAAP/IAS – Erfahrungsberichte, Hrsg. Auer, K., Wien 1998, S. 67-89.

Bruns, H.-G. [1999a], "Pooling of Interests" – der Zusammenschluß der Daimler-Benz AG und der Chrysler Corporation, in: DBW 1999, S. 831-840.

Bruns, H.-G. [1999b], Harmonisierung des externen und internen Rechnungswesens auf Basis internationaler Bilanzierungsvorschriften, in: Internationale Rechnungslegung, Festschrift für C.-P. Weber, Hrsg. Küting, K./Langenbucher, G., Stuttgart 1999, S. 585-603.

Bruns, H.-G. [2001], Anforderungen an die handelsrechtliche Rechnungslegung im europäischen und internationalen Kontext, in: WPg-Sonderheft 2001: Reformbedarf der deutschen Corporate Governance im globalen Wettbewerb, S. S67-S74.

Bruns, H.-G. [2002], International vergleichbare und qualitativ hochwertige deutsche Jahresabschlüsse durch Anwendung der IAS/IFRS, in: ZfbF 2002, S. 173-180.

Budde, W.-D. [1993], Grundsätze ordnungsmäßiger Rechenschaftslegung, in: Unternehmen und Unternehmensführung, Hrsg. Bierich, M./Hommelhoff, P./Kropff, B., Festschrift Semler, Berlin/New York 1993, S. 789-817.

Budde, W. D. [1996], Müssen die börsennotierten Gesellschaften eigene Wege gehen?, in: Rechnungslegung - warum und wie, Hrsg. Ballwieser, W./Moxter, A./Nonnenmacher, R., Festschrift für H. Clemm, München 1996, S. 81-106.

Budde, W.-D. [1997], Konzernrechnungslegung nach IAS und US-GAAP und ihre Rückwirkungen auf den handelsrechtlichen Einzelabschluß, in: Handelsbilanzen und Steuerbilanzen, Festschrift für H. Beisse, Hrsg. Budde, W. D./Moxter, A./Offerhaus, K., Düsseldorf 1997, S. 105-121.

Budde, W. D./Karig, K. P. [1999], Teilkommentierung zu § 264, in: Beck´scher Bilanzkommentar, bearb. v. Budde, W. D. u.a., 4. Aufl., München 1999.

Budde, W. D./Steuber, E. [1997a], Rechnungslegung nach HGB und der verfassungsrechtliche Grundsatz der Gleichbehandlung, in: Jahresabschluß und Jahresabschlußprüfung, Festschrift für J. Baetge, Hrsg. Fischer, Th. R./Hömberg, R., Düsseldorf 1997, S. 3-35.

Budde, W. D./Steuber, E. [1997b], Jahresabschluß – was soll die Veranstaltung?, in: Festschrift für Carsten Peter Claussen, Hrsg. Martens, K.-P./Westermann, H. P./Zöllner, W., Köln 1997, S. 583-604.

Budde, W. D./Steuber, E. [1998a], Verfassungsrechtliche Voraussetzungen zur Transformation internationaler Rechnungslegungsgrundsätze, in: DStR 1998, S. 504-508.

Budde, W. D./Steuber, E. [1998b], Normsetzungsbefugnis eines deutschen Standard Setting Body, in: DStR 1998, S. 1181-1187.

Budde, W. D./Steuber, E. [2000], Rückwirkung des Konzernabschlusses auf den Einzelabschluss, in: BB 2000, S. 971-977.

Buddenbrock, A. von [1998], US-Anleger als Zielgruppe für Aktien deutscher Unternehmen, in: Zugang zum US-Kapitalmarkt für deutsche Aktiengesellschaften, Hrsg. Rosen, R. v./Seifert, W. G., Frankfurt a.M. 1998, S. 267-273.

Buhleier, C. [1997], Harmonisierung der Rechnungslegung bei langfristiger Auftragsfertigung, Wiesbaden 1997.

Buhleier, C./Helmschrott, H. [1996], Die neue Strategie der Europäischen Union zur Harmonisierung der Rechnungslegung und ihre möglichen Auswirkungen auf Deutschland, in: DStR 1996, S. 354-360.

Buhleier, C./Helmschrott, H. [1997], Auf dem Weg zu den Weltstandards bei der Konzernrechnungslegung?, in: BB 1997, S. 775-779.

Bühner, R. [1997], Der Shareholder Value im Spiegel traditioneller betriebswirtschaftlicher Bilanzansätze, in: Das Rechnungswesen im Spannungsfeld zwischen strategischem und operativem Management, Festschrift für M. Schweitzer, Hrsg. Küpper, H.-U./Troßmann, E., Berlin 1997, S. 27-41.

Bühner, R. [2002], Wertorientiertes Controlling im Spannungsfeld zwischen Effizienz und Legitimität, in: Wertorientierte Unternehmensführung: Strategien – Strukturen – Controlling, Hrsg. Macharzina, K./Neubürger, H.-J., Stuttgart 2002, S. 233-246.

Bühner, R./Tuschke, A. [1997], Zur Kritik am Shareholder Value - eine ökonomische Analyse, in: BFuP 1997, S. 499-516.

Bufka, J./Schiereck, D./Zinn, K. [1999], Kapitalkostenbestimmung für diversifizierte Unternehmen, in: ZfB 1999, S. 115-131.

Bundesministerium für Wirtschaft und Finanzen [1971], Gutachten der Steuerreformkommission 1971, Bonn 1971.

Bungert, H./Paschos, N. [1995a], Börsennotierung und Emission deutscher Wertpapiere in den USA, in: DZWir 1995, S. 133-147.

Bungert, H./Paschos, N. [1995b], American Depositary Receipts: Gestaltungspotentiale, kollisionsrechtliche und aktienrechtliche Aspekte, in: DZWir 1995, S. 221-237.

Burger, A./Buchhart, A. [1999], Financial Covenants statt Insolvenzordnung (InsO)?, in: FB 1999, Heft 0, S. 15-20.

Burger, A./Buchhart, A. [2000], Bietet eine investororientierte Rechnungslegung den besseren Gläubigerschutz?, in: BB 2000, S. 2197-2200.

Burger, A./Buchhart, A. [2001a], Financial Covenants statt Insolvenzordnung?, in: FB 2001, S. 99-104.

Burger, A./Buchhart, A. [2001b], Integration des Rechnungswesens im Shareholder Value-Ansatz, in: FB 2001, S. 549-554.

Burger, A./Buchhart, A. [2002], Der Residualgewinn als kapitalmarktrelevante Information, in: KoR 2002, S. 82-87.

Burger, A./Schellberg, B. [1995], Vergleichende internationale Jahresabschlußanalyse, in: DB 1995, S. 2433-2437.

Bushan, R./Lessard, D. R. [1992], Coping with International Accounting Diversity: Fund Managers' Views on Disclosure, Reconciliation and Harmonisation, in: Journal of International Financial Management and Accounting 1992, S. 149-164.

Busse von Colbe, W. [1966], Aufbau und Informationsgehalt von Kapitalflußrechnungen, in: ZfB 1966, 1. Ergänzungsheft, S. 82-114.

Busse von Colbe, W. [1968], Prognosepublizität von Aktiengesellschaften, in: Beiträge zur Lehre von der Unternehmung, Festschrift für Karl Käfer, Stuttgart 1968, S. 91-118.

Busse von Colbe, W. [1980], Zur finanziellen Steuerung und Kontrolle im internationalen Konzern mit Hilfe von Bilanzen, in: Führungsprobleme industrieller Unternehmungen, Festschrift für F. Thomée, Hrsg. Hahn, D., Berlin u.a. 1980, S. 257-278.

Busse von Colbe, W. [1987], Der Konzernabschluß als Bemessungsgrundlage für die Gewinnverwendung, in: Bilanz- und Konzernrecht, Festschrift für R. Goerdeler, Hrsg. Havermann, H., Düsseldorf 1987, S. 61-77.

Busse von Colbe, W. [1992], Gefährdung des Kongruenzprinzips durch erfolgsneutrale Verrechnung von Aufwendungen im Konzernabschluß, in: Rechnungslegung, Festschrift für K. H. Forster, Hrsg. Moxter, A. u.a., Düsseldorf 1992, S. 125-138.

Busse von Colbe, W. [1993], Die Entwicklung des Jahresabschlusses als Informationsinstrument, in: Ökonomische Analyse des Bilanzrechts, Hrsg. Wagner, F. W., Düsseldorf 1993, ZfbF-Sonderheft 32, S. 11-29.

Busse von Colbe, W. [1994], Unternehmenskontrolle durch Rechnungslegung, in: Internationale Unternehmenskontrolle und Unternehmenskultur: Beiträge zu einem Symposium, Hrsg. Sandrock, O./Jäger, W., Tübingen 1994, S. 37-57.

Busse von Colbe, W. [1995a], Das Rechnungswesen im Dienste einer kapitalmarktorientierten Unternehmensführung, in: WPg 1995, S. 713-720.

Busse von Colbe, W. [1995b], Zur Anpassung der Rechnungslegung von Kapitalgesellschaften an internationale Normen, in: BFuP 1995, S. 373-391.

Busse von Colbe, W. [1996], Das Rechnungswesen im Dienste einer kapitalmarktorientierten Unternehmensführung, in: Globale Finanzmärkte, Hrsg. Schmalenbach-Gesellschaft, Deutsche Gesellschaft für Betriebswirtschaft e. V., Stuttgart 1996, S. 15-34.

Busse von Colbe, W. [1997a], Internationalisierung der deutschen Konzernrechnungslegung als Kür oder Pflicht? - zum Entwurf eines KapAEG -, in: Aktien- und Bilanzrecht, Festschrift für B. Kropff, Hrsg. Forster, K.-H. u. a., Düsseldorf 1997, S. 417-429.

Busse von Colbe, W. [1997b], Was ist und was bedeutet Shareholder Value aus betriebswirtschaftlicher Sicht?, in: ZGR 1997, S. 271-290.

Busse von Colbe, W. [1998], Geprüfte Konzernabschlüsse als Grundlage des Controllings und der externen Überwachung von Konzernen, in: Rechnungswesen als Instrument für Führungsentscheidungen, Festschrift für A. G. Coenenberg, Hrsg. Möller, P./Schmidt, F., Stuttgart 1998, S. 133-152.

Busse von Colbe [1999a], Der befreiende Konzernabschluß nach international anerkannten Rechnungslegungsgrundsätzen, in: Reform des Aktienrechts, der Rechnungslegung und der Prüfung, Hrsg. Dörner, D./Menold, D./Pfitzer, N., Stuttgart 1999, S. 401-420.

Busse von Colbe, W. [1999b], Internationalisierung der Konzernrechnungslegung börsennotierter Mutterunternehmen durch das KapAEG und das KonTraG, in: Internationale Rechnungslegung, Festschrift für C.-P. Weber, Hrsg. Küting, K./Langenbucher, G., Stuttgart 1999, S. 463-479.

Busse von Colbe, W. [2000], Rechnungslegungsziele und Ansätze zur internationalen Harmonisierung der Rechnungslegung deutscher Unternehmen, in: US-amerikanische Rechnungslegung, Hrsg. Ballwieser, W., 4. Aufl., Stuttgart 2000, S. 485-508.

Busse von Colbe [2001a], Ist die Bilanzierung des Firmenwerts nach dem Nonamortization-Impairment-Ansatz des SFAS-Entwurfs von 2001 mit § 292a HGB vereinbar?, in: DB 2001, S. 877-879.

Busse von Colbe [2001b], Anpassung der EG-Bilanzrichtlinien an die IAS, in: KoR 2001, S. 199-205.

Busse von Colbe, W. [2002], Die deutsche Rechnungslegung vor einem Paradigmawechsel, in: ZfbF 2002, S. 159-172.

Busse von Colbe, W./Chmielewicz, K. [1986], Das neue Bilanzrichtlinien-Gesetz, in: DBW 1986, S. 289-347.

Busse von Colbe, W./Ordelheide, D. [1993], Konzernabschlüsse, 6. Aufl., Wiesbaden 1993.

Busse von Colbe, W./Seeberg, Th. [1999], Vereinbarkeit internationaler Konzernrechnungslegung mit handelsrechtlichen Grundsätzen, Empfehlungen des Arbeitskreises "Externe Unternehmensrechnung" der Schmalenbach-Gesellschaft – Deutsche Gesellschaft für Betriebswirtschaft e. V., 2. Aufl., Düsseldorf/Frankfurt 1999.

Canaris, C.-W. [1994], Der EuGH als zukünftige privatrechtliche Superrevisionsinstanz?, in: EuZW 1994, Editorial Heft 14.

Cansier, D. [1989], Cash-Flow-Steuern: Neue Wege der Unternehmensbesteuerung?, in: Wirtschaftsdienst 1989, S. 49-56.

Cansier, D. [1990a], Anwendungsmöglichkeiten der Cash-Flow-Steuer, in: Finanzwissenschaft im Dienste der Wirtschaftspolitik, Hrsg. Bea, F. X./Kitterer, W., Tübingen 1990, S. 143-164.

Cansier, D. [1990b], Ersatz der Gewerbesteuer durch die Cash-Flow-Steuer?, in: BB 1990, S. 253-256.

CCH [1994], Standard Federal Tax Reporter, 82. Aufl., Chicago/Illinois 1994.

CCH [1999], Federal Tax Course 2000, Chicago/Illinois 1999.

CCH [2000], US Master Tax Guide 2001, Chicago/Illinois 2000.

Cebenoyan, F. [1998], Efficiency and the value-relevance of earnings: a stochastic frontier approach, PhD Dissertation University of Maryland College Park 1998, Ann Arbor 1998.

Chambers, R. J. [1971], Evidence for a Market-Selling Price-Accounting System, in: Sterling, R. R. (Hrsg.), Asset Valuation and Income Determination, Houston 1971, S. 74-96.

Chen, K. C. W./Wei, K. C. J. [1993], Creditors` Decision to Waive Violations of Accounting-Based Debt Covenants, in: Accounting Review 1993, Vol. 68, S. 218-232.

Chmielewicz, K. [1984], Der Neuentwurf einer 5. EG-Richtlinie (Struktur der AG) – Darstellung und Kritik, in: DBW 1984, S. 393-409.

Choi, F. S./Levich, R. M. [1990], The Capital Market Effects of International Accounting Diversity, Homewood, Illinois 1990.

Choi, F. S./Levich, R. M. [1991], Behavioral Effects of International Accounting Diversity, in: Accounting Horizons, Vol. 5, Juni 1991, S. 1–13.

Choi, F. D. S./Mueller, G. G. [1993], Globalization of Financial Accounting and Reporting, Morriston/New Jersey 1993.

Christiansen, A. [1994], Das Erfordernis der wirtschaftlichen Verursachung ungewisser Verbindlichkeiten vor dem Hintergrund der Rechtsprechung des Bundesfinanzhofs – Versuch einer kritischen Analyse, in: BFuP 1994, S. 25-38.

Citibank [1995], An Information Guide to Depositary Receipts, New York 1995.

Claussen, C. P. [1987], Zum Stellenwert des § 264 Abs. 2 HGB, in: Bilanz- und Konzernrecht, Festschrift für R. Goerdeler, Hrsg. Havermann, H., Düsseldorf 1987, S. 79-92.

Claussen, C. P. [1998], Wie ändert das KonTraG das Aktiengesetz?, in: DB 1998, S. 177-186.

Claussen, C. P. [2001], Die stillen Reserven, das BVerfG und die sieben Hochschullehrer, in: Gesellschaftsrecht, Rechnungslegung, Steuerrecht, Festschrift für W. Müller, Hrsg. Hommelhoff, P./Zätzsch, R./Erle, B., München 2001, S. 409-424.

Clemm, H. [1989], Bilanzpolitik und Ehrlichkeits- ("true and fair view"-) Gebot, in: WPg 1989, S. 357-366.

Clemm, H. [1990a], Jahresbilanzen - ein Gemisch von Wahrheit und Dichtung?, in: DStR 1990, S. 780-783.

Clemm, H. [1990b], Beitrag zum Meinungsspiegel, in: BFuP 1990, S. 547-560

Clemm, H. [1993], Zur Fragwürdigkeit und Zweckmäßigkeit von Jahresbilanzen, in: Festschrift für Karl Beusch, Hrsg. Beisse, H./Lutter, M./Närger, H., Berlin/New York 1993, S. 131-151.

Clemm, H. [1995], § 264 HGB und Wahlrecht, in: Rechenschaftslegung im Wandel, Festschrift für W.-D. Budde, Hrsg. Förschle, G./Kaiser, K./Moxter, A., München 1995, S. 135-156.

Clemm, H. [1999], Steuerbilanz in der Krise?, in: Steuerrechtsprechung, Steuergesetz, Steuerreform, Festschrift für K. Offerhaus, Hrsg. Kirchhof, P./Jakob, W./Beermann, A., Köln 1999, S. 631-645.

Clemm, H./Nonnenmacher, R. [1985], Die Steuerbilanz – ein fragwürdiger Besteuerungsschlüssel?, in: Der Bundesfinanzhof und seine Rechtsprechung. Grundfragen – Grundlagen, Festschrift für H. von Wallis, Hrsg. Klein, F./Vogel, K., Bonn 1985, S. 227-243.

Cloyd, C. B. [1995], The Effects of Financial Accounting Conformity on Recommendations of Tax Preparers, in: Journal of the American Taxation Association, Fall 1995, S. 50-70.

Cloyd, C. B./Pratt, J./Stock, T. [1996], The Use of Financial Accounting Choice to Support Aggressive Tax Positions: Public and Private Firms, in: Journal of Accounting Research, Spring 1996, Vol. 34, No. 1, S. 23-43.

Coenenberg, A. G. [1968], Gewinnbegriff und Bilanzierung, in: ZfbF 1968, S. 442-469.

Coenenberg, A. G. [1974], Jahresabschlußinformation und Kapitalmarkt. Zur Diskussion empirischer Forschungsansätze und -ergebnisse zum Informationsgehalt von Jahresabschlüssen für Aktionäre, in: ZfbF 1974, S. 647-657.

Coenenberg, A. G. [1976], Ziele, Systeme und Hauptproblembereiche kosten- und leistungsorientierter Planungs- und Kontrollrechnungen, in: Unternehmensrechnung – Betriebliche Planungs- und Kontrollrechnungen auf der Basis von Kosten und Leistungen, Hrsg. Coenenberg, A. G., München 1976, S. 1-7.

Coenenberg, A. G. [1984], Jahresabschlußinformation und Aktienkursentwicklung. Empirische Ergebnisse über die Entscheidungswirkungen von Jahresabschlußinformationen am Aktienmarkt, in: Aktuelle Probleme der Marktwirtschaft in gesamt- und einzelwirtschaftlicher Sicht, Festschrift für L. Perridon, Hrsg. Blum, R./Steiner, M., Berlin 1984, S. 307-332.

Coenenberg, A. [1995], Einheitlichkeit oder Differenzierung von internem und externem Rechnungswesen: Die Anforderungen der internen Steuerung, in: DB 1995, S. 2077-2083.

Coenenberg, A. G. [1998], Ziele, Wirkungen und Gestaltung der Unternehmenspublizität: Was lehrt die empirische Forschung? – Perspektiven für die neunziger Jahre -, in: Rechnungslegungspolitik. Eine Bestandsaufnahme aus handels- und steuerrechtlicher Sicht, Hrsg. Freidank, C.-C., Berlin u.a. 1998, S. 545-566.

Coenenberg, A. G., unter Mitarbeit von Cantner, J./Fischer, Th./Jakoby, S./Klein, G./Schmitz, J. [2000], Kostenrechnung und Kostenanalyse, 4. Aufl., Landsberg/Lech 2000.

Coenenberg, A. G. [2001], International Accounting Standards (IAS) – ohne Enforcement stumpfes Schwert, in: DBW 2001, S. 403-406.

Coenenberg, A. G./Haller, A. [1993], Externe Rechnungslegung, in: Ergebnisse empirischer betriebswirtschaftlicher Forschung, Hrsg. Hauschildt, J./Grün, O., Festschrift für E. Witte, Stuttgart 1993, S. 557-599.

Coenenberg, A. G./Henes, F. [1995], Der Informationsgehalt der Zwischenberichtspublizität nach § 44b Börsengesetz, in: ZfbF 1995, S. 969-995.

Coenenberg, A. G./Schultze, W. [1998], Unternehmensbewertung anhand von Entnahme- oder Einzahlungsüberschüssen: Die Discounted Cash Flow-Methode, in: Unternehmensberatung und Wirtschaftsprüfung, Festschrift für G. Sieben, Hrsg. Matschke, M. J./Schildbach, Th., Stuttgart 1998, S. 269-299.

Cohn, R. A./Pringle, J. [1977], Imperfections in International Financial Markets: Implications for Risk Premia and the Cost of Capital to Firms, in: Capital Market Equilibrium and Efficiency, Hrsg. Bicksler, J. L., Lexington 1977, S. 425-433.

Commission of the European Communities [1992], Report of the Committee of Independent Experts on Company Taxation, Luxemburg 1992.

Commission of the European Communities [2001], Company Taxation in the Internal Market, SEC (2001) 1681, Brüssel.

Cook, A. [1997], Requirement for a true and fair view – a UK standard-setter´s perspective, in: The European Accounting Review 1997, S. 693-704.

Cooper, D. J./Sherer, M. J. [1984], The Value of Corporate Reports: Arguments for a Political Economy of Accounting, in: Accounting, Organizations and Society 1984, Vol. 9, S. 207-232.

Coopers & Lybrand [1997], Wertorientierte Unternehmensführung, Frankfurt a.M. 1997.

Copeland, T./Koller, T./Murrin, J. [1998], Unternehmenswert, 2. Aufl., Frankfurt/New York 1998.

Cousins, J./Sikka, P. [1993], Accounting for Change: Facilitating Power and Accountability, in: Critical Perspectives on Accounting 1993, Vol. 4, S. 53-72.

Crasselt, N./Pellens, B./Schremper, R. [2000], Konvergenz wertorientierter Erfolgskennzahlen, in: WiSu 2000, S. 72-78 u. 205-208.

Crasselt, N./Schremper, R. [2000], Economic Value Added, in: DBW 2000, S. 813-816.

Crasselt, N./Schremper, R. [2001], Cash Flow Return on Investment und Cash Value Added, in: DBW 2001, S. 271-274.

Crezelius, G. [1987], Das Handelsbilanzrecht in der Rechtsprechung des Bundesfinanzhofs, in: ZGR 1987, S. 1-45.

Crezelius, G. [1994], Maßgeblichkeitsgrundsatz in Liquidation?, in: DB 1994, S. 689-691.

Cushing, B. E. [1977], On the Possibility of Optimal Accounting Principles, in: The Accounting Review April 1977, S. 308-321.

Danos, P./Imhoff, E. [1986], Intermediate Accounting, 2. Aufl., Englewood Cliffs 1986.

Dänzer-Vanotti, W. [1991a], Richtlinienkonforme Auslegung und Rechtsfortbildung, in: StVj 1991, S. 1-15.

Dänzer-Vanotti, W. [1991b], Die richtlinienkonforme Auslegung deutschen Rechts hat keinen rechtlichen Vorrang, in: RIW 1991, S. 754-755.

d'Arcy, A. [2001], Hat sich die internationale Bilanzierung für den Neuen Markt bewährt?, in: Internationale Rechnungslegung - Konsequenzen für Unternehmensführung, Rechnungswesen, Standardsetting, Prüfung und Kapitalmarkt, Hrsg. Coenenberg, A. G./Pohle, K., Stuttgart 2001, S. 165-177.

d'Arcy, A./Grabensberger, S. [2001], Die Qualität von Quartalsberichten am Neuen Markt – Eine empirische Untersuchung, in: WPg 2001, S. 1468-1479.

d'Arcy, A./Leuz, C. [2000], Rechnungslegung am Neuen Markt – Eine Bestandsaufnahme, in: DB 2000, S. 385-391.

Dautzenberg, N. [1992], Der Europäische Gerichtshof und die direkten Steuern, in: BB 1992, S. 2400-2405.

Davies, P. L. [1997], Gower's Principles of Modern Company Law, 6. Aufl., London 1997.

Davies, P. [1998], Legal Capital in Private Companies in Great Britain, in: AG 1998, S. 346-354.

Davis, M. K. [2002], US-GAAP: Rechnungslegung für immaterielle Vermögensgegenstände nach Verabschiedung der FASB Standards 141 und 142, in: DB 2002, S. 697-701.

Davis, E./Flanders, S./Star, J. [1991], Who are the world's most successful companies?, in: Business Strategy Review, Vol. 2 (Summer 1991), S. 1-33.

Davis-Friday, P. Y./Folami, L. B./Liu, C.-S./Mitterlstaedt, H. F. [1999], The value relevance of financial statement recognition vs. Disclosure: Evidence from SFAS No. 106, in: The Accounting Review 1999, S. 403-423.

Davis, E./Kay, J. [1990], Assessing corporate performance, in: Business Strategy Review, Vol. 1 (Summer 1990), S. 1-16.

Dawo, S./Heiden, M. [2001], Aktuelle Entwicklungen zur Erfassung immaterieller Werte in der externen Berichterstattung, in: DStR 2001, S. 1716-1724.

Debreu, G. [1959], Theory of Value: An Axiomatic Analysis of Economic Equilibrium, New Haven, London 1959.

Dechow, P. M./Hutton, A. P./Sloan, R. G. [1999], An empirical assessment of the residual income valuation model, in: Journal of Accounting and Economics 1999, Vol. 26, S. 1-34.

Defliese, P. L. [1965], A Practioner's View of the Realization Concept, in: The Accounting Review, July 1965, S. 517-521.

Delaney, P. R./Epstein, B. J./Nach, R./Budak, S. W. [2001], GAAP 2001, New York u.a. 2001.

Deleker, O. [1997], Zur Möglichkeit einer Konzernführung auf Basis vereinheitlichter Steuerungsgrößen, in: DStR 1997, S. 631-636.

Deleker, O. [1998], Ökonomische Überlegungen zur möglichen Übernahme US-amerikanischer Rechnungslegungsgrundsätze, in: BB 1998, S. 2047-2052.

Deller, D./Stubenrath, M./Weber, C. [1999], A survey on the use of the Internet for investor relations in the USA, the UK and Germany, in: European Accounting Review 1999, Vol. 8, S. 351-364.

Demski, J. S. [1973], The General Impossibility of Normative Accounting Standards, in: Accounting Review 1973, S. 718-723.

Demski, J. S. [1974], Choice Among Financial Reporting Alternatives, in: The Accounting Review, April 1974, S. 221-232.

Demski, J. S. [1980], Information Analysis, 2. Aufl., 1980.

Demski, J. S. [2002], Management Accounting, in: Handwörterbuch Unternehmensrechnung und Controlling, Hrsg. Küpper, H.-U./Wagenhofer, A., 4. Auflage, Stuttgart 2002, Sp. 1231-1243.

Demski, J. S./Feltham, G. [1976], Cost Determination: A Conceptual Approach, Ames, Iowa 1976.

Deng, Z./Lev, B./Narin, F. [1999], Science and Technology as Predictors of Stock Performance, in: Financial Analysts Journal, May/June 1999, S. 20-32.

Devereux, Michael P./ Griffith, Rachel [1998], Taxes and the Location of Production: Evidence from a Panel of US Multinationals, in: Journal of Public Economics 1998, Vol. 68, S. 335-367.

Devereux, Michael P./ Griffith, Rachel [1999], The Taxation of Discrete Investment Choices - Revision 2, IFS Working Paper Series No. W98/16.

Dhaliwal, D./Salamon, D. G./Smith, E. D. [1982], The Effect of Owner versus Management Control on the Choice of Accounting Methods, in: Journal of Accounting and Economics 1982, Vol. 4, S. 41-53.

Diamond, P. A./Mirrlees, J. A. [1971], Optimal Taxation and Public Production I: Production Efficiency. II: Tax Rules, in: AER 1971, Vol. 61, S. 8-27 u. 261-278.

Dillebrand, W./Jahn, T. [1997], Wer schafft Wert, in: Capital, Heft 11/1997, S. 46.

Dirrigl, H. [1998], Wertorientierung und Konvergenz in der Unternehmensrechnung, in: BFuP 1998, S. 540-579.

Dittrich, K. P. [1998], Die Privatplazierung im deutschen Kapitalmarktrecht, Frankfurt a.M. u.a. 1998.

Ditz, X. [2001], Die Bedeutung der US-GAAP für die steuerrechtliche Gewinnermittlung in den USA, in: IStR 2001, S. 22-30.

Döllerer, G. [1959a], Grundsätze ordnungsmäßiger Bilanzierung, deren Entstehung und Ermittlung, in: WPg 1959, S. 653-658.

Döllerer, G. [1959b], Grundsätze ordnungsmäßiger Bilanzierung, deren Entstehung und Ermittlung, in: BB 1959, S. 1217-1221.

Döllerer, G. [1965], Rechnungslegung nach dem neuen Aktiengesetz und ihre Auswirkungen auf das Steuerrecht, in: BB 1965, S. 1405–1417.

Döllerer, G. [1969], Die Maßgeblichkeit der Handelsbilanz für die Steuerbilanz, in: BB 1969, S. 501-507.

Döllerer, G. [1971], Maßgeblichkeit der Handelsbilanz in Gefahr, in: BB 1971, S. 1333-1335.

Döllerer, G. [1983], Handelsbilanz ist gleich Steuerbilanz, in: Der Jahresabschluß im Widerstreit der Interessen, Hrsg. Baetge, J., Düsseldorf 1983, S. 157-177.

Döllerer, G. [1987], Handelsbilanz und Steuerbilanz, in: BB 1987, Beilage 12, S. 1-16.

Döllerer, G. [1988], Steuerbilanz und Beutesymbol, in: BB 1988, S. 238-241.

Döllerer, G. [1993], Die Verknüpfung handels- und steuerrechtlicher Rechnungslegung, in: ZHR 1993, S. 349-354.

Dörner, D./Wirth, M. [1998], Die Befreiung von Tochter-Kapitalgesellschaften nach § 264 Abs. 3 HGB i.d.F. des KapAEG hinsichtlich Inhalt, Prüfung und Offenlegung des Jahresabschlusses, in: DB 1998, S. 1525-1531.

Doetsch, P. [1987], Betriebliche Altersversorgung in den USA, in: DB 1987, S. 2201-2204.

Dombret, A. R. [1999], Share Deals bei M&A-Transaktionen auf dem Vormarsch, in: Die Bank 1999, S. 616-619.

Dove, R./Vilu, A. [1998], Segment Reporting: IAS v US GAAP, in: Accountancy International, July 1998, S. 64-65.

Drescher, S. [1998], Gründung eines privaten Rechnungslegungsgremiums in Deutschland – "public versus private standard setting?", in: StuW 1998, S. 240-253.

Drüen, K.-D. [2001], Der Maßgeblichkeitsgrundsatz im Wechselspiel zwischen Gesetzgeber und Rechtsprechung, in: FR 2001, S. 992-999.

Drukarczyk, J. [1970], Investitionstheorie und Konsumpräferenz. Ein Beitrag zur expliziten Berücksichtigung der Entnahmen (Konsumausgaben) im optimalen mehrperiodigen Investitionsprogramm des Unternehmers, Berlin 1970.

Drukarczyk, J. [1973], Zur Brauchbarkeit der Konzeption des ökonomischen Gewinns, in: WPg 1973, S. 183-188.

Drukarczyk, J. [1974], Ökonomischer Gewinn und Ausschüttungsentscheidung, in: ZfbF 1974, S. 764-769.

Drukarczyk, J. [1978], Ausschüttungssperre, Ausschüttungsregel und Kapital- bzw. Substanzerhaltung, in: WiSt 1978, S. 97-103.

Drukarczyk, J. [1993], Theorie und Politik der Finanzierung, 2. Aufl., München 1993.

Drukarczyk, J. [1997a], Unternehmensbewertung, München 1997.

Drukarczyk, J. [1997b], Wertorientierte Unternehmenssteuerung, in: ZBB 1997, S. 217-226.

Dryander, Chr. von [1998], Depotverträge für ADR-Programme deutscher Emittenten, in: Zugang zum US-Kapitalmarkt für deutsche Aktiengesellschaften, Hrsg. Rosen, R. v./Seifert, W. G., Frankfurt 1998, S. 81-97.

Dryander, Chr. von/Martin, E. [1989], Kapitalaufnahme deutscher Unternehmen auf dem US-Kapitalmarkt ohne SEC-Registrierung, in: RIW 1989, S. 541-544.

DSR [2002], Vorschlag der Umsetzung der EU-Fair-Value-Richtlinie in deutsches Recht, unter: http://www.drsc.de (Stand: 13.1.2002).

Dubroff, H. [1985], The Claim of Right Doctrine, in: Tax Law Review 1985, Vol. 40, S. 729–771.

Dubroff, H./Cahill, M./Norris, M. [1983], Tax Accounting: The Relationship of Clear Reflection of Income to Generally Accepted Accounting Principles, in: Albany Law Review 1983, S. 354-407.

Dücker, R. [2002], Aktuelle Entwicklungen des europäischen Bilanzrechts, in: StuB 2002, S. 70-74.

Dyckerhoff, C. [2001], Übergang zur Internationalen Rechnungslegung, in: Internationale Rechnungslegung - Konsequenzen für Unternehmensführung, Rechnungswesen, Standardsetting, Prüfung und Kapitalmarkt, Hrsg. Coenenberg, A. G./Pohle, K., Stuttgart 2001, S. 65-79.

Dyckman, Th. R./Davis, Ch. J./Dukes, R. E. [2001], Intermediate Accounting, 5. Aufl., Boston u.a. 2001.

Dyckman, Th. R./Gibbins, M./Swieringa, R. J. [1984], Experimental and survey research in financial accounting: a review and evaluation, in: Modern accounting research: history, survey and guide, Hrsg. Mattessich, R., Vancouver, B. C. 1984, S. 299-323.

Dziadkowski, D. [1979], Betriebswirtschaftliche Überlegungen zur Anpassung des deutschen Handelsbilanzrechts und Bilanzsteuerrechts an die EG-Bilanzrichtlinie, in: StuW 1979, S. 228 – 236.

Dziadkowski, D. [1986], Die steuergesetzliche "Verankerung" der "umgekehrten" Maßgeblichkeit im Rahmen der Bilanzrechtsreform, in: BB 1986, S. 329-334.

Dziadkowski, D. [1988], Zur Dominanz der Steuerbilanz über die Handelsbilanz – Die Umkehrung des Maßgeblichkeitsprinzips durch das Steuerreformgesetz 1990, in: WPg 1988, S. 409-419.

Dziadkowski, D. [1989], Wider die Aushöhlung der Grundsätze ordnungsmäßiger Buchführung durch die Kodifizierung einer totalen Umkehrmaßgeblichkeit, in: DB 1989, S. 437-439.

Dziadkowski, D. [1998], Zur Europäisierung des Bilanzrechts, in: FR 1998, S. 865-872.

Dziadkowski, D. [1999a], DE + ES: Quo vadis, Steuerbilanz?, in: IStR 1999, S. 636.

Dziadkowski, D. [1999b], Die Bemessungsgrundlage der Einkommensteuer als Zielgröße von Reformansätzen, in: Steuerrechtsprechung, Steuergesetz, Steuerreform, Festschrift für K. Offerhaus, Hrsg. Kirchhof, P./Jakob, W./Beermann, A., Köln 1999, S. 1091-1112.

Dziadkowski, D. [2000], Die Überschußrechnung – eine Alternative zur Steuerbilanz?, in: BB 2000, S. 399-401.

Dziadkowski, D. [2001], Die Diskussion über das Verhältnis von Handels- und Steuerbilanz – Alter Wein in neuen Schläuchen?, in: DStZ 2001, S. 9-16.

Dziadkowski, D./Henselmann, K. [2000], Verhältnis von Handelsbilanz und Steuerbilanz, in: Beck'sches Handbuch der Rechnungslegung, Hrsg. Castan, E. u.a., Bd. I., Abschnitt B 120, München, Stand Juli 2000.

Easterbrook, F. H./Fischel, D. R. [1983], Voting in Corporate Law, in: The Journal of Law and Economics 1983, S. 395-427.

Easterbrook, F. H./Fischel, D. R. [1990], The Corporate Contract, in: Corporate Law and economic analysis, Hrsg. Bebchuk, L. A., Cambridge 1990, S. 182-215.

Easterbrook, F. H./Fischel, D. R. [1991], The Economic Structure of Corporate Law, Cambridge 1991.

Eberhartinger, E. [2000], Ertragsteuerliche Konsequenzen der Internationalisierung der Rechnungslegung, Wien 2000.

Eberle, R. [2002], Neue Standards zur Bilanzierung von Goodwill, in: ST 2002, S. 184-190 u. 305-313.

Ebisch, H./Gottschalk, J. [1994], Preise und Preisprüfungen bei öffentlichen Aufträgen, 6. Aufl., München 1994.

Ebke, W. F. [1999], Der Deutsche Standardisierungsrat und das Deutsche Rechnungslegungs Standards Committee: Aussichten für eine professionelle Entwicklung von Rechnungslegungsgrundsätzen, in: ZIP 1999, S. 1193-1203.

Edvinsson, L. [1997], Developing intellectual capital at Skandia, in: Long Range Planning 1997, Vol. 30, No. 3, S. 366-373.

Edvinsson, L./Malone, M. S. [1997], Intellectual Capital: Realizing Your Company's True Value By Its Hidden Roots, New York 1997.

Edwards, E. O./Bell, P. W. [1961], The Theory and Measurement of Business Income, Berkeley/Los Angeles 1961.

Egger, A. [2001], Kann durch die IAS die Vergleichbarkeit internationaler Jahresabschlüsse hergestellt werden?, in: Zum Erkenntnisstand der Betriebswirtschaftslehre am Beginn des 21. Jahrhunderts, Festschrift Loitlsberger, Hrsg. Wagner, U., Berlin 2001, S. 79-91.

Egner, H. [1974], Bilanzen, München 1974.

Ehrbar, A. [1998], EVA: The Real Key to Creating Wealth, New York 1998.

Eichinger, M. [1993], Ökonomische Analyse der Verknüpfung von handels- und steuerrechtlicher Rechnungslegung, Weiden 1993.

Eidel, U. [1999], Moderne Verfahren der Unternehmensbewertung und Performance-Messung: kombinierte Analysemethoden auf der Basis von US-GAAP-, IAS- und HGB-Abschlüssen, Herne/Berlin 1999.

Eisolt, D. [1999], Bilanzierung von Stock Options nach US-GAAP und IAS, in: IStR 1999, S. 759-764.

Eisolt, D./Verdenhalven, W. [1999], Behandlung von Börseneinführungskosten nach US-GAAP, in: DStR 1999, S. 816-820.

Ekkenga, J. [1998], Anlegerschutz, Rechnungslegung und Kapitalmarkt, Tübingen 1998.

Ekkenga, J. [2001], Neuordnung des Europäischen Bilanzrechts für börsennotierte Unternehmen: Bedenken gegen die Strategie der EG-Kommission, in: BB 2001, S. 2362-2369.

Elben, R. [1998], Private Placement-Instrumente am US-Kapitalmarkt – Regulation D, "Section 4 (1 ½)" und Rule 144A, in: RIW 1998, S. 108-115.

El-Gazzar, S./Pastena, V. [1991], Factors Affecting the Scope and Initial Tightness of Covenant Restrictions in Private Lending Agreements, in: Contemporary Accounting Research 1991, Vol. 8, S. 132-151.

Elschen, R. [1988], Agency-Theorie, in: DBW 1988, S. 248-250.

Elschen, R. [1989], Institutionale oder personale Besteuerung von Unternehmensgewinnen?, Hamburg 1989.

Elschen, R. [1991a], Entscheidungsneutralität, Allokationseffizienz und Besteuerung nach der Leistungsfähigkeit, in: StuW 1991, S. 99-115.

Elschen, R. [1991b], Shareholder Value und Agency-Theorie - Anreiz- und Kontrollsysteme für Zielsetzungen der Anteilseigner, in: BFuP 1991, S. 209-220.

Elschen, R. [1998], Principal-Agent, in: Lexikon des Rechnungswesens, Hrsg. Busse von Colbe, W./Pellens, B., 4. Aufl., München/Wien 1998, S. 557-560.

Elschen, R./Hüchtebrock, M. [1983], Steuerneutralität in Finanzwissenschaft und Betriebswirtschaftslehre – Diskrepanzen und Konsequenzen, in: FA 1983, S. 253-280.

Emmanuel, C. R./Gray, S. J. [1978], Segmental Disclosures by Multibusiness Multinational Companies -–a Proposal, in: Accounting and Business Research 1978, Vol. 8, S. 169-175.

Emmrich, M. [1999], Ansätze und Perspektiven einer Reform der externen Rechnungslegung in Deutschland, Aachen 1999.

Engel-Ciric, D. [1998], Vergleichende Betrachtung der Bilanzierungsgrundsätze nach HGB und US-GAAP, in: RIW 1998, S. 775-780.

Engel-Ciric, D. [2002], Einschränkung der Aussagekraft des Jahresabschlusses nach IAS durch bilanzpolitische Spielräume, in: DStR 2002, S. 780-784.

Engels, W. [1976], Bemerkungen zu den Bilanztheorien von Moxter und Stützel, in: Bilanzfragen, Festschrift für U. Leffson, hrsg. v. Baetge, J./Moxter, A./Schneider, D., Düsseldorf 1976, S. 31-48.

Engels, W./Müller, H. [1970], Substanzerhaltung: eine betriebswirtschaftliche Konsumtheorie, in: ZfbF 1970, S. 349-358.

Englert, J./Scholich, M. [1998], Unternehmensführung auf der Basis eines umfassenden Shareholder Value-Management-Konzepts, in: BB 1998, S. 684-689.

Ernst, C. [2001a], Zeitwertbilanzierung für Finanzinstrumente nach 4. EU-Richtlinie und HGB – Zu erwartende Änderungen für alle Kaufleute -, in: WPg 2001, S. 245-253.

Ernst, C. [2001b], EU-Verordnungsentwurf zur Anwendung von IAS: Europäisches Bilanzrecht vor weitreichenden Änderungen, in: BB 2001, S. 823-825.

Ernst, C. [2001c], Bilanzrecht: quo vadis? – Die kommende Reform des europäischen Bilanzrechts und mögliche Auswirkungen auf die deutsche Rechnungslegung –, in: WPg 2001, S. 1440-1445.

Ernst, E. [2002], Internationale Harmonisierung der Rechnungslegung und ihre Fortentwicklung – Anforderungen an börsennotierte Großkonzerne in Deutschland, in: ZfbF 2002, S. 181-190.

Ernst, G. [1992], Internationale Entwicklungstendenzen in der Rechnungslegung und ihre Einwirkungen auf die Börsen und die Börsenaufsichtsbehörden, in: Das vereinigte Deutschland im europäischen Markt, Hrsg. IDW, Düsseldorf 1992, S. 177-184.

Esser, K. [1998], Die deutsche Rechnungslegung auf dem Weg zu internationalen Standards, in: Rechnungswesen als Instrument für Führungsentscheidungen, Festschrift für A. G. Coenenberg, Hrsg. Möller, H. P./Schmidt, F., Stuttgart 1998, S. 617-631.

Esser, K. [1999], Internationale Rechnungslegung und Wettbewerbsfähigkeit des deutschen Steuersystems, in: Steuerrecht und europäische Integration, Festschrift für A. J. Rädler, Hrsg. Breuninger, G. E./Müller, W./Strobl-Haarmann, E., München 1999, S. 207-227.

Esser, K. [2000], Wertorientierte Unternehmensführung bei Mannesmann, in: ZfbF 2000, S. 176-187.

EU-Kommission [1995], Harmonisierung auf dem Gebiet der Rechnungslegung: Eine neue Strategie im Hinblick auf die internationale Harmonisierung, Brüssel 1995.

EU-Kommission [2000a], Kommission der Europäischen Gemeinschaften, Vorschlag für eine Richtlinie des Europäischen Parlamentes und des Rates zur Änderung der Richtlinien 78/660/EWG und 83/349/EWG im Hinblick auf die im Jahresabschluss bzw. im konsolidierten Abschluss von Gesellschaften bestimmter Rechtsformen zulässigen Wertansätze, KOM (2000) 80 vom 24.2.2000.

EU-Kommission [2000b], Mitteilung der Kommission an den Rat und das Europäische Parlament – Rechnungslegungsstrategie der EU: Künftiges Vorgehen, KOM (2000), 359 endg. vom 13.6.2000.

EU-Kommission [2001a], Vorschlag einer Verordnung des Europäischen Parlaments und des Rates betreffend die Anwendung internationaler Rechnungslegungsgrundsätze vom 13.2.2001, KOM (2001), 80 endg.

EU-Kommission [2001b], Ein Binnenmarkt ohne steuerliche Hindernisse, KOM (2001), 582 endg.

EU-Kommission [2002], Vorschlag für eine Richtlinie des EU-Parlaments und des Rats zur Änderung der Richtlinien 78/660 EWG, 83/349 EWG und 91/674 EWG über den Jahresabschluss und den konsolidierten Abschluss von Gesellschaften bestimmter Rechtsformen sowie Versicherungsunternehmen vom 28.5.2002, KOM (2002), 259 endg.; 2002/0112 (COD).

EU [2002], Verordnung des Europäischen Parlaments und des Rates beteffend die Anwendung internationaler Rechnungslegungsstandards, PE-CONS 3626/02 vom 27.5.2002.

Euler, R. [1996], Das System der Grundsätze ordnungsmäßiger Bilanzierung, Stuttgart 1996.

Euler, R. [1998], Steuerbilanzielle Konsequenzen der internationalisierten Rechnungslegung, in: StuW 1998, S. 15-24.

Euler, R. [2000], Steht die Maßgeblichkeit vor einer Renaissance?, in: Die Zukunft des deutschen Bilanzrechts, Hrsg. Kleindiek, D./Oehler, W., Köln 2000, S. 193-199.

Euler, R. [2002], Paradigmenwechsel im handelsrechtlichen Einzelabschluss: Von den GoB zu den IAS?, in: BB 2002, S. 875-881.

Ewert, R. [1984], Zur Beziehung zwischen Investitionsvolumen, Fremdfinanzierung und Bilanzkennzahlen, in: ZfbF 1984, S. 825-841.

Ewert, R. [1986], Rechnungslegung, Gläubigerschutz und Agency-Probleme, Wiesbaden 1986.

Ewert, R. [1993], Finanzwirtschaft und Leistungswirtschaft, in: Handwörterbuch der Betriebswirtschaft, Hrsg. Wittmann, W. u. a., Teilband 1, Stuttgart 1993, Sp. 1150-1161.

Ewert, R. [1999], Rechnungslegung, Globalisierung und Kapitalkosten, in: Integration der Unternehmensrechnung. Harmonisierung – Internationale Rechnungslegung – Shareholder Value – Investitionsrechnung, krp-Sonderheft 3/1999, Hrsg. Männel, W./Küpper, H.-U., S. 39-46.

Ewert, R./Wagenhofer, A. [2000a], Neuere Ansätze zur theoretischen Fundierung von Rechnungslegung und Prüfung, in: Investororientierte Unternehmenspublizität, Hrsg. Lachnit, L./Freidank, C.-C., Wiesbaden 2000, S. 31-60.

Ewert, R./Wagenhofer, A. [2000b], Interne Unternehmensrechnung, 4. Aufl., Berlin u. a. 2000.

Ewert, R./Wagenhofer, A. [2000c], Rechnungslegung und Kennzahlen für das wertorientierte Management, in: Wertorientiertes Management, Hrsg. Wagenhofer, A./Hrebicek, G., Stuttgart 2000, S. 3-64.

Faber, J. [2002], Wertorientierte Unternehmensführung: Der Fall Allianz AG, in: Wertorientierte Unternehmensführung: Strategien – Strukturen – Controlling, Hrsg. Macharzina, K./Neubürger, H.-J., Stuttgart 2002, S. 27-33.

Fabricius, F. [1970], Das Stammkapital der GmbH - Zur Frage seiner Rechtfertigung und der Rechtfertigung seiner Höhe, in: GmbHR 1970, S. 137-144..

Fabritius, A. [1980], Vermögensbindung in AG und GmbH - tiefgreifender Unterschied oder grundsätzliche Identität?, in: ZHR 1980, S. 628-641.

Falkenstein, N. [1992], Grenzen für die Entnahmerechte der GmbH-Gesellschafter, Frankfurt a. M. 1992.

Fama, E. F. [1970], Efficient capital markets: A review of theory and empirical work, in: Journal of Finance 1970, Vol. 25, S. 383-417.

Fama, E. F. [1978], The Effect of a Firm´s Investment and Financing Decisions on the Welfare of Its Security Holders, in: American Economic Review 1978, Vol. 68, S. 272-284.

Fama, E. F. [1980], Agency Problems and the Theory of the Firm, in: Journal of Political Economy, Vol. 88, No. 2, April 1980, S. 288-307.

Fama, E. F. [1991], Efficient Capital Markets: II, in: The Journal of Finance 1991, Vol. 46, S. 1575-1617.

Fama, E. F./Jensen, M. C. [1983a], Separation of Ownership and Control, in: Journal of Law & Economics, Vol. 26, Juni 1983, S. 301-325.

Fama, E. F./Jensen, M. C. [1983b], Agency Problems and Residual Claims, in: Journal of Law & Economics, Vol. 26, Juni 1983, S. 327-349.

FASB [1999], Original Pronouncements, Accounting Standards as of June 1, 1999. Volume I und II, Norwalk, Connecticut 1999.

Faß, J. [1992], Konzernierung und konsolidierte Rechnungslegung – Eine Analyse der Eignung des Konzernabschlusses als Informationsinstrument und als Grundlage der Ausschüttungsbemessung konzernverbundener Unternehmen, Frankfurt a.M. u.a. 1992.

FEE [2001], Discussion Paper on Modernisation of the Accounting Directives, April 2001.

Feld, K.-P. [2001], IAS und US-GAAP: Aktuelle Unterschiede und Möglichkeiten zur Konvergenz, in: WPg 2001, S. 1025 1040.

Feldhoff, M. [1989], Die Cash-Flow-Besteuerung und ihre Problematik, in: StuW 1989, S. 53-63.

Feldhoff, M. [1994], Staat und Rechnungslegung - eine regulierungstheoretische Perspektive -, in: WPg 1994, S. 529-536.

Feltham, G. A./Ohlson, J. A. [1995], Valuation and Clean Surplus Accounting for Operating and Financial Activities, in: Contemporary Accounting Research 1995, Vol. 11, S. 689-731.

Ferguson, R./Leistikow, D. [1998], The Search for the Best Financial Performance Measure: Basics Are Better, in: Financial Analysts Journal, January/February 1998, S. 81-85.

Fessler, B./Hegmann, G./Lemaitre, C. [2000], Die Behandlung von Börseneinführungskosten unter Beachtung internationaler Rechnungslegungsnormen bei Unternehmen des "Neuen Marktes", in: DStR 2000, S. 1069-1072.

Fey, G./Mujkanovic, R. [1999], Segmentberichterstattung im internationalen Umfeld, in: DBW 1999, S. 261-275.

Fichtel, M. D. [1998], Listing Non-U.S. Securities on the American Stock Exchange, in: Zugang zum US-Kapitalmarkt für deutsche Aktiengesellschaften, Hrsg. Rosen, R. v./Seifert, W. G., Frankfurt a.M. 1998, S. 313-324.

Fischer, Th. M. [2000], Economic Value Added (EVA®) – Informationen aus der externen Rechnungslegung zur internen Unternehmenssteuerung?, HHL-Arbeitspapier Nr. 27, Leipzig 2000.

Fischer, Th. M. [2001], Economic Value Added (EVA), in: Controlling 2001, S. 169-170.

Fischer, Th. M./Becker, S./Wenzel, J. [2001], Internetbasierte wertorientierte Berichterstattung (Web-Based Value Reporting) – Eine empirische Untersuchung der DAX 30-Unternehmen, in: DB 2001, S. 2001-2007.

Fischer, Th. M./Becker, S./Wenzel, J. [2002], Wertorientierte Berichterstattung – Ein empirischer Vergleich der internetbasierten Geschäftsberichte von DAX 30- und Nemax 50-Unternehmen, in: KoR 2002, S. 14-25.

Fischer, Th. M./Wenzel, J. [2001], Wertaufholung nach handels-, steuerrechtlichen und internationalen Rechnungslegungsvorschriften, in: WPg 2001, S. 597-606.

Fischer, Th. M./Wenzel, J./Kühn, C. [2001], Value Reporting, in: DB 2001, S. 1209-1216.

Fisher, I. [1906], The Nature of Capital and Income, New York 1906.

Fisher, I. [1930], The Theory of interest, New York 1930.

Fleck, H. J. [1992], Der Grundsatz der Kapitalerhaltung - seine Ausweitung und seine Grenzen, in: Festschrift 100 Jahre GmbH-Gesetz, Hrsg. Lutter, M./Ulmer, P./Zöllner, W., Köln 1992, S. 391-419.

Förschle, G. [1997], Earnings Per Share, in: Jahresabschluß und Jahresabschlußprüfung, Festschrift für J. Baetge, Hrsg. Fischer, Th. R./Hömberg, R., Düsseldorf 1997, S. 499-518.

Förschle, G. [2001], Künftige Entwicklung der Rechnungslegung aus Sicht eines Wirtschaftsprüfers, in: Internationale Rechnungslegung - Konsequenzen für Unternehmensführung, Rechnungswesen, Standardsetting, Prüfung und Kapitalmarkt, Hrsg. Coenenberg, A. G./Pohle, K., Stuttgart 2001, S. 251-257.

Förschle, G./Glaum, M./Mandler, U. [1995], US-GAAP, IAS und HGB: Egebnisse einer Umfrage unter deutschen Rechnungslegungsexperten, in: BFuP 1995, S. 392-413.

Förschle, G./Glaum, M./Mandler, U. [1998], Internationale Rechnungslegung und Kapitalaufnahmeerleichterungsgesetz – Meinungswandel bei Führungskräften deutscher Unternehmungen?, in: DB 1998, S. 2281-2288.

Förschle, G./Helmschrott, H. [1997], Die Zwischenberichterstattung nach US-GAAP, IAS und HGB, in: WPg 1997, S. 553-560.

Förster, G. W. [1999], Jahresabschlußzwecke, GoB-System und Erfolgsausweis, Habilitationsschrift, Köln 1999.

Forster, K.-H. [1996], Anmerkung zum Urteil des EuGH vom 27.6.1996, C 234/94, in: AG 1996, S. 419.

Foster, G. [1986], Financial Statement Analysis, 2. Aufl., Englewood Cliffs, N. J. 1986.

Francfort, A. J./Rudolph, B. [1992], Zur Entwicklung der Kapitalstrukturen in Deutschland und in den Vereinigten Staaten von Amerika, in: ZfbF 1992, S. 1059-1079.

Francioni, R./Böhnlein, B. [1998], Doppelnotierung Neuer Markt/Nasdaq, in: Zugang zum US-Kapitalmarkt für deutsche Aktiengesellschaften, Hrsg. Rosen, R. v./Seifert, W. G., Frankfurt a.M. 1998, S. 255-266.

Franke, G. [1976], Kalkulatorische Kosten: Ein funktionsgerechter Bestandteil der Kostenrechung?, in: WPg 1976, S. 185-194.

Franke, G./Hax, H. [1999], Finanzwirtschaft des Unternehmens und Kapitalmarkt, 4. Aufl., Berlin u.a. 1999.

Franke, G./Laux, H. [1970], Der Wert betrieblicher Informationen für Aktionäre, in: Neue Betriebswirtschaft 1970, Heft 7, S. 1-8.

Frankel, R./Johnson, M./Skinner, D. J. [1999], An Empirical Examination of Conference Calls as a Voluntary Disclosure Medium, in: Journal of Accounting Research 1999, Vol. 37, S. 133-150.

Franken, L. [2001], Gläubigerschutz durch Rechnungslegung nach US-GAAP: eine ökonomische Analyse, Frankfurt a.M. 2001.

Frankenberg, P. [1993], Jahresabschlüsse im internationalen Vergleich, Wiesbaden 1993.

Fraune, C. [1994], Börsennotierung deutscher Gesellschaften in den USA, in: RIW 1994, S. 126-140.

Freeman, H. A. [1958], Tax Accrual Accounting for Contested Items, in: Michigan Law Review 1958, Vol. 56, S. 727-750.

Freidank, C.-C. [2000], Internationale Rechnungslegungspolitik und Unternehmenswertsteigerung, in: Investororientierte Unternehmenspublizität, Hrsg. Lachnit, L./Freidank, C.-C., Wiesbaden 2000, S. 3-29.

French, E. A. [1977], The Evolution of the Dividend Law of England, in: Baxter, W. T./Davidson, S. (Hrsg.), Studies in Accounting, 3. Aufl., London 1977, S. 306-331.

Frese, E. [1990], Das Profit-Center-Konzept im Spannungsfeld von Organisation und Rechnungswesen, in: Finanz- und Rechnungswesen als Führungsinstrument, Hrsg. Ahlert, D./Franz, K. P./Göppl, H., Wiesbaden 1990, S. 137-155.

Fresl, K. D. [2000], Die Europäisierung des deutschen Bilanzrechts, Wiesbaden 2000.

Frizlen, U./Möhrle, M. [2001], Aktivierung eigenentwickelter Programme in den Bilanzen der Softwarehersteller nach HGB und US-GAAP, in: KoR 2001, S. 233-243.

Fröhling, O. [1999], Risikoadjustierte Kapitalkostenermittlung für Geschäftssegmente, in: ZfB 1999, S. 1445-1454.

Fröhling, O. [2000], Segmentbezogene Ermittlung von Kapitalkosten, in: krp 2000, S. 49-56.

Fromm, R. [1979], Gläubigerschutz durch Kapitalaufbringung und Kapitalerhaltung in Kommanditgesellschaft und Gesellschaft mit beschränkter Haftung, Diss. Bonn 1979.

Fülbier, R. U. [1999], Regulierung, in: WiSt 1999, S. 468-473.

Fülbier, R. U./Gassen, J. [1999], Wider die Maßgeblichkeit der International Accounting Standards für die steuerliche Gewinnermittlung, in: DB 1999, S. 1511-1516.

Fülbier, R. U./Gassen, J. [2001], Entwicklung der deutschen Rechnungslegung für das Jahr 2004, in: KoR 2001, S. 180-183.

Fülbier, R. U./Honold, D./Klar, A. [2000], Bilanzierung immaterieller Vermögenswerte, in: RIW 2000, S. 833-844.

Fuisting, B. [1902], Die preußischen direkten Steuern, Bd. IV: Grundzüge der Steuerlehre, Berlin 1902.

Gail, W. [1971], Zur Einführung des Begriffs einer eigenständigen Steuerbilanz, in: WPg 1971, S. 320-327.

Gail, W. [1989], Die Steuerbilanz als Handelsbilanz der Kapitalgesellschaft, StVj 1989, S. 251-266.

Gail, W. [1995], Rechtliche und faktische Abhängigkeiten von Steuer- und Handelsbilanzen, in: Internationale Wirtschaftsprüfung, Festschrift für H. Havermann, Hrsg. Lanfermann, J., Düsseldorf 1995, S. 109-141.

Gail, W./Greth, M./Schumann, R. [1991], Die Maßgeblichkeit der Handelsbilanz für die Steuerbilanz in den Mitgliedstaaten der Europäischen Gemeinschaft, in: DB 1991, S. 1389-1400.

Gammie, M. [1991], Corporate Tax Harmonization: An "ACE" Proposal, in: European Taxation 1991, S. 238-242.

Gammie, M. [1998], Taxation issues for the European company, in: EC Tax Review 1998, S. 159-170.

Gassen, J./Heil, J. [2001], Internetpublizität deutscher Unternehmen, in: KoR 2001, S. 38-44.

Gebhardt, G. [1996], Marktwertorientiertes Beteiligungscontrolling im internationalen Konzern, in: Globale Finanzmärkte, Hrsg. Schmalenbach-Gesellschaft, Stuttgart 1996, S. 181-201.

GEFIU [1995], Möglichkeiten und Grenzen der Anpassung deutscher Konzernabschlüsse an die Rechnungslegungsgrundsätze des IASC, in: DB 1995, S. 1137-1143 u. 1185-1191.

Gelhausen, H. F./Fey, G. [1994], Maßgeblichkeit der Staatsfinanzen für das Bilanzrecht?, in: BB 1994, S. 603-604.

Gelhausen, H. F./Gelhausen, W. [1996], Die "Zuweisung des Gewinns" – eine neue bilanzrechtliche Kategorie?, in: WPg 1996, S. 573-580.

Gentz, M. [1998], Notierung an der NYSE – Wirkungen auf das eigene Unternehmen, in: Zugang zum US-Kapitalmarkt für deutsche Aktiengesellschaften, Hrsg. Rosen, R. v./Seifert, W. G., Frankfurt a.M. 1998, S. 367-381.

Gentz, M. [2001], Internationale Rechnungslegung als Instrument der Marktkommunikation, in: Internationale Rechnungslegung - Konsequenzen für Unternehmensführung, Rechnungswesen, Standardsetting, Prüfung und Kapitalmarkt, Hrsg. Coenenberg, A. G./Pohle, K., Stuttgart 2001, S. 3-25.

Gerke, W. [1993], Die Börseneinführung von Daimler-Benz an der NYSE, in: WiSt 1993, S. 417-419.

Gerke, W. [1999], Der Neue Markt, in: WiSt 1999, S. 204-206.

Gidlewitz, H.-J. [1996], Internationale Harmonisierung der Konzernrechnungslegung, Frankfurt a. M. u. a. 1996.

Giersch, H./Schmidt, H. [1986], Offene Märkte für Beteiligungskapital: USA - Großbritannien - Bundesrepublik Deutschland, Stuttgart 1986.

Gjesdal, F. [1981], Accounting for Stewardship, in: Journal of Accounting Research 1981, S. 208-231.

Glade, A. [1966], Die Verletzung handelsrechtlicher Bilanzierungsgrundsätze in der Steuerbilanz, in: StbJb 1966/67, S. 375-406.

Glaum, M. [1996], Internationalisierung und Unternehmenserfolg, Wiesbaden 1996.

Glaum, M. [1998], HGB versus US-GAAP: Die Einstellungen deutscher Führungskräfte zur globalen Harmonisierung der Rechnungslegung, in: ZfbF 1998, S. 336-359.

Glaum, M. [2001], Die Internationalisierung der deutschen Rechnungslegung, in: KoR 2001, S. 124-134.

Glaum, M./Mandler, U. [1996], Rechnungslegung auf globalen Kapitalmärkten – HGB, IAS und US-GAAP, Wiesbaden 1996.

Glaum, M./Street, D. [2002], Rechnungslegung der Unternehmen am Neuen Markt, in: KoR 2002, S. 122-138.

Gode, W. [1996], Erwartungen der institutionellen Anleger und ihr Stimmrechtsverhalten, in: Corporate Governance: Optimierung der Unternehmensführung und der Unternehmenskontrolle im deutschen und amerikanischen Aktienrecht, Hrsg. Feddersen, D./Hommelhoff, P./Schneider, U. H., Köln 1996, S. 316-323.

Goebel, A. [1995], Möglichkeiten und Probleme einer Anwendung der International Accounting Standards, in: DStR 1995, S. 1037-1039.

Göbel, S. [1999], Internationalisierung der externen Rechnungslegung von Unternehmen, in: DB 1999, S. 293-298.

Göbel, S. [2000], Die Bilanzierung von Tageswerten und die Saldierung von Gewinnen und Verlusten, in: US-amerikanische Rechnungslegung, Hrsg. Ballwieser, W., 4. Aufl., Stuttgart 2000, S. 169-192.

Goebel, A./Fuchs, M. [1995], Die Anwendung der International Accounting Standards in den Konzernabschlüssen deutscher Kapitalgesellschaften, in: DB 1995, S. 1521-1527.

Goebel, A./Ley, Th. [1993], Die Auswirkungen der Investor Relations auf die Gestaltung des handelsrechtlichen Jahresabschlusses, in: DStR 1993, S. 1679-1684.

Goerdeler, R. [1982], Bilanzierung und Publizität im internationalen Vergleich, in: ZfbF 1982, S. 235-248.

Göppl, H. [1967], Die Gestaltung der Rechnungslegung von Aktiengesellschaften unter Berücksichtigung der neueren bilanztheoretischen Diskussion, in: WPg 1967, S. 565-574.

Göthel, S. R. [2001], Europäisches Bilanzrecht im Umbruch, in: DB 2001, S. 2057-2061.

Gonedes, N. [1972], Efficient Capital Markets and External Accounting, in: The Accounting Review 1972, S. 11-21.

Grammer, P. A. [1998], Internationale Rechnungslegungsvorschriften, in: SteuerStud 1998, S. 359-365.

Gray, S. J. [1988], Towards a Theory of Cultural Influence on the Development of Accounting Systems Internationally, in: ABACUS, Vol. 24, 1988, S. 1-15.

Gray, S. J. [1989], International Accounting Research: The Global Challenge, in: The International Journal of Accounting, Vol. 24, 1989, S. 294-307.

Groh, M. [1996a], Bilanzrecht im Dienste der Steuervermeidung, in: Rechnungslegung - warum und wie, Hrsg. Ballwieser, W./Moxter, A./Nonnenmacher, R., Festschrift für H. Clemm, München 1996, S. 175-187.

Groh, M. [1996b], Bilanzrecht vor dem EuGH, in: DStR 1996, S. 1206-1211.

Groh, M. [1998a], Der Fall Tomberger – Nachlese und Ausblick, in: DStR 1998, S. 813-819.

Groh, M. [1998b], Der Kampf um das Maßgeblichkeitsprinzip, in: Unternehmensrechnung und -besteuerung, Festschrift für D. Börner, Hrsg. Meffert, H./Krawitz, N., Wiesbaden 1998, S. 177-196.

Groh, M. [1998c], Sechs Thesen und ein Nachwort zum Maßgeblichkeitsprinzip, in: DB 1998, Heft 47, S. I.

Groh, M. [1999], Steuerentlastungsgesetz 1999/2000/2002: Imparitätsprinzip und Teilwertabschreibung, in: DB 1999, S. 978-984.

Groh, M. [2000a], Shareholder Value und Aktienrecht, in: DB 2000, S. 2153-2158.

Groh, M. [2000b], Kein Abschied von der phasengleichen Bilanzierung, in: DB 2000, S. 2444-2446.

Groh, M. [2000c], Kein Abschied von der phasengleichen Bilanzierung. Replik zu Hoffmann, in: DB 2000, S. 2558.

Gröner, S./Marten, K.-U./Schmid, S. [1997], Latente Steuern im internationalen Vergleich, in: WPg 1997, S. 479-488.

Gross, G. [1995], Die Unternehmensfortführungsannahme als Bewertungskriterium, in: Rechenschaftslegung im Wandel, Festschrift für W. D. Budde, Hrsg. Förschle, G./Kaiser, K./Moxter, A., München 1995, S. 243-263.

Gross, G. [1996], Das Fell des Bären, in: Rechnungslegung, Prüfung und Beratung, Festschrift für R. Ludewig, Hrsg. Baetge, J. u. a., Düsseldorf 1996, S. 333-364.

Großfeld, B. [1994], Bilanzziele und kulturelles Umfeld, in: WPg 1994, S. 795-803.

Großfeld, B. [1997], Zum Stand des Internationalen Unternehmensrechts – Deutschland/Europa, in: Grenzüberschreitende Aktivitäten deutscher Unternehmen und EU-Recht, Hrsg. Fischer, L., Köln 1997, S. 1-18.

Großfeld, B. [2001], Wirtschaftsprüfer und Globalisierung: Zur Zukunft des Bilanzrechts, in: WPg 2001, S. 129-139.

Großmann, A. [1980], Unternehmensziele im Aktienrecht, Köln u. a. 1980.

Grossman, S. J./Stiglitz, J. E. [1980], On the Impossibility of Informationally Efficient Markets, in: American Economic Review 1980, 70. Jg., S. 393-408.

Grotherr, S./Jorewitz, G. [2001], Einflüsse der internationalen Rechnungslegung auf das zukünftige deutsche Bilanzsteuerrecht, in: Die deutsche Rechnungslegung und Wirtschaftsprüfung im Umbruch, Festschrift für W. T. Strobel, Hrsg. Freidank, C.-C., München 2001, S. 123-153.

Grubel, H. G. [1968], International diversified portfolios, in: AER 1968, Vol. 58, S. 1299-1314.

Gruber, T./Kühnberger, M. [2001], Umstellung der Rechnungslegung von HGB auf US-GAAP: Bilanzrechtliche und bilanzpolitische Aspekte eines Systemwechsels, in: DB 2001, S. 1733-1740.

Grünewälder, O. [1996], Shareholder-Value Konzept/International Accounting Standards; Auswirkungen auf die deutsche Unternehmenskultur, in: AG 1996, S. 447-449.

Grund, M. [1996], Internationale Entwicklung und Bilanzrecht – Reform oder Resignation?, in: DB 1996, S. 1293-1296.

Gümbel, R. [1966], Die Bilanztheorie Wilhelm Riegers. Eine kritische Analyse ihrer Aussagen und ihrer Entwicklungsmöglichkeiten, in: ZfB 1966, S. 333-367.

Günther, T. [1997], Unternehmenswertorientiertes Controlling, München 1997.

Günther, T. [1999], State-of-the-Art des Wertsteigerungsmanagements, in: Controlling 1999, S. 361-370.

Günther, T. [2001], Trends und Entwicklungsperspektiven im wertorientierten Controlling, in: Internationale Rechnungslegung - Konsequenzen für Unternehmensführung, Rechnungswesen, Standardsetting, Prüfung und Kapitalmarkt, Hrsg. Coenenberg, A. G./Pohle, K., Stuttgart 2001, S. 181-212.

Günther, T./Beyer, D. [2001], Value Based Reporting – Entwicklungspotenziale der externen Unternehmensberichterstattung, in: BB 2001, S. 1623-1630.

Günther, T./Otterbein, S. [1996], Die Gestaltung der Investor Relations am Beispiel führender deutscher Aktiengesellschaften, in: ZfB 1996, S. 389-417.

Gutenberg, E. [1926], Die Struktur der Bilanzwerte, in: ZfB 1926, S. 497-511.

Haase, K. D. [1993], Segmentbilanz, in: Handwörterbuch des Rechnungswesens, Hrsg. Chmielewicz, K./Schweitzer, M., 3. Aufl., Stuttgart 1993, Sp. 1782-1789.

Hachmeister, D. [1996], Die Abbildung der Finanzierung im Rahmen verschiedener Discounted Cash Flow-Verfahren, in: ZfbF 1996, S. 251-277.

Hachmeister, D. [1997], Der Cash Flow Return on Investment als Erfolgsgröße einer wertorientierten Unternehmensführung, in: ZfbF 1997, S. 556-579.

Hachmeister, D. [2000], Der Discounted Cash Flow als Maß der Unternehmenswertsteigerung, 4. Aufl., Frankfurt u.a. 2000.

Hachmeister, D. [2002], Performancemaße, erfolgsorientierte, in: Handwörterbuch Unternehmensrechnung und Controlling, Hrsg. Küpper, H.-U./Wagenhofer, A., 4. Aufl., Stuttgart 2002, Sp. 1385-1395.

Haeger, B. [1989], Der Grundsatz der umgekehrten Maßgeblichkeit in der Praxis, Stuttgart 1989.

Hahn, D./Nicklas, M. [1999], PuK auf Basis eines einheitlichen periodischen Rechnungswesens und nach US-GAAP, in: Controlling 1999, S. 67-74.

Hahn, J. G. [1960], Methods of Accounting: Their Role in the Federal Income Tax Law, in: Washington University Law Quarterly 1960, S. 1-61.

Hahn, K. [1999], Beteiligungscontrolling auf Basis von US-GAAP und IAS, in: Integration der Unternehmensrechnung. Harmonisierung – Internationale Rechnungslegung – Shareholder Value – Investitionsrechnung, krp-Sonderheft 3/1999, Hrsg. Männel, W./Küpper, H.-U., S. 79-86.

Hahn, K. [2001], Deutsche Rechnungslegung im Umbruch, in: DStR 2001, S. 1267-1272.

Haley, C. W./Shall, L. D. [1979], The Theory of Financial Decisions, 2. Aufl., New York u.a. 1979.

Haller, A. [1988], Das Verhältnis von steuerrechtlicher und "handelsrechtlicher" Rechnungslegung in den USA, in: DBW 1988, S. 723-733.

Haller, A. [1990a], Financial Accounting Standards Board, in: DBW 1990, S. 265-268.

Haller, A. [1990b], Die "Generally Accepted Accounting Principles", in: ZfbF 1990, S. 751-777.

Haller, A. [1992], Der Grundsatz der Maßgeblichkeit der Handels- für die Steuerbilanz, in: RIW 1992, S. 43-48.

Haller, A. [1993a], Das International Accounting Standards Committee, in: DBW 1993, S. 699-703.

Haller, A. [1993b], Die Rolle des International Accounting Standards Committee bei der weltweiten Harmonisierung der externen Rechnungslegung, in: DB 1993, S. 1297-1305.

Haller, A. [1994a], Die Grundlagen der externen Rechnungslegung in den USA, 4. Aufl., Stuttgart 1994.

Haller, A. [1994b], Positive Accounting Theory, in: DBW 1994, S. 597-612.

Haller, A. [1997a], Zur Eignung der US-GAAP für Zwecke des internen Rechnungswesens, in: Controlling 1997, S. 270-276.

Haller, A. [1997b], Herausforderungen an das Controlling durch die Internationalisierung der externen Rechnungslegung, in: Das neue Steuerungssystem des Controllers, Hrsg. Horvath, P., Stuttgart 1997, S. 113-131.

Haller, A. [1998], Immaterielle Vermögenswerte – Wesentliche Herausforderung für die Zukunft der Unternehmensrechnung, in: Rechnungswesen als Instrument für Führungsentscheidungen, Festschrift für A. G. Coenenberg, Hrsg. Möller, H. P./Schmidt, F., Stuttgart 1998, S. 561-596.

Haller, A. [2000], Wesentliche Ziele und Merkmale US-amerikanischer Rechnungslegung, in: US-amerikanische Rechnungslegung, Hrsg. Ballwieser, W., 4. Aufl., Stuttgart 2000, S. 1-27.

Haller, A./Dietrich, R. [2001a], Intellectual Capital Bericht als Teil des Lageberichts, in: DB 2001, S. 1045-1052.

Haller, A./Dietrich, R. [2001b], Freiwillige Unternehmensberichterstattung in den USA, in: KoR 2001, S. 206-211.

Haller, A./Eierle, B. [1998], Ideenfindung und –verarbeitung zur Entwicklung von Rechnungslegungsstandards beim "Financial Accounting Standards Board", in: DB 1998, S. 733-739.

Haller, A./Eierle, B./Evans, E. [2001], Das britische Financial Reporting Review Panel – ein Vorbild für ein deutsches Enforcement-Gremium?, in: BB 2001, S. 1673-1680.

Haller, A./Park, P. [1994a], Grundsätze ordnungsmäßiger Segmentberichterstattung, in: ZfbF 1994, S. 499-524.

Haller, A./Park, P. [1994b], Regulation and practice of segmental reporting in Germany, in: European Accounting Review 1994, Vol. 3, S. 563-580.

Haller, A./Park, P. [1999], Segmentberichterstattung auf Basis des "Management Approach" – Inhalt und Konsequenzen, in: Integration der Unternehmensrechnung. Harmonisierung – Internationale Rechnungslegung – Shareholder Value – Investitionsrechnung, krp-Sonderheft 3/1999, Hrsg. Männel, W./Küpper, H.-U., S. 59-66.

Haller, H. [1971], Die Steuern: Grundlinien eines rationalen Systems öffentlicher Abgaben, 2. Aufl., Tübingen 1971.

Hamacher, R. [1998], Steuerliche Behandlung von ADRs nach US-amerikanischem und deutschem Recht, in: Zugang zum US-Kapitalmarkt für deutsche Aktiengesellschaften, Hrsg. Rosen, R. v./Seifert, W. G., Frankfurt a.M. 1998, S. 227-244.

Hanks, S. [1999], Foreign Company Listings in the United States, in: The International Journal of Accounting 1999, S. 1-10.

Happe, R. [2002], Rückstellungen im internationalen Vergleich: HGB – US-GAAP – IAS, in: DStZ 2002, S. 360-367.

Harder, N. [1996], Welche Rechtsetzungsbefugnis hätte ein deutsches Rechnungslegungsgremium?, in: DB 1996, S. 923 – 925.

Hardtmann, G. [1996], Die Wertsteigerungsanalyse im Managementprozeß, Wiesbaden 1996.

Harrer, H./Erwe, P. [1998], Der Neue Markt der Frankfurter Wertpapierbörse im Vergleich zu NASDAQ und EASDAQ, in: RIW 1998, S. 661 – 674.

Harrer, H./King, P. [1999], Aktien- und kapitalmarktrechtliche Aspekte bei American Depositary Receipts, in: IStR 1999, S. 188-192.

Harris, T. S. [1993], Understanding German Financial Statements – Lessons From Daimler-Benz`s Listing, Hrsg. Salomon Brother`s Inc., New York 1993.

Harris, T. S./Lang, M./Möller, H. P. [1995], Zur Relevanz der Jahresabschlußgrößen Erfolg und Eigenkapital für die Aktienbewertung in Deutschland und den USA, in: ZfbF 1995, S. 996-1028.

Hart, O. D. [1995], Firms, Contracts, and Financial Structure, Oxford 1995.

Hartmann, M. [1997], Technologie-Bilanzierung, Instrument einer zukunftsorientierten Unternehmensbeurteilung, Göttingen 1997.

Hartmann, M. [1998], Theorie und Praxis technologischer Unternehmensbeurteilung, in: ZfB 1998, S. 1009-1027.

Hartmann, U. [1998], Die Ausrichtung der Rechnungslegung an internationale Standards, in: WPg 1998, S. 259-268.

Hartmann-Wendels, Th. [1986], Dividendenpolitik bei asymmetrischer Informationsverteilung, Wiesbaden 1986.

Hartmann-Wendels, Th. [1991], Rechnungslegung der Unternehmen und Kapitalmarkt aus informationsökonomischer Sicht, Heidelberg 1991.

Hartung, W. [1988], Unmittelbare Wirkung von Bestimmungen der EG-Bilanzrichtlinie?, in: RIW 1988, S. 52-55.

Hartung, W. [1994], Rechnungsabgrenzungsposten und richtlinienkonforme Auslegung, in: Bilanzrecht und Kapitalmarkt, Festschrift für A. Moxter, Hrsg. Ballwieser, W. u.a., Düsseldorf 1994, S. 213-225.

Hartz [1968], Gesetzliche Generalklauseln und Richterrecht im Steuerrecht, in: StuW 1968, Sp. 245-264.

Haselmann, D./Schick, R. [1996], Phasengleiche Aktivierung von Dividendenansprüchen: Das Verwirrspiel im EUGH-Verfahren ist noch nicht beendet, in: DB 1996, S. 1529-1532.

Haselmann, D./Schick, R. [1997], Replik zu Kraneis, in: DB 1997, S. 58-60.

Hauck, A./Michel, U. [1992], Neue Vorschriften zur Bilanzierung latenter Steuern in den USA, in: WPg 1992, S. 451-455.

Haugen, R. A./Senbet, L. W. [1978], The Insignificance of Bankruptcy Costs to the Theory of Optimal Capital Structure, in: JoF 1978, S. 383-393.

Hauser, H./Meurer, I. [1998], Die Maßgeblichkeit der Handelsbilanz im Lichte neuer Entwicklungen, in: WPg 1998, S. 269-280.

Havermann, H. [1994], Internationale Entwicklungen in der Rechnungslegung, in: Bilanzrecht und Kapitalmarkt, Festschrift für A. Moxter, Hrsg. Ballwieser, W. u. a., Düsseldorf 1994, S. 655-677.

Havermann, H. [1997], Tendenzen zur Internationalisierung der deutschen Konzernrechnungslegung, in: Jahresabschluß und Jahresabschlußprüfung, Festschrift für J. Baetge, Hrsg. Fischer, Th. R./Hömberg, R., Düsseldorf 1997, S. 519-549.

Havermann, H. [2000a], Konzernrechnungslegung quo vadis?, in: WPg 2000, S. 121-127.

Havermann, H. [2000b], Private Regelsetzung aus der Sicht des Handelsbilanzrechts, in: ZGR 2000, S. 693-701.

Havermann, H. [2001], Standardisierung der deutschen und internationalen Rechnungslegung, in: Internationale Rechnungslegung - Konsequenzen für Unternehmensführung, Rechnungswesen, Standardsetting, Prüfung und Kapitalmarkt, Hrsg. Coenenberg, A. G./Pohle, K., Stuttgart 2001, S. 143-164.

Hax, H. [1957], Die Substanzerhaltung der Betriebe, Köln und Opladen 1957.

Hax, H. [1964], Der Bilanzgewinn als Erfolgsmaßstab, in: ZfB 1964, S. 642-651.

Hax, H. [1967], Bewertungsprobleme bei der Formulierung von Zielfunktionen für Entscheidungsmodelle, in: ZfbF 1967, S. 749-761.

Hax, H. [1988], Rechnungslegungsvorschriften - Notwendige Rahmenbedingungen für den Kapitalmarkt?, in: Unternehmungserfolg, Hrsg. Domsch, M./Eisenführ, F./Perlitz, M., Festschrift für W. Busse von Colbe, Wiesbaden 1988, S. 187-201.

Hax, H. [1989], Investitionsrechnung und Periodenerfolgsmessung, in: Der Integrationsgedanke in der Betriebswirtschaftslehre, Festschrift für H. Koch, Hrsg. Delfmann, W., Wiesbaden 1989, S. 153-170.

Hax, H. [1993], Finanzierung, in: Vahlens Kompendium der Betriebswirtschaftslehre, Hrsg. Bitz, M. u. a., Bd. 1, München 1993, S. 397-455.

Hax, H. [2001], Abschied vom wertmäßigen Kostenbegriff?, in: Zum Erkenntnisstand der Betriebswirtschaftslehre am Beginn des 21. Jahrhunderts, Festschrift Loitlsberger, Hrsg. Wagner, U., Berlin 2001, S. 93-111.

Hax, H. [2002], Integration externer und interner Unternehmensrechnung, in: Handwörterbuch Unternehmensrechnung und Controlling, Hrsg. Küpper, H.-U./Wagenhofer, A., 4. Aufl., Stuttgart 2002, Sp. 758-767.

Hax, H./Hartmann-Wendels, Th./von Hinten, P. [1988], Moderne Entwicklung der Finanzierungstheorie, in: Finanzierungshandbuch, Hrsg. Christians, F. W., 2. Aufl., Wiesbaden 1988, S. 689-713.

Hayek, F. A. von [1945], The Use of Knowledge in Society, in: The American Economic Review 1945, Vol. 35, S. 519-530.

Hayek, F. A. von [1967], The Corporation in a Democratic Society: In Whose Interest Ought It To and Will It Be Run?, in: Studies in Philosophy, Politics and Economics, Hrsg. Hayek, F. A. von, Chicago 1967, S. 300-312.

Hayn, S. [1996], Die Bilanzierung immaterieller Vermögenswerte im internationalen Vergleich, in: IStR 1996, S. 354-360 u. 405-408.

Hayn, S. [1997], Internationale Rechnungslegung, Stuttgart 1997.

Hayn, S./Pilhofer, J. [1998], Die neuen Rückstellungsregeln des IASC im Vergleich zu den korrespondierenden Regeln der US-GAAP, in: DStR 1998, S. 1729-1732 u.1765-1772.

Hayn, S./Waldersee, G. G. [2000], IAS/US-GAAP/HGB im Vergleich: synoptische Darstellung für den Einzel- und Konzernabschluss, 2. Aufl., Stuttgart 2000.

Healy, P. M./Palepu, K. G. [1990], Effectiveness of Accounting Based Dividend Covenants, in: Journal of Accounting and Economics 1990, Vol. 12, S. 97-123.

Hebeler, C. [2001], Harmonisierung des internen und externen Rechnungswesens, in: StuB 2001, S. 681-685.

Hebertinger, M. [2002], Wertsteigerungsmaße – Eine kritische Analyse, Frankfurt a.M. u.a. 2002.

Heinhold, M./Pasch, H. [1998], Steuerliche Gewinnermittlung, steuerliches Eigenkapital und IAS-Bilanzierung, in: Rechnungswesen als Instrument für Führungsentscheidungen, Festschrift für A. G. Coenenberg, Hrsg. Möller, H. P./Schmidt, F., Stuttgart 1998, S. 393-413.

Heintges, S. [1997], Bilanzpolitik und Bilanzkultur in den USA und in Deutschland, 2. Aufl., Sternenfels 1997.

Heintzen, M. [2001a], EU-Verordnungsentwurf zur Anwendung von IAS: Kein Verstoß gegen Unionsverfassungsrecht, in: BB 2001, S. 825-829.

Heintzen, M. [2001b], Verfassungsrechtliche Anforderungen an das Rechnungslegungsrecht für börsennotierte Unternehmen, in: KoR 2001, S. 150-154.

Helbling, C. [2001], Rechnungslegung im Wandel, in: Der Schweizer Treuhänder 2001, S. 295-302.

Hellermann, J. [2000], Private Standardsetzung im Bilanzrecht, in: NZG 2000, S. 1097-1103.

Helmrich, H. [1985], Zur Umsetzung der 4. und 7. EG-Richtlinie in deutsches Handels- und Gesellschaftsrecht, in: ZfbF 1985, S. 723-734.

Helmschrott, H. [2000], Der Vorschlag der EU zur Anpassung der Bilanzrichtlinien an die IAS durch Einführung einer Fair-Value-Bewertung von Finanzinstrumenten, in: DStR 2000, S. 941-948.

Helmschrott, H./Buhleier, C. [1997], Die Konsequenzen einer GoB-widrigen Anwendung internationaler Rechnungslegungsnormen aus der Perspektive des Handelsrechts und Strafrechts, in: WPg 1997, S. 10-17.

Hemmerde, W. [1985], Insolvenzrisiko und Gläubigerschutz. Eine ökonomische Analyse zur Kapitalaufbringung und Kapitalerhaltung, Frankfurt a. M. 1985.

Hendriksen, E. S./van Breda, M. F. [1992], Accounting Theory, 5. Aufl., Boston 1992.

Heni, B. [1996], Anmerkung zum Urteil des EuGH vom 27.6.1996, C-234/94, in: DStR 1996, S. 1095.

Henkel, U. [1997], Die EuGH-Rechtsprechung zur Bilanz-, Fusions- und Mutter-Tochter-Richtlinie – Auswirkungen auf das innerstaatliche Bilanz- und Steuerrecht, Diskussionsbeiträge aus dem Institut für Ausländisches und Internationales Finanz- und Steuerwesen der Universität Hamburg, Hamburg 1997.

Hennrichs, J. [1997], Die Bedeutung der EG-Bilanzrichtlinie für das deutsche Handelsbilanzrecht, in: ZGR 1997, S. 66-88.

Hennrichs, J. [1999], Der steuerrechtliche sog. Maßgeblichkeitsgrundsatz gem. § 5 EStG, in: StuW 1999, S. 138-153.

Hennrichs, J. [2000], Ausbau der Konzernrechnungslegung im Lichte internationaler Entwicklungen, in: ZGR 2000, S. 627-650.

Henscheid, M. [1992a], Die Umkehrung des Maßgeblichkeitsprinzips, in: BB 1992, S. 98-106.

Henscheid, M. [1992b], Ökonomische Wirkungen der umgekehrten Maßgeblichkeit, in: BB 1994, S. 1243-1248.

Henselmann, K. [1994], Erfolgsmessung und Steuerbelastung, Heidelberg 1994.

Henselmann, K. [1999], Unternehmensrechnungen und Unternehmenswert – Ein situativer Ansatz, Aachen 1999.

Henselmann, K. [2001], Economic Value Added – Königsweg zur Integration des Rechnungswesens?, in: ZP 2001, S. 159-186.

Henselmann, K. [2002], Böcke als Gärtner – Vorgeschichte und Stand von DRS 1a, in: StuB 2002, S. 283-287.

Herkenroth, K. E./Körner, J./Rodewald, J. [1999], Vorlagefähigkeit bilanzsteuerrechtlicher Fragen an den EuGH am Beispiel von Teilwertabschreibungen auf Beteiligungen, in: DStR 1999, S. 9-14.

Herlinghaus, A. [1997], "Tomberger" und die Folgen – ein Beitrag zur Frage der Entscheidungskompetenz des EuGH im Handels- und Steuerbilanzrecht, in: IStR 1997, S. 529-539.

Hermanns, T. [1999], Ist der EuGH für Fragen des deutschen Bilanzsteuerrechts zuständig?, in: GmbHR 1999, S. 1123-1132.

Herter, R. N. [1994], Unternehmenswertorientiertes Management, München 1994.

Herzig, N. [1993], Die rückstellungsbegrenzende Wirkung des Realisationsprinzips, in: Ertragsbesteuerung: Zurechnung, Gestaltung, Ermittlung, Festschrift für L. Schmidt, Hrsg. Raupach, A./Uelner, A., München 1993, S. 209-226.

Herzig, N. [1996], Anmerkung zum Urteil des EuGH vom 27.6.1996 – Rs. C 234/94, in: DB 1996, S. 1401-1402.

Herzig, N. [1999], Hat das Maßgeblichkeitsprinzip eine Zukunft?, in: Die Theorie der Unternehmung in Forschung und Praxis, Hrsg. Albach, H. u. a., Berlin u. a. 1999, S. 779-780.

Herzig, N. [2000a], Internationalisierung der Rechnungslegung und steuerliche Gewinnermittlung, in: WPg 2000, S. 104-119.

Herzig, N. [2000b], Kommentar zum BFH-Beschluss vom 7.8.2000 – GrS 2/99, in: BB 2000, S. 2252-2253.

Herzig, N. [2000c], Praktikables Steuerrecht aus betriebswirtschaftlicher Sicht, in: BB 2000, S. 1863-1869.

Herzig, N. [2001a], Notwendigkeit und Umsetzungsmöglichkeiten eines gespaltenen Rechnungslegungsrechts (Handels- und Steuerbilanz), in: KoR 2001, S. 154-159.

Herzig, N. [2001b], Gefahren der internationalen Rechnungslegung für den Mittelstand? – Problemfelder: Besteuerung und Gewinnausschüttung, in: Internationale Rechnungslegung -

Konsequenzen für Unternehmensführung, Rechnungswesen, Standardsetting, Prüfung und Kapitalmarkt, Hrsg. Coenenberg, A. G./Pohle, K., Stuttgart 2001, S. 45-61.

Herzig, N./Dautzenberg, N. [1998], Auswirkungen der Internationalisierung der Rechnungslegung auf die Steuerbilanz, in: BFuP 1998, S. 23-37.

Herzig, N./Mauritz, P. [1998], Ökonomische Analyse einer bilanziellen Marktbewertungspflicht für originäre und derivative Finanzinstrumente, in: ZfB 1998, S. 335-361.

Herzig, N./Rieck, U. [1997], Saldierungsbereich bei Drohverlustrückstellungen im Gefolge der Apothekerentscheidung, in: DB 1997, S. 1881-1885.

Herzig, N./Rieck, U. [1998a], Die Rückstellung für drohende Verluste aus schwebenden Geschäften im Steuerrecht – Übergangsfragen und Grundsätzliches, in: BB 1998, S. 311-315.

Herzig, N./Rieck, U. [1998b], Europäisierung der handels- und steuerrechtlichen Gewinnermittlung im Gefolge der Tomberger-Entscheidung, in: IStR 1998, S. 309-320.

Herzig, N./Watrin, C, [2000], Rechnungslegung und Marktkontrolle, in: Das Unternehmen im Spannungsfeld von Planung und Marktkontrolle, Hrsg. Frese, E./Hax, H., ZfbF-Sonderheft 44, Düsseldorf/Frankfurt 2000, S. 133-161.

Hess, D./Lüders, E. [2001], Mitarbeiteroptionen steigern den ausgewiesenen Gewinn: Eine Studie des NASDAQ 100, in: KoR 2001, S. 12-17.

Hesse, T. [1996], Periodischer Unternehmenserfolg zwischen Realisations- und Antizipationsprinzip, Bern 1996.

Hessler, H. D. [1994], Theorie und Politik der Personalsteuern: Eine Kritik ihrer Einkommens- und Vermögensbegriffe mit Blick auf die Leistungsfähigkeitstheorie, Frankfurt a.M. u.a. 1992.

Heurung, R. [2000], Führt die Internationalisierung der Rechnungslegung zu einer Erosion der steuerlichen Gewinnermittlung?, in: RIW 2000, S. 421-431.

Heyd, R. [2001a], Zur Harmonisierung von internem und externem Rechnungswesen nach US-GAAP, in: Der Schweizer Treuhänder 2001, S. 201-214.

Heyd, R. [2001b], Internationale Rechnungslegungsnormen in Deutschland – erschwert das Maßgeblichkeitsprinzip ihre Anwendung?, in: ZfB 2001, S. 371-392.

Hicks, J. R. [1946], Value and Capital. An Inquiry into some fundamental Principles of Economic Theory, Oxford 1946.

Himmelreich, R. [2001], Folgen der Aushöhlung des Maßgeblichkeitsprinzips, in: Gesellschaftsrecht, Rechnungslegung, Steuerrecht, Festschrift für W. Müller, Hrsg. Hommelhoff, P./Zätzsch, R./Erle, B., München 2001, S. 613-629.

Hirsch, G. [1998], Wichtige Einflüsse der EuGH-Rechtsprechung auf das deutsche Steuerrecht, in: DStZ 1998, S. 489-495.

Hirsch, G. [1999], Das Vorabentscheidungsverfahren nach Art. 177 EGV in der Finanzgerichtsbarkeit, in: Steuerrechtsprechung, Steuergesetz, Steuerreform, Festschrift für K. Offerhaus, Hrsg. Kirchhof, P./Jakob, W./Beermann, A., Köln 1999, S. 103-115.

Hirsch, Th./Schiereck, D. [1999], Der Handel deutscher Aktien in New York: Einige empirische Ergebnise, in: Finanzmanagement 1999, ZfB-Ergänzungsheft 3/1999, Hrsg. Albach, H., Wiesbaden 1999, S. 195-211.

Hitz, J.-M./Kuhner, C. [2000], Erweiterung des US-amerikanischen conceptual framework um Grundsätze der Barwertermittlung – Inhalt und Bedeutung des Statement of Financial Accounting Concepts No. 7 -, in: WPg 2000, S. 889-902.

Hitz, J.-M./Kuhner, C. [2002], Die Neuregelung zur Bilanzierung des derivativen Goodwill nach SFAS 141 und 142 auf dem Prüfstand, in: WPg 2002, S. 273-287.

Hoch, G. [1998], Die gewinnverwendende Bilanzierungsentscheidung – Probleme der Trennung von Gewinnentstehung und Gewinnverwendung, in: DStR 1998, S. 134-140.

Hölscher, L. [1999], Das Problem der Einheitsbilanz, in: DSWR 1999, S. 302-307.

Hoffmann, W.-D. [1996], Anmerkung zum Urteil des EuGH vom 27.6.1996 – Rs. C-234/94, in: BB 1996, S. 1493-1495.

Hoffmann, W.-D. [1999a], Zur Zuständigkeit des EuGH in Fragen des Bilanzsteuerrechts, in: StuB 1999, S. 1086-1087.

Hoffmann, W.-D. [1999b], Der EuGH als Mentor deutschen Bilanzsteuerrechts – Anmerkungen zum EuGH-Urteil vom 14.9.1999, in: DStR 1999, S. 1686-1688.

Hoffmann, W.-D. [2000a], Nochmals: Drohverlustrückstellungen und Leistungsfähigkeitsprinzip, in: StuB 2000, S. 568-569.

Hoffmann, W.-D. [2000b], Drohverlustrückstellungen und Leistungsfähigkeitsprinzip, in: StuB 2000, S. 248-251.

Hoffmann, W.-D. [2000c], Die Unmaßgeblichkeit der GoB für die Steuerbilanz, in: StuB 2000, S. 1039-1040.

Hoffmann, W.-D. [2000d], Von der phasengleichen Dividendenvereinnahmung zu den Grundsätzen ordnungsmäßiger steuerlicher Bilanzierung, in: DStR 2000, S. 1809-1816.

Hoffmann, W.-D. [2000e], Kein Abschied von der phasengleichen Bilanzierung, in: DB 2000, S. 2557-2558.

Hoffmann, W.-D. [2000f], Die ökonomischen Grenzen der Aussagekraft einer Bilanz, in: StuB 2000, S. 822-828.

Hoffmann, W.-D. [2001], Quo vadis deutsches Bilanzsteuerrecht?, in: DB 2001, S. 452-453.

Hoffmann, W.-D./Rüsch, C. [1999], Praxisfragen zur geplanten steuerlichen Gewinnermittlung durch "Un"-Vermögensvergleich, in: DStR 1999, S. 45-51.

Hoffmann, W.-D./Sauter, W. [1996], Der Jahresabschluß der KG als Exerzierfeld einer Bilanzrechtsrevolution (?), in: DStR 1996, S. 967-972.

Hoffmann, W.-D./Lüdenbach, N. [2002a], Internationale Rechnungslegung: kapitalmarkt- oder managementorientiert?, in: StuB 2002, S. 541-548.

Hoffmann, W.-D./Lüdenbach, N. [2002b], Beschreiten wir bei der Internationalisierung der Rechnungslegung den Königsweg?, in: DStR 2002, S. 871-878.

Hoffmann, W./Wüest, G. [1998], Die Shareholder value Analyse als Controlling-Instrument – Verfahrensvergleich und Anwendungsfelder, in: krp 1998, S. 187-195.

Hoffmann-Becking, M. [2001], Defizite des aktienrechtlichen Anfechtungs- und Organhaftungsrechts und Möglichkeiten zur Verbesserung, in: WPg-Sonderheft 2001: Reformbedarf der deutschen Corporate Governance im globalen Wettbewerb, S. S121-S128.

Holzer, P./Ernst, C. [1999], (Other) Comprehensive Income und Non-Ownership Movements in Equity – Erfassung und Ausweis des Jahresergebnisses und des Eigenkapitals nach US-GAAP und IAS, in: Wpg 1999, S. 353-370.

Holzer, P./Norreklit, H. [1991], Stand des Management Accounting in den Vereinigten Staaten, in: WPg 1991, S. 699-706.

Homburg, S. [1997], Soll die klassische Einkommensteuer wiederbelebt werden?, in: Standpunkte zur aktuellen Steuerreform, Hrsg. Rose, M., Heidelberg 1997, S. 107-114.

Homburg, S. [2000], Allgemeine Steuerlehre, 2. Aufl., München 2000.

Hommel, M. [1997], Internationale Bilanzrechtskonzeptionen und immaterielle Vermögensgegenstände, in: ZfbF 1997, S. 345-369.

Hommel, M. [1998], Bilanzierung immaterieller Anlagewerte, Stuttgart 1998.

Hommel, M. [2001a], Neue Goodwillbilanzierung – das FASB auf dem Weg zur entobjektivierten Bilanz?, in: BB 2001, S. 1943-1949.

Hommel, M. [2001b], Bilanzierung von Goodwill und Badwill im internationalen Vergleich, in: RIW 2001, S. 801-809.

Hommel, M./Berndt, T. [2000a], Neue Entwicklungen in der Jahresabschlussrichtlinie: Bewertung zum Fair Value, in: BB 2000, S. 1184-1189.

Hommel, M./Berndt, T. [2000b], Wertaufhellung und funktionales Abschlussstichtagsprinzip, in: DStR 2000, S. 1745-1752.

Hommel, M./Berndt, T. [2002], Transformation der Fair-Value-Richtlinie in deutsches Recht – Anmerkung zum Umsetzungsvorschlag des DSR, in: BB 2002, S. 90-92.

Hommelhoff, P. [1986], Die Ergebnisverwendung in der GmbH nach dem Bilanzrichtliniengesetz, in: ZGR 1986, S. 418-462.

Hommelhoff, P. [1994], Auszahlungsanspruch und Ergebnisverwendungsbeschluß in der GmbH, in: Festschrift für H. Rowedder, Hrsg. Pfeiffer, G./Wiese, G./Zimmermann, K., München 1994, S. 171-189.

Hommelhoff, P. [1995], "Kleine Aktiengesellschaften" im System des deutschen Rechts, in: AG 1995, S. 529-538..

Hommelhoff, P. [1996], Deutscher Konzernabschluß: International Accounting Standards und das Grundgesetz, in: Festschrift für Walter Odersky, Hrsg. Böttcher, R./Hueck, G./Jähnke, B., Berlin/New York 1996, S. 779-797.

Hommelhoff, P. [1997a], Zum Ersatz des deutschen Konzernabschlusses durch den internationalen Konzernabschluß, in: Aktuelle Entwicklungen in Rechnungslegung und Wirtschaftsprüfung, Hrsg. Baetge, J., Düsseldorf 1997, S. 109-134.

Hommelhoff, P. [1997b], Corporate Governance: Vertragen sich die deutsche Unternehmensverfassung und das Shareholder Value-Prinzip?, in: Betriebswirtschaftslehre und Rechtsentwicklung, Hrsg. Albach, H./Brockhoff, K., ZfB-Ergänzungsheft 4/1997, Wiesbaden 1997. S. 17-20.

Hommelhoff, P. [1998], Europäisches Bilanzrecht im Aufbruch, in: RabelsZ, Bd. 62 (1998), S. 381-404.

Hommelhoff, P. [2000a], Das Unternehmensrecht vor den Herausforderungen der Globalisierung, in: Festschrift für Marcus Lutter, Hrsg. Schneider, U. H. u.a., Köln 2000, S. 95-106.

Hommelhoff, P. [2000b], Anlegerinformationen im Aktien-, Bilanz- und Kapitalmarktrecht, in: ZGR 2000, S. 748-775.

Hommelhoff, P. [2001], Für ein spezifisch deutsches Durchsetzungssystem – Schaffung einer Kontrollinstanz zur Sicherstellung der internationalen Wettbewerbsfähigkeit des deutschen Enforcement-Systems, in: WPg-Sonderheft 2001: Reformbedarf der deutschen Corporate Governance im globalen Wettbewerb, S. S39-S50.

Hommelhoff, P./Schwab, M. [1996], Zum Stellenwert betriebswirtschaftlicher Grundsätze ordnungsmäßiger Unternehmensleitung und –überwachung im Vorgang der Rechtserkenntnis, in: ZfbF-Sonderheft 36, Hrsg. von Werder, A., Düsseldorf/Frankfurt 1996, S. 149-179.

Hommelhoff, P./Schwab, M. [1998], Gesellschaftliche Selbststeuerung im Bilanzrecht – Standard Setting Bodies und staatliche Regulierungsverantwortung nach deutschem Recht, in: BFuP 1998, S. 38-56.

Honko, J. [1965], Über einige Probleme bei der Ermittlung des Jahresgewinns der Unternehmung, in: ZfB 1965, S. 611-642.

Horngren, Ch. T. [1965], How Should We Interpret the Realization Concept?, in: The Accounting Review, April 1965, S. 323-333.

Horngren, C./Foster, G./Datar, S. [1994], Cost Accounting – A Managerial Emphasis, Englewood Cliffs/New Jersey 1994.

Horváth, P./Arnaout, A. [1997], Internationale Rechnungslegung und Einheit des Rechnungswesens, in: Controlling 1997, S. 254-269.

Horváth, P./Kaufmann, L. [1998], Balanced Scorecard – ein Werkzeug zur Umsetzung von Strategien, in: Harvard Business Manager 1998, S. 39-48.

Horváth, P./Minning, F. [2001], Wertorientiertes Management in Deutschland, Großbritannien, Italien und Frankreich, in: Controlling 2001, 273-282.

Hostettler, S. [1995], `Economic Value Added´ als neues Führungsinstrument, in: Der Schweizer Treuhänder 1995, S. 307-315.

Hostettler, S. [2000], Economic Value Added (EVA): Darstellung und Anwendung auf Schweizer Aktiengesellschaften, 4. Aufl., Bern/Stuttgart/Wien 2000.

Hotelling, H. [1925], A General Mathematical Theory of Depreciation, in: The Journal of the American Statistical Association 1925, S. 340-353.

Hübner-Schwarzinger, P. [1999], Analyse von internationalen Forschungsarbeiten auf dem Gebiet der Rechnungslegung, in: JFB 1999, S. 154-160.

Hucke, A./Ammann, H. [2002], Der Entwurf des Transparenz- und Publizitätsgesetzes – ein weiterer Schritt zur Modernisierung des Unternehmensrechts, in: DStR 2002, S. 689-696.

Hueck, A. [1971], Das Recht der offenen Handelsgesellschaft, 4. Aufl., Berlin 1971.

Hueck, G. [1990], Minderheitsschutz bei der Ergebnisverwendung in der GmbH, in: Festschrift für E. Steindorff, Hrsg. Baur, J. F./Hopt, K. J./Mailänder, K. P., Berlin/New York 1990, S. 45-58.

Hüffer, U. [1997], Aktienbezugsrechte als Bestandteil der Vergütung von Vorstandsmitgliedern und Mitarbeitern - gesellschaftsrechtliche Analyse, in: ZHR 1997, S. 214-245.

Hüffer, U. [1999], AktG, Kommentar, 4. Aufl., München 1999.

Hülsebeck, R. [2000], Der Weg zu den US-Börsen für mittelständische deutsche Unternehmen, in: DStR 2000, S. 894-900.

Hulle, K. van [1993], Angleichung und/oder gegenseitige Anerkennung, in: Rechnungslegung und Prüfung: Perspektiven für die neunziger Jahre, Düsseldorf 1993, S. 191-205.

Hulle, K. van [1994], Das Europäische Bilanzrecht, in: Wirtschaftsprüferkammer-Mitteilungen 1994, S. 9-17.

Hulle, K. van [1995], "True and fair view", im Sinne der 4. Richtlinie, in: Rechenschaftslegung im Wandel, Festschrift für W.-D. Budde, Hrsg. Förschle, G./Kaiser, K./Moxter, A., München 1995, S. 313-326.

Hulle, K. van [1996], Fortentwicklung des Europäischen Bilanzrechts aus Sicht der EU, in: Bilanzrecht unter dem Einfluß internationaler Reformzwänge, Hrsg. Schruff, L., Düsseldorf 1996, S. 7-25.

Hulle, K. van [1998], Die Zukunft der europäischen Rechnungslegung im Rahmen einer sich ändernden internationalen Rechnungslegung, in: WPg 1998, S. 138-153.

Hulle, K. van [2000], Die Reform des europäischen Bilanzrechts: Stand, Ziele und Perspektiven, in: ZGR 2000, S. 537-549.

Hulle, K. van [2001], Anforderungen an ein wirksames Enforcement aus Sicht der EU-Kommission, in: WPg-Sonderheft 2001: Reformbedarf der deutschen Corporate Governance im globalen Wettbewerb, S. S30-S34.

Hulle, K. van/Broichhagen, F.-J. [1998], Mitteilung der Kommission zu Auslegungsfragen der EG-Bilanzrichtlinien, in: IWB 1998, Fach 11, Gr. 3, S. 217-224.

Hummel, S./Männel, W. [1986], Kostenrechnung 1: Grundlagen, Aufbau und Anwendung, 4. Aufl., Wiesbaden 1986.

Husmann, R. [1998], Würdigung der Segmentberichterstattung nach dem Management Approach auf der Basis der deutschen Bilanzierungspraxis, in: WPg 1998, S. 816-823.

Husmann, R./Geiger, T. [1998], Gegenüberstellung der Periodenabgrenzung von Aufwendungen und Erträgen nach HGB und US-GAAP, in: SteuerStud 1998, S. 399-406.

Hüttche, T. [1996], International Accounting Standards in Deutschland - Aufbruchstimmung oder Abschiedsschmerz?, in: RIW 1996, S. 1018-1025.

Hütten, C./Brakensiek, S. [2000], "Deutsche US-GAAP" ohne eine SEC – Auto ohne Bremsen?, in: BB 2000, S. 870-872.

Hütten, C./Lorson, P. [2002], Überlegungen zur neuen Goodwillbilanzierung nach SFAS 142 aus Controlling-Perspektive, in: KoR 2002, S. 25-33.

IASC [2000], International Accounting Standards 2000 (deutsche Ausgabe), Stuttgart 2000.

Icking, J. [2000], Die Rechtsnatur des Handelsbilanzrechts, Berlin 2000.

IDW [1997], Entwurf des Steuerreformgesetzes 1998, in: Fachnachrichten IDW Nr. 5/1997, S. 230-232.

IDW [1998a], Praktisch relevante Abweichungen zwischen den Rechnungslegungsstandards des IASC und der 4. und 7. EG-Richtlinie, in: FN-IDW Nr. 3/1998, S. 55-61.

IDW [1998b], Verlautbarung des HFA: Abweichungen zwischen den Rechnungslegungsstandards des IASC und den Vorschriften des HGB, in: WPg 1998, S. 70-72.

IDW [1998c], IDW-Steuerfachausschuss, Stellungnahme des IDW zur Unternehmenssteuerreform, in: FN-IDW 1998, S. 606-612.

IDW [2000a], Stellungnahme des IDW zu dem Vorschlag der EU-Kommission zur Änderung von Richtlinien im Hinblick auf die fair value-Bewertung im Jahresabschluß bzw. im konsolidierten Abschluß, in: FN-IDW 2000, S. 323-329.

IDW [2000b], Stellungnahme des IDW zum Fragenkatalog der Regierungskommission "Corporate Governance: Unternehmensführung – Unternehmenskontrolle – Modernisierung des Aktienrechts", in: WPg 2000, S. 1027-1034.

IDW [2001a], Stellungnahme des IDW zum Vorschlag der EU-Kommission für eine Verordnung des Europäischen Parlaments und des Rates über die Anwendung internationaler Rechnungslegungsgrundsätze, in: FN-IDW 2001, S. 221-227.

IDW [2001b], IDW Stellungnahme: Vorschläge des Deutschen Standardisierungsrates zur Reform der Rechnungslegungsvorschriften der 4. und 7. EU-Richtlinie, in: WPg 2001, S. 620-623.

IDW [2001c], IDW Stellungnahme: Draft Standard der Financial Instruments Joint Working Group, in: WPg 2001, S. 1000-1013.

IDW [2002], IDW Stellungnahme: Vorschlag des Deutschen Standardisierungsrats zur Umsetzung der *fair-value*-Richtlinie der EU in deutsches Recht, in: WPg 2002, S. 204-209.

Ijiri, Y. [1975], Theory of Accounting Measurement – Studies in Accounting Research No. 10, Sarasota 1975.

Immenga, U. [1970], Die personalistische Kapitalgesellschaft, Bad Homburg v. d. H. 1970.

IOSCO [2000], IASC Standards. Report of the Technical Committe of the IOSCO, o.O. 2000.

Jachmann, M. [1998], Grundthesen zu einer Verbesserung der Akzeptanz der Besteuerung, insbesondere durch Vereinfachung des Einkommensteuerrechts, in: StuW 1998, S. 193-207.

Jacob, H.-J. [2001], Die Grundsätze der Rechnungslegung im Lichte neuerer Entwicklungen, in: Gesellschaftsrecht, Rechnungslegung, Steuerrecht, Festschrift für W. Müller, Hrsg. Hommelhoff, P./Zätzsch, R./Erle, B., München 2001, S. 195-217.

Jacobs, O. H. [1969], Zum Problem der Rechtssicherheit und Tatbestandsmäßigkeit der Besteuerung bei der Bilanzierung in der Ertragsteuerbilanz, in: StuW 1969, Sp. 633-658.

Jacobs, O. H. [1971], Das Bilanzierungsproblem in der Ertragsteuerbilanz, Stuttgart 1971.

Jacobs, O. H. [1972], Stellen die aktienrechtlichen Gewinnermittlungsvorschriften einen Verstoß gegen das Realisationsprinzip dar?, in: WPg 1972, S. 173-178.

Jacobs, O. H. [1997], Ist die zinskorrigierte Besteuerung ein Ansatz zur Harmonisierung der Unternehmensbesteuerung in Europa?, in: Außensteuerrecht, Doppelbesteuerungsabkommen und EU-Recht im Spannungsverhältnis, Festschrift für H. Debatin, Hrsg. Burmester, G./Endres, D., München 1997, S. 207-233.

Jacobs, O. H. (Hrsg.) [1998], Unternehmensbesteuerung und Rechtsform, 2. Aufl., München 1998.

Jacobs, O. H. [1999], Corporation Income Tax Systems in the European Union – An Analysis of their Effects on Competition and Reform Proposals, in: Intertax 1999, S. 264-278.

Jacobs, O. H./Schreiber, U. [1979], Betriebliche Kapital- und Substanzerhaltung in Zeiten steigender Preise, Stuttgart 1979.

Jaensch, G. [1968], Der Bilanzgewinn in meßtheoretischer Sicht, in: ZfbF 1968, S. 48-60.

Jaensch, G. [1972], Ökonomischer Gewinn oder einkommenstheoretisches Modell?, in: ZfbF 1972, S. 540-546.

Janschek, O. [1999a], Führt die Orientierung an internationalen Rechnungslegungsstandards zu einer Harmonisierung von internem und externem Rechnungswesen?, in: Jahrbuch für Rechnungswesen und Controlling, Hrsg. Seicht,G., Wien 1999, S. 93-128.

Janschek, O. [1999b], Läßt sich die offenzulegende Rechnungslegung so gestalten, daß sie eine zielkonforme (Unternehmens- und) Konzernsteuerung ermöglicht?, in: Fortschritte im Rechnungswesen, Festschrift für G. Seicht, Hrsg. Altenburger, O. A./Janschek, O./Müller, H., Wiesbaden 1999, S. 755-782.

Jansen, S. A. [2000], Mergers & Acquisitions, Unternehmensakquisitionen und -kooperationen. Eine strategische, organisatorische und kapitalmarkttheoretische Einführung, 3. Aufl., Wiesbaden 2000.

Janssen, F./Scherren, M. [1999], Internationalisierung der Führungskennziffern?, Führungskennzahlen in der deutschen Geschäftsberichtserstattung, in: Internationale Rechnungslegung, Festschrift für C.-P. Weber, Hrsg. Küting, K./Langenbucher, G., Stuttgart 1999, S. 605-629.

Jensen, M. C. [1986], Agency Costs of Free Cash Flow, Corporate Finance and Takeovers, in: AER 1986, S. 323-329.

Jensen, M. C./Meckling, W. H. [1976], Theory of the Firm: Managerial Behavior, Agency Costs and Ownership Structure, in: Journal of Financial Economics 1976, S. 305-360.

Johansson, S.-E. [1969], Income Taxes and Investment Decisions, in: Swedish Journal of Economics 1969, Vol. 71, S. 104-110.

John, K./Kalay, A. [1982], Costly Contracting and Optimal Payout Constraints, in: Journal of Finance 1982, Vol. 37, S. 457-470.

Joost, D. [1984], Grundlagen und Rechtsfolgen der Kapitalerhaltungsregeln in der GmbH, in: ZHR 1984, S. 27-55.

Joost, D. [1985], Grundlagen und Rechtsfolgen der Kapitalerhaltungsregeln im Aktienrecht, in: ZHR 1985, S. 418-443.

Kadel, J. [2001a], Die Berücksichtigung von außerplanmäßigen Wertminderungen im US-amerikanischen Steuerrecht, in: IStR 2001, S. 451-456.

Kadel, J. [2001b], Einkommensermittlung und Rechnungslegungsmethoden im US-amerikanischen Steuerrecht, in: IStR 2001, S. 419-424.

Kah, A. [1994], Profitcenter-Steuerung, Stuttgart 1994.

Kahle, H. [1995], Der kapitaltheoretische Gewinn als entscheidungsneutrale Steuerbemessungsgrundlage, in: WiSt 1995, S. 214-218.

Kahle, H. [1996], Die Ertragsbesteuerung der Beteiligung an einer US-Limited Partnership, Stuttgart 1996.

Kahle, H. [1997], Steuerliche Konsequenzen der Trennung handels- und steuerrechtlicher Rechnungslegung in den USA, in: StuW 1997, S. 323-332.

Kaiser, M. [1992], Konsumorientierte Reform der Unternehmensbesteuerung, Heidelberg 1992.

Kalay, A. [1982], Stockholder-Bondholder Conflict and Dividend Constraints, in: Journal of Financial Economics 1982, Vol. 10, S. 211-233.

Kallfass, H. H. [1999], Internationalisierung der Unternehmen und Reform von nationalen Regelungen über die Entscheidungs- und Kontrollrechte in Unternehmen, Koreferat zu Wenger/Kaserer, in: Internationale Unternehmensstrategien und nationale Standortpolitik, Hrsg. Mayer, O. G./Scharrer, H.-E., Baden-Baden 1999, S. 203-217.

Kanzler, H.-J. [1998], Die steuerliche Gewinnermittlung zwischen Einheit und Vielfalt, in: FR 1998, S. 233-247.

Kaplan, R. S./Norton, D. P. [1997], Balanced Scorecard – Strategien erfolgreich umsetzen, Stuttgart 1997.

Kaplan, R. S./Roll, R. [1972], Investor Evaluation of Accounting Information: Some Empirical Evidence, in: The Journal of Business 1972, S. 225-257.

Kaplow, L. [1994], Human Capital under an Ideal Income Tax, in: Virginia Law Review 1994, S. 1477-1514.

Kaplow, L. [1996], On the Divergence Between "Ideal" and Conventional Income-Tax Treatment of Human Capital, in: American Economic Review 1996, S. 347-352.

Karrenbrock, H. [1993a], Angaben im Anhang bei steuerrechtlich begründeten Bilanzierungsmaßnahmen. Zur Ermittlung und Angabe der Ergebnisbeeinflussung nach § 285 Nr. 5 Halbsatz 1 HGB, in: BB 1993, S. 534-544.

Karrenbrock, H. [1993b], Angaben im Anhang über künftige Belastungen auf Grund der Inanspruchnahme von Steuervergünstigungen. Zur Berichterstattung nach § 285 Nr. 5 HGB, in: BB 1993, S. 1045-1052.

Kaserer, C. [1999], Offenlegung stiller Reserven – eine internationale Perspektive, in: ZIP 1999, S. 2085-2087.

Kasperzak, R./Krag, J./Wiedenhofer, M. [2001], Konzepte zur Erfassung und Abbildung von Intellectual Capital, in: DStR 2001, S. 1494-1500.

Kauffmann, H. [1997], Die Neuausrichtung des Controlling bei der Daimler-Benz AG, in: Das neue Steuerungssystem des Controllers, Hrsg. Horvath, P., Stuttgart 1997, S. 35-42.

Kawlath, A. [1997], Reichen Jahresabschluß und Lagebericht, um auf künftige Unternehmenserfolge zu schließen?, in: Jahresabschluß und Jahresabschlußprüfung, Festschrift für J. Baetge, Hrsg. Fischer, Th. R./Hömberg, R., Düsseldorf 1997, S. 189-213.

Kay, J. [1996], The business of economics, Oxford 1996.

Keitz, I. von [1997], Immaterielle Güter in der internationalen Rechnungslegung, Düsseldorf 1997.

Keller, E./Möller, H. P. [1993], Die Auswirkungen der Zwischenberichterstattung auf den Informationswert von Jahresabschlüssen am Kapitalmarkt – Konzeption und Ergebnisse einer kapitalmarktorientierten empirischen Untersuchung zum Informationsgehalt der Jahresabschlüsse deutscher Aktiengesellschaften, in: Empirische Kapitalmarktforschung, Hrsg. Bühler, W./Hax, H./Schmidt, R., ZfbF-Sonderheft 31, Düsseldorf/Frankfurt 1993, S. 35-60.

Keller, B./Plack, A. [2001], Economic Value Added (EVA) als Unternehmenssteuerungs- und -bewertungsmethode, in: krp 2001, S. 347-351.

Kellersmann, D. [2001], Zur Diskussion um die Vorlagepflicht in bilanzsteuerlichen Fragen – geklärte und offene Fragen, in: StuB 2001, S. 122-132.

Kempermann, M. [1996], Anmerkung zum EuGH-Urteil vom 27.6.1996 C234/94, in: DStZ 1996, S. 570-571.

Kempermann, M. [2000], Kommentar zum BFH-Beschluss vom 7.8.2000 – GrS 2/99, in: FR 2000, S. 1130-1131.

Kessler, H. [1994], Verabschiedet sich der Bundesfinanzhof vom Imparitätsprinzip?, in: DStR 1994, S. 1289-1296.

Kessler, H. [1999], Anmerkung zum BFH-Beschluß v. 9.9.1998, I R 6/96, in: StuB 1999, S. 91-92.

Kessler, H. [2000], Von realisierten, erwarteten und bestrittenen Verlusten, in: StuB 2000, S. 1091-1096.

Kessler, J. [1998], Leistungskompetenz und –verantwortung im deutschen, US-amerikanischen und japanischen Aktienrecht, in: RIW 1998, S. 602-615.

Kieso, D. E./Weygandt, J. J. [1998], Intermediate Accounting, 9. Aufl., New York u. a. 1998.

Kieso, D. E./Weygandt, J. J./Warfield, T. D. [2001], Intermediate Accounting, 10. Aufl., New York u. a. 2001.

King, A. M. [1999], Why Fair Value Accounting Can't Work, in: Financial Executive 1999, Vol. 15, Issue 4, S. 53-55.

King, M. A./Fullerton, D. [1984], The Taxation of Income from Capital, Chicago/London 1984.

Kirchhof, P. [1985], Der verfassungsrechtliche Auftrag zur Besteuerung nach der finanziellen Leistungsfähigkeit, in: StuW 1985, S. 319-329.

Kirchhof, P. [1997], Das Einkommensteuergesetz – eine mißglückte Ausgestaltung eines zutreffenden Belastungsprinzips, in: Das mißglückte Gesetz, Hrsg. Diederichsen, U./Dreier, R., Göttingen 1997, S. 125-154.

Kirchhof, P. [2000], Gesetzgebung und private Regelsetzung als Geltungsgrund für Rechnungslegungspflichten?, in: ZGR 2000, S. 681-692.

Kirchhof, P. [2001], Erläuterungen zum Karlsruher Entwurf zur Reform des Einkommensteuergesetzes, in: DStR 2001, S. 913-920.

Kirchhof, P. u.a. [2001], Karlsruher Entwurf zur Reform des Einkommensteuergesetzes, Heidelberg 2001.

Kirchhoff, W. [1989], Die Bedeutung des Europäischen Gerichtshofs für Europa und für die einzelnen Marktteilhehmer, in: DB 1989, S. 2261-2264.

Kirchner, C. [1997], Bilanzrecht und neue Institutionenökonomik: Interdisziplinäre Überlegungen, in: Handelsbilanzen und Steuerbilanzen, Festschrift für H. Beisse, Hrsg. Budde, W.-D./Moxter, A./Offerhaus, K., Düsseldorf 1997, S. 267-283.

Kirchner, C. [2000], Der Wettbewerbsfaktor "Entscheidungsnützlichkeit von Rechnungslegungsinformationen": eine institutionenökonomische Analyse, in: Wettbewerb und Unternehmensrechnung, ZfbF-Sonderheft 45, Hrsg. Schildbach,Th./Wagenhofer, A., Düsseldorf/Frankfurt a.M. 2000, S. 23-40.

Kirsch, H.-J. [1995], Die „Anwendung“ von International Accounting Standards in Konzernabschlüssen deutscher Mutterunternehmen, in: DB 1995, S. 1773-1778.

Klasen, K. [2002], Incentive Systeme und Wertorientierung, in: Wertorientierte Unternehmensführung: Strategien – Strukturen – Controlling, Hrsg. Macharzina, K./Neubürger, H.-J., Stuttgart 2002, S. 187-206.

Kleber, H. [1993], Amerikanische Rechnungslegungsgrundsätze: Vorbild für Europa?, in: BFuP 1993, S. 380-399.

Kleber, H. [1994], Unterschiede und Annäherungsmöglichkeiten deutscher und amerikanischer/internationaler Rechnungslegung, in: Die deutsche Rechnungslegung vor dem Hintergrund internationaler Entwicklungen, Hrsg. Baetge, J., Düsseldorf 1994, S. 67-98.

Kleekämper, H. [1994], Rechnungslegung aus der Sicht des IASC, in: Die deutsche Rechnungslegung vor dem Hintergrund internationaler Entwicklungen, Hrsg. Baetge, J., Düsseldorf 1994, S. 41-65.

Kleekämper, H. [1995a], Aktivitäten und Tendenzen im IASC, in: IASC-Rechnungslegung, Hrsg. Dörner, D./Wollmert, P., Düsseldorf 1995, S. 99-127.

Kleekämper, H. [1995b], Aktuelle Entwicklungen beim IASC, in: BFuP 1995, S. 414-431.

Kleekämper, H. [2000], IASC – Das Trojanische Pferd der SEC?, in: US-amerikanische Rechnungslegung, Hrsg. Ballwieser, W., 4. Aufl., Stuttgart 2000, S. 467-484.

Kleekämper, H./König, S. [2000], Die Internationalisierung der deutschen Rechnungslegung, in: DStR 2000, S. 569-572.

Klein, G. A. [1999a], Unternehmenssteuerung auf Basis der International Accounting Standards, München 1999.

Klein, G. A. [1999b], Konvergenz von internem und externem Rechnungswesen auf Basis der International Accounting Standards, in: Integration der Unternehmensrechnung. Harmonisierung – Internationale Rechnungslegung – Shareholder Value – Investitionsrechnung, krp-Sonderheft 3/1999, Hrsg. Männel, W./Küpper, H.-U., S. 67-77.

Klein, K.-G./Jonas, M. [1998], Due Diligence und Unternehmensbewertung, in: Due Diligence bei Unternehmensakquisitionen, Hrsg. Berens, W./Brauner, H. U., Stuttgart 1998, S. 155-169.

Klein, O. [2001], Die Bilanzierung latenter Steuern nach HGB, IAS und US-GAAP, in: DStR 2001, S. 1450-1456.

Kleindiek, D. [1998], Geschäftsleitertätigkeit und Geschäftsleitungskontrolle: Treuhänderische Vermögensverwaltung und Rechnungslegung, in: ZGR 1998, S. 466-489.

Kleindiek, D. [2001], Neue Goodwill-Bilanzierung nach US-GAAP und europäisches Bilanzrecht – Stellungnahme zum E-DRS 1a, in: BB 2001, S. 2572-2577.

Kley, K.-L. [2000], Das neue Wertsteigerungskonzept der Lufthansa, in: Controlling 2000, S. 289-295.

Kley, K.-L. [2001], Die Fair Value-Bilanzierung in der Rechnungslegung nach den International Accounting Standards (IAS), in: DB 2001, S. 2257-2262.

Kloock, J. [1981], Mehrperiodige Investitionsrechnungen auf der Basis kalkulatorischer und handelsrechtlicher Erfolgsrechnungen, in: ZfbF 1981, S. 873-890.

Kloock, J. [1986], Perspektiven der Kostenrechnung aus investitionstheoretischer und anwendungsorientierter Sicht, in: Zukunftsaspekte der anwendungsorientierten Betriebswirtschaftslehre, Festschrift für E. Grochla, Hrsg. Gaugler, E./Meissner, H. G./Thom, N., Stuttgart 1986, S. 289-302.

Kloock, J./Sieben, G./Schildbach, Th. [1993], Kosten- und Leistungsrechnung, 7. Aufl., Düsseldorf 1993.

Klose-Mokroß, L. [1997], Gläubigerschutz im Kapitalgesellschaftsrecht am Beispiel der Lehre von der verdeckten Sacheinlage, Frankfurt a.M. u.a. 1997.

Klotz, W. [1972], Der Referentenentwurf des Einkommensteuergesetzes 1974, in: BB 1972, S. 34-38.

Knobbe-Keuk, B. [1993], Bilanz- und Unternehmenssteuerrecht, 9. Aufl., Köln 1993.

Knoll, L. [1996], Das Lücke-Theorem, in: WiSu 1996, S. 115-117.

Knoll, L. [2001], Unternehmensgewinnbesteuerung in Kroatien, Italien und Österreich, in: DBW 2001, S. 335-348.

Knorr, L. [2001], Einheitliche Europäische Rechnungslegung?, in: DSWR 2001, S. 299-301.

Knorren, N. [1998], Wertorientierte Gestaltung der Unternehmensführung, Wiesbaden 1998

Koch, H. [1957], Die Problematik des Niederstwertprinzips, in: WPg 1957, S. 1-6, 31-35, 60-63.

Koch, H. [1961], Betriebliche Planung, Wiesbaden 1961.

Koch, H. [1968], Der Begriff des ökonomischen Gewinns - Zur Frage des Optimalitätskriteriums in der Wirtschaftlichkeitsrechnung, in: ZfbF 1968, S. 389-441.

Koch, H.-D./Schmidt, R. H. [1981], Ziele und Instrumente des Anlegerschutzes, in: BFuP 1981, S. 231-250.

Königbauer, F. [1998], Das Maßgeblichkeitsprinzip im Spannungsfeld zwischen Handelsrecht und Steuerrecht, Aachen 1998.

Kolb, F.-J. [1999], Der Maßgeblichkeitsgrundsatz als Schleuse zum Gemeinschaftsrecht?, in: Steuerrecht und europäische Integration, Festschrift für A. J. Rädler, Hrsg. Breuninger, G. E./Müller, E./Strobl-Haarmann, E., München 1999, S. 377-401.

Kommission Rechnungswesen im Verband der Hochschullehrer für Betriebswirtschaft e. V. [1979], Reformvorschläge zur handelsrechtlichen Rechnungslegung, in: DBW 1979, S. 3-70.

Körner, D. [1994], Anreizverträglichkeit der innerbetrieblichen Erfolgsrechnung, Bergisch Gladbach/Köln 1994.

Kort, M. [2001], Der Maßgeblichkeitsgrundsatz des § 5 Abs. 1 EStG – Plädoyer für dessen Aufgabe, in: FR 2001, S. 53-62.

Kosiol, E. [1976], Pagatorische Bilanz, Berlin 1976.

Kovero, I. [1912], Die Bewertung der Vermögensgegenstände in Jahresbilanzen, Berlin 1912.

KPMG Deutsche Treuhand Gruppe (Hrsg.), Rechnungslegung nach US-amerikanischen Grundsätzen, Düsseldorf 1997.

Kraft, C. [1991], Steuergerechtigkeit und Gewinnermittlung, Wiesbaden 1991.

Kraft, A./Kreutz, P. [1997], Gesellschaftsrecht, 10. Aufl., Neuwied u. a. 1997.

Kraft, G. [2001], Schlussfolgerungen aus der Entscheidung des Großen Senats des Bundesfinanzhofs zur phasengleichen Dividendenaktivierung für die Rechnungslegungspraxis, in: WPg 2001, S. 2-11.

Krämer, W. [1995], Kapitalmarkteffizienz, in: Handwörterbuch des Bank- und Finanzwesens, Hrsg. Gerke, W./Steiner, M., 2. Aufl., Stuttgart 1995, Sp. 1135-1143.

Kraneis, K. [1997], Phasengleiche Aktivierung von Dividendenansprüchen: Ein Verwirrspiel?, in: DB 1997, S. 57-58.

Krawitz, N. [1998], Steuerliche Determinierung der Handelsbilanzpolitik. Ein Beitrag zur umgekehrten Maßgeblichkeit, in: Unternehmensrechnung und –besteuerung, Festschrift für D. Börner, Hrsg. Meffert, H./Krawitz, N., Wiesbaden 1998, S. 197-230.

Krawitz, N. [2001], Die Rechnungslegungsvorschriften nach HGB, IAS und US-GAAP im kritischen Vergleich, in: StuB 2001, S. 629-633 u. 733-744.

Krawitz, N. [2002], Die Problematik des Richtlinieneinklangs bei der Goodwill-Abschreibung, in: DStR 2002, S. 145-148.

Krawitz, N./Albrecht, C./Büttgen, D. [2000], Internationalisierung der deutschen Konzernrechnungslegung aus Sicht deutscher Mutterunternehmen. Ergebnisse einer empirischen Studie zur Anwendung und zur Folgeregelung von § 292a HGB, in: WPg 2000, S. 541-556.

Kreile, R. [1987], Der Finanzausschuß und die steuerneutrale Transformation der EG-Bilanzrichtlinie, in: DStZ 1987, S. 449-455.

Krieger, A. [1988], Der Grundsatz der Maßgeblichkeit der Handelsbilanz für die steuerrechtliche Gewinnermittlung, in: Handelsrecht und Steuerrecht, Festschrift für G. Döllerer, Hrsg. Knobbe-Keuk, B./Klein, F./Moxter, A., Düsseldorf 1988, S. 327-347.

Krönert, B. [2001], Grundsätze informationsorientierter Rechnungslegung, Sternenfels 2001.

Kröske, J. [1998], Notierung an der NYSE – Notierungsprozeß und Investor Relations, in: Zugang zum US-Kapitalmarkt für deutsche Aktiengesellschaften, Hrsg. Rosen, R. v./Seifert, W. G., Frankfurt a.M. 1998, S. 383-392.

Krog, M. [1998], Rechnungslegungspolitik im internationalen Vergleich, Landsberg/Lech 1998.

Kroner, M. [1994], Bilanzierung und Bewertung von Wertpapieren nach SFAS No. 115, in: DB 1994, S. 2247-2249.

Kronstein, H./Claussen, C. P. [1960], Publizität und Gewinnverteilung im neuen Aktienrecht, Frankfurt a. M. 1960.

Kropff, B. [1965], Aktiengesetz mit Begründung des Regierungsentwurfs, Düsseldorf 1965.

Kropff, B. [1997a], Vorsichtsprinzip und Wahlrechte, in: Jahresabschluß und Jahresabschlußprüfung, Festschrift für J. Baetge, Hrsg. Fischer, Th. R./Hömberg, R., Düsseldorf 1997, S. 65-95.

Kropff, B. [1997b], Phasengleiche Gewinnvereinnahmung aus der Sicht des Europäischen Gerichtshofes, in: ZGR 1997, S. 115-128.

Kroschel, J. [2000], Die Federal Income Tax der Vereinigten Staaten von Amerika, Düsseldorf 2000.

Krümmel, H.-J. [1962], Zur Bewertung im Kreditstatus, in: ZfhF 1962, S. 137-151.

Krümmel, H.-J. [1992], Pagatorisches Prinzip und nominelle Kapitalerhaltung, in: Rechnungslegung, Entwicklungen bei der Bilanzierung und Prüfung von Kapitalgesellschaften, Festschrift für K.-H. Forster, Hrsg. Moxter, A. u. a., Düsseldorf 1992, S. 307-320.

Kruesmann, M. [1998], Aufbau und Pflege eines Investorenkreises in den USA: Anforderungen an Marketing und Investor Relations am US-Kapitalmarkt, in: Zugang zum US-Kapitalmarkt für deutsche Aktiengesellschaften, Hrsg. Rosen, R. v./Seifert, W. G., Frankfurt a.M. 1998, S. 275-285.

Krumnow, J. [1994], Die deutsche Rechnungslegung auf dem Weg ins Abseits? Ein Ausblick nach der vorläufig abgeschlossenen EG-Harmonisierung, in: Bilanzrecht und Kapitalmarkt, Festschrift für A. Moxter, Hrsg. Ballwieser, W. u. a., Düsseldorf 1994, S. 679-698.

Krumnow, J. [1996], Konzerne können nicht global handeln und provinziell bilanzieren, in: Handelsblatt vom 26. Februar 1996, S. 18.

Kruse, H.-W. [1990], Über die Gleichmäßigkeit der Besteuerung, in: StuW 1990, S. 322-330.

Kubin, K. W. [1998], Der Aktionär als Aktienkunde – Anmerkungen zum Shareholder Value, zur Wiedervereinigung der internen und externen Rechnungslegung und zur globalen Verbesserung der Berichterstattung, in: Rechnungswesen als Instrument für Führungsentscheidungen, Festschrift für A. G. Coenenberg, Hrsg. Möller, H. P./Schmidt, F., Stuttgart 1998, S. 525-558.

Kübler, F. [1989], Aktie, Unternehmensfinanzierung und Kapitalmarkt, Köln 1989.

Kübler, F. [1991], Haftungstrennung und Gläubigerschutz im Recht der Kapitalgesellschaften: Zur Kritik der "Autokran"-Doktrin des Bundesgerichtshofes, in: Festschrift für Th. Heinsius, Hrsg. Kübler, F./Mertens, H.-J./Wener, W., Berlin/New York 1991, S. 397-424.

Kübler, F. [1995a], Institutioneller Gläubigerschutz oder Kapitalmarkttransparenz?, in: ZHR 1995, S. 550-566.

Kübler, F. [1995b], Vorsichtsprinzip versus Kapitalmarktinformation, in: Rechenschaftslegung im Wandel, Festschrift für W.-D. Budde, Hrsg. Förschle, G./Kaiser, K./Moxter, A., München 1995, S. 361-375.

Kübler, F. [1998a], Unternehmensfinanzierung und gesetzliches Garantiekapital in Europa, in: AG 1998, S. I.

Kübler, F. [1998b], Shareholder Value: Eine Herausforderung für das Deutsche Recht?, in: Festschrift Zöllner, Hrsg. Lieb, M./Noack, U./Westermann, H. P., Köln 1998, S. 321-335.

Kübler, F. [1999], Gesellschaftsrecht, 5. Aufl., Heidelberg 1999.

Kübler, F. [2000], Fragen und Wünsche des Gesellschafts- und Kapitalmarktrechts an das Recht der Rechnungslegung, in: ZGR 2000, S. 550-564.

Küffner, P./Hock, B. [1998], Internationalisierung der Rechnungslegung aus der Sicht mittelständischer Unternehmen, in: BFuP 1998, S. 57-76.

Kühnberger, M. [1996], Zur Bedeutung internationaler Rechnungslegungsstandards für deutsche Unternehmen, in: RIW 1996, S. 566-576.

Kühnberger, M. [1998], Shareholder Value und externe Rechnungslegung, in: RIW 1998, S. 301-311.

Kühnberger, M./Schmidt, Th. [1999], Der Konzernabschluß als Ausschüttungsbemessungsgrudlage, in: ZfB 1999, S. 1263-1291.

Kühne, E. [1997], Rechnungslegungsziele nach deutschem und US-amerikanischem Recht und Harmonisierung der Rechnungslegungsgrundsätze, in: WPK-Mitt., Sonderheft Juni 1997, S. 37-43.

Kuhlewind, A.-M. [1997], Grundlagen einer Bilanzrechtstheorie in den USA, Frankfurt u.a. 1997.

Kuhlewind, A.-M. [2000], Die amerikanische Ergebnisrechnung: Ausweis des Unternehmenserfolgs im Abschluß nach US-GAAP, in: US-amerikanische Rechnungslegung, Hrsg. Ballwieser, W., 4. Aufl., Stuttgart 2000, S. 283-328.

Kuhn, K. [1997], Die Grundsätze ordnungsmäßiger Buchführung und der Maßgeblichkeitsgrundsatz unter dem Aspekt des Entwurfs eines "Kapitalaufnahmeerleichterungsgesetzes", in: Handelsbilanzen und Steuerbilanzen, Festschrift f. H. Beisse, Hrsg. Budde, W. D./Moxter, A./Offerhaus, K., Düsseldorf 1997, S. 299-313.

Kuhner, C. [1994], Geschäftszweckgebundene Bewertungskonzeptionen in der externen Rechnungslegung von Unternehmen, Berlin 1994.

Kuhner, C. [1998], Verfügungsrechte an Unternehmensinformationen – Die Verrechtlichung des Informationsflusses zwischen Unternehmen und Kapitalmarkt im Blickfeld ökonomischer Analysen, Habilitationsschrift, München 1998.

Kuhner, C. [2001], Das Spannungsverhältnis zwischen Einzelfallgerechtigkeit und Willkürfreiheit – im Recht und in der Rechnungslegung, in: BFuP 2002, S. 523-542.

Külp, B./Knappe, E. [1984], Wohlfahrtsökonomik I – Die Wohlfahrtskriterien, 2. Aufl., Düsseldorf 1984.

Kümpel, T. [2000], Gewinnrealisierung bei langfristiger Fertigung nach deutscher und US-amerikanischer Rechnungslegung, Köln 2000.

Kümpel, T. [2002a], Integration von internem und externem Rechnungswesen bei der Bewertung erfolgversprechender langfristiger Fertigungsaufträge, in: DB 2002, S. 905-910.

Kümpel, T. [2002b], Vereinheitlichung von internem und externem Rechnungswesen, in: WiSt 2002, S. 343-345.

Kummert, R. O. [1984], State Statutory Restrictions on Financial Distributions by Corporations to Shareholders, Part II, in: 59 Washington Law Review 1984, S. 185.

Künne, Th. [1997], Die effektive Steuerbelastung von Investitionen auf dem Europäischen Binnenmarkt, Hamburg 1997.

Künnemann, M. [2001a], Die Internationalisierung des Konzernabschlusses, in: Kapitalmarktorientierte Unternehmensüberwachung, Hrsg. IDW, Bericht über die IDW-Fachtagung 2000, Düsseldorf 2001, S. 179-204.

Künnemann, M. [2001b], Diskussionsbeitrag, in: Kapitalmarktorientierte Unternehmensüberwachung, Hrsg. IDW, Bericht über die IDW-Fachtagung 2000, Düsseldorf 2001, S. 219.

Küpper, H.-U. [1989], Rechnungswesen und Allgemeine Betriebswirtschaftslehre, in: Die Betriebswirtschaftslehre im Spannungsfeld zwischen Generalisierung und Spezialisierung, E. Heinen zum 70. Geburtstag, Hrsg. Kirsch, W./Picot, A., Wiesbaden 1989, S. 215-233.

Küpper, H.-U. [1990], Verknüpfung von Investitions- und Kostenrechnung als Kern einer umfassenden Planungs- und Kontrollrechnung, in: BFuP 1990, S. 253-267.

Küpper, H.-U. [1991], Bestands- und zahlungsstromorientierte Berechnung von Zinsen in der Kosten- und Leistungsrechnung, in: ZfbF 1991, S. 3-20.

Küpper, H.-U. [1995a], Unternehmensplanung und -steuerung mit pagatorischen oder kalkulatorischen Erfolgsrechnungen?, in: Unternehmensrechnung als Instrument der internen Steuerung, ZfbF-Sonderheft 34, Hrsg. Schildbach, Th./Wagner, F. W., Düsseldorf/Frankfurt 1995, S. 19-50.

Küpper, H.-U. [1995b], Diskussionsbeitrag zum Thema: Aktuelle Überlegungen zur Gestaltung von Kostenrechnungssystemen, in: BFuP 1995, S. 638-639 u. 644-645.

Küpper, H.-U. [1997a], Pagatorische und kalkulatorische Rechensysteme, in: krp 1997, S. 20-26.

Küpper, H.-U. [1997b], Controlling, 2. Aufl., Stuttgart 1997.

Küpper, H.-U. [1998a], Angleichung des externen und internen Rechnungswesens, in: Controlling und Rechnungswesen im internationalen Wettbewerb, Hrsg. Börsig, C./Coenenberg, A. G., Stuttgart 1998, S. 143-162.

Küpper, H.-U. [1998b], Marktwertorientierung – neue und realisierbare Ausrichtung für die interne Unternehmensrechnung, in: BFuP 1998, S. 517-539.

Küpper, H.-U. [1999a], Bedeutung der Buchhaltung für Planungs- und Steuerungszwecke der Unternehmung, in: Fortschritte im Rechnungswesen, Festschrift für G. Seicht, Hrsg. Altenburger, O. A./Janschek, O./Müller, H., Wiesbaden 1999, S. 443-466.

Küpper, H.-U. [1999b], Zweckmäßigkeit, Grenzen und Ansatzpunkte einer Integration der Unternehmensrechnung, in: Integration der Unternehmensrechnung. Harmonisierung – Internationale Rechnungslegung – Shareholder Value – Investitionsrechnung, krp-Sonderheft 3/1999, Hrsg. Männel, W./Küpper, H.-U., S. 5-11.

Kupsch, P. [2000], Ansatz und Bewertung von Rückstellungen im amerikanischen Jahresabschluß - eine vergleichende Betrachtung aus deutscher Sicht, in: US-amerikanische Rechnungslegung, Hrsg. Ballwieser, W., 4. Aufl., Stuttgart 2000, S. 115-138.

Küspert, K. [1997], Phasenkongruente Vereinnahmung von Dividenden, in: BB 1997, S. 877-885.

Kußmaul, H. [1999a], Darstellung der Shareholder Value-Ansätze, in: StB 1999, S. 382-390.

Kußmaul, H. [1999b], Darstellung der Discounted Cash-Flow-Verfahren – auch im Vergleich zur Ertragswertmethode nach dem IDW Standard ES 1, in: StB 1999, S. 332-347.

Kußmaul, H. [2000], Internationale Rechnungslegungssysteme im Vergleich – Aktiva –, in: StB 2000, S. 424-432.

Kußmaul, H./Klein, N. [2001], Überlegungen zum Maßgeblichkeitsprinzip im Kontext jüngerer nationaler sowie internationaler Entwicklungen, in: DStR 2001, S. 546-550.

Küting, K. [1985], Die spartenorientierte Rentabilitäts-(Kapitalergebnis-)Rechnung als Instrument der Unternehmensführung, in: BB 1985, Beilage 8, S. 1-32.

Küting, K. [1989], Auswirkungen der umgekehrten Maßgeblichkeit auf die handelsrechtliche Rechnungslegung, in: BFuP 1989, S. 109-122.

Küting, K. [1993], Europäisches Bilanzrecht und Internationalisierung der Rechnungslegung, in: BB 1993, S. 30-38.

Küting, K. [1995], Stille Rücklagen - ein betriebswirtschaftliches Phänomen, in: BB 1995, Beilage 15, S. 1-15.

Küting, K. [1996], Die phasengleiche Dividendenvereinnahmung nach der EuGH-Entscheidung "Tomberger", in: DStR 1996, S. 1947-1952.

Küting, K. [1998], HGB/IAS/US-GAAP: Zukunft der deutschen Rechnungslegung und Auswirkungen auf das Controlling, in: Controlling: Jetzt an die Zukunft denken, 13. Deutscher Controlling Congress in Düsseldorf, Hrsg. Reichmann, Th., Dortmund 1998, S. 7-23.

Küting, K. [2000a], Die Rechnungslegung in Deutschland an der Schwelle zu einem neuen Jahrtausend, in: DStR 2000, S. 38-44.

Küting, K. [2000b], Perspektiven der externen Rechnungslegung, in: BB 2000, S. 451-456.

Küting, K./Brakensiek, S. [1999], IASC, FASB und DRSC – Ein Kurzportrait dreier Standard Setter, in: BB 1999, S. 678-682.

Küting, K./Dawo, S./Heiden, M. [2001a], Rechnungslegung und Wirtschaftsprüfung im Internet-Zeitalter, in: BB 2001, S. 615-620.

Küting, K./Dawo, S./Heiden, M. [2001b], Internet und externe Rechnungslegung, Heidelberg 2001.

Küting, K./Dürr, U./Zwirner, C. [2002], Internationalisierung der Rechnungslegung in Deutschland – Ausweitung durch die Unternehmen des SMAX ab 2002, in: KoR 2002, S. 1-13.

Küting, K./Eidel, U. [1996], Problematik der internationalen Bilanzanalyse, in: RIW 1996, S. 836-854.

Küting, K./Eidel, U. [1999], Performance-Messung und Unternehmensbewertung auf Basis des EVA, in: WPg 1999, S. 829-838.

Küting, K./Harth, H.-J. [1999], Herstellungskosten von Inventories und Self-Constructed Assets nach IAS und US-GAAP, in: BB 1999, S. 2343-2347 u. 2393-2399.

Küting, K./Harth, H.-J./Leinen, M. [2001a], Fehlende Vergleichbarkeit von Jahresabschlüssen als Hindernis einer internationalen Jahresabschlussanalyse?, in: WPg 2001, S. 681-690.

Küting, K./Harth, H.-J./Leinen, M. [2001b], Anmerkungen zur international vergleichenden Jahresabschlussanalyse, in: WPg 2001, S. 861-867.

Küting, K./Hayn, S. [1992], Internationale Rechnungslegung im Spiegel der Börseneinführungsmodalitäten unterschiedlicher Kapitalmärkte, in: IStR 1992, S. 38-43.

Küting, K./Hayn, S. [1993a], Börseneinführungsmodalitäten in den USA, in: WPg 1993, S. 401-411.

Küting, K./Hayn, S. [1993b], Der mögliche Einfluß des geänderten Rechtsetzungsprozesses der Europäischen Gmeinschaft auf die deutsche Bilanzierungspraxis, in: IStR 1993, S. 586-592.

Küting, K./Hayn, S. [1995], Der internationale Konzernabschluß als Eintrittskarte zum weltweiten Kapitalmarkt, in: BB 1995, S. 662-672.

Küting, K./Hayn, S. [1996], Der Aussagewert eines angelsächsischen Konzernabschlusses im Vergleich zum HGB-Abschluß, in: AG 1996, S. 54-71.

Küting, K./Hellen, H.-H./Brakensiek, S. [1999], Die Bilanzierung von Leasinggeschäften nach IAS und US-GAAP, in: DStR 1999, S. 39-44.

Küting, K./Hütten, C. [1999], Der befreiende Konzernlagebericht nach internationalen Vorschriften, in: WPg 1999, S. 12-19.

Küting, K./Kessler, H. [2000], Einige Bemerkungen zum Verhältnis von Imparitätsprinzip und Besteuerung nach der Leistungsfähigkeit, in: StuB 2000, S. 21-29.

Küting, K./Lorson, P. [1997a], Erfolgs-(potential-) orientiertes Konzernmanagement, in: BB 1997, Beilage 8 zu Heft 20, S. 1-31.

Küting, K./Lorson, P. [1997b], Messung der Profitabilität strategischer Geschäftsfelder, in: Controlling 1997, S. 4-13.

Küting, K./Lorson, P. [1998a], Grundsätze eines Konzernsteuerungskonzepts auf "externer" Basis, Teil I u. II, in: BB 1998, S. 2251-2258 u. 2303-2309.

Küting, K./Lorson, P. [1998b], Anmerkungen zum Spannungsfeld zwischen externen Zielgrößen und internen Steuerungsinstrumenten, in: BB 1998, S. 469-475.

Küting, K./Lorson, P. [1998c], Konvergenz von internem und externem Rechnungswesen: Anmerkungen zu Strategien und Konfliktfeldern, in: WPg 1998, S. 483-493.

Küting, K./Lorson, P. [1999a], Harmonisierung des Rechnungswesens aus Sicht der externen Rechnungslegung, in: Integration der Unternehmensrechnung. Harmonisierung – Internationale Rechnungslegung – Shareholder Value – Investitionsrechnung, krp-Sonderheft 3/1999, Hrsg. Männel, W./Küpper, H.-U., S. 47-57.

Küting, K./Lorson, P. [1999b], Konzernrechnungslegung: Ein neues Aufgabengebiet des Controllers?, in: Controlling 1999, S. 215-222.

Küting, K./Pilhofer, J. [1999], Die neuen Vorschriften zur Segmentberichterstattung nach US-GAAP – Schließung der Regelungslücke in § 279 Abs. 1 HGB durch Adaption internationaler Standards?, Teil I. u. II, in: DStR 1999, S. 559-564 u. 603-608.

Küting, K./Pilhofer, J./Kirchhof, J. [2002], Die Bilanzierung von Software aus der Sicht des Herstellers nach US-GAAP und IAS, in: WPg 2002, S. 73-85.

Küting, K./Turowski, P./Pilhofer, J. [2001], Umsatzrealisation im Zusammenhang mit Mehrkomponentenverträgen, in: WPg 2001, S. 305-317.

Küting, K./Ulrich, A. [2001], Abbildung und Steuerung immaterieller Vermögensgegenstände, in: DStR 2001, S. 953-960.

Küting, K./Weber, C.-P. [1999], Bilanzanalyse, 5. Aufl., Stuttgart 1999.

Küting, K./Weber, C.-P./Wirth, J. [2001], Die neue Goodwillbilanzierung nach SFAS 142, in: KoR 2001, S. 185-198.

Küting, K./Weber, C.-P./Wirth, J. [2002], Goodwill und immaterielle Vermögenswerte im Übergang auf die Anwendung des SFAS 142, in: KoR 2002, S. 57-66.

Küting, K./Weber, C.-P./Pilhofer, J. [2002], Umsatzrealisation als modernes bilanzpolitisches Instrumentarium im Rahmen des Gewinnmanagements (earnings management), in: FB 2002, S. 310-329.

Labhart, P. A. [1999], Value Reporting, Zürich 1999.

Labhart, P. A./Volkart, R. [2001], Value Reporting, in: Internationale Rechnungslegung - Konsequenzen für Unternehmensführung, Rechnungswesen, Standardsetting, Prüfung und Kapitalmarkt, Hrsg. Coenenberg, A. G./Pohle, K., Stuttgart 2001, S. 115-142.

Lachnit, L./Ammann, H./Müller, St./Wulf, I. [1998], Probleme einer international ausgerichteten Jahresabschlußanalyse, in: DB 1998, S. 2177-2184.

Lammersen, L. [1999], Die zinsbereinigte Einkommen- und Gewinnsteuer, Nürnberg 1999.

Lang, J. [1988], Die Bemessungsgrundlage der Einkommensteuer, Köln 1988.

Lang, J. [2001], Konkretisierungen und Restriktionen des Leistungsfähigkeitsprinzips, in: Festschrift für Heinrich Wilhelm Kruse, Hrsg. Drenseck, W./Seer, R., Köln 2001, S. 313-338.

Langenbucher, G./Blaum, U. [1995], Ist ein deutsches Rechnungslegungsgremium notwendig?, in: DB 1995, S. 2325-2335.

Laßmann, G. [1995], Stand und Weiterentwicklung des Internen Rechnungswesens, in: ZfbF 1995, S. 1044-1063.

Lauer, C. E. [1995], Interdependenzen zwischen Gewinnermittlungsverfahren, Risiken sowie Aktivitätsniveau und Berichtsverhalten des Managers - Eine ökonomische Analyse, Frankfurt a. M. 1995.

Lauk, K. J. [1996], Steuerung des Unternehmens nach Kapitalrentabilität und Cash Flows, in: Globale Finanzmärkte, Konsequenzen für Finanzierung und Unternehmensrechnung, Hrsg.

Schmalenbach-Gesellschaft - Deutsche Gesellschaft für Betriebswirtschaft e. V., Stuttgart 1996, S. 163-179.

Lause, B./Sievers, H. [1990], Maßgeblichkeitsprinzip und Steuerreform 1990, in: BB 1990, S. 24-32.

Lauth, B. [2000], Endgültiger Abschied von der Einheitsbilanz?, in: DStR 2000, S. 1365-1372.

Laux, H. [1995], Erfolgssteuerung und Organisation, Bd. 1: Anreizkompatible Erfolgsrechnung, Erfolgsbeteiligung und Erfolgskontrolle, Berlin u.a. 1995.

Laux, H./Liermann, F. [1997], Grundlagen der Organisation, 4. Aufl., Heidelberg u.a. 1997.

Lee, P. T./Kowallik, A. [2001], Steuerliche Rahmenbedingungen des Unternehmenskaufs in den USA, in: IWB 2001, Fach 8, Gruppe 2, S. 1085-1100.

Lee, C. M. C./Swaminathan, B. [1999], Valuing the Dog: A bottom-up approach, in: Financial Analysts Journal, September/Oktober 1999, S. 4-23.

Leffson, U. [1966], Wesen und Aussagefähigkeit des Jahresabschlusses, in: ZfbF 1966, S. 375-390.

Leffson, U. [1967], Die Niederstwertvorschrift des § 155 AktG, in: WPg 1967, S. 57-61.

Leffson, U. [1987], Die Grundsätze ordnungsmäßiger Buchführung, 7. Aufl., Düsseldorf 1987.

Leftwich, R. [1983], Accounting Information in Private Markets: Evidence from Private Lending Agreements, in: The Accounting Review, Vol. 58, January 1983, S. 23-42.

Leibfried, P./Sommer, U. [2001], Die Praxis der Bilanzierung von available-for-sale Wertpapieren nach IAS und US-GAAP, in: KoR 2001, S. 254-260.

Lendner, H. [1997], American Depositary Receipt - eine Zugangsmöglichkeit deutscher Unternehmen zum US-amerikanischen Eigenkapitalmarkt -, in: WPg 1997, S. 596-608.

Lent, G. E. [1962], Accounting Principles And Taxable Income, in: The Accounting Review 1962, S. 479-487.

Leopold, G./Frommann, H. [1998], Eigenkapital für den Mittelstand. Venture Capital im In- und Ausland, München 1998.

Lettmann, P. [1997], Internationale Rechnungslegung, Wiesbaden 1997.

Leuz, C. [1996], Rechnungslegung und Kreditfinanzierung, Frankfurt a. M. u. a. 1996.

Leuz, C. [1998], The role of accrual accounting in restricting dividends to shareholders, in: The European Accounting Review 1998, S. 579-604.

Leuz, C. [2000], IAS versus US GAAP: A "New Market" Based Comparison, J. W. Goethe Universität Frankfurt, Fachbereich Wirtschaftswissenschaften, Working Paper Series: Finance and Accounting, No. 48.

Leuz, C./Verrecchia, R. E. [2000], The Economic Consequences of Increased Disclosure, in: Journal of Accounting Research 2000, 38. Jg., Supplement, S. 91-124.

Lev, B. [1989], On the usefulness of earnings and earnings research: Lessons and directions from two decades of empirical research, in: Journal of Accounting Research, Vol. 27, Supplement 1989, S. 153-192.

Lev, B. [1995], Disclosure and Litigation, in: California Management Review, Vol. 37, Spring 1995, S. 8-28.

Levitt, A. [1998a], Spielen mit Zahlen – "The Numbers Game", in: DB 1998, S. 2544-2547.

Levitt, A. [1998b], The Importance of High Quality Accounting Standards, in: Accounting Horizons, Vol. 12, No. 1, March 1998, S. 79-82.

Lewis, T. G. [1994], Steigerung des Unternehmenswertes, Landsberg a.L. 1994.

Liebs, R. [1986], Zur Neuregelung der Ergebnisverwendung in der GmbH durch das Bilanzrichtlinien-Gesetz, in: GmbHR 1986, S. 145-152.

Liener, G. [1992], Internationale Unternehmen brauchen eine globalisierte Rechnungslegung, in: ZfB 1992, S. 269-292.

Liener, G. [1993], Erfahrungen mit Aktiennotierungen an ausländischen Börsen, in: Unternehmen und Unternehmensführung im Recht, Hrsg. Bierich, M./Hommelhoff, P./Kropff, B., Festschrift für J. Semler, Berlin/New York 1993, S. 721-740.

Lind, H./Faulmann, A. [2001], Die Bilanzierung von Eigenkapitalbeschaffungskosten nach IAS, US-GAAP und HGB, in: DB 2001, S. 601-605.

Lindahl, E. [1933], The Concept of Income, in: Economic Essays In honour of Gustav Cassel, London 1933, S. 399-407.

Link, T. J. [1990], US-Privatplazierungen erleichtert, in: Die Bank 1990, S. 643-647.

Linn, D. [1974], Erfolgsermittlung mit Hilfe der ökonomischen Gewinnkonzeption, in: DB 1974, S. 197-201.

Linhardt, H. [1963], Die Unternehmung im Wandel von Geld und Währung, in: Angriff und Abwehr im Kampf um die Betriebswirtschaftslehre, Hrsg. Linnhardt, H., Berlin 1963, S. 66-87.

Lintner, J. [1965], The Valuation of Risk Assets and the Selection of Risky Investments in Stock Portfolios and Capital Budgets, in: The Review of Economics and Statistics 1965, S. 13-37.

Lion, M. [1928], Die dynamische Bilanz und die Grundlagen der Bilanzlehre, in: ZfB 1928, S. 481-506.

Lischer, H. J./Märkl, P. N. [1997], Conformity Between Financial Accounting and Tax Accounting in the United States and Germany, in: Wirtschaftsprüferkammer-Mitteilungen, Sonderheft Juni 1997, S. 91-119.

Littmann, K. [1970], Ein Valet dem Leistungsfähigkeitsprinzip, in: Theorie und Praxis des finanzpolitischen Interventionismus, Fritz Neumark zum 70. Geburtstag, Hrsg. Haller, H. u.a., Tübingen 1970, S. 113-134.

Lodin, S. O./Gammie, M. [2001], Home State Taxation, Amsterdam 2001.

Loehr, H. [1993], Die deutschen Aktien im internationalen Vergleich, in: Die Deutsche Aktie, Hrsg. Fritsch, U./Liener, G./Schmidt, R., Stuttgart 1993, S. 123-155.

Löw, E. [1999], Einfluß des Shareholder Value-Denkens auf die Konvergenz von externem und internem Rechnungswesen, in: Integration der Unternehmensrechnung. Harmonisierung – Internationale Rechnungslegung – Shareholder Value – Investitionsrechnung, krp-Sonderheft 3/1999, Hrsg. Männel, W./Küpper, H.-U., S. 87-92.

Löwe, C. [1998], Motive für die Auflage von ADR-Programmen, in: Zugang zum US-Kapitalmarkt für deutsche Aktiengesellschaften, Hrsg. Rosen, R. v./Seifert, W. G., Frankfurt 1998, S. 57-67.

Lohse, W. C. [2001], Die Bedeutung des EuGH für das nationale deutsche Steuerrecht in der Praxis, in: DSWR 2001, S. 201-204.

Loistl, O. [1994], Kapitalmarkttheorie, 3. Aufl., München 1994.

Loitlsberger, E. [1955], Gläubigerschutz und Erfolgsbewertung, in: Der Österreichische Betriebswirt 1955, S. 71-86.

Longstreth, B. [1994], Conference on international capital markets in a world of accounting differences, in: Journal of International Financial Management and Accounting 1994, Vol. 5, S. 90-95.

Lorchheim, U. [1997], Die Zuverlässigkeit als grundlegende qualitative Eigenschaft von Jahresabschlüssen nach den International Accounting Standards, in: RIW 1997, S. 124-133.

Lorson, P. [1996], Erfolgsrechnung und -überwachung in globalen Konzernen, in: DB 1996, S. 2505-2511.

Lorson, P. [1997], Neuere Controllingansätze in globalen Konzernen, in: Das Rechnungswesen auf dem Prüfstand, Hrsg. Küting, K.-H/Weber, Frankfurt a. M. 1997, S. 168-201.

Lorson, P. [1999a], Shareholder Value-Ansätze, in: Jahrbuch für Rechnungswesen und Controlling, Hrsg. Seicht, G., Wien 1999, S. 43-72.

Lorson, P. [1999b], Shareholder Value-Ansätze, in: DB 1999, S. 1329-1339.

Lübbehüsen, Th. [2000], Steuern im Shareholder-Value-Ansatz, Bielefeld 2000.

Lück, W./Knetsch, K. [1992], Zur Haftung des wirtschaftsprüfenden Berufsstandes in den USA, in: DB 1992, S. 901-906.

Lücke, W. [1955], Investitionsrechnungen auf der Grundlage von Ausgaben oder Kosten?, in: ZfhF 1955, S. 310-324.

Lücke, W. [1960], Wesen und Bedeutung der kalkulatorischen Zinsen, in: ZfhF 1960, S. 353-375.

Lücke, W. [1965], Die kalkulatorischen Zinsen im betrieblichen Rechnungswesen, in: ZfB 1965, S. 3-28.

Lücke, W. [1989], Der Integrationsgedanke im Rechungswesen des Unternehmens und des Betriebs, in: Der Integrationsgedanke in der Betriebswirtschaftslehre, Festschrift für H. Koch, Hrsg. Delfmann, W., Wiesbaden 1989, S. 219-253.

Lüdenbach, N./Hoffmann, W.-D. [2002a], Der lange Schatten des Übergangs auf die IAS-Rechnungslegung, in: DStR 2002, S. 231-234.

Lüdenbach, N./Hoffmann, W.-D. [2002b], Enron und die Umkehrung der Kausalität bei der Rechnungslegung, in: DB 2002, S. 1169-1175.

Lüdenbach, N./Schulz, R. [2002], Unternehmensbewertung für Bilanzierungszwecke, - Neue Herausforderungen für den Berufsstand durch den impairment-Ansatz von FAS 142? - , in: WPg 2002, S. 489-499.

Lundholm, R. J. [1995], A tutorial on the Ohlson and Feltham/Ohlson models: Answers to some frequently asked questions, in: Contemporary Accounting Research 1995, Vol. 11, S. 749-761.

Lutter, M. [1991], Europäisches Unternehmensrecht, Texte und Materialien zur Rechtsangleichung nebst Einführung, 3. Aufl., Berlin/New York 1991.

Lutter, M. [1996], Im Mahlstrom der Interessen: Das Bilanzrecht, in: NJW 1996, S. 1945-1946.

Lutter, M. [1998], Gesetzliches Garantiekapital als Problem europäischer und deutscher Rechtspolitik, in: AG 1998, S. 375-377.

Lutter, M./Hommelhoff, P. [2000], GmbHG, Kommentar, 15. Aufl., Köln 2000.

Luttermann, C. [1999], Bilanzrecht in den USA und internationale Konzernrechnungslegung, Tübingen 1999.

Luttermann, C. [2000a], International Accounting Standards in der Europäischen Union, in: ZIP 2000, S. 1318-1324.

Luttermann, C. [2000b], Kommentar zum BFH-Beschluss vom 7.8.2000 – GrS 2/99, in: FR 2000, S. 1131-1133.

Luttermann, C. [2001], Verordnungsvorschlag der EU-Kommission über die Anwendung internationaler Rechnungslegungsgrundsätze, in: IWB 2001, Fach 11, Gr. 3, 263-272.

Lutz, G. [1999], Tendenzen im Bilanzrecht – eine unzeitgemäße Betrachtung, in: BB 1999, S. 148-149.

Männel, W. [1997], Reorganisation des führungsorientierten Rechnungswesens durch Integration der Rechenkreise, in: krp 1997, S. 9-19.

Männel, W. [1999a], Harmonisierung des Rechnungswesens für ein integriertes Ergebniscontrolling, in: Integration der Unternehmensrechnung. Harmonisierung – Internationale Rechnungslegung – Shareholder Value – Investitionsrechnung, krp-Sonderheft 3/1999, Hrsg. Männel, W./Küpper, H.-U., S. 13-29.

Männel, W. [1999b], Integration des Rechnungswesens für ein durchgängiges Ergebniscontrolling, in: krp 1999, S. 11-21.

Macharzina, K. [1981], Grenzen einer internationalen Vereinheitlichung der Rechnungslegung, in: Unternehmensführung aus finanz- und bankwirtschaftlicher Sicht, Hrsg. Rühli, E./Thommen, K., Stuttgart 1981, S. 365-385.

Maier, A. [1986], Der Grundsatz der Kapitalerhaltung und die Durchgriffshaftung wegen Unterkapitalisierung im deutschen und amerikanischen Gesellschaftsrecht, Frankfurt a.M. u.a. 1986.

Maiterth, R. [2001], Karlsruher Entwurf zur Reform des Einkommensteuergesetzes, in: BB 2001, S. 1172-1175.

Malman, L. L. [1981], Treatment of Prepaid Income - Clear Reflection of Income or Muddied Waters, in: Tax Law Review 1981, Vol. 37, S. 103-155.

Mandler, U. [1994], Wirtschaftsprüfung im Umbruch: Harmonisierung der Rechnungslegung und Globalisierung der Unternehmensstrukturen, in: ZfB 1994, S. 167-188.

Mandler, U. [1996], Harmonisierung der Rechnungslegung: Bridging the GAAP?, in: ZfB 1996, S. 715-734.

Mandler, U. [1997], Kapitalmarktorientierte Rechnungslegung – US-GAAP und IAS versus HGB -, in: Das neue Steuerungssystem des Controllers, Hrsg. Horvath, P., Stuttgart 1997, S. 133-156.

Manning, B./Hanks, J. J. jr. [1990], Legal Capital, third edition, Wesbury, New York 1990.

Maret, J./Wepler, L. [1999], Internationalisierung der Rechnungslegung – Die Kapitalmarkt- und Analystenperspektive, in: Internationale Rechnungslegung, Festschrift für C.-P. Weber, Hrsg. Küting, K./Langenbucher, G., Stuttgart 1999, S. 37-44.

Markowitz, H. M. [1952], Portfolio Selection, in: JoF 1952, Vol. 7, No. 1, S. 77-91.

Markowitz, H. M. [1959], Portfolio Selection. Efficient diversification of investment, New York u.a. 1959.

Martens, K.-P. [1972], Die Anzeigepflicht des Verlustes des Garantiekapitals nach dem AktG und dem GmbHG, in: ZGR 1972, S. 254-288.

Mathiak, W. [1988], Mängel der beabsichtigten Neuregelung der formellen und umgekehrten Maßgeblichkeit in § 5 Abs. 1 Satz 2 EStG eines Regierungsentwurfs, in: DStR 1988, S. 274-277.

Mathiak, W. [1990], Beitrag zum Meinungsspiegel, in: BFuP 1990, S. 547-560.

Mathiak, W. [1998], Kommentierung zu § 5 EStG, in: Einkommensteuergesetz, Kommentar, Hrsg. Kirchhof, P./Söhn, H., Bd. 4, Heidelberg 1987 ff. (Stand: 1998).

Mathiak, W. [2001], Was von einem großen Plan blieb: Die preußische klassifizierte Einkommensteuer von 1851, in: StuW 2001, S. 324-340.

Mattheus, D. [2000], Bericht über die Diskussion, in: ZGR 2000, S. 565-571.

Maul, K.-H. [1968], Bemerkungen zum Gläubigerschutz im Rahmen der aktienrechtlichen Rechnungslegung und einer verschuldungsgrad-bedingten Ausschüttungsregelung, in: WPg 1968, S. 537-542.

Maul, K.-H./Menninger, J. [2000], Das "Intellectual Property Statement" – eine notwendige Ergänzung des Jahresabschlusses?, in: DB 2000, S. 529-533.

Mautz, R. K. [1968], Financial Reporting by Diversified Companies, New York 1968.

May, A. [1991], Zum Stand der empirischen Forschung über Informationsverarbeitung am Aktienmarkt – Ein Überblick, in: ZfbF 1991, S. 313-335.

May, R. S./Sundem, G. L. [1976], Research for Accounting Policy: An Overview, in: The Accounting Review 1976, Vol. LI, S. 747-763.

Mayer-Wegelin, E. [1997], Internationalisierung der deutschen Rechnungslegung: Rückwirkungen auf das Steuerrecht?, in: Festschrift für Wolfgang Ritter zum 70. Geburtstag, Hrsg. Kley, M. D./Sünner, E./Willemsen, A., Köln 1997, S. 713-729.

Mayer-Wegelin, E. [1999], Weiterentwicklung des deutschen Bilanzrechts für Konzernabschlüsse, in: Internationale Rechnungslegung, Festschrift für C.-P. Weber, Hrsg. Küting, K./Langenbucher, G., Stuttgart 1999, S. 525-541.

McConnell, P./Pacter, P. [1995], IASC and FASB Proposals Would Enhance Segment Reporting, in: The CPA Journal, August 1995, S. 32-51.

McDaniel, P. R./Ault, H. J./McMahon, M. J./Simmons, D. L. [1998], Federal Income Taxation, fourth edition, New York 1998.

McLure, Jr. Ch. E. [1992], Substituting Consumption-based direct taxation for income taxes as the international norm, in: National Tax Journal 1992, S. 145-154.

McLure, Ch. E./Zodrow, G. R. [1991], Administrative Vorteile des individuellen Steuervorauszahlungs-Ansatzes gegenüber einer direkten Konsumbesteuerung, in: Konsumorientierte Neuordnung des Steuersystems, Hrsg. Rose, M., Berlin 1991, S. 117-174.

Mednick, R. [1999], Meeting the Changing Needs and Challenges of the Information Age, in: Internationale Rechnungslegung, Festschrift für C.-P. Weber, Hrsg. Küting, K./Langenbucher, G., Stuttgart 1999, S. 45-52.

Meek, G. K. [1983], U.S. Securities Market Responses to Alternative Earnings Disclosures of Non-U.S. Multinational Corporations, in: The Accounting Review, April 1983, S. 394-402.

Meier, W. [1994], Zugang zum US-amerikanischen Eigenkapitalmarkt aus der Sicht eines deutschen Unternehmens, in: IStR 1994, S. 243-247.

Meilicke, W. [1992], Zur Bedeutung der richtlinienkonformen Auslegung für das deutsche Steuerrecht, in: BB 1992, S. 969-975.

Meilicke, W. [1999], Zur Vorlagepflicht des BFH in Bilanzierungsfragen, in: BB 1999, S. 890-894.

Meilicke, W. [2001], Zur Vorlagepflicht des BFH in Bilanzierungsfragen von Personengesellschaften und Einzelunternehmen, in: BB 2001, S. 40-41.

Meincke, P. [1990], Die sog. umgekehrte Maßgeblichkeit der Handelsbilanz für die Steuerbilanz aus rechtswissenschaftlicher Sicht, in: StuW 1990, S. 15-21.

Meitner, M./Hüfner, F./Kleff, V. [2002], Enron: Wirtschaftsprüfer, Bilanzierungsvorschriften und der deutsche Aktienmarkt, in: KoR 2002, S. 139-141.

Melching, H.-G. [1997], Internationales Rechnungswesen und Ergebniskontrolle bei der Volkswagen AG, in: Controlling 1997, S. 246-252.

Mellman, M./Lilien, S. B. [1996], Liabilities, in: Accountants' Handbook – Volume One: Financial Accounting and General Topics, Hrsg. Carmichael, D. R./Lilien, S. B./Mellman, M., 8th edition, New York u. a. 1996, Chapter 19.

Mellwig, W. [1983], Bilanzrechtsprechung und Betriebswirtschaftslehre, in: BB 1983, S. 1613-1620.

Mellwig, W. [1989], Beitrag zum Meinungsspiegel, in: BFuP 1989, S. 159-176.

Mengele, A. [1999], Shareholder-Return und Shareholder-Risk als unternehmensinterne Steuerungsgrößen, Stuttgart 1999.

Menn, B.-J. [1995], Die spartenorientierte Kapitalergebnisrechnung im Bayer-Konzern, in: Das Rechnungswesen im Konzern: intern - extern, Hrsg. Küting, K./Weber, C.-P., Stuttgart 1995, S. 217-234.

Menn, B.-J. [1996], Was bedeutet die Übernahme der IAS für deutsche Unternehmen? Warum – Wie – Wieweit – Wohin, in: Globale Finanzmärkte: Konsequenzen für Finanzierung und Unternehmensrechnung, Hrsg. Schmalenbach Gesellschaft - Deutsche Gesellschaft für Betriebswirtschaft e. V., Stuttgart 1996, S. 121-135.

Menn, B.-J. [1999], Auswirkungen der internationalen Bilanzierungspraxis auf Unternehmensrechnung und Controlling, in: Internationale Rechnungslegung, Festschrift für C.-P. Weber, Hrsg. Küting, K./Langenbucher, G., Stuttgart 1999, S. 631-647.

Menn, B.-J. [2000], Internationale Rechnungslegung als Chance zur Annäherung von externem und internem Rechnungswesen, in: Investororientierte Unternehmenspublizität, Hrsg. Lachnit, L./Freidank, C.-C., Wiesbaden 2000, S. 195-213.

Menzel, F. W. [1998], Erfahrungen einer globalen Depositärbank mit den ADR-Programmen deutscher Emittenten, in: Zugang zum US-Kapitalmarkt für deutsche Aktiengesellschaften, Hrsg. Rosen, R. v./Seifert, W. G., Frankfurt 1998, S. 69-78.

Merkert, H. [1988], Die Maßgeblichkeit der Handels- für die Steuerbilanz, in: DStZ 1988, S. 142-147.

Merkert, H./Koths, D. [1985], Verfassungsrechtlich gebotene Entkoppelung von Handels- und Steuerbilanz, in: BB 1985, S. 1765-1768.

Merkt, H. [1991], US-amerikanisches Gesellschaftsrecht, Heidelberg 1991.

Merkt, H. [2001a], Unternehmenspublizität, Tübingen 2001.

Merkt, H. [2001b], Entwicklungen des Gesellschafts- und Kapitalmarktrechts in den USA – Vorbild für Deutschland und Europa?, in: KoR 2001, S. 142-150.

Mertens, H.-J. [1983], Anwendbarkeit von § 92 Abs. 1 AktG im Vergleichsverfahren?, in: AG 1983, S. 173-178.

Mertens, H.-J. [1992], Kapitalverlust und Überschuldung bei eigenkapitalersetzenden Darlehen, in: Rechnungslegung: Entwicklungen bei der Bilanzierung und Prüfung von Kapitalgesellschaften, Festschrift für K.-H. Forster, Hrsg. Moxter, A. u.a., Düsseldorf 1992, S. 415-426.

Metzger, J. [1994], US-Börsen, Institut für Kapitalmarktforschung an der J. W. Goethe-Universität Frankfurt, Beiträge zur Theorie der Finanzmärkte, Nr. 7, Februar 1994.

Meyer-Arndt, L. [1993], Die Zuständigkeit des Europäischen Gerichtshofs für das Bilanzrecht, in: BB 1993, S. 1623-1627.

Michel, U. [1999], Wertmanagement, in: Controlling 1999, S. 371-379.

Middelmann, U. [2001], Neuere Entwicklungen des wertorientierten Controlling, in: DBW 2001, S. 493-508.

Miller, P. B. W. [1990], The Conceptual Framework as Reformation and Counterreformation, in: Accounting Horizons 1990, Vol. 4, S. 23-32.

Miller, P. B. W./Bahnson, P. R. [1996], Four Steps to Useful Present Values, in: JoA, May 1996, S. 91-98.

Miller, M. H./Modigliani, F. [1961], Dividend Policy, Growth, and the Valuation of Shares, in: Journal of Business 1961, Vol. 34, S. 411-433.

Miller, P. B./Redding, R. J. [1988], The FASB: The People, The Process and The Politics, 2nd ed., Homewood 1988.

Miller, P. B./Redding, R. J./Bahnson, P. R. [1998], The FASB: The People, The Process and The Politics, 3rd ed., Burr Ridge u.a. 1998.

Mills, L. F. [1998], Book-Tax Differences and Internal Revenue Service Adjustments, in: Journal of Accounting Research 1998, Vol. 36, No. 2, S. 343-356.

Mintz, S. L. [1999], Seeing is Believing, A Better Approach to Estimating Knowledge Capital, in: CFO, Febr. 1999, S. 29-37.

Moehrle, S. R./Reynolds-Moehrle, J. A. [2001], Say Good-Bye to Pooling and Goodwill Amortization, in: Journal of Accountancy, September 2001, S. 31-38.

Möller, H. P. [1983], Probleme und Ergebnisse kapitalmarktorientierter empirischer Bilanzforschung in Deutschland, in: BFuP 1983, S. 285-302.

Möllers, Th. M. J. [1999], Kapitalmarkttauglichkeit des deutschen Gesellschaftsrechts, in: AG 1999, S. 433-442.

Mössner, J. M. [1998], Ist die Maßgeblichkeit tot?, in: StB 1998, S. 145-150.

Moonitz, M. [1960], The Changing Concept of Liabilities, in: The Journal of Accountancy, May 1960, S. 41-46.

Morrison, D. F./Stanger, P. C. [1998], Private Placements in the U.S. and International Markets, in: Zugang zum US-Kapitalmarkt für deutsche Aktiengesellschaften, Hrsg. Rosen, R. v./Seifert, W. G., Frankfurt a.M. 1998, S. 99-114.

Mossin, J. [1966], Equilibrium in a Capital Asset Market, in: Econometrica 1966, S. 768-783.

Moxter, A. [1962], Bilanzierung und unsichere Erwartungen, in: ZfhF 1962, S. 607-632.

Moxter, A. [1964], Präferenzstruktur und Aktivitätsfunktion des Unternehmers, in: ZfbF 1964, S. 6-35.

Moxter, A. [1966], Die Grundsätze ordnungsmäßiger Bilanzierung und der Stand der Bilanztheorie, in: ZfbF 1966, S. 28-59.

Moxter, A. [1974], Bilanzlehre, Wiesbaden 1974.

Moxter, A. [1976a], Fundamentalgrundsätze ordnungsmäßiger Rechenschaft, in: Bilanzfragen, Hrsg. Baetge, J./Moxter, A./Schneider, D., Festschrift für U. Leffson, Düsseldorf 1976, S. 87-100.

Moxter, A. [1976b], Integration der "Grundzüge der Unternehmensbesteuerung" in den Pflichtfächerkatalog?, in: ZfB 1976, S. 289-292.

Moxter, A. [1977], Bilanztheorien, in: Handwörterbuch der Wirtschaftswissenschaft, Bd. 1, hrsg. v. Albers, W. u. a., Stuttgart u. a. 1977, S. 670-686.

Moxter, A. [1978a], Eigenkapitalmessung - Möglichkeiten und Grenzen, in: Eigenkapital und Kapitalmarkt, Hrsg. Bruns, G./Häuser, K., Frankfurt a. M. 1978, S. 80-96.

Moxter, A. [1978b], Kreditwürdigkeitsbeurteilung und Eigenkapital, in: Die Bank 1978, S. 321-324.

Moxter, A. [1978c], Der Einfluß der EG-Bilanzrichtlinie auf das Bilanzsteuerrecht, in: BB 1978, S. 1629-1632.

Moxter, A. [1979a], Die Jahresabschlußaufgaben nach der EG-Bilanzrichtlinie: Zur Auslegung von Art. 2 EG-Bilanzrichtlinie, in: AG 1979, S. 141-146.

Moxter, A. [1979b], Immaterielle Anlagewerte im neuen Bilanzrecht, in: BB 1979, S. 1102-1109.

Moxter, A. [1981], Bilanzpolitik und Wahlrechtsproblematik, in: Die Führung des Betriebes, Hrsg. Geist, M. N./Köhler, R., Festschrift für C. Sandig, Bern/Stuttgart 1981, S. 447-457.

Moxter, A. [1982a], Betriebswirtschaftliche Gewinnermittlung, Tübingen 1982.

Moxter, A. [1982b], Gefahren des neuen Bilanzrechts, in: BB 1982, S. 1030-1032.

Moxter, A. [1983], Grundsätze ordnungsmäßiger Unternehmensbewertung, Wiesbaden 1983.

Moxter, A. [1984a], Bilanzlehre. Bd. I: Einführung in die Bilanztheorie, 3. Aufl., Wiesbaden 1984.

Moxter, A. [1984b], Das Realisationsprinzip – 1884 und heute, in: BB 1984, S. 1780-1786.

Moxter, A. [1985a], Anlegerschutz durch Rechnungslegung bei Kapitalgesellschaften, in: Öffentliche Finanzen und monetäre Ökonomie, Hrsg. Gebauer, W., Festschrift für K. Häuser, Frankfurt a. M. 1985, S. 257-272.

Moxter, A. [1985b], Windfalls, in: Information und Produktion, Hrsg. Stöppler, S., Festschrift für W. Wittmann, Stuttgart 1985, S. 233-241.

Moxter, A. [1985c], Das System der handelsrechtlichen Grundsätze ordnungsmäßiger Bilanzierung, in: Der Wirtschaftsprüfer im Schnittpunkt nationaler und internationaler Entwicklungen, Festschrift f. K. v. Wysocki, Hrsg. Gross, G., Düsseldorf 1985, S. 17-28.

Moxter, A. [1985d], Zum neuen Bilanzrechtsentwurf, in: BB 1985, S. 1101-1103.

Moxter, A. [1986], Bilanzlehre. Bd. II: Einführung in das neue Bilanzrecht, 3. Aufl., Wiesbaden 1986.

Moxter, A. [1987a], Zum Sinn und Zweck des handelsrechtlichen Jahresabschlusses nach neuem Recht, in: Bilanz- u. Konzernrecht, Festschrift f. R. Goerdeler, Düsseldorf 1987, S. 361-374.

Moxter, A. [1987b], Karl Lechners Gewinnkonzeption und das neue deutsche Bilanzrecht, in: Gedächtnisschrift Lechner, Hrsg. Loitlsberger, E./Egger, A./Lechner, E., Wien 1987, S. 271-278.

Moxter, A. [1988], Aktivierungspflichtige Herstellungskosten in Handels- und Steuerbilanz, in: BB 1988, S. 937-945.

Moxter, A. [1989], Zur wirtschaftlichen Betrachtungsweise im Bilanzrecht, in: StuW 1989, S. 232-241.

Moxter, A. [1993a], Entwicklung der Theorie der handels- und steuerrechtlichen Gewinnermittlung, in: Ökonomische Analyse des Bilanzrechts, Hrsg. Wagner, F. W., Düsseldorf 1993, ZfbF-Sonderheft 32, S. 61-84.

Moxter, A. [1993b], Grundsätze ordnungsmäßiger Buchführung - ein handelsrechtliches Faktum, von der Steuerrechtsprechung festgestellt, in: Festschrift 75 Jahre Reichsfinanzhof - Bundesfinanzhof, Hrsg. Präsident des Bundesfinanzhofes, Bonn 1993, S. 533-544.

Moxter, A. [1994], Georg Döllerers bilanzrechtliches Vermächtnis, in: StuW 1994, S. 97-102.

Moxter, A. [1995a], Zur Bedeutung betriebswirtschaftlicher Zusammenhänge im Bilanzrecht, in: StuW 1995, S. 378-382.

Moxter, A. [1995b], Zum Verhältnis von handelsrechtlichen Grundsätzen ordnungsmäßiger Bilanzierung und True-and-fair-view-Gebot bei Kapitalgesellschaften, in: Rechenschaftslegung im Wandel, Hrsg. Förschle, G./Kaiser, K./Moxter, A., Festschrift für W. D. Budde, München 1995, S. 419-429.

Moxter, A. [1995c], Standort Deutschland: Zur Überlegenheit des deutschen Rechnungslegungsrechts, in: Standort Deutschland. Grundsatzfragen und aktuelle Perspektiven für die Besteuerung, die Prüfung und das Controlling, Festschrift für A. Heigl, Hrsg. Peemöller, V. H./Uecker, P., Berlin 1995, S. 31-41.

Moxter, A. [1995d], Rückstellungskriterien im Streit, in: ZfbF 1995, S. 311-326.

Moxter, A. [1995e], Zum Umfang der Entscheidungskompetenz des Europäischen Gerichtshofes im Bilanzrecht, in: BB 1995, S. 1463-1466.

Moxter, A. [1995f], Das "matching principle": Zur Integration eines internationalen Rechnungslegungsgrundsatzes in das deutsche Recht, in: Internationale Wirtschaftsprüfung, Festschrift für H. Havermann, Hrsg. Lanfermann, J., Düsseldorf 1995, S. 487-504.

Moxter, A. [1996a], Entziehbarer Gewinn?, in: Rechnungslegung - warum und wie, Hrsg. Ballwieser, W./Moxter, A./Nonnenmacher, R., Festschrift für H. Clemm, München 1996, S. 231-241.

Moxter, A. [1996b], Urteilsanmerkung zum BGH-Urteil vom 29.3.1996, in: JZ 1996, S. 860-861.

Moxter, A. [1996c], Bilanzrechtsprechung, 4. Aufl., Tübingen 1996.

Moxter, A. [1997a], Zum Verhältnis von Handelsbilanz und Steuerbilanz, in: BB 1997, S. 195-199.

Moxter, A. [1997b], Die Vorschriften zur Rechnungslegung und Abschlußprüfung im Referentenentwurf eines Gesetzes zur Kontrolle und Transparenz im Unternehmensbereich, in: BB 1997, S. 722-730.

Moxter, A. [1997c], Grundwertungen in Bilanzrechtsordnungen - ein Vergleich von überkommenem deutschem Bilanzrecht und Jahresabschlußrichtlinie, in: Handelsbilanzen und Steuerbilanzen, Festschrift f. H. Beisse, Hrsg. Budde, W. D./Moxter, A./Offerhaus, K., Düsseldorf 1997, S. 347-361.

Moxter, A [1997d], Zur Abgrenzung von Verbindlichkeitsrückstellungen und (künftig grundsätzlich) unzulässigen Verlustrückstellungen, in: DB 1997, S. 1477-1480.

Moxter, A. [1997e], Zur Interpretation des True-and-fair-view-Gebots der Jahresabschlußrichtlinie, in: Jahresabschluß und Jahresabschlußprüfung, Festschrift für J. Baetge, Hrsg. Fischer, Th. R./Hömberg, R., Düsseldorf 1997, S. 97-116.

Moxter, A. [1997f], Fehlentwicklungen im Rechnungslegungsrecht, in: Aktien- und Bilanzrecht, Festschrift für B. Kropff, Hrsg. Forster, K.-H. u. a., Düsseldorf 1997, S. 507-515.

Moxter, A. [1997g], Grenzen vorsichtiger Rückstellungsbewertung, in: Festschrift für Carsten Peter Claussen, Hrsg. Martens, K.-P./Westermann, H. P./Zöllner, W., Köln u.a. 1997, S. 677-686.

Moxter, A. [1998a], Pauschalrückstellungen in der Steuerbilanz unzulässig?, in: DB 1998, S. 269-272.

Moxter, A. [1998b], Deutsches Rechnungslegungs Standards Committee: Aufgaben und Bedeutung, in: DB 1998, S. 1425-1428.

Moxter, A. [1998c], Verletzt das Auskunftsverweigerungsrecht des § 131 Abs. 3 Nr. 3 AktG die Eigentumsgarantie des Grundgesetzes?, in: Unternehmensrechnung und –besteuerung, Festschrift für D. Börner, Hrsg. Meffert, H./Krawitz, N., Wiesbaden 1998, S. 305-321.

Moxter, A. [1998d], Zum Verhältnis von rechtlichen und betriebswirtschaftlichen Gewinnkonzeptionen, in: Perspektiven ökonomischen Denkens, Festschrift für R. Gümbel, Hrsg. Woratschek, H., Frankfurt a.M. u.a. 1998, S. 217-225.

Moxter, A. [1998e], Künftige Verluste in der Handels- und Steuerbilanz, in: DStR 1998, S. 509-515.

Moxter, A. [1999a], Wege zur Vereinfachung des Bilanzsteuerrechts, in: Steuerrechtsprechung, Steuergesetz, Steuerreform, Festschrift für K. Offerhaus, Hrsg. Kirchhof, P./Jakob, W./Beermann, A., Köln 1999, S. 619-630.

Moxter, A. [1999b], Besitzen IAS-konforme Jahres- und Konzernabschlüsse im Hinblick auf die Unternehmens- und Konzernsteuerung Vorteile gegenüber den Rechnungslegungstraditionen im EWR?, in: Fortschritte im Rechnungswesen, Festschrift für G. Seicht, Hrsg. Altenburger, O. A./Janschek, O./Müller, H., Wiesbaden 1999, S. 497-505.

Moxter, A. [2000a], Missverständnisse um das Maßgeblichkeitsprinzip, in: DStZ 2000, S. 157-161.

Moxter, A. [2000b], Rechnungslegungsmythen, in: BB 2000, S. 2143-2149.

Moxter, A. [2000c], Rechnungslegungskonzeptionen im Widerstreit, in: Rechnungslegungskonzeptionen im Widerstreit. Beiträge zu den Wirtschaftswissenschaften, Hrsg. Wirtschaftswissenschaftliche Fakultät der Universität Leipzig/KPMG/PWC, Leipzig 2000, S. 61-66.

Moxter, A. [2000d], Phasengleiche Dividendenaktivierung: Der Große Senat des BFH im Widerstreit zu den handelsrechtlichen GoB, in: DB 2000, S. 2333-2336.

Moxter, A. [2001a], Die Zukunft der Rechnungslegung?, in: DB 2001, S. 605-607.

Moxter, A. [2001b], Deutscher Standardisierungsrat auf Irrwegen, in: BB 2001, Heft 50, Die erste Seite.

Moxter, A. [2002a], Bilanzrechtlicher Aufbruch beim Bundesfinanzhof?, in: DStZ 2002, S. 243-248.

Moxter, A. [2002b], Grundsätze ordnungsmäßiger Buchführung, in: Handwörterbuch der Rechnungslegung und Prüfung, Hrsg. Ballwieser, W./Coenenberg, A. G./ von Wysocki, K., 3. Auflage, Stuttgart 2002, Sp. 1041-1052.

Müller, A. [1999], Das Maßgeblichkeitsprinzip: die Achilles-Ferse des Mittelstands, in: StuB 1999, S. 310-316.

Müller, E. [1980], Entscheidungsorientiertes Konzernrechnungswesen, Neuwied 1980.

Müller, E. [1985], Konzernabschluß und interne Steuerung im internationalen Unternehmen, in: Der Wirtschaftsprüfer im Schnittpunkt nationaler und internationaler Entwicklungen, Festschrift für K. von Wysocki, Hrsg. Groß, G., Düsseldorf 1985, S. 159-176.

Mueller, G. G./Gernon, H./Meek, G. K. [1987], Accounting: An International Perspective, Homewood, Illinois 1987.

Müller, M. [1998], Shareholder Value Reporting – ein Konzept wertorientierter Kapitalmarktinformation, in: Shareholder Value Reporting, Hrsg. Müller, M./Leven, F.-J., Wien 1998, S. 123-144.

Müller, W. [1993], Die Entscheidungsspielräume der Verwaltung einer Aktiengesellschaft im Verhältnis zu ihren Aktionären, in: Unternehmen und Unternehmensführung, Festschrift für J. Semler, Hrsg. Bierich, M./Hommelhoff, P./Kropff, B., Berlin/New York 1993, S. 195-215.

Müller, W. [1997], Der Europäische Gerichtshof und die Grundsätze ordnungsmäßiger Buchführung, in: Europäisierung des Bilanzrechts, Hrsg. Herzig, N., Köln 1997, S. 87-93.

Müller, W. [2001], Die Ausnahme und die Regel – Ein Lehrstück, dargestellt am so genannten Maßgeblichkeitsprinzip, in: DStR 2001, S. 1858-1864.

Müller, W./Maul, S. [1999], Auslegungsprobleme im Rahmen der über § 292a HGB zur Anwendung kommenden Normsysteme, in: Steuerrecht und europäische Integration, Festschrift für A. J. Rädler, Hrsg. Breuninger, G. E./Müller, W./Strobl-Haarmann, E., München 1999, S. 607-637.

Müller, S./Wulf, I. [2001], Jahresabschlusspolitik nach HGB, IAS und US-GAAP, in: BB 2001, S. 2206-2213.

Münch, C. [1996], Rechtssicherheit als Standortfaktor, in: NJW 1996, S. 3320-3324.

Münstermann, H. [1948], Schmalenbachs Bilanzauffassung, in: WPg 1948, Nr. 6, S. 33-43.

Münstermann, H. [1963], Geschichte und Kapitalwirtschaft, Wiesbaden 1963.

Münstermann. H. [1966a], Die Bedeutung des ökonomischen Gewinns für den externen Jahresabschluß der Aktiengesellschaft, in: WPg 1966, S. 579-586.

Münstermann, H. [1966b], Dynamische Bilanz: Grundlagen, Weiterentwicklung und Bedeutung in der neuesten Bilanzdiskussion, in: ZfbF 1966, S. 512-531.

Mujkanovic, R. [1999], Befreiende Konzernabschlüsse und Konzernlageberichte, in: BB 1999, S. 999-1005.

Mujkanovic, R. [2002], Fair Value im Financial Statement nach International Accounting Standards, Stuttgart 2002.

Munschek, K./Braun, M. [1998], Die Berücksichtigung von Pensionsverpflichtungen in Jahresabschlüssen nach US-GAAP, in: WPg 1998, S. 493-502.

Musgrave, R. A. [1959], The Theory of Public Finance, New York u. a. 1959.

Myers, S. C. [1977], Determinants of Corporate Borrowing, in: Journal of Financial Economics 1997, Vol. 4, S. 147-175.

Naumann, K.-P./Tielmann, S. [2001], Die Anwendung der IAS im Kontext der deutschen Corporate Governance, in: WPg 2001, S. 1445-1458.

Nebel, M./Brandl, M./Arnaout, A. [1998], Centersteuerung mit Größen des externen Rechnungswesens – Das Beispiel der MTU München -, in: krp 1998, S. 274-281.

Nestler, A./Thuy, M. [2002], Verfahren zur Bewertung von Reporting Units im Rahmen des Goodwill-Impairmenttests nach SFAS 142, in: KoR 2002, S. 169-179.

Neu, N. [1995], Die Aktivierung von Dividendenforderungen in Handels- und Steuerbilanz, in: BB 1995, S. 399-405.

Neubürger, H.-J. [2000], Wertorientierte Unternehmensführung bei Siemens, in: ZfbF 2000, S. 188-196.

Neubürger, H.-J. [2002], Wertorientiertes Controlling – Steuerungsgrößen und Controlling-Prozess im Hause Siemens, in: Wertorientierte Unternehmensführung: Strategien – Strukturen – Controlling, Hrsg. Macharzina, K./Neubürger, H.-J., Stuttgart 2002, S. 171-185.

Neumark, F. [1970], Grundsätze gerechter und ökonomisch rationaler Steuerpolitik, Tübingen 1970.

Neus, W. [2001], Einführung in die Betriebswirtschaftslehre aus institutionenökonomischer Sicht, 2. Aufl., Tübingen 2001.

Nichols, N. B./Street, D. L. [1999], Segment Information: What Early Adopters Reported, in: Journal of Accountancy, January 1999, Vol. 187, S. 37-41.

Niederleithinger, E. [1998], Gesetzliches Garantiekapital als Problem europäischer und deutscher Rechtspolitik, in: AG 1998, S. 377-379.

Niedernhuber, G. [1985], Zur Reform der Gewinnverwendung von Aktiengesellschaften im Entwurf der 5. EG-Richtlinie, in: WPg 1985, S. 6-14.

Niedernhuber, G. [1988], Ausschüttungsregeln für Aktiengesellschaften - Eine ökonomische Analyse, Hamburg 1988.

Niehues, M. [2001], EU-Rechnungslegungsstrategie und Gläubigerschutz, in: WPg 2001, S. 1209-1222.

Niehus, R. J. [1979], "True and Fair View" – in Zukunft auch ein Bestandteil der deutschen Rechnungslegung?, in: DB 1979, S. 221-222.

Niehus, R. J. [1987], Zur Harmonisierung der Rechnungslegung in der EG, in: WPg 1987, S. 248-252.

Niehus, R. J. [1995a], Zur "Internationalisierung" der Konzernabschlüsse 1994 der Bayer AG und der Schering AG, in: DB 1995, S. 937-940.

Niehus, R. J. [1995b], Die neue "Internationalität" deutscher Konzernabschlüsse, in: DB 1995, S. 1341-1345.

Niehus, R. J. [1996], Bestätigungsvermerk von "dualen" Konzernabschlüssen, in: BB 1996, S. 893-898.

Niehus, R. J. [1997], "Vorsichtsprinzip" und "Accrual Basis" - Disparitäten bei den Determinanten der "Fair Presentation" in der sog. internationalen Rechnungslegung, in: DB 1997, S. 1421-1427.

Niehus, R. J. [2001a], Die Zukunft der Standards des DRSC, in: DB 2001, S. 53-59.

Niehus, R. J. [2001b], "Auch für Einzelabschlüsse gelten grundsätzlich die IAS"? – Ein Beitrag zu den (möglichen) Grenzen einer "Internationalisierung" der Rechnungslegung im Einzelabschluss –, in: WPg 2001, S. 737-752.

Niehus, R. J. [2002], Zur Internationalisierung der deutschen Konzernrechnungslegung, in: DB 2002, S. 53-58.

Nielsen, S. B./Sørensen, P. B. [1997], On the optimality of the Nordic system of dual income taxation, in: Journal of Public Economics 1997, S. 311-329.

Niessen, H. [1991], Zu den jüngsten Entwicklungen des Bilanzrechts der Europäischen Gemeinschaft, in: WPg 1991, S. 193-200.

Nikolai, L./Bazley, J. [1994], Intermediate Accounting, 6. Aufl., Cincinnati 1994.

Nobes, C. [1997], German Accounting explained, 2. Aufl., London 1997.

Noll, D. J./Weygandt, J. J. [1997], Business Reporting: What Comes Next?, in: Journal of Accountancy, February 1997, Vol. 183, S. 59-62.

Noller, K.-J. [1992], Der Zugang zum US-Kapitalmarkt für ausländische Emittenten, in: Die Bank 1992, S. 420-426.

Nowak, K. [2000], Marktorientierte Unternehmensbewertung, Wiesbaden 2000.

Nusbaum, E. E./Weiss, J. [1998], SOP 97-2 – Software Revenue Recognition, in: The Journal of Corporate Accounting and Finance, Winter 1998, S. 155-162.

Oestreicher, A./Schmidt, F./Spengel, C. [1999], Steuerliche Gewinnermittlung nach internationalen Grundsätzen, in: StuB 1999, S. 1035-1041.

Oestreicher, A./Spengel, C. [1999a], International Accounting Standards, Maßgeblichkeitsprinzip und Besteuerung, in: DB 1999, S. 593-599.

Oestreicher, A./Spengel, C. [1999b], Maßgeblichkeit der International Accounting Standards für die steuerliche Gewinnermittlung?, Baden-Baden 1999.

Oestreicher, A./Spengel, C. [2001], Anwendung von IAS in der EU – Zukunft des Maßgeblichkeitsprinzips und Steuerbelastung, in: RIW 2001, S. 889-902.

Offerhaus, K. [1997], Das Verhältnis zwischen dem Bundesfinanzhof, dem Bundesverfassungsgericht und dem Gerichtshof der Europäischen Gemeinschaften, in: DStZ 1997, S. 501-506.

O'Hanlon, J./Peasnell, K. [1998], Wall Street's Contribution to Management Accounting: The Stern Stewart EVA® Financial Management System, in: Management Accounting Research 1998, S. 421-444.

Ohlms, D./Tomaszewski, C./Trützschler, K. [2002], Entwicklungstendenzen der Rechnungslegung aus Sicht des Familienunternehmens Haniel, in: ZfbF 2002, S. 191-200.

Ohlson, J. A. [1995], Earnings, book values, and dividends in equity valuation, in: Contemporary Accounting Research 1995, Vol. 11, S. 661-687.

Olbertz, F. F. [1992], Auslegungsgrundsätze des Europäischen Gerichtshofes, in: StVj 1992, S. 37-41

Ordelheide, D. [1988a], Kaufmännischer Periodengewinn als ökonomischer Gewinn - Zur Unsicherheitspräsentation bei der Konzeption von Erfolgsgrößen -, in: Unternehmungserfolg, Hrsg. Domsch, M./Eisenführ, F./Perlitz, M., Festschrift für W. Busse von Colbe, Wiesbaden 1988, S. 275-302.

Ordelheide, D. [1988b], Zu einer neoinstitutionalistischen Theorie der Rechnungslegung, in: Betriebswirtschaftslehre und Theorie der Verfügungsrechte, Hrsg. Budäus, D./Gerum, E./Zimmermann, G., Wiesbaden 1988, S. 269-295.

Ordelheide, D. [1989], Kapital und Gewinn. Kaufmännische Konvention als kapitaltheoretische Konzeption?, in: Zeitaspekte in betriebswirtschaftlicher Theorie und Praxis, Hrsg. Hax, H./Kern, W./Schröder, H.-H., Stuttgart 1989, S. 21-41.

Ordelheide, D. [1991], Bilanzen in der Investitionsplanung und -kontrolle, in: Aktuelle Fragen der Finanzwirtschaft und der Unternehmensbesteuerung, Hrsg. Rückle, D., Festschrift für E. Loitlsberger, Wien 1991, S. 507-534.

Ordelheide, D. [1993], True and fair view. A European and a German perspective, in: European Accounting Review 1993, S. 81-90.

Ordelheide, D. [1994a], Notwendigkeiten und Probleme der Weiterentwicklung der EG-Bilanzrichtlinien und des deutschen Konzernabschlußrechts, in: Die deutsche Rechnungslegung vor dem Hintergrund internationaler Entwicklungen, Hrsg. Baetge, J., Düsseldorf 1994, S. 11-39.

Ordelheide, D. [1994b], Gefährdung der Nominalkapitalerhaltung durch die Währungsumrechnung von Auslandsinvestitionen, in: ZfbF 1994, S. 795-818.

Ordelheide, D. [1995a], Brauchen wir für die Unternehmensüberwachung mehr Publizität?, in: Corporate Governance: Unternehmensüberwachung auf dem Prüfstand, Hrsg. Picot, A., Stuttgart 1995, S. 89-109.

Ordelheide, D. [1995b], Entwicklung und Arbeit des Accounting Advisory Forums der EU-Kommission, in: Rechnungslegung im Wandel, Festschrift für W.-D. Budde, Hrsg. Förschle, G./Kaiser, K./Moxter, A., München 1995, S. 483-504.

Ordelheide, D. [1995c], Aktivische latente Steuern bei Verlustvorträgen im Einzel- und Konzernabschluß – HGB, SFAS und IAS -, in: Internationale Wirtschaftsprüfung, Festschrift für H. Havermann, Hrsg. Lanfermann, J., Düsseldorf 1995, S. 601-623.

Ordelheide, D. [1996], Internationalisierung der Rechnungslegung deutscher Unternehmen, Anmerkungen zum Entwurf eines Kapitalaufnahmeerleichterungsgesetzes, in: WPg 1996, S. 545-552.

Ordelheide, D. [1997], Regulierung der Rechnungslegung – Ökonomische `Zwänge´ und kulturelle Unterschiede, in: Interkulturelles Management, Hrsg. Engelhard, J., Wiesbaden 1997, S. 235-259.

Ordelheide, D. [1998a], Zur Politischen Ökonomie der Rechnungslegung, in: Rechnungslegung und Steuern international, ZfbF-Sonderheft Nr. 40, Hrsg. Ballwieser, W./Schildbach, Th., Düsseldorf 1998, S. 1-16.

Ordelheide, D. [1998b], Rechnungslegung und internationale Aktienanalyse, in: Rechnungswesen als Instrument für Führungsentscheidungen, Festschrift für A. G. Coenenberg, Hrsg. Möller, H. P./Schmidt, F., Stuttgart 1998, S. 505-524.

Ordelheide, D. [1998c], Zur Marktbewertung von Finanzinstrumenten in Deutschland, nach US-GAAP und nach IAS, in: BFuP 1998, S. 604-612.

Ordelheide, D. [1998d], Wettbewerb der Rechnungslegungssysteme IAS, US-GAAP, HGB, in: Controlling und Rechnungswesen im internationalen Wettbewerb, Hrsg. Börsig, C./Coenenberg, A. G., Stuttgart 1998, S. 15-53.

Ordelheide, D. [1998e], Bedeutung und Wahrung des Kongruenzprinzips ("clean surplus") im internationalen Rechnungswesen, in: Unternehmensberatung und Wirtschaftsprüfung, Festschrift f. G. Sieben, Hrsg. Matschke, M. J./Schildbach, Th., Stuttgart 1998, S. 515-530.

Ordelheide, D. [1999], Wertpotential und Objektivierung der IAS im Vergleich zu den Bilanzierungsvorschriften des dHGB und des öHGB, in: Fortschritte im Rechnungswesen, Festschrift für G. Seicht, Hrsg. Altenburger, O. A./Janschek, O./Müller, H., Wiesbaden 1999, S. 507-532.

Ordelheide, D./Stubenrath, M. [2000], Segmentberichterstattung: US-GAAP im Vergleich mit HGB/DRS, in: US-amerikanische Rechnungslegung, Hrsg. Ballwieser, W., 4. Aufl., Stuttgart 2000, S. 379-405.

Oser, P. [1996], Aktuelle Entwicklungen im Recht befreiender Konzernabschlüsse, in: DStR 1996, S. 34-39.

Oser, P./Vater, H. [2001], Bilanzierung von Stock Options nach US-GAAP und IAS, in: DB 2001, S. 1261-1268.

o. V. [1998], Wirtschaftsprüfer fordern Trennung von Handels- und Steuerbilanz, in: FAZ v. 9.11.1998, S. 24.

o.V. [2000], Fondsvermögen wächst zu einem Billionenberg, in: FAZ v. 25.9.2000, S. 25.

o.V. [2001], Volkswagen stellt Altersvorsorge auf Pensionsfonds um, in: FAZ vom 26.1.2001.

Pacter, P. [1993], Reporting Disaggregated Information, FASB (Hrsg.), Financial Accounting Series No. 123-A, Norwalk 1993.

Paefgen, Th. C. [1990], Die Neuregelung des U. S.-amerikanischen Kapitalmarktes für Privatplazierungen, in: WM 1990, S. 1897-1910.

Page, C. [2001], Erfahrungsbericht über die Tätigkeit des Financial Reporting Review Panel, in: WPg-Sonderheft 2001: Reformbedarf der deutschen Corporate Governance im globalen Wettbewerb, S. S34-S38.

Pannen, M. [2000], Meßtheoretische Grundprobleme des Maßgeblichkeitsprinzips, Lohmar/Köln 2000.

Pape, J. [2001], Financial Instruments: Standard der Joint Working Group of Standard Setters – Entwurf eines Rechnungslegungsstandards zur Zeitwertbilanzierung von Finanzinstrumenten –, in: WPg 2001, S. 1458-1467.

Pape, J./Breker, N. [1999], Financial Instruments – Joint Working Group, Aktueller Stand der Erörterungen im Oktober 1998, in: WPg 1999, S. 1-12.

Pape, J./Heintges, S. [1998], Verhältnis von US-GAAP und IAS zur Rechnungslegung nach deutschem Handelsrecht, in: Zugang zum US-Kapitalmarkt für deutsche Aktiengesellschaften, Hrsg. Rosen, R. v./Seifert, W. G., Frankfurt a.M. 1998, S. 201-225.

Pape, U. [2000], Theoretische Grundlagen und praktische Umsetzung wertorientierter Unternehmensführung, in: BB 2000, S. 711-717.

Paton, W./Littleton, A. [1940], An Introduction to Corporate Accounting Standards, Iowa 1940.

Paul, W. [1991], Investor Relations-Management - demonstriert am Beispiel der BASF, in: ZfbF 1991, S. 923-945.

Paul, W. [1992], Börseneinführung in Tokio - demonstriert am Beispiel der BASF, in: BFuP 1992, S. 914-955.

Paul, W. [1993a], Die Entwicklung und Bedeutung deutscher Aktien auf den internationalen Kapitalmärkten, in: Kredit und Kapital 1993, S. 91-111.

Paul, W. [1993b], Umfang und Bedeutung der Investor Relations, in: BFuP 1993, S. 133-162.

Pausenberger, E./Roth, A. [1997], Störfaktoren im internationalen Controlling, in: ZfbF 1997, S. 580-596.

Peemöller, V. H./Fischer, J. M. [2001], Internationalisierung der externen Rechnungslegung, in: DSWR 2001, S. 142-147.

Peemöller, V. H./Kunowski, S. [1999], Aspekte im Rahmen der Prüfung befreiender Konzernabschlüsse gemäß § 292a HGB, in: Reform des Aktienrechts, der Rechnungslegung und der Prüfung, Hrsg. Dörner, D./Menold, D./Pfitzer, N., Stuttgart 1999, S. 421-438.

Pejic, P./Buschhüter, M. [2001], Ende der planmäßigen Goodwill-Abschreibung, in: KoR 2001, S. 107-112.

Pellens, B., unter Mitarbeit von A. Bonse, R. U. Fülbier, J. Gassen u. Th. Sellhorn [2001], Internationale Rechnungslegung, 4. Auflage, Stuttgart 2001.

Pellens, B./Bonse, A. [1999], Annäherung des deutschen Aktionärsschutzes an US-amerikanische Vorstellungen, in: Festschrift für Bernhard Großfeld zum 65. Geburtstag, Hrsg. Hübner, U./Ebke, W. F., Heidelberg 1999, S. 851-874.

Pellens, B./Bonse, A./Gassen, J. [1998], Perspektiven der deutschen Konzernrechnungslegung, in: DB 1998, S. 785-792.

Pellens, B./Crasselt, N./Schremper, R. [2002], Berücksichtigung von Geschäftsbereichs-Goodwills bei der wertorientierten Unternehmensführung, in: Marketing-Management und Unternehmensführung: Festschrift für Professor Dr. Richard Köhler zum 65. Geburtstag, Hrsg. Böhler, H., Stuttgart 2002, S. 121-135.

Pellens, B./Fülbier, U. [2000a], Differenzierung der Rechnungslegungsregulierung nach Börsenzulassung, in: ZGR 2000, S. 572-593.

Pellens, B./Fülbier, U. [2000b], Immaterielle Vermögensgegenstände in der internen und externen Unternehmensrechnung, in: Wertorientierte Konzernführung: Kapitalmarktorientierte Rechnungslegung und integrierte Unternehmenssteuerung, Hrsg. Küting, K./Weber, C.-P., Stuttgart 2000, S. 119-155.

Pellens, B./Fülbier, U. [2000c], Ansätze zur Erfassung immaterieller Werte in der kapitalmarktorientierten Rechnungslegung, in: Zur Rechnungslegung nach International Accounting Standards (IAS), Hrsg. Baetge, J., Düsseldorf 2000, S. 35-77.

Pellens, B./Fülbier, U./Ackermann, U. [1996], International Accounting Standards Committee: Deutscher Einfluß auf Arbeit und Regelungen, in: DB 1996, S. 285-291.

Pellens, B./Fülbier, R. U./Gassen, J. [1998], Unternehmenspublizität unter veränderten Marktbedingungen, in: Controlling und Rechnungswesen im internationalen Wettbewerb, Hrsg. Börsig, C./Coenenberg, A. G., Stuttgart 1998, S. 55-69.

Pellens, B./Fülbier, R. U./Gassen, J. [1999], Herausforderungen an die Rechnungslegungs- und Publizitätsregulierung, in: Internationale Rechnungslegung, Festschrift für C.-P. Weber, Hrsg. Küting, K./Langenbucher, G., Stuttgart 1999, S. 543-558.

Pellens, B./Fülbier, R. U./Sellhorn, T. [2001], Immaterielle Werte in der kapitalmarktorientierten Rechnungslegung, in: Internationale Rechnungslegung - Konsequenzen für Unternehmensführung, Rechnungswesen, Standardsetting, Prüfung und Kapitalmarkt, Hrsg. Coenenberg, A. G./Pohle, K., Stuttgart 2001, S. 81-114.

Pellens, B./Gassen, J. [2001], EU-Verordnungsentwurf zur IAS-Konzernrechnungslegung, in: KoR 2001, S. 137-142.

Pellens, B./Rockholtz, C./Stienemann, M. [1997], Marktwertorientiertes Konzerncontrolling in Deutschland, in: DB 1997, S. 1933-1939.

Pellens, B./Sellhorn, Th. [2001a], Neue Goodwill-Bilanzierung nach US-GAAP, in: DB 2001, S. 713-720.

Pellens, B./Sellhorn, Th. [2001b], Goodwill-Bilanzierung nach SFAS 141 und 142 für deutsche Unternehmen, in: DB 2001, S. 1681-1689.

Pellens, B./Sellhorn, Th. [2002], Neue US-Goodwillbilanzierung steht deutschen Unternehmen nun offen, in: KoR 2002, S. 113-114.

Pellens, B./Sellhorn, Th./Weinreis, M. [2002], Verwirrung beim Anleger wegen der neuen Firmenwertbilanzierung, in: FAZ v. 22.4.2002, S. 25.

Pellens, B./Tomaszewski, C. [1999], Kapitalmarktreaktionen auf den Rechnungslegungswechsel zu IAS bzw. US-GAAP, in: Rechnungswesen und Kapitalmarkt, ZfbF-Sonderheft 41, Hrsg. Gebhardt, G./Pellens, B., Düsseldorf/Frankfurt 1999, S. 199-228.

Pellens, B./Tomaszewski, C./Weber, N. [2000], Wertorientierte Unternehmensführung in Deutschland, in: DB 2000, S. 1825-1833.

Perlitz, M. [1980], Möglichkeiten der Prognose von Wachstumskrisen von Unternehmen mit Hilfe finanzanalytischer Kennzahlen, in: ZfbF 1980, S. 370-378.

Perlitz, M. [2000], Internationales Management, 4. Aufl., Stuttgart 2000.

Perlitz, M./Küpper, H./Löbler, H. [1985], Vergleich der Eigenkapitalausstattung deutscher, US-amerikanischer und britischer Unternehmen, in: ZGR 1985, S. 16-49.

Perridon, L./Steiner, M. [1999], Finanzwirtschaft der Unternehmung, 10. Aufl., München 1999.

Peters, L. [2001], Objektivierung der Konzernrechnungslegung unter Berücksichtigung der Beurteilung der 7. EG-Richtlinie, der IAS und der US-GAAP, Frankfurt a.M. u.a. 2001.

Pezzer, H.-J. [1991], Bilanzierungsprinzipien als sachgerechte Maßstäbe der Besteuerung, in: Probleme des Steuerbilanzrechts, Hrsg. Doralt, W., DStJG 14, Köln 1991, S. 3-27.

Pezzer, H.-J. [1994], Rechtsprechung des Bundesfinanzhofs zur Konkretisierung öffentlich-rechtlicher Verpflichtungen, in: Bilanzierung von Umweltlasten und Umweltschutzverpflichtungen, Hrsg. Herzig, N., Köln 1994, S. 21-38.

Pfaff, D. [1989], Gewinnverwendungsregelungen als Instrument zur Lösung von Agency-Problemen, Frankfurt a. M. u. a. 1989.

Pfaff, D. [1994a], Zur Notwendigkeit einer eigenständigen Kostenrechnung, in: ZfbF 1994, S. 1065-1084.

Pfaff, D. [1994b], Controlling auf Basis der externen Unternehmensrechnung, in: Der Schweizer Treuhänder 1994, S. 666-668.

Pfaff, D. [1995a], Der Wert von Kosteninformationen für die Verhaltenssteuerung in Unternehmen, in: Unternehmensrechnung als Instrument der internen Steuerung, ZfbF-Sonderheft 34, Hrsg. Schildbach, Th./Wagner, F. W., Düsseldorf/Frankfurt 1995, S. 119-156.

Pfaff, D. [1995b], Diskussionsbeitrag zum Thema: Aktuelle Überlegungen zur Gestaltung von Kostenrechnungssystemen, in: BFuP 1995, S. 640-641.

Pfaff, D. [1995c], Kostenrechnung, Verhaltenssteuerung und Controlling, in: DU 1995, S. 437-455.

Pfaff, D. [1996], Kostenrechnung als Instrument der Entscheidungssteuerung. Chancen und Probleme, in: krp 1996, S. 151-156.

Pfaff, D. [1998], Wertorientierte Unternehmenssteuerung, Investitionsentscheidungen und Anreizprobleme, in: BFuP 1998, S. 491-516.

Pfaff, D. [1999], Kommentar zu Baldenius/Fuhrmann/Reichelstein (1999): Residualgewinne und die Steuerung von Anlageinvestitionen, in: BFuP 1999, S. 65-69.

Pfaff, D./Bärtl, O. [1998], Externe Rechnungslegung, internes Rechnungswesen und Kapitalmarkt. Die Bedeutung des Kapitalmarktes für den Zusammenhang zwischen externem und internem Rechnungswesen, in: ZfbF 1998, S. 757-777.

Pfaff, D./Bärtl, O. [1999], Wertorientierte Unternehmenssteuerung – Ein kritischer Vergleich ausgewählter Konzepte, in: Rechnungswesen und Kapitalmarkt, ZfbF-Sonderheft 41, Hrsg. Gebhardt, G./Pellens, B., Düsseldorf/Frankfurt 1999, S. 85-115.

Pfaff, D./Kunz, A. H./Pfeiffer, T. [2000], Wertorientierte Unternehmenssteuerung und das Problem des ungeduldigen Managers, in: WiSt 2000, S. 562-567.

Pfaff, D./Pfeiffer, T./Kunz, A. H. [2001], Geschäftsbereichs-Controlling, in: ZfB 2001, S. 119-135.

Pfaff, D./Weber, J. [1997], In der Kostenrechnung nichts Neues?, in: Rechnungslegung im Wandel der Zeit, Sonderheft zum 100. Geburtstag von Karl Käfer, Die Unternehmung 1997, S. 459-472.

Pfaff, D./Weber, J. [1998], Zweck der Kostenrechnung?, in: DBW 1998, S. 151-165.

Pfaff, D./Zweifel, P. [1998], Die Principal-Agent-Theorie, in: WiSt 1998, S. 184-190.

Pfahl, F. [1999], Die Maßgeblichkeit der Handelsbilanz, ein dem Steuerbilanzrecht vorgegebenes Grundprinzip?, Frankfurt a. M. u. a. 1999.

Pfeiffer, T. [2000], Good and Bad News for the Implementation of Shareholder-Value Concepts in Decentralized Organizations, in: SBR 2000, S. 68-91.

Pfeil, O. P./Vater, H. J. [2002], "Die kleine Unternehmensbewertung" oder die neuen Vorschriften zur Goodwill- und Intangible-Bilanzierung nach SFAS No. 141 und SFAS No. 142, in: KoR 2002, S. 66-81.

Pfitzer, N. [1999], Diskussionsbeitrag auf der Münchner Steuerfachtagung 1999, in: IStR 1999, Beihefter zu Heft 12, S. 8 u. 12.

Pfitzer, N./Oser, P./Orth, C. [2002], Zur Reform des Aktienrechts, der Rechnungslegung und Prüfung durch das TransPubG, in: DB 2002, S. 157-165.

Picot, A. [1997], Information als Wettbewerbsfaktor – Veränderungen in Organisation und Controlling, in: Information als Wettbewerbsfaktor, Hrsg. Picot, A., Stuttgart 1997, S. 175-199.

Pilhofer, J. [1997], Rückstellungen im internationalen Vergleich. Bilanzierung und Bewertung nach HGB, US-GAAP und IAS, Wiesbaden 1997.

Plasschaert, S. [1997], An EU Tax on the Consolidated Profits of Multinational Enterprises, in: European Taxation 1997, S. 10-13.

Plaut, T./Sanne, S. [1991], Bilanzanalyse aus der Sicht des internationalen Anlegers, in: Unternehmensverfassung und Rechnungslegung in der EG, Hrsg. Chmielewicz, K./Forster, K.-H., ZfbF-Sonderheft 29, Düsseldorf/Frankfurt 1991, S. 157-164.

Pohl, F. [1983], Die Entwicklung des ertragsteuerlichen Maßgeblichkeitsprinzips, Diss. Köln 1983.

Pohle, K. [1998], Investor Relations, in: Lexikon des Rechnungswesens, Hrsg. Busse von Colbe, W./Pellens, B., München/Wien 1998, S. 362-364.

Porcano, T. M./Tran, A. V. [1998], Relationship of Tax and Financial Accounting Rules in Anglo-Saxon Countries, in: The International Journal of Accounting 1998, S. 433-454.

Postert, A./Wolz, M. [1999], Die Bilanzierung von Pensionsrückstellungen nach HGB und US-GAAP, in: DB 1999, S. 2173-2178.

Pratt, J. W./ Kulsrud, W. N.[1996], Federal Taxation, 1997 edition, Boston 1996.

Prechtel, A./Schätzle, R. [1998], Aktienoptionen für Führungskräfte – Ein Shareholder Value-Signal an US-Investoren, in: Zugang zum US-Kapitalmarkt für deutsche Aktiengesellschaften, Hrsg. Rosen, R. v./Seifert, W. G., Frankfurt a.M. 1998, S. 287-299.

Preinreich, G. [1937], Valuation and Amortization, in: The Accounting Review 1937, Vol. 12, S. 209-226.

Press, E. G./Weintrop, J. B. [1990], Accounting-Based Constraints in Public and Private Debt Agreements – Their Association with Leverage and Impact on Accounting Choice, in: Journal of Accounting and Economics 1990, Vol. 12, S. 65-95.

Probst, H. [1992], Mehr angloamerikanische Rechnungslegung in der EG durch geänderte Verfahren?, in: BFuP 1992, S. 426-440.

Puckler, G. [1986], Das Bank- und Börsenwesen in den USA, 2. Aufl., Frankfurt a. M. 1986.

Pütz, P./Willgerodt, H. [1985], Gleiches Recht für Beteiligungskapital, Baden-Baden 1985.

Quick, R./Baker, C. R. [1995], Die zivilrechtliche Haftung des Abschlußprüfers in den USA, in: RIW 1995, S. 474-485.

Raby, W. L./ Richter, R. F. [1975], Conformity of Tax and Financial Accounting, in: The Journal of Accountancy März 1975, S. 42-48.

Radebaugh, L. H./Gebhardt, G./Gray, S. J. [1995], Foreign Stock Exchange Listings: A Case Study of Daimler-Benz, in: Journal of Financial Management and Accounting 1995, S. 158-192.

Raettig, L. [1998], Eigenkapitalbeschaffung in den USA für kleinere und mittlere Unternehmen, in: Zugang zum US-Kapitalmarkt für deutsche Aktiengesellschaften, Hrsg. Rosen, R. v./Seifert, W. G., Frankfurt a.M. 1998, S. 247-254.

Rahlf, S. [2000], IAS-Bilanzierung und Besteuerung, Bielefeld 2000.

Ranker, D./Wohlgemuth, F./Zwirner, C. [2001], Die Bedeutung immaterieller Vermögenswerte bei Unternehmen des Neuen Marktes und daraus resultierende Implikationen für eine kapitalmarktorientierte Berichterstattung, in: KoR 2001, S. 269-279.

Ramin, K. P. [1998], International Accounting Standards (IAS) als zukünftiger Internationaler Rechnungslegungsstandard für globale Börsenzulassungen, in: Zugang zum US-Kapitalmarkt für deutsche Aktiengesellschaften, Hrsg. Rosen, R. v./Seifert, W. G., Frankfurt a.M. 1998, S. 189-200.

Rammert, S. [1998], Die Bilanzierung von Aktienoptionen für Manager – Überlegungen zur Anwendung von US-GAAP im handelsrechtlichen Jahresabschluß, in: WPg 1998, S. 766-777.

Rammert, S. [1999], Pooling of interests – die Entdeckung eines Auslaufmodells durch deutsche Konzerne?, in: DBW 1999, S. 620-632.

Rappaport, A. [1999], Shareholder Value, 2. Aufl., Stuttgart 1999.

Ratner, D. L. [1996], Securities Regulation in a Nutshell, 5th edition, St. Paul 1996.

Rau, H.-G. [1974], Ziele der Einkommensteuerreform, in: BB 1974, S. 122-128.

Raupach, A. [1989], Handelsbilanz und Steuerbilanz – Maßgeblichkeit und umgekehrte Maßgeblichkeit, in: Handelsbilanz und Steuerbilanz, Beiträge zum neuen Bilanzrecht, Bd. II, Hrsg. Mellwig, W./Moxter, A./Ordelheide, D., Wiesbaden 1989, S. 105-117.

Raupach, A. [1990], Von der Maßgeblichkeit der Handelsbilanz für die steuerliche Gewinnermittlung zur Prädominanz des Steuerrechts in der Handelsbilanz, in: BFuP 1990, S. 515-526.

Raupach, A. [1994], Das Steuerrecht als unerwünschte Quelle der Handelsbilanz, in: Bilanzrecht und Kapitalmarkt, Festschrift für A. Moxter, Hrsg. Ballwieser, W. u. a., Düsseldorf 1994, S. 101-124.

Raupach, A. [2000], Perspektiven für den Steuerstandort Deutschland, in: StuW 2000, S. 341-368.

Raupach, A. [2001], Wandel von Bilanzierungszwecken?, in: Gesellschaftsrecht, Rechnungslegung, Steuerrecht, Festschrift für W. Müller, Hrsg. Hommelhoff, P./Zätzsch, R./Erle, B., München 2001, S. 793-813.

Rautenberg, H. G. [1990], Externe Rechnungslegung, Maßgeblichkeitsprinzip und Finanzierung, in: Finanz- und Rechnungswesen als Führungsinstrument, Hrsg. Ahlert, D., Wiesbaden 1990, S. 251-268.

Rehkugler, H./Voigt, M./Wolff, H. [1993], Anlageverhalten der privaten Haushalte international, in: Die Bank 1993, S. 316-322.

Reichelstein, S. [1997], Investment Decisions and Managerial Performance Evaluation, in: Review of Accounting Studies 1977, Vol. 2, S. 157-180.

Reichelstein, S. [2000], Providing Managerial Incentives: Cash Flows versus Accrual Accounting, in: Journal of Accounting Research, Vol. 38 (2000), S. 243-269.

Reichert, G. [1998], Die Maßgeblichkeit der Handelsbilanz für die Steuerbilanz, in: SteuerStud 1998, S. 548-553.

Reichertz, R./Frey, D. [1997], Bilanzierung von Leasingverträgen nach US-GAAP, in: WPg 1997, S. 662-675.

Reinhart, A. [1998], Die Auswirkungen der Rechnungslegung nach International Accounting Standards auf die erfolgswirtschaftliche Abschlußanalyse von deutschen Jahresabschlüssen, Frankfurt a. M. 1998.

Reusch, K. M. [2002], Das Bilanzsteuerrecht der Vereinigten Staaten von Amerika. Vergleichende Untersuchung und Analyse der Eignung für eine Übernahme in das deutsche Steuerrecht, Wiesbaden 2002.

Revsine, L. [1970], On the Correspondence Between Replacement Cost Income and Economic Income, in: Accounting Review 1970, Vol. 45, S. 513-523.

Revsine, L. [1973], Replacement Cost Accounting, Englewood Cliffs, N. J. 1973.

Riahi-Belkaoui, A./Picur, R. D. [1991], Cultural Determinism and the Perception of Accounting Concepts, in: The International Journal of Accounting, Vol. 26, 1991, S. 118-130.

Richter, F. [1996], Konzeption eines marktwertorientierten Steuerungs- und Monitoringsystems, Frankfurt u.a. 1996.

Richter, F./Honold, D. [2000], Das Schöne, das Unattraktive und das Hässliche an EVA & Co., in: FB 2000, S. 265-274.

Richter, F. W. [1986], Das Johansson-Samuelson-Theorem bewertungsneutraler Abschreibung langlebiger Wirtschaftsgüter bei Einkommensbesteuerung, in: FA 1986, S. 434-449.

Richter, F. W. [2001], Die Besteuerung der Altersvorsorge aus wirkungsanalytischer Perspektive, in: FR 2001, S. 1000-1004.

Richter, M. [2000], Gewinnrealisierung bei langfristiger Fertigung, in: US-amerikanische Rechnungslegung, Hrsg. Ballwieser, W., 4. Aufl., Stuttgart 2000, S. 139-168.

Riebel, P. [1994], Einzelkosten- und Deckungsbeitragsrechnung. Grundfragen einer markt- und entscheidungsorientierten Unternehmensrechnung, 7. Aufl., Wiesbaden 1994.

Rieger, W. [1954], Schmalenbachs dynamische Bilanz, 2. Aufl., Stuttgart/Köln 1954.

Rieger, W. [1959], Einführung in die Privatwirtschaftslehre, 2. Aufl., Erlangen 1959.

Risse, A. [1995], Standard-Setting beim IASC: Mitwirkungsmöglichkeiten aus deutscher Sicht, in: RIW 1995, S. 830-834.

Risse, A. [1996], International Accounting Standards für den deutschen Konzernabschluß, Wiesbaden 1996.

Robbins, B. P. [1985], Perspectives on tax basis financial statements, in: Journal of Accountancy, August 1985, S. 89-100.

Robisch, M. [1993], Die Umkehrung des Maßgeblichkeitsprinzips, in: DStR 1993, S. 998-1004.

Robisch, M./Treisch, G. [1997], Neuere Entwicklungen des Verhältnisses von Handelsbilanz und Steuerbilanz - Anhaltspunkte für eine Tendenzwende?, in: WPg 1997, S. 156-169.

Röder, K. [1999], Kurswirkungen von Meldungen deutscher Aktiengesellschaften, Lohmar/Köln 1999.

Röhler, K.-P. [1997], American Depositary Shares, Baden-Baden 1997.

Roese, B. [1999], Bilanzielle Verbindlichkeiten nach HGB und US-GAAP, Wiesbaden 1999.

Röttger, B. [1994], Das Konzept des Added Value als Maßstab für die finanzielle Performance, Kiel 1994.

Rogerson, W. P. [1997], Intertemporal Cost Allocation and Managerial Investment Inventives: A Theory Explaining the Use of Economic Value Added as a Performance Measure, in: Journal of Political Economy 1997, Vol. 105, S. 770-795.

Roll, P./Kilka, M./Schiereck, D. [1998], Zur Vorteilhaftigkeit von Zweitnotierungen an ausländischen Börsenplätzen – Ein Überblick, in: DBW 1998, S. 770-785.

Roquette, A. J./Stanger, C. W. [1994], Das Engagement ausländischer Gesellschaften im US-amerikanischen Kapitalmarkt - Rechtliche Erwägungen für deutsche Gesellschaften, erläutert am Beispiel Daimler-Benz -, in: WM 1994, S. 137-147.

Rose, M. [1990], Strategieorientierte Reform der Unternehmensbesteuerung, in: StVj 1990, S. 1.

Rose, M. [1992], Reform der Besteuerung des Sparens und der Kapitaleinkommen, in: BB 1992, Beilage 5 zu Heft 10, S. 1-16.

Rose, M. [1998], Steuersystem der Zukunft: Mehr Arbeitsplätze durch marktorientierte Einkommensteuern, in: BB 1998, Beilage 7 zu Heft 24, S. 1-15.

Rosen, R. von [1989], Finanzplatz Deutschland, Frankfurt a.M. 1989.

Rosen, R. von [1998], American Depositary Receipts – attraktiver Weg zum US-Kapitalmarkt, in: Zugang zum US-Kapitalmarkt für deutsche Aktiengesellschaften, Hrsg. Rosen, R. v./Seifert, W. G., Frankfurt 1998, S. 17-28.

Rosen, R. von/Prechtel, A. [1996], Zugang deutscher Unternehmen zum US-Kapitalmarkt, in: Die Bank 1996, S. 388-392 u. 478-482.

Rossmanith, J./Funk, W. [2002], Ergebniswirksame Unterschiede internationaler Rechnungslegungsvorschriften, in: DB 2002, S. 1225-1231.

Rost, P. [1991], Der internationale Harmonisierungsprozeß der Rechnungslegung, Frankfurt a. M. u. a. 1991.

Rubin, S. [1984], The House of GAAP, in: The Journal of Accountancy, Juni 1984, S. 122-129.

Rudolph, B. [1983], Zur Bedeutung der kapitaltheoretischen Separationstheoreme für die Investitionsplanung, in: ZfB 1983, S. 261-287.

Rückle, D. [1984], Externe Prognosen und Prognoseprüfung, in: DB 1984, S. 57-69.

Rückle, D. [1997], Jahresabschlußaufstellung und -feststellung bei Personengesellschaften, in: Handelsbilanzen und Steuerbilanzen, Festschrift f. H. Beisse, Hrsg. Budde, W. D./Moxter, A./Offerhaus, K., Düsseldorf 1997, S. 433-449.

Rückle, D. [2001], Entwicklungslinien und Aussagekraft der Konzernrechnungslegung, in: Zum Erkenntnisstand der Betriebswirtschaftslehre am Beginn des 21. Jahrhunderts, Festschrift Loitlsberger, Hrsg. Wagner, U., Berlin 2001, S. 249-271.

Rümmele, P. [1998], Zeitliche und sachliche Abgrenzung von Entscheidungsmodellen in der Steuerplanung, Berlin 1998.

Ruhnke, K./Schmidt, M./Seidel, Th. [2000], Fortschritte bei der Verbreitung der IAS, in: StuB 2000, S. 876-883.

Ruhnke, K./Tümmler, C. [2000], Internationale Rechnungslegung, in: DBW 2000, S. 774-794.

Salzberger, W. [1999], Institutionelle Investoren und Corporate Governance in den USA, in: Finanzmanagement 1999, ZfB-Ergänzungsheft 3/1999, Hrsg. Albach, H., Wiesbaden 1999, S. 87-106.

Samuelson, P. A. [1964], Tax Deductibility of Economic Depreciation to Insure Invariant Valuations, in: Journal of Political Economy 1964, Vol. 72, S. 604-606.

Sarrazin, V. [1989], Entwicklungen in der Gesetzgebung zum Maßgeblichkeitsgrundsatz, in: Handelsbilanz und Steuerbilanz, Beiträge zum neuen Bilanzrecht, Bd. II, Hrsg. Mellwig, W./Moxter, A./Ordelheide, D., Wiesbaden 1989, S. 145-156.

Sauter, D. [1991], Remodeling the House of GAAP, in: The Journal of Accountancy, Juli 1991, S. 30-37.

Schäffeler, U. [2000], Latente Steuern nach US-GAAP für deutsche Unternehmen, Frankfurt a.M. u.a. 2000.

Schäfer, E. [1961], Die Unternehmung, 4. Aufl., Köln und Opladen 1961.

Schanz, G. [1896], Der Einkommensbegriff und die Einkommensteuergesetze, in: FA 1896, S. 1-87.

Scharpf, P. [2000], Bilanzierung von Finanzinstrumenten nach dem Vorschlag der EG-Kommission, in: DB 2000, S. 629-634.

Scharpf, P. [2001], Rechnungslegung von Financial Instruments nach IAS 39, Stuttgart 2001.

Schauenberg, B./Schmidt, R. H. [1983], Vorarbeiten zu einer Theorie der Unternehmung als Institution, in: Rekonstruktion der Betriebswirtschaftslehre als ökonomische Theorie, Hrsg. Kappler, E., Spardorf 1983, S. 247-276.

Schefczyk, M. [1998], Erfolgsstrategien deutscher Venture Capital-Gesellschaften, Stuttgart 1998.

Scheffler, E. [1993], Bilanzen als Prognose- und Steuerungsinstrument, in: DStR 1993, S. 1569-1574.

Scheffler, E. [1999], Internationale Rechnungslegung und deutsches Bilanzrecht, in: DStR 1999, S. 1285-1292.

Scheffler, E. [2000], Zur Entwicklung der Rechnungslegung in Deutschland, in: Festschrift für Marcus Lutter, Hrsg. Schneider, U. H. u.a., Köln 2000, S. 1613-1632.

Scheffler, E. [2002], Kapitalflussrechnung – Stiefkind der deutschen Rechnungslegung, in: BB 2002, S. 295-300.

Scheffler, W. [1991], Beurteilung von Einzelinvestitionen unter Einbezug der Besteuerung, in: WiSt 1991, S. 449-455.

Scheffler, W. [2000], Verbreiterung der Bemessungsgrundlage: Was bleibt von Rückstellungen in der Steuerbilanz?, in: StuB 2000, S. 489-494 u. 541-548.

Scheffler, W. [2001a], Gedanken zur Zukunft des Maßgeblichkeitsprinzips, in: DSWR 2001, S. 151-154.

Scheffler, W. [2001b], Auswirkungen des Karlsruher Entwurfs zur Reform des EStG auf die Steuerbilanz, in: StuB 2001, S. 904-914.

Schellein, H. [1998], Der Konzernabschluß als Steuerungsinstrument – Möglichkeiten und Grenzen, in: Der Konzern im Umbruch, Hrsg. Theisen, M. R., Stuttgart 1998, S. 250-257.

Schemmel, L. [1995], Zur Aufnahme des Leistungsfähigkeitsprinzips und anderer Grenzen für den Steuerstaat in das Grundgesetz, in: StuW 1995, S. 39-57.

Schenke, W.-R. [1980], Die verfassungsrechtliche Problematik dynamischer Verweisungen, in: NJW 1980, S. 743-749.

Schiereck, D. [1993], Zur Notierung deutscher Aktiengesellschaften an ausländischen Börsenplätzen, in: AG 1993, S. 319-323.

Schiereck, D. [1997], Entwicklungstendenzen bei den Börsennotierungen deutscher Gesellschaften im Ausland, in: AG 1997, S. 362-367.

Schildbach, Th. [1972], Zur Eignung des ökonomischen Gewinns im Rahmen der Rechnungslegung von Aktiengesellschaften, in: WPg 1972, S. 40-42.

Schildbach, Th. [1975], Analyse des betrieblichen Rechnungswesens aus der Sicht der Unternehmensbeteiligten: Dargestellt am Beispiel der Aktiengesellschaft, Wiesbaden 1975.

Schildbach, Th. [1983], Sicherheiten versus par conditio creditorum, in: BB 1983, S. 2129-2136.

Schildbach, Th. [1986], Jahresabschluß und Markt, Berlin u. a. 1986.

Schildbach, Th. [1987], Die neue Generalklausel für den Jahresabschluß von Kapitalgesellschaften – zur Interpretation des Paragraphen 264 Abs. 2 HGB, in: BFuP 1987, S. 1-15.

Schildbach, Th. [1989a], Maßgeblichkeit - Rechtslage und Perspektiven, in: BB 1989, S. 1443-1453.

Schildbach, Th. [1989b], Überlegungen zur Zukunft des Verhältnisses von Handels- und Steuerbilanz, in: BFuP 1989, S. 123-140.

Schildbach, Th. [1993], Der Konzernabschluß als Ausschüttungsbemessungsgrundlage, Teil I u. II, in: WPg 1993, S. 53-63 u. 94-98.

Schildbach, Th. [1994], Internationale Rechnungslegungsstandards auch für deutsche Einzelabschlüsse?, in: Bilanzrecht und Kapitalmarkt, Festschrift für A. Moxter, Hrsg. Ballwieser, W. u. a., Düsseldorf 1994, S. 699-721.

Schildbach, Th. [1995a], Rechnungslegungsideale, Bilanzkulturen, Harmonisierung und internationaler Wettbewerb, in: BB 1995, S. 2635-2644.

Schildbach, Th. [1995b], Entwicklungslinien in der Kosten- und internen Unternehmensrechnung, in: Unternehmensrechnung als Instrument der internen Steuerung, ZfbF-Sonderheft 34, Hrsg. Schildbach, Th./Wagner, F. W., Düsseldorf/Frankfurt 1995, S. 1-18.

Schildbach, Th. [1998a], Harmonisierung der Rechnungslegung – ein Phantom, in: BFuP 1998, S. 1-22.

Schildbach, Th. [1998b], Rechnungslegung nach US-GAAP – ein Fortschritt für Deutschland?, in: Rechnungslegung und Steuern international, ZfbF-Sonderheft Nr. 40, Hrsg. Ballwieser, W./Schildbach, Th., Düsseldorf 1998, S. 55-81.

Schildbach, Th. [1998c], Zeitwertbilanzierung in USA und nach IAS, in: BFuP 1998, S. 580-592.

Schildbach, Th. [1998d], Latente Steuern auf permanente Differenzen und andere Kuriositäten – Ein Blick in das gelobte Land jenseits der Maßgeblichkeit, in: WPg 1998, S. 939-947.

Schildbach, Th. [1999a], Rechnungslegung nach US-GAAP: Hoffnung und Wirklichkeit, Teil I. u. II, in: BB 1999, S. 359-364 u. 411-415.

Schildbach, Th. [1999b], Das private Rechnungslegungsgremium gemäß § 342 HGB und die Zukunft der Rechnungslegung in Deutschland, in: DB 1999, S. 645-652.

Schildbach, Th. [1999c], Zeitbewertung, Gewinnkonzeptionen und Informationsgehalt – Stellungnahme zu "Financial Assets and Liabilities – Fair Value or Historical Cost?", in: WPg 1999, S. 177-185.

Schildbach, Th. [1999d], Pensionsverpflichtungen nach US-GAAP/IAS versus HGB/GoB und die Informationsfunktion des Jahresabschlusses, in: ZfB 1999, S. 957-977.

Schildbach, Th. [1999e], Externe Rechnungslegung und Kongruenz – Ursache für die Unterlegenheit deutscher verglichen mit angelsächsischer Bilanzierung?, in: DB 1999, S. 1813-1820.

Schildbach, Th. [1999f], Öffnung der Jahresabschlüsse für IAS und US-GAAP – ein Fortschritt?, in: StuB 1999, S. 421-428.

Schildbach, Th. [2000a], Reichweite, Eigenschaften und Legitimation der US-GAAP: Vor überzogenen Erwartungen wird gewarnt!, in: StuB 2000, S. 192-201.

Schildbach, Th. [2000b], Ansatz und Bewertung immaterieller Anagewerte, in: US-amerikanische Rechnungslegung, Hrsg. Ballwieser, W., 4. Aufl., Stuttgart 2000, S. 99-113.

Schildbach, Th. [2000c], Der handelsrechtliche Jahresabschluß, 6. Aufl., Berlin 2000.

Schildbach, Th. [2001], Die Zukunft der deutschen Rechnungslegung, in: StuB 2001, S. 857-862.

Schildbach, Th. [2002], US-GAAP. Amerikanische Rechnungslegung und ihre Grundlagen, 2. Aufl., München 2002.

Schmalenbach, E. [1919], Grundlagen dynamischer Bilanzlehre, in: ZfhF 1919, S. 1-60 u. 65-101.

Schmalenbach, E. [1926], Dynamische Bilanz, 4. Aufl., Leipzig 1926.

Schmalenbach, E. [1962], Dynamische Bilanz, 13. Aufl., Köln und Opladen 1962.

Schmidbauer, R. [1999], Vergleich der wertorientierten Steuerungskonzepte im Hinblick auf die Anwendbarkeit im Konzern-Controlling, in: FB 1999, S. 365-377.

Schmidbauer, R. [2002], Die Konsolidierung von "Special Purpose Entities" nach IAS und HGB, insbesondere unter Berücksichtigung von E-DRS 16, in: DStR 2002, S. 1013-1017.

Schmidt, F. [1929], Die organische Tageswertbilanz, 3. Aufl., Leipzig 1929, unveränderter Nachdruck, Wiesbaden 1951.

Schmidt, H. [2001], Abkehr von der deutschen Rechnungslegung?, in: Internationale Rechnungslegung - Konsequenzen für Unternehmensführung, Rechnungswesen, Standardsetting, Prüfung und Kapitalmarkt, Hrsg. Coenenberg, A. G./Pohle, K., Stuttgart 2001, S. 261-262.

Schmidt, J. G. [1995], Die Discounted Cash-flow-Methode – nur eine kleine Abwandlung der Ertragswertmethode?, in: ZfbF 1995, S. 1088-1118.

Schmidt, K. [1985], Insolvenzrisiko und gesellschaftsrechtliche Haftung, in: JZ 1985, S. 301-308.

Schmidt, K. [1997], Gesellschaftsrecht, 3. Aufl., Köln u. a. 1997.

Schmidt, L. [1994], Maßgeblichkeitsprinzip und Einheitsbilanz, Heidelberg 1994.

Schmidt, L. [2002], Einkommensteuergesetz, 21. Aufl., München 2002.

Schmidt, M. [2000a], Das Konzept einer kapitalmarktorientierten Rechnungslegung, Bielefeld 2000.

Schmidt, M. [2000b], Latente Steuern nach US-GAAP in deutschen Konzernabschlüssen: Wesentliche Konsequenzen einer Steuerabgrenzung gemäß SFAS No. 109 statt nach § 274 und § 306 HGB, in: US-amerikanische Rechnungslegung, Hrsg. Ballwieser, W., 4. Aufl., Stuttgart 2000, S. 241-281.

Schmidt, P.-J. [1991], Wird die Handelsbilanz zur Steuerbilanz?, in: WPg 1991, S. 605-610.

Schmidt, P.-J. [1996], Wie maßgeblich bleibt die Maßgeblichkeit?, in: Rechnungslegung, Prüfung und Beratung, Festschrift für R. Ludewig, Hrsg. Baetge, J. u. a., Düsseldorf 1996, S. 901-919.

Schmidt, R. [1993], Das Shareholder Value-Konzept, in: Die Deutsche Aktie, Hrsg. Fritsch, U./Liener, G./Schmidt, R., Stuttgart 1993, S. 277-296.

Schmidt, R. H. [1982], Rechnungslegung als Informationsproduktion auf nahezu effizienten Kapitalmärkten, in: ZfbF 1982, S. 728-748.

Schmidt, R. H. /Spindler, G. [1997], Shareholder-Value zwischen Ökonomie und Recht, in: Wirtschafts- und Medienrecht in der offenen Demokratie, Festschrift für F. Kübler, Hrsg. Assmann, D. u.a., Heidelberg 1997, S. 515-555.

Schmidt, R. H./Terberger, E. [1997], Grundzüge der Investitions- und Finanzierungstheorie, 4. Aufl., Wiesbaden 1997.

Schmitz, R. [1988], Die Bilanzrichtlinie und ihr Beitrag zur Harmonisierung der Rechnungslegung in den EG-Staaten, in: Harmonisierung der Rechnungslegung in Europa, Hrsg. Albach, H./Klein, G., ZfB-Ergänzungsheft 1/1988.

Schmitz, T. [1986], Maßgeblichkeitsprinzip und Steuervergünstigungen, in: DB 1986, S. 14-16.

Schneeloch, D. [1990], Die Grundsätze der Maßgeblichkeit, in: DStR 1990, S. 51-61.

Schneider, D. [1963], Bilanzgewinn und ökonomische Theorie, in: ZfhF 1963, S. 457-474.

Schneider, D. [1966], Diskussionsbeitrag, in: ZfbF 1966, S. 571-575.

Schneider, D. [1968a], Ausschüttungsfähiger Gewinn und das Minimum an Selbstfinanzierung, in: ZfbF 1968, S. 1-29.

Schneider, D. [1968b], Bilanztheorie gestern und heute, in: Der Volkswirt 1968, S. 47-50.

Schneider, D. [1969], Die Problematik betriebswirtschaftlicher Teilwertlehren, in: WPg 1969, S. 305-313.

Schneider, D. [1970a], Sofortiger Verlustausgleich statt Teilwertabschreibung - ein Problem der Steuerreform - , in: WPg 1970, S. 68-72.

Schneider, D. [1970b], Sieben Thesen zum Verhältnis von Handels- und Steuerbilanz, in: DB 1970, S. 1697-1705.

Schneider, D. [1971a], Aktienrechtlicher Gewinn und ausschüttungsfähiger Betrag, in: WPg 1971, S. 607-617.

Schneider, D. [1971b], Eine Reform der steuerlichen Gewinnermittlung? Anmerkungen zum Teil "Gewinnermittlung" des Gutachtens der Steuerreformkommission 1971, in: StuW 1971, S. 326-341.

Schneider, D. [1971c], Gewinnermittlung und steuerliche Gerechtigkeit, in: ZfbF 1971, S. 352-394.

Schneider, D. [1971d], Gewinnbesteuerung und Unternehmenserhaltung, in: ZfbF 1971, S. 566-578.

Schneider, D. [1972], "Aktienrechtlicher Gewinn und ausschüttungsfähiger Betrag" in der Diskussion, in: WPg 1972, S. 180-188.

Schneider, D. [1973], Renaissance der Bilanztheorie?, in: ZfbF 1973, S. 29-58.

Schneider, D. [1974], Abschreibungsverfahren und Grundsätze ordnungsmäßiger Buchführung, in: WPg 1974, S. 365-376.

Schneider, D. [1976a], Realisationsprinzip und Einkommensbegriff, in: Bilanzfragen, Hrsg. Baetge, J./Moxter, A./Schneider, D., Festschrift für U. Leffson, Düsseldorf 1976, S. 101-117.

Schneider, D. [1976b], Besteuerung von Veräußerungsgewinnen und Verkaufsbereitschaft: der fragwürdige "lock-in-Effekt", in: StuW 1976, S. 197-210.

Schneider, D. [1978a], Erfolgsermittlung als Rechnungsziel – ein empirischer und wissenschaftsgeschichtlicher Test, in: ZfbF 1978, S. 326-347.

Schneider, D. [1978b], Steuerbilanzen, Wiesbaden 1978.

Schneider, D. [1978c], Maßgeblichkeit der Handelsbilanz für die Steuerbilanz und Besteuerung nach der Leistungsfähigkeit, in: BB 1978, S. 1577-1581.

Schneider, D. [1979], Bezugsgrößen steuerlicher Leistungsfähigkeit und Vermögensbesteuerung, in: FA, N. F. (1979), S. 26-49.

Schneider, D. [1980a], Bilanzrechtsprechung und wirtschaftliche Betrachtungsweise, in: BB 1980, S. 1225-1232.

Schneider, D. [1980b], Gliederungs-, Ansatz- und Bewertungswahlrechte für den Jahresabschluß, in: Rechnungslegung nach neuem Recht, Hrsg. Bierich, M. u. a., Wiesbaden 1980, S. 81-100.

Schneider, D. [1981a], Kritische Anmerkungen zur Bilanzauffassung des Bundesfinanzhofs, in: StBJb 1981/82, S. 175-194.

Schneider, D. [1981b], Kapitalmarkteffizienz durch Jahresabschlußreformen?, Göttingen 1981.

Schneider, D. [1983a], Betriebswirtschaftliche Gewinnermittlung oder ökonomische Analyse des Bilanzrechts?, in: ZfbF 1983, S. 1040-1065.

Schneider, D. [1983b], Rechtsfindung durch Deduktion von Grundsätzen ordnungsmäßiger Buchführung aus gesetzlichen Jahresabschlußzwecken?, in: StuW 1983, S. 141-160.

Schneider, D. [1983c], Wozu eine Reform des Jahresabschlusses?, in: Der Jahresabschluß im Widerstreit der Interessen, Hrsg. Baetge, J., Düsseldorf 1983, S. 131-155.

Schneider, D. [1984a], Der Einkommensbegriff und die Einkommensteuerrechtsprechung, in: FA 1984, S. 407-432.

Schneider, D. [1984b], Entscheidungsrelevante fixe Kosten, Abschreibungen und Zinsen zur Substanzerhaltung, in: DB 1984, S. 2521-2528.

Schneider, D. [1985], Eine Warnung vor Frühwarnsystemen, in: DB 1985, S. 1489-1494.

Schneider, D. [1986], Lücken bei der Begründung einer "Eigenkapitallücke", in: DB 1986, S. 2293-2298.

Schneider, D. [1987a], Mindestnormen zur Eigenkapitalausstattung als Beispiele unbegründeter Kapitalmarktregulierung?, in: Kapitalmarkt und Finanzierung, Hrsg. Schneider, D., Berlin 1987, S. 85-108.

Schneider, D. [1987b], Agency Costs and Transaction Costs: Flops in the Principal-Agent-Theory of Financial Markets, in: Agency Theory, Information and Incentives, Hrsg. Bamberg, G./Spremann, K., Berlin u. a. 1987, S. 481-494.

Schneider, D. [1988a], Grundsätze anreizverträglicher innerbetrieblicher Erfolgsrechnung zur Steuerung und Kontrolle von Fertigungs- und Vertriebsentscheidungen, in: ZfB 1988, S. 1181-1192.

Schneider, D. [1988b], Reformvorschläge zu einer anreizverträglichen Wirtschaftsrechnung bei mehrperiodiger Lieferung und Leistung, in: ZfB 1988, S. 1371-1386.

Schneider, D. [1989a], Erste Schritte zu einer Theorie der Bilanzanalyse, in: WPg 1989, S. 633-642.

Schneider, D. [1989b], Marktwirtschaftlicher Wille und planwirtschaftliches Können: 40 Jahre Betriebswirtschaftslehre im Spannungsfeld zur marktwirtschaftlichen Ordnung, in: ZfbF 1989, S. 11-43.

Schneider, D. [1990], Meßkonzepte zur Steuerbelastung von Unternehmen, in: WiSt 1990, S. 497-502.

Schneider, D. [1991], Die Anfänge der "Steuerbilanz" und die Entstehung des Maßgeblichkeitsprinzips, in: Betriebswirtschaftliche Steuerlehre und Steuerberatung, Hrsg. Herzig, N., Festschrift für G. Rose, Wiesbaden 1991, S. 175-190.

Schneider, D. [1992a], Investition, Finanzierung und Besteuerung, 7. Aufl., Wiesbaden 1992.

Schneider, D. [1992b], Maß und Ausmaß der Steuervergünstigungen, in: DB 1992, S. 1737-1742.

Schneider, D. [1992c], Theorien zur Entwicklung des Rechnungswesens, in: ZfbF 1992, S. 3-31.

Schneider, D. [1993], Wider Insiderhandelsverbot und die Informationseffizienz des Kapitalmarkts, in: DB 1993, S. 1429-1435.

Schneider, D. [1994], Grundzüge der Unternehmensbesteuerung, 6. Aufl., Wiesbaden 1994.

Schneider, D. [1995a], Streitfragen der Rückstellungsbilanzierung als Problem der Risikokapitalbildung, in: DB 1995, S. 1421-1426.

Schneider, D. [1995b], Betriebswirtschaftslehre, Bd. 1: Grundlagen, München/Wien 1995.

Schneider, D. [1996a], Theorie der Unternehmung und Theorie der Rechnungslegung, in: BFuP 1996, S. 471-502.

Schneider, D. [1996b], Sind Bewertungsvereinfachungen, wie das Lifo-Verfahren oder die Festwertrechnung, Steuervergünstigungen?, in: StuW 1996, S. 145-153.

Schneider, D. [1996c], Betriebswirtschaftliche Analyse von Bundesfinanzhofurteilen als Grundlage einer Deduktion handelsrechtlicher GoB, in: Rechnungslegung, Prüfung und Beratung - Herausforderungen für den Wirtschaftsprüfer -, Hrsg. Baetge, J. u. a., Festschrift für R. Ludewig, Düsseldorf 1996, S. 921-949.

Schneider, D. [1997], Betriebswirtschaftslehre, Bd. 2: Rechnungswesen, 2. Aufl., München/Wien 1997.

Schneider, D. [1998], Marktwertorientierte Unternehmensrechnung: Pegasus mit Klumpfuß, in: DB 1998, S. 1473-1478.

Schneider, D. [1999a], Abbau von Steuervergünstigungen durch Skalpierung der Maßgeblichkeit und Verlustverrechnung als "Stärkung der Investitionskraft"?, in: DB 1999, S. 105-110.

Schneider, D. [1999b], Ist die Einkommensteuer überholt? Kritik und Reformvorschläge, in: Einkommen versus Konsum, Hrsg. Smekal, C./Sendlhofer, R./Winner, H., Heidelberg 1999, S. 1-14.

Schneider, D. [2000a], Höhere Unternehmenssteuerbelastung durch Senken der Gewinnsteuersätze!, in: BB 2000, S. 1322-1326.

Schneider, D. [2000b], Otto H. Jacobs´ "Das Bilanzierungsproblem in der Ertragsteuerbilanz" und dessen Stellung in der Wissenschaftsgeschichte steuerlicher Gewinnermittlung, in: DB 2000, S. 1241-1245.

Schneider, D. [2000c], Fördern internationale Rechnungslegungsstandards Wettbewerb als Verwertung von Wissen?, in: Wettbewerb und Unternehmensrechnung, ZfbF-Sonderheft 45, Hrsg. Schildbach,Th./Wagenhofer, A., Düsseldorf/Frankfurt a.M. 2000, S. 23-40.

Schneider, D. [2000d], Mängel in der ökonomischen Begründung einer Steuerfreiheit für Kapitaleinkünfte, in: StuW 2000, S. 421-430.

Schneider, D. [2001], Oh, EVA, EVA, schlimmes Weib: Zur Fragwürdigkeit einer Zielvorgabe-Kennzahl nach Steuern im Konzerncontrolling, in: DB 2001, S. 2509-2514.

Schneider, D. [2002], Steuerlast und Steuerwirkung, München/Wien 2002.

Schön, M. [1997], Aktivierung von immateriellen Anlagewerten in den USA im Vergleich zur deutschen Rechnungslegung, Frankfurt a. M. u. a. 1997.

Schön, W. [1993], Die Auslegung europäischen Steuerrechts, Köln 1993.

Schön, W. [1995], Die Steuerbilanz zwischen Handelsrecht und Grundgesetz, in: StuW 1995, S. 366-377.

Schön, W. [1996], Gemeinschaftskonforme Auslegung und Fortbildung des nationalen Steuerrechts – unter Einschluß des Vorlageverfahrens nach Art. 177 EGV -, in: Steuerrecht im Europäischen Binnenmarkt, Hrsg. Lehner, M., Köln 1996, S. 167-200.

Schön, W. [1997a], Entwicklung und Perspektiven des Handelsbilanzrechts: vom ADHGB zum IASC, in: ZHR 1997, S. 133-159.

Schön, W. [1997b], Bilanzkompetenzen und Ausschüttungsrechte in der Personengesellschaft, in: Handelsbilanzen und Steuerbilanzen, Festschrift f. H. Beisse, Hrsg. Budde, W. D./Moxter, A./Offerhaus, K., Düsseldorf 1997, S. 471-489.

Schön, W. [1997c], Steuerliche Einkünfteermittlung, Maßgeblichkeitsprinzip und Europäisches Bilanzrecht, in: Unternehmen Steuern, Festschrift für H. Flick, Hrsg. Klein, F. u. a., Köln 1997, S. 573-586.

Schön, W. [1997d], Aktuelle Fragen zum europäischen Handels- und Steuerrecht, in: JbFfSt 1996/97, S. 77-84.

Schön, W. [2000], Gesellschafter-, Gläubiger- und Anlegerschutz im Europäischen Bilanzrecht, in: ZGR 2000, S. 706-742.

Schön, W. [2001], Internationalisierung der Rechnungslegung und Gläubigerschutz, in: WPg-Sonderheft 2001: Reformbedarf der deutschen Corporate Governance im globalen Wettbewerb, S. S74-S79.

Scholes, M. S./Wolfson, M. A. [1992], Taxes ans Business Strategy: A Planning Approach, Englewood Cliffs, New Jersey 1992.

Schredelseker, K. [1985], Der Nutzen von Bilanzinformationen für Kapitalanlageentscheidungen, in: Der Wirtschaftsprüfer im Schnittpunkt nationaler und internationaler Entwicklungen, Festschrift für K. v. Wysocki, Hrsg. Gross, G., Düsseldorf 1985, S. 129-141.

Schreiber, U. [1983], Unternehmensbewertung auf der Grundlage von Entnahmen und Endvermögen, in: DBW 1983, S. 79-93.

Schreiber, U. [1986], Aufwendungen und Erträge des Geschäftsjahrs, in: Handwörterbuch unbestimmter Rechtsbegriffe im Bilanzrecht des HGB, Hrsg. Leffson, U./Rückle, D./Großfeld, B., Köln 1986, S. 58-68.

Schreiber, U. [1987], Rechtsformabhängige Unternehmensbesteuerung, Köln 1987.

Schreiber, U. [1991], Betriebswirtschaftliche Forderungen an eine systematische Unternehmensbesteuerung, in: Finanzierung und Besteuerung der Unternehmung und des Konzerns, Hrsg. Betge, P./Theisen, M. R., Stuttgart 1991, S. 59-83.

Schreiber, U. [1993a], Die betriebswirtschaftliche Steuerlehre als Lehre von den ökonomischen Wirkungen des Steuerrechts, Diskussionspapier Nr. 183, FB Wirtschaftswissenschaften der Universität Hannover, 1993.

Schreiber, U. [1993b], Die Angleichung der steuerlichen Gewinnermittlung in der Europäischen Gemeinschaft, in: Ökonomische Analyse des Bilanzrechts, Hrsg. Wagner, F. W., Düsseldorf 1993, ZfbF-Sonderheft 32, S. 139-173.

Schreiber, U. [1994], Unternehmensbesteuerung im Europäischen Binnenmarkt, in: StuW 1994, S. 238-254.

Schreiber, U. [1997], Hat das Maßgeblichkeitsprinzip noch eine Zukunft?, in: Handelsbilanzen und Steuerbilanzen, Festschrift für H. Beisse, Hrsg. Budde, W. D./Moxter, A./Offerhaus, K., Düsseldorf 1997, S. 491-509.

Schreiber, U. [1998a], Internationale Mobilität von Steuerbasen - Ist nationale Steuerpolitik noch möglich?, in: Steuersysteme der Zukunft, Jahrestagung des Vereins für Socialpoiltik 1996, Hrsg. Krause-Junk, G., Berlin 1998, S. 29-88.

Schreiber, U. [1998b], Steuerwettbewerb, Steuerharmonisierung und neutrale Unternehmensbesteuerung, in: Rechnungslegung und Steuern international, ZfbF-Sonderheft Nr. 40, Hrsg. Ballwieser, W./Schildbach, Th., Düsseldorf 1998, S. 105-144.

Schreiber, U. [1999], Rechnungslegung im Einzelabschluß nach internationalen Grundsätzen?, in: Unternehmenspolitik und Internationale Besteuerung, Festschrift für L. Fischer, Hrsg. Kleineidam. H.-J., Berlin 1999, S. 879-912.

Schreiber, U. [2000a], Kosten- und Leistungsrechnung, in: Steuerberater Handbuch 2000/2001, Hrsg. Deutsches Steuerberaterinstitut e.V., Berlin 2000, S. 1742-1775.

Schreiber, U. [2000b], Die Bedeutung der US-amerikanischen Rechnungslegung für die Besteuerung von Gewinnen und Ausschüttungen, in: Ballwieser, W. (Hrsg.), US-amerikanische Rechnungslegung, 4. Aufl., Stuttgart 2000, S. 49-98.

Schreiber, U. [2000c], German Tax Reform – An International Perspective, in: FA 2000, S. 525-541.

Schreiber, U./Kaupp, K.-F./Krebok, F. [1989], Ein entscheidungsunterstützendes EDV-System für Investitionen in festverzinsliche Wertpapiere, in: DB 1989, S. 789-796.

Schreiber, U./Stellpflug, Th. [1999], Einkommen oder Konsum als Steuerbasis?, in: WiSt 1999, S. 186-192.

Schroeder, R. G./Clark, M. W. [1998], Accounting Theory, 6. Aufl., New York u. a. 1998.

Schröer, T. [1998], Das Realisationsprinzip in Deutschland und Großbritannien: Eine systematische Untersuchung und ihre Anwendung auf langfristige Auftragsfertigung und Währungsumrechnung, Frankfurt a.M. u.a. 1998.

Schruff, W. [1993], Die internationale Vereinheitlichung der Rechnungslegung nach den Vorschlägen des IASC - Gefahr oder Chance für die deutsche Rechnungslegung? -, in: BFuP 1993, S. 400-426.

Schüler, A. [2000], Periodische Performance-Messung durch Residualgewinne, in: DStR 2000, S. 2105-2108.

Schulte-Nölke, W. [2001], US-GAAP als Steuerungsgrundlage für Unternehmen, Wiesbaden 2001.

Schulz, E. [2002], Wertorientierte Strategie aus der Perspektive eines Großunternehmens, in: Wertorientierte Unternehmensführung: Strategien – Strukturen – Controlling, Hrsg. Macharzina, K./Neubürger, H.-J., Stuttgart 2002, S. 13-25.

Schulze zur Wiesche, D. [1988], Sacheinlagen in Kapitalgesellschaften, insbesondere GmbH, in: GmbHR 1988, S. 31-37.

Schulze zur Wiesche, D. [1994], Gewinnverteilungsvereinbarungen bei Personengesellschaften, in: StBp 1994, S. 177-184.

Schulze-Osterloh, J. [1995a], Fortentwicklung der Rechnungslegung auf Kosten gesellschaftsrechtlicher Kapitalschutzmechanismen?, in: Neuorientierung der Rechnungslegung, Bericht über die IDW-Fachtagung 1994, Düsseldorf 1995, S. 123-139.

Schulze-Osterloh, J. [1995b], Vorabentscheidung des Europäischen Gerichtshofs zum Handelsbilanzrecht, in: ZGR 1995, S. 170-189.

Schulze-Osterloh, J. [1996a], Harmonisierung der Rechnungslegung und Kapitalschutz, in: Bilanzrecht unter dem Einfluß internationaler Reformzwänge, Hrsg. Schruff, L., Düsseldorf 1996, S. 121-134.

Schulze-Osterloh, J. [1996b], Der Europäische Gerichtshof zur phasengleichen Aktivierung von Dividendenansprüchen, in: ZIP 1996, S. 1453-1457.

Schulze-Osterloh, J. [1997], Deutsches Bilanzrecht und Ertragsteuerrecht vor dem Europäischen Gerichtshof, in: DStZ 1997, S. 281-286.

Schulze-Osterloh, J. [1998], Die Reform der Konzernrechnungslegung nach IAS und US-GAAP, in: Gesellschaftsrecht 1997, Hrsg. Hommelhoff, P./Röhricht, V., Köln 1998, S. 301-311.

Schulze-Osterloh, J. [2000], Handels- und Steuerbilanz, in: ZGR 2000, S. 594-603.

Schüppen, M. [1996], Die "Zuweisung von Gewinnen im Jahresabschluß" – Delphisches O-rakel oder Salomonische Lösung?, in: DB 1996, S. 1481-1484.

Schuster, P. [1998], Gesetzliches Garantiekapital als Problem europäischer und deutscher Rechtspolitik, in: AG 1998, S. 379-381.

Schwab, M. [1999], Der Standardisierungsvertrag für das DRSC – Eine kritische Würdigung, Teil I u. II, in: BB 1999, S. 731-738 u. 783-788.

Schweitzer, M./Küpper, H.-U. [1998], Systeme der Kosten- und Erlösrechnung, 7. Aufl., München 1998.

Schweitzer, M./Ziolkowski, U. (Hrsg.) [1999], Interne Unternehmensrechnung: aufwandsorientiert oder kalkulatorisch?, ZfbF-Sonderheft 42, Düsseldorf 1999.

Schwinger, R. [1992], Einkommens- und konsumorientierte Steuersysteme, Heidelberg 1992.

Schwinger, R. [1993], Der Einfluß der Einkommensbesteuerung auf die Vorteilhaftigkeit einer Pensionszusage, in: ZfbF 1993, S. 227-246.

Scott, W. R. [1997], Financial Accounting Theory, Upper Saddle River 1997.

Seago, W. E. [1994], Clear Reflection of Income Under Section 446 (b) IRC, in: Tax Notes 1994, Vol. 62, S. 355-372.

Seeberg, Th. [1994], Probleme der Harmonisierung der Rechnungslegung aus der Sicht eines international tätigen Unternehmens, in: Die deutsche Rechnungslegung vor dem Hintergrund internationaler Entwicklungen, Hrsg. Baetge, J., Dusseldorf 1994, S. 135-149.

Seeberg, Th. [1995], Diskussionsbeitrag zum Thema: Aktuelle Überlegungen zur Gestaltung von Kostenrechnungssystemen, in: BFuP 1995, S. 641-643.

Seeberg, Th. [1998], Entwicklungstendenzen in der nationalen und internationalen Rechnungslegungspublizität, in: Rechnungswesen als Instrument für Führungsentscheidungen, Festschrift für A. G. Coenenberg, Hrsg. Möller, H. P./Schmidt, F., Stuttgart 1998, S. 597-616.

Seeberg, Th. [1999], Wertorientierte Unternehmensführung bei Siemens mit EVA/GWB, in: Unternehmenssteuerung und Anreizsysteme, Hrsg. Bühler, W./Siegert, Th., Stuttgart 1999, S. 269-278.

Seeliger, R./Kaatz, S. [1998], Konversion und Internationalisierung des Rechnungswesens in Deutschland, in: krp 1998, S. 125-132.

Seidenschwarz, W. [2002], Balanced Scorecard und Wertsteigerung, in: Wertorientierte Unternehmensführung: Strategien – Strukturen – Controlling, Hrsg. Macharzina, K./Neubürger, H.-J., Stuttgart 2002, S. 207-232.

Seifert, M. [2000], Rechnungslegung in der EU – Umfassende Neuregelung?, in: StuB 2000, S. 717-718.

Selchert, F. W. [1999], Internationalisierung der Rechnungslegung und Maßgeblichkeitsprinzip, in: Unternehmenspolitik und Internationale Besteuerung, Festschrift für L. Fischer, Hrsg. Kleineidam. H.-J., Berlin 1999, S. 913-933.

Selchert, F. W./Erhardt, M. [1999], Internationale Rechnungslegung, 2. Aufl., München/Wien 1999.

Sell, K. [2000], Rechnungslegung zum fair value?, in: StuB 2000, S. 511-513.

Selle, B. [1993], Gewinnverteilung bei der OHG - Eine ökonomisch gerechte Regelung?, in: DB 1993, S. 2040-2043.

Shapiro, J. E. [1998], The New York Stock Exchange: The Market and its Listing Requirements, in: Zugang zum US-Kapitalmarkt für deutsche Aktiengesellschaften, Hrsg. Rosen, R. v./Seifert, W. G., Frankfurt a.M. 1998, S. 303-312.

Sharpe, W. F. [1964], Capital Asset Prices: A Theory of Equilibrium under Conditions of Risk, in: Journal of Finance 1964, S. 425-442.

Shim, E. D./Larkin, J. M. [1998], Toward Relevancy in Financial Reporting: Mark-to-Market Accounting, in: Journal of Applied Business Research 1998, Vol. 14, S. 33-42.

Sieben, G. [1995], Unternehmensbewertung: Discounted Cash Flow-Verfahren und Ertragswertverfahren – Zwei völlig unterschiedliche Ansätze?, in: Internationale Wirtschaftsprüfung, Festschrift für H. Havermann, Hrsg. Lanfermann, J., Düsseldorf 1995, S. 713-737.

Siebert, H. [1996], Grundlagen der US-amerikanischen Rechnungslegung, Köln 1996.

Siefke, M. [1999], Externes Rechnungswesen als Datenbasis der Unternehmenssteuerung. Vergleich mit der Kostenrechnung und Shareholder-Value-Ansätzen, Wiesbaden 1999.

Siegel, S. [1996], Harmonization and Change in Accounting Principles: A Comment on Some Important Changes in United States Accounting, in: Bilanzrecht unter dem Einfluß internationaler Reformzwänge, Hrsg. Schruff, L., Düsseldorf 1996, S. 97-119.

Siegel, S. [1997], The Coming Revolution in Accounting: The Emergence of Fair Value as the Fundamental Principle of GAAP, in: WP-Kammer Mitteilungen, Sonderheft, Juni 1997, S. 81-90.

Siegel, Th. [1986], Wahlrecht, in: Handwörterbuch unbestimmter Rechtsbegriffe im Bilanzrecht des HGB, Hrsg. Leffson, U./Rückle, D./Großfeld, B., Köln 1986, S. 417-427.

Siegel, Th. [1987], Allgemeine Bewertungsgrundsätze, in: Beck´sches Handbuch der Rechnungslegung, Hrsg. Castan, E. u.a., München 1987, Abschn. B 161.

Siegel, Th. [1991], Der Einfluß einer Cash-flow-Steuer auf Finanzierung und Rechnungslegung: Kommentar, in: Konsumorientierte Neuordnung des Steuersystems, Hrsg. Rose, M., Berlin u.a. 1991, S. 522-532.

Siegel, Th. [1994], Saldierungsprobleme bei Rückstellungen und die Subventionswirkung des Maßgeblichkeitsprinzips, in: BB 1994, S. 2237-2245.

Siegel, Th. [1995], Rückstellungen und die Risikoverteilung des Jahresabschlusses, in: ZfbF 1995, S. 1141-1143.

Siegel, Th. [1996], Herstellungskosten und die Grundsätze ordnungsmäßiger Buchführung, in: Unternehmenstheorie und Besteuerung, Festschrift für D. Schneider, Hrsg. Elschen, R./Siegel, Th./Wagner, F. W., Wiesbaden 1996, S. 635-672.

Siegel, Th. [1997], Mangelnde Ernsthaftigkeit des Gläubigerschutzes als offene Flanke der deutschen Rechnungslegungsvorschriften, in: Jahresabschluß und Jahresabschlußprüfung, Festschrift für J. Baetge, Hrsg. Fischer, Th. R./Hömberg, R., Düsseldorf 1997, S. 117-149.

Siegel, Th. [1998], Zeitwertbilanzierung für das deutsche Bilanzrecht?, in: BFuP 1998, S. 593-603.

Siegel, Th. [1999a], Rückstellungen, Teilwertabschreibungen und Maßgeblichkeitsprinzip, in: StuB 1999, S. 195-201.

Siegel, Th. [1999b], Anmerkungen zur Teilwertabschreibung nach neuem Recht, in: StuB 1999, S. 928-929.

Siegel, Th. [1999c], Steuern, in: Handbuch der Wirtschaftsethik, Hrsg. Korff, W. u.a., Bd. 3, Gütersloh 1999, S. 354-398.

Siegel, Th. [2000a], Rückstellungen in der Steuerbilanz und Leistungsfähigkeitsprinzip, in: StuB 2000, S. 29-33.

Siegel, Th. [2000b], Die Beziehung zwischen steuerlich abzulehnenden Drohverlustrückstellungen und gebotenen Teilwertabschreibungen, in: StuB 2000, S. 564-567.

Siegel, Th. [2000c], Konsum- oder einkommensorientierte Besteuerung? Aspekte quantitativer und qualitativer Argumentation, in: ZfbF 2000, S. 724-741.

Siegel, Th. [2000d], Drohende Verluste aus schwebenden Geschäften und der eingetretene Verlust der Steuerpause, in: StuB 2000, S. 1096-1099.

Siegel, Th. [2002], Zur unsinnigen Bilanzierung eines zufälligen Teils des unbekannten originären Geschäftswerts nach DRS 1a, in: DB 2002, S. 749-751.

Siegel, Th./Bareis, P./Rückle, D./Schneider, D./Sigloch, J./Streim, H./Wagner, F. W. [1999], Stille Reserven und aktienrechtliche Informationspflichten, in: ZIP 1999, S. 2077-2087.

Siegert, Th. [1995], Shareholder-Value als Lenkungsinstrument, in: ZfbF 1995, S. 581-607.

Siegert, Th. [2002], Wertorientierte Unternehmensführung: Die Folge-Generation bei Haniel, in: Wertorientierte Unternehmensführung: Strategien – Strukturen – Controlling, Hrsg. Macharzina, K./Neubürger, H.-J., Stuttgart 2002, S. 35-44.

Siener, F. [1998], Interne Steuerung mit US-GAAP – Auswirkungen eines nach US-GAAP erstellten Konzernabschlusses (im Vergleich zum HGB), in: Controlling: Jetzt an die Zukunft denken, 13. Deutscher Controlling Congress in Düsseldorf, Hrsg. Reichmann, Th., Dortmund 1998, S. 25-43.

Sigloch, J. [1987], Abschreibungsfreiheit und Zinsbesteuerung, in: Kapitalmarkt und Finanzierung, Hrsg. Schneider, D., Berlin 1987, S. 169-186.

Sigloch, J. [1990], Verzerrende Wirkungen von Bemessungsgrundlagen und Tarif auf Unternehmensentscheidungen nach der Steuerreform 1990, in: StuW 1990, S. 229-236.

Sigloch, J. [1995], Einkommensbesteuerung der Unternehmen - Stand und Perspektiven, in: Unternehmenstheorie und Besteuerung, Hrsg. Elschen, R./Siegel, T./Wagner, F. W., Festschrift für D. Schneider, Wiesbaden 1995, S. 673-702.

Sigloch, J. [1999], Steuerausweichung, in: Knapps Enzyklopädisches Lexikon des Geld-, Bank- und Börsenwesens, Hrsg. Thießen, F. u.a., Frankfurt a.M. 1999, S. 1792-1798.

Sigloch, J. [2000], Ein Valet dem Maßgeblichkeitsprinzip?, in: BFuP 2000, S. 157-182.

Sill, H. [1995a], Externe Rechnungslegung als Controlling-Instrument!, in: Controlling-Prozesse optimieren, Hrsg. Horvath, P., Stuttgart 1995, S. 13-31.

Sill, H. [1995b], Marktorientiertes Kostenmanagement – Erfahrungen im Hause Siemens, in: Reengineering: Konzepte und Umsetzung innovativer Strategien und Strukturen, Hrsg. Schmalenbach-Gesellschaft – Deutsche Gesellschaft für Betriebswirtschaft e. V., Stuttgart 1995, S. 173-189.

Simon, H. [1886], Die Bilanzen der Aktiengesellschaften und der Kommanditgesellschaften auf Aktien, Berlin 1886.

Simon, H. [1899], Die Bilanzen der Aktiengesellschaften und der Kommanditgesellschaften auf Aktien, 3. Aufl., Berlin 1899.

Simonetti, G. [1968], A Challenge: Can the Accounting Profession Lead the Tax System?, in: The Journal of Accountancy 1968, S. 66-70.

Simonetti, G. [1971], Conformity of Tax and Financial Accounting, in: The Journal of Accountancy, Dezember 1971, S. 75-77.

Simson, W. [2002], Organisationsstruktur und Wertorientierung, in: Wertorientierte Unternehmensführung: Strategien – Strukturen – Controlling, Hrsg. Macharzina, K./Neubürger, H.-J., Stuttgart 2002, S. 101-116.

Sinn, H.-W. [1985], Kapitaleinkommensbesteuerung, Tübingen 1985.

Sinn, H.-W. [1987], Alternativen zur Einkommensteuer, in: Steuersystem und wirtschaftliche Entwicklung, Beihefte der Konjunkturpolitik, Heft 33, Berlin 1987, S. 11-50.

Sinn, H.-W. [1990], Commentary, in: The Personal Income Tax. Phoenix from the Ashes?, ed. by Cnossen, B./Bird, R. M., Amsterdam u. a. 1990, S. 81-83.

Skousen, K. F. [1983], An Introduction to the SEC, 3rd edition, Cincinnati u.a. 1983.

Sloan, R. G. [1996], Using earnings and free cash flow to evaluate corporate performance, in: Journal of Applied Corporate Finance, Vol. 9, Spring 1996, S. 70-78.

Small, D. G. [1995], Die US-Gewinnermittlung - eine bilanzsteuerrechtliche Übersicht, Teil I u. II, in: IStR 1995, S. 156-160 u. 204-208.

Smith, C. W. [1993], A Perspective on Accounting-Based Debt Covenant Violations, in: Accounting Review 1993, Vol. 68, S. 289-303.

Smith, J. K. [1991], Analyse und Vergleich der Besteuerung von Kapitalgesellschaften nach deutschem und amerikanischem Steuerrecht, Frankfurt a.M. u.a. 1991.

Smith Jr., C. W./Warner, J. B. [1979], On Financial Contracting: An Analysis of Bond Covenants, in: Journal of Financial Economics 1979, Vol. 7, S. 117-161.

Söffing, G. [1995], Für und Wider den Maßgeblichkeitsgrundsatz, in: Rechenschaftslegung im Wandel, Festschrift für W.-D. Budde, Hrsg. Förschle, G./Kaiser, K./Moxter, A., München 1995, S. 635-673.

Solomons, D. [1986], Making Accounting Policy - The Quest for Credibility in Financial Reporting, New York, Oxford 1986.

Sonnemann, E. [1989], Institutionelle und konzeptionelle Grundlagen der externen Rechnungslegung in den USA, in: RIW 1989, S. 886-900.

Sørensen, P. B. [1998], Recent Innovations in Nordic Tax Policy: From the Global Income Tax to the Dual Income Tax, in: Tax Policy in the Nordic Countries, Hrsg. Sørensen, P. B., London 1998, S. 1-27.

Spanheimer, J./Koch, C. [2000], Internationale Bilanzierungspraxis in Deutschland – Ergebnisse einer empirischen Untersuchung der Unternehmen des DAX und MDAX sowie des Neuen Marktes, in: WPg 2000, S. 301-310.

Spengel, C. [1998], Wettbewerbswirkungen der Köperschaftsteuer in Europa - Analyse und Reformvorschläge, in: DBW 1998, S. 348-368.

Spengel, C. [2001], IAS, Maßgeblichkeitsprinzip und Besteuerung, unveröffentlichtes Manuskript eines Vortrags im Rahmen der Veranstaltung der Nürnberger Steuergespräche e.V., IAS-Bilanzierung als Grundlage der Besteuerung, Mannheim 2001.

Spengel, C./Jaeger, C./Müller, K. [2000], Europarechtliche Beurteilung des Gesetzentwurfs zur Senkung der Steuersätze und zur Reform der Unternehmensbesteuerung, in: IStR 2000, S. 257-262.

Spengel, C./Lammersen, L. [2001], Methoden zur Messung und zum Vergleich von internationalen Steuerbelastungen, in: StuW 2001, S. 222-238.

Spengel, C./Schmidt, F. [1997], Betriebliche Altersversorgung, Besteuerung und Kapitalmarkt, Baden-Baden 1997.

Spetzler, E. [1991], Die richtlinienkonforme Auslegung als vorrangige Methode steuerjuristischer Hermeneutik, in: RIW 1991, S. 579-582.

Spetzler, W. [1993], Wirkung und Einfluß des Rechts der Europäischen Gemeinschaft auf das nationale Steuerrecht, in: DB 1993, S. 553-558.

Spindler, G. [1998], Deregulierung des Aktienrechts?, in: AG 1998, S. 53-74.

Spremann, K. [1990], Asymmetrische Information, in: ZfB 1990, S. 561-586.

Sprey, R. [1997], Das Lifo-Verfahren als Steuervergünstigung?, Hamburg 1997.

Sprissler, G. [2001], Gläubigerschutz durch Kapitalerhaltung?, in: Kapitalmarktorientierte Unternehmensüberwachung, Hrsg. IDW, Bericht über die IDW-Fachtagung 2000, Düsseldorf 2001, S. 85-104.

Sprouse, R. T. [1965], Observations Concerning The Realization Concept, in: The Accounting Review, Juli 1965, S. 522-526.

Sprouse, R. T./Moonitz, M. [1962a], A Tentative Set of Broad Accounting Principles for Business Enterprises, New York 1962.

Sprouse, R. T./Moonitz, M. [1962b], Summary from "A Tentative Set of Broad Accounting Principles for Business Enterprises", in: JoA May 1962, S. 61-63.

Stahl, A. B. [2002], Wechsel vom HGB auf IAS oder US-GAAP. Untersuchung der Motive und der organisatorischen Umsetzung in der Praxis, in: krp 2002, S. 33-36.

Stahl, H.-W. [1999], Unternehmensergebnisse im geschlossenen Rechenkreis, in: Integration der Unternehmensrechnung. Harmonisierung – Internationale Rechnungslegung – Shareholder Value – Investitionsrechnung, krp-Sonderheft 3/1999, Hrsg. Männel, W./Küpper, H.-U., S. 31-38.

Stahlschmidt, M. [2000], Die Maßgeblichkeit – Glücksfall oder Störfaktor, in: DStZ 2000, S. 415-417.

Stanger, C. W. [1998], ADR-Programme – Funktion und Vielfalt, in: Zugang zum US-Kapitalmarkt für deutsche Aktiengesellschaften, Hrsg. Rosen, R. v./Seifert, W. G., Frankfurt 1998, S. 31-38.

Stangner, K.-H./Moser, U. [1999], Going Public: Praktische Umsetzung des Börsengangs, in: DB 1999, S. 759-761.

Starbatty, N. [2001], Fair Value Accounting gemäß Statement of Financial Accounting Concept No. 7, in: WPg 2001, S. 543-558.

Stauber, J./Ketterle, T. [2001], Goodwill-Bilanzierung nach US-GAAP, in: Der Schweizer Treuhänder 2001, S. 955-966.

Stehle, R. [1994], Eigenkapitalquoten und Fremdkapitalstruktur börsennotierter deutscher Aktiengesellschaften, in: ZfB 1994, S. 811-837.

Stein, H.-G. [1993], Das Rechnungswesen im Spannungsfeld externer und interner Anforderungen, in: Konzernmanagement: Rechnungswesen und Controlling, Hrsg. Küting, K./Weber, C.-P., Stuttgart 1993, S. 11-43.

Steiner, M./Bruns, C. [2000], Wertpapiermanagement, 7. Aufl., Stuttgart 2000.

Steiner, M./Starbatty, N. [2001], Kritische Aspekte der Neuen Basler Eigenkapitalvereinbarung, in: FB 2001, S. 417-422.

Steiner, M./Wallmeier, M. [1999], Unternehmensbewertung mit Discounted Cash Flow-Methoden und dem Economic Value Added-Konzept, in: FB 1999, S. 1-10.

Stellpflug, Th. [1998], Der Einfluß der Besteuerung auf die Kapitalkosten, in: StuW 1998, S. 138-145.

Stellpflug, Th. [2001], Die Besteuerung von Kapitalgesellschaften und ihren Anteilseignern, Wiesbaden 2001.

Sterling, R. R. [1972], Decision-oriented financial accounting, in: Accounting and Business Research, Summer 1972, S. 198-208.

Stern, H. L. [1976], The General Standard of Care Imposed on Directors Under the New California General Corporation Law, in: 23 UCLA Law Review 1976, S. 1269-1281.

Stern, J. M./Shiely, J. S./Ross, I. [2001], The EVA Challenge, New York 2001.

Stewart, B. [1991], The Quest for Value, New York 1991.

Stewart, B. [1994], EVA: Fact and Fantasy, in: Journal of Applied Corporate Finance 1994, Vol. 7, S. 71-84.

Stickney, C./Brown, P. R. [1999], Financial Reporting and Statement Analysis, 4. Aufl., 1999.

Stobbe, Th. [1988], Offene Probleme des Maßgeblichkeitsgrundsatzes nach dem Steuerreformgesetz 1990, in: DStR 1988, Beilage zu Heft 20, S. 1-8.

Stobbe, Th. [1991], Die Verknüpfung handels- und steuerrechtlicher Rechnungslegung, Berlin 1991.

Stobbe, Th. [1997], Neue Koordination des Steuerbilanzrechts?, in: FR 1997, S. 361-365.

Streck, M./Olgemöller, H. [1993], Das Recht der Europäischen Gemeinschaft und seine Durchsetzung in der Steuerberaterpraxis, in: DStR 1993, S. 417-425.

Street, D. L./Gray, S. J. [1999], How wide is the gap between IASC and U.S. GAAP? Impact of the IASC comparability project and recent international developments. In: Journal of international accounting, auditing & taxation 1999, S. 133-164.

Streim, H., unter Mitarbeit von Kugel, B. u. Müller, U. [1988], Grundzüge der handels- und steuerrechtlichen Bilanzierung, Stuttgart u.a. 1988.

Streim, H. [1990], Ein Plädoyer für die Einheitsbilanz, in: BFuP 1990, S. 527-545.

Streim, H. [1993], Wahlrechte, in: Handwörterbuch des Rechnungswesens, Hrsg. Chmielewicz, K./Schweitzer, M., 3. Aufl., Stuttgart 1993, Sp. 2151-2160.

Streim, H. [1994], Die Generalnorm des § 264 Abs. 2 HGB - Eine kritische Analyse, in: Bilanzrecht und Kapitalmarkt, Festschrift für A. Moxter, Hrsg. Ballwieser, W. u. a., Düsseldorf 1994, S. 391-406.

Streim, H. [1995], Zum Stellenwert des Lageberichts im System der handelsrechtlichen Rechnungslegung, in: Unternehmenstheorie und Besteuerung, Festschrift für D. Schneider, Hrsg. Elschen, R./Siegel, Th./Wagner, F. W., Wiesbaden 1995, S. 703-721.

Streim, H. [1998], Internationalisierung von Gewinnermittlungsregeln zum Zwecke der Informationsvermittlung. Zur Konzeptionslosigkeit der Fortentwicklung der Rechnungslegung, in: Unternehmensrechnung und –besteuerung, Festschrift für D. Börner, Hrsg. Meffert, H./Krawitz, N., Wiesbaden 1998, S. 323-343.

Streim, H. [2000], Die Vermittlung von entscheidungsnützlichen Informationen durch Bilanz und GuV – Ein nicht einlösbares Versprechen der internationalen Standardsetter, in: BFuP 2000, S. 111-131.

Streim, H./Bieker, M./Leippe, B. [2001], Anmerkungen zur theoretischen Fundierung der Rechnungslegung nach International Accounting Standards, in: Wolfgang Stützel - Moderne Konzepte für Finanzmärkte, Beschäftigung und Wirtschaftsverfassung, Hrsg. Schmidt, H./Ketzel, E./Prigge, S., Tübingen 2001, S. 177-206.

Strenger, C. [2001], Einflußmöglichkeiten professioneller Anleger auf die Unternehmen, in: Kapitalmarktorientierte Unternehmensüberwachung, Hrsg. IDW, Bericht über die IDW-Fachtagung 2000, Düsseldorf 2001, S. 65-84.

Strobel, W. [1970], Der Einfluß der Gewinnsteuer auf Investitionsentscheidungen, in: ZfB 1970, S. 375-398.

Strobel, W. [1996], Neuerungen des Handelsbilanzrechts in Richtung auf internationale Normen, in: BB 1996, S. 1601-1607.

Strobel, W. [1999], Deutsches Rechnungslegungs Standards Committee: Der Standardentwurf E-DRS 3 zur Segmentberichterstattung, in: DB 1999, S. 2017-2020.

Strobl, E. [1994], Matching Principle und deutsches Bilanzrecht, in: Bilanzrecht und Kapitalmarkt, Festschrift für A. Moxter, Hrsg. Ballwieser, W. u. a., Düsseldorf 1994, S. 407-432.

Strobl, E. [1995], Plädoyer für das handelsrechtliche Vorsichtsprinzip in der Steuerbilanz, in: StbJb1994/95, S. 77-96.

Strobl, E. [1996], IASC-Rechnungslegung und Gläubigerschutzbestimmungen nach deutschem Recht, in: Rechnungslegung - warum und wie, Festschrift für H. Clemm, Hrsg. Ballwieser, W./Moxter, A./Nonnenmacher, R., München 1996, S. 389-412.

Strobl-Haarmann, E. [1999], Zur Notwendigkeit eines einheitlichen europäischen Bilanzrechts, in: Steuerrecht und europäische Integration, Festschrift für A. J. Rädler, Hrsg. Breuninger, G. E./Müller, W./Strobl-Haarmann, E., München 1999, S. 607-637.

Stützel, W. [1959], Lob der Stille von Reserven?, in: ZfgK 1959, S. 460-461.

Stützel, W. [1960], Aktienrechtsreform und Konzentration, in: Die Konzentration in der Wirtschaft, Materialbände zur Tagung des Vereins für Socialpolitik 1960 in Bad Kissingen, Zweiter Band, Zweiter Teil, Berlin 1960, S. 907-987.

Stützel, W. [1962], Diskussionsbeitrag, in: Das Frankfurter Publizitätsgespräch, Hrsg. Barz, C. H. u. a., Frankfurt a. M. 1962, S. 244-252.

Stützel, W. [1966], Entscheidungstheoretische Elementarkategorien als Grundlage einer Begegnung von Wirtschaftswissenschaft und Rechtswissenschaft, in: ZfB 1966, S. 769-789.

Stützel, W. [1967], Bemerkungen zur Bilanztheorie, in: ZfB 1967, S. 314-340.

Süchting, J. [1986], Finanzmarketing auf den Aktienmärkten, in: Kreditwesen 1986, S. 654-659.

Sutton, M. H. [1997], Financial Reporting in U.S. Capital Markets: International Dimensions, in: Accounting Horizons, Juni 1997, S. 96-102.

Sveiby, K. E. [1997], The new organizational wealth: Managing & Measuring Knowledge-Based Assets, San Francisco 1997.

Swoboda, P. [1991], Cash-flow-Steuern und Finanzierungsneutralität, in: Konsumorientierte Neuordnung des Steuersystems, Hrsg. Rose, M., Berlin 1991, S. 473-489.

Taibl, S. M./Giersberg, K.-W. [1994], American Depositary Receipts – Vorteilhafter Zugang zu den US-Kapitalmärkten, in: Zeitschrift für das gesamte Kreditwesen 1994, S. 694-701.

Tanzer, M. [1984], Die Maßgeblichkeit der Handelsbilanz für die Bewertung in der Steuerbilanz, in: Werte und Wertermittlung im Steuerrecht, Hrsg. Raupach, A., Köln 1984, S. 55-96.

Teitler-Feinberg, E. [2001], Neue Bewertung von Goodwill und anderen immateriellen Aktiven, in: Der Schweizer Treuhänder 2001, S. 331-338.

Theile, C. [1996], Zeitkongruente Aktivierung von Dividendenansprüchen und Realisationsprinzip, in: IStR 1996, S. 395-400.

Theile, C. [1999], Maßgeblichkeitsprinzip, europäisches und internationales Bilanzrecht: die Bilanzierung bei der GmbH und GmbH & Co. im Umbruch, in: GmbHR 1999, S. 1182-1189.

Theile, C. [2001], Kapitalmarktorientierte Rechnungslegung auch für die GmbH zwingend?, in: GmbHR 2001, S. 892-898.

Thiel, J. [1989], Zur formellen Maßgeblichkeit der Handelsbilanz – Ein Vorschlag de lege ferenda, in: DB 1989, S. 537-539.

Thiel, J. [1998], Maßgeblichkeit und internationale Bilanzierung, in: Weltweite Rechnungslegung und Prüfung, Bericht über die IDW-Fachtagung 1997, Hrsg. IDW, Düsseldorf 1998, S. 91-104.

Thiel, J. [1999], Das umgekehrte Imparitätsprinzip, in: BB 1999, S. 828-829.

Thiel, R. [1971], Zur Reform der Gewinnermittlung – Probleme der neuen Steuerbilanz, in: ZfbF 1971, S. 534-548.

Thiele, C. [1997], Einführung in das US-amerikanische Steuerrecht, Wien 1997.

Thiele, K. [1999], Stille Reserven in der Rechnungslegung. Vergleich von HGB, US-GAAP und IAS, Wiesbaden 1999.

Thiele, S./Tschesche, F. [1997], Zur Bilanzierungspraxis der DAX-Unternehmen im Geschäftsjahr 1996, in: DB 1997, S. 2497-2502.

Thießen, F. [1996], Covenants: Durchsetzungsprobleme und die Folgen, in: Regulierung und Unternehmungspolitik. Methoden und Kritik der Betriebswirtschaftlichen Rechtsanalyse, Hrsg. Sadowski, D./Czap, H./Wächter, H., Wiesbaden 1996, S. 143-159.

Thom, N. [1974], Eignet sich der "ökonomische Gewinn" zur Unternehmenslenkung?, in: WiSt 1974, S. 444-449.

Thömmes, O. [1997], EG-rechtlicher Rahmen – Auswirkungen von Auslegungsentscheidungen des EuGH nach Art. 177 EG-Vertrag auf das nationale Recht, in: Europäisierung des Bilanzrechts, Hrsg. Herzig, N., Köln 1997, S. 75-85.

Tielmann, S. [2001a], Durchsetzung ordnungsmäßiger Rechnungslegung, in: DB 2001, S. 1625-1634.

Tielmann, S. [2001b], Durchsetzung ordnungsmäßiger Rechnungslegung – Ein Beitrag zur aktuellen Enforcement-Diskussion, Düsseldorf 2001.

Tielmann, S. [2001c], Panel oder SEC: Welchen Anforderungen muss ein international anerkanntes Enforcement genügen?, in: WPg-Sonderheft 2001: Reformbedarf der deutschen Corporate Governance im globalen Wettbewerb, S. S60-S66.

Tipke, K. [1973], Die dualistische Einkünfteermittlung nach dem Einkommensteuergesetz – Entstehung, Motivation und Berechtigung, Hrsg. Kruse, H., Festschrift f. H. Paulick, Köln 1973, S. 391-401.

Tipke, K. [1993], Die Steuerrechtsordnung, Köln 1993.

Tipke, K. [2002], Der Karlsruher Entwurf zur Reform der Einkommensteuer, in: StuW 2002, S. 148-175.

Tipke, K./Lang, J. [1998], Steuerrecht, 16. Aufl., Köln 1998.

Titzrath, A. [1996], Erschließung internationaler Kapitalmärkte durch deutsche Emittenten, in: Globale Finanzmärkte: Konsequenzen für Finanzierung und Unternehmensrechnung, Hrsg. Schmalenbach-Gesellschaft - Deutsche Gesellschaft für Betriebswirtschaft e. V., Stuttgart 1996, S. 91-104.

Titzrath, A. [1997], Corporate Governance: Vertragen sich die deutsche Unternehmensverfassung und das Shareholder Value-Prinzip?, in: Betriebswirtschaftslehre und Rechtsentwicklung, Hrsg. Albach, H./Brockhoff, K., ZfB-Ergänzungsheft 4/1997, Wiesbaden 1997. S. 31-41.

Treisch, C. [2000], Entscheidungsneutralität der Besteuerung, in: SteuerStud 2000, S. 368-374.

Treisch, C. [2001], Einkommensmessung und Steuerbelastung bei Renditen oberhalb des Kapitalmarktzinssatzes, in: DBW 2001, S. 306-318.

Treptow, H. [1999], Vortrag auf der Münchner Steuerfachtagung 1999, in: IStR 1999, Beihefter zu Heft 12, S. 2-5.

Uhde, M. [1999], Harmonisierung der Rechnungslegung nach den Vorschriften des IASC?, München 1999.

Ulmer, P. [1999], Die Aktionärsklage als Instrument zur Kontrolle des Vorstands- und Aufsichtsratshandelns, in: ZHR 1999, S. 290-342.

Vagts, D. [1994], Wohin mit der beschränkten Haftung der Aktionäre? Neue Strömungen im amerikanischen Gesellschaftsrecht, in: ZGR 1994, S. 227-236.

Vanistendael, F. [1997], Europäischer Gerichtshof und seine Rolle als oberster Richter in steuerrechtlichen Streitigkeiten, in: Unternehmen Steuern, Festschrift für H. Flick, Hrsg. Klein, F. u. a., Köln 1997, S. 1021-1042.

Veit, K.-R./Bernards, O. [1995], Anforderungen an die Segmentberichterstattung im internationalen Vergleich, in: WPg 1995, S. 493-498.

Vogel, K. [1982], Ausländische Gerichtsentscheidungen als Anregung für den deutschen Steuerrechtler, in: StuW 1982, S. 66-70.

Vogt, S. [1991], Die Maßgeblichkeit des Handelsbilanzrechts für die Steuerbilanz, Düsseldorf 1991.

Volkart, R. [1997], Finanzielle Führungsinstrumente im "Konvergenzprozess"?, in: Die Unternehmung 1997, S. 443-458.

Volkart, R./Labhart, P./Suter, R. [1998], Unternehmensbewertung auf "EVA"-Basis, in: Der Schweizer Treuhänder 1998, S. 355-366.

Vonnemann, W. [1989], Das Entnahmerecht des GmbH-Gesellschafters, in: BB 1989, S. 877-879.

Vorwold, G. [1999], Gewinn-Management in den USA, in: DB 1999, S. 2321-2328.

Vorwold, G. [2000], Das Modell "FASB" in den USA – Ein Fehlschlag, in: IStR 2000, S. 599-607.

Vorwold, G. [2002], Clear Reflection of Income: der neue Maßstab für die Steuerbilanz? – Beobachtungen aus dem US-amerikanischen Steuerrecht, in: WPg 2002, S. 499-510.

Wacker, W. H. [1998], Relative Maßgeblichkeit im Rahmen der bilanziellen und pagatorischen steuerlichen Gewinnermittlung, in: Unternehmensrechnung und –besteuerung, Festschrift für D. Börner, Hrsg. Meffert, H./Krawitz, N., Wiesbaden 1998, S. 231-261.

Wagenhofer, A. [1990], Informationspolitik im Jahresabschluß, Heidelberg 1990.

Wagenhofer, A. [1993a], Agency Probleme bei Haftungsbeschränkungen, in: Gläubigerschutz, Betriebswirtschaftslehre und Recht, Festschrift f. O. Koren, Hrsg. Seicht, G., Wien 1993, S. 239-256.

Wagenhofer, A. [1993b], Kostenrechnung und Agency-Theorie, in: Zur Neuausrichtung der Kostenrechnung – Entwicklungsperspektiven für die 90er Jahre, Hrsg. Weber, J., Stuttgart 1993, S. 161-185.

Wagenhofer, A. [1995a], Verrechnungspreise zur Verhaltenssteuerung in dezentralisierten Unternehmen, in: krp 1995, S. 269-275.

Wagenhofer, A. [1995b], Unterstützung des strategischen Controlling durch die Kostenrechnung, in: Controlling und Unternehmensführung, Hrsg. Wagenhofer, A./Gutschelhofer, A., Wien 1995, S. 117-144.

Wagenhofer, A. [1997a], Kostenrechnung und Verhaltenssteuerung, in: Kostenmanagement – Aktuelle Konzepte und Anwendungen, Hrsg. Freidank, C.-C. u. a., Berlin u.a. 1997, S. 57-78.

Wagenhofer, A. [1997b], Akzeptanz und Weiterentwicklung internationaler Rechnungslegungsstandards, in: Rechnungswesen und Controlling, Festschrift für A. Egger, Hrsg. Bertl, R./Mandl, G., Wien 1997, S. 31-51.

Wagenhofer, A. [1999], Anreizkompatible Gestaltung des Rechnungswesens, in: Unternehmenssteuerung und Anreizsysteme, Hrsg. Bühler, W./Siegert, Th., Stuttgart 1999, S. 183-205.

Wagenhofer, A. [2001], International Accounting Standards, 3. Aufl., Wien 2001.

Wagenhofer, A./Pirchegger, B. [1999], Die Nutzung des Internet für die Kommunikation von Finanzinformationen, in: DB 1999, S. 1409-1416.

Wagenhofer, A./Riegler, Ch. [1999], Gewinnabhängige Managemententlohnung und Investitionsanreize, in: BFuP 1999, S. 70-90.

Wagner, F. W. [1978], Kapitalerhaltung, Geldentwertung und Gewinnbesteuerung, Berlin/Heidelberg/New York 1978.

Wagner, F. W. [1979], Das Grundmodell der Ertragsteuerwirkungen auf die Investitionsentscheidung, in: WiSt 1979, S. 67-72.

Wagner, F. W. [1982a], Zur Informations- und Ausschüttungsbemessungsfunktion des Jahresabschlusses auf einem organisierten Kapitalmarkt, in: ZfbF 1982, S. 749-771.

Wagner, F. W. [1982b], Dividendenpolitik, in: Management-Enzyklopädie, Bd. 2, Landsberg am Lech 1982, S. 868-880.

Wagner, F. W. [1983], Kann es eine betriebswirtschaftliche Sicht der Steuerbilanz geben?, in: Unternehmung und Steuer, Hrsg. Fischer, L., Festschrift für P. Scherpf, Wiesbaden 1983, S. 39-49.

Wagner, F. W. [1984], Grundfragen und Entwicklungstendenzen der betriebswirtschaftlichen Steuerplanung, in: BFuP 1984, S. 201-222.

Wagner, F. W. [1986], Der gesellschaftliche Nutzen einer betriebswirtschaftlichen Steuervermeidungslehre, in: FA 1986, S. 32-54.

Wagner, F. W. [1987], Ausschüttungszwang und Kapitalentzugsrechte als Instrumente marktgelenkter Unternehmenskontrolle?, in: Kapitalmarkt und Finanzierung, Hrsg. Schneider, D., Berlin 1987, S. 409-425.

Wagner, F. W. [1988], Allokative und distributive Wirkungen der Ausschüttungskompetenzen von Hauptversammlung und Verwaltung einer Aktiengesellschaft, in: ZGR 1988, S. 210-239.

Wagner, F. W. [1989], Die zeitliche Erfassung steuerlicher Leistungsfähigkeit, in: Hax, H./Kern, W./Schröder, H.-H. (Hrsg.), Zeitaspekte in betriebswirtschaftlicher Theorie und Praxis, Stuttgart 1988, S. 261-277.

Wagner, F. W. [1990], Die umgekehrte Maßgeblichkeit der Handelsbilanz für die Steuerbilanz, in: StuW 1990, S. 3-14.

Wagner, F. W. [1991], Perspektiven der Steuerberatung: Steuerrechtspflege oder Planung der Steuervermeidung?, in: DB 1991, S. 1-7.

Wagner, F. W. [1992a], Neutralität und Gleichmäßigkeit als ökonomische und rechtliche Kriterien steuerlicher Normkritik, in: StuW 1992, S. 2-13.

Wagner, F. W. [1992b], Die systemgerechte Besteuerung von Personalleistungen, in: StuW 1992, S. 291-301.

Wagner, F. W. [1993], Theorie und Praxis der Rechnungslegung: Lehren aus drei Jahrzehnten, in: Ökonomische Analyse des Bilanzrechts, Hrsg. Wagner, F. W., Düsseldorf 1993, ZfbF-Sonderheft 32, S. 1-10.

Wagner, F. W. [1994], Periodenabgrenzung als Prognoseverfahren - Konzeption und Anwendungsbereich der "einkommensapproximativen Bilanzierung", in: Bilanzrecht und Kapitalmarkt, Festschrift für Adolf Moxter, Hrsg. Ballwieser, W. u. a, Düsseldorf 1994, S. 1175-1197.

Wagner, F. W. [1995], Leitlinien steuerlicher Rechtskritik als Spiegel betriebswirtschaftlicher Theoriegeschichte, in: Unternehmenstheorie und Besteuerung, Hrsg. Elschen, R./Siegel, Th./Wagner, F. W., Festschrift für D. Schneider, Wiesbaden 1995, S. 723-746.

Wagner, F. W. [1997a], Theoretische und praktische Probleme von Besteuerungswirkungen auf den Unternehmenswert im Licht der Shareholder-Value-Konzeption, in: Steuerberatung im Spannungsfeld von Betriebswirtschaft und Recht, Festschrift zum 75. Geburtstag von H. Stehle, Hrsg. Wagner, F. W., Stuttgart u. a. 1997, S. 201-216.

Wagner, F. W. [1997b], Shareholder Value: Eine neue Runde im Konflikt zwischen Kapitalmarkt und Unternehmensinteresse, in: BFuP 1997, S. 473-498.

Wagner, F. W. [1997c], Kann es eine Beseitigung aller steuerlichen Ausnahmen geben, wenn es keine Regel gibt?, in: DStR 1997, S. 517-521.

Wagner, F. W. [1997d], Zur Klarstellung von Regel und Ausnahme einer systematischen Besteuerung, in: DStR 1997, S. 2007-2009.

Wagner, F. W. [1998a], Kann die Reform von Rechnungslegung und Steuersystem leisten, was die Finanzmärkte fordern?, in: Unternehmen im Wandel und Umbruch. Transformation, Evolution und Neugestaltung privater und öffentlicher Institutionen, Hrsg. Becker, M. u. a., Stuttgart 1998, S. 51-73.

Wagner, F. W. [1998b], Aufgabe der Maßgeblichkeit bei einer Internationalisierung der Rechnungslegung?, in: DB 1998, S. 2073-2077.

Wagner, F. W. [1999a], Eine Einkommensteuer muß eine konsumorientierte Steuer sein, in: Einkommen versus Konsum, Hrsg. Smekal, C./Sendlhofer, R./Winner, H., Heidelberg 1999, S. 15-35.

Wagner, F. W. [1999b], Zinsbesteuerung in Form einer definitiven Abgeltungssteuer?, in: Unternehmensbesteuerung – Perspektiven der Besteuerung, Hrsg. Mayer, H., Stuttgart u.a. 1999, S. 81-96.

Wagner, F. W. [1999c], Leitideen einer neuen Steuerordnung: Warum eine konsequente Reform der Einkommens- und Gewinnbesteuerung zu einer Konsumbesteuerung führt, in: Harzburger Steuerprotokoll 1998, Hrsg. Steuerberaterverband Niedersachsen/Sachsen-Anhalt e. V., Köln 1999, S. 25-42.

Wagner, F. W. [1999d], Die Integration einer Abgeltungssteuer in das Steuersystem – Ökonomische Analyse der Kapitaleinkommensbesteuerung in Deutschland und der EU, in: DB 1999, S. 1520-1528.

Wagner, F. W. [1999e], Besteuerung, in: Vahlens Kompendium der Betriebswirtschaftslehre, Hrsg. Bitz, M. u.a., Band 2, 4. Aufl., München 1999, S. 439-504.

Wagner, F. W. [2000a], Welche Kriterien bestimmen die internationale Wettbewerbsfähigkeit der Methoden steuerlicher Gewinnermittlung?, in: BFuP 2000, S. 183-203.

Wagner, F. W. [2000b], Unternehmenssteuerreform und Corporate Governance, in: StuW 2000, S. 109-120.

Wagner, F. W. [2000c], Korrektur des Einkünftedualismus durch Tarifdualismus – Zum Konstruktionsprinzip der Dual Income Taxation, in: StuW 2000, S. 431-441.

Wagner, F. W. [2001], "Karlsruher Entwurf zur Reform des Einkommensteuergesetzes" – Anmerkungen aus der Perspektive ökonomischer Vernunft, in: StuW 2001, S. 354-362.

Wagner, F. W./Dirrigl, H. [1980], Steuerplanung der Unternehmung, Stuttgart/New York 1980.

Wagner, F. W./Hawlitzky, J. [1991], Zum Einfluß der Umkehrung des Maßgeblichkeitsprinzips auf Investitionsförderung und Gewinnverwendung, in: DBW 1991, S. 309-321.

Wagner, F. W./Schwinger, R. [1991], Der Einfluss einer Cash-flow-Steuer auf Finanzierung und Rechnungslegung, in: Konsumorientierte Neuordnung des Steuersystems, Hrsg. Rose, M., Berlin u.a. 1991, S. 495-521.

Wagner, F. W./Wenger, E. [1996], Theoretische Konzeption und legislative Transformation eines marktwirtschaftlichen Steuersystems in der Republik Kroatien, in: Regulierung und

Unternehmenspolitik, Hrsg. Sadowski, D./Czap, H./Wächter, H., Wiesbaden 1996, S. 399-415.

Wagner, F. W./Wissel, H. [1995], Entscheidungsneutralität der Besteuerung als Leitlinie einer Reform der Einkommensteuer, in: WiSt 1995, S. 65-70.

Wahl, J. [1983], Informationsbewertung und –effizienz auf dem Kapitalmarkt, Würzburg/Wien 1983.

Walb, E. [1926], Die Erfolgsrechnung privater und öffentlicher Betriebe, Berlin u. a. 1926.

Walb, E. [1948], Finanzwirtschaftliche Bilanz, 2. Aufl., Köln 1948.

Walter, B. [1998], Gesetzliches Garantiekapital und Kreditentscheidung der Banken, in: AG 1998, S. 370-372.

Walton, P. [1993], The true and fair view in British accounting, in: European Accounting Review 1993, S. 49-58.

Walz, R. [1982], Richterliche Rechtsfindung im Steuerrecht der USA, in: StuW 1982, S. 1-13.

Walz, W. R. [1997], Strategien zur Lösung des bilanzrechtlichen Anpassungsbedarfs, in: Wirtschafts- und Medienrecht in der offenen Demokratie, Festschrift für F. Kübler, Hrsg. Assmann, D. u.a., Heidelberg 1997, S. 557-581.

Walz, W. R. [1998], Der Einfluß von Globalisierung und Europäisierung auf die Auslegung des geltenden Bilanzrechts (Einzelabschluß), in: Rechnungslegung und Steuern international, ZfbF-Sonderheft Nr. 40, Hrsg. Ballwieser, W./Schildbach, Th., Düsseldorf 1998, S. 83-104.

Wangemann, B. [1997], Die Berücksichtigung ungewisser Verpflichtungen innerhalb der US-amerikanischen Rechnungslegung, in: WPg 1997, S. 194-200.

Wassermeyer, F. [2000], Die Verpflichtung der obersten Bundesgerichte zur Vorlage von Bilanzierungsfragen an den EuGH, in: Festschrift für Marcus Lutter, Hrsg. Schneider, U. H. u.a., Köln 2000, S. 1633-1648.

Wassermeyer, F. [2001a], Auswirkungen der neueren Entscheidungen des Großen Senats zum Bilanzsteuerrecht, in: DB 2001, S. 1053-1057.

Wassermeyer, F. [2001b], Anmerkungen zum Karlsruher Entwurf zur Reform des Einkommensteuergesetzes, in: DStR 2001, S. 920-924.

Watrin, C. [2001a], Sieben Thesen zur künftigen Regulierung der Rechnungslegung, in: DB 2001, S. 933-938.

Watrin, C. [2001b], Internationale Rechnungslegung und Regulierungstheorie, Wiesbaden 2001.

Watts, R. L. [1977], Corporate Financial Statements, A Product of the Market and Political Processes, in: Australian Journal of Management 1977, Vol. 2, S. 53-75.

Watts, R. L./Zimmerman, J. L. [1986], Positive Accounting Theory, Englewood Cliffs 1986.

Watts, R. L./Zimmerman, J. L. [1990], Positive Accounting Theory: A Ten Years Perspective, in: The Accounting Review 1990, Vol. 65, S. 131-156.

Weber, J. [1994], Kostenrechnung zwischen Verhaltens- und Entscheidungsorientierung, in: krp 1994, S. 99-104.

Weber, J. [1996], Selektives Rechnungswesen – Schlankes Controlling durch selektive Führungsinformationen, in: krp 1996, S. 197-201.

Weber, C.-P./Hayn, S. [1998], ADRs und US-Rechnungslegung, in: Zugang zum US-Kapitalmarkt für deutsche Aktiengesellschaften, Hrsg. Rosen, R. v./Seifert, W. G., Frankfurt a.M. 1998, S. 175-188.

Weber, M./Schiereck, D. [1993], Marktbezogene Bestimmung der Kapitalkosten, in: Handbuch des Finanzmanagements, Hrsg. Gebhardt, G./Gerke, W./Steiner, M., München 1993, S. 131-150.

Weber-Grellet, H. [1993a], Zeit und Zins im Bilanzsteuerrecht, in: Ertragsbesteuerung, Festschrift für L. Schmidt, Hrsg. Raupach, A./Uelner, A., München 1993, S. 161 – 176.

Weber-Grellet, H. [1993b], Die Bedeutung der Rechtsnatur des Steuerrechts für dessen Anwendung und Auslegung, in: StuW 1993, S. 97-104.

Weber-Grellet, H. [1994a], Maßgeblichkeitsschutz und eigenständige Zielsetzung der Steuerbilanz, in: DB 1994, S. 288-291.

Weber-Grellet, H. [1994b], Adolf Moxter und die Bilanzrechtsprechung, in: BB 1994, S. 30-33.

Weber-Grellet, H. [1995], Europäisiertes Steuerrecht? Stand und Entwicklung, in: StuW 1995, S. 336-351.

Weber-Grellet, H. [1996a], Bilanzrecht im Lichte, Bilanzsteuerrecht im Schatten des EuGH, in: DB 1996, S. 2089-2092.

Weber-Grellet, H. [1996b], Anmerkung zum Urteil des EuGH vom 27.6.1996, C-234/94, in: DStR 1996, S. 1094-1095.

Weber-Grellet, H. [1996c], Steuerbilanzrecht, München 1996.

Weber-Grellet, H. [1997a], Maßgeblichkeitsgrundsatz in Gefahr?, in: DB 1997, S. 385-391.

Weber-Grellet, H. [1997b], Europäisierung des deutschen Bilanzrechts: Perspektiven und Entwicklungen, in: Europäisierung des Bilanzrechts, Hrsg. Herzig, N., Köln 1997, S. 95-104.

Weber-Grellet, H. [1997c], Der Steuerstaat – Inhalt und Grenzen, in: Anwalt des Rechtsstaates, Festschrift für Dieter Posser, Hrsg. Düwell, F. J., Köln 1997, S. 395-416.

Weber-Grellet, H. [1997d], Der Apotheker-Fall – Anmerkungen und Konsequenzen zum Beschluß des Großen Senats vom 23.6.1997, GrS 2/93, in: DB 1997, S. 2233-2238.

Weber-Grellet, H. [1998], Bestand und Reform des Bilanzsteuerrechts, in: DStR 1998, S. 1343-1349.

Weber-Grellet, H. [1999a], Fairneß, Aufklärung und Transparenz. Wege zu einer leistungsgerechten Besteuerung, in: StuW 1999, S. 311-320.

Weber-Grellet, H. [1999b], Der Maßgeblichkeitsgrundsatz im Lichte aktueller Entwicklungen, in: BB 1999, S. 2659-2666.

Weber-Grellet, H. [2000], Die Gewinnermittlungsvorschriften des Steuerentlastungsgesetzes 1999/2000/2002 – Ein Fortschritt?, in: DB 2000, S. 165-169.

Weber-Grellet, H. [2001], Rechtsprechung des BFH zum Bilanzsteuerrecht im Jahr 2000, in: BB 2001, S. 35-40.

de Weerth, J. [1996], Bilanzrecht und Europarecht. Zugleich eine Anmerkung zur EuGH-Entscheidung "Tomberger", in: RIW 1996, S. 763-765.

Wegmann, W. [1971], Der ökonomische Gewinn, in: DB 1971, S. 733-737.

Weishaupt, G. [1999], Fondsmanager gehen in die Offensive, in: Handelsblatt vom 31.5.1999, S. 13.

Weiss, H.-J. [1995], Konsolidierung als Instrument der Unternehmensführung, in: Das Rechnungswesen im Konzern, Hrsg. Küting, K./Weber, C.-P., Stuttgart 1995, S. 119-128.

Weiss, H.-J. [1999], Integrierte Konzernsteuerung: Strategiekonform, wertorientiert, global konsistent, technisch auf dem neuesten Stand, in: Internationale Rechnungslegung, Festschrift für C.-P. Weber, Hrsg. Küting, K./Langenbucher, G., Stuttgart 1999, S. 649-669.

Weiss, H.-J./Heiden, M. [2000], Shareholder und Bondholder – Zwei Welten oder Partner?, in: BB 2000, S. 35-39.

Weizsäcker, C. C. von [1998], Alle Macht den Aktionären, in: FAZ vom 27.6.1998, S. 15.

Welsch, G./Newman, D. P./Zlatkovich, C. [1986], Intermediate Accounting, 7. Aufl., Homewood 1986.

Wenger, E. [1981], Unternehmenserhaltung und Gewinnbegriff: die Problematik des Nominalwertprinzips in handels- und steuerrechtlicher Sicht, Wiesbaden 1981.

Wenger, E. [1983], Gleichmäßigkeit der Besteuerung von Arbeits- und Vermögenseinkünften, in: FA 1983, S. 207-252.

Wenger, E. [1985], Einkommensteuerliche Periodisierungsregeln, Unternehmenserhaltung und optimale Einkommensbesteuerung, Teil I, in: ZfB 1985, S. 710-730.

Wenger, E. [1986], Einkommensteuerliche Periodisierungsregeln, Unternehmenserhaltung und optimale Einkommensbesteuerung, Teil II: Einkommensteuerliche Periodisierungsregeln, neutrale und optimale Besteuerung, in: ZfB 1986, S. 132-151.

Wenger, E. [1987], Managementanreize und Kapitalallokation, in: Jahrbuch für Neue Politische Ökonomie, 6. Band, Hrsg. Boettcher, E./Herder-Dornreich, P./Schenk, K.-E., Tübingen 1987, S. 217-240.

Wenger, E. [1990], Das Quellensteuerexperiment von 1987, in: ZBB 1990, S. 177-190.

Wenger, E. [1996], Kapitalmarktrecht als Resultat deformierter Anreizstrukturen, in: Regulierung und Unternehmenspolitik, Hrsg. Sadowski, D./Czap, H./Wächter, H., Wiesbaden 1996, S. 419-458.

Wenger, E. [1997], Traditionelle versus zinsbereinigte Einkommens- und Gewinnbesteuerung: Vom Sammelsurium zum System, in: Standpunkte zur aktuellen Steuerreform, Hrsg. Rose, M., Heidelberg 1997, S. 115-140.

Wenger, E. [1999], Warum die Finanzwissenschaft bei der Suche nach einer theoretischen Basis für die Einkommensteuer erfolglos bleiben mußte, in: Einkommen versus Konsum, Ansatzpunkte zur Steuerreformdiskussion, Hrsg. Smekal, C./Sendlhofer, R./Winner, H., Heidelberg 1999, S. 37-63.

Wenger, E./Kaserer, C. [1999], Internationalisierung der Unternehmen und Reform von nationalen Regelungen über die Entscheidungs- und Kontrollrechte in Unternehmen, in: Internationale Unternehmensstrategien und nationale Standortpolitik, Hrsg. Mayer, O. G./Scharrer, H.-E., Baden-Baden 1999, S. 163-201.

Wenger, E./Knoll, L. [1999a], Aktienkursgebundene Management-Anreize: Erkenntnisse der Theorie und Defizite der Praxis, in: BFuP 1999, S. 565-591.

Wenger, E./Knoll, L. [1999b], Shareholder Value, in: Handbuch der Wirtschaftsethik, Bd. 4, Hrsg. Korff, W. u.a., Gütersloh 1999, S. 433-454.

Wenger, E./Terberger, E. [1988], Die Beziehung zwischen Agent und Prinzipal als Baustein einer ökonomischen Theorie der Organisation, in: WiSt 1988, S. 506-514.

Wenk, C. [1998], Kriterien und Vorgehensweise bei der Unternehmensanalyse und Anforderungen an die externe Rechnungslegung aus der Sicht von Standard & Poor`s, in: Controlling und Rechnungswesen im internationalen Wettbewerb, Hrsg. Börsig, C./Coenenberg, A. G., Stuttgart 1998, S. 103-122.

Wenning, W. [2001], Internationale Rechnungslegung als Instrument der Unternehmenssteuerung, in: Internationale Rechnungslegung - Konsequenzen für Unternehmensführung, Rechnungswesen, Standardsetting, Prüfung und Kapitalmarkt, Hrsg. Coenenberg, A. G./Pohle, K., Stuttgart 2001, S. 27-43.

Werder, A. von [1997], Corporate Governance: Vertragen sich die deutsche Unternehmensverfassung und das Shareholder Value-Prinzip?, in: Betriebswirtschaftslehre und Rechtsentwicklung, Hrsg. Albach, H./Brockhoff, K., ZfB-Ergänzungsheft 4/1997, Wiesbaden 1997. S. 9-16.

Werner, J. [1994], Bereichserfolgsrechnung als Instrument der Verhaltenssteuerung, in: krp 1994, S. 407-414.

Wesner, P. [1984], Bilanzierungsgrundsätze im Wertpapierrecht der USA, Wiesbaden 1984.

Westerbeck, D. J. [1971], The Inadequacy of Stated Capital Requirements, in: 40 University of Cincinnati Review 1971, S. 823.

Westermann, H. P. [1971], Gläubigerschutz bei der Neuordnung der GmbH. Fessel oder Heilmittel für eine Rechtsreform?, Walter Eucken Institut: Vorträge und Aufsätze, Nr. 30, Tübingen 1971.

Westermann, H. P. [1971], Handbuch der Personengesellschaft, Stand 1973.

Wetzel, W. [1995], Zur Harmonisierung der Rechnungslegung, in: WPK-Mitteilungen 4/1995, S.- 206-208.

Weymüller, R. [1991], Der Anwendungsvorrang von EG-Richtlinien – Eine Diskussion ohne Ende?, in: RIW 1991, S. 501-504.

White [1996], Tax Management Portfolio No. 570: Accounting Methods - General Principles, Washington 1996.

Wiedemann, H. [1968], Haftungsbeschränkung und Kapitaleinsatz - unter Berücksichtigung des amerikanischen, deutschen und französischen Gesellschaftsrechts, in: Die Haftung des Gesellschafters in der GmbH, Hrsg. Wiedemann, H./Bär, R./Dubin, L., Frankfurt a. M. 1968, S. 5-61.

Wiedemann, H. [1980], Gesellschaftsrecht, Bd. I, München 1980.

Wiedmann, H. [1994], Vergleich der deutschen Rechnungslegungsvorschriften mit den internationalen Rechnungslegungsgrundsätzen unter besonderer Berücksichtigung des Vorsichtsprinzips sowie des Matching Principle, in: Die deutsche Rechnungslegung vor dem Hintergrund internationaler Entwicklungen, Hrsg. Baetge, J., Düsseldorf 1994, S. 99-121.

Wiedmann, H. [1995], Fair Value in der Internationalen Rechnungslegung, in: Internationale Wirtschaftsprüfung, Festschrift für H. Havermann, Hrsg. Lanfermann, J., Düsseldorf 1995, S. 779-811.

Wiedmann, H. [2001], Was bewirkt das KonTraG?, in: Internationale Rechnungslegung - Konsequenzen für Unternehmensführung, Rechnungswesen, Standardsetting, Prüfung und Kapitalmarkt, Hrsg. Coenenberg, A. G./Pohle, K., Stuttgart 2001, S. 213-230.

Wiemann, H.-U. [1987], Unternehmenspublizität nach amerikanischem Kapitalmarktrecht, Baden-Baden 1987.

Wildemann, H. [2001], Wertsteigerung von Unternehmen: Mit welchen Methoden?, in: Wertsteigerung von Unternehmen: Mit welchen Methoden?, Hrsg. Wildemann, H., München 2001, S. 17-78.

Wilhelm, C. [1998], Die Registrierungs- und Publizitätspflichten bei der Emission und dem Handel von Wertpapieren auf dem US-amerikanischen Kapitalmarkt, in: WPg 1998, S. 364-375.

Wilhelm, J. [1983], Marktwertmaximierung - Ein didaktisch einfacher Zugang zu einem Grundlagenproblem der Investitions- und Finanzierungstheorie, in: ZfB 1983, S. 516-534.

Willeke, C. [2002], Zum Regierungsentwurf eines Transparenz- und Publizitätsgesetzes (TransPuG), in: StuB 2002, S. 227-233.

Willis, D. W. [1998], Financial Assets and Liabilities – Fair Value or Historical Cost?, in: WPg 1998, S. 854-860.

Winkler, K. [1969], Die Haftung der Gesellschafter einer unterkapitalisierten GmbH. Zugleich eine Stellungnahme zum Referentenentwurf des BMJ, in: BB 1969, S. 1202-1207.

Wissel, H. [1997], Einkünfteerzielungsabsicht und Einkommensbegriff, Hamburg 1997.

Wissenschaftlicher Beirat beim BMF [1999], Gutachten zur Reform der internationalen Kapitaleinkommensbesteuerung, Schriftenreihe des BMF, Heft 65, Bonn 1999.

Wöhe, G. [1999], Die Entwicklung der Rechnungslegungsvorschriften der Kapitalgesellschaften im 20. Jahrhundert, in: Internationale Rechnungslegung, Festschrift für C.-P. Weber, Hrsg. Küting, K./Langenbucher, G., Stuttgart 1999, S. 65-90.

Woerner, L. [1994], Zeitpunkt der Passivierung von Schulden und Verbindlichkeitsrückstellungen – Problematik der "wirtschaftlichen Verursachung" –, in: Bilanzrecht und Kapitalmarkt, Festschrift für A. Moxter, Hrsg. Ballwieser, W. u.a., Düsseldorf 1994, S. 483-506.

Wolfson, M. [1993], The Effects of Ownership and Control on Tax and Financial Reporting Policy, in: Economic Notes 1993, Vol. 22, S. 318-332.

Wollmert, P./Oser, P. [2000], Befreiender internationaler Konzernabschluss (§ 292a HGB), in: DB 2000, S. 729-735.

Wolz, M. [2000], Die Bilanzierung von Pensionsverpflichtungen nach HGB versus US-GAAP/IAS, in: ZfB 2000, S. 1371-1390.

Wosnitza, M. [2000], Die Beschränkung der ertragsteuerlichen Verlustverrechnung, in: StuB 2000, S. 763-772.

Wüstemann, J. [1995], Funktionale Interpretation des Imparitätsprinzips, in: ZfbF 1995, S. 1029-1043.

Wüstemann, J. [1996], US-GAAP: Modell für das deutsche Bilanzrecht?, in: WPg 1996, S. 421-431.

Wüstemann, J. [1999], Generally Accepted Accounting Principles, Berlin 1999.

Wüstemann, J. [2002a], Institutionenökonomik und internationale Rechnungslegungsordnungen, Tübingen 2002.

Wüstemann, J. [2002b], Der Gewinn ist nicht der Gewinn, in: Frankfurter Rundschau vom 23.2.2002, S. 10.

Wüstemann, J. [2002c], Normdurchsetzung in der deutschen Rechnungslegung – Enforcement nach dem Vorbild der USA?, in: BB 2002, S. 718-725.

Wulf, I. [2001a], Stille Reserven im Jahresabschluss nach US-GAAP und IAS, Wiesbaden 2001.

Wulf, I. [2001b], Stille Reserven in der internationalen Rechnungslegung und ihre Quantifizierungsmöglichkeiten, in: StuB 2001, S. 1097-1106.

Wunderlich, R. [1998], Die Rolle der Depositärbank bei der Auflage von ADR-Programmen, in: Zugang zum US-Kapitalmarkt für deutsche Aktiengesellschaften, Hrsg. Rosen, R. v./Seifert, W. G., Frankfurt 1998, S. 39-55.

Wurl, H.-J./Kuhnert, M./Hebeler, C. [2001], Traditionelle Formen der kurzfristigen Erfolgsrechnung und der "Economic Value Added"-Ansatz – Ein kritischer Vergleich unter dem Aspekt der Unternehmenssteuerung, in: WPg 2001, S. 1361-1372.

Wysocki, K. von [1998], Grundlagen, nationale und internationale Stellungnahmen zur Kapitalflußrechnung, in: Kapitalflußrechnung, Hrsg. von Wysocki, K., Stuttgart 1998, S. 3-33.

Wysocki, K. von [2000], Die Kapitalflussrechnung nach SFAS No. 95 im Vergleich mit IAS 7, SG/HFA 1/1995 und DRS 2, in: US-amerikanische Rechnungslegung, Hrsg. Ballwieser, W., 4. Aufl., Stuttgart 2000, S. 407-446.

Zachert, M. [1993a], Erschließung des US-amerikanischen Eigenkapitalmarkts durch das American Depositary Receipt, in: DB 1993, S. 1985-1988.

Zachert, M. [1993b], Zugangsmöglichkeiten zum US-amerikanischen Kapitalmarkt durch American Depositary Receipts, in: ZIP 1993, S. 1426-1430.

Zachert, M. [1994], Zugangshindernisse und Zugangsmöglichkeiten zum US-amerikanischen Eigenkapitalmarkt aus der Sicht eines deutschen Unternehmens, in: AG 1994, S. 207-222.

Zarb, F. G. [1998], Nasdaq: The Preferred U.S. Market for the International Company, in: Zugang zum US-Kapitalmarkt für deutsche Aktiengesellschaften, Hrsg. Rosen, R. v./Seifert, W. G., Frankfurt a.M. 1998, S. 325-334.

Zaß, M. [1997], Amerikanische und deutsche Bilanzierungskultur - Ein Wechsel wäre mehr als ein technischer Vorgang, in: Der Langfristige Kredit 1997, S. 190-193.

Zeitler, F.-C. [1997], "Konservative Bilanzierung" versus IAS – ein verlorener Kampf?, in: Handelsbilanzen und Steuerbilanzen, Festschrift für H. Beisse, Hrsg. Budde, W.-D./Moxter, A./Offerhaus, K., Düsseldorf 1997, S. 599-608.

Ziegler, H. [1994], Neuorientierung des internen Rechnungswesens für das Unternehmens-Controlling im Hause Siemens, in: ZfbF 1994, S. 175-188.

Zimmer, D. [1996], Internationales Gesellschaftsrecht, Heidelberg 1996.

Zimmermann, J. [2002a], Widersprüchliche Signale des DSR zur Goodwillbilanzierung?, in: DB 2002, S. 385-390.

Zimmermann, J. [2002b], Objektivierte originäre Geschäftswerte als Informationsträger in der Bilanz, in: DB 2002, S. 751-753.

Zimmermann, J. L. [1997], EVA and Divisional Performance Measurement: Capturing Synergies and Other Issues, in: Journal of Applied Corporate Finance, Summer 1997, S. 98-109.

Zimmermann, P. [2001], Zur Zukunft des Maßgeblichkeitsprinzips aus dem Blickwinkel seiner Entstehung, in: StuB 2001, S. 806-809.

Zitzelsberger, S. [1998a], Überlegungen zur Einrichtung eines nationalen Rechnungslegungsgremiums in Deutschland, in: WPg 1998, S. 246-259.

Zitzelsberger, S. [1998b], Ist die 4. EG-Richtlinie noch zeitgemäß?, in: WPg 1998, S. 799-808.

II. Urteile

1. Bundesrepublik Deutschland

1.1. Bundesverfassungsgericht

BVerfG v. 10.10.1961	2 BvL 1/59	BVerfGE 13, S. 153
BVerfG v. 12.10.1993	2 BvR 2134, 2159/92	BVerfGE 89, S. 155
BVerfG v. 17.11.1998	1 BvL 10/98	DStR 1999, S. 111
BVerfG v. 20.9.1999	1 BvR 168/93	AG 2000, S. 72

1.2. Bundesgerichtshof

BGH v. 29.3.1996	II ZR 263/94	NJW 1996, S. 1678
BGH v. 12.1.1998	II ZR 82/93	WPg 1998, S. 375

1.3. Reichsfinanzhof

RFH v. 22.10.1931	VI A 935/30	RFHE 29, S. 276

1.4. Bundesfinanzhof

BFH v. 29.1.1965	VI 317/63 U	BStBl III 1965, S. 181
BFH v. 31.5.1967	I 208/63	BStBl III 1967, S. 607
BFH v. 3.2.1969	GrS 2/68	BStBl II 1969, S. 291
BFH v. 24.4.1985	I R 65/80	BStBl II 1986, S. 324
BHF v. 25.4.1985	IV R 83/83	BStBl II 1986, S. 350
BFH v. 4.7.1990	GrS 1/89	BStBl II 1990, S. 833
BFH v. 16.7.1996	IX R 34/94	DB 1996, S. 1957
BFH v. 23.6.1997	GrS 2/93	FR 1997, S. 678
BFH v. 15.7.1998	I R 24/96	DStR 1998, S. 1463
BFH v. 9.9.1998	I R 6/96	StuB 1999, S. 89
BFH v. 23.8.1999	GrS 5/97	BStBl II 1999, S. 774
BFH v. 28.3.2000	VIII R 77/96	DStR 2000, S. 1178
BFH v. 20.6.2000	VIII R 32/98	IStR 2000, S. 730
BFH v. 7.8.2000	GrS 2/99	BB 2000, S. 2247
BFH v. 8.11.2000	I R 6/96	DStR 2001, S. 290

1.5. Finanzgerichte

FG Köln v. 16.7.1997	13 K 812/97	DB 1997, S. 2158
FG Hamburg v. 22.4.1999	II 23/97	BB 1999, S. 1866

2. Europäische Gemeinschaft

EuGH v. 6.10.1982, Rs. 283/81 (CILFIT), RIW 1983, S. 281
EuGH v. 28.3.1995, Rs. C-346/93 (Kleinwort Benson), EuGHE 1995, S. 615
EuGH v. 27.6.1996, Rs. C-234/94 (Tomberger), IStR 1996, S. 353
EuGH v. 17.7.1997, Rs. C-28/95 (Leur-Bloem), IStR 1997, S. 539
EuGH v. 9.3.1999, Rs. C-212/97 (Centros Ltd/Erhvervs – og Selskabsstyrelsen), EuZW 1999, S. 216
EuGH v. 14.9.1999, Rs. C-275/97 (DE+ES Bauunternehmung GmbH), GmbHR 1999,S.1145